Apologie des Christentums.

Zweiter Band:

Jahwe und Christus

von

Dr. Herman Schell,

Professor der Apologetik an der Universität Würzburg.

———⟩⟨⟨⟩⟨———

Paderborn.

Druck und Verlag von Ferdinand Schöningh.

1908.

Jahwe und Christus

von

Dr. Herman Schell,

Professor der Apologetik an der Universität Würzburg.

Zweite Auflage.

»Das ist das ewige Leben, daß sie
dich erkennen, den allein wahren
Gott, und den du gesandt hast,
Jesum Christum.«
Joh. 17, 3.

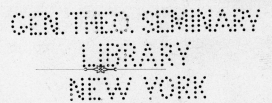

Paderborn.
Druck und Verlag von Ferdinand Schöningh.
1908.

Die Druckerlaubnis des Werkes: »Apologie des Christentums«, 2. Band, von Dr. H. Schell wird hierdurch erteilt.

Paderborn, 21. Februar 1907.

Das Bischöfliche General-Vikariat.
Schnitz.

Vorwort zur zweiten Auflage.

»Religion und Offenbarung« . . . . »Jahwe und Christus«
gehört zu dem Tiefsten, Abgerundetsten und Interessantesten,
was Schell geschrieben hat. Dies gilt namentlich vom II. Band
»Jahwe und Christus«. — »Schell war durch und durch Ireniker.
Er suchte den Gegner verstehen zu lernen, seine Eigenart aufzufassen, die von ihm empfundenen Schwierigkeiten mitzuempfinden,
die Wahrheitsmomente in den Systemen, Problemen und Frage-
stellungen der Weitabstehenden, der Wegziehenden und sich An-
nähernden aufzusuchen, ebendort anzuknüpfen, um glänzend nachzuweisen und nahezubringen, wie die Offenbarung ebendiese
Wahrheitsmomente nicht abweist; sie finden sich vielmehr auch
in ihr, nur großartiger, herrlicher, aufsteigend und sich entfaltend
im Reiche der Übernatur: ich trete euch entgegen. Scharf weise
ich dies und jenes ab — aber hier und hier ist ein Gedanke, eine
Gedankenrichtung, eine Fragestellung in eurer Weltanschauung,
die, ohne daß ihr es voll empfindet, ein Pfeiler ist, ein Joch, auf
das sich eine Brücke weiterbauen ließe bis zum Evangelium. Und
wenn ihr selbst einen derartigen Brückenbau schroff abweiset —
all euere Kritik hat bis jetzt den wunderbaren Weisheits- und
Lebensgehalt der Offenbarung nicht wegzuräumen vermocht.«
So schreibt Professor Meyenberg-Luzern (Schweizer Kirchen-
zeitung Nr. 23 vom 7. Juni 1907) mit vollem und tiefem Verständnis für die Auffassung und Methode der Aufgaben, deren
Lösung sich Schell im allgemeinen und besonders in »Jahwe und
Christus« gestellt.

Professor Braig-Freiburg i. Br. (Literarische Rundschau Nr. 1
1907) vermißt bei Schell eine stringente Beweisführung, »einen
zwingenden Schluß auf Übernatürlichkeit der Offenbarung,
ihrer Fakta und Dogmata« — eine »durchschlagende Demonstrationskraft«.

Diese von Br. aufgestellte Forderung, welche übrigens im Vaticanum (Canon 5 de fide. Vgl. die im Anhang des vorliegenden

Bandes angeführten Canones (563—567) verworfen wird, beruht einmal auf der Unterschätzung der inneren Kriterien für die Göttlichkeit der Offenbarung und ihrer heiligen Schriften. Br. will zunächst und vor allem dargetan haben, »daß Gott gesprochen habe; dann erst ist das Was zu erörtern«.

Er ist nicht der erste, der gegen Schell diesen Vorwurf erhoben hat.

Schell selbst betont S. 230: »Viertens ist die Schwierigkeit inbetracht zu ziehen, die Zustimmung der Menschen mittelst innerer Beweisgründe zu gewinnen. Die wenigsten haben den Wagemut, mit ihrem Urteil auf eigener Einsicht zu stehen. Daher entsteht und besteht die Neigung, sich mit Recht oder Unrecht auf Autoritäten der Vergangenheit wie der Gegenwart zu berufen, auch auf die öffentliche Meinung und die allgemeine Übereinstimmung.«

Noch mehr dürfte auf Br.s Ausstellungen passen, was Schell S. 497 sagt: »Die menschliche Sinnesart geht in zwei Richtungen auseinander: die jüdische Denkweise fordert Machttaten als Wahrheitsbeweis und huldigt der Macht des Eindruckes. Ihr entsprechen die äußeren Kriterien, die einzelnen Wunder und Weissagungen, sei es in der Gegenwart oder Vergangenheit. Die griechische Denkweise legt das Hauptgewicht auf innere Gründe oder auf Weisheit.«

Die Würdigung kann und wird demnach je nach der persönlichen Veranlagung oder Geschmacksrichtung auch Schells Beweisführung gegenüber verschieden sein.

Bezüglich der Wunder verweist Schell auf Mc. 13, 22 und viele andere Stellen. Christus selbst sagt unzweideutig, daß Wunder nicht der einzige Beweis seien, ja er lehnt sogar die Wunderforderungen gelegentlich ab. Vgl. Schell S. 283, 297, 347, auch 490.

Jedenfalls dürfen die inneren Kriterien nicht als eine »Gemüts- und Phantasievorstellung« — über die »eine Übereinstimmung aller rein wissenschaftlich sich nicht herbeiführen« und welche sich nicht zu einer »logischen Beweiskategorie« machen läßt — völlig entwertet werden.

Br. geht so weit, in Schells Beweisführung, wie in seinem Gottesbegriff ein »ὕστερον πρότερον« zu sehen.

Dieser Vorwurf beweist nur, daß er Schell weniger als in

einer früheren Besprechung in beiden Punkten gerecht zu werden vermochte.

Bezüglich des Gottesbegriffs von Schell schreibt Schanz (Tübinger Quartalschrift 1903 S. 621) in einer Besprechung von »Religion und Offenbarung«: »Die wenigen Differenzen über die Selbstursächlichkeit Gottes, welche noch übrig bleiben, hat Pesch S. J. neuestens als unwesentlich erklärt, so daß ein Hauptanstoß des Schellschen Gottesbegriffs zu beiderseitiger Zufriedenheit konziliant beseitigt worden ist.«

Schells Unterscheidung zwischen Entstehungsursache und Bestehensursache oder Selbstbegründung (wie Schell selbst in seinen früheren Werken causa sui in seinem Sinne umschreibt) scheint Br. übersehen zu haben, ebenso wie den Beweisgang seiner Gottesbeweise, der zuletzt auf das berechtigte Idealmoment des sogenannten ontologischen Gottesbeweises, die Allvollkommenheit Gottes, hinausgeht. Ganz ebenso ist Schells Beweisführung für die Hl. Schrift (S. 230): Wenn die biblischen Schriften auf Göttlichkeit mit Erfolg Anspruch erheben wollen, müssen sie dem von solchen zu fordernden Ideal entsprechen. Daß unsere Hl. Schriften dieser Anforderung im Vollmaße genügen, wollte eben Schell dartun.

Eigentlich könnte es befremden, daß gerade Br. als Schüler Kuhns, dessen Stellungnahme zu den äußeren Argumenten nicht nur für die Offenbarungsquellen, sondern auch für das Dasein Gottes (den »Gottesbeweisen«) hinlänglich bekannt sein dürfte, so scharf über den Wert der sicheren Erkenntnis aus psychologischen, ethischen, religiösen Momenten aburteilt, auf die gerade Kuhn und seine Schule die von dem Vaticanum (sess. III. cp. II.) gelehrte sichere Erkennbarkeit des Daseins eines persönlichen Gottes basiert hat. Schell ist übrigens mindestens ebensoweit davon entfernt, die in den Canones des Vaticanums de fide 3 und 4 gelehrte Beweiskraft der Wunder zu bestreiten (cf. S. 283) oder an deren Stelle eine unkontrollierbare »Privatinspiration« setzen zu wollen — testimonium Spiritus sancti, cf. Schells Dogmatik I. Bd. —, wie etwa Br. mit seiner Kritik, dem genannten Kanon 5 entgegen, »zwingende« Schlüsse von »durchschlagender Demonstrationskraft« für die Glaubenszustimmung zu fordern beabsichtigt haben wird.

Eine »Seltsamkeit« der Schellschen Apologie, wie Br. meint,
vermag ich in dieser Hinsicht also nicht zu erkennen, wohl
aber erblicke ich, abweichend von ihm, gerade hierin einen besonderen Vorzug Schells gegenüber anderen »Apologien« und
»Apologetiken«. Die von Br. bemängelte Bemerkung Schells
(S. 182), daß er »nicht eine Darlegung der dogmatischen
Inspirationslehre«, sondern eine Apologie der Inspiration bieten
wolle, ist zunächst bei dem apologetischen Charakter des
Werkes selbstverständlich, sodann aber auch offenbar als Vor-
beugung gegenüber etwaigen Angriffen gedacht, als wäre Schells
Darlegung in dieser Hinsicht mangelhaft oder unvollständig und
den dogmatischen Lehrbestimmungen nicht genügend. Wer übri-
gens Schells dogmatischen Standpunkt bezüglich der Inspirationslehre kennen lernen will, hat hierzu in seiner »Kath. Dogmatik«
I. Bd. hinreichend Gelegenheit.

Daß Schell die allerdings bedeutsamen bibelkritischen Auf-
stellungen des P. v. Hummelauer S. J. (S. 201) gleichsam als
kirchlich-programmatisch hingestellt, ist nicht ohne weiteres ersichtlich.

Br. bezeichnet es als ein grobes und unentschuldbares Versehen
von Schell, daß dem »ersten« Abschnitt: »Die Inspiration als
religionsgeschichtliche Tatsache« ein »zweiter« Abschnitt (der
wohl die »inneren Vorzüge« der Inspiration hätte darlegen sollen?)
gar nicht folgt. Allein das Fehlen dieses »zweiten« Abschnittes
ist nur ein scheinbares; es ist lediglich ein formelles, tech-
nisches Versehen.

Br. hätte, wenn er auf die besondere Hervorhebung solcher
Dinge Gewicht legt, auch auf einzelne bei der Korrektur unter-
laufene Druckfehler verweisen können. In Wirklichkeit ist das
Versehen höchst unbedeutend. Materiell hätte Br. den Inhalt
des vermißten Abschnittes in § 4 ff. (S. 220 ff.) wohl finden
dürfen.

Angekündigt ist der Inhalt in § 4 Absatz 1, auch in Absatz 2,
fünftens (S. 230 unten).

In dieser zweiten Auflage erfolgten außer einigen untergeordneten technischen Korrekturen keine wesentlichen Veränderungen trotz des Hinweises auf die scheinbaren, aber in
Schells persönlichem Stil begründeten »Wiederholungen«. —

Über die »Zukunft« von Schells Lebensarbeit und der Schellschen Apologie und Apologetik, deren Gedanke Braig nicht haltbar erscheint, darf man sich vorab der Sorge entschlagen. — Schell erbrachte in überzeugender Gründlichkeit und Allseitigkeit mit glühender Begeisterung und Liebe zu dem tiefen, unerschöpflichen Mysteriengehalt der Jahwe- und Christusoffenbarung den Beweis für deren Universalität, Einzigartigkeit und Göttlichkeit haupt-sächlich aus inneren Gründen.

Den äußeren Kriterien wird indes keineswegs die ihnen ge-bührende Stellung genommen, vielmehr erhalten sie erst recht durch die Deutlichmachung der sie tragenden geistigen Fundamente ihre eigentümliche Würdigung und Wertschätzung. Ähnliche An-schauungen finde ich auch in einer Abhandlung der eben er-schienenen Tübinger Quartalschrift, 1. Quartalheft 1908: »Die altkirchliche Apologetik des Christentums« von Professor Dr. Wil-helm Koch im Anschluß an Kuhn vertreten.

W. Koch sagt S. 19 in einer Fußnote: »Wir schließen uns also hier an Kuhn an, der Wunder und Weissagung als Offen-barungen Gottes und darum als Glaubenstatsachen betrachtet und ihnen den Wert von rationes persuasoriae, nicht demonstrativae beilegt (Theol. Quartalschrift 1860 S. 293. 313 f.). Doch fügen wir bei, daß Wunder und Weissagungen auch denjenigen, die ein Verlangen haben, zu glauben, helfende Führer zum Glauben sein können. Jeder Wert in der Apologetik ist ihnen nicht abzu-sprechen.« — Schell hat beide, innere und äußere Kriterien in harmonischer Ergänzung zu verbinden vermocht, aber unter dem Gesichtspunkt der Apologetik. Daher das Präponderieren der inneren Kriterien. Schell kam es darauf an, gegenüber allem, was der moderne Geist an intellektuellen und ethischen For-derungen, Zielen und Werten bei der Lösung der großen Lebens-probleme dem religiös und sittlich interessierten Menschen dar-bietet, von innen heraus eine Apologie zu schaffen für die unbedingte, weil auf die göttliche Inspiration begründete, uner-schütterliche Überlegenheit aller in der Offenbarung wirksamen geistigen Kräfte der Wahrheit und Vollkommenheit.

Würzburg, 12. Dezember 1907.

Dr. Karl Hennemann.

Inhaltsübersicht.

Zweiter Abschnitt.

**Der Vollkommenheitsbegriff und das Sittlich-Gute der
Jahwereligion.**

Zweite Beweisführung.

Die übernatürliche Kraft des lebendigmachenden Geistes in der biblischen Offenbarung.

Die Inspiration als religionsgeschichtliche Tatsache.

Zweiter Teil.

Apologie Christi.

Erster Abschnitt.

Das Selbstbewußtsein Jesu als Messias und Gottessohn.

Zweiter Abschnitt.

Jesus in den Vollkommenheiten des Offenbarungsgottes.

Dritter Abschnitt.

Die messianische Beglaubigung Jesu.

Erster Teil.

Die Göttlichkeit der Offenbarung im Alten und Neuen Bunde.

---

§ 1. Beweis für die Göttlichkeit der Offenbarung.

Der Glaube an die Göttlichkeit der Offenbarung, die im Alten und im Neuen Bunde an Israel und die Menschheit herangetreten ist, gründete diese Überzeugung von Anfang an auf die Vorzüge, durch welche sich diese Offenbarung ihrem Inhalt nach als göttliche Weisheit, ihrer Wirksamkeit nach als göttliche Kraft erwies. Dazu kam die übernatürliche Autorität, mit der diese Offenbarung jeder Generation gegenübertrat. Die Form dieser Autorität wechselte, je nach der geschichtlichen Entwicklungsstufe. Zuerst war es die Autorität, mit welcher die unmittelbar wahrgenommene Gotteserscheinung und Gottergriffenheit der Begnadigten wirkte. Dann kam die Autorität der Überlieferung hinzu; sodann die Macht des Gesetzes und der organisierten Theokratie. Auf die Synagoge folgte die Kirche und übernahm die reiche Erbschaft heiliger Schriften und Überlieferungen.

So liegt es in der Natur der Sache. Der wissenschaftliche Beweis für die Göttlichkeit der christlichen Offenbarung kann auch keine anderen Wege einschlagen. Bei einer Offenbarung muß naturgemäß die Göttlichkeit des Lehrinhaltes das erste Merkmal des göttlichen Ursprunges sein. Was als Offenbarung von Gott stammt, muß übermenschliche Weisheit sein. Besonders im Anfang, wo keine Überlieferung den Mangel der Einsicht durch die Macht der Gewöhnung ersetzt. Die Weisheitsfülle der dargebotenen Offenbarung kann sich nur dadurch als übermenschlich kundgeben, daß sie eine wirklich hinreichende Welterklärung lehrt und zwar übermenschlich hinsichtlich der Vollständigkeit, sodann der Sicherheit und Gewißheit, hinsichtlich der inneren Geschlossenheit, Einheit und Reinheit von allem Überflüssigen. Die Vollständigkeit fordert, daß die dargebotene Lehrwahrheit sowohl dem Tatbestand wie den Forderungen der Vernunft vollkommen gerecht werde. Nichts, was in der gegebenen Wirklichkeit vorhanden ist, darf um dessentwillen außeracht gelassen oder mit instinktiver Sophistik seiner charakteristischen Eigenart entkleidet werden, weil es Schwierigkeiten bereitet.

Die übernatürliche Weisheitsfülle und der göttliche Wahrheitsgehalt der biblischen Offenbarungsreligion ergibt sich in dieser Hinsicht aus den drei großen Wahrheiten, welche die Kulturwelt der Hl. Schrift des Alten und Neuen Bundes verdankt. Die erste Grundwahrheit ist der vollkommene und heilige Gottesbegriff des überweltlichen und persönlichen Gottes, des Jahwe im Alten Bunde, des himmlischen Vaters im Neuen Bunde. Diese Gottesoffenbarung leuchtet als reiner Monotheismus des überweltlichen Schöpfergottes und zugleich als die Offenbarung der vollkommensten Dreieinigkeit der geistigen Lebens- und Wesensgemeinschaft durch alle Zeiten — unvergleichlich als die klarste und als die fruchtbarste Wahrheit, als die allein hinreichende Welterklärung und Lebensbestimmung, als das alleingültige Wahrheitsideal für Denken und Leben.

Die zweite große Offenbarungslehre ist das vollkommene Gesetz des Guten. Als Gesetz der Gerechtigkeit und Gnade trat die Offenbarung im Alten und Neuen Bunde vor Israel und die Menschheit. Sie war auch darin unvergleichlich unter allen Religionen und Philosophien, daß sie allein das ganze und volle Ideal des Guten aufstellte und daß sie allein mit der gebührenden Hoheit und Kraft die Verpflichtung für dieses höchste Gut geltend machte. Darum ist sie von Anfang an (auch vor dem Gesetze) die Religion des Gesetzes. Das Gute und Verpflichtende ist zugleich das Helfende und Beseligende. Was Liebe verdient, was den Willen verpflichtet, was den Unterschied von Gut und Böse begründet, was Gebot der Liebe und des Lebens, der Kraft und der Vollendung ist, das ist Gott allein und Gott selber. Das Gute ist Sittlichkeit und Seligkeit zugleich, Selbstlosigkeit und Selbstvollendung zugleich, Gottes- und Menschenliebe, Opfer und Hoffnung zugleich.

Die dritte große Grundwahrheit ist das Gottesreich und sein Kommen zur Menschheit; die Gemeinschaft Gottes mit dem Menschen, die Civitas Dei, das Tabernaculum Dei cum hominibus. Die Offenbarung ist das Evangelium des Himmelreiches, die Frohbotschaft des Gottesreiches. Es ist der biblischen Offenbarung ebenso wesentlich, Evangelium wie Gesetz zu sein. Sie ist die prophetische, messianische und apostolische Ankündigung des kommenden Gottesreiches. Sie ist die Ankündigung, daß Gottes Reich kommen soll und will, daß es nahe ist und daß es in den Seelen wie in der Welt kraftvoll erfüllt wird. Die Gottgemeinschaft muß in der Stufenfolge der Schöpfungstage alle Verhältnisse und Lebensbetätigungen der Welt durchdringen und erfüllen, bis Gott alles in allem ist. Die Offenbarung ist in der Welt- und Heilsgeschichte die Selbstverwirklichung des Himmelreiches durch Gottes Gnadenkraft.

Gott, Gesetz und Evangelium: das sind wie auf dem Berg der Verklärung die drei großen Geheimnisse der Offenbarung, wodurch sie sich als Licht und Wahrheit, als Pflichtgebot und Zielgut, als Kraft- und Gnadenquelle über alle Religionen und Philosophien himmelhoch erhebt. Was die Offenbarung darbietet, ist übermenschliche Weisheit. Die Vollkommenheit des Wie, wie sie in der Menschheit auftrat und wirksam war, ist der lebendigmachende Geist, der alle Kräfte befruchtet, erweckt und zur höchsten Eigenart und Selbsttätigkeit befähigt. Dies ist der zweite große Beweis der Göttlichkeit: die Offenbarung des Alten und Neuen Bundes erscheint und wirkt als die gewaltigste Inspiration, welche die Menschheit jemals erfahren hat. Wenn die Religionsgeschichte des Alten und Neuen Testamentes ganz vorurteilslos betrachtet wird, nicht mit den Augen des Glaubens, sondern nur der unbefangenen Vernunft, so ist sie die tiefste Erregung und Erschütterung, die kraftvollste Erhebung, die reichste Befruchtung, welche die Menschheit jemals erlebt hat. Unter dem Gesichtspunkt der Inspiration betrachtet findet sich nichts in Religion und Philosophie, in Mystik und Ascese, in Weltverleugnung

und Weltbeherrschung, was der Geisteserweckung und Geistes-
ausgießung nahe käme, welche im Alten und Neuen Testament
der Welt zuteil geworden ist.

Der dritte große Beweis ist die übernatürliche Autorität,
mit der die Offenbarung des Alten und Neuen Bundes vor die
Menschheit hingetreten ist. Das Alte und Neue Testament, selbst
wenn es in die kritische Beleuchtung der vergleichenden Religionswissenschaft hineingestellt wird, erweist sich als ein übernatür-
liches Wunder und als übernatürliche Weissagung. In beiden
Testamenten zeigt sich die Offenbarung als etwas Einzigartiges:
als die Kirche des Wunders und der Weissagung im höheren
Sinne, als die Heilsanstalt von übermenschlicher Autorität
und Segenskraft. Erfüllt von dem Bewußtsein der göttlichen
Sendung und Salbung, gebunden und gehoben durch die göttliche
Verpflichtung, für die einzige und allein berechtigte Wahrheit und
Heilsordnung unter der Menschheit zu wirken und das Ideal der
Gottesherrschaft im Volke der Vorbereitung und in der gesamten
Menschheit zur Erfüllung zu bringen: so standen und stehen die
Organe der Offenbarung im Alten und Neuen Testament, die
Organe der Heilsordnung in der Kirche Christi mit dem An-
spruch göttlicher Autorität zuversichtlich und sicher vor der Welt.
Weder die Kultur, deren Kritik und Skepsis entmutigt sie, noch
die Schwierigkeiten der Unkultur. Die Kirche in der Entwicklung
der Heilsgeschichte ist der dritte große Beweis der Offenbarung.
Im Vollgefühl ihrer übernatürlichen Alleinberechtigung und Allein-
befähigung fordert sie die Welt auf die Probe ihrer Unfehlbarkeit
heraus.

Erste Beweisführung.

Die übernatürliche Fülle der Weisheit in der biblischen Offenbarung.

Erster Abschnitt.

Der Gottesbegriff der biblischen Religionsentwicklung.

§ 1. Die wissenschaftlichen Gegensätze in der biblischen Religionswissenschaft.

1. Anfang und Ende der biblischen Entwicklung des Gottesbegriffes sind für den christlichen Offenbarungsglauben bezeichnet durch den Begriff des voraussetzungslosen Schöpfers und Herrn der Welt einerseits, sowie durch das Geheimnis der göttlichen Dreieinigkeit anderseits. Vom Allmächtigen zum Dreieinigen, von der ewigen Geistestat zur ewigen Liebe: das ist der Fortschritt der Offenbarung von Anfang des Alten Testamentes bis zum Abschluß des Neuen.

Die theologische und religionswissenschaftliche Kritik der biblischen Religionsentwicklung widerspricht dieser Auffassung hinsichtlich des Anfanges wie des Endes.

Für den Anfang fordert oder behauptet sie eine nationale und naturalistische Gottesidee, wie bei allen Völkern aus dem Animismus, dem Naturkultus oder beiden hervorgegangen, und unbefangen als die Personifikation der heimatlichen Natur und der eigenen Volksinteressen gedacht und verehrt. Strittig ist nur die besondere Bestimmung, welche Naturgrundlage dem Gott des entstehenden Volkes Israel zukomme, und wie sich der Übergang aus dem Animismus und Totenkult einerseits oder dem fetischistischen Naturdienst anderseits zum Gottesglauben im national und territorial beschränkten Sinn vollzogen habe.

Die apologetische Untersuchung kann eine wirklich apologetische Beweisführung nur dadurch werden, daß sie eine möglichst voraussetzungslose und unbefangene Untersuchung des religionsgeschichtlichen Tatbestandes ist. Die alttestamentliche Religionsgeschichte ist tatsächlich zum Gegenstand der vergleichenden Religionswissenschaft geworden; kein Protest vermag diese

Tatsache ungeschehen zu machen, keine Klage vermag ihre Wirkungen hintanzuhalten. Die Apologetik muß darum die religionsgeschichtlichen Forschungen über den Ursprung und Wert der alttestamentlichen wie neutestamentlichen Religion berücksichtigen. Sonst sind ihre Ausführungen für die Welt der Wahrheitssucher, der Zweifler und der rücksichtslos Fragenden bedeutungslos.

Die Religionsgeschichte Israels wird von der Kritik in das Schema der Entwicklungslehre gebracht und als allmähliches Aufsteigen vom ursprünglichen Animismus und Totenkult dargestellt. Der Unterschied im Vergleich zu anderen Religionsentwicklungen bestehe wesentlich darin, daß die Jahwereligion durch irgend einen Propheten den zum Volke Israel vereinigten Stämmen aufgenötigt oder von anderen Volksstämmen herübergenommen worden sei. Die Hauptfrage wäre nun gerade, wie der betreffende Prophet zu dem Gottesbegriff der Jahwereligion gekommen sei, und wenn auf andere Völker verwiesen wird, woher diese Stämme im Unterschied von aller sonstigen Religionsentwicklung den Jahweglauben empfangen hatten? Gerade wenn der Jahwismus eine so einzigartige Wirkung für die Religionsentwicklung hatte, und zwar durch seinen Gottesbegriff wie durch die Fruchtbarkeit seiner Geisteskraft, mit welcher er immer wieder Propheten im Sinne ihres ersten Verkünders erweckte, dann ist das Problem um so dringender, welches der Ursprung der Jahwereligion überhaupt und im Geiste ihres ersten Verkünders gewesen sei.

Die eigentümliche Kraft des Jahwe-Gottesbegriffes lag unzweifelhaft in dem Gedanken, den der Name Jahwe aussprach: daß Gott in sich selber gründe und darum mit einer dem Menschen und der Welt gegenüber selbständigen Majestät ihm verheißend, verpflichtend, lebenspendend gegenübertrete. Wenn, wie in den großen Kulturreligionen Ägyptens und Babylons, die Gottheit nichts anderes ist als der höchste Ausdruck für die Welt, für die erfahrungsmäßige Wirklichkeit und unsere Menschennatur, so bleibt der Gottesglaube mit seiner idealen und realen Kraft in dem Kreis der gegebenen Wirklichkeit eingeschlossen und vermag dieselbe höchstens zu verklären, jedenfalls aber nicht von Grund aus umzuwandeln, zu befreien und zu einer höheren Lebensgemeinschaft (mit der Gottheit) zu berufen, zu verpflichten und zu begeistern. Der Monismus ist die Religion der Naturnotwendigkeit; der Jahwismus und Theismus ist die Religion der Freiheit, des selbstbewußten, selbstbestimmten Lebens: »Ich bin, der Ich bin!«

Woher diese großartige Gottesidee? Das ist die große Frage. Die Einzigartigkeit des Gottesbegriffes Jahwe ist derart, daß sie alle anderen Einzelfragen bedingt. Es ist eine Verschiebung des

Problems, wenn man die Entstehung des Jahwismus wie etwas Selbstverständliches so erledigt, daß die Untersuchung über die vorjahwistische Volksreligion Israels als die Hauptfrage erscheint. Die weltgeschichtliche Bedeutung Israels liegt nicht in der etwaigen vorjahwistischen Volksreligion, sondern in dem Jahwe-Gottesbegriff.

Übrigens ist es selbstverständlich, daß nicht die denkschwachen Massen für die Befruchtung und Vertiefung der Religion bedeutsam waren und sind. Auch die tiefsinnigste Lehrweisheit wird durch deren Popularisierung allmählich verflacht und veräußerlicht. Geist und Leben wird von den Massen zumeist nicht ins Auge gefaßt, sondern zu geistloser Gewohnheit vertrocknet. Wir nehmen für unsere Gegenwart das Recht in Anspruch, die Ideale der führenden Geister und Mächte von dem zu unterscheiden, was die öffentliche Meinung, ja was der Zeitgeist überhaupt daraus macht. Wenn das für die Gegenwart mit ihrer allgemeinen Schulbildung notwendig und recht ist, warum nicht noch mehr für die Vergangenheit? Wann gab es eine Zeit, wo nicht der Gegensatz von Forschern und Schülern, von unmittelbar Lernenden, d. h. von Pfadfindern, und von bloß mittelbar Lernenden, von Anhängern und Nachtretern bestanden hätte? Warum übersieht man dies bei der Religionsentwicklung Israels?

2. Die Voraussetzungen, welche bei der Fragestellung und Untersuchung ferngehalten werden müssen, sind nicht minder die Voraussetzungen des Unglaubens, wie diejenigen des Glaubens.

Die Kluft zwischen Glauben und Unglauben, welche für die Persönlichkeit der Forscher unzweifelhaft vorhanden und wirksam ist, weist den einzelnen ihre Stellung auf dem einen oder anderen Ufer an: dadurch, daß man sein Ufer als die Seite der Voraussetzungslosen erklärt, ist die Forschung dieser Seite vielleicht erst recht unter den Bann naiver, weil unerkannter Voraussetzungen geraten. Erst wenn man die geschichtliche Notwendigkeit und Macht der in die Person des Forschers eingegangenen, zur geistigen Natur und Individualität gewordenen Voraussetzungen für sich selber kennt und anerkennt, vermag man für seine Forschung als Gesetz und Ziel aufzustellen und durchzuführen, was für die zeitlich gewachsenen Personen niemals gegebene Tatsache ist: die unbefangene und urteilslose Fragestellung und Denkarbeit. Der Denker ist voraussetzungsvoll, weil er geschichtlich geworden ist; aber er soll für sein Denken möglichste Voraussetzungslosigkeit erstreben. Dies wird ihm sicher nicht gelingen, wenn er die unvermeidliche Tatsache verkennt, daß jeder, auch er selbst, in concreto mit Voraussetzungen und Vorurteilen aller Art verwachsen ist. Je mehr er diese zur geistigen Natur, Selbstheit und Gewohnheit verhärteten, tatsächlich ererbten oder hochgehaltenen Anschauungen, Überzeugungen und Urteile über Wahrheit und Wert zunächst als Vorurteile, d. h. als überlieferte oder mit dem ganzen Werdegang gewonnene Urteile, durchschaut, desto mehr kann er in seinem Denken dem Ideal der vorurteilslosen Unbefangenheit und objektiven Wahrheit gerecht werden.

Verhängnisvolle Vorurteile und irreführende Voraussetzungen, welche die unbefangene Untersuchung der alt- und neutestamentlichen Religionsgeschichte unmöglich machen, sind zunächst solche, welche den Tatbestand selber betreffen, um dessen Erklärung und Verständnis es sich handelt; sodann solche, welche der Weltanschauung und Denkrichtung des Beurteilers angehören. Die erste verhängnisvolle Voraussetzung betrifft die Fragestellung selbst und führt dazu, daß die meisten Forscher im wichtigsten Punkt überhaupt zu keiner ernsten Fragestellung· kommen. Diese lautet: Hat das Christentum (und der biblisch begründete Offenbarungsglaube des Judentums und Islams) recht, wenn es die alttestamentliche Religion in ihrem Ursprung, Lehrgehalt und Fortgang auf eine göttliche Offenbarungstat zurückführt?

Obgleich die geistige Welt, welche die Kultur des Abendlandes und Morgenlandes in den letzten zwei Jahrtausenden hervorgebracht hat, von diesem Glauben durchdrungen und zu ihrer Kulturarbeit befruchtet worden ist, halten gleichwohl viele Religionsforscher diese Überzeugung keiner ernsten Fragestellung wert und schließen sie von vornherein als Aberglauben aus.

Erstes Vorurteil: Wenn eine Offenbarung und Gottestat als Ursprung der biblischen Religion angenommen werde, so werde damit die menschliche Selbstbetätigung und die geschichtliche Entwicklung nach psychologischen Gesetzen ausgeschlossen. Folglich sei die Tatsache der geschichtlichen Entwicklung und der menschlichen Selbstbetätigung, wie sie die Gesetzgeber, Propheten und Priester im Alten Testament entfalteten, ein entscheidender Gegenbeweis gegen die Gottestat der Offenbarung.

Daß dieses Vorurteil des Unglaubens von den Extremgläubigen geteilt wird, macht es nicht haltbarer.

Die Anschauung, welche das Vorurteil voraussetzt, ist mit dem christlichen Gottesbegriff ganz unvereinbar, sowohl mit dem Schöpfungs- wie mit dem Dreieinigkeitsglauben. Dem Schöpfungsglauben zufolge ist gerade das selbsttätige Geistesleben und zwar dieses allein nach Gottes Ebenbild erschaffen. Die Natur wirkt mit Notwendigkeit und zeigt darum nur die Spur der schöpferischen Vollkommenheit, nicht deren Bild.

Das Glaubensgeheimnis der göttlichen Dreieinigkeit sagt, daß Gott ebenso wie im Worte der objektive Ausdruck aller Vollkommenheit, so im Hl. Geiste der subjektive Ursprung aller geistigen Vollkommenheit oder Lebendigkeit sei. Die Entwicklung ist kein Ersatz für die Erschaffung, sondern deren schönstes Werk und bester Beweis. Die menschliche Geistestat ist kein Gegensatz zur Gottestat der Offenbarung und Gnade, sondern deren schönste Wirkung und herrlichste, weil gottebenbildlichste Vermittlung.

Zweites Vorurteil: Der Geist sei aus dem Stoffe, der Mensch aus dem Tier, die Vernunft aus der Empfindung, die Religion aus dem Aberglauben, der Gottesglaube aus dem Gespensterglauben durch allmähliche Entwicklung im Kampf ums Dasein oder vermöge eines inneren Entfaltungstriebes hervorgegangen.

Daß diese Annahme ein Vorurteil im üblen Sinne sei, ist Gegenstand der grundlegenden metaphysischen Untersuchungen gewesen. (Vgl. Gott und Geist, Bd. II. S. 21 sq. 168 sq. 184—441. 500—567.) Mit diesem zweiten Vorurteil ist gewöhnlich verbunden ein

Drittes Vorurteil: Durch den Nachweis der lückenlosen Vermittlung und der Übergänge in dem Aufbau und Fortgang der Wirklichkeit werde dargetan, daß das Unvollkommene und Niedrigste die hinreichende Ursache und der reale Ursprung der ganzen Entwicklung sei. Was in der idealen Reihenfolge als das Einfachste, Inhaltleerste und Niederste der Ausgangspunkt des abstrakten klassifizierenden Denkens ist, habe auch in der realen Wirklichkeit als das Erste im Sinne der hinreichenden Ursache zu gelten. — Auch dieser Grundirrtum ist im genannten Werke widerlegt.

Hier genüge nur die Erinnerung: der ärgste Animismus ist jene Naturauffassung, welche das Geheimnis der lebendigen Wirklichkeit, das erfahrungsmäßige Geschehen durch die Annahme zweier Tatsachen zu erklären vermeint, von denen die eine als magisches Etwas in der anderen, als wirkendes Gesetz im Material gegenwärtig sei. Ob diese Annahme in der lebendig poetischen Form der Vorzeit oder in der abstrakt prosaischen Weise der modernen Wissenschaft gemacht wird, immer ist es eine Weltanschauung, bei der alles durch Besessenheit erklärt wird. Auch das Gesetz ist ein animistisches Gespenst, wenn es nur Gesetz, nicht zugleich lebendiger Geisteswille sein soll.

Unter dem Einfluß der genannten und verwandter Vorurteile stehen die meisten wissenschaftlichen Erklärungsversuche der alttestamentlichen Religionsgeschichte. Den einen gilt der Gottesbegriff der Jahwereligion als das späte Entwicklungsprodukt eines natürlichen Verlaufes, der wie jeder religiöse Glaube seinen Ursprung im Aberglauben der fetischistischen Naturverehrung oder der animistischen Toten- und Geisterverehrung hat.

Die fetischistische Naturverehrung und der animistische Toten- und Geisterdienst gilt entweder als Anfang der vernünftigen Menschheitsära oder als Ende des noch nicht vernünftigen, also vormenschlichen Entwicklungszustandes. Die Theorien sind verschieden, je nachdem der Animismus und Totenkultus allein, oder der Fetischismus und Naturdienst allein, oder der vereinigte Geister- und Naturdienst und Totemismus als die Urreligion gilt. Im ersten Bande dieser Apologie wurde der Nachweis geführt, daß der Monotheismus nicht aus dem Animismus und Fetischismus hervorgegangen ist, insoweit damit eine abergläubische Vorstellungsweise gemeint ist.

Die ganze »wissenschaftliche Erklärung« des Ursprunges der alttestamentlichen Jahwereligion aus dem Animismus und Fetischismus

besteht in der Forderung, man müsse eben letztere als die Urreligion Israels annehmen. Die Spuren des Aberglaubens, welche
man hierfür als Beweis geltend macht, ließen sich in reichlicherer
und gröberer Form zu allen Zeiten und an allen Orten, auch in
den aufgeklärten Metropolen der modernen Kultur nachweisen.

Infolgedessen kommt die Kritik trotz allem schließlich selber
dazu, die Einführung des Jahwegottesglaubens als die Tat eines
Propheten aufzufassen. Die Kritik fühlt sich durch die grundsätzlichen Vorurteile genötigt, den Ursprung der monotheistischen
Jahwereligion möglichst spät anzusetzen. Man sucht einen Begründer des monotheistischen Gottesbegriffes. Allein die Urkunden stehen dem im Wege. Ihnen zufolge ist es unmöglich,
Jeremias für den Begründer des Monotheismus zu halten, auch
nicht die Urheber der Religionsreformation des Josias; auch nicht
den Propheten Jesajas, auch nicht Amos, auch nicht Elias, auch
nicht David, auch nicht Samuel. Selbst die Annahme begegnet
den größten Schwierigkeiten, welche Moses oder Abraham für
den Urheber und ersten Verkünder des monotheistischen Jahweglaubens hält. Wenn Moses als der Urheber der Jahwe-Gottes-
idee gilt, so beruft man sich dafür auf den Bericht des Elohisten
(Exod. 6, 1—13). Allein diesem Berichterstatter zufolge war
Abraham nicht minder strenger Monotheist als Moses. Moses
wird nur als der erste Gesetzgeber des Gottesglaubens, als der
erste Verkünder des Jahwe-Gottesnamens hervorgehoben, nicht
als der erste Jahweverehrer.

Einige Kritiker erklären den Jahweglauben als die Religion
der nomadisierenden Wüstenstämme Israels, der sog. Leastämme;
von diesen sei er durch Moses dem in Ägypten ansässig gewordenen, aber geknechteten Stamme Joseph übermittelt und dadurch
erst zu größerer Bedeutung gebracht worden. Man weist zum
Beweis hin auf den Zusammenhang des Jahweglaubens mit dem
Sinai und mit dem Stamme Levi. Andere nehmen den Stamm
Joseph als den eigentlichen Träger und Fortbildner der Jahwereligion. Der Ursprung des Jahwismus ist damit nicht erklärt;
die Hauptfrage ist nur zurückgeschoben.

Das gleiche gilt von jener Theorie, welche annimmt, der Jahwismus
stamme aus der Religion der Keniter oder Kainiter (nach Gen. 4, 1. 16. 17. 24.
Num. 24, 21; 15, 19. Jud. 4, 11: Hobab der Kainiter [1, 16] als Schwiegervater

Mosis. 1. Sam. 15, 6; 27, 10. Kain blieb der Verbündete Israels. Mit diesen kann Melchisedech als kanaanitischer Monotheist in Verbindung gebracht werden Gen. 14, 18—20). Andere, wie Hommel, denken an die Midianiter oder andere südarabische Völker, die Minäer und Sabäer. Hierfür dient als wichtigster Anknüpfungspunkt der vierzigjährige Aufenthalt des Moses bei jenem Volke, dessen Hohepriester Jethro oder Reguel der Schwiegervater und Lehrer in Religions- und Rechtssachen für den ägyptischen Flüchtling wurde. (Exod. 2, 15—22; 3, 1; 4, 18—25; 18, 1—27. Num. 10, 29—32 [Hobab Reguels Sohn]; 12, 1.)

Ägypten und Chaldäa erlauben keine unmittelbare Entlehnung des Jahwismus; doch werden trotzdem vielfach Einflüsse angenommen. Für Ägypten gilt als Hinweis die Geschichte Josephs, der Aufenthalt in Gosen, die Erziehung des Moses und die Beziehung von Exod. 3, 14 zu der Selbstbezeichnung der Urgottheit Neith (vgl. Gott und Geist II S. 143). Für Chaldäa der aramäische Ursprung Abrahams und der Bericht, daß Bileam ein Jahweverehrer gewesen sei (Num. 22—24). Delitzsch glaubt, das Vorkommen des Gottesnamens Jahwe in dem Babel Hammurabis nachweisen zu können.

3. Bei der Frage nach den religiösen Verhältnissen der Urzeit muß inbetracht gezogen werden, daß zu allen Zeiten zwei Kräfte und Richtungen miteinander rangen, um die Weltanschauung und die Religion zu bestimmen.

Jeder Mensch trägt diese Gegensätze in sich, durch deren Wechselspiel das geistige Leben vor sich geht. Von Anfang an ringen im Einzelmenschen wie in der Gesamtheit die Naturneigung, welche sich den Eindrücken überläßt, und die Geistesneigung, welche in der möglichsten Kraftbetätigung die Befriedigung des höheren Selbstgefühls, Wahrheits- und Vollkommenheitsverlangens sucht. Die naturhafte Neigung der Masse nimmt voreilig eine sich darbietende Erklärung als hinreichende Erklärung an. Der praktische Eifer und die Wertschätzung, welche der Mensch unwillkürlich für das Ideal der Wahrheit hegt, drängt dazu, die nächstbeste Weltanschauung, welche keinen Widerwillen erregt, die einem gewohnt ist und nicht zu große Ansprüche an das Denken und Wollen stellt, als wirkliche Erklärung anzunehmen. Die Energie, mit der ihre Wahrheit geltend gemacht wird, soll die Mängel der sachlichen Gründe ersetzen, ist aber zugleich eine Wirkung des unbedingten Verlangens nach Wahrheit. Weil die Forderung nach Wahrheit mit unbedingter Entschiedenheit im Menschen lebt, ist man bereit, die Weltanschauung, welche einem am wenigsten persönliche und sachliche Schwierigkeiten bereitet, als Wahrheit anzunehmen. So wirken Wahrheitsdrang und natürliche Scheu vor aller Anstrengung zusammen. Die große Menge aller Stände vertritt immer die Neigungen und Einflüsse, durch welche Oberflächlichkeit und Fanatismus begünstigt werden.

Aber die außerordentlichen Persönlichkeiten sind gerade jene, welche sich nicht vor den inneren Mühen des Denkens und vor dem Opfer der Selbstverleugnung fürchten, welche sich nicht vor dem ausdrücklichen Zugeständnis der empfundenen Mängel in der herrschenden Weltanschauung scheuen. Sie empfinden die Sehnsucht nach Wahrheit am stärksten; aber deswegen verschließen sie ihre Augen nicht vor den Schwierigkeiten.

Die gewissenhaften und tiefen Geister bemühen sich, mit Anstrengung ihrer Denkkraft beobachtend und ergründend die Gesamtheit der Tatsachen und zwar in ihrem unzerreißbaren Zusammenhang zu erfassen und der Einheit gerecht zu werden, welche trotz aller Verschiedenheit und Entfernung doch unzweifelhaft überall hervortritt. Die Oberflächlichkeit haftet hingegen am einzelnen und übersieht über dessen loser Vielheit die allbeherrschende Einheit. Darum ist der Animismus und Fetischismus von Uranfang an die Weltanschauung des verflachenden Denkens, das sich im einzelnen verliert und die Einheit übersieht, aus deren Schoß alles entsteht und in deren Zusammenhang alles besteht. Der Animismus geht von den menschlichen Lebenszuständen aus, der Fetischismus faßt die einzelnen Naturtatsachen ins Auge.

Die oberflächliche Denkweise begnügt sich mit dem Nächstbesten als Ursache; sie prüft nicht, ob die sich darbietende Erklärung wirklich erschöpfend und hinreichend sei. Der naturwissenschaftlichen, empirischen und praktischen Erklärung des einzelnen genügt die Feststellung eines gesetzmäßigen Folgeverhältnisses, ohne daß das Vorausgehende (antecedens) wirklich hinreichend und erschöpfend den Hervorgang und die Beschaffenheit der Wirkung oder Folge zu erklären hätte. Was eben die nächste Ursache nicht leistet, kann und muß die höhere Ursache leisten. Allein bei der höchsten und ersten Ursache muß die Forderung einer wirklich hinreichenden, gründlichen und erschöpfenden Verursachung und Erklärung vollkommen erfüllt werden. Dies tut der oberflächliche Sinn nicht: er begnügt sich, für die einzelnen Natur- und Lebensvorgänge das Kommen und Gehen, Wirken und Ruhen einiger Geister und Seelen anzunehmen. Animismus und Fetischismus ist Aberglaube, weil beide durch die Annahme einer Unzahl willkürlicher Geistermächte die Wirklichkeit erklärt zu haben vermeinen. Ernster Glaube, Vernunft und Denknotwendigkeit hingegen ist es, den Geist oder die geistige Ursächlichkeit, die Macht des Geistes, d. h. des Gedankens und Willens, der Weisheit und Heiligkeit als die allein hinreichende Ursache der Wirklichkeit anzunehmen. Der Geist bedeutet die

Ursächlichkeit der in sich selbst begründeten, ihrer Gründe und Zwecke bewußten Tätigkeit, die Macht des Allgemein-Gültigen und Allgemein-Wertvollen, des logisch und ethisch Notwendigen, des über alle selbstsüchtigen Interessen Erhabenen und um seiner selbst willen Begehrenswerten. Der Glaube an den Geist ist demnach nicht bloß vernünftig, sondern die Vernunft selber; der Glaube an Geister ist nur so weit vernünftig, als er empirisch hinreichend begründet ist und insofern als diese Geister und Seelen zur Verwirklichung und Vertretung des Allgemein-Gültigen und Allgemein-Wertvollen verpflichtet und befähigt sind. Im Animismus und Fetischismus kommt dies fast gar nicht zur Geltung. Sogar in den höheren Religionsformen sieht man den inneren Grund nicht ein, wozu die Unzahl der Geister da ist und welche innere Bedeutung für Wahrheit und Vollkommenheit ihre unsterbliche Fortdauer hat. Dies tritt deutlich hervor, wenn die Seelen als wesenlose Schatten fortbestehend gedacht werden: es ist ein bedeutungsloses Leben und Dasein im Jenseits, weil es auch im Diesseits bei den meisten ohne allgemein gültige und allgemein wertvolle Bedeutung gewesen war.

Animismus und Fetischismus sind also durch den Pluralismus und den Mechanismus charakterisiert. Sie werden einerseits der Einheit und Gesamtheit des Wirklichen nicht gerecht; anderseits begnügen sie sich mit einer äußerlichen, bedeutungslosen und in sich selbst nicht hinreichend begründeten Ursächlichkeit. Die Tatsachen fordern Vollständigkeit des Erkennens und Würdigens, materiell und formell, letzteres durch Würdigung des einheitlichen Zusammenhanges, in dem alles steht und wirkt. Die ursächliche Erklärung fordert von unserem Denken, daß es sich nur mit einer in sich selbst vollbegründeten Ursache begnüge, mit einem Prinzip, das es dem Inhalt wie der Kraft nach verdient, als Ursache der Wirklichkeit zu gelten.

Die Wissenschaft, welche nichts als exakte Tatsachensammlung sein will, steht unter dem Bann der oberflächlichen Denkweise: sie wird der Tiefe der erfahrungsmäßigen Wirklichkeit nicht gerecht. Sie begeht den Fehler, daß sie den Tatbestand in bloße Tatsachen, Formeln und Wirklichkeitsklötzchen verflacht, verhärtet und herabdrückt, um sich und ihre Jünger im Wahne einer exakten Wiedergabe des Tatbestandes zu beschwichtigen. Der moderne Empirismus, Agnostizismus und Materialismus, kurz jede mechanische Weltanschauung krankt an derselben Schwäche wie der mitleidig beurteilte Animismus und Fetischismus. Die Männer, welche dem Pluralismus und Mechanismus der animistischen Zersplitterung und Verflachung entgegengearbeitet haben, indem sie »den Geist« gegenüber dem Chaos von Geistern, den Seienden gegenüber der Unzahl von Wirklichkeitsklötzchen, die Kraft der Weisheit und den Ernst der Gottgehörigkeit, kurz den Kultus der Ideale gegenüber dem Kultus der Willkürgewalten zur Geltung brachten, sind eben die Männer der Offenbarung und des Glaubens. Wenn die mechanistische Denkweise über Moses, seine Vorgänger und Nachfolger aburteilt, so bekundet sie dadurch nur, daß sie an demselben Übel krankt, dem der prophetische Gedanke gegenübertrat: an Verflachung der Tatsächlichkeit und an Veräußerlichung der Ursächlichkeit.

§ 2. Religionsgeschichtliche Beweisgründe.

Erster Beweisgrund für den übernatürlichen Offenbarungscharakter des biblischen Gottesbegriffs.

Der sittliche Gottesglaube als die Überlieferung der patriarchalischen Urzeit.

Die religiöse Literatur Israels verdankt ihre große Bedeutung dem Umstand, daß sie die Urkunde einer ganz einzigartigen Welterklärung ist, nämlich des überweltlichen Gottesbegriffs. Die Hl. Schrift Israels lehrt Gott als den Schöpfer der Welt durch sein gestaltendes Wort und seinen belebenden Geist. Sie lehrt Gott als den Schöpfer seines Volkes und den Begründer eines Himmelreiches, wo alle in der Sabbatgemeinschaft ihres Gottes zur Vollendung gelangen. Die Hl. Schrift Israels ist die große Urkunde des überweltlichen Weltschöpfers, die Urkunde, wie dieser Gottesbegriff von Anfang an der Menschheit als göttliche Offenbarung gegeben war, wie er trotz aller Gedankenverwirrung und Sinnesverirrung das hl. Erbgut der Patriarchen blieb, bis er schließlich von Israel Besitz ergriff und es zum Volk des Monotheismus machte. Die Hl. Schrift ist die Urkunde, wie sich der Jahweglaube der Urzeit zum christlichen Geheimnis des dreieinigen Gottes und der Menschwerdung des Wortes vollendete. Die Offenbarungsgeschichte ist das Erleben des göttlichen Lebens im eigenen Leben der Menschheit.

    1. In dem biblischen Gottesbegriff ist eine einzigartige Idee gegeben, welche ihresgleichen in den übrigen Religionen nicht findet. Diese Einzigartigkeit war dem religiösen Geiste Israels von Anfang an klar bewußt, wenigstens den führenden Persönlichkeiten. Kein Volk und keine Religion erhob sich zu einem ähnlichen Gottesbegriff, auch nicht in annähernder Reinheit, Tiefe und Lebendigkeit. Einzelne Religionsstifter und Philosophen, wie Zarathustra, Platon und Aristoteles, kamen dem Monotheismus

scheinbar nahe; aber in ihren Religionen und Schulen wurde
sofort wieder der Monismus bestimmend. Der Monismus ist
vorhanden, solange die Welt irgendwie als die Allwirklichkeit
und das Sein schlechthin gilt. Mag auch ein Gott in ihr als die
höchste Ursache und Vollkommenheit herrschen: der Monismus
ist da, solange Gott nur als der höchste und erste in der Allwirklichkeit gilt, etwa so wie die Vernunft im Menschen. Allein
die Vernunft muß sich zumeist mit dem Vorrang der Würde und
der inneren Begründung begnügen; die Materie und die in
ihr verkörperte Seinsnotwendigkeit behauptet den Vorrang der
Kraft, der Ursache und der Unbedingtheit. Die Vernunft gilt
dann als das Ideal aller inneren Begründung und Zweckordnung;
die Materie als die Ursache der Wirklichkeit. Darum ist der
Monismus gewöhnlich mit dem Dualismus der Weltprinzipien
verbunden. Wie der Mensch aus Leib und Seele, so scheint die
Allwirklichkeit aus dem Urstoff und der weltordnenden Vernunft
zusammengesetzt. Über diesen Grundgedanken führte weder Babel
noch Ägypten, weder Platon noch Aristoteles, weder die auf-
geklärte Zeusreligion noch die synkretistische Religionsphilosophie,
weder die Stoa noch der Neuplatonismus hinaus. Es blieb immer
dabei, daß Gott der tiefste Wesensgrund und höchste Beherrscher
der Welt sei, auf die Welt angewiesen als seinen Lebensinhalt und
den Gegenstand seiner Wesensbetätigung. Der Gott des Monismus
bleibt in den tragischen Gegensatz gebannt, der sich uns als das
Problem des Übels darstellt. In der Weltentwicklung und in der
Religion handelt es sich für den Monismus immer zugleich um die
Gottheit selber, um ihren Ursprung, um ihre Lebensbetätigung,
um ihre Kämpfe. Die Gottheit ist zwar die von innen und oben
betrachtete Welt; aber in das Schicksal der Welt bleibt sie gleichwohl verflochten. Der scheinbare Monarchianismus darf nicht
darüber hinwegtäuschen. Der Monotheismus ist erst dann
gegeben, wenn die Gottheit als die von der Welt schlechthin selbständige Vollkommenheit des sichselbstgenügenden Geisteslebens
gedacht wird. »Ich bin, der Ich bin.« — »Im Anfang war das
Wort, und das Wort war bei Gott, und Gott war das Wort. . . .
In ihm war das Leben.« (Joh. 1, 14.) Erst dieses Leben ist das
Licht der Menschen. Gott ist das vollkommne Geistesleben,
nicht etwa bloß in der Welt, sondern unabhängig von der Welt

und in diesem Sinne über der Welt. Alles, was in der Welt ist,
auch sein Volk, verhält sich zu Gott wie das Geschöpf des freien
Willens, wie der Gegenstand seiner gnadenvollen Auserwählung,
wie das Werk seiner Hände. Gott bedarf weder der Welt noch
seines Volkes. Es hat einen ganz anderen Sinn, wenn Paulus zu
Athen die Menschheit als ein von Gott abstammendes Geschlecht
bezeichnet: alles Naturhafte ist dabei ausgeschlossen.

2. Der sittliche Gottesglaube war in seinem wesentlichen Grundgedanken die Religion der Patriarchen. Wie immer
es sich mit dem Jahwenamen verhalte, der Gottesbegriff der allmächtigen Güte und Gerechtigkeit ist nicht erst von Moses errungen
oder empfangen worden: es war der Gott der Väter, der ihm
in neuem Lichte aufging. Es ist unmöglich, die Patriarchen als
die Vertreter des sittlichen Monotheismus der Kritik zum Opfer
zu bringen. Die biblischen Berichte müßten in ihrem wesentlichen Gedankengang gewaltsam geändert werden, wenn man
den monotheistischen Gottesglauben von den Patriarchen loslösen
wollte. Es wäre ebenso gewaltsam, die Patriarchen selber in Götter
umzudeuten, wie sie zu Götterverehrern zu machen.

Die ganze Bedeutung der biblischen Patriarchengeschichte
liegt in der Wahrung und Pflege des sittlichen Gottesglaubens
an den überweltlichen Schöpfer mit dem Bewußtsein, ihm als
dem höchsten Herrn und Endzweck mit dem ganzen Wesen verpflichtet zu sein.

Es gilt dies von der Glaubensüberlieferung, die sich an den
Gottesnamen Elohim anschließt. Aber es gilt auch, und zwar
nicht etwa weniger, sondern noch mehr von jener Glaubensüberlieferung, die sich an den Gottesnamen Jahwe anschließt.

A. Elohim wird religionsgeschichtlich hervorgehoben als der Gott, mit
dem Henoch die 300 Jahre in Gemeinschaft stand, während er Kinder zeugte:
darum nahm ihn Gott zu sich. (Gen. 5, 24.) Elohim beschließt die Sündflut und
die Rettung Noahs; »Gott« errichtet den Bund mit Noah und gibt die Gesetze
dieses Bundes. (Gen. 6 – 9.) Elohim ist es, der als El Schaddai Abraham aus
seiner babylonischen Heimat herausführt, auf daß er ein Stammvater vieler Völker
werde. El und El Schaddai werden genannt Gen. 35, 6. 11; 43, 14; 46, 1—4;
48, 3. Der Bund mit Abraham bedeutet: »Ich will ihr Gott sein.« (Gen. 17.)
Das Zeichen dieses Bundes ist die Beschneidung. Elohim erscheint dem König
Abimelech von Gerar, obgleich Abraham gemeint hatte, an diesem Ort walte keine
Gottesfurcht. Hingegen erfolgt später keine Erscheinung Jahwes an Abimelech.
(Gen. 26.) Wohl aber erscheint Elohim dem Jakob körperlich. (32, 25. 33.)

Der Engel Elohims waltet ebenso als Vorsehung wie der Jahwe-Engel. (Gen. 21; 48, 16.) Das Gebot, Isaak als Opfer darzubringen, geht von Elohim aus. Allein Abraham hofft auch von Elohim, daß er für die Opfergabe sorgen werde. Der Jahwe-Engel erfüllt diese Hoffnung und belohnt Abraham mit dem Segensberuf für alle Völker. (Gen. 22.)

Der Segen Elohims ist ebenso das Entscheidende für die Lebensentwicklung der Stammväter wie bei dem Jahwisten der Segen Jahwes. Das ganze Interesse der beiden Berichte gilt dem Bemühen der Beteiligten um diesen Segen oder um Anteil an diesem Segen. (Gen. 27—30; 48; 49.) Dieser Segen wirkt physisch in der Fruchtbarkeit und geistig in der welt- und heilsgeschichtlichen Bedeutung. (Elohim in Gen. 20, 17; 28, 3; 30, 2. 6. 8. 20 sq. wie Jahwe 20. 18 [17, 18]; 25, 21—23; 29, 30.) Die Auffassung Jakobs in der anstößigen Rede Gen. 31, 1—18 geht dahin: Elohim wie Jahwe ist es, von dem des Menschen Klugheit und deren Erfolg bei kluger Ausnützung der Naturkräfte kommt. Ebenso wirkt Elohim (gleich Jahwe) in allem, was dem Menschen begegnet. (Gen. 31, 24. 29. 42; 35, 1—15. 40; 41; 43, 14; 44, 16; 45, 5—9.) In der Rede an die Ägypter brauchen die Jakobssöhne auch im jahwistischen Bericht den Gottesnamen Jahwe nicht, sondern Elohim. (Gen. 39, 9; 40, 8; 41, 16. 28. 32 [38 Geist Gottes, sagt Pharao]). Desgleichen spricht der Pharao von Gott, natürlich in seinem (monistischen) Sinne 40, 39; ebenso 43, 23; 42, 18 (43, 14 El Schaddai); 44, 16; 45, 5. 7. 8. 9; 46, 1—4. Im Segen Jakobs 48, 11. 15. 20; 49, 25. Exod. 1, 17. 20. 21.

B. Die Anrufung des Namens Jahwe hat nach Gen. 4, 26 zur Zeit des Enos begonnen. Damit will der jahwistische Bericht nicht sagen, daß vorher kein Opferkultus geübt worden sei; denn der Jahwist berichtet, Kain habe Jahwe von den Feldfrüchten sein Opfer dargebracht, Abel von seiner Herde, und zwar von ihrem Fett. Jahwe ist es, der die Erde wegen der Sünde verflucht hat und um derselben willen später »bereut, die Menschen erschaffen zu haben«. (Gen. 6, 6.) Jahwe ist mit Auszeichnung der Gott Sems. Als Elohim schafft Gott Raum für Japhet. (Gen. 9, 26. 27.) Aus dem von Jahwe verurteilten Cham erhebt sich Nimrod als gewaltiger Kämpfer gegen Jahwe und begründet das erste Weltreich zu Babel. Das Werk dieses Weltreichs war der gottwidrige Turmbau, den Jahwe durch die Sprachverwirrung vereitelte. Jahwe ist der Urheber der Volksunterschiede und damit der Freiheit. Er ist es für alle Völker, wie er auch über die ganze Menschheit das Strafgericht der Sündflut verhängt hatte: also gilt er dem Jahwisten als der Gott aller Völker. (Gen. 6, 7—13; 10, 9; 11, 1—9.) Wie in der Natur, so wirkt Jahwe auch im Geiste. (Gen. 39.) Dem Jahwisten zufolge hat Abrahams Berufung nach Kanaan zum Zweck, daß er dort zum Stammvater eines Volkes werde, daß er selber zum Segen werde, und daß durch ihn alle Völker gesegnet werden. (Gen. 12, 1—4; 18, 17—19; 22, 15—18.) Jahwe gilt also als Gott der ganzen Welt und als Urheber des Heils für alle Völker. In der späteren Erscheinung Jahwes an Abraham in der Gestalt der drei Männer (Gen. 18) wird ausdrücklich erklärt, daß Jahwe der Allmächtige ist, daß Abrahams Geschlecht zu einer Gottesverehrung berufen ist, die durch Recht

und Gerechtigkeit geübt wird, und daß d a d u r c h a l l e n Völkern der
Segen zuteil werden solle. Jahwe ist ja der Richter der ganzen Erde, der
Gerechtigkeit übt: also das Urbild der Sittlichkeit. (Gen. 18, 14. 18. 19. 25.)
Er nimmt den Amoritern erst dann ihr Land, wenn das Maß ihrer Schuld voll
ist. (Gen. 15, 16.) Er waltet mit Macht in Ägypten (20, 18; 39) wie in
Sodom (19) und in Babel (24). Er ist ja der Gott des Himmels und der Erde,
der Schöpfer der ganzen Welt, der ewige Gott. (Gen. 14, 22; 21, 33; 24, 37.)
Als Jahwe-Engel ist er der Gott des Schauens und der Lebendige. (Gen. 16.
22. 24, 62; 25, 11.) Jahwe waltet in den Naturkräften (Gen. 16, 24), so daß
wohlbewässertes Land, wie Ägypten und das Jordantal, ein Garten Jahwes
heißt. (Gen. 13, 10.) Aber auch außerhalb solchen Gartenlandes ist Jahwes
Heiligtum, wie zu Sichem, Bethel, Mamre.

Die Verwandten Abrahams in Babylonien erscheinen als Jahwegläubige.
(Gen. 24, 31. 50; 30, 27.) Der Teraphim Labans wird sein Elohim genannt,
wie eben das sichtbare Zeichen für den Bezeichneten gesetzt wird. Die Stelle
Gen. 31, 19. 30. 32 beweist nur, daß bei Laban Bilderdienst bestand; Jakob
nennt auch den Altar selber El, Gott Israels. (Gen. 33, 20.) Aber den Bilderdienst verwirft Jakob. (Gen. 35.) J a h w e s Segen ist das Schicksal der Isaaks-
söhne; darum dreht sich ihre ganze Geschichte. (Gen. 27—35. 48. 49.)
Merkwürdigerweise wird im Segen Jakobs der Gottesname nur zweimal
genannt: Jahwe als der Gott Dans: »Auf dein Heil harre ich, Jahwe!« (49, 18.)
El und Gott der Allmächtige, der Starke Jakobs, als der Segensquell für Joseph
(49, 22); ebenso in der dreifachen Anrufung wie beim Segen über Ephraim
und Manasse (48, 15): »E l o h i m, vor dessen Angesicht meine Väter wandelten,
E l o h i m, der mein Hirte war vom ersten Atemzug bis heute, der E n g e l, der
mich errettete aus allen Nöten.« (Gen. 48, 15.) Die Offenbarung dieser all-
wissenden, vorsehenden und erlösenden Schöpfermacht ist der eigentliche Sinn,
der aus der ganzen Patriarchengeschichte der Genesis in ihren verschiedenen
Urkunden hervorleuchtet. Hierin stimmen bei aller sonstigen Verschiedenheit
auch die Rückblicke der Propheten auf die Urzeit überein.

Die Beziehung zum heiligen Ort und Bild bewirkt auch bei Jakob selbst
eine Auffassung, wie sie Gen. 46, 1—25 ausgesprochen wird.

3. Die geistige Eigenart und Kraft dieses ursprünglichen
Gottesbegriffs der patriarchalischen Überlieferung offenbarte sich
darin, daß der Jahweglaube einen M o s e s und die P r o p h e t e n
erzeugte sowie alle jene religiösen Ideale verwirklichte, in denen
sich der prophetische Geist später ausgelebt hat. Das Alte Testament, dieses nach Chamberlains Urteil grenzenlos geniale Werk,
ist die Urkunde hierfür. Nicht das Prophetentum hat den Jahwe-
Gottesbegriff hervorgebracht, sondern die Jahwereligion hat erst
einen Propheten wie Moses und die Propheten möglich gemacht.
Moses und die Propheten bleiben ein unerklärliches Rätsel, wenn
sie nicht als Wirkungen der inspiratorischen Kraft verstanden

werden, die von dem überlieferten Jahweglauben und den eigentümlichen Vorzügen dieses Gottesbegriffs und seiner Urgeschichte
in der Patriarchenzeit ausging.

Ebenso ist das N e u e Testament eine echte Frucht der
J a h w e r e l i g i o n.   Nicht als ob keine neuen Erkenntnisse und
Ziele zur alten Jahwereligion hätten hinzukommen müssen, um
die Jahwegemeinschaft der Patriarchen zur Gotteskindschaft des
Neuen Bundes fortzuführen. Allein diese neuen Erkenntnisse und
Erhebungen des Glaubens und Pflichtgefühls waren nicht fremdartige Einflüsse, auch nicht fremdartige Neuerungen, sondern
Ausstrahlungen und Wirkungen desselben Geistes und desselben
Grundgedankens, dessen erste Kundgebung der Jahwe-Gottesglaube
war. Wenn dieser Jahwe-Gottesbegriff voll verstanden wird, was
für die Menschheit allerdings erst auf Grund der allmählich dargebotenen und angeeigneten Gesichtspunkte möglich ist, dann
gilt auch von ihm, was vom Alten Testamente gesagt wurde,
es sei dem Keim und der Anlage nach der Neue Bund.

Unser Beweisgedanke ist also so zu verstehen: Die Erkenntnis
des überweltlichen Gottes ist eine Tatsache, für welche kein
s p ä t e r e r geschichtlicher Ursprung nachgewiesen werden kann.
Die Heiligen Schriften werden durch die Forschung nicht widerlegt, sondern bestätigt, wenn sie die Gotteserkenntnis des sittlichen
Monotheismus als **U r** o f f e n b a r u n g erklären. Der J a h w e g l a u b e
erweist sich außerdem durch seine i n n e r e n Vorzüge als eine
Erkenntnis, die nur als ü b e r n a t ü r l i c h e Offenbarung verständlich
wird. Die gesamte Völkerwelt war der monistischen Weltanschauung in Religion und Philosophie ergeben. Auch das Volk
Israel wie Juda bekundete stets die Neigung zur monistischen
Religion, so daß der Monismus dem Menschen, seinen (tatsächlichen)
Denk- und Willensn e i g u n g e n fast natürlich zu sein scheint. Nicht
aber dem s t r e n g e n Denken und Wollen. Daß der Jahweglaube
sich trotzdem von Urbeginn an mitten in der Weltweisheit des
Monismus als einsame Gottesweisheit behauptet hat, daß er in
der Folgezeit eine so gewaltige Religion, wie den Prophetismus
und seine Ausgestaltung in der Gesetzes- und Weisheitsreligion
des Alten Bundes hervorgebracht hat, ist ein Beweis seiner übernatürlichen Kraft und Herkunft.

Dieser Beweis wird verstärkt und bestätigt durch die weitere

Tatsache, daß die Religion des Neuen Bundes als letzte Frucht aus dieser Entwicklung hervorging. Denn Christus ist in voller Originalität der Stifter eines wahrhaft N e u e n Bundes, aber gleichwohl auch im geistigen Sinne aus der Wurzel Jesse, aus dem Stammbaum der Patriarchen und Propheten hervorgewachsen. Christus ist die dem Grundgedanken des Jahwe-Gottesbegriffs entsprechende Vollendung der in ihm beschlossenen Wahrheit und Gnade. Der Neue Bund ist die vom Alten Bunde grund-gelegte, erwartete und angebahnte Vollendung der Jahwereligion, nicht deren Abwürdigung: die echte Erfüllung von Gesetz und Prophetentum.

Zweiter Beweisgrund.

Die Jahwereligion als der Schöpfer Israels.

1. Der Gottesglaube der Jahwereligion ist der eigentliche Schöpfer der nationalen Einheit Israels. Der Jahweglaube ist nicht das Erzeugnis des israelitischen Volksgeistes, sondern demselben von überlegener Macht aufgenötigt und eingepflanzt. Die Nation ist durch den Jahweglauben entstanden. Moses ist der Prophet dieser höheren Gottesmacht. Die Stämme, welche Moses zur Einheit eines Volkstumes zusammenschloß, hatten (unbeschadet der patri-archalischen Überlieferung in einzelnen Geschlechtern) anderen Göttern gedient.

Nach Jos. 24, 2. 14. 15 haben die Vorfahren Israels sowohl in Ägypten als in Babel anderen Göttern gedient. Damit ist nur der tatsächliche Zustand gekennzeichnet, der die Vertretung des sittlichen Gottesglaubens in den selb-ständigeren Persönlichkeiten und eigentlichen Nachkommen der Patriarchen nicht ausschließt. Jahwe hat ja laut 1. Sam. 2, 27—30 Elis Vorfahren schon in Ägypten zum Priestertum berufen. Hoseas berichtet den Abfall zum Baal Peor 5, 21—27; 9, 10; 11, 1; 12, 10—15. Jer. 7, 21. Ezechiel 16.

Die religionsgeschichtliche Tat des Moses ist die nationale Einigung Israels zum auserwählten Volke Jahwes. Die Grundlage dieser seiner Tat war die Erkenntnis, daß Jahwe der wahre Gott, der Gott der Väter und der Gott Israels sei, sowie daß Jahwes Wille das Volk aus Ägyptens Knechtschaft zur Freiheit rufe.

Die Frage, welche vor allem eine Aufklärung fordert, ist die: In welchem inneren Zusammenhang steht die Verpflichtung Israels

für den Gott »Jahwe« und dessen Befreiung von der Fremdherrschaft? Es scheint, das letzte, was für die Einigung einer
Nation inbetracht kommt, ist ein neuer Gottesname. Ist er
zudem so metaphysisch und abstrakt wie der Gottesname Jahwe,
dessen Prophet Moses wurde, dann ist der Zusammenhang vollends
unbegreiflich. Man beruhigt sich daher bereitwillig bei der Vermutung, daß eben eine priesterliche Geschichtskonstruktion vor-
liege, welche rituellen und dogmatischen Formeln die größte
Tragweite beimißt. Allein hiergegen erhebt eine unzweifelhafte
Tatsache Einspruch. Die lebendige Wertschätzung des Gottesnamens Jahwe beginnt mit der Entstehung des eigentlichen
Judentums zu schwinden. Folglich kann jene Zeit unmöglich ein
Interesse gehabt haben, den Gottesnamen Jahwe als die Ursache
des wichtigsten Ereignisses in der Volksgeschichte Israels darzustellen, gar noch durch Geschichtskonstruktion.

Anderseits kann es sich bei der Jahweverkündigung des Moses
nicht um einen Gottesnamen oder eine Kultusform handeln, die
wie eine unter den vielen nationalen gewesen wäre. Warum
sollte der Gott der Keniter oder Midianiter oder der Berggott
des Sinai die geknechteten Stämme eines fremden Volkes so
gewaltig begeistern und aufrütteln? Was hatte er denn mit ihnen
zu tun? Es muß etwas in dem Gottesbegriff Jahwe enthalten
sein, was die Wirkung verständlich macht, welche er trotz allem
auf die geknechtete Masse ausübte.

Die palästinensische Auslegung versteht unter Jahwe den Beständigen
und Ewigen; die hellenistische den wesenhaft Seienden oder den aus sich
selber Seienden (die Aseität). Beide sind Erzeugnisse greisenhafter Abstraktion
und werden weder dem Wortlaut noch der geschichtlichen Wirkung der Jahweoffenbarung gerecht.

Die neuere Kritik nimmt den Jahwenamen als bedeutungsvolle Fort-
bildung eines früheren, minder bedeutungsvollen Gottesnamens Jahu oder Jao. —
Die einen, wie Schrader, Baudissin, H. Schultz, fassen Jahwe als Hiphil mit der
Bedeutung »Der das Sein Bewirkende«, der Lebensspender und Daseinsbegründer.
Allein Sprache und Zusammenhang verbieten diese Annahme.

Die Idee des Gewittergottes wirkt in Ewalds Ableitungsversuch: »Der
Herabfahrende, der Fäller«, ebenso in Wellhausens Übersetzung: »Der Weher,
der Stürmer«. Lagarde deutete das Hiphil dahin: »Der geschehen macht«,
und infolgedessen: »Der seine Verheißung verwirklicht«.

Robertson Smith übersetzt Jahwe: »Ich werde sein, was Ich sein werde«.
Diese Übersetzung kann als richtig angenommen werden, ohne daß die anti-
intellektualistische Auffassung hineingelegt wird: Nicht wer Gott sei noch

was er sei, komme für den Menschen inbetracht; es genüge, daß Gott alles
für Israel oder für den Menschen sein werde, was er für ihn sein werde.
Diese Auffassung wäre vielleicht zulässig, wenn das Wort lautete: »Ich werde
sein, was Ich für Israel sein werde und zwar all das, was euch nottut.« Allein
das Wort lautet nicht so und hat diesen Sinn nicht. Es bedeutet, was es
sagt: Gott sei in Wesen und Wirken immer derjenige, der er mit voller
Selbstbestimmung sein wolle. Daß dies dem subjektiven Bedürfnis Israels oder
des Frommen entspreche, ist nicht gesagt. Dem objektiven Bedürfnis des
Geistes entspricht Gott freilich immer, weil der Geist für alle Wahrheit und
Vollkommenheit, d. h. für Gott angelegt ist. Denn als derjenige, der war,
ist und sein wird, was er kraft seiner Selbstbestimmung war, ist und
sein wird, ist Gott die Fülle und Kraft aller Vollkommenheit. Weil er und
nur weil er an sich alle Vollkommenheit in höchster, weil selbstbestimmter
Weise ist, darum ist der Mensch verpflichtet, sich ihm und seiner Vorsehung
mit unbedingtem Vertrauen hinzugeben. Der Gottesname Jahwe besagt demnach
mitnichten, daß dieser Gottesbegriff »nicht metaphysisch-dogmatisch, sondern
empirisch-ethisch sei«. (Valeton, Religion Israels in Chantepie de la Saussaye,
Rel.-Gesch. 2. Aufl. 1. Bd. S. 249.) Die religiöse Erfahrung ist damit nicht
verneint; aber sie hat mehr Inhalt, als wenn sie bloß die Erfahrung ist, daß
»Gott alles für Israel sein werde, was er sein werde«. (S. 249.)

2. Gegen die metaphysische und monotheistische Auslegung
des Jahwenamens und damit gegen die Geschichtlichkeit
von Exod. 3, 14 macht die Kritik folgendes Bedenken geltend.
Das einfache Sein, die reine Urtatsächlichkeit oder Aseität, sei
ein Begriff von höchster Allgemeinheit und Abgezogenheit. Der
Gottesbegriff des Seienden oder des absoluten Seins sei abstrakt
und leblos: unmöglich könne ein solcher Gottesbegriff am Anfang
der Volksentwicklung stehen, noch weniger vermöge er ein Volk zu
schaffen, zu entzünden und zu begeistern. »Mit einem ‚geläuterten'
Gottesbegriff hätte Moses den Israeliten einen Stein statt des Brotes
gegeben.« (Wellhausen, Isr. u. jüd. Gesch. 4. Aufl. 1901. S. 35.)
Auch Albert der Große sagt von dem Glauben an die Existenz
Gottes: Non movet ad aliquid. (Lib. 3. Dist. 5. Com. ad. Petr.
Lomb.) Diese Bedenken sind allerdings berechtigt; allein sie gelten
nur von dem abstrakt gedachten Sein, nicht aber von jenem
Sein, welches der Wortbedeutung nach das Material für dieses
wichtigste Tätigkeitswort geliefert hat. Die Bedenken der Kritik
gelten nicht von dem Sein, das in dem berühmten Gotteswort
gemeint ist, nicht von der persönlichen Geistestat, die wesenhafter
Wahrheitsgedanke und Vollkommenheitswille ist. Die Persönlichkeit ist es, auf welche der Ausdruck »Lebendiger Gott«

sowie »eifernder Gott« hinweist: nicht minder Jahwe: »Ich bin, der Ich bin.« Also nicht das Sein, sondern der selbstbewußt und selbstmächtig Seiende, das vollbewußte Leben des Lichtes und der Glut! Licht und Feuer, das aus sich selber brennt und darum nicht verbrennt: ewiger Gedanke und Wille! Das Sinnbild hierfür ist der brennende Dornbusch. (Exod. 3.) Mit der Maskulinform »der Seiende« ist die Persönlichkeit und die lebendige Tatkraft als Sinn des Gottesnamens Jahwe gegeben.

Die Persönlichkeit ist die von innen und von Grund aus lebendige Kraft und Einheit, welche die unendliche Fülle des Wesens wie des Wirkens umfaßt. Was die Individualität oder die von äußeren und höheren Ursachen abgegrenzte Einheit nicht vermag, leistet die Persönlichkeit: sie ist der Unendlichkeit mächtig, weil sie von innen heraus kraftvolle Einheit ist.

Daraus erklärt sich auch der Vorzug des biblischen Gottesbegriffes, daß er die unendliche Welterhabenheit und die Welterfüllung, Transzendenz und Immanenz miteinander vereinigt.

Abstrakte Begriffe sind nicht geeignet, um als treibende Kräfte bei einem werdenden Volke zu wirken. Darin hat die Kritik recht. Falsch ist nur die Voraussetzung, der Name »Jahwe« bedeute das abstrakte, ruhende, untätige, substantielle, bloß tatsächliche Wirklichkeit und Wesenheit ausdrückende Sein, die dem Wort des hl. Hieronymus zufolge jeder Stein mit Gott gemein hat, zu dem erst das lebendige Wirken und Tun, das flammende Leuchten des Wahrheitsgedankens und die brennende Glut des Vollkommenheitswillens hinzugedacht werden müsse.

Die Bezeichnungen für das Sein sind uralt; aber der abstrakte Sinn, den man jetzt mit diesem Worte verbindet, ist erst eine spätere Auffassungsweise.

Von einem bloß tatsächlichen oder inhaltlichen Sein wußte die Urzeit allerdings nichts: darum gehen auch die Wortbedeutungen der Ausdrücke für Sein und Wesen, Tatsächlichkeit und Wirklichkeit insgesamt auf Tätigkeit und Aktivität zurück. Im Semitischen wie im Arischen ist das Sein der Urbedeutung nach tätiges Entstehen, ins Dasein Hervortreten, Exsistere, kraftvolle Betätigung, Tatwirklichkeit und dadurch Tatsächlichkeit und Wirklichkeit. Jahwe ist der mit Macht und Herrschergewalt, mit

Innigkeit und Liebe, mit Gerechtigkeit und Heiligkeit, mit Weisheit
und Allwissenheit Seiende, Hervortretende, Ewiglebendige. Auch
die Welt ist ja nicht eine starre, stumme Wirklichkeit, sondern
ein laut rufendes Zeugnis, ein unaufhörliches Reden und Bekunden des Schöpfers.

Weil man unter dem Sein nicht die blasse Abstraktion der
Ontologie verstand, sondern die lebendige Macht und Tatkraft
des Seienden, darum konnte man auch mit dem Gottesnamen
»Jahwe« nichts anderes meinen als die ewige Macht und Gewalt,
als den ewig lebendigen Wahrheitsgedanken und Vollkommenheitswillen, als die ewig leuchtende und flammende Majestät des gewaltigsten Lebens aus tiefstem Lebensgrunde.

Die Abstraktion des ruhenden Seins, der Substantialität und
Entität, der Tatsächlichkeit und Wirklichkeit als solcher gehört
erst der spätesten Abstraktion an. Der Ausdruck »Substanz« ist
sogar von der Funktion hergenommen, welche die Unterlage
durch ihren Widerstand leistet.

Die Urzeit erfaßt, wie alle Mythen bekunden, wie die Hypostasierung selber beweist, wie die Zaubermacht der Naturvorgänge
bezeugt, das Nebeneinander und Nacheinander des Geschehens
nicht als eine Summe von Tatsachen, die dem Menschen einfach
gegenüberstehen, sondern als eine ursächliche Macht, welche mit
freundlicher und feindlicher Gesinnung an den Menschen herantritt, welche mit lebhafter Leidenschaft ihr Naturleben auswirkt,
wie der Mensch leidend und genießend, liebend und hassend,
begehrend und ringend. Sie ist ihm Vater und Mutter, Ernährer
und Schützer, Verfolger und Vertilger.

Die Wirklichkeit erschien dem Menschen nicht als ein gefühl-
und stimmungsloses Sein, sondern gehoben und durchwühlt vom
heftigsten Wollen und Erleiden: das Sein ist Wirken, Empfinden,
Leben, Innerlichkeit, Tatkraft, glühendes und flutendes Wogen
ringender Kräfte.

Diese konkrete Auffassung des Seins kann pantheistisch oder
dualistisch oder monotheistisch sein: jetzt ist nur das von Bedeutung, daß sie im theistischen Sinne gedacht es psychologisch
vollkommen erklärt, daß Moses mit dem Gottesnamen und Gottesbegriff »Jahwe« des mit Denk- und Willensmacht, mit anbetungs-
würdiger Weisheit und Heiligkeit Seienden zu den geknechteten

Massen gesandt wurde — um sie zur Tat, zur Selbsterhebung, zur Einheitstat aus der Zersplitterung, zur kraftvollen Existenz aus der Ohnmacht einer einfach tatsächlichen und darum unterdrückten und ausgebeuteten Existenz, um sie aus der Trägheit sklavischer Substantialität zur Freiheitstat der volksbildenden Aktualität, zum status nascendi oder zur freien Wiedergeburt als Gottesstreiter, als nationaler Gottesstaat emporzuraffen.

Man könnte vermuten, es sei die Notlage der gegenwärtigen Apologetik gegenüber der Bibelkritik, welche in dem Jahwebegriff nicht nur den schlechthin S e i e n d e n finden will, sondern den durch s e i n e e i g e n e D e n k - u n d W i l l e n s t a t Seienden. Allein schon die Kirchenväter, selbst solche, welche nicht spekulativ waren, haben die Bedeutung des Gottesnamens Jahwe nicht im S e i n als solchem, sondern in der e w i g e n T a t des selbstwirklichen Seins erkannt. Hieronymus sagt: »Qui est, misit me ad vos. — Numquid solus Deus erat, et caetera non erant? Quomodo nomen commune substantiae sibi proprium vindicat Deus? Illa ut diximus causa, quia caetera ut sint, Dei sumpsere beneficio. Deus vero qui semper est nec habet aliunde principium e t i p s e s u i o r i g o e s t s u a e q u e c a u s a s u b s t a n t i a e.« (In cap. 3 ad Eph. Migne P. L. 26. p. 520.)

Es ist die A r t des Seins, welche Hieronymus im Jahwebegriff ausgesprochen findet. Laur. Janssens O. S. B. betont ebenso (ohne apologetische Rücksicht auf die religionsgeschichtliche Bibelkritik) den Unterschied zwischen dem Begriff des Seienden und des Jahwe. »Observa discrimen inter τὸ e s s e et Qui sum, sive inter E g o s u m a s e et E g o s u m q u i s u m. Etenim quum perfectio summi entis sit in simplicitate, perfectio autem simplicitatis in actu puro, conceptus a c t u s supereminet ipsi conceptui e n t i s. Perfectius ergo exprimit Deum Q u i s u m, quam ens a se sive ens n e c e s s a r i u m. Porro quum ille actus infinitus infiniti esse sit intellectio et volitio infinita, et quidem primario et necessario circa semetipsum, iam nomen E g o s u m q u i s u m idem ostenditur ac ,E g o s u m d i c e n s m e e t a m a n s m e'.« (Summa theol. T. 1. p. 513.)

Das Sein, welches Gott in der Selbstbezeichnung Jahwe von sich aussagt, ist also nicht das allen Dingen gemeinsame und darum gewöhnliche Dasein der bloßen Tatsächlichkeit, zu der das betreffende Wesen nichts kann. Es ist auch nicht jenes Dasein, welches der Mensch als ein mit Talent und Reichtum gesättigtes empfindet, bejaht und genießt, wie etwa ein geborener Günstling des Glückes, der mit vollem Bewußtsein und voller Zustimmung seine vornehme Abstammung und reiche Erbschaft bejaht, es ist auch nicht jenes lebendigmachtvolle und allumspannende Sein, welches der jugendfrische Monismus der Urzeit Babels in seinen Theogonien dichterisch miterlebte, sondern es ist jenes Sein, welches den inneren Adel und den unvergleichlichen Wert des selbsttätig besessenen und begründeten Vorzugs bedeutet. »Ich bin, der Ich bin!« Nicht die Tatsächlichkeit des Daseins ist Gegenstand der Betonung: diese besitzt der Felsblock und der Leichnam ebenso; sondern die A r t u n d W e i s e,

die Einsicht und Kraft, die Weisheit und Heiligkeit, mit der dieses Dasein in
sich selber steht und aus sich selber als ewiges Licht und heilige Feuerglut
aufflammt, ohne fremdem Stoffe zu entstammen und ohne sich darum jemals
zu verzehren. Diese lebendige Selbstwirklichkeit besitzen weder die Urgewalten
des Chaos noch des Kosmos, weder Tiâmat noch Anu, Bel und Ea noch
Marduk, weder Erinys noch Zeus. Um das ewige Sein auszudrücken, wäre
der Name: »Der Seiende« oder »Ich bin« vollgenügend gewesen. Allein der
Bericht erklärt ausdrücklich durch die Selbstbezeichnung Gottes als: »Ich bin,
der Ich bin«, dessen Sein als den Inhalt und Ausdruck seiner geistigen
Lebenstat und Selbstbestimmung.

3. Die Beziehung des Gottesbegriffs Jahwe zu der ägyptischen Gottesidee des Weltgrundes Isis-Neith ist unverkennbar:
allein es ist keine Beziehung der Abhängigkeit, sondern des bewußten Gegensatzes. Neith sagt von sich: »Ich bin alles, was
war, ist und sein wird. Niemand hat den Schleier gehoben, der
mich verhüllt. Die Frucht, die ich geboren habe, ist zur Sonne
geworden.« Es ist ein großartiger Ausdruck des Pantheismus:
aber eben deshalb ist zu beachten, worauf Nachdruck gelegt wird.
Der Gott des Monismus betont, daß er die Allwirklichkeit ist
durch Raum und Zeit; daß darum keine Befruchtung des Urgrundes
von außen statthaben kann, daß vielmehr auch die höchste Entwicklung, welche die Sonne und das damit gemeinte geistige
Licht des Bewußtseins in göttlicher und menschlicher Form (Ra,
Usiri, Har) zur Frucht hat, von keiner äußeren, außer- oder überweltlichen Kraft herstamme. Das All-Eine ist eben alles und
darum Jungfrau-Mutter allen Werdens. Bei dieser Tatsache, mag
sie auch als verhülltes Bild von Sais erscheinen, hat sich der Geist
zu beruhigen; jede weitere Frage nach dem Warum und Wozu
ist zwecklos.

Die Welt ist eben, weil sie ist; sie selbst kann nichts dazu
und vermag es darum auch nicht zu erklären. »Niemand hat den
Schleier gehoben, der mich verhüllt.« — In dem Gotteswort
Jahwes wird indes der Nachdruck auf die Selbstwirklichkeit
gelegt und Gottes Dasein als bewußte, heilige Tat, als wesen-
hafter Wahrheitsgedanke und Vollkommenheitswille erklärt, als
Licht und Kraft, als Urim und Tummim. Der ägyptische Geist
blieb bei der Tatkraft der Allwirklichkeit stehen, die durch ihre
Tatsächlichkeit in Vergangenheit, Gegenwart und Zukunft dem
Denken Stillstand gebietet; die Offenbarung des Jahwebegriffs

eröffnet den erhebenden Blick in das Licht vom Lichte, in die Kraft der wesenhaften Heiligkeit, deren Offenbarung die Unterdrückten aus dem Staube erhebt und aus Menschenknechten freie Gotteskinder macht.

Moses, mit der Weisheit der Ägypter und der Erfahrung ihrer nationalen Kultur ausgerüstet, von dem Elend seines Volkes und von der widerstandslosen Hingabe seiner Volksgenossen an die Knechtschaft tief ergriffen, als Flüchtling im Hause Jethros auch hier durch die priesterlichen Traditionen Midians von Abraham her befruchtet, mit dem brennenden Begehren nach der inneren und äußeren Aufrichtung seines Volkes in der erhabenen Einsamkeit der Wüste ringend, war so aufs beste vorbereitet für eine tiefgreifende Gottesoffenbarung. Er erlebte bei dem wunderbaren Anblick der Feuerflamme im brennenden Dornbusch zugleich ein inneres Aufleuchten und Aufflammen einer ganz neuen und doch uralten Gottesoffenbarung. In der Feuerflamme erschien ihm der Gott der Stammväter als Jahwe: als das wesenhafte Leben, als die aus sich selber flammende Glut und Kraft, die keines fremden Materials, keines Stoffes noch Substrates bedarf, um ihre Allgewalt in lebendiger Herrlichkeit, im Lichtglanz der Weisheit und in der Glutkraft der eifernden Heiligkeit und Liebe zu betätigen: brennendes, aber nicht verbrennendes Feuer. Wie die Licht- und Feuerflamme nichts Stoffliches, nichts Ruhendes, lautere Kraft, reine Strahlung, wesenhaftes Leben!

Die ägyptische Priesterweisheit hatte wohl tiefe Gedanken über den göttlichen Weltgrund und sein verborgenes Wesen (Amun), über sein lichtvolles Wirken in gesetzmäßigem Aufgang und Niedergang (Ra), über sein Ringen und Leiden, Sterben und Wiedererstehen in der Welt (Usiri-Har). Allein was die Flamme dem Moses als Sinnbild des im brennenden Dornbusch erscheinenden Jahwe offenbarte, war dieser pantheistischen Gottesauffassung fremd. Gott blieb ihr die an die Welt gebundene, in der Welt verborgene, die Welt beseelende und mit der Welt leidende und wiedererstehende, in die Weltsubstanz gebannte Urkraft. Ganz anders Jahwe: der Gott seiner Väter, der ihm in Flammenglut erschien, ging dem Propheten zugleich im Geiste auf als die in sich selber vollkommene, in der selbstgenügenden Herrlichkeit ihrer Wahrheitsfülle und Liebesglut leuchtende und flammende Lebendigkeit: Jahwe! Ich bin, der Ich bin!

Weder das Denken noch das Leben Ägyptens ging über die Schranken der Naturgebundenheit und Schicksalsnotwendigkeit hinaus. Wie die Gottheit, so die Menschheit: beide ein Erleben der ohne das eigene Zutun sich

auswirkenden Notwendigkeit. Wozu der Naturdrang des sinnlich-geistigen
Wesens, die innere Gesetzmäßigkeit der vernünftig-sittlichen Selbstbeherrschung
und die Schicksalsordnung des göttlichen Vorbildes Usiri-Har unwiderstehlich
führten, konnte die Nation unter dem Despotentum ihrer Pharaonen selbst zur
Genüge erleben. Moses, aus anderem Geist und Geschlecht, hatte vom Mittelpunkt des ägyptischen Lebens aus die unmittelbare Erfahrung machen können,
daß dieser Kultur trotz allem Glanz der Adel der geistigen Freiheit fehlte.

Ägypten war, wozu es die Notwendigkeit bestimmte und
machte: Israel sollte aus dem Banne dieser Notwendigkeit befreit,
in die Gemeinschaft eines welterhabenen Gottes hinaufgehoben
und in der Kraft dieses Gottes, dieser wesenhaften Wahrheits-
und Heiligkeitsflamme, dieses brennenden und nie verbrennenden
Lebens zu einem Volk der Auserwählung, der heiligen Tat, der
hochgesinnten Hingabe an seinen Gott und das in Jahwe ihm
vorleuchtende Ideal werden: ein priesterliches und königliches
Geschlecht, ein Volk von freien Gottessöhnen (Exod. 19, 6), von
Gottesfreien, ein Reich Gottes unter den Völkern, die sich irgendwie unter den Bann der Natur- und Schicksalsnotwendigkeit
knechtisch beugen und diese im Guten wie im Bösen als ihren
Gott und zugleich als ihr eigenes Wesen anbeten. So ist der
Sinn der eigentümlichen Worte Deut. 4, 19—20. 32—35.

Aus der Sklavenhorde sollte durch Selbstbestimmung ein
freies Volk werden — und zwar mit ewigem Lebensinhalt und
Daseinszweck. Die Kraft und das Recht dazu konnte kein anderer
Gedanke in solcher Wahrheit und Begeisterung bewirken, wie
der Glaube an den Gott, der Jahwe ist, wesenhafter Wahrheitsgedanke und Vollkommenheitswille, nichts ohne sich, alles durch
sich, reine Kraft. »Ich bin, der Ich bin«: weil Jahwe die Kraft
und das Recht dazu hat, nicht weil es eben von ungefähr und
durch Glückszufall von Ewigkeit her so ist. »Die Ägypter sollen
erkennen, daß Ich Jahwe bin.« (Exod. 14, 4.)   Also ist in dem
Namen Jahwe das Selbstbewußtsein der Ewigkeitskraft ausgesprochen. Ebenso in der prophetischen und apostolischen Um-
schreibung: »Der da war, ist und kommen wird« nennt sich Gott,
weil er mit seiner Selbstbestimmung nicht minder die Vergangenheit
wie die Gegenwart und Zukunft seines Wirkens und Lebens umfaßt.
(Apok. 4, 8.)

Israel, sein erstgeborener Sohn unter den Völkern, der Erst-
berufene zur Gottebenbildlichkeit, trägt in seinem Namen diesen

Beruf — und die Erklärung, warum Jahwe der Name seines Gottes und die ausdrückliche Offenbarung dieses Namens der Aufruf und Kraftquell für die geistige Erhebung der zur Sklavenhorde herabgewürdigten Volksmasse zu einem freien Gottesvolk von Priestern und Königen war. (Exod. 19, 6.) Die priesterliche Würde und königliche Kraft geistiger Freiheit ist nur im Kampf um die Vollkommenheit zu gewinnen. Israel ist darum Streiter mit Gott um Gott, Ringkämpfer mit der Vollkommenheit um die Vollkommenheit. Weil die ewige Vollkommenheit bei ihren zeitlichen Geschöpfen und vor allem bei dem auserwählten Zögling die gottebenbildliche Vollkommenheit will, darum macht sie sich selber zum Hemmnis, stellt sich als solches ihrem Auserwählten gegenüber, nötigt ihn mit ihr zu ringen, um im Kampfe seine Kraft zu entwickeln und ihren Gottessegen zu verdienen. Das ist der tiefe Sinn jener Erzählung vom nächtlichen Kampfe des Stammvaters Jakob mit dem Gott-Engel. (Gen. 32, 25—33; Hos. 12, 5. 6.) Dort entstand der Name Israel: das war die Antwort, welche die Offenbarung dem forschenden, staunenden Geiste auf die Frage gab, warum Israel von Ursprung an sich seine nationale Existenz von Grund aus erkämpfen, immer wieder von neuem erkämpfen mußte. Es war eben Jahwes Volk.

»In seiner Kraft rang (Iakob) mit Gott; er rang mit dem Engel und siegte; er weinte und flehte zu ihm; in Bethel fand er ihn, und dort redete er mit uns. Und der Herr, der Gott der Heerscharen, Jahwe ist sein Name! Und du — zu deinem Gott kehre zurück; Liebe und Recht bewahre und harre auf deinen Gott immerdar.« (Hos. 12, 5—7. Vgl. Scholz, Hoseas 163.)

Es ist aus der Geschichte aller Völker offenkundig, daß die Zeiten des nationalen Befreiungskampfes und der Volkserhebung in inniger und schöpferischlebendiger Weise an den Gottesglauben und den Gottesbegriff anknüpfen, daß sie die ganze Ausdrucksweise von Gott umschmelzen und neugestalten, daß sie Gott als das Ideal aller Tatkraft und Selbstbestimmung verkünden und zugleich mit innigstem Vertrauen ihre eigene nationale Sache als Gottes Sache empfinden und erleben. Bei Israel war die ganze nationale Existenz auf eine solche Freiheitstat begründet und wurde darum für alle Zukunft maßgebend und charakterbildend. (Deut. 4, 32—35.) Man hat daraus die eigentümliche prophetische Kraft der israelitischen Religion erklärt. Mit größerem Recht ist die Freiheitstat, in der das Gottesvolk seine nationale Geburt erlebte, als die Wirkung der im brennenden Feuer dem großen Propheten zuteil gewordenen Jahweoffenbarung zu erkennen. Von dem Altar jenes brennenden Dornbusches

nahm Moses die Flammen, mit denen er die Gemüter entzündete und zum
Wagemut des Gottesstreiters begeisterte. »Jahwe ist meine Erhebung«:
bekennt Moses mit ausdrücklicher Dankbarkeit, nachdem die Befreiungstat
gelungen war und er den ersten Altar in der errungenen Freiheit errichtete.
(Exod. 17, 15.) »Meine Kraft und mein Lobgesang ist Jahwe: denn er ward
mein Heil! Er ist mein Gott; ihn will ich preisen; er ist der Gott meines
Vaters, ihn will ich erheben! Jahwe ist Kriegsheld; Jahwe ist sein Name.«
(Exod. 15, 2. 3.) Ihn nicht in der tatkräftigen Führung zu erkennen, war die
Sünde der kritischen Zweifler, welche trotz des Manna und der Wolkensäule
die Frage aufwarfen: »Ist Jahwe in unsrer Mitte oder nicht?«

4. Die Eigenart des Volkes Israel wird allgemein anerkannt,
daß es nicht ein naturhaft gewordenes, durch Abstammung ent-
standenes Volk ist, wie etwa die Ägypter oder seine Nachbarvölker, sondern ein durch geschichtliche Tat und heldenmütige
Erhebung in Kampf und Not frei gewordenes Volk. Es findet
sich wohl kaum ein Volk, welches in demselben Grad sein natio-
nales Dasein einer Tat, der eigenen Selbstbestimmung verdankte.
Die Offenbarung Gottes trat gerade mit der Forderung an die
unterdrückten Stämme heran, sie selber sollen sich aus dem
Lande der Knechtschaft entfernen und so befreien. Die Kinder
Israels waren sich des Wagnisses und der damit verbundenen
Gefahr sehr wohl bewußt. Daher die tief eingegrabene Erinnerung
an diese Geburt aus gottbegeisterter Tatkraft, darum auch dessen
prophetischer Grundzug als gottverpflichtetes, auserwähltes, gott-
befreites Volk, als Träger und Erbe eines priesterlichen und königlichen Ideals, ein Prophet der Wahrheit und der Gottesrechte, ein
Apostel des Gottesreiches unter den Völkern zu sein. Die geknechteten Stämme sollten nicht etwa bloß ein freies Volk werden,
sondern ein Gott im besondersten Sinn angehöriges Volk. Aber
zuerst mußten sie ein freies Volk werden: erst dadurch erwiesen
sie sich fähig, auch Gottes Volk zu sein. In moderner Sprache
bedeutet das Bewußtsein Israels, daß es als Nation zum Kampf um
ein Ideal, zur Erfüllung einer höheren, unvergänglichen Aufgabe
berufen sei. Darin bestand die übernatürliche Auserwählung.
Ihre Grundlegung erfolgte durch den nationalen Zusammenschluß
bei dem Auszug aus Ägypten. Darum verband sich mit dem
Bewußtsein des übernatürlichen Berufes die Überzeugung, daß
Israel auch deswegen Gottes Volk und Gnadenschöpfung sei, weil
es, verglichen mit dem Naturlauf des Schicksals anderer Völker,

durch eigene Tat zu einem Volke werden, zur Freiheit empor-
steigen und eine Heimat suchen mußte. Die eigene Tat und
Gefahr wurde nicht etwa als Gegensatz zur göttlichen Gnadenhilfe empfunden, sondern gerade als der stärkste Grund erkannt,
um sich demütig und stolz zugleich als Gottes Gnadenschöpfung
zu bekennen. Denn das Feuer, an dem und in dem sich die
Tatkraft des Befreiungskampfes entzündet hatte, war Jahwe, seine
Erscheinung und sein Geist. Das Selbstbewußtsein dieses Vorzugs
war vollkommen und sprach sich im Namen Israel »Gotteskämpfer«
aus. Hieraus erklärt sich das Empfinden des D e b o r a h liedes:
Israel und Jahwe gehören zusammen, wie das leuchtende und
flammende Ideal und der von ihm erleuchtete und entflammte
Geist. (Jud. 5.) Die Innerlichkeit des Erlebens bewirkte keine
Entfernung von Gott; denn man wußte, daß der, der durch und
durch wesenhaftes Leben, Licht und Glut ist, in dem, was innerlich
Licht und Glut entzündete, am unmittelbarsten wirksam sei.

Levi und Joseph, das Priestertum und Königtum, sind dem
Segen Mosis zufolge die eigentlichen Träger dieses Ideals. Die
anderen Stämme, auch Juda, haben im Segenslied Mosis Joseph
und Levi gegenüber nur eine untergeordnete Bedeutung. Im
Segen über Joseph, den Gekrönten unter seinen Brüdern, ist
darum der besondere Hinweis auf den Gott, der im f l a m m e n d e n
Dornbusch wohnt. (Deut. 33, 16. Exod. 19, 6.)

Das f l a m m e n d e F e u e r blieb das beliebteste Sinnbild Gottes, wie es
das ursprüngliche Offenbarungssinnbild war. Für den Gott, der sich im Feuer
vom Sinai offenbarte als den eifernden Gott, glühend für Gerechtigkeit, glühend
von Liebe (Exod. 20, 5), der in jeder Hinsicht den Namen Jahwe verdient:
Ich bin, der Ich bin! war auch kaum ein anderes Sinnbild so sprechend. So
die Feuerflamme des Opfers schon bei Abraham. (Gen. 15, 17. Exod. 3, 2;
13, 21; 14, 26; 19, 18; 40, 35—38. Num. 9, 16; 14, 14. Deut. 4, 15. 33; 5, 26;
10, 4. Jud. 13, 20. Jes. 30, 30; 66, 15. Ezech. 1, 27. Act. 2. 1. Tim. 6, 16.)

Auch die Vision, die dem Propheten Elias am Horeb zuteil wurde, belehrte ihn nur, daß Gott nicht sei wie Naturfeuer, das in blinder Notwendigkeit
verbrennt, sondern belebende Glut. (1. Rg. 19, 12.)

In diesem Sinne galt das Feuer in allen Religionen als Sinnbild der
Gottheit; sogar im Buddhismus als die Offenbarung des innersten Wesens der
geistigen und sinnlichen Welt: die sich selbst verzehrende Glut nie erfüllten
Begehrens und Wirkens.

Ganz anders die Theophanie an Moses: Jahwe ist, der er ist: das in sich
selbst leuchtende und glühende Leben der unendlichen Kraft und Fülle, der
ewigen Vollkommenheit, des wesenhaften Wahrheitsgedankens und Heiligkeits-

willens: Advenit ignis divinus non comburens sed illuminans, non consumens sed lucens. (Pfingstoffizium.)

Heraklit hatte eine richtige Empfindung, als er im Feuer das beste Ebenbild der reinen, stofffreien Kraft, der allgestaltenden Weisheit, des alldurchdringenden Wirkens erkannte und darum die Urvernunft als Urfeuer bezeichnete. Nur blieb er im pantheistischen Monismus, indem diese Urvernunft in eine unabhängig von ihr wirksame Notwendigkeit, und damit in diese Wirklichkeit gebannt blieb.

Der theistische und welterhabene Charakter des in der Feuerflamme aufleuchtenden Gottes ist für Levis Priestertum durch die zwei Symbole Urim und Tummim versinnbildet: beide sind nämlich ein Hinweis auf die subjektive Geistigkeit des inneren Bewußtseins, welches unter dem Licht (Urim), und der inneren Willenskraft, welche unter der Vollkommenheit (Tummim) zu verstehen ist. Das Geistesleben bewegt sich innerlich vom lichtvollen Anfang zur kraftvollen Vollbringung. Licht ist im Denken, aber noch nicht in der objektiven Vernünftigkeit; Vollkommenheit ist im erfüllenden Wollen, in der glühenden Liebe zum Guten, noch nicht im Guten selbst. Licht und Kraft, Glanz und Glut, das Licht des Gedankens und die Glutkraft des Wollens ist das Zeichen Jahwes, sein Urim und Tummim. (Deut. 33, 8.) Sein Gedanke ist die Aussendung und Ausstrahlung seines Wesens, sein Malak; seine Liebe ist die Kraft und Glut seiner Vollkommenheit.

Die begrifflich-mechanische Denkweise, welche vom sinnlichen Eindruck gebannt, in der Substantialität den Urgrund und die Grundkategorie zu sehen gewohnt ist, vermöchte die psychologischen Voraussetzungen nicht zu bieten, die bei dem Propheten Daniel wirksam waren, als ihm in der Vision der Ur-Ewige erschien auf einem »Thron von Feuerflammen und lodernden Feuerrädern«. (Dan. 7, 9. Ezech. 1.)

5. Die Möglichkeit des allgemeinen Verständnisses für den Gottesbegriff der Jahwereligion. Vielleicht anerkennt die Kritik die sachliche Richtigkeit dieser Auffassungsweise für Moses und einige besondere Bevorzugte: aber wie sollte das Jahwe-Ideal bei der großen Masse der Unterdrückten haben Verständnis finden können? Und doch habe Moses an diese ungebildete Masse mit zündenden Gedanken herantreten müssen, um sie trotz aller Gefahr zur Freiheitstat des Auszugs zu begeistern.

Dies ist zuzugeben. Allein auch das bleibt bestehen, daß selbst in solchen Zeiten von grundlegender Bedeutung niemals die ganze Bevölkerung von dem Ideal ergriffen wird, oder doch nur in sehr verschiedenem Grade. Weder im griechischen noch im deutschen Befreiungskampf hat die ideale Begeisterung alle Kreise erfaßt; auch nicht bei den Gebildeten. Es ist eine weite Entfernung von dem Ideal als solchem bis zur Phrase und zum Schlagwort. In diesen ist das Ideal zum Gebrauch der Parteileidenschaft hergerichtet. Alle Zeiten religiöser und politischer Erhebung zeigen diese Übergänge vom edelsten Idealismus bis zum selbstsüchtigen Realismus unter der Fahne des Ideals. So war es natürlich auch in den durch die Unterdrückung äußerlich wie innerlich entkräfteten Stämmen, die durch Moses erst ein Volk werden sollten. Das nationale Selbstgefühl hatten sie noch gar nicht: keine geschichtliche Erinnerung nationaler Art, keine glorreiche Vergangenheit gemeinsamen Kämpfens, Leidens und Siegens war in diesen Massen wirksam. Selbst das Volk Ägyptens bot ihnen nur das Vorbild geduldig-gehorsamer Ergebung in die göttlich geheiligte Knechtschaft unter den Pharao.

Allein so mannigfaltig die Empfänglichkeit für Ideale und für realistische Beweggründe ist, so mannigfaltig ist auch die Auffassung ein und derselben Aufgabe unter dem der eigenen Sinnesart entsprechenden Gesichtspunkt. Die Hauptsache bleibt immer die Ergriffenheit des Führers von den Gedanken und Aufgaben seiner göttlichen Sendung. Die Massen werden mehr von der persönlichen Ergriffenheit des Führers entzündet, als von den hohen Gedanken selber, welche seine eigene Seele begeistern. Die Idealität des Führers kann nicht bewirken, daß ihm alle mit der gleichen Idealität folgen, nicht einmal, daß ihm alle bereitwillig und ohne Widerstreben folgen: aber für das Gelingen ist zunächst die Hauptsache, daß ihm überhaupt viele von den Wortführern mit irgend einer ihrer Sinnesart entsprechenden energischen Motivierung folgen: diese reißen die große Masse mit sich und diese die Widerstrebenden. Allerdings in kritischen Momenten treten die letzteren in den Vordergrund. Daß dies auch beim Auszug aus Ägypten trotz aller Wunder der Fall gewesen sei, blieb der Erinnerung untilgbar eingeprägt. (Exod. 13, 17—21; 14, 11. 12; 16, 3; 17, 3; 5, 21. Num. 10, 11—11, 35; 14; 16; 17, 6; 20; 21. Deut. 1, 32. 33.)

Indes ist auch zugunsten des geknechteten Israel und seiner geistigen Empfänglichkeit ein wichtiger Umstand hervorzuheben. Jugendliche Völker und jugendliche Zeiten der Erhebung, Erneuerung und Umwälzung sind in ihrer ganzen Denk- und Sinnesweise anders geartet als die greisenhaften Geschichtsperioden. Während in jenen wie in gewissen Schöpfungszeiten mit unerschöpflicher Lust eine Fülle von Leben hervordringt, sind die letzteren von erschreckender Unfruchtbarkeit, Verzagtheit und Kleingläubigkeit: eigentliche Zeiten des Stillstandes und des biederen Verzichtens auf jeglichen Wagemut des Denkens und Strebens. Was in Sprache und Literatur, in Wissenschaft und Kunst, in der Sitte, in Religion, im Recht geschaffen wird, dringt mit Ungestüm und Werdelust in rascher Folge hervor: die folgenden Geschlechter haben vielfach nicht einmal den Mut und die Kraft, um das reiche Erbe gehörig auszunützen.

Die Urzeiten haben außerdem noch den besonderen Vorzug, daß sie den sprachlichen Ausdruck schaffen mußten, in dem die Folgezeiten denken und verkehren. Natürlich ist das Geschlecht, welches die Bildersprache der Worte erzeugt, von den Gedanken, die darin zum Ausdruck kommen, ganz anders ergriffen als die Folgezeiten, welche diese Bilder brauchen, ohne überhaupt an deren Vorhandensein zu denken. Wir sind vollkommen gewöhnt, davon zu sprechen, daß ein hoher Zweck im Bewußtsein aufblitze und mit der zündenden Gewalt des Blitzes die Gemüter entflamme, die trägen, stumpfsinnigen Massen aufrüttle und zu schöpferischer Tat politischer, sozialer, religiöser Neugeburt begeistere. Allein wir stellen trotzdem die Frage: ob denn wirklich im brennenden Feuer, in der lodernden Flamme, im strahlenden Lichtglanz ein Prophet und ein Volk etwas habe sehen und finden können, was, geistig erfaßt und gewürdigt, die Seelen zu hoher Tatkraft und zu opfermutigem Wagnis entflammen könnte? Woher stammt denn die ganze Bildersprache von Licht und Glut, von Feuer und Flamme, vom Zünden und Lodern — wenn nicht die Urzeiten in diesen Naturerscheinungen die höheren Kräfte abbildlich erkannt hätten, von denen der Geist in innerlicher Weise aufgehellt, entzündet und entflammt wurde? Was als Ideal die Seele entzünden und mit Heldengeist durchglühen soll, muß selber erst im Sinnbild der Feuerflamme, der lodernden Glut, des blitzenden Lichtstrahles erfaßt worden sein. Wäre dieses Ideal des innerlich glühenden Willens, des innerlich strahlenden Gedankens, der lodernden Tatkraft nie dem menschlichen Denken in der Flamme deutlich geworden, so hätte man nie in diesen Bildern von jenen übersinnlichen Dingen gesprochen. Wir staunen vielleicht, wie dem Geiste Mosis in der lodernden Flamme das Mysterium der Gottheit aufblitzen konnte. Beides scheint uns zu verschieden voneinander; aber doch haben wir auch heute keine Ausdrücke, die reiner und erhabener wären, um Gottes Vorzug und Wesen zu bezeichnen, als Licht und Feuer, Glanz und Glut. Candor est lucis aeternae! Was indes für uns abgeblaßtes, kaum beachtetes und noch weniger empfundenes Bild ist, war einst tiefempfundene Wahrheit und kraftvolles Leben. Mit welcher Gewalt mußte in jenen Urzeiten der entstehenden oder vielmehr im Ringen der Geister erzeugten Sprachbilder die darin zum erstenmal erfaßte und ausgesprochene Einsicht das Gemüt ergreifen! Hieraus wird verständlich, wie die Idee des in Feuerflammen erschienenen Gottes die unterdrückten Massen entzünden konnte, so daß sie selber in glühender Tatkraft zu einem Feuer aufloderten, in dem die Knechtschaft verbrannte, und das freie Gottesvolk eines priesterlich-königlichen Geschlechtes aus dem heißen Kampfe emporstieg.

Zwischen der elohistischen und jahwistischen Überlieferung (Exod. 3 und 6) scheint ein Widerspruch zu bestehen. Nach dem elohistischen Bericht ist der Gottesname Jahwe den

Patriarchen nicht geoffenbart worden; dem Jahwisten zufolge war dies seit Urzeiten geschehen; daher erklärte sich Jahwe dem Moses als der Gott der Patriarchen.

Es handelt sich wohl um die verschiedenen Gestalten einer Überlieferung, wie sie einerseits im Stamme Joseph, anderseits im Stamme Juda ausgeprägt worden ist. Was die Sache selbst betrifft, so ist die Lösung naheliegend.

Die Bedeutung des Gottesnamens und Gottesbegriffes Jahwe wurde erst in der großen Tat offenbar, zu deren Werkzeug Moses berufen war. Das Volk Israel verdankt seinen nationalen Bestand einer geschichtlichen Tat, nicht einem Naturereignis, nicht einer naturnotwendigen Entwicklung. Daß diese Tat eine Gottestat ist, mindert ihre geschichtliche Bedeutung als nationale Tat der sich zur Auswanderung entschließenden und zusammenschließenden Stämme nicht. Die Schwierigkeiten, welche Moses bei seinem Volke vor und nach dem Auszug zu besiegen hatte, beweisen hinreichend, daß die Gottestat den geknechteten Stämmen die Mühe der Selbstbestimmung nicht abnahm. Denn Gottes Offenbarung ist kein Ersatz für die Vernunft, sondern bewirkt deren kräftigere Betätigung; Gottes Gnade wirkt nicht anstatt der Freiheit, sondern durch die stärkere Betätigung der Freiheit. Darum ist Israel eigentlich das von Gott und für Gott geschaffene Volk, das Volk der Gnade und der Kraft zugleich, das Volk Jahwes, des Gottes, der in eigener Tatkraft ewig besteht und darum allein sagen kann: »Ich bin, der Ich bin!«

In solcher Weise war die Bedeutung des Gottesbegriffes Jahwe vorher niemals hervorgetreten. Darum konnte der Elohist sagen, daß Gott sich erst durch Moses und die Befreiung seines Volkes aus Ägypten als Jahwe geoffenbart habe.

Gleichwohl kann voll anerkannt werden, daß auch die Stammväter Israels in jeder Form Männer der Tat und darum Gottesmänner waren, wie Abraham und Jakob: denn Abraham mußte seine Heimat verlassen und in Gott als seiner einzigen Grundlage Wurzel fassen. (Gen. 12.) Jakob mußte mit Gott um Gott und seine Verheißung ringen — in gefahrvoller Pilgerschaft wie im sinnbildlichen Kampfe am Jabbok. (Gen. 28. 31. 48.) Was diese Stammväter in aktiv menschlicher Weise darstellen, zeigt Isaak als Geschenk der Gnade, als Kind der Verheißung, als Frucht des Glaubens und Glaubensgehorsams, in der Geburt wie durch die Aufopferung. (Gen. 15. 17. 18. 22.)

Wenn auch die Aufgabe, welche die Patriarchen zu erfüllen hatten, noch so viel Glaubensmut und Hochsinn forderte, sie brauchten niemand dafür zu

gewinnen als sich selber. Und sie selber waren auserwählte, außergewöhnliche
Persönlichkeiten, nicht Durchschnittsmenschen. Ganz anders bei Moses. Für
ihn und seine Aufgabe, die Erlösung und Schaffung des Volkes, handelte es
sich um eine Menge zusammenhangloser Stämme, um eine durch lange Knechtschaft allen Einflüssen, allen Willkürlaunen, allen Leidenschaften der Furcht
und der Begierde zugängliche Sklavenhorde. Moses konnte diese Horde nicht
ohne ihre eigene Erhebung und Mitwirkung zur Freiheit führen. Sie mußten
seinen Glauben und sein Gottvertrauen teilen: sie mußten mit ihm alles
wagen. Eine solche Menge zum bereitwilligen Jünger eines Glaubens und
eines Berufes, zum kraftvollen Helden eines Entschlusses und einer Großtat
voll Entsagung und Gefahr zu machen: das war die ungeheure Aufgabe, die
Moses gestellt war.

Was »Jahwe« als Gottesbegriff war und bedeutete, was er ,
von den Seinigen forderte und was er durch sie bewirkte, das
wurde in der Tat erst durch die Sendung Mosis und die Schaffung
des freien Gottesvolkes offenbar. Der Auszug aus Ägypten hatte
für die Nation eine ähnliche Bedeutung wie der Opfergehorsam
Abrahams: »Nun ist offenbar, daß du Gott fürchtest.« Die Religion muß Tatkraft sein. (Gen. 22, 12.)

Da die Offenbarung und Gnade die Natur und ihre Entwicklungsgegen-
sätze nicht aufhebt, so ist auch die Neigung zu den verschiedenartigen Gottesnamen und Gottesbegriffen in verschiedenen Zeiten verschieden gewesen.
Der Gottesname Jahwe wurde nun gerade in der nachexilischen Zeit zurückgedrängt durch die Lieblingsausdrücke eines abstrakteren theologischen Denkens,
wie der Gott des Himmels, der Allerhöchste, der Name, der Hochgebenedeite.
Später wurde der Jahwename aus dem lebendigen Gebrauch ausgeschieden,
natürlich mit allen Ehren: man erklärte ihn als zu hochheilig, als daß man
ihn aussprechen dürfte. Tatsächlich war man ihm innerlich fremd geworden;
denn das, worin man eigentlich lebt, wird mit Vorliebe lebendig gebraucht.
Darum gehört der Jahwename unzweifelhaft jener Urzeit an, welche mit
eigentlicher Liebe und mit allen möglichen Namenzusammensetzungen ihn
unbefangen im Munde führte. Die spätere Zeit bevorzugt die Namenbildungen
mit El anstatt Jah.

Daniel gebraucht nur im Gebete c. 9 einigemal die Anrede Jahwe;
sonst Gott, Gott des Himmels, der Allerhöchste, der Uralte. Der Prediger
gebraucht den Gottesnamen Jahwe gar nicht. Das Buch Job nur im Vor- und
Nachwort.

Sobald die Gotteserkenntnis zur unbestrittenen Überlieferung geworden
ist, verliert sich der Sinn für jene Gottesnamen, in denen sich die logische und
ethische Notwendigkeit und die geistige Anspannung ausspricht, mit der die
Gotteserkenntnis aus der dargebotenen natürlichen und übernatürlichen Offenbarung einstmals errungen und durchgesetzt wurde. Ein solcher Gottesname
ist Jahwe: der Gottesname der den Menschengeist erobernden Offenbarung.

Dritter Beweisgrund.

Die Jahwereligion im Kampfe mit dem nationalen Geiste Israels.

1. Der Gottesglaube der Jahwereligion wäre die Volks-religion Israels nicht geworden, wenn nicht eine höhere Gewalt im steten Kampfe mit den eigentlich nationalen Neigungen der Stämme dieselben auf diese Grundlage gestellt, dadurch zur Nation gemacht und in den Dienst des überweltlichen Gottes eingeführt hätte. Das Alter und der Ursprung der biblischen Bücher wird von der neueren Forschung wesentlich anders beurteilt, als es die seitherige Überlieferung darstellte: allein die Tatsache erscheint auch bei den weitgehendsten Zugeständnissen unerschüttert, daß die Patriarchen, Moses und die alten Propheten die Träger und Vorkämpfer eines einzigartigen sittlichen Gottesglaubens waren, der in zeitgemäßen Kultus- und Rechtsordnungen betätigt werden sollte, dessen wesentliche Forderung aber innere Hingabe und sittliche Gerechtigkeit war.

Die Kritik bestreitet den Offenbarungsursprung der Jahwereligion, weil Jahwe allmählich aus einem nationalen Stammes- und Volksgott zum Welt-gott geworden sei. Wie bei den semitischen Nachbarvölkern Kamoz und Milkom, so sei bei Israel Jahwe der Inbegriff und Ausdruck des nationalen Wesens und Strebens gewesen. Israel habe in der Jahwereligion eigentlich nur seinem eigenen besseren Selbst gehuldigt. Ebenso Moab dem Kamoz, Ammon dem Milkom. Der Singularname der semitischen Völker habe diese Gleichsetzung begünstigt. Die Jahwereligion sei also zuerst nationaler Parti-kularismus und Monolatrie des eigenen Nationalgottes gewesen, nicht aber Monotheismus. Die Jahwereligion Israels sei wesentlich gleichartig der Nationalreligion seiner Nachbarvölker gewesen. Darum war Jahwe der Gott Israels. Darum war Jahwe mit dem Volke und Lande in Interessengemein-schaft. Darum bedeutete aus dem Lande Jahwes verbannt werden, von der Pflicht seiner Verehrung entbunden und der Notwendigkeit preisgegeben zu werden, daß man den Göttern der Fremde diene.

David spricht allerdings (1. Sam. 26, 19) eine solche Anschauung aus, allein nicht als seine eigene, sondern als die seiner Verfolger, vielleicht als die des Volksgeistes. Hieraus würde indes keineswegs folgen, daß die Jahwe-religion selber solche Anschauungen hegte oder duldete. Die Gottesvorstellungen der Christen decken sich keineswegs mit dem Gottesbegriff des Christentums. Die Denkweise der Vernunftbegabten ist noch lange nicht die Denkweise der Vernunft selber. Der Volksgeist Israels war rastlos bemüht, Jahwe nach der Art der anderen Götter zu denken und zu behandeln: aber hiergegen erfolgte ebenso unermüdlich der entschiedenste Widerspruch der Propheten. Das Alte Testament kennt keinen Nationalgott Israels. Aber der Nationalgeist Israels empfand immerfort die Versuchung, den Gott der Gesamtheit irgendwie für sich zu beanspruchen. Christus ist dieser partikularistischen Entschlossenheit, in Gott nur den Gott Israels, nicht der ganzen Menschheit, folgestreng anerkennen zu wollen, in seiner Verurteilung zum Opfer gefallen. Was der Hohepriester Kaiphas vertrat, war trotz seiner autoritativen Würde nicht der Gottesbegriff des Alten Bundes.

Um so weniger kann es auffallen, wenn die Israeliten der älteren Zeit, zumal im Verkehr mit den Nachbarvölkern, sich der Neigung überließen, von Jahwe im Sinne des Partikularismus wie von dem Gott Israels zu reden. Die Kritik würde wohl selbst vor der Annahme zurückschrecken, man habe es für erlaubt gehalten, außerhalb Kanaans den Göttern der Fremde zu dienen. Wenn Elias außerhalb Kanaans unbefangen mit den Leuten verkehrte, so tat er dies, weil es so selbstverständlich war. Folgt aus dieser Toleranz irgend welcher Verzicht auf die eigene Glaubensüberzeugung und Gottesverehrung? Übrigens spricht die phönizische Frau mit voller Klarheit aus der Anschauung heraus, daß Jahwe mit Allmacht auch in ihrem Vaterlande walte und über Leben und Tod, über Natur und Schicksal herrsche. (3. Reg. 17.)

2. Die Selbständigkeit des biblischen Gottesbegriffes gegenüber dem Volke Israel hat ihren religionsgeschichtlichen Beweis in dem Widerstand, den Moses zu überwinden hatte, sowie in der steten Neigung zum Abfall. Die Geschichte Israels ist die Abwandlung des Themas: Aufnötigung des Gottesglaubens; sodann Abfall des Volkes einerseits, anderseits Bekämpfung des Abfalles durch die Propheten, sowie durch die göttliche Erziehung. Jeremias spricht es im Hinblick auf die übrigen semitischen Nationen ausdrücklich aus, daß ein Abfall von Gott wie in Israel etwas Einzigartiges sei. Der Prophet wußte wohl, daß auch bei den heidnischen Völkern eine Abwendung von diesem oder jenem Gott, eine Hinwendung zu neuen Göttern vorkommt. Aber einen Abfall wie in Israel gab es nirgends. Auch wenn die Religionsänderungen unter heftigen Kämpfen und gewaltsamem Bruch mit der Vergangenheit erfolgten: es war niemals ein Abfall von dem Grundgedanken der überlieferten Religion.

Bei den Religionsentwicklungen der Völker handelt es sich stets um die Abwandlung des Monismus. Diese Abwandlung kann eine andere Richtung annehmen, weil die Geistesart der Nationen verschieden ist, und weil die Naturbeschaffenheit ihres Wohnsitzes wie die Schicksale ihrer Geschichte das Weltbild und damit das Angesicht der darin verborgenen Gottheit anders erscheinen lassen. So bietet jede heidnische Kulturreligion ein eigenartiges Entwicklungsbild des Monismus. — Auch der Gegensatz von

Naturalismus und Idealismus, von Optimismus und Pessimismus, von Dualismus und Pluralismus oder Monarchianismus vollzieht sich ganz innerhalb des Monismus und ohne Beeinträchtigung seines pantheistischen Grundgedankens.

Vom Monismus zum Monotheismus der Jahwe- und Christusreligion führt keine Entwicklung, sondern nur die Bekehrung. Der Bruch mit dem seitherigen Grundgedanken ist die unerläßliche Vorbedingung. Ebenso ist das, was vom Gottesglauben der Jahwereligion zu irgend einer Form des monistischen Heidentums führt, nicht Entwicklung, sondern Abfall.

Die Religionsgeschichte der Völker vollzieht sich wie ihre Kulturentwicklung überhaupt ihrem Charakter entsprechend entweder unter Erschütterung und Kampf oder in stetiger Ruhe. Beidemal handelt es sich um die Überwindung früherer und in gewissem Sinne überlebter, weil durch Mißverständnisse entarteter Religionsstufen. Der führende Teil der Nation reißt die Masse, welche an den Führern hängt, mit sich; oder ein Volk drängt seine Religion einem anderen auf; oder die Trennung einer seitherigen Volksgemeinschaft erfolgt durch die Ausgestaltung der Religionsauffassung. Immer aber war und ist die Religion und der Gottesbegriff der tiefste und kraftvollste Ausdruck des Volksgeistes und seiner Ideale: darum war ein Abfall nur in der Weise möglich, wie das frühere Lebensalter von dem späteren überwunden wird. Ganz anders der Abfall, wie er in Israel stattfand. Dieser Abfall bedeutete den ausgesprochenen Gegensatz zu dem von Gesetz und Prophetentum vertretenen Gottesbegriff, weil derselbe von Israel ebenso wie von allen anderen Völkern als Widerspruch mit der eigenen Neigung zum Monismus der Naturreligion und der Nationalreligion empfunden wurde. Auch Israel wollte einen Gott, in dem man den Ausdruck und Inbegriff des Naturlebens mit seiner Lust und seinen Schrecken, sowie die Kraft und Blüte des nationalen Selbstgefühls und Hoffens schauen, lieben und anbeten konnte. Auch Israel wollte einen Gott, welcher nicht der bloße Inbegriff der tatsächlichen Natur und Nation war, sondern deren Ideal und Verklärung. Es war nicht die fühlbare Überlegenheit Jahwes über die eigene und äußere Natur, was man scheute; das gehörte zum Natur- und Nationalgott ebenso notwendig, wie das Herrscherbewußtsein zum König. Aber man

wollte in dem Leben der Natur und der Nation, in der irdischen
Interessensphäre bleiben. Das, wovon der Abfall erfolgte, was
nie in Fleisch und Blut überging noch übergeht, was nie zur
naturhaften Neigung und Gewohnheit wird, das war und ist die
Überweltlichkeit des Zieles, das im Gottesreiche mit dem Gottesbegriff des Alten und des Neuen Bundes dargeboten wird.

Der Drang der menschlichen Natur wirkt immer dahin, daß
man zwar der Gottheit diene, allein um sie sich irgendwie
dienstbar zu machen. Nicht etwa um in ihr selber die Vollkommenheit zu erringen, sondern für andere, von der Gottheit
selbst verschiedene Zwecke. Der Monotheismus der Jahwereligion
spricht sich in der großen Forderung aus: »Gott und Vater, nicht
mein Wille geschehe, sondern der deine!« Die instinktive Selbstsucht der menschlichen Natur findet sich niemals ohne Selbstverleugnung in diese Forderung: sie drängt immer dazu, die
Gottesidee so zu gestalten, daß man der Gottheit dienen kann,
um die Menschen zu beherrschen oder um sonst seinen Vorteil
in dieser Welt zu fördern.

So drängte der Volksgeist Israels immer wieder dazu, in Jahwe
den Natur- und Nationalgott zu sehen und zu verehren; allein
der Protest verstummte nie, daß Jahwe kein Naturgott und kein
Nationalgott sei, dem man durch äußeren Kultus wie durch Hingabe an die Natur und die weltlichen Ideale der Nation richtig
diene. Das Bewußtsein wurde immer von neuem wachgerufen,
daß Jahwe allein und um seiner selbst willen und aus aller Kraft
der ganzen Seele geliebt und begehrt sein wolle als der Gott des
Herzens, als der Inbegriff allen Hoffens, als das Gut alles Guten,
als das Gesetz aller Gesetze, heilig in sich selbst und darum durch
nichts zu ersetzen: der eifernde und eifersüchtige Gott, der seinen
Anspruch auf sein Geschöpf mit niemand teilt, und dem keine
andere Leistung außer der persönlichen Hingebung selber genügt.
Dieses Opfer ersetzt (im Notfall) alles andere und heilt alles andere,
wie bei den Patriarchen, bei Moses und Josua, bei Samuel, David,
Elias. Jahwe ist von Anfang an der Gott des persönlichen
Menschengeistes, der die Seele in Anspruch nimmt und mit
der Seele eine innige Lebensgemeinschaft eingeht. In dem Lichte
dieser persönlichen Gottesgemeinschaft besteht schon die
eigentliche Hoheit der Patriarchen: sie waren wie Henoch und

Moses Menschen, die mit Gott wandelten und innerlich eins waren. Erst auf dieser Grundidee konnte der Gott Israels als der Gott des Rechtes und der Geschichte erfaßt werden. Denn Recht und Geschichte sind nur möglich, wo die Persönlichkeit heilig ist, als das Höchste gilt und wirkt, als das, was im Menschen das Innerste und in der Wirklichkeit das Entscheidende ist.

3. Die Polemik der Propheten ging gegen drei Gefahren, welche die Reinheit des Jahweglaubens bedrohten. Die erste lag in dem Naturkult auf den Höhen und den damit verbundenen sinnlichen Ausschweifungen; die zweite in dem nationalen Pochen auf Gottes Beistand und dessen weltlich-politische Ausdeutung; die dritte in dem Vertrauen auf die Macht des Kultus, mit der man Gott selbst zu beeinflussen wähnte. Dazu gehört auch der von Jeremias bekämpfte Glaube: Weil der Tempel zu Jerusalem Gottes Wohnsitz sei, dürfe Jahwe seine heilige Stadt nicht so preisgeben, wie er Israel den Assyrern preisgegeben hatte. In allen drei Formen wirkt sich der Hintergedanke aus: »Man dient den Göttern, um die Menschen zu beherrschen«, oder um sonstwie seinen Vorteil in der Welt zu machen.

Die Entwicklung der Kultur hatte in allen drei Richtungen eine wesentliche Veränderung herbeigeführt. Damit wurde späteren Geschlechtern gefährlich, was früher religiös wertvoll gewesen war. Solange der Mensch in der Natur lebte und aufging, solange dieses Naturleben ein Kampf gegen das Chaos und die feindseligen, unbekannten Naturmächte war, solange in den sinnlichen Lebensfunktionen das Mysterium magnum des Weltgrundes geschaut und verehrt wurde, war dieses Naturleben selbst der geeignete und unschuldige, ja tiefsinnige Ausdruck der Gottesgemeinschaft. Darum ist das Opfer in der alten Zeit die Feier des Mahles vor Gott und mit Gott. Weil man in der Natur und den Aufgaben des Naturlebens wirklich Gott im erhabenen Sinne als geheimnisvollen Lebensgrund sich nahe empfand, war die Natur selber das selbstverständliche Mittel der Gottesgemeinschaft. Anders wurde es, je mehr die Natur dem Menschen untertan und gewohnt wurde, je gefahrloser der Verkehr in ihr wurde, je oberflächlicher die Naturfunktionen betrachtet, je gewohnheitsmäßiger die alten Gebräuche des Naturkultes geübt wurden. Damit wurde der frühere Jahwekult zu einem Baalskult — auf denselben heiligen Höhen. Denn

Jahwe war der Gott der Tatkraft, der Weisheit und des geheimnisvollen Eingreifens von Seele und Geist zu hoher und starker
Sinnesart. Baal hingegen war der Gott des Naturlebens im gewöhnlichen Sinne, der üppigen Fruchtbarkeit und des ungezügelten
Naturgenusses. Je mehr der Kampf und das Geheimnis, der Adel
des Geistes und der Weisheit von dem Naturleben wich, desto
mehr wurde es auch ungeeignet zum Kultus.

　　　Das Naturleben war in der Urzeit das Eins und Alles, was
den Menschen in Anspruch nahm. Mit der Kulturentwicklung
der Stämme ergab sich die Notwendigkeit einer sittlichen Rechtsordnung, feststehender Gesetze, damit ein sicheres und gedeih-
liches Zusammenleben und ein erfolgreicher Schutz gegen rohe
Willkür, Gewalt und Selbstsucht möglich sei. Mit der Vermehrung
der Menschen und der Ansiedelung entstanden engere Verkehrs-
verhältnisse; der Schutz, den früher die Einsamkeit und die weiten
Entfernungen boten, sowie die unmittelbare Kampfbereitschaft
des Nomaden, endlich der Mangel an Gütern, welche die Selbstsucht reizen konnten, mußte später durch Recht und Gesetz,
durch die öffentlichen Gewalten und die Anfänge des Volks- und
Staatslebens gewährt werden. Die tastenden Versuche in dieser
Hinsicht schildert Exod. 16, das Richterbuch, besonders aber die
Geschichte der drei großen Könige. Sobald diese Aufgabe an
den Menschen herantrat, wurde das Naturleben herabgedrückt;
es mußte an innerem Werte verlieren. Der höhere Kultus, der
darum als der eigentliche Berufszweck der Leviten und Priester
in der vorexilischen Zeit hervorgehoben wird, ist die Erfüllung
des schönen Segensspruches über die Söhne Levis: »Sie bewahren
dein Wort und beobachten deinen Bund; sie lehren Jakob deine
Rechte und Israel dein Gesetz.« (Deut. 33, 8—10.)

　　　Die Rechtspflege war seit Moses' Tagen bis zum Exil die
eigentliche Aufgabe des Priestertums. Zwar wurde der staatliche
Richter- und Verwaltungsberuf auch allmählich ausgebildet und
drängte das Priestertum mehr auf den Kultus hin; aber die Entwicklung des Gesetzwesens ging doch immer wieder vom Priestertum aus.

　　　So erfüllte die Religion immerfort neue Aufgaben innerhalb des Rechtes und der staatlichen Einrichtungen. Der Kultus
war vor allem ein Kultus des Rechtes und der sozialen Wohlfahrt.

Immerhin kam auch hier die Zeit, wo die eigentlich schöpferische Arbeit getan, wo die Volkseinheit begründet, die Rechts- und Staatsordnung hergestellt war. Je mehr die nachfolgenden Geschlechter in geregelte Gesellschaftsverhältnisse als in selbstverständliche Zustände hineinwuchsen, desto mehr verblaßte der Heiligenschein des Königtums und Staatswesens, desto mehr wandte sich der nationale Sinn von dem Ideal des Rechtes und seiner Verwirklichung in einem Reiche der Gerechtigkeit und des Friedens zu dem Idol der politischen Macht und Herrlichkeit, zu dem diplomatischen Ränkespiel der Selbstsucht und des Ehrgeizes. Die Verwirklichung von Recht und Wohlfahrt im Ringen der geistigen Arbeit in Gesetzgebung, Volkseinigung, Königtum war ein eigentlicher Gottesdienst, ein theokratischer Kultus des Gottes, der als Jahwe das wesenhafte Recht ist.

Darum die hehre Weihe, welche den ganzen gefahr- und mühevollen Ringkampf zu einer Art Gottesdienst verklärte, die Mühen um das nationale Dasein, um eine Heimat in Kanaan, um die Durchführung des nationalen Ideals seit der nationalen Gründungstat durch die Erhebung aus der Knechtschaft Ägyptens. In Saul wurde der Höhepunkt der Tragik, in David der Höhepunkt des Erfolges erreicht. Mit Salomo beginnt bereits der Genuß und die selbstsüchtige Herabstimmung des national-politischen Ideals, anstatt der seitherigen aufopferungsvollen, hochsinnigen, heldenhaften Anstrengung in den Arbeiten des Krieges und Friedens. Mit dieser inneren Kraft des steten Neubewirkens und Verdienens der nationalen Güter ging unter Salomo sofort auch die äußere Machtstellung unaufhaltsam abwärts. Auch hier gilt: Aktualität, nicht Substantialität! Je mehr die Verweltlichung im Sinne nationaler Selbstsucht und Eitelkeit voranschritt, desto mehr wurde das Prophetentum zum Gegner des Königtums und der weltlichen Politik. Das nationale Leben wurde mehr zum Kultus des Nationalgottes, der zwar Jahwe hieß, aber faktisch doch ein Baal war, weil Jahwe eben als Nationalgott aufgefaßt wurde. So löst sich der scheinbare Widerspruch zwischen dem anfänglichen Bunde von Prophetentum und Königtum, während später die Verzichtleistung auf irdische Ideale der Politik gefordert, und das Königtum Israels in mehrfacher Hinsicht als etwas Gott Fremdes erklärt wurde. Die Segenskraft war in dem nationalen Leben, solange es schöpferische Arbeit um Dasein, Recht und Wohlfahrt war; es verweltlichte im schlimmen Sinne, je mehr es zur Sache des Genusses, der Eitelkeit und Selbstsucht wurde.

Der Kultus wurde als die Organisation aller Formen der Gottesgemeinschaft immer mehr zum Lebensinhalt des Priestertums und des heiligen Gottesvolkes, je mehr das nationale Wesen an religiös-sittlicher Würde und Weihe verlor. Die Bildung der heiligen Gottesgemeinde, der Kirche oder der religiösen Gesellschaft, des geistlichen Gottesreiches ist die dritte Stufe der Entwicklung. Dieses Ideal scheint im Vergleich zum Natur- und Volksleben zwar wesentlich besser gegen Verderbnis sichergestellt; allein auch hier liegt die Gefahr sehr nahe. Natur und nationale Kultur sind dringende, unmittelbar empfundene Lebensbedürfnisse; ihre Ideale und Lebensaufgaben werden dem Menschen mit dem Zwang der Not aufgedrängt; daher geht dem Menschenleben, soweit es mit der Natur und der nationalen Kulturaufgabe erfüllt ist, nicht so leicht die wirkliche Realität seines Lebensinhaltes verloren. Die Notwendigkeit sorgt dafür, daß man sich nicht in Phantome verliere.

Die Betätigung der Gottesgemeinschaft gehört indes wie die geistigen Kräfte, die deren Träger sind, dem Bereich der Freiheit an. Dasein und Wohlfahrt, Glück und Gesundheit sind nicht unmittelbar bedroht, wenn in geistlicher Hinsicht an die Stelle des Glaubens und der von ihm dargebotenen Aufgaben der Aberglaube mit seinen Interessen tritt. Die Pflege der Wahrheit und Sittlichkeit, die Betätigung eines ernst mit den ewigen Aufgaben beschäftigten Gottesdienstes im Geiste und in der Wahrheit nimmt außerdem die Kraft und die Initiative des geistigen Menschen so empfindlich in Anspruch, daß man sich gern überredet oder überreden läßt, daß ein System äußerer Einrichtungen und Übungen die Hauptsache sei, um die religiöse Gottesgemeinschaft zu pflegen. Die Verzichtleistung auf die geistige Denk- und Willensarbeit, auf den Kultus des Geistes und der Wahrheit erscheint zugleich als eine gründliche Befreiung von jeder Gefahr des Subjektivismus. Zugleich bedeutet die dritte Stufe eine Wiederholung der früheren Stufen in moderneren Formen und in geistlichen Organisationen mit politischer Betätigung.

Auch dieser Auffassung traten die Propheten entgegen; sie forderten die Geistesarbeit der Gotteserkenntnis, Gerechtigkeit und Nächstenliebe anstatt der ängstlich gewissenhaften, aber mehr konventionellen Erfüllung des Zeremonialkultus und der ins Unsinnige und Unsittliche getriebenen Überschwenglichkeit und Überspannung des Opferwesens. In der Richtung dieses prophetischen Ideals liegt die Religion als das Reich Gottes in der Seele, die Persönlichkeitsreligion, die Religion als Sache und Aufgabe, Gotterfüllung und Gottbelebung der Persönlichkeit, wie sie das Evangelium Jesu der Welt gebracht hat. Danach ist das Reich Gottes die Aufhebung aller Gegensätze zwischen Auktorität und Freiheit, passiver und aktiver Tugend zur höheren Einheit, in dem der Mensch selber zum Anwalt der Rechte Gottes auf seine eigene Lebensbetätigung wird, und nicht bloß rezeptiv und passiv (Deo servire in Heteronomie), sondern aktiv und mit Initiative das übernatürliche Geistesleben ausgestaltet (regnare in Theonomie).

Das Ideal der Persönlichkeitsreligion läßt sich ungefähr mit den Merkmalen bestimmen, in denen Ehrhard das Wesen der »deutschen Religiosität« findet: »Das Hervorheben des innerlichen Religionsgefühls gegenüber den äußeren Frömmigkeitsformen, das Betonen der subjektiven Erlösungsarbeit gegenüber einem mehr oder weniger mechanischen Gebrauch der objektiven Heilsmittel, die höhere Wertschätzung des sittlich-religiösen Lebens gegenüber dem vorwaltenden Interesse an der Ausbildung eines philosophisch-theologischen Lehrgebäudes und einer juristisch gefaßten Kirchenorganisation.« (Der Katholizismus. 2. Aufl. 1902. S. 118.)

Das höchste Ideal ist erreicht, wenn die innere Wechseldurchdringung von Gottes- und Nächstenliebe ganz vollzogen ist und die erstere in der vollkommen erfaßten Kulturaufgabe ihre eigentliche Betätigung nach außen gewonnen hat. Die Pflege der Gottesliebe als Andacht und Gebetsleben, als Buße und Betrachtung, wie als Opferdienst und Sakramentsempfang ist deren unentbehrliche Grundlage und Quelle.

Die biblische Kritik behauptet, die Psalmen und die ihnen gleichwertigen Äußerungen des betenden und betrachtenden Gottesglaubens seien vor dem Exil psychologisch unmöglich und darum trotz der (z. B. davidischen) Situation, aus der sie empfunden und gedichtet seien, dem nachexilischen Judentum zuzuweisen. Sie kommt zu dieser Annahme unter dem Eindruck der Tatsachen, welche für Israel und Juda, für Volk und Priestertum beider Länder, für die Heiligtümer des Nordens wie Jerusalems die Naturverehrung, den Bilderdienst in allen Formen, die Vergöttlichung des Nationalen und Politischen, die semitische Grundanschauung in starker Vorherrschaft zeigen. Eine solche Religionsstufe sei mit der Stimmung geradezu unvereinbar, aus der die Psalmen entstanden seien.

Es ist indes auch notwendig, die Frage zu stellen, ob die Gesetzesreligion und Schriftgelehrsamkeit der durch Esra bestimmten Entwicklungsperiode die geeignete psychologische Voraussetzung für die Psalmen und Lehrschriften darstelle. Sind diese Versenkungen in Gott, dieses vertraute, unbefangene, heimische Gedanken- und Gemütsleben in Gott frei von aller Sorge um die Erfüllung zeremonieller Bedingungen, aus einer Religionsstufe zu verstehen, die ganz im gesetzlichen Zeremonienwesen, in streng geregeltem Schlacht- und Brandopferdienst von Rindern, Schafen, Böcken aufging? Man denke sich den Kultus des Schlachtens von Tieren mit der Gemütsstimmung zusammen,

deren Frucht die Psalmen sind! Man versuche es nachzuempfinden, welche
Gebundenheit des Geistes die Religion des nachexilischen Gesetzesideals
darstellt: ist damit die innere Freiheit und Unbesorgtheit der Psalmisten ver-
einbar? Die Psalmen berichten von vielen Ungewißheiten und quälenden
Sorgen: allein davon niemals, daß man bezweifelt habe, ob dem Sünder, dem
Gedrückten, dem Erdenpilger ungehindert der Weg zu Gott offen stehe, um
ihm das Opfer seiner Buße darzubringen. Die Psalmisten bekunden keine
Angst, daß die Gemeinschaft der Seele mit Gott durch irgend welche Ver-
fehlungen gegen das Ritualgesetz gestört werde. — Wenn man anderseits vom
Königsbuch aus die geistige Höhenlage der Religion Israels berechnen müßte,
würden Bücher, wie von Amos und Hosea, Michäas, Jesajas und Jeremias
undenkbar erscheinen. Mit ihnen dachten, beteten und rangen viele, die den
Unterschied von Baal und Jahwe trotz der Vermischung der Namen und der
Feier zu erfassen wußten. Aus ihrem Ringen gingen die Psalmen hervor —
vor und nach dem Exil.

Das Geistig-Hohe lebt wie der Friede mehr in den eigenen Werken fort;
die Entartung liefert, wie der Krieg und jede Störung, das meiste Material für
die Geschichte. Die Zeiten sind meist besser als ihre Chronik; denn das Böse
drängt sich immer in den Vordergrund. Ein Verbrechen muß mehr Beachtung
finden als tausend Pflichterfüllungen mit innerer Selbstüberwindung.

Vierter Beweisgrund.

Die Vollendung des Jahweglaubens zum dreieinigen Gottesbegriff.

1. Der Gottesbegriff des Alten Testamentes ist mit deutlich
erkennbarer Zielstrebigkeit bis zum Gottesbegriff der Dreieinigkeit
fortgebildet worden. Darin liegt ein eigentlicher Beweis für den
Offenbarungsursprung der Jahwereligion. Denn der dreieinige
Gottesbegriff bezeichnet etwa im Sinne von Röm. 8 und 1. Joh.
2—4 das eigentliche Wesen des Christentums und ist die
Krönung des überweltlichen und persönlichen Gottesbegriffs.
Die Idee der göttlichen Dreieinigkeit ist nicht etwa ein versteckter
Abfall vom strengen Monotheismus, sondern dessen vollkommene
Durchführung von innen heraus. Die tiefsinnige Gottesidee der
Jahweoffenbarung hat im Mysterium des dreieinigen Gottes ihre
Vollendung und Erklärung empfangen.

Die Kritik wendet gegen den Theismus ein, er komme
nur dadurch zur Annahme Gottes als der ersten Ursache, daß er
willkürlich dem weiteren Fragen nach der Ursache Einhalt gebiete. So glaube der Theismus dem Regressus in infinitum zu entgehen. — Der dreieinige Gottesbegriff bedeutet die vollkommene

(Immanenz) Einwohnung des höchsten Grundes und Zweckes im ewigen Denken und Wollen. Dadurch wird ohne Willkür und Gewalt, durch die Natur der Sache selbst dem weiteren Fragen nach der höheren Ursache ein Ziel gesetzt. Es bedarf keiner höheren Wirk- und Zweckursache mehr, wenn die vollkommene Begründung in der vollkommensten Weise im ewigen Denken und Wollen selber erschöpfend vollzogen ist.

Der Beweis für die Göttlichkeit einer Lehre liegt naturgemäß nur darin, daß sie das Erkennen auf einen höheren Standpunkt erhebt und dem sittlichen Streben innere Kraft und Stärkung gewährt.

Die Beweiskraft, welche in dem inneren und geschichtlichen Zusammenhang zwischen dem Jahwebegriff und dem Dreieinigkeitsglauben liegt, wird naturgemäß erst empfunden, wenn sowohl im Monotheismus wie im Trinitätsgeheimnis eine geistig-religiöse Weisheitslehre von einzigartiger Bedeutung für Denken und Leben gefunden wird.

Jeder Beweis ist eine Einführung in den Wahrheitsgehalt dessen, was erwiesen werden soll. Die Unbeweisbarkeit und geheimnisvolle Erhabenheit des dreieinigen Gottesbegriffs wird dadurch nicht in Frage gestellt. Denn man kann doch nur bei solchen Lehren von übernatürlicher Erhabenheit über die Möglichkeit des Beweisens und Begreifens sprechen, deren inneren Wahrheitsgehalt man empfindet. Sonst wäre kein Unterschied zwischen dem Übernatürlichen und dem für die Vernunft Unverständlichen. Wenn es nicht ohne weiteres für den Durchschnittsmenschen leicht ist, die Gedankentiefe und die sittliche Bedeutung des Dreieinigkeitsglaubens zu erkennen, so ist dies bei allem so, was über die sinnliche Erfahrung und die alltägliche Gewöhnung hinausliegt.

Der übernatürliche und göttliche Charakter des Alten und Neuen Bundes kann nur erwiesen werden, wenn der Vernunft in der biblischen Lehre vom Engel und Geiste Gottes und damit von der Dreieinigkeit Gottes eine objektive Bereicherung, ein bedeutender Wahrheitsgehalt und eine höhere Weisheit gegeben ist. Nichts ist menschlicher als die Vergöttlichung dessen, was man als überlegen empfindet. Wenn die Jahweidee der Ausdruck des nationalen Volksgeistes war, dann braucht es keine Offenbarung. Denn der Mensch hat immer vergöttlicht, was ihm mit der Überlegenheit der Macht und des Wertes gegenübertrat. Wenn die Dreieinigkeit eine Folge der Vergöttlichung Christi ist, dann braucht es keine Offenbarung. Zur Apotheose genügt der Mensch vollständig. Man darf also in dem dreieinigen Gottesbegriff nicht etwa nur die Voraussetzung für den Glauben an die Gottheit Christi sehen. Wenn sie Offenbarung ist, dann ist sie um ihrer selber willen wertvoll, nicht nur wegen der Menschwerdung.

Ebensowenig darf man ihre Bedeutung darin finden, daß sich der unbedingte Glaubensgehorsam an ihr erproben und sein religiöses Verdienst gewinnen müsse. Das Sacrificium intellectus darf nicht als Unterdrückung der eigenen Vernunft, sondern muß als Erhebung zu einer höheren, wenn auch schwierigen Aufgabe verstanden werden.

In der kritischen Religionswissenschaft wie Dogmengeschichte ist die Anschauung fast ausschließlich herrschend, die Dreieinigkeitslehre sei die F o l g e der fortschreitenden Vergöttlichung Christi und der heraklitisch-platonischen Logoslehre. Mit den Heidenchristen sei die hellenische Denk- und Vorstellungsweise in das Christentum eingeströmt. So sei Christus aus dem geschichtlichen Jesus zum ewigen Logos geworden. Die von ihm ausgehende Kraft sittlicher Wiedergeburt und Welterneuerung sei als Heiliger Geist erfaßt und zur Vollendung der göttlichen Dreiheit verwertet worden. Übrigens sei der Hl. Geist in der Kirche nie zur e i g e n t l i c h e n Persönlichkeit geworden; die Andacht habe sich ihm nie recht zugewandt. Die Dreieinigkeit sei die Ausgleichung des starren semitisch-alttestamentlichen Monotheismus mit dem mythologischen Monismus und der Immanenzlehre der arischen Religionen.

Wäre der dreieinige Gottesbegriff wirklich auf diese Weise durch Synkretismus entstanden, dann wäre das kirchliche Christentum unmöglich als göttliche Offenbarung im Sinne übernatürlicher Wahrheitsmitteilung erweisbar. Auch das Christentum Christi nicht: denn wie könnte eine Lehre Offenbarung sein, die sofort in der nächsten Generation durch die Vergottung ihres Stifters den Abfall von der Grundwahrheit der Offenbarung, vom Evangelium des Vaters, vom Monotheismus vollzogen hätte? Auch das Alte Testament könnte nicht mehr als übernatürliche Offenbarung gelten. Denn wie könnte eine Religion, in der Gott selber wirkt und gegenwärtig ist, in demselben Augenblick dem Abfall anheimfallen, in dem sie im Begriff steht, ihren Endzweck zu vollbringen, nämlich das Gemeingut der Menschheit zu werden und das Gottesreich für alle aufzurichten? Der Offenbarungscharakter steht und fällt mit dem i n n e r e n Werte und Wahrheitsgehalt der alt- und neutestamentlichen Grundlehren. Falls die Dreieinigkeit Gottes nicht als wesentlicher Bestandteil im Christentum Christi enthalten, sondern erst durch spätere dogmengeschichtliche Entwicklung begründet worden wäre, könnte natürlich auch von keiner metaphysischen Gottessohnschaft Christi in den Evangelien ernstlich die Rede sein.

Die Evangelien enthalten allerdings keine begriffliche Lehre von der Dreieinigkeit: aber auch nicht von Christus, auch nicht von der Vaterschaft Gottes, auch nicht von der Gotteskindschaft der Menschen oder gar aller Menschen, auch nicht von der unendlichen Würde der Seele. Gerade das, was Adolf Harnack als das Wesen des Christentums bezeichnet, findet sich n i c h t ausdrücklich im Evangelium begrifflich ausgesprochen. Selbst das Reich Gottes nicht: nur in den Gleichnisreden.

Man stoße sich anderseits nicht an dem abstrakt begrifflichen Charakter der nizänischen Formulierung. Diese bildete nur den Schutz des großen christlichen Mysteriums gegen die arianische Entstellung und Entkräftung. Der A r i a n i s m u s ist nämlich die Form, in welcher der monistische Neuplatonismus auf das christliche Glaubensmaterial angewendet wurde, um den monistischen Grundgedanken in christlicher Form behaupten zu können.

Der religiöse Wahrheitsgehalt des Dreieinigkeitsglaubens ist in der lebendigen Darlegung des dreieinigen Gotteswaltens im Alten und Neuen Testamente aufgeschlossen. Was die Dreieinigkeit für Glauben und Leben sei, ist dort in großartiger Durchführung dargelegt; wie Jahwes Engel und Wort, Jahwes Weisheit und Geist die Gottesmänner geführt und das Volk zum Gottesvolk herangezogen haben. In der prophetischen Geschichtsdarstellung von der Genesis an bis zu den Weisheitsbüchern ist aus lebendiger Erfahrung geschildert, wie Jahwes Allmacht und Wort, Weisheit und Gnade von den Heiligen im Schauen und Fühlen erlebt worden sei. Die erleuchtende, reinigende, befruchtende Kraft des dreieinigen Gottesglaubens in allen seinen Bestandteilen ist die große Erfahrung der heiligen Geschichte bis zur Erscheinung des Wortes im Fleische und zur Ausgießung des lebendigmachenden Geistes über die Gemeinde dessen, der allein mit dem Hl. Geiste taufen kann. Mit dieser religiösen Kraft und Erfahrung hatte das Christentum den entscheidenden Sieg schon errungen, ehe das Nicänum sein Glaubensbekenntnis begrifflich zu formulieren genötigt wurde.

So verschieden die Urgeschichte der Genesis von den Gedankengängen der Abschiedsreden Jesu und der paulinischen Briefe ist: beide sind doch Abwandlungen des in der Gottheit wirksamen dreieinigen Lebens in den Heilstaten und Geistesführungen des Gottesreiches auf Erden. Gott als ursächlich durch den Gedanken und als lebendigmachende Gegenwart durch die Liebe: das ist die große Offenbarung des Siebentagewerkes in der Außenwelt; das ist auch die Gnade des Neuen Bundes: der dreieinige Gott in den Seelen und in der Kirche. Um die religiöse Bedeutung des dreieinigen Gottesbegriffs zu würdigen, muß man sich in die Weisheitsbücher und Apostelbriefe hineinleben.

2. Die Idee des Engels und Geistes Gottes ist in der ältesten Jahwereligion unzweifelhaft vorhanden. So überraschend diese Tatsache sein mag, sie darf deshalb nicht übersehen werden und nicht unerklärt bleiben. Sie muß aus dem Gottesbegriff der Jahwereligion verständlich gemacht werden. Jene Auffassung des Jahwe-

gottesbegriffs, welche die Idee des Engels und Geistes Gottes im altbiblischen Sinne verständlich macht, ist ebendadurch als richtig erwiesen. Das ist der Gottesbegriff des wesenhaften Lebens, der wesenhaften Denk- und Willenstat. Sobald dieser Gottesbegriff vorausgesetzt wird, erscheint auch die Idee des Engels und Geistes Gottes verständlich.

Man wußte aus dem eigenen Innern, daß aus der Fülle des Willens durch Einsicht und Folgerung eine neue Erkenntnis erzeugt werde; man wußte, daß aus der tätigen Überlegung der Entschluß, aus dem Gedanken die Liebe oder eine andere Willensgesinnung hervorgehe. Der Gedanke ist das Erzeugnis des Bewußtseins, darum auch dessen Bote und Kundgabe nach außen. Man fand im Hervorgang des Gedankens eine Ähnlichkeit mit der Absendung eines Sendboten, um einen Auftrag zu vollbringen. Im Wort und in der Sprache drückt sich ähnlich wie in der Schlußfolgerung und im Entschluß das Ergebnis der inneren Erwägung, der Wissensfülle und der Gesamtstimmung aus. Darum wurde auch Wort genannt, was unter dem ersten Gesichtspunkt zuerst konkret als Bote oder Engel, später abstrakt als Sendung und Botschaft bezeichnet wurde. Das Angesicht und sein Gebärdenspiel ist ebenso der Ausdruck des tätig-erregten Innern. Der Name war in jener Zeit schöpferischer und darum durchsichtiger Namenbildung soviel als eine Kundgabe oder ein Aufschluß: eine Epiphania des verborgenen Wesens.

Der Name Gottes ist schon in uralter Zeit als eine Art Doppelwesen von geheimnisvoller Kraft angesehen worden. Allein die Religionswissenschaft tut unrecht, wenn sie hierin eine Wirkung des Aberglaubens sieht. Als magische Zauberkraft wurde der Name Gottes nur von dem Durchschnittsmenschentum der Urzeit verwertet, geradeso wie heute der dreieinige Gottesname und der Prolog des Johannesevangeliums. Der Beweis liegt darin, daß auch der Name des Menschen als eine bedeutungsvolle Verdopplung galt. Das ist ein Hinweis, daß eine allgemein psychologische Erscheinung vorliegt, deren normaler Charakter um dessentwillen nicht von vornherein abgelehnt werden darf, weil das gleiche nicht nur vom Namen einer Person gilt, sondern von allem, was ähnlich wie der Name eine Vergegenständlichung derselben für die Erkenntnis darstellt. Die Frage gilt allgemein: Warum erschien jede Vergegenständlichung des Lebenden dem urzeitlichen Denken als eine dämonische, d. h. geistige Macht? als ein von ihrem Träger relativ verschiedenes, aber für dessen Wohl und Wehe wichtiges Doppelwesen? als ein geistiges Etwas, das seinen Träger darstellt, Einflüssen zugänglich macht und auch selber beeinflußt? — Die Lokalisierung in den Heiligtümern kann vom Namen Gottes nicht anders behauptet werden, als in dem Sinn, wie es die Sprache und die Geschichte als solche mit sich bringt. Natürlich stellte die besondere Bezeichnung einen besonderen Zusammenhang zwischen einem heiligen Orte und dem besonderen Kultusgedanken seiner Priesterschaft her. Dieser Zusammenhang wird zu allen Zeiten von den Geistigen geistig, von den Äußerlichen irgendwie magisch gedeutet. Für die späteren Zeiten kommt hinzu, daß die Durchsichtigkeit der

Namen verloren ging und daß zugleich die Abhängigkeit der Denkweise von der Überlieferung zunahm. Beides ermöglichte der Menge ein Herabsinken zu magischem Aberglauben. Die Geistigen späterer Zeit füllen wohl die alten Ausdrücke mit neuem Sinn, aber eine volle Umschmelzung ist nicht mehr möglich. (Vgl. Gen. 32, 27—30; Jud. 13, 17—22; Exod. 20, 7; Num. 6, 27; Amos 6, 10; 2. Sam. 6, 2; 4. Reg. 5, 11; Prov. 30, 4.)

Das religionsgeschichtliche Problem, warum man den Namen, das Wort, das Angesicht, das Bild, die Erscheinung und Sendung wie eine eigene Persönlichkeit dachte, und ebenso die Erregung, Kraft, Liebe, Wirklichkeit, findet seine hinreichende Lösung nur darin, daß man eben die Vergegenständlichung als ebenso bedeutsam erkannte, wie das Fürsichsein selber. Das gleiche gilt von der Willenserregung. Wahrheit und Güte sind ebenso wichtig wie die Wirklichkeit selber: allein sie sind ohne Hervorgang, Beziehung und Gegensatz nicht möglich. Die Einheit des Wesens wird dadurch nicht gelockert, sondern geradezu zum Gegenstand der Selbstbetätigung.

Als man die Gesamtheit der göttlichen Kundgebungen und Ratschlüsse zum Gegenstand einer mehr reflektierenden Betrachtung machte, kam der Begriff der »Weisheit« zur Ausbildung und Verwertung. Die Idee des Bildes und »Ebenbildes« konnte sich ebensogut vom »Wort« wie vom »Angesicht« aus ergeben. Ebenso die Idee des »Sohnes« als des Erzeugten, des natürlichen Ebenbildes, Sendboten und Vollstreckers für die Gedanken und Absichten des Vaters. Für den Gottengel findet sich im altbiblischen Sprachgebrauch der Ausdruck »Sohn Gottes« nicht. Erst im Spruchbuch 30, 3 tritt der »Sohn Gottes« auf, und zwar in einem Sinne, der mehr als den messianischen König bedeutet, und darum nicht von einer bloß theokratischen Gottessohnschaft verstanden werden darf.

Der Name »Sohn« steht ebenso im inneren Zusammenhang mit der »Sendung« Gottes schlechthin, wie die einzelnen »Söhne Gottes« Engel oder Boten Gottes genannt werden. Die unendliche Erhabenheit des altbiblischen Jahweengels über alle geschöpflichen Gottessöhne ist unzweifelhaft; weil er der Engel Gottes schlechthin ist.

Es gibt also den ältesten biblischen Büchern zufolge Hervorgänge und Beziehungen in Gott. Eine Sendung oder ein Gesandter geht von Gott aus, ohne sich von ihm zu trennen: in dieser Sendung erscheint Gott selbst. Es geht ein Geist von ihm aus und wird zum Quellgrund des Werdens und Wirkens in der Welt. Das ist der biblische Tatbestand.

Dieser altbiblischen Gottesidee liegt die Anschauung zugrunde, daß die Geistigkeit nicht bloß durch den Gegensatz zur Materie bestimmt werden dürfe, nämlich als höchste Immaterialität und Einfachheit, sondern vor allem durch die inneren Hervorgänge und Beziehungen des Denkens und Wollens. Der altbiblische Gottesbegriff erhebt sich durch seine Lehre vom Gottengel und vom

Geiste Jahwes über alle religiöse und wissenschaftliche Spekulation:
denn er bekundet eine unvergleichliche Einsicht in das Wesen
und Leben des Geistes. Dasselbe wird sonst immer in die Einfachheit und Immaterialität gesetzt und damit in die Beziehungslosigkeit. Aber tatsächlich ist, wie sich aus unserem Bewußtsein
ergibt, der Geist nicht einfach im Sinne der Leere, der Beziehungs-
und Gegensatzlosigkeit; vielmehr umschließt er gerade in demselben
unräumlichen Innern die größte Mannigfaltigkeit von Hervorgängen,
Gründen und Folgerungen, Gegensätzen und Vergleichungen. Je
reicher und gegensätzlich gespannter die Innenwelt des Seelenlebens ist, desto bestimmer ist auch die Einheit des Selbstbewußtseins. Dieselbe leidet nicht unter der Stärke der inneren Gegensätze
und Beziehungen, sondern gewinnt dadurch an Durchsichtigkeit
und Wärme. Man denke an die Gegensätze, welche sich in großen
bahnbrechenden Erkenntnissen zur klaren Einheit der Überzeugung
zusammenschließen! Ebenso liegt die Kraft des Entschlusses in
der Spannung der in ihrem Eigenwert gewürdigten und ausge-
glichenen Beweggründe. Das geistige Leben fordert gerade den
Gegensatz von Erkennendem und Erkanntem, von Wesen und
Vergegenwärtigung, von Gedankeninhalt, Denktat und Gedanken-
ausdruck, Wort und Bild. Das Denken wie das Mitteilen der
Gedanken gleicht der Erzeugung eines Ausdrucks, dem Hervorbringen einer Erscheinung, um das zu vergegenwärtigen, was
vergegenwärtigt werden soll.

Ebenso gleicht das Lieben und Wollen dem Hervorgang eines
Geistes der Teilnahme, der Mitteilung und Einflößung, einer
Kraft zum Erfassen oder Wirken. Es ist, als ob der Wollende
in den Gegenstand eindringe und in demselben zu wirken beginne:
aber ohne von sich selbst und seinem eigenen Wesen und Sein
irgendwie wegzugehen.

Die Vollkommenheit des geistigen Lebens betätigt sich in
einem inneren Hervorbringen und Gegenüberstellen des Inhalts,
in einer inneren Stellungnahme zum Inhalt. Dadurch ergibt sich
ein zweifacher innerer Hervorgang: ein Hervorgang, um die Fülle
des eigenen Wesens und Lebens sich selber (und der Schöpfung)
innerlich zur Darstellung zu bringen. Sodann ein Hervorgang,
um die ganze Kraft und Fülle der eigenen Vollkommenheit sich
selber als Lebensinhalt des Wollens und Liebens zu verbürgen

und um sie nach freiem Ratschluß den Geschöpfen zu geben.
Die Einfachheit wird dadurch nicht gesprengt, sondern belebt.
Das tiefste Wesen des geistigen Seins und Lebens liegt in den
Beziehungen sowie in der Fülle, Innigkeit und Kraft dieser Beziehungen. Schon in der Naturwelt ist es die Beziehung der
Anziehung und Abstoßung, welche die Weltkörper trägt. Der
Weltbau gründet auf die Gliederung des Stoffs in beziehungs-
fähige und -bedürftige Einheiten. Innerlich wird die Beziehung
erst beim Geiste. Indem die altbiblische Jahwe- und Elohim-
religion den Gottesbegriff durch die Idee des Gottengels und des
Geistes, der Gotterscheinung und Gotteinwohnung oder Gott-
ausströmung, der Gottsendung und Gottinspiration bereichert hat,
ist sie den tiefsinnigsten Forderungen des philosophischen Denkens
im Altertum und in der Neuzeit zuvorgekommen.

Die biblische Idee vom Engel und Geiste Jahwes sowie der damit grund-
gelegte Dreieinigkeitsbegriff würde richtiger beurteilt, wenn man von der
Aktualität des Seins anstatt von dem Seinsbegriff der Substantialität
ausginge. Die ruhende Substantialität, zu der das Wirken erst als Accidens
hinzukommt, war dem urzeitlichen Denken fremd.

Wird Gott abstrakt als die absolute Substanz gedacht, als der Seiende
im metaphysischen Sinne, der eben von Ewigkeit her existiert, vor dessen
Tatsächlichkeit das Denken stillsteht und alles Warum zu verstummen hat,
so müßte der Jahweengel als die Aktivität im Gegensatz zur Substantialität,
als Tatwirkung im Gegensatz zum Seienden gefaßt werden. Allein dann wäre
er selber nicht Jahwe, der wesenhaft Seiende, sondern zum untergöttlichen
Mittelwesen herabgesunken, wie bei Philo. Wenn nämlich die ruhende,
beziehungs- und gegensatzlose Substantialität allein das Höchste und Erste ist,
dann ist das Erkennen und Denken bestenfalls das Zweite: denn mit dem
Erkennen ist der Gegensatz von Erkennendem und Erkanntem gegeben.
Wird aber Gott als das wesenhafte Licht und das lebendige Liebesfeuer gedacht,
als ewig leuchtender Wahrheitsgedanke, als kraftquellender Vollkommenheitswille, dann ist nichts so naheliegend, als daß diese Wesenstat ihre Gedanken-
und Liebesfülle in einem inneren Ausdruck ausspricht und zusammenfaßt. Das
tätige Leben, das bewußte Denken, das selbstbestimmte Wollen fordert
als solches einen inneren Ausdruck; das wesenhafte Sein und die wesenhafte
Substantialität als solche nicht.

Als Lebensbetätigung bleibt das Denken, Wollen, Befehlen, Geben im
tätigen Geiste; als denkende Erkenntnis, als wollende Anordnung und Wirksamkeit geht sie gewissermaßen aus dem Eigenwesen des tätigen Geistes
hinaus. Allerdings ohne sich von ihm zu trennen oder zu entfernen. Diese
Eigenart des Geistigen hat im Gottengel und Gottgeiste ihre vollkommenste
Ausprägung und darum ihr Urbild.

Die Urzeit hat diese Eigenart der inneren Hervorgänge im Bewußtsein wohl bemerkt und als Problem empfunden: Beweis dafür ist der Animismus und seine Auffassung des Traumes und der Erinnerung als eines Kommens und Weggehens der Seele oder des Gegenstandes.

Der Hervorgang der göttlichen Sendung und Ausströmung setzt die innere Lebendigkeit des Ewigen voraus. Auch das »Angesicht« wird als Erscheinung und Kundgebung, demnach als Ausdruck lebendiger Tätigkeit gefaßt. Darum wird der Engel Jahwes zugleich das Angesicht Jahwes oder Engel des Angesichtes genannt: Ausdruck seines inneren Wesens und Lebens. (Hebr. 1. Ps. 138, 7.)

3. Die Idee des Gottengels und Gottgeistes ist zwar über-natürlich, aber nicht ohne Zusammenhang mit der mensch-lichen Vernunft. Darum finden sich die Ansätze überall. Die Ab-leitung der biblischen Dreieinigkeit aus der platonisch-heraklitischen Logoslehre ist indes abzulehnen, weil der geschichtliche Tatbestand diese Annahme nicht erlaubt. Bei dieser Annahme besteht auch der Schein, die griechische Logosphilosophie sei eine vereinzelte geschichtliche Tatsache, eine besondere Eigentümlichkeit des grie-chischen Denkens. Die Logoslehre wäre in diesem Fall etwas Zufälliges. Die Verbindung der griechischen Logosphilosophie mit dem biblischen Monotheismus wäre dann in der Tat eine Ver-mischung des letzteren mit einem fremdartigen Lehrgedanken.

Tatsächlich empfand der menschliche Geist überall jene Nötigung, welche Heraklit und Platon zu einer Art Logostheologie befruchtete. Wir finden sie im Brahmanismus und in der Religion Zarathustras, aber auch in den semitischen Religionen wirksam. Und zwar nicht nur in der Religionsphilosophie Babylons, sondern sogar in der syrischen Baalsreligion.

Das »Angesicht Baals« ist ganz analog dem Engel des Angesichtes. Astarte ist »der Name des Baal«, Tanit ist »das Antlitz des Baal«, ersteres bei den Sidoniern, letzteres bei den Karthagern. Zur großen Muttergottheit wurde, wie behauptet wird, diese semitische Verdopplung des Gottesbegriffs erst unter dem Einfluß chamitischer und arischer Naturverehrung. Dem semi-tischen Geiste genügt die Auffassung Gottes als des Herrn und Königs, des Baal und Moloch. Damit lag die Ergänzung durch die »Herrin« nahe, ohne daß diese weibliche Vorstellungsform eine besondere Bedeutung gewonnen hätte.

Der ursprüngliche Sinn der weiblichen Verdopplung des Baal war das Bedürfnis einer abstrakten Auffassung. Man wollte das im Namen bezeichnete und im Angesicht erkennbare Wesen des großen Herrn hervorheben. Vielleicht bedeutete dieselbe ursprünglich etwas Ähnliches wie unser weiblicher Ausdruck »die Gottheit«. Die Person ist ja gewissermaßen der Herr und Besitzer ihrer

Natur und Wesenheit. So der Anfang der Entwicklung. Aber die Entwicklung selbst führte in der Baalsreligion schließlich zu einer eigentlich geschlechtlichen Auffassung der Gottheit, was in der Jahwereligion niemals versucht worden ist.

Die biblische Idee der Gottsendung blieb von allem Geschlechtlichen frei. Und doch hätte die mythologische Hinneigung zu einer weiblichen Muttergottheit in dem grammatikalischen Geschlecht wie in der Funktion der Ruach-Jahwe einen Anhaltspunkt gehabt. Später hat sogar eine Religionsphilosophie, die der Gnosis, in dem Femininum »Weisheit« den Stützpunkt für eine weibliche Auffassung des Gottesbegriffs gefunden. Wenn das in einer wissenschaftlichen Schule geschah, und zwar in einer Kulturperiode, wo das mythologische Empfinden sich schon überlebt hatte, wie hoch ist es dann einem ganzen Volke anzurechnen, daß es sich von der geschlechtlichen Auffassung des Gottesbegriffs inbezug auf die Ruach-Jahwe, d. i. die befruchtende Geistigkeit Gottes, frei erhielt? Die Neigung zur weiblichen Auffassung der Gottheit war auch in Israel wirksam: wie der Kult der Himmelskönigin (Jeremias 7, 18; 44, 15 — 19) bekundet. Allein der Jahwegottesbegriff sowie der Engel und Geist Gottes blieben von der Herabstimmung zu der geschlechtlichen Gottesvorstellung allzeit vollkommen frei. Sie gehörten eben einer ganz anderen Denkweise an. Das Geschlechtliche verlor jede Anwendbarkeit in der Höhe, in der die biblischen Frommen den Engel und den Geist Jahwes von Gott hervorgehen sahen. Den bildlichen Ausdruck mußten sie vom Geschlechtlichen nehmen, zumal die höchste Naturursächlichkeit die geschlechtliche Vater- und Mutterschaft ist. Engel und Geist Gottes sind demnach keine Abschwächung des strengen Jahwegottesbegriffs ins Mythologische, sondern dessen innere Durchführung. Allerdings im Lichte der übernatürlichen Offenbarung, nicht kraft logischer Vernunftnotwendigkeit.

Auch die folgenden Darlegungen dürfen in keiner Weise als Vernunftbeweis für die Dreiheit der göttlichen Personen verstanden werden. K e i n Beweis führt zum r e a l e n Personenunterschied in Gott. Die Hervorgänge und Beziehungen des geistigen Lebens in Gott ließen sich ganz gut annehmen, ohne daß man deshalb eine reale Personendreiheit in der numerischen Wesenseinheit folgern müßte.

Der Gesandte des göttlichen Angesichts und der Geist Gottes sind in keiner Weise geeignet, als die Elemente einer polytheistischen

oder tritheistischen Auffassung verstanden zu werden. Er ist eben
der Gesandte des Angesichtes, der die Wesensfülle der Gottheit,
ihr Urim und Tummim, ihre Wahrheit und Vollkommenheit zum
Ausdruck bringt und offenbart. Ebenso ist das, was sich als ihre
belebende und verpflichtende Kraft erweist, das, wodurch Gott
uns innerlich ergreift, im alttestamentlichen Sinne der Geist Gottes.
Das Angesicht ist nichts zum Menschen Hinzugefügtes und doch
von dem, was er in sich selber ist, unterschieden, aber nicht
getrennt. Im Angesicht wird dieses Innere zur gegenständlichen
Erscheinung. Die verborgene Kraft des Wesens wirkt sich selber
im Odem aus und wirkt zugleich zeugend und belebend in der
Lebenswärme, welche sie ausströmt.

  In Gott vereinigt sich die reale Notwendigkeit der ewigen
Vollkommenheit des unendlichen Wesens und Daseins, die logische
Vernunft- und Denknotwendigkeit der unentbehrlichen Wahrheit
und die ethische Willensnotwendigkeit des Guten, das unbedingt
sein soll und sein muß. Die reale Notwendigkeit schließt die
Möglichkeit aus, daß Gott etwa auch nicht sein könnte. Die
logische Notwendigkeit bedeutet, daß Gottes Dasein und Wesen
die ewige Wahrheit, eine Forderung und eine wahre Betätigung
des Denkens ist. Die sittliche Notwendigkeit bedeutet, daß Gott
unter dem Gesichtspunkte jener Notwendigkeit zu denken ist,
welche im unbedingten Wert, in der verpflichtenden Heiligkeit
und in der tatkräftigen Liebe zum Ausdruck kommt.

  Gott muß gedacht werden als die ewige Wirklichkeit; aber
auch als die von Gott selber vergegenständlichte Wahrheit, als die
von Gott selber in ihrer verpflichtenden Güte und Notwendigkeit
gewürdigte und betätigte Heiligkeit. Die Vollkommenheit fordert
eine Auffassung unter dem Gesichtspunkt der Wirklichkeit, Wesenheit und Ursächlichkeit; aber auch unter dem Gesichtspunkt der
Wahrheit und Schönheit, der Vergegenwärtigung, der überzeugenden
Denknotwendigkeit, der Entfaltung vom Einen zur unendlichen
Fülle. Ebenso kann und muß sie unter dem Gesichtspunkt des
Guten, des Wertes, des Seinsollenden und der Willensnotwendigkeit,
des erfüllenden Wollens, des Zweckes und der Liebe, der teil-
nahmsvollen Wertung und Wirksamkeit betrachtet werden.

  4. Weil der Gegensatz und die Wechselbeziehung des
Erkannten und des Erkennenden, der Verpflichtung und des

Verpflichteten, des Guten und der Hinneigung, des Gedankens und der Begeisterung der Urzeit geläufig war, darum brachte sie der Lehre vom Gottengel und Gottgeiste bereitwilliges Verständnis entgegen. Das erste, was die Genesis zu lehren hatte, war die Erschaffung der Welt. Das erste, was dabei hervorgehoben wird, ist der Geist Elohims, der über dem Leeren und Wüsten wirksam wurde, damit alles zum Werden und Wirken komme.

So groß die Unterschiede der Denkweise zwischen der elohistischen und der jahwistischen Schule sonst sein mögen, hinsichtlich der Idee des Gottengels und Gottgeistes stimmen die jahwistischen und elohistischen Berichte überein. Sowohl beim Elohisten (Gen. 1, 26) wie beim Jahwisten (Gen. 3, 22; 11, 7) tritt die Mehrheit in der Wesenseinheit Elohims und Jahwes bestimmt hervor. Jahwe war schon herabgestiegen, um zu sehen, was die Menschen beabsichtigten: trotzdem folgt nachher nochmals: »Lasset uns herniedersteigen und ihre Sprache dort verwirren.« Hieraus ist deutlich, was mit dem Niedersteigen gemeint ist: das zweifache Heraustreten des gleichwohl in sich bleibenden Geistes aus sich selbst, um die Wahrheit bezw. eine Sache zur Beurteilung und dann zur Verwirklichung zu bringen. Im Erkennen und Wollen geht die Einheit des geistigen Ich aus sich selber heraus und bleibt doch in sich. Darum die Zweizahl der Gottengel, die mit Jahwe selber als Dreiheit bei Abraham erscheinen. (Gen. 18. 19.) Ein Interesse, den ersten, den Jahwe schlechthin, nicht mit den Menschen in Beziehung zu bringen, ist nicht da, vielmehr geradezu ausgeschlossen; denn sonst dürfte nicht ausdrücklich dieser Jahwe mit den beiden anderen Gottengeln erscheinen. Es würde sonst auch nicht dieser Jahwe einfach als erscheinend und wirksam dargestellt werden, und zwar ganz unabhängig von jeder örtlichen Gebundenheit etwa an den Sinai. Es versagt jede Deutung außer diejenige, welche die innere Lebendigkeit und Gegensätzlichkeit des bewußten Geistes darin ausgesprochen findet, und zwar seit der Erwähnung des Gottesgeistes (Gen. 1, 2) in der Richtung auf die Dreieinigkeit Gottes hin.

Das »Wort Jahwes« ist (Gen. 15) noch ganz durchsichtig als Kundgebung; aber es ist als Synonymon schon eine bedeutsame Aufklärung über den Jahweengel bei Hagar. Durch den Namen, den Hagar dem Brunnen beilegt, wird das Staunen ausgedrückt, daß Gott ein Schauender ist, und daß auch der Mensch in der Erscheinung des Jahweengels »den Lebendigen« schaut. (Gen. 16, 21;

cf. 24, 62; 25, 11.) Der jahwistische wie der elohistische Bericht bekundet,
was für Fragen die Urzeit empfunden und wie sie dieselben beantwortet hat.
Es kommt für uns nur die Namengebung jener Kultusstätte inbetracht und
die Erklärung für den Namen. Daß es erkenntnistheoretisch-theologische Erwägungen sind, mag auffallen, wird aber gerade durch den archaistischen
Charakter der beiden Berichte als urzeitliches Problem verbürgt.

Vom gläubigen Offenbarungsstandpunkt aus nimmt man vielleicht Anstoß
daran, daß wir hierbei von Fragen und Problemen sprechen, welche die Denker
der Urzeit bezw. die biblischen Schriftsteller empfunden hätten. Es handle
sich doch um ein übernatürliches Offenbarungsgeheimnis. — Der übernatürliche Offenbarungscharakter wird dadurch nicht im geringsten beeinträchtigt.
Denn die Inspiration teilt ihre höheren Wahrheiten dadurch mit, daß sie durch
die Empfindung gewisser Fragen, Beziehungen und Notwendigkeiten das Verständnis dafür vorbereitet und das geistige Bedürfnis danach weckt, ehe sie
es durch die eigentliche Mitteilung befriedigt. Ähnliches zeigen uns die Propheten: die Offenbarung wird durch die Inspiration im einzelnen psychologisch
wie im ganzen geschichtlich vermittelt.

Der Malak steht mit dem Erkenntnisleben Jahwes im Zusammenhang,
wodurch er Erkenntnisgegenstand und doch zugleich Erkenntnistat ist. (Vgl.
Gen. 19, 24.) »Jahwe ließ Feuer regnen von Jahwe vom Himmel her.« Der
subjektiv tätige Jahwe wird von dem objektiv im Schöpfungswerk erscheinenden
und erkennbaren Jahwe unterschieden. Ebenso wird der Name Morijah »Gott
sieht« und die Theophanie des Jahweengels bei dem Opfer Jsaaks dahin
gedeutet, daß Gott die innere Gesinnung unbedingter Hingabe schaut,
und daß darum das äußere Opfer nur untergeordnete, sinnbildliche Bedeutung
zu haben brauche. (Gen. 22.) Die Vorsehung ist des Gottengels Wirken in
der folgestrengen Durchführung des Ratschlusses Gottes. (Gen. 24, 7. 40;
31, 11—13; 35; 46; 48, 16.)

Man beurteilt die Patriarchengeschichte als mythisch, aber-
gläubisch, supranaturalistisch, weil sie (im Gegensatz zu dem,
was wir als den Verlauf der Wirklichkeit kennen) fast ein stän-
diges Erscheinen Gottes ist, wie später das Prophetentum ein
fortgesetztes Reden Gottes. Unsere Zeit hat wenigstens in ihren
wissenschaftlichen Vertretern den subjektiv-psychischen Charakter
unserer sinnlichen Erfahrung und Wahrnehmung durchschaut.
Trotzdem bleibt die Überzeugung unerschüttert, daß wir die
Außenwelt in ihrer Farbenpracht und ihrer ganzen mechanischen
Härte empfinden. Wenn wir keinen Anstoß daran nehmen, daß
in unseren gesetzmäßig erregten Sinnesvorstellungen uns das
Erkannte wirklich sichtbar erscheine, hörbar oder sonstwie
sinnlich gegenübertrete, wie kann man es beanstanden, daß
die tiefdringende Vernunft der ersten Denker das geistig

wahrzunehmen glaubte, was ihr im Lichte der selbstgewissen
Gesetze von Wahrheit und Recht als der notwendige Erklärungsgrund für alle Naturtatsachen und Lebensentwicklungen erschien,
als die mit den Tatsachen durch das Band der einleuchtenden
Gesetze verbundene ursächliche Macht, Weisheit, Güte? Die Tatsachen erscheinen uns selber gegenständlich, und doch erfassen
wir sie nur mittelst der gesetzmäßig erregten Vorstellungsbilder;
die Ursachen und Erklärungsgründe erscheinen uns als unentbehrliche Wahrheiten mittelst der vom Kausalgesetze befruchteten
Schlußfolgerungen. Warum sollen uns diese weniger gegenständlich gegenübertreten als jene? Macht sich die Wahrheit
Gottes nicht nur ebenso unzweideutig, sondern noch denk-
notwendiger fühlbar in den einleuchtenden Erkenntnissen, Verpflichtungen, Willenserregungen und Kraftbelebungen des inneren
Menschen? Es ist ein tieferer Eindruck, wenn man im eigenen
Lebenskampf eine Erkenntnis gewinnt, als wenn man dafür in
Erziehung und Unterricht allmählich herangebildet wird. Je näher
dem Anfang der Menschheit, desto mehr Selbsterleben der einzelnen Grundgedanken. Damals mußten die Hervorragenden zu
Lehrern der Menschheit heranreifen, ohne selber jemals Schüler
gewesen zu sein. Die Männer, welche die führenden Geister der
Urzeit waren, erlebten in eigentlichster Ergriffenheit die Wahrheit, welche sie kraft der höheren Inspiration erkannten. Aus den
Namen der heiligen Orte entnehmen wir, welche Erkenntnis
ihnen aufgegangen war oder sie mit neuer Macht erregte, stärkte,
reinigte oder demütigte. Es war besonders die geistig bewußte
und sittlich richtende Allgegenwart der weltschöpferischen Ursache.

Selbsterlebte Gedanken, selbsterrungene Einsichten haben die
psychische Kraft und Farbe wie Wahrnehmungen, ja vielleicht
noch mehr. Weil die Epigonen weniger zum Selbsterleben
der erklärenden Gedanken, der ursächlichen Wahrheiten
gelangen, darum gilt ihnen die geistige Einsicht nicht in demselben Grade als eine Wahrnehmung des logisch Ursächlichen,
wie die Annahme der äußeren Naturvorgänge. Die Annahme
der Außenwelt ist uns durch das Kausalgesetz abgenötigt, um
einen hinreichenden Erklärungsgrund für den Vorstellungslauf in
unserem Empfinden zu haben. Dasselbe Kausalgesetz nötigt uns

auch zur Annahme Gottes als des im höchsten Sinne allein hinreichenden Erklärungsgrundes.

Die Idee des Jahweengels als der aus sich selber hervor-
tretenden Offenbarungserscheinung Gottes wird folgestreng fest-
gehalten in der Religionsära der nationalen Heldenkämpfe um
Freiheit und Wohnsitz. Es ist der Jahwegesandte, der dem
Moses in der Feuerflamme als Jahwe erscheint, der Israel aus
Ägypten befreit und durch die Wüste ins Land Gottes führt.
(Ex. 3, 2; 23, 20—23; 32, 34; 33; Num. 20, 16.)

Der Jahweengel wird von Bileam in der Gewalt erkannt, welche ihn
bestimmt, ein willfähriges Werkzeug Jahwes zu sein. (Num. 22, 22—38.) Im
Jahweengel offenbart sich Jahwe als der König seines Volkes sowohl zur
Weihe der kriegerischen Aufgabe wie heiliger Kultusorte: Jos. 5, 13—15. Jud.
2, 1—5; 5, 23 im Deborahlied: »Fluchet Meroz! sprach der Engel Jahwes,
weil sie Jahwe nicht zu Hilfe kamen.« (Jud. 6. 13.) Sein Name ist »Wunderbar«;
seine Erscheinung erfolgt in der Opferflamme. Der Jahweengel ist der Vollstrecker göttlicher Strafgerichte (2. Sam. 24); wo er erscheint, ist die Stätte
zum Heiligtum geweiht. (Jos. 5. Jud. 2. 6.) Der Jahweengel schlägt das Heer
Sanheribs mit einer Seuche (4. Reg. 19, 35; Jes. 37, 36); er ist den Feinden
Gottes furchtbar, wie den Kindern Gottes Schutz und Festung. (Ps. 34, 8;
35, 5. 6. Baruch 6, 6.) Weisheit ist sein eigenster Charakter. (2. Sam. 14. 19.)
Der Jahweengel geht darum in der späteren Begriffssprache in die Weisheit
und das Wort über (Ps. 32, 6. Sap. 10—16; 16, 12. 26; 18, 14—16. Prov. 8;
30, 8. Sir. 1, 24), um so mehr, weil der Name Engel in der Folgezeit fast ausschließlich zur Bezeichnung der geschöpflichen Himmelsgeister und ihres Fürsten
Michael gebraucht wird. (Vgl. Dan. 3, 49. Eccles. 5, 5.) Bei Zacharias erscheint
er in der richtenden und begnadigenden Wirksamkeit Gottes, vor dessen Thron
die Geister der rücksichtslosen Gerechtigkeit und der Barmherzigkeit miteinander
ringen. (Zach. 3.) Bei Malachias ist er die sehnsüchtig erwartete Offenbarung
der Gottheit, der Gott des Bundes, in dem Jahwe selber kommt.

Der Malak-Jahwe ist demnach eine allzeit festgehaltene,
darum wesentliche Form des alttestamentlichen Gottesbegriffs, und
zwar ein Beweis seiner Lebendigkeit, Selbstgewißheit, Überweltlichkeit und inneren geistigen Vollkommenheit.

5. Im Jahweengel soll die Lebendigkeit, aber auch die Unbestimmtheit
des alt- und vorisraelitischen Gottesglaubens hervortreten; auch die Unper-
sönlichkeit und unbestimmte Vielzahl der göttlichen Kräfte oder Elohim.
Smend findet die Lösung des Problems darin: die Einheit und das geschichtliche Wesen Jahwes sei durch die unlösbare Verknüpfung Jahwes mit dem
Sinai verbürgt; der Jahweengel sei der von dem heiligen Gottesberg losgelöste,
überall erscheinende und wirkende Gott. Gott werde an einem Orte
wohnend, an vielen wirkend gedacht; damit die Einheit durch diese Vielheit

nicht beeinträchtigt werde, habe man den Jahweengel vom Jahwe selber unterschieden.

Die alttestamentlichen Religionsurkunden bieten bei vorurteilsloser Würdigung gar keinen Anhalt, um hinsichtlich der Einheit Gottes irgendwie die schärfste Bestimmtheit zu vermisssen. Die Pluralform des Gottesnamens »Elohim« braucht deshalb nicht als Nebensache behandelt zu werden: sie ist gerade ein besonders bedeutsamer Umstand, um zu bekunden, wie bewußt und entschieden die Einheit Gottes geltend gemacht wurde. Die ganze Denk- und Redeweise der elohistischen Urkunden läßt über die Einheit Gottes trotz der Pluralform Elohim keinen Zweifel. Die entgegengesetzte Behauptung wurzelt nur in dem dogmatischen Vorurteile, der Monotheismus (und Monismus) könne nur aus der Vielgötterei hervorgegangen sein, der Einheitsgedanke in der Weltanschauung könne erst auf den Vielheitsgedanken gefolgt sein; die Vernunft müsse wissenschaftlich als das Ergebnis vieler (tierischer) Sinneseindrücke und Vorstellungsverknüpfungen gelten.

Der monistische Einheitsgedanke faßt die tatsächliche Wirklichkeit als letzte Einheit; der monotheistische Einheitsgedanke denkt die Welt auch als einheitlichen Zusammenhang, aber führt die Allwirklichkeit des Tatsächlichen auf eine welterhabene Ursächlichkeit zurück, welche in sich einheitlich und zugleich unendlich ist, weil Ursache, Urbild, Urgrund und Endzweck der Allwirklichkeit. Die Selbstwirklichkeit ist in der Einheitlichkeit des göttlichen Lebens ausgesprochen; die Unendlichkeit oder Vollkommenheitsfülle, der Inbegriff aller Kräfte, mußte auch ausgesprochen werden. Die nächstliegende und vielleicht einzigmögliche Form in der Urzeit war die Pluralform: etwa die Kräfte, alle Kräfte. Ebenso beim Universum, bei der Menschheit, bei der Gesamtheit irgend einer Kategorie. Noch jetzt leidet der Ausdruck Unendlichkeit daran, daß er als Negation der Bestimmtheit ausgelegt wird, nicht als Allvollkommenheit, als Allkraft, als Allgut. All ist nur eine andere Art der Pluralform. »Indem sie eine ist, vermag sie alles; indem sie in sich bleibt, erneuert sie alles.« (Sap. 7, 27.)

Daß der Einheitsgedanke ursprünglicher ist, geht gerade daraus hervor, daß der eine Jahweengel in der ältesten Literatur Israels unzweifelhaft im Vordergrund steht. Die Vielzahl geschöpflicher Engel wird nur an drei Stellen erwähnt und zwar nicht als ursächliche Macht, welche in den Gang der Ereignisse eingreift, wie der Jahweengel, sondern entweder nur wie selbstsüchtige Einzelgeschöpfe (Gen. 6) oder als Gegenstände einer Vision wie zu Bethel auf der Himmelsleiter. (Gen. 28. 32, 2. 3.) Der Jahweengel ist der Gott von Bethel, der von den Engeln deutlich unterschieden wird.

Der schwierige, weil vielfach zusammengefügte Bericht Exod. 32—34 könnte Anlaß zu der Meinung werden, der Malak-Jahwe sei eine geringwertigere Form der göttlichen Führung und Gegenwart. Seine Sendung gelte als Ersatz und als äußerstes Zugeständnis anstatt der unmittelbaren Gottesführung, welche dem Volke zur Strafe für das goldene Kalb entzogen worden sei. Dies

ist ganz unrichtig. Denn die vorhergegangene Verheißung, mit
der das Bundesbuch abschließt, gewährt dem Volke die Gegenwart Gottes in der Führung des Jahweengels. (Ex. 23, 20—23.)
Nach Exod. 33, 17 wird von Gott auf Moses' Fürsprache volle
Wiederbegnadigung hinsichtlich der göttlichen Führung gewährt:
gleichwohl bleibt in der ganzen folgenden Redeweise, auch bei
den Propheten, der Jahweengel und der Geist Jahwes der Mittler
der göttlichen Führung und Gnadengegenwart, geradeso wie dies
bei den Patriarchen, diesen vertrauten Gottesfreunden, gewesen
war. (Gen. 48, 15. 16. Deut. 31, 3. 6.) Jeder Gedanke ist ausgeschlossen, als ob der Engel und der Geist Jahwes deshalb
die Gnadengegenwart Gottes vermittelten, weil Gott selbst zu
welterhaben und heilig sei: denn ausdrücklich wird hinsichtlich
der Heiligkeit und Majestät hervorgehoben, daß Jahwes Wesen
und Name, Würde und Hoheit in seinem Engel sei. (Exod. 23,
20—23.) So wie Gott durch seine Weisheit und Liebe bei der
Schöpfung ist, so ist er durch seinen Engel, sein Angesicht, sein
Wort, seine Willensmacht, seinen Geist bei ihr. Der Malak wird
in der Genesis gerade bei Jahwe, dem Gott der Immanenz, erwähnt,
bei dem Elohisten nicht. Der Gegensatz, auf den es bei dem
Berichte Exod. 33 ankommt, bezieht sich auf das Verhältnis zwischen
Jahwe und Israel sowie auf das äußere Sinnbild dafür. Solange die
Sündenschuld und Sündenneigung des Abfalls zu einer niederen
Kultusform in Israel fortbesteht, ist die Gegenwart des beleidigten
und erzürnten Jahwe nicht eine Gnade, sondern eine Gefahr.
Darum kann Gottes Wohnung nicht in der Mitte des Lagers sein,
sondern muß entfernt vom Lager (nach Num. 10, 33 sogar drei
Tagreisen) dem Heerzug vorangehen und außerhalb des Lagers
aufgeschlagen werden. (Exod. 33, 7—11.) Vom Jahweengel gilt
nach Exod. 23, 21 genau dasselbe. Der Gegensatz ist demnach,
ob Jahwe als beleidigter und zürnender Gott mitzieht, oder als
versöhnter und gnädiger Gott: beides ist durch seinen Engel vermittelt.

Es ist übrigens möglich, daß bei unvollkommener Denkweise und ängstlicher Furcht im Volke die Besorgnis entstehen konnte, der Engel Jahwes sei
ein minderwertiger Ersatz für Jahwe, nicht die beziehungslose Lebendigkeit
seiner Gegenwart. Der Begriff des Mittlers kann ja so gefaßt werden, daß
er die unmittelbare Verbindung herstellt, aber auch so, daß er sie ausschließt.

Ist der Malak irgendwie mit der Lade gleichbedeutend? Ist Lade und Engel die Form, in der Jahwes Wirken vom Gottesberg (Sinai, später Sion) losgelöst wird, ohne dessen Wohnsitz von dort loszulösen? Smend glaubt in Jud. 2 einen Hinweis hierauf zu finden. Allein das wäre zu gewaltsam, selbst wenn man an die Cherubim der Lade dächte.

Der Jahweengel ist die Offenbarungsform Jahwes schon in der Patriarchenzeit, lange ehe es eine Lade gab. (Gen. 16, 7—15; 18; 19, 1. 24; 22, 11—18; 24, 7. 26; 31, 11. 13; 32, 25—32 (Hos. 12); 48, 16.) Damals galt auch weder der Sinai noch ein ähnlicher Ort als eigentliche Wohnstatt des göttlichen Wesens: trotzdem ist vom Jahweengel die Rede. Es kann also nicht die örtliche Gebundenheit des göttlichen Wohnsitzes sein, was zur Idee des Gottengels führte. Der gleichnamige Ausdruck: »Angesicht«, »Engel des Angesichts« spricht nicht minder dagegen. (Ps. 138, 7: Allgegenwart.)

Wohl aber ist es ein damit verwandter Unterschied: der in sich selber bleibende Lebensgrund, wenn er sich gleichwohl mit allem beschäftigt, und die Vergegenwärtigung dessen, womit sich Gottes Tätigkeit beschäftigt, im göttlichen Gedankenbild und Willensausdruck. Der Denkende, Wollende, Herrschende hat auch als Tätigkeitsgrund von all dem eine gewisse Festigkeit in sich selber; durch die Tätigkeit scheint er aus sich selbst und aus seinem beziehungslosen Fürsichsein hinauszugehen. Die Offenbarung fügt noch bei, daß dieses innerliche teilnehmende Herausgehen aus der beziehungslosen Einheit gerade das Wesen der höchsten Vollkommenheit sei. Sobald Gott als tätiges Bewußtsein und als wesenhafter Wille erfaßt wird, ist in ihm selber der Gegensatz des Tätigkeitsgrundes und des Tätigkeitsausdrucks offenbar. Ein Unterschied von Personen braucht deshalb noch nicht angenommen zu werden.

Wenn wir die Sonne als eine Lichtsubstanz denken, muß das Leuchten und Glühen als ein hinzukommender Zustand und Akt hinzugedacht werden; sobald das Licht und Feuer selber, wie es durch die moderne Naturforschung dargetan wurde, als ein kraftvoller Vorgang, als ein aktueller Prozeß erkannt wird, ist die strahlende Sonnenkorona und die weithin wirkende Kraft der Sonne ein selbstverständliches Moment ihres eigenen Wesens, weil dieses eben selber Licht- und Gluterzeugung ist.

Indem durch die kopernikanische Weltanschauung der Stoff immer mehr in Kraft aufgelöst wurde, wird der Bestand des ganzen Planetensystems selber von der Notwendigkeit einer substantiellen Unterlage befreit und auf die lebendige Kraftwirkung der Anziehungs- und Abstoßungskräfte gestellt. Damit wird sofort die Wechselbeziehung von Masseneinheiten in das Sonnensystem hineingebracht. Besteht das Wesen des Stoffs in der mechanischen Funktion der Schwere oder Gravitation bezw. des Lichtes und der Wärme selber, so ist der Gegensatz der Beziehung in und mit dem Stoffe selber gegeben; denn ohne diesen Beziehungsgegensatz ist kein mechanischer oder physikalischer Vorgang, kein Gravitationsprozeß, kein Licht- und Wärmeprozeß denkbar.

6. Der Geist Jahwes.

Als Sendungen der Gottheit galten dem Bewußtsein jene außerordentlichen und inhaltschweren Erfahrungen, in denen etwas

Neues und Großes zur inneren Vergegenwärtigung gelangte
und vor dem inneren Blick erschien, darum wie ein Kommender
und ein Sendbote aus dem Urquell aller Wahrheit heraus. Es
gab indes auch andere Erfahrungen, in denen das eigene Innere
oder auch andere von einer neuen Gewalt ergriffen, gehoben,
entzündet und zu Heldentaten begeistert wurden, sei es zur kraftvollen Initiative, um das geknechtete Volk zur Abschüttlung eines
schimpflichen Joches aufzurufen, sei es zu äußerer Kraftleistung,
sei es zu Taten des Eifers und der rücksichtslosen Bekämpfung
auftauchender Gefahren, sei es zu Werken der Gesetzgebung und
der Politik, des Kultus und des Rechtes, der gemeinen Wohlfahrt
und der Rettung in plötzlicher Not. Ein Zorn ging aus von
Jahwe, eine Furcht (1. Sam. 11, 7), ein loderndes Feuer. Der
Geist Jahwes erregte den Zorn in Saul. (1. Sam. 11, 6.)

All diese Wirkungen, die von innen den Menschen ergreifen
und die Schwäche in Mut, die Zaghaftigkeit in Zuversicht, die
Bescheidenheit in Führerkraft umwandeln, die aus unbekannten
Privatleuten zur rechten Zeit Helden, Retter und Richter schaffen,
wurden als die unmittelbaren Kundgebungen des Gottesgeistes
beurteilt. Die höhere Gewalt ist ja unmittelbar fühlbar, welche
bei der sogenannten Initiative über den Menschengeist kommt.
Es ist auch durch naheliegende Vergleiche ersichtlich, daß die
einfache sachliche Vergegenwärtigung einer Aufgabe, eines Notstandes oder einer Idee nicht ausreicht, um den Wagemut
zu ihrer Erfüllung mit sich zu bringen. Man kann die Erkenntnis eines Notstandes haben, ohne den Willen zu dessen
Hebung im Sinne tatkräftiger Überwindung. Im Malak kommt
das Göttliche zur inneren Vergegenwärtigung; als Ruach ergreift es den Willen.

Der Geist Gottes steht nicht im Gegensatz zur menschlichen Selbständigkeit, sondern gilt gerade als deren Quellgrund.
Man muß diese ursächliche Bedeutung des Jahwegeistes ausdrücklich hervorheben: sonst wird man den alten Texten nicht
gerecht. Sobald in der Kraft des Menschen etwas gefunden wird,
was ihn Gott gegenüber selbständig macht, beginnt praktisch die
Sünde und theoretisch das Heidentum.

Zur Beleuchtung diene folgendes. Die Kritik findet einen Widerspruch
zwischen dem wirklichen Moses und seiner Charakteristik in Exod. 4. Hier

werde er als mattherzig und eigensinnig dargestellt, um die göttliche Ursächlichkeit und Wundermacht recht scharf hervorzuheben. Allein die Schilderung von Exod. 4 ist durchaus psychologisch. Wenn auch die Idee der Volkserhebung und Volksbefreiung dem Moses schon in der Wüste aufgegangen war, so blieb trotzdem der Gegensatz zwischen dieser hohen Idee und den vielen Erwägungen eines klugen Realismus, welche nachher leicht als Mattherzigkeit und Eigensinn bezeichnet werden können, wenn der Erfolg errungen ist. Die Geltendmachung des höheren Ideals gehört auch zu dem, was ein Moment im Charakterbild Mosis ist. Es ist die siegreiche Durchführung des ihm aufgegangenen Ideals gegenüber seinen eigenen entgegengesetzten Neigungen und Erwägungen. Nur wenn man den Geist Jahwes als eine Macht betrachtet, welche sich dadurch zur Geltung bringt, daß sie die geschöpfliche Selbstbetätigung ersetzt oder zur gehorsamen Ausführung herabsetzt, besteht in der Darstellung des Charakters von Moses ein Widerspruch. Allein dem Alten Testament gilt die Selbstbetätigung des Willens nicht minder als Wirkung des Schöpfers wie die Naturursächlichkeit.

7. Die Idee des Gottesgeistes steht naturgemäß in engstem Zusammenhang mit dem Begriff von der Seele.

Die Formen, in denen die Sprache Israels ihre Vorstellungen von dem Seelenleben und Seelenwesen ausprägte, sind wie fast in allen Sprachen, von zweifacher Art: Nephesch, auch neschamah, Seele, Einzelseele, Lebewesen, anima; Ruach, der Geist, animus, mens. Der Ausgangspunkt ist merkwürdigerweise für beide Gruppen derselbe: der Hauch des Odems. Aber die Richtung, in der die Lebenstätigkeit, als deren Merkmal das Hauchen und Atmen gilt, verfolgt wurde, ist eine zweifache und entgegengesetzte. Das Leben erschien natürlich als ein Tätigkeitszustand, als ein Verlauf und Vorgang, als ein Strom von Veränderungen, der in einem und demselben Strombett dahinflutet. Das im Wechsel der Zustände Beharrende, das Lebewesen oder die Einzelseele ergab sich der Betrachtung als etwas, in dem der Strom der Veränderungen dahinfließt, von dem das Leben erlebt wird, mit besonderem Hervortreten des Erleidens, Erfahrens, Erlebens, des Passiven, des Affektes, des Hypokeimenon, der Substanz, des Individuums. Die Vielheit der Einzelwesen und die einfach gegebene, entstehende und vergehende Tatsächlichkeit lag in der Linie dieser Auffassungsweise. Die Nephesch ist das Lebewesen, das die wechselnden Zustände des Naturlebens und Gefühlslebens, den Wechsel der Eindrücke und Schicksale erfährt.

Der Sitz der Nephesch, der naturhaft bedingten Einzelseele, ist im Blute;
mit dem Blute strömt sie aus. Solange das Blut eines Ermordeten nicht
bedeckt ist, schreit die Seele um Rache. (Gen. 4.) Die Seelen steigen in die
Scheol, die Unterweltshöhle, hinab und weilen dort als die Rephaim, die Matten,
Kraftlosen, Hingestreckten. Sie sind darum unschädlich und bedeutungslos: sie
entbehren in gewissem Sinne der Innerlichkeit, des Bewußtseins, des Denkens
und Wollens, kurz der Subjektivität. Die Seelen der Unterwelt sind die rein
individuell und naturhaft, ja sogar rein gegenständlich aufgefaßten und als
solche fortbestehenden Menschen: sie bestehen als wesenlose, schattenhafte
Einzelseelen fort, weil sie als Erkenntnisinhalte, als (vergangene) Tatsachen,
als Substanzen fortbestehen. Was einmal gewesen ist, bleibt für immer eine
Wahrheit, ein Erkenntnisgegenstand. So verdichtet sich die Idee der Einzel-
substanz im Anschluß an die Seele oder Nephesch bis zur Vorstellung der
reinen Tatsächlichkeit, Gegenständlichkeit, Substantialität, Objektivität bei den
Rephaim: »Die Lebenden wissen, daß sie sterben werden, die Toten aber
wissen gar nichts und haben weiter keinen Lohn; denn vergessen wird ihr
Gedächtnis. Sowohl ihr Lieben wie ihr Hassen und ihr Eifern ist längst dahin,
und sie haben nie mehr Anteil an etwas, was unter der Sonne geschieht. . . .
Weder Tätigkeit noch Berechnung noch Erkenntnis noch Weisheit gibt's in
der Unterwelt, wohin du gehen wirst.« (Eccles. 9, 5. 6. 10. Ps. 6, 6; 30/29. 10;
49/48; 88/87, 11—13; 115/113, 17.)

Der Mensch ist nicht deshalb unsterblich, weil er ein individuelles Naturwesen, eine lebende Einzelseele ist, sondern nur deshalb, weil er geistige
Persönlichkeit und Anlage für die lebendigmachende Wahrheit und Güte ist.

Wie in der Nephesch die Einzelseele, das besondere Natur-
wesen, die flüchtige Lebenswelle bis zur reinen Tatsächlichkeit der
Unterweltsbewohner ausgedrückt erscheint, so gilt die Ruach als
der Geist im allgemeingültigen, allgemeinbedeutsamen
Sinne, als die ursächliche Kraft des Lebens, Wirkens, Denkens und
Erkennens, Strebens und Wollens, als die ursächliche Tätigkeits-
quelle, die teils dem Einzelmenschen angehört, teils nach Gottes
Gutdünken in ihm Einkehr und Wohnung nimmt, um durch ihn
große Taten, allgemeinbedeutsame Werke und allgemeingültige
Erkenntnisse zu wirken. Die Ruach geht ihrer Wortbedeutung
nach auch vom Lebenshauche aus, vom Schnauben der Nase und
des Zornes. Der Ausdruck Ruach wird von heftigen Gemütserregungen gebraucht, besonders von solchen, in denen Kraft
und Tätigkeit stark hervortritt, wie Zorn und Hochmut. Was
auf der Seite der Tätigkeit, Kraft, Allgemeingültigkeit und All-
gemeinwichtigkeit liegt, damit auf seiten der über den Einzelwesen
bestehenden Einheit, all das hat seinen Brennpunkt in der
Ruach. Die Ruach bedarf keines Subjektes, wie die Nephesch des

Leibes; sie ist die in sich selber stehende Kraft, wesenhafte Ursächlichkeit, alldurchdringende, belebende Einheit.

Est in illa (Sapientia) Spiritus intelligentiae, sanctus, unicus, multiplex, subtilis, disertus, mobilis, incoinquinatus, certus, suavis, amans bonum, acutus, quem nihil vetat, benefaciens, humanus, benignus, stabilis, certus, securus, omnem habens virtutem, omnia prospiciens, intelligibilis, mundus, subtilis. Omnibus enim mobilibus mobilior est Sapientia: attingit autem ubique propter suam munditiam. . . . Et cum sit una, omnia potest et in se permanens omnia innovat et per nationes in animas sanctas se transfert et amicos Dei et prophetas constituit. (Sap. 7, 22—27.) »Du sendest deinen Geist aus, und sie werden erschaffen, und es erneuert sich das Angesicht der Erde.« (Ps. 104/103.) Es ist kaum möglich, die Immanenz stärker auszuführen und so innig mit der Transzendenz zu verbinden und zu begründen.

Der Lebenshauch scheint zunächst eine materialistische Auffassung von Seele und Geist nahezulegen. So wird er auch von der Entwicklungslehre bei der Darlegung des Animismus benützt. Als ob der Mensch erst durch den Odem auf das innere Seelenleben aufmerksam gemacht worden wäre! Tatsächlich erschien der warme Odem als die nach außen ausströmende Kraft und Wirkung des inwendig sinnenden und strebenden Lebens, wie es in allen Reden und Handlungen, aber auch in den Empfindungen und Zuständen des Körpers sich selber unmittelbar bewußt war. Darum wurde dem Hauch, als der Kraft aus der Kraft, eine geheimnisvolle Wirkung zugeschrieben.

Er ist das Sinnbild jener Kraft, welche die Gedanken und Absichten still und wortlos vollbringt. Die Ruhe oder Erregung, mit welcher dies geschieht, hat ihr Abbild und Sinnbild in dem sanften Wehen oder stürmischen Tosen der Luft. So weht Gottes Geist über den Wassern des Chaos und läßt als ursächlicher Werdedrang aus ihrer Leere und Wüste den Kosmos mit seinem Reichtum und Leben hervorgehen. Dem Menschen haucht der Schöpfer den Geist ein, damit er selber zur lebendigen Seele, d. h. zum Wirken und Leben aus einem bewußten Innern heraus werde.

Die Symbolik bleibt und wird im Johannesevangelium vollendet im Gleichnis vom Sturmeswehen des Geistes, aus dem die Seele wiedergeboren wird. (Joh. 3.) Jesus spendet den Geist der Sündenvergebung, indem er seine Apostel anhaucht. (Joh. 20.) Der Geist Gottes kommt in Sturm und Feuer vom Himmel, um die Jünger mit dem Lichte und der Kraft der Wahrheit und Liebe zu erfüllen und die Kirche zu begründen. (Apg. 2. Sap. 1—12.)

Wie sich aus diesen Texten ergibt, hat der Geist oder die Ruach zum Sinnbild nicht nur das heftige Atmen des Einzelwesens, sondern den ganzen Ozean des bewegten Lebens, den Sturmwind, den Lufthauch, die Wasserflut und die Feuerglut: als die allgemein reinigende, befruchtende, erhebende und umwandelnde, belebende Macht und Ursächlichkeit. Der Geist ist die Kraft des Denkens und der Begeisterung, wodurch allgemein bedeutsame Wahrheiten

erfaßt, verkündigt, in Kampf und Werk durchgeführt werden.
Helden, Propheten, Gottesmänner des Mutes, des Gedankens, der
Begeisterung, der Kunst, der Gesetzgebung werden geschaffen,
indem der Geist Jahwes über sie kommt und durch sie wirkt.
Weicht diese Ruach von ihnen, so erschlaffen die Helden wieder
und kehren zum gewöhnlichen Privatleben zurück; sie sind dann
wieder einzelne unter einzelnen. (Num. 11, 25—29.)

Der Geist Jahwes ist die Immanenz des Schöpfers in der
Welt, die ursächliche und darum unvermischte Allgegenwart
Gottes in der Schöpfung. Seine lebendigmachende Allgegenwart
und Einwohnung beginnt deshalb sofort mit der Schöpfung selbst.
»Im Anfang schuf Gott Himmel und Erde. Alles war Wüste und
Leere: der Geist Gottes schwebte über dem Abgrund« des leeren
Raumes und ungeschiedenen Stoffes. (Gen. 1, 1. Ps. 138, 7.) Die
Erschaffung des Menschen findet ihre innere Vollendung in der
Einhauchung des göttlichen Lebensgeistes. (Gen. 2, 7; 6, 3. [17;
7, 15. 22.] Num. 16, 22; 27, 16. 18. Zach. 12, 1.)

Diese ausgeprägte Hypostasierung des Begriffes der wesenhaften Ursächlichkeit und allbelebenden Tatkraft in ihrer alldurchdringenden Einheit und Lebendigkeit ist ohne Unterschied der
Perioden ein gemeinsamer Grundzug der alttestamentlichen Literatur. Jes. 31, 3: »Die Rosse der Ägypter sind Fleisch und nicht
Geist,« d. h. nicht entscheidende Ursache. (Vgl. Gen. 6, 3.) Nur
der Geist hat Anspruch auf Unvergänglichkeit; das Fleisch ist
flüchtiges Einzelwesen, Stoffumsatz; der Geist ist die Kraft des
Allgemeingültigen. Weil sich der Mensch dem Vielen, Zersplitterten, Flüchtigen, der Menge des Tatsächlichen zugewandt
und von dem in der Tiefe zu erfassenden Einen, Ursächlichen,
Allgemeingültigen abgewandt hatte, darum mußte er selber ein
flüchtiges Lebewesen werden. Hingegen Ps. 77/76, 6. Die Ausprägung des Geistideals ist so scharf, daß der Unterschied
zwischen Geist und Seele zuweilen deutlicher zu sein scheint, als
der zwischen dem einen Gottesgeist und dem (für die eine Wahrheit und Vollkommenheit angelegten und befähigten) Menschengeist. Die Erkenntnis, daß es trotz der vielen Völker und Charaktere nur eine Wahrheit und Sittlichkeit gebe, ein einziges Gesetz
und Ziel des richtigen Denkens und Wollens, während die substantiellen Wesens- und Lebensformen unzählig mannigfaltig sein

können, fand in der alttestamentlichen Idee des alle durchwaltenden Jahwegeistes einen großartigen Ausdruck. Da diese Idee des einen Gottesgeistes uralt ist, so ist auch daraus erkennbar, daß die urzeitliche Weltanschauung die ursächliche Einheit und die einheitliche Ursächlichkeit in der Allwirklichkeit des inneren und äußeren Lebens fester erfaßte, als die späteren Kulturperioden. Der Grund liegt darin, weil das Denken mit der fortschreitenden Kultur selbst passiver wurde und unter den zersplitternden Einfluß der Sprache, der überlieferten Formeln und der einzelnen, weil nunmehr schablonisierten Eindrücke geriet.

Die monotheistische Einheitsidee, welche im Jahweglauben, im Malak-Jahwe- und Ruach-Jahwe-Begriff nach allen Seiten und in allen Formen kraftvoll als wesenhaftes Leben, als Vollkommenheit und Ursächlichkeit ausgeprägt war und darum trotz der innigsten Allgegenwart des Göttlichen in dem Naturwirken und Seelenleben über alle Gefahr der pantheistischen Mißdeutung erhaben blieb, ist der einzig hinreichende Erklärungsgrund, warum in der alttestamentlichen Religion jene Religionsphase nicht eintrat, wo die Vielheit der Geister, der Heroen, der Heiligen, der Engel oder Dämonen in den Vordergrund der Verehrung und der Betrachtung rückte und die Gottheit in die Transzendenz zurückdrängte. Das Judentum erfuhr wohl diese Entwicklung zum Greisenalter; allein die alttestamentliche Literatur blieb frei von der einseitigen Transzendenz und der damit gegebenen Notwendigkeit der Mittelwesen. Das Neue Testament mit dem Gottesbegriff der Bergpredigt brachte die Immanenz Gottes im inneren Zusammenhang mit der höchsten Transzendenz zur allseitigen Offenbarung.

Aus diesem Grunde war die Ablehnung allen Ahnenkultus, Totendienstes und Zauberwesens von Ursprung an dem Jahwismus wesentlich. Die Neigung zu der oberflächlichen und zersplitterten Weltanschauung, welche überall zum Geisterkult geführt und den Religionen die Ära der greisenhaften Schwäche gebracht hat, war natürlich auch in Israel wirksam; und zwar ist die Volksmasse der fruchtbare Herd dieser naturhaften Triebe. Daraus erklärt sich hinreichend, ohne eine vorjahwistische Religionsperiode Israels annehmen zu müssen, was sich an sog. Überlebseln des Animismus findet. Der König Saul bietet einen ausgezeichneten Beleg für den zweifachen Zug im Menschen. Der König Saul hatte die Totenbeschwörung als Aberglauben und Frevel bei Todesstrafe verboten; unter dem Druck des Unglücks nahm er trotzdem (ohne den Jahweglauben selber irgendwie zurückzudrängen) seine Zuflucht zur Geisterbeschwörung bei der Hexe von Endor.

Die Geistermächte werden im Alten Testament gern Elohim genannt; So auch Samuels Totengeist in der nächtlichen Szene zu Endor. Daraus ergibt sich nicht im geringsten, daß dieselben als ursprüngliche Götter oder göttliche Totengeister zu betrachten seien, welche der Jahwismus abgewürdigt habe. Wäre dies der Fall gewesen, so wäre unzweifelhaft (wie in der Religion Zarathustras und Mohammeds) ein ausdrückliches Verbot und ein offener Widerspruch gegen die Bezeichnung der Geister als Elohim erfolgt.

Die Bedeutung des Gottesnamens Elohim erklärt vollständig, warum auch im Jahwismus der Name Elohim eine allgemeine Anwendung finden durfte: nämlich auf die Obrigkeiten und die Geister. Der einheitliche lebendige Inbegriff und Ursprung aller ursächlichen Kräfte ist Gott; aber je mehr ein Geschöpf ursächliche Kraft und Bedeutung hat, je mehr es im Dienste der allgemein gültigen Wahrheit und Gerechtigkeit wirkt, je mehr es eine allgemeine, öffentliche und bedeutsame Tätigkeit entfaltet, desto mehr ist es Ebenbild und Werkzeug Gottes und hat darum Anteil an dem Namen Elohim, diesem Inbegriff aller geistigen und ursächlichen Kräfte. (Num. 11, 25—29; 27, 18.)

8. Die Bibelkritik behauptet, der Geist Gottes habe keine weltschöpferische Bedeutung. Die Idee des ersten Schöpfungsberichtes, daß der Geist Elohims über den Wassern schwebte, sei eine mythologische Entlehnung und sei dem Alten Testament sonst fremd geblieben. Die alttestamentlichen Schriften sollen nur solche Gottesgeister kennen, welche über den Menschen kommen und ihn zu außerordentlichen Taten erregen.

Zunächst ist hierauf zu erwidern, daß der Geist Gottes ebenso bestimmt in der Einzahl erscheint, wie der Engel Gottes. Geister werden zuweilen erwähnt, indes seltener als die Vielzahl der Engel. Deren Bedeutung scheidet sie ganz bestimmt von dem Geiste Gottes. Selbst dann, wenn der Geist Gottes keine weltschöpferische Bedeutung hätte, würde seine Wirksamkeit im Menschen ihn von der geschöpflichen Geisterwelt bestimmt unterscheiden. Die geistige Lebensstufe ist die wichtigste und allein gottebenbildliche in der Welt: darum kann es nicht auffallen, daß die Wirksamkeit des Gottesgeistes mehr in der Innenwelt der Seele und in der Geistesentwicklung der Menschheit dargetan wird, als in der Natur. Ohnedies wollen die biblischen Bücher dem religiös-sittlichen Lebenszweck der Menschheit dienen. Die Natur und ihr Geheimnis wird nur berücksichtigt, insoweit sie für den religiös-sittlichen Lebensberuf die Grundlage und das Material seiner Betätigung darbietet.

Der Geist Gottes wird indes tatsächlich als weltschöpferische Macht dargestellt: er ist es, der das Leere und Wüste durch

Befruchtung von innen heraus in die Welt der Wesensformen
und des geordneten Wirkens gewissermaßen umwandelt. Es mag
zunächst scheinen, als ob nur von einer gestaltenden Tätigkeit
die Rede sei; allein dem ist nicht so. Das Leere und Wüste
ist gerade das Nichts. Das Nichts wird nur wie Material vorgestellt, um der menschlichen Denkweise zu entsprechen. Das
Leere im Nichts wird aufgehoben, indem die Gedankenbilder
der alles erfindenden Weisheit vom Schöpferwillen in das Leere
eingesenkt und so zu Wesensformen des Endlichen werden. Die
Wüste ist die Gesetzlosigkeit des Nichtseienden; die Bestimmtheit entspricht genau dem Sein, wie die Unbestimmtheit nur
ein anderer Ausdruck für das Nichtsein ist. Alles ist in dem
Grade seiend und wirklich, indem es bestimmt und geordnet ist.
Die Unbestimmtheit des Nichts wird umgewandelt in die Gesetzmäßigkeit des Kosmos, indem bestimmt wirkende Kräfte ins
Dasein gerufen werden.

Der Geist Elohims in der ersten Schöpfungsgeschichte hat
nicht etwa mythologischen, sondern metaphysischen Charakter.
Der Drang des Werdens wird damit dem Urstoff eingeflößt, ein
Gedanke, mit dem der Eros der griechischen Welterklärung über-
einstimmt. Die biblische Schöpfungsgeschichte bleibt indes bei dem
der Materie innewohnenden Drange des Werdens und Wirkens
nicht stehen, wie das griechische Denken, sondern erklärt ihn als
die Folge der göttlichen Ursächlichkeit, nämlich der Erregung
durch den Geist Gottes. Der Naturdrang wird auf den Geist
und seinen freien Liebeswillen zurückgeführt und dadurch der
Monismus im Monotheismus aufgehoben.

Diesem Werdedrang, der ebenso Gottes Wirkung wie der
Natur eigenes Wirken ist, gibt der von Gott für jeden Schöpfungs-
tag besonders ausgesprochene Gedanke seinen Inhalt und seine
bestimmte Richtung. Der Gedanke ist bestimmend und muß daher
selber bestimmt sein. Darum mußte der Schöpfungsgedanke in
einer Reihenfolge besonderer Befehlsworte dargelegt werden. Für
die Erfüllung der Welt mit dem inneren Drange des Werdens und
Wirkens genügte hingegen die einmalige Erklärung: »Alles war
wüst und leer; der Geist Gottes schwebte über den Wassern.«

Eine zeitliche Aufeinanderfolge, so daß die Befruchtung durch den
Geist zuerst erfolgt sei und dann erst die Schöpfungstage, liegt nicht in der

Absicht des Verfassers. Im babylonischen Schöpfungsmythus wird allerdings berichtet, daß das Chaos selber schöpferisch wirksam und fruchtbar gewesen sei, nur gesetzlos und vernunftlos, ohne Plan und ohne Schönheit. Es war die Welt der Ungeheuer, der zuchtlosen und darum bösen Gewalten. Hier ist der Monismus erkennbar. Denn die voraussetzungslose Erfindung und Verwirklichung der Wesensarten ist gleichbedeutend mit der Annahme eines in sich selbst vollgenügenden Lebens, also des überweltlichen Gottschöpfers. Wer durch Denken und Wollen allein wirksam ist, ist Schöpfergeist und in sich selbst vollendetes Leben. Anders wenn der Weltgrund in der Welt selber gesucht wird. Dann ist die Funktion der Weltvernunft notwendigermaßen auf die Durchführung einer gewissen Gesetzmäßigkeit im Wirken und Werden eingeschränkt, während dieses Wirken und Werden selbst als die im weiteren unerklärliche Naturnotwendigkeit der Urmaterie gedacht wird. Die Welt erscheint dann als die Entwicklung des Geistes aus der Materie, der Vernunft aus der Unvernunft und als die Überwältigung der gesetzlosen Urkraft durch die aus dem Urstoff hervorgegangene Vernunft. Dieser Grundgedanke ist in allen monistischen Religionen und ihrer Mythologie ausgeführt. Die Materie bleibt Wiege und Grab der Weltvernunft. Der Geist gewinnt den Primat in der Welt, aber nicht die vollkommene Freiheit des geistigen Wesens. Auch der Monismus des Geistes vermag dem Geistesleben nicht zu seinem Rechte zu verhelfen.

Job 28 schildert den Hervorgang des Naturwirkens aus dem künstlerisch gestaltenden Schöpfergedanken und aus dem gesetzgebenden Willen. Nicht auf räumlich-mechanischem Wege sei der Erklärungsgrund des Naturlaufes zu finden, weder durch Zurückverfolgen der örtlichen Bewegung, noch des physikalisch-chemischen Werdens, noch des pflanzlichen Wachstums, noch des tierischen Triebes. (28, 1—19.) »Die Weisheit (= Erklärungsgrund), woher kommt sie und wo ist der Fundort der Erkenntnis? Verhüllt ist sie vor den Augen aller Lebenden, auch den Vögeln unter dem Himmel ist sie verborgen. Abgrund und Tod (= Raum und Zeit) sprechen: Wir vernahmen den Ruf von ihr. Gott weiß den Weg zu ihr und kennt ihre Urstätte. Denn er schaut bis zu den Enden der Erde und sieht, was unter dem ganzen Himmel ist. Als er des Windes Wucht abwog und dem Wasser sein Maß bestimmte, als er dem Regen sein Gesetz gab und seinen Pfad dem Wetterstrahl: da schaute er sie und tat sie kund, stellte sie vor und durchforschte sie. Und zum Menschen sprach er: Siehe, Furcht des Herrn, das ist Weisheit, und das Böse meiden, das ist Verstand.« Das Gesetz der Natur und des Guten werden in einem Urgrund zusammengefaßt, nämlich in dem Geiste, der jede Wesensstufe mit dem Streben und der Kraft zur Vervollkommnung erfüllt. Dieser »Geist hat die Himmel geschmückt; es durchbohrt seine Hand die langgestreckte Schlange. Durch seine Kraft erregt er das Meer; durch seine Einsicht beschwichtigt er dessen Toben«. (Job 26, 12. 13.) Elihu bekennt: »Der Geist Gottes hat mich erschaffen, und der Odem des Allmächtigen belebt mich.« (Job 33, 4.) »Durch das Wort Jahwes sind die Himmel gegründet, und durch den Hauch seines Mundes sein ganzes Sternenheer.« (Ps. 32, 6.) »Du sendest deinen Geist aus, und sie werden erschaffen.« (Ps. 103.) »Wohin soll ich fliehen vor deinem

Geiste, wohin eilen vor deinem Angesicht?« (Ps. 138, 7.) »Dir soll deine ganze Schöpfung dienen: denn du hast gesprochen, und sie ist geworden; du sandtest deinen Geist, und sie ward gebaut.« (Jud. 16, 14.) Gott schuf die Weisheit (des Schöpfungsplanes) »im Heiligen Geiste: er schaute, zählte und maß sie. Er goß sie aus über alle seine Werke und über alles Fleisch nach seiner Gabe und gewährt sie denen, die ihn lieben«. (Sir. 1, 8—10.)

Gott sandte seinen guten Geist, um Israel aus der Knechtschaft Ägyptens ins Land der Gottesgemeinschaft zu führen. »Der Engel seines Angesichtes errettete sie; vermöge seiner Liebe und Güte erlöste er sie, hob sie empor und trug sie alle Tage der Vorzeit. Sie aber waren widerspenstig und betrübten seinen Heiligen Geist. Da verwandelte er sich für sie in ihren Feind und bekämpfte sie. Dann gedachte sein Volk an die Vorzeit und Moses: Wo ist er, der sie heraufgeführt aus dem Meere samt dem Hirten seiner Herde? Wo ist er, der seinen Heiligen Geist in ihr Inneres legte? . . Der Geist Jahwes brachte sie zur Ruhe.« (Jes. 63, 9—14. Ebenso Zach. 7, 12. Hagg. 2, 5; Neh. 9, 20. 30.) Durch die Ausgießung seines Geistes wirkt Jahwe das Leben in der Natur wie in der Geisteswelt. »Wasser will ich ausgießen über das Trockene und rieselnde Fluten über das Dürre. Meinen Geist will ich ausgießen über deine Nachkommen und meinen Segen über deinen Samen, daß sie aufsprossen wie Gras zwischen Wassern und wie Weiden an Wasserbächen. Der wird sagen: Jahwe gehöre ich an.« (Jes. 44, 3—5.)

9. Die religiöse Bedeutung der göttlichen Dreieinigkeit liegt darin, daß Gott bei allen seinen Werken innerlich und persönlich beteiligt ist. Gottes Wesen und Dasein ist dem grundlegenden Offenbarungsworte Jahwes an Moses zufolge von der vollen Teilnahme seiner Denk- und Willenstat durchdrungen. Ebenso wirkt Gott alles, was er wirkt, durch nichts als durch sein Wort im Hl. Geiste, und ganz durch sein Wort im Hl. Geiste. Jahwe sendet nicht etwa deshalb seinen Engel und seinen Geist, um die Schöpfung hervorzubringen und seine Werke zu vollbringen, weil er selber durch irgend eine Rücksicht am unmittelbaren Hervorbringen gehindert, oder gar, weil er selber etwa an den Sinai als seinen Wohnsitz gebunden wäre. Vielmehr will der Ausdruck, daß Gott alles durch sein Wort im Hl. Geiste wirke, gerade sagen, daß er unmittelbar durch sein eigenes Denken und Wollen seine Werke vollbringe und bei seiner Schöpfung sei. Durch nichts anderes und mit Ausschluß jeder fremden Vermittlung, mit Ausschluß allen Materials, das etwa unabhängig von ihm bestände. Dadurch ist die innerste Teilnahme Gottes bei seinen Werken verbürgt, daß sie alle, soweit Gottes Ursächlichkeit inbetracht kommt, ganz und gar durch seine unmittelbare Denkarbeit und Willensbetätigung hervorgebracht werden. Die eigene

Wirksamkeit der Geschöpfe in dem großen Entwicklungsgang der
Welt ist dadurch nicht ausgeschlossen, sondern gerade begründet.
Denn sie hat nicht den Zweck, um dem Schöpfer einen Teil
seiner eigenen Tätigkeit abzunehmen, sondern ist nur um der
Vollkommenheit der Schöpfung willen vom Schöpfer gewollt.
Darum durchdringt Gott die Wüste und Leere mit seinem Geiste,
damit sie selber in stufenweisem Fortschritt von einem Schöpfungs-
tag zum anderen seine Gedanken und Ziele vollbringe. Weil Gott
alles durch sein gestaltendes Denken und lebendigmachendes
Wollen hervorbringt und darum ganz und unmittelbar bei seinen
Werken beteiligt ist, darum wird gesagt, daß er sein Wort und
seinen Geist dazu sende. Sie sind die Bürgschaft seiner innersten
und persönlichen Beteiligung.

Gott schickt sein innerstes Denken und Lieben mit, indem
er seinen Engel und seinen Geist dem Menschen zum Führer und
Schützer gibt. Was Gott für den einzelnen wie für sein Volk tut,
ist nicht nur eine Tat seiner Allmacht, sondern seiner innersten
Denk- und Willensbetätigung. Denkend und liebend ist Jahwe
bei allen seinen Werken beteiligt. Das ist gemeint, wenn gesagt
wird, daß er durch seinen Engel wirke und erscheine, einen Ort
heilige und ein Opfer annehme, einen Plan anrege und einen
Erfolg gewähre, daß er durch sein Wort die Himmel befestige
und durch seinen Geist das Angesicht der Erde erneuere. Es ist
Weisheit und Liebe dabei, und darum kommen alle Werke Gottes
gewissermaßen aus seinem Innersten heraus, obgleich er keines
derselben bedarf. Was beim Menschen stattfindet, besonders
wenn es sich um die hohen Würdenträger handelt, ist bei Gott
nie der Fall: alles tut er selbst, auch wenn die Geschöpfe, Engel
oder Menschen, Elemente und Schicksale, seine Werkzeuge sind.
Daß Gott selbst dabei volltätig ist, wird eben gerade dadurch
ausgedrückt, daß sein Engel und sein Geist mitgeht. Man könnte
sagen: sein Angesicht und sein Herz sind selbst dabei.

Darum sind die Patriarchen so tief ergriffen von Jahwes Güte:
er ist selbst der Führer ihres Lebens, indem er seinen Engel
sendet. Der Geist Gottes ist nicht als Ersatz für Jahwe gemeint,
weil Jahwe etwa an den Sinai, den Tempel, den Himmel oder die
absolute Transzendenz gebunden und gehindert wäre, unmittelbar
tätig in der Natur und Geschichte wirksam zu sein. Auch nicht,

als ob Jahwe selber zu erhaben wäre, um den Menschen durchs
Leben oder sein Volk durch die Geschicke zu geleiten: sondern
weil er nicht inniger und unmittelbarer bei seinem Werke beteiligt
sein kann, als durch seine Gedanken- und Willensbetätigung.
Der Mensch kann keine innigere Teilnahme erweisen, als indem
er mit seiner Gedanken- und Willensarbeit bei seinem Werke ist.
So ist Gottes Engel und Angesicht, Gottes Sohn, Wort und
Weisheit, Gottes Güte und Geist, Treue und Herz gemeint,
wenn von ihnen gesagt ist, daß sie im Namen Jahwes Gottes
Werk und Auftrag beim Menschen wie in der Schöpfung vollbringen.

Unter diesem Gesichtspunkt ist es verständlich, daß Jahwes
Engel und Wort in der Fülle der Zeiten wirklich als Mensch auf
Erden erschien, um unter den Menschen Gottes Reich zu begründen. »Meine Lust ist es, bei den Menschenkindern zu sein.«
(Prov. 8.) Der Geist Gottes wird im Neuen Bunde als Paraklet
und Anwalt der Menschenseele geoffenbart. Natürlich ein besseres
Unterpfand und einen besseren Bürgen für Gottes Heilswillen
kann es nicht geben, als den Geist der Liebe, mit der Gott bei
jedem seiner Geschöpfe als Schöpfer und Erlöser wirkt.

Die unbedingt freie, voraussetzungs- und bedürfnislose Wirksamkeit des
Schöpfers kann bei abstrakt-begrifflicher Denkweise als eine Machtwirkung
erscheinen, welche ohne alle innere Teilnahme am Wirken und am Werk von-
statten geht. Gottes Kraft und Innigkeit scheint gewissermaßen durch die
unendliche Fülle dessen vollständig in Anspruch genommen, was er selber ist.
Ohnehin schließt seine unendliche Erhabenheit jedes Bedürfen aus. Das Bedürfnis
ist indes, wie es scheint, der eigentliche Grund der innigen Teilnahme, der
Hingabe an Arbeit und Arbeitsziel. Mit dem Wegfall des Bedürfnisses scheint
der lebendige Quell der innigsten Beziehungen und Empfindungen zu ver-
siegen. Gesättigte Existenzen sind teilnahmslos. In der Not des Kampfes
und im Drange des Strebens schließt sich das Innere auf. Aus diesem Grunde
scheint es die Erhabenheit des Unendlichen über alles eigene Bedürfnis nach
schöpferischer Tätigkeit und nach Schöpfungen mit sich zu bringen, daß Gott
auch über alle Arten jener inneren Teilnahme erhaben sei, welche die Tätigkeit des Menschen beseelt und ihn mit seinem Werke verknüpft, obgleich das
Menschenwerk zumeist eine unpersönliche Sache ist.

Solche Anschauungen herrschten in der alexandrinischen Religionsphilosophie. Sie sah die höchste Erhabenheit in der absoluten Beziehungslosigkeit.
Darum hat der Engel Gottes wohl bei Philo die Aufgabe, dem Allerhöchsten
als Ersatz zu dienen, weil eine unmittelbare Betätigung mit dem Endlichen
der Erhabenheit Gottes zuwider schien. Ebenso die unmittelbare Beziehung

innerer Anteilnahme für die Schöpfung. Diese Anschauung ist der altbiblischen Idee vom Engel und Geiste Jahwes geradezu entgegengesetzt: ebenso entgegengesetzt wie den neutestamentlichen Ausführungen über den Sohn und Geist Gottes. Damit fällt, was Loisy über den Ursprung der Logoslehre sagt. Die Dreieinigkeit hat absoluten, nicht nur relativen Wahrheitswert. (Vgl. Loisy, Autour p. 152—153. Vgl. oben S. 69.)

Man denke an die Innigkeit, mit welcher der Geist Gottes den neutestamentlichen Schriften zufolge den Seelen die Heilsgnade verbürgt, die Kräfte und Güter Gottes erschließt, mit ihnen betet, kämpft und die Aufgaben und Ziele des Gottesreiches als Geist der Freiheit und Gotteskindschaft erfüllt! Damit vergleiche man den fast vollständigen Mangel einer innerlich empfundenen religiösen Bedeutung, welche der Glaube und Kultus der göttlichen Dreieinigkeit tatsächlich zu haben scheint.

In dieser Erfahrung gründet der Vorwurf, die eigentliche große Geheimnislehre des kirchlichen Glaubensbekenntnisses sei religiös und sittlich bedeutungslos. Tolstoi hat dem neuestens Ausdruck gegeben: Es sei unverständlich, wozu dieses Dogma behauptet wird. . . . Es sei faktisch kein Gegenstand des eigentlichen Glaubensinteresses. »Im Volke habe ich den Begriff der Dreieinigkeit nicht angetroffen. Christus heißt der Gottmensch gleichsam als Ältester unter den Heiligen. (?) Der Heilige Geist ist ganz unbekannt. Gott aber bleibt der unerkennbare Gott, der allmächtige Urgrund aller Dinge. Und zum Hl. Geist betet auch nie jemand, und niemals ruft ihn einer an. In den gebildeteren Kreisen aber habe ich auch keinen Glauben an den Hl. Geist angetroffen. Viele habe ich angetroffen, die besonders heiß an Christus glaubten. Nie aber habe ich den Hl. Geist anders erwähnen hören, als in einer theologischen Betrachtung. Mir ging es ganz ebenso; in all den Jahren, wo ich orthodox gläubig war, ist mir der Gedanke an den Hl. Geist auch nicht in den Sinn gekommen. Den Glauben und die Definition der Dreieinigkeit habe ich nur in Schulen gefunden, und es ergibt sich, daß das Dogma von der Dreieinigkeit unvernünftig, auf nichts gegründet, zu nichts nütze ist, und daß niemand daran glaubt. Die Kirche aber zählt es zu ihren Bekenntnissen.« (Dogmat. Theol. I 144. 145.) Selbstverständlich versteht Tolstoi unter Glauben und Beten nicht den frommen Gebrauch der Bekenntnis- und Andachtsformeln, sondern das innere Durchdrungensein von dem Gegenstand des Glaubens und Betens. — Ohne die Formulierung der beiden ersten Konzilien war das Glaubens- und Gebetsleben des apostolischen Urchristentums vom Gottesbegriff des Dreieinigen durchdrungen und befruchtet. Das gleiche gilt, nur in elementarer Weise, von den Patriarchen und Propheten. Man vergegenwärtige sich nur, was dazu gehört, um in einem Worte wie Jakobs Segensspruch die Erfahrung eines ganzen Lebens so auszusprechen, wie er es getan hat. Im Engel, der ihn leitete, empfand er nicht einen Ersatz für Gott selber, sondern gerade die unmittelbare Nähe und Liebesgemeinschaft Gottes.

Das Verständnis der ältesten Denk- und Sprachweise muß davon ausgehen, daß die wirkende Ursächlichkeit bei allen Völkern fast unmittelbar in den äußeren Naturvorgängen und inneren Geisteseindrücken empfunden wurde. Die altbiblischen Schriften unterscheiden sich hiervon nicht in der Lebendigkeit und Stärke der Immanenz selber, sondern nur in dem bestimmten Bewußtsein, daß diese Immanenz Gottes in der Welt mit seiner wesenhaften Erhabenheit verbunden und durch sie begründet sei. Dadurch wird die Immanenz noch inniger, weil sie nicht aus dem Bedürfnis des Weltgrundes hervorgeht, sondern dessen persönliche Freiheit und Liebe ist.

Der eigentümliche und gewaltige Ton der selbstbestimmten Geistesmacht, wie er aus dem »Ich bin, der Ich bin« herausklingt, macht es vollverständlich, wie den Jahweverehrern alles Wirken und Wollen ihres Gottes als eine Sendung seiner eigenen Weisheit und Liebe, als ein Ausströmen und Hingeben seines eigenen Wesens und Lebens erschien. Sie empfanden es, wie Gott durch sein inneres Denken und Lieben selber bei seinem Geschöpf ist, ihm erscheinend und sich offenbarend, ihm Mut, Kraft, Licht und Trost einflößend. In dem, was Überzeugung und Pflichterfüllung, Hochsinn und Liebe wirkte, erlebte man den Geist Jahwes.

So geht eine ununterbrochene Entwicklung von dem Engel Jahwes und dem Geiste Gottes durch die Propheten, Psalmen und Weisheitsbücher hindurch bis zu der unsagbar innigen Ausführung desselben Gottesbewußtseins in den Jesusreden der Synoptiker, in den Abschiedsreden des Johannesevangeliums, in den paulinischen Briefen und in der Erfahrung der Apostelgeschichte. Man kann von ihnen allen sagen, daß sie in dem Bewußtsein des Dreieinigen dachten, liebten und lebten: »In ihm leben wir, bewegen wir uns und sind wir.« (Apg. 17, 28.) Wenn man bei dem Glaubensgeheimnis der göttlichen Dreieinigkeit an die durchsichtige Ausführung desselben in der Theologie eines Paulus und Johannes denkt, wird man die Bedeutung verstehen, welche dem Engel und Geiste Jahwes in der ältesten Jahwereligion zukommt. Es war die geistige Form des göttlichen Lebens und Wirkens, die eigentliche Erscheinung und Kraft seiner belebenden Herrlichkeit.

Die Idee des Gottgesandten und der Gottessalbung gehört zu dem großen Neuen, das die Offenbarung als übernatürliche Wahrheitsmitteilung dem Menschen gebracht hat. In der trinitarischen Vertiefung gewinnt der Jahwegottesbegriff selbst den strengen Charakter des Übernatürlichen. Der Monotheismus des Jahwegottesglaubens ist wesentlich Offenbarung, weil er sachlich wie geschichtlich mit dem dreieinigen Gottesbegriff zusammenhängt und mit ihm das Wesen des Christentums bildet.

§ 3. Religionsphilosophische Beweisgründe.

Die inneren Vorzüge des biblischen Gottesbegriffs.

Der Gottesbegriff der Jahwereligion behauptet für alle Zeiten eine einzigartige und darum übernatürliche Erhabenheit. Er vereinigt nämlich mit bewußter Absicht jene Vorzüge, welche einerseits das Höchste bedeuten, wozu sich unser Denken genötigt fühlt, die aber anderseits in unvereinbarem Widerspruch zueinander zu stehen scheinen. Die scheinbare Unvereinbarkeit dieser höchsten Vorzüge war und ist es, welche in Religion und Wissenschaft zum Monismus und Dualismus, zum Agnostizismus und Pessimismus geführt hat und immer noch dazu drängt.

1. Der biblische Gottesbegriff vereinigt die beiden Vorzüge der absoluten oder selbstwirklichen Persönlichkeit und der Unendlichkeit oder Allvollkommenheit.

Beide Vorzüge gelten als unvereinbar: darum lehnt der Monismus die Persönlichkeit des Weltgrundes ab, weil sie das Beschränkteste und Besonderste sei. Kein Einzelwesen könne das Allwesen sein; darum dürfe das Allwesen nicht als Einzelwesen gedacht werden.

Die alttestamentliche Religionsentwicklung spricht mit aller Energie die Einheit beider Vorzüge aus. Vor allem im Gottesbegriff Elohim. Die Vielzahl wird in diesem Gottesnamen nicht nur ausschließlich mit der Bedeutung der Einzahl gebraucht; es ist auch gerade dieser Gottesname, der zur schärfsten Bezeichnung der Einzigkeit und Persönlichkeit Gottes wurde, und zwar in jenen alttestamentlichen Schriften, welche die abstrakt-begriffliche Ausbildung des Gottesbegriffs darstellen. Der erste Schöpfungsbericht gehört dazu. Er ist elohistisch. Die elohistischen Texte vermeiden mit Sorgfalt alles Anthropomorphe. Der Etymologie zufolge würde man den ersten Schöpfungsbericht eher vom Jahwisten erwarten: denn der Name Jahwe spricht mit größter Schärfe die absolute Persönlichkeit Gottes aus. Exod. 3, 14: »Ich bin, der Ich bin! So sollst du sagen zu den Söhnen Israels: Ehjeh (der Ich-bin) hat mich zu euch gesandt.« — Dadurch ist der Vorzug der Selbstbestimmtheit nach allen Richtungen ausgesprochen. In keiner Hinsicht geht da die Naturbestimmtheit der

Tatvollkommenheit voran, so daß die Tätigkeit sekundär, Accidens, ens entis wäre. Vielmehr ist der Urgrund als solcher wesenhafte Tat, wesenhafter Gedanke und Wille. »Ich bin, der Ich bin«: nicht in Form der Identität, wie jedes Ding, sondern kraft ewiger Selbsttat.

Wenn nun auch die Gottesbegriffe Elohim und Jahwe in verschiedenen Schriftbestandteilen vertreten sind, also jeweils den Gottesbegriff einer besonderen Überlieferung oder Geistesrichtung darstellen, so besteht die Großtat der alttestamentlichen Religion gerade darin, daß die Einheit von Jahwe und Elohim ausdrücklich und feierlich ausgesprochen wurde. Jahwe und Elohim: der Eine und Ewige ist die persönliche, selbstbestimmte und selbstgewollte Einheit aller Vollkommenheiten und Mächte. Was immer zur Fülle des Göttlichen gehört, was zu den Elohim gerechnet werden muß, ist in dem Einen Elohim, und dieser Eine Elohim ist der selbstursprüngliche Jahwe. Die durchgreifende Erleuchtung, welche Moses in der Einsamkeit der Wüste gewann, die Tat des Religionsstifters bestand in der Zusammenfassung dieser zwei Gottesideen und ihrer Vorzüge zur inneren Einheit des »Ich bin, der Ich bin«. In diesem Sinne ist es wohl gemeint, daß der Gottesname Jahwe den Patriarchen noch nicht bekanntgegeben worden sei. Nur als El Schaddai, als Gott der Allmächtige, habe sich Gott den Patriarchen geoffenbart. Elohim und El Schaddai sind miteinander zu verbinden: die Fülle der Kräfte ist die persönliche Allmacht. Alles Wirkliche ist die Erscheinung eines Wirkenden: darum ist die Allwirklichkeit auf eine Allmacht zurückzuführen. El bedeutet Kraft; Elohim die Fülle aller Kräfte und aller Kraft. Das ist Jahwe.

Mit Unrecht behauptet die monistische Philosophie, die Persönlichkeit sei das Allerbeschränkteste und Allerbedingteste. Es mag dies von der Individualität gelten, welche die räumliche und zeitliche Abgrenzung der Einzelwesen in der Natur bedeutet. Allein Persönlichkeit ist zwar mit der Individualität verwandt, aber geht nicht in ihr auf. Die Persönlichkeit ist wohl beim Menschen mit der individuellen Einzelnatur und ihrer ursächlichen Bedingtheit verbunden, aber sie besteht nicht in dieser Absonderung zum besonderen Einzelwesen. Vielmehr dient ihr die Individualität als Grundlage, um mit den darin enthaltenen Kräften so gut als möglich und ohne Einschränkung der ganzen Wahrheit und Vollkommenheit aufgeschlossen zu sein und sich tatkräftig hinzugeben. Nicht Abgeschlossenheit ist der Sinn der Persönlichkeit, sondern Aufgeschlossenheit für das Ganze, für alles Erkennbare, für alles

Gute. Um ein solches Vernehmen der ganzen Wahrheit zu sein, bedarf es
innerhalb des Weltzusammenhanges der individuellen Abgrenzung zu einem
bestimmten Einzelwesen. Die Individualität bietet den Standpunkt, von dem
aus die Persönlichkeit sich alles Wahren und Guten bemächtigen soll. Losgelöst von dieser Naturgrundlage, von dieser raumzeitlichen Absonderung zum
Einzelwesen, ist die Persönlichkeit Gottes nur die allumfassende Denk- und
Willenstat des ewigen Wahrheitsbesitzes und Vollkommenheitsbesitzes. Der
endliche Geist kommt nie über die Besonderheit seines geschichtlich bedingten
Standpunktes hinaus: Gott denkt und will alles zugleich und von Ewigkeit
her, von allen möglichen Gesichtspunkten aus. Gott ist darum ewig, wie
kein Geschöpf jemals ewig sein kann. Die Persönlichkeit Gottes wird deshalb absolut oder unbedingt genannt, weil sie von aller Einschränkung auf
einen besonderen Standpunkt des Denkens und Erkennens, des Wollens und
Wirkens frei ist. Ebenso ist sie frei zu denken von jedem besonderen Ausgangspunkt ihrer Denk- und Willensbetätigung. Sie kennt keine geschichtliche
Entwicklung, weil sie von Ewigkeit her allseitig betätigte Weisheit und Güte
ist. Was allseitig betätigte Vollkommenheit ist, ist übergeschichtlich. So
wichtig der geschichtliche Werdegang für die endliche Persönlichkeit ist:
bei dem selbstwirklichen und darum allseitigen Wahrheitsgedanken und Vollkommenheitswillen ist ebendeshalb eine geschichtliche Entwicklung ganz und
gar ausgeschlossen.

Die geschöpfliche Persönlichkeit ist Einzelwesen, weil sie Selbstbestimmung
auf Grund von gegebener Naturbestimmtheit oder Individualität ist. Gott ist
reine Selbstbestimmtheit und darum vollkommenste Persönlichkeit, frei von
aller grundlegenden Naturbestimmtheit, noch ihrer irgendwie bedürftig. Weil
Gott wesenhafte Selbsttat ist, darum ist er die reinste und vollkommenste
Persönlichkeit, die vollkommenste Selbstmacht.

Die Eigenart der absoluten Persönlichkeit läßt sich nicht besser ausdrücken, als durch den Gebrauch des Pluralnamens Elohim im Sinne der
Einzahl: die Gesamtheit aller Gesichtspunkte und Kräfte in der selbst-
mächtig-lebendigen Einheit des Ewigen.

2. Der biblische Gottesbegriff vereinigt die beiden Vorzüge
der Welterhabenheit und der Welterfüllung, der überweltlichen Transzendenz und der innerweltlichen Immanenz.
Durch alle Phasen der alttestamentlichen Religionsgeschichte hindurch bleibt die biblische Gottesidee diesem Grundgedanken treu:
auch in jenen Zeiten, wo die einseitig gedachte Transzendenz
die jüdische Theologie beherrschte. Die biblischen Bücher geben
nie der Anschauung Raum, daß unendliche Welterhabenheit und
unmittelbare Weltgegenwart einander ausschließen. Vielmehr ist
Gott aus demselben Grunde unendlich über die Welt erhaben und
unmittelbar in ihr gegenwärtig, dem Wesen, der Macht und
dem Wissen nach. Weil er die unendliche Vollkommenheit und

Schöpfermacht ist, darum ist er über die Schöpfung unendlich erhaben und völlig wesensverschieden von seinem Werk. Allein deshalb ist er nicht von seinem Werk entfernt, sondern vielmehr unmittelbar nahe und innerlich gegenwärtig in allem, was durch seinen gestaltenden Gedanken seine Wesensbestimmung und durch seinen gebietenden Willen sein Dasein hat. Der Künstler und das Kunstwerk sind wesensverschieden und dadurch weit voneinander entfernt; aber diese Verschiedenheit hindert nicht, sondern begründet die ursächliche Verbindung beider. Der unendliche Wesensunterschied zwischen Gott und Welt macht den ursächlichen Zusammenhang beider nicht unmöglich, sondern begründet und fordert ihn. Denn nur der Unendliche kann der Urheber des Endlichen sein.

Das Buch Jesus Sirach, die Weisheit Salomons, die Makkabäerbücher betonen die unmittelbare Einwohnung Gottes in der Schöpfung ebenso wie die ältesten Schriften. Ja Jesus Sirach versteht sich sogar zu dem Ausspruch: Συντέλεια λόγων· Τὸ πᾶν ἐστιν αὐτός. (Sir. 43, 29; vgl. Sir. 1, 24.) »Der Abschluß und Inbegriff aller Reden ist: Gott ist Alles.« — Gleichwohl ist Gott über alle Gedanken unendlich erhaben. (Sir. 43, 30—37.) Das Buch der Weisheit spricht die Weltgegenwart Gottes mit besonderer Wärme aus und erweist sich auch insofern als der Gedankenkreis, in dem Paulus wurzelt. »In Ihm leben wir, bewegen wir uns und sind wir.« (Act. 17.) Sap. 1, 7: »Der Geist des Herrn erfüllt den Erdkreis: und derjenige, der alles umfaßt, hat Kenntnis von jeglichem Worte.« (Sap. 7, 22—8, 1; 12, 1.) Beide Weisheitsbücher scheinen eher die damals emporwachsende Idee zu bekämpfen, die Heiligkeit Gottes mache die unmittelbare Beziehung der Welt zu ihm unmöglich und verbiete die unmittelbare Annäherung des Menschen an Gott. In dieser Befangenheit von der unendlichen Welterhabenheit Gottes lag der Grund für jene Ritualgesetzlichkeit, welche Christus bekämpfte. Ihr gegenüber offenbarte Jesus Gott als den Vater, zu dem der Zutritt für alle unmittelbar offen stehe. Natürlich in ihm, dem Sohne, der den Vater offenbart und den Geist der Kindschaft mitteilt.

Die Wechseldurchdringung der Transzendenz und Immanenz tritt in der ältesten Literatur des Alten Testamentes hervor durch die Lehre vom Engel und Geiste Gottes. Indem die Offenbarung Gottes durch die Erscheinung des Gottengels geschieht, und die Wirksamkeit Gottes durch die Einflößung seines Geistes, wird die wesenhafte Erhabenheit Gottes ebenso gewahrt, wie dessen unmittelbare Einwohnung zur vollen Geltung gebracht wird. Malak heißt und ist die Sendung zum Zweck der Erscheinung: Ruach die Kraftmitteilung, durch welche Gott in alle Geschöpfe eindringt und alle lebendig macht. »Du sendest Deinen Geist aus, und sie werden erschaffen: und Du erneuerst das Angesicht der Erde.« »Der Geist Gottes schwebte über dem Abgrund« — »der Leere und Wüste«: dadurch wurde das Nichts, die Leere, mit Wesen erfüllt und die Gesetzlosigkeit des Nichts in die Gesetzmäßigkeit des Geschaffenen umgewandelt. Die Nichtigkeit ist die Leere und Wüste selber. Gott begründet die Schöpfung, indem er ihr seinen Geist mitteilt; er vollendet sie durch die Vollendung dieser Geistessalbung. Damit wird sie zum vollkommenen Ausdruck seines Gedankenbildes.

Der Geist ist durch seine kraftmitteilende Einwohnung ganz eigentlich der Beweis der Immanenz, die Kraft der Erfüllung mit dem Ideale. Der Engel als Erscheinung und Bild der Vollkommenheit ist ebenso der Beweis der Transzendenz, welche die Schöpfung aus ihrer Tiefe zum höchsten Vollendungsziele ruft. Da Gottes eigenes Wesen im Wort und im Geiste lebt, so ist mit beiden unmittelbar Gott selber gegenwärtig. »Mein Name ist in ihm.« (Exod. 23.) Wort und Geist sind ein B e w e i s der Welterhabenheit bezw. der Welterfüllung Gottes, weil Gott durch deren Sendung und Mitteilung diese Vorzüge bekundet. Aber da Gott selber im Malak erscheint und selber mit dem Geiste Gottes in seine Schöpfung eindringt, so sind beide G o t t und n i c h t M i t t e l w e s e n. Die jüdische Theologie bedurfte eines Logosengels als Mittelwesens, um den in absoluter Welterhabenheit beziehungslosen Gott in seiner ursächlichen Funktion für die Welt zu ersetzen. Was wir von Gott erkennen, wurde auf den Logos bezogen; Gott selbst galt als der schlechthin Unerkennbare. — Ganz anders die altbiblische Idee vom Gottengel. Jahwe erscheint im Engel seines Angesichtes nicht so, daß er s e l b s t dabei unerkannt bliebe, etwa wie das Staatsoberhaupt s e l b s t denjenigen unbekannt bleibt, zu welchen sein Botschafter gesandt wird. Es ist eher so, wie der Mensch im Angesicht, wie der Sprechende im Wort selber offenbar und gegenwärtig wird. Es handelt sich dabei nicht um den Ersatz eines Mangels, sondern um die Betätigung der Fülle und Vollkommenheit.

Der Gottengel erscheint nicht, weil Gott selber nicht erscheinen könnte; der Geist wird nicht mitgeteilt, als ob Jahwe selber nicht ins Innerste der Dinge dringen könnte: sondern indem Gott erscheint, sendet er seine Erscheinung oder Vergegenwärtigung; indem Gott wirkt, flößt er seinen Geist und seine Kraft ein. Die Erkenntnis vollzieht sich nicht etwa deshalb durch den Gedanken, weil die vernünftige Seele selbst dazu unfähig wäre: sondern die Hervorbringung des Gedankenbildes ist die Betätigung der Vernunft und Weisheit selber.

Für die Eigenart des Jahwegottesbegriffs ist es wesentlich, daß die Naturwirkungen, wie Sturm, Donner, Blitz, Licht und Glut, Frost und Regen als unmittelbare Kraftwirkungen und Erscheinungen der göttlichen Macht aufgefaßt werden, in einer Weise, welche dem theologischen Denken jetzt fremd ist. Diese unmittelbare Immanenz des göttlichen Wirkens in dem Naturwirken findet sich festgehalten, ja eher noch gesteigert bei den Propheten und Psalmisten. Ihre Schilderung ist nicht nur die großartige Bildersprache des Dichters, sondern die metaphysische

Deutung der Tatsachen. Dieselbe unmittelbare Immanenz Gottes wird in den geschichtlichen Ereignissen angenommen: man sah geradezu in den folgenreichen Vorgängen Gottes persönliche Anordnung und drückte das durch geeignete Sinnbilder aus. Dabei wird ausdrücklich der echt menschliche Verlauf geschildert. So Exod. 13, 17; 18; Num. 9, 15—23; 10, 29 —36; 16, 41.

Ebenso wird Jahwes Wirken unmittelbar in den Erregungen und Bekundungen des inneren Seelenlebens wahrgenommen. Daher spricht man von einer Furcht und einem Schrecken Jahwes, von dem Zorn, der (in einer Seuche oder Feuersbrunst) von Jahwe ausging und lodernd sich ausbreitete. (Exod. 23, 24.)

Es fordert eine besondere tiefe Auffassung, um in der Mannigfaltigkeit der inneren Seelenerregungen die Einheit der höchsten Ursache unmittelbar wirksam zu sehen und in ihrer Einheit festzuhalten. Denn die Verschmelzung der inneren Vorgänge des Seelenlebens mit unserer Wertempfindung im Sinne von Neigung und Abneigung, Liebe und Abscheu erschwerte es tatsächlich bei den übrigen Religionen, die höchste Gottheit selber in diesen Erregungen wirksam zu sehen und als allursächliche Einheit festzuhalten.

Eine Naturalisierung des Gottesbegriffs ist dabei vollständig ausgeschlossen: Jahwe ist trotz der innigsten Immanenz und wirksamen Allgegenwart in den Naturvorgängen und Geistesregungen erhaben über jede Vermischung mit denselben, über jede Beeinträchtigung seines unendlichen Wesens durch die Endlichkeit seiner Werkzeuge.

Die Erklärung ist nur darin zu finden, daß das Kausalgesetz unwillkürlich und unausgesprochen das menschliche Denken dahin bestimmt, den Tatbestand der einheitlichen Wirklichkeit durch eine ursächliche Tätigkeit zu beseelen und zu ergänzen. Je nach der Kraft des Denkgeistes wird diese Ergänzung der Wahrheit, d. h. dem Erklärungsbedürfnis näher kommen.

Solange dieses Erklärungsbedürfnis mit ursprünglicher Kraft empfunden und betätigt wird, wird Gott mit der Welt als ihr unentbehrlicher Erklärungsgrund verbunden. Je mehr der Gottesglaube zur Sache der Überlieferung wurde und die vernunftnotwendige Begründung erst nachträglich als Rechtfertigung hinzukommt, desto mehr tritt eine zweite Frage in den Vordergrund: wie das Verhältnis von Gott und Welt zu denken sei?

Solange die erste Frage noch ursprünglich empfunden wurde, war die zweite auch unmittelbar gelöst: denn der Erklärungsgrund ist eben als die tätige Ursache mit dem Tatbestand der Welt verbunden. Aus diesem Grunde war der Gegensatz zwischen Theismus und Monismus in der Urzeit nicht so scharf ausgeprägt, wie in der Gegenwart.

Je mehr der Gottesglaube unmittelbar von jener Denknotwendigkeit getragen wird, deren Auslegung die Gottesbeweise sind, desto mehr tritt die Frage nach dem begrifflichen Verhältnis von Gott und Welt zurück. Sie gewinnt an Bedeutung, je mehr der Gottesglaube vom Baum der Gottesbeweise als reife Frucht losgelöst und zum Gegenstand der L e h r e und Überlieferung wird.

Die abstrakt-begriffliche Scheidung der ursächlichen Tätigkeit als solcher von dem erfahrungsmäßigen Tatbestand der Wirklichkeit als solchem wurde nicht sofort vollzogen. Je nach der Denkweise wird diese Unterscheidung von Gott und Welt entweder immer mehr gesteigert und schließlich (im abstrakten Monotheismus) bis zur T r e n n u n g beider fortgeführt oder zur Wesenseinheit umgedeutet (im religiösen und philosophischen Monismus).

Dies geschah erst, nachdem ausdrücklich die Frage aufgeworfen wurde: In welchem Wechselverhältnis stehen die ursächliche Gottesmacht und die von ihr durchwaltete Welt? Die Unterscheidung zwischen beiden, welche schon vor dieser ausdrücklichen Fragestellung gemacht wurde, kann entweder festgehalten oder in monistischer Wesenseinheit aufgehoben oder in abstrakttheistischer Weise zur T r e n n u n g übertrieben werden. Nunmehr kann das Vorurteil wirksam werden, Immanenz und Transzendenz seien miteinander unvereinbar. Entweder sei Gott von der Welt verschieden; dann könne er nicht die in ihr ursächlich gegenwärtige Macht sein; oder letzteres müsse unbedingt festgehalten werden: dann sei eben die Wesensverschiedenheit des Weltgrundes von der Welt zu verneinen.

Der einzigartige Vorzug des J a h w i s m u s besteht darin, daß er beide Einseitigkeiten vermied und mit ausdrücklicher Bestimmtheit die wesenhafte Welterhabenheit und die ursächliche Weltgegenwart Gottes zugleich lehrte.

Der vermittelnde Gedanke ist die ursächliche und zwar allursächliche sowie vollursächliche Tätigkeit selber. Gott ist (im Sinne des Jahwismus) unendlich welterhaben und wesensverschieden von der Welt, nicht o b g l e i c h er die in der Welt, in der Natur und im Geiste unmittelbar wirksame Kraft ist, sondern w e i l er diese Vollursache ist, und zwar weil er die erstursächliche Kraft in der vollkommensten, selbstmächtigsten und selbstbestimmtesten Weise ist. Ein Wesenszusammenhang von Ursache und Wirkung ist nur dort und in dem Maße möglich, wo sich die Ursache nicht ganz in der Gewalt hat und sozusagen wirkend in ihre Wirkung verliert, naturhaft in sie ausströmt. Bei dem Worte »Wirken« ist dieses naturhafte Sich-verlieren nicht ausgeschlossen. Je mehr eine Wirksamkeit als T a t bezeichnet werden muß, desto mehr ist die Ursache selbstmächtig und desto weniger strömt sie naturhaft in ihre Wirkung über. Als Tat ist sie ihrer Wirkung vollkommen mächtig und inne, umfängt sie vollständig und ausdrücklich, bestimmt sogar die Weise, wie sie sich in Gemäßheit der ursächlichen Bestimmung entwickeln soll. Die Transzendenz der Wesensverschiedenheit wird demnach durch die Innigkeit der ursächlichen Immanenz nicht gefährdet, sondern geradezu begründet. Die Wesenserhabenheit ist in unendlichem Maße begründet, wenn die Ursächlichkeit und die ursächliche Allgegenwart in der Wirkung die vollkommenste, intensiv und extensiv größte, d. h. allursächliche Bestimmung und vollursächliche Krafterregung ist. Je mehr die Ursächlichkeit Gottes in der Welt als selbstmächtige Denk- und Willenstat betrachtet wird, desto mehr schwindet der trügerische Schein, als ob die Transzendenz und Immanenz in gegensätzlicher Spannung zueinander ständen. Beide sind nur dann Gegensätze, wenn sie als losgelöst von ihrem Grunde betrachtet und als fertig überlieferte Bestimmungen miteinander in Vergleich gebracht werden.

3. Ein dritter Vorzug der Jahwereligion ist die Kraft und Entschiedenheit, mit der sie sowohl die Allursächlichkeit als die sittliche Heiligung von Jahwe wie Elohim aussagt. Das große Hindernis, welches bis heute das religiöse und philosophische Denken davon abhält, die Vereinigung beider Vorzüge mit derselben, scheinbar rücksichtslosen Energie zu vollziehen, ist die peinliche Tatsache des Bösen und der Sünde. Daher die Versuche der Theologen, trotz strenger Würdigung des Gottesbegriffs als der absoluten Schöpfermacht, das Böse nicht als Wirkung, sondern nur als Zulassung Gottes zu verstehen und dementsprechend die biblischen Texte abzuschwächen. Das Böse dürfe weder als Zweck noch als Mittel des göttlichen Wesens angenommen werden, sondern nur als Material oder als Gegenstand zu höherer Verwertung. In der Tat bedeutet die Zulassung des Bösen durch Gott keine Einschränkung der ersten Ursache, solange die absolute, in höchster Instanz allein entscheidende und allentscheidende Macht der ersten Ursache festgehalten wird. Auch wenn Gott das Böse nur auf Grund seiner Allwissenheit und seines ewigen Vorauswissens der freien Willensentscheidungen seiner Geschöpfe kennt, nicht kraft eigener Anordnung und Vorausbestimmung, so bleibt er doch in höchster Instanz die eigentlich und ausschließlich entscheidende Ursache. Denn kein Böses würde jemals zur Wirklichkeit werden, wenn Gott nicht auf Grund seines Vorauswissens aller möglichen und bedingt möglichen Entscheidungen dasselbe in seinen Weltplan aufnähme und mit diesem zur Wirklichkeit bestimmte. Keine Sünde, kein Sünder, keine von Sünde und Verdammnis befleckte Welt würde zur Existenz gelangen, wenn nicht Gott es so bestimmt hätte: und zwar vollkommen frei. Denn es stehen ihm unendlich viele Möglichkeiten offen, um dieselben Güter und Vollkommenheiten auch

auf anderem Wege zu erreichen. Die eigentliche Entscheidung
liegt dort, wo über Existenz und Nichtexistenz einer Sache, über
die Verwirklichung oder Nichtverwirklichung einer Möglichkeit
entschieden wird. Darum ist die Idee der Zulassung des Bösen
durch Gott richtig verstanden zwar keine Beeinträchtigung der
e r s t e n Ursache, ohne deren Absicht und Anordnung nichts
geschehen kann, aber sie ist auch keine Lösung der Schwierigkeit.
Sie bedeutet die grundsätzliche Wahrung der Heiligkeit Gottes:
der Schöpfer w i l l im eigentlichen Sinne nur das Gute, nicht das
Böse; weder als Zweck noch als Mittel: darum bewirkt er das
Gute allein, während er das Böse nur zuläßt.

Die T h e o d i c e e ist ein Problem, das dem Menschengeist
in den verschiedensten Formen, nicht erst seit dem siebten Jahrhundert vor Christus sehr nahe ging. Auch in der Hl. Schrift
findet es eine vielfache und eingehende Erörterung, angefangen
von der Genesis bis zu Job und dem Römerbrief. H i e r gilt es
nur die Tatsache festzustellen, daß die Hl. Schrift mit derselben
Bestimmtheit die voraussetzungslose schöpferische Allmacht oder
die Allursächlichkeit und die sittliche Heiligkeit von Jahwe und
Elohim aussagt. Die Hervorhebung der Allursächlichkeit ist sogar
auffallend für ein Zeitalter, welches die v e r s c h i e d e n e n Erscheinungen in Natur und Leben einfachhin auf verschiedene Götter-
mächte zurückführte. Was lag demnach näher als die Zurückführung des Bösen auf eine eigene Ursächlichkeit, Gottheit oder
Geistermacht? Wo immer diese Geistermacht gesucht worden
wäre, ob in einem bösen Prinzip oder im freien Willen des
Menschen: das Altertum war gewohnt, alle Seelenvorgänge als
die Wirkung göttlicher Mächte zu betrachten, die im Innern des
Menschen ihre Kraft auswirken, ähnlich wie in den Krankheiten
und den Naturtrieben, in Wahnsinn und Leidenschaft.

Elohim führt Abraham durch das Gebot der Opferung Isaaks in eine
sittlich-schwere Versuchung. (Gen. 22.) Jahwe verhärtet den Sinn des Pharao
und seiner Höflinge, so daß er Israel nicht entlassen will. (Exod. 4, 21; 7, 3;
10, 1. 20; 14, 4. 8.) Er verblendet die Ägypter. (Exod. 14, 17.)

Jahwe macht den Sinn des Königs Sihon unbeugsam und sein Herz
verstockt, so daß er Israel den Durchzug verweigert. (Deut. 2, 30.) »Von
Jahwe war es so gefügt, daß er den Sinn der Kanaaniter verhärtete, so daß
sie sich auf den Krieg mit Israel einließen, damit man ohne Gnade den Bann
an ihnen vollstrecken und sie ausrotten könne.« (Jos. 11, 20.)

»Gott ließ einen Geist der Zwietracht zwischen Abimelech und den Bürgern von Sichem aufkommen.« (Jud. 9, 22.) Jahwe sendet einen bösen Geist (der Schwermut) über Saul; dieser Geist wird Gottesgeist genannt. (1. Sam. 16, 14. 23.) »Die Söhne Helis hörten nicht auf die Worte ihres Vaters, denn Jahwe hatte ihren Tod beschlossen.« (1. Sam. 2, 25.) David führt Simeis Fluch auf Jahwes Geheiß zurück. (2. Sam. 16, 10. 11.) Jahwe macht den guten Rat Ahitophels unwirksam, um Absalom zu verderben. (2. Sam. 17, 14.) Der Prophet Micha schaut, wie Jahwe an das Himmelsheer die Frage richtet: »Wer will Achab betören, daß er zu Felde ziehe und zu Kamoth falle? — Und der eine sagte dies, der andere jenes. Da trat ein Geist hervor, stellte sich vor Jahwe und sprach: Ich will ihn betören. Jahwe aber fragte ihn: Womit? Er antwortete: Ich will ausgehen und zum Lügengeist werden in all seiner Propheten Munde. Er aber sprach: Ja, du wirst die Betörung vollbringen. Gehe aus und tue also! — So hat nun, wie du siehst, Jahwe in den Mund all dieser Propheten einen Lügengeist gelegt, während doch Jahwe Unheil über dich beschlossen hat.« (3. Reg. 22, 19—23.) (Vgl. 4. Reg. 18, 25; Jes. 36, 10: Sanherib behauptet wirklich, von Jahwe den Befehl gegen Jerusalem empfangen zu haben. Trotzdem Jes. 37, 22—29.)

Die großen Propheten des hohen Gottesbegriffs behalten diese Sprache bei. Jesajas erhält vom Herrn den Auftrag: »Gehe hin und sprich zu diesem Volke: Höret immerfort, doch ohne zu verstehen; sehet immerfort, doch ohne zu erkennen! Verstocke das Herz dieses Volkes, verhärte seine Ohren und blende seine Augen, daß es mit seinen Augen nicht sehe, mit seinen Ohren nicht höre und sein Herz einsichtig werde und sich bekehre und Heilung erfahre.« (6, 9. 10.) »Jahwe der Heerscharen wird für die beiden Häuser Israels zu einem Stein, an den man anstößt, zu einem Felsblock, über den man strauchelt, zu einer Falle und Schlinge für die Bewohner Jerusalems, daß viele unter ihnen straucheln, fallen, zerschmettert werden, sich verstricken und gefangen werden.« (8, 14. 15. Ähnlich Ezechiel 3, 20.) »Der Geist, den die Ägypter in sich tragen, soll ausgeleert werden, und ihre Überlegung will ich zunichte machen, so daß sie die Götzen und die Beschwörer, die Totengeister und Wahrsaggeister befragen.« »Ins Taumeln bringen Ägypten, die den Eckstein seiner Kasten bilden. Jahwe hat in ihnen einen Geist des Schwindels bereitet: infolgedessen bringen sie Ägypten in all seinem Tun zum Taumeln.« (19, 3. 13—15.) »Stieret und staunet! Verblendet euch und erblindet! Sie sind trunken, doch nicht von Wein, sie wanken, doch nicht von berauschendem Trank. Weil Jahwe einen Geist tiefen Schlafes über euch ausgegossen hat.« (29, 9. 10; 37, 7.)

Jeremias bekennt die absolute Allgewalt Jahwes. »Ich weiß, Jahwe, daß das Schicksal des Menschen nicht in seiner Macht steht.« (10, 23.) »Du bleibst im Rechte, Jahwe, wenn ich mit dir streiten wollte. Doch zur Rede möchte ich dich stellen, warum das Treiben der Frevler Gelingen hat, warum alle Treulosen unangefochten bleiben? Du pflanzest sie, sie schlagen Wurzel, sie gedeihen, bringen Frucht. Du bist zwar noch in ihrem Munde, aber fern von ihrem Herzen!« (12, 1. 2.) Jahwe erfüllt alle Stände Judas, die Könige,

Priester, Propheten mit Trunkenheit zum Verderben. (13, 13. 14; 51, 7.)
Babel ist der Becher, mit dem Jahwe die Völker trunken macht. — Habakuk
2, 12: »Wehe über den, der eine Stadt mit Blutvergießen baut und einen Ort
mit Frevel gründet. Kommt solches von Jahwe der Heerscharen? Völker
arbeiten fürs Feuer und Nationen mühen sich ab für nichts.«

Die Zurückführung des Bösen auf Gott findet sich also nicht
etwa bloß in der Geschichtsdarstellung, welche die Feststellung
und Erklärung der Tatsachen in ihrem ursächlichen Zusammen-
häng zur Aufgabe hat. Sie findet sich nicht minder bei den
Propheten, obgleich diesen die Heiligkeit Gottes näher zu
liegen scheint als seine Allursächlichkeit, und obgleich mehr das
Seinsollende und Nichtseinsollende das Thema ihrer Ausführungen ist, als das tatsächliche Geschehen in Vergangenheit
und Gegenwart.

Die alttestamentliche Offenbarung hat niemals, auch nicht in
dem spätesten Zeitalter, wo der Einfluß des persischen Dualismus
auf die jüdische Theologie wirksam war, den Satan als einen
gewissermaßen selbständigen Erklärungsgrund des Bösen angenommen. Die begriffliche Theologie tat dies ja mannigfach,
wenn auch wie selbstverständlich unter formeller Wahrung des
strengen Monotheismus. Doch vermögen die Postulate nichts,
wenn die Folgenotwendigkeit der Sache zu anderen Schlußfolgerungen drängt.

Wellhausen findet in der Bildung des Lehrbegriffs vom Satan einen
wichtigen Wendepunkt in der Entwicklung der alttestamentlichen Religion.
Dieser Wendepunkt sei bezeichnet durch die Chronik im Vergleich zum
Königsbuch. Während in 2. Sam. 24, 1 der übermütige Plan Davids, eine
Volkszählung zu veranstalten, auf den Zorn Jahwes zurückgeführt wird,
nennt 1. Chron. 21, 1 den Satan als Urheber. Ist dies wirklich ein Übergang vom Gottesbegriff der absoluten Willkürmacht zum sittlichen Gottesbegriff? »Die Wahrhaftigkeit der Empfindung hatte auch vor Widersprüchen
keine Scheu. Jahwe hatte unberechenbare Launen, er ließ sein Antlitz leuchten
und verbarg es, man wußte nicht warum, er schuf Gutes und schuf Böses,
strafte die Sünde und verleitete zur Sünde: der Satan hatte ihm damals noch
keinen Teil seines Wesens abgenommen.« So Wellhausen, Israel u. jüd. Geschichte. 1901. S. 109. — Allein diese Auffassung ist schon deshalb hinfällig,
weil die Chronik trotzdem die alte Redeweise festhält. »Der König (Roboam)
gab dem Volke kein Gehör. Denn so war es von Gott verhängt, damit
Jahwe sein Wort in Kraft treten ließe, das er durch Ahia von Silo zu Jeroboam geredet hatte.« (2. Chron. 10, 15; nach 3. Reg. 11, 15; 32, 31.) Dieses
Gotteswort verfügte die Berufung Jeroboams zum König über die zehn Stämme,
während Salomo noch regierte. (3. Reg. 11, 30—39.) Nach der Auffassung

in Juda wurde die Gründung des Königtums Israel als widergöttlich beurteilt. Wie immer indes der Charakter der geschichtlichen Vorgänge beurteilt wurde, ob als gut oder böse: darüber bestand in der alttestamentlichen Auffassung kein Zweifel, daß auch Satan nur als Geschöpf Jahwes gelten dürfe und wirken könne. Jahwe selbst wird stets als die wesenhafte Heiligkeit geschildert, in der keine Willkürmacht verborgen ist.

Es ist auch eine ungerechte Herabstimmung des altisraelitischen Gottesbegriffs von Jahwe, wenn man mit Wellhausen meint, Jahwe habe bei seinen Verehrern deshalb als Willkürmacht gegolten, weil ihnen seine Ratschlüsse als unbegreiflich erschienen. Die absolute Unberechenbarkeit, Unerklärbarkeit und Unbegreiflichkeit der Ratschlüsse Gottes erscheint auch heute noch in der Theologie aller Konfessionen zumeist als ein wesentlicher Vorzug der Gottheit, obgleich die Gegner des Offenbarungsglaubens behaupten, die Tatsache des Übels, die theologische Lehre von der Gnadenwahl und die Probleme der Theodicee stünden in schroffem Widerspruch mit der sittlichen Heiligkeit Gottes. Was vom Willen Gottes allein abhänge, erklärt Thomas Aquinas, sei nicht nur im Diesseits, sondern auch bei der vollkommensten Gottschauung im Himmel unbegreiflich: ea quae ex sola voluntate dependent, sicut praedestinatio, electio et iustificatio et huiusmodi quae ad sanctificationem pertinent creaturae. (Summa phil. 3, 59. 93.) — Die altbiblische Jahwegottesidee ist der Kritik gegenüber wirksamer zu rechtfertigen als manche neuere Schultheorie von weitverbreitetem Einfluß.

Job schildert die unwiderstehliche Macht der göttlichen Anordnung: »Bei Gott ist Macht und Verstand: ihm gehört der Verführte und der Verführer. Er führt Ratsherren ausgezogen fort und betört Richter. . . . Er entzieht Wohlbewährten die Rede und beraubt Greise des gesunden Urteils. . . . Er läßt Völker groß werden und stürzt sie ins Verderben, er breitet Völker aus und läßt sie hinwegführen. Er raubt den Volkshäuptern den Verstand und läßt sie irren in unwegsamer Öde. Sie tappen in lichtlosem Dunkel, und er läßt sie taumeln wie Trunkene.« (Job 12, 16—25.)

Dazu gehören die Gebote grausamer Vernichtung, die Anmutung zu Rachegebeten und Fluchpsalmen: insbesondere das Gebot der rücksichtslosen Ausrottung der Kanaaniter und Midianiter. (Num. 31, 1 sq. 17. 18; Deut. 7; 1. Sam. 15.)

Jesus Sirach spricht die Allursächlichkeit Gottes aus: Bona et mala, vita et mors, paupertas et honestas a Deo sunt . . . Daß unter diesem Bösen nicht nur das physische Unglück gemeint sei, ergibt der folgende Vers: Error et tenebrae peccatoribus concreata sunt; qui autem exultant in malis, consenescunt in malo. (Sir. 11, 14. 16.) Aber die Heiligkeit darf deshalb nicht in Frage gestellt werden. Ne dixeris: Per Deum abest (sc. sapientia); quae enim odit ne feceris. Non dicas: Ille me implanavit. Non enim necessarii sunt ei homines impii. . . . Nemini mandavit impie agere et nemini dedit spatium peccandi; non enim concupiscit multitudinem filiorum infidelium et inutilium. (Sir. 15, 11. 12. 21. 22.) Jesus Sirach beruft sich also darauf, daß Gottes Wille nur das Gute gebiete und das Böse verbiete. Ein anderer, tiefliegender Gesichtspunkt ist der, daß Gott der Bösen und Ungläubigen nicht bedürfe: sie sind kein Zweck, den er verwirklichen will.

Im Neuen Testament wird die schöpferische und darum unbedingte Allmacht, Vorsehung und Allursächlichkeit Gottes nicht eingeschränkt und nicht abgeschwächt. Die Heiligkeit Gottes wird allerdings nach allen Richtungen gewahrt: aber gleichwohl erklärt das Johannesevangelium den Unglauben der Juden mit Berufung auf den Propheten Jesajas durch eine Unmöglichkeit, welche von Gott herbeigeführt sei. »Obgleich Jesus solche Zeichen vor ihnen getan hatte, glaubten sie doch nicht an ihn, damit erfüllt ward das Wort des Propheten Jesajas: ‚Herr, wer glaubt unserer Predigt und wem ward der Arm des Herrn offenbar?' Darum konnten sie nicht glauben; denn Jesajas sagt abermals: ‚Er hat ihre Augen verblendet und ihr Herz verhärtet, daß sie mit den Augen nicht sehen noch mit dem Herzen vernehmen und ich sie heile.'« (Joh. 12, 37—41; 6, 37. 44; 8, 23 sq.; 9, 39; 10, 26: »Ihr glaubet nicht, weil ihr nicht zu meinen Schafen gehöret.« 17, 6. 9. 14. Vgl. Mt. 13, 10—15; Mc. 4, 11. 12; Act. 4, 28; Röm. 9, 14—16— 18—21; 11, 7–11.) Paulus nimmt nicht nur die Begriffe und Ausdrücke der Verblendung und Verstockung von dem Propheten herüber, sondern wendet auch die Fluchpsalmen darauf an, so daß die Verblendung der Sünder als Gegenstand der Bitte und der Erhörung erscheint. (Röm. 11, 9. 10; Ps. 69/68, 2. 3 sq.) Der Apostel lehnt es sogar ab, frühere Sünden als Grund der Verblendung anzunehmen. »Nun frage ich: Hatten sie denn so angestoßen, daß sie fielen? Keineswegs. Sondern ihr Fall sollte den Heiden zum Heil und ihnen zur Nacheiferung dienen.« (11, 11; 10, 19; 11, 32.) 2. Thess. 2, 10, 11: Ideo mittet illis Deus operationem erroris, ut credant mendacio. Ebenso Apok. 17, 17. Paulus fordert wie Jesus Sirach, daß die Heiligkeit Gottes trotzdem ohne Vorbehalt anerkannt werde; denn der Allerhöchste hat unbeschränkte Freiheit, jedem den Weg zu bestimmen, der ihn zum Heile führt. Röm. 9, 14; 8, 14; 11, 32: »Gott hat alle im Unglauben verschlossen, auf daß er sich aller erbarme.«

Das Neue Testament bestätigte die starke Offenbarung der absoluten Allursächlichkeit Gottes, weil es selber die kraftvollste Offenbarung Gottes war, und das ursächliche »Gott alles in allem« in jeder Form zur Geltung brachte. Ebensowenig kann man es zweifelhaft finden, ob der Gottesbegriff des Neuen Testamentes in sittlicher Hinsicht etwas anderes sei als der absolute Wille des Guten, als die unbedingte Heiligkeit. Gott ist die wesenhafte Güte, frei und erhaben über alles Böse, erstens weil Gott es ist, zu dem sich die Sünde in Gegensatz stellt, der durch die Sünde angegriffen und verletzt wird, von dem der Sünder im Denken und Glauben oder im Hoffen oder Lieben abfällt. Das Gute ist die wahre Vollkommenheit; jede Sünde ist Abfall von der Vollkommenheit. Gott aber ist das Urbild aller Vollkommenheit.

Zweitens weil Gott nur das Gute liebt, mit Wohlgefallen begleitet, gebietet und erlaubt, aber alles Böse verbietet, verwirft und verabscheut. Gott ist die wesenhafte Heiligkeit, weil er das Gesetz und der Gesetzgeber des Guten und Vollkommenen ist. Gott ist drittens die Macht, welche durch ihre Gnadenordnung und Weltregierung das Böse bekämpft und überwindet, welche dem freien Willen die Kraft und Gnade zur siegreichen Überwindung, ja sogar zur Verwertung des Bösen im eigenen Innern wie in der Umgebung zubereitet, anbietet und mitteilt. Gott verpflichtet sogar zum Gebrauch seiner äußeren Gnadenmittel und zum Gebet, um der inneren Gnadenhilfe teilhaft zu werden. Viertens ist Gott der Richter und Vergelter des Bösen im diesseitigen und jenseitigen Leben. Gott belohnt nur das Gute und bestraft nur das Böse. Durch Androhung und Erfüllung des zeitlichen und ewigen Strafgerichts tritt Gott allen Neigungen und Gefahren des Bösen in der Welt entgegen. Darum ist Gott die wesenhafte Heiligkeit, die keinen Schatten von Unvollkommenheit an sich hat.

Die scharfe Betonung der Allursächlichkeit wie der Heiligkeit Gottes anderseits bildet in der biblischen Behandlung der Theodicee den eigentlichen Grundzug. Offenbar will die alt- und neutestamentliche Religion dadurch den Grundsatz einschärfen, daß die scheinbare Unlösbarkeit des Problems für die vollkommene Entwicklung der sittlich-religiösen Lebensaufgabe im Diesseits unentbehrlich sei. Die sittliche Reife, Kraft und Opferliebe kann bei unserer Naturbeschaffenheit nur in einer gewissen Gottesferne und darum im Kampfe mit Dunkel und Naturtrieb zur reinen Ausbildung gelangen. Für alle Formen der sittlich-religiösen Geistesvollendung gilt der Grundsatz des Psalmisten: »Gott, mein Gott! zu dir erwach' ich aus dem Dämmerschein.« (Ps. 62.)

§ 4. Kritische Beanstandung des altbiblischen Gottesbegriffs.

1. Die Bibelkritik glaubt eine religionsgeschichtliche Fortbildung des alttestamentlichen Gottesbegriffs aus nicht-monotheistischen Anfängen auf Grund unbefangener Würdigung der Tatsachen annehmen zu müssen. Die Gottesidee der patriarchalischen und vorprophetischen Zeit zeige wichtige Eigentümlichkeiten, welche mit dem prophetischen Jahwismus und noch mehr mit dem

Evangelium in vollem Widerspruch ständen und überhaupt den Naturgott und Nationalgott einer naiven Urzeit verrieten. Der Monotheismus fordere für den Grundbegriff absolute Einzigkeit, Geistigkeit und Heiligkeit. In allen drei Richtungen bekunde der altbiblische Gottesbegriff eine gewisse Gleichgültigkeit.

Der Charakter der vorprophetischen Jahwereligion sei Monolatrie, aber nicht Monotheismus: für Jsrael dürfe eben kein anderer Gott inbetracht kommen; Israel dürfe keinem anderen Gott außer Jahwe den Dienst der Verehrung erweisen. Die Existenz anderer Götter werde nicht bestritten, sondern geradezu vorausgesetzt. Sogar im Gottesnamen selbst trete die Vielzahl hervor: »Elohim« bedeute »die Götter«. Wohl habe man die ursprünglichen Götter zu Engeln oder Göttersöhnen herabgesetzt. Die Schöpfungsgeschichte verrate in Gen. 1, 26 deutlich den urzeitlichen Glauben an die Vielheit der weltbeherrschenden Mächte. Ebenso sage Gen. 3, 22: »Siehe, der Mensch ist geworden wie einer von uns, so daß er Gutes und Böses erkennt.« 11, 17: »Wohlan, lasset uns herabsteigen und ihre Sprache verwirren!« Die früher übliche Deutung dieser Pluralrede als Plural der Majestät oder als Offenbarung der Dreipersönlichkeit Gottes sei überwunden.

Die seitherigen Ausführungen sind ein ebenso vielfältiger und allseitiger Beweis für die absolute Einzigkeit Jahwes und den monotheistischen Grundgedanken der Jahwereligion. Jahwe ist der Schöpfer der Welt und darum der Herr aller Völker, auch ihrer Götter, wenn diese als der Inbegriff ihrer irdischen Macht und Wirklichkeit gedacht werden, und ebenso, wenn sie als ihre überirdischen Herrscher oder Schutzgeister gedeutet wurden. Eine andere, absolut polemische Denkweise führte die Propheten dazu, die Götter als Nichtigkeiten zu erklären. Entweder sind sie Geschöpfe oder wesenlose Hirngespinste.

Der Schöpfungsglaube ist ein Beweis für den **Mono-theismus**, weil er den Grund desselben angibt. Die monistischen Religionen des Heidentums haben keinen eigentlichen Schöpfungsbegriff. Es ist nicht etwa so, als ob die Weltschöpfung dort ebenso der Gesamtheit der Götter zugeschrieben würde, wie in der Genesis dem einen Gott. Dies ist deshalb unmöglich, weil die Götter selber die großen Weltkräfte sind und zur Welt gehören. Nur soweit die Einzel- und Lebewesen inbetracht kommen, gilt ein einzelner Gott, wie Marduk oder Ptah, als ihr Bildner. Ganz anders ist die Schöpfertat Elohims. Durch Wort und Geisteskraft ruft er aus dem Wüsten und Leeren das Dasein in geordnetem Reichtum der Formen zu lebensvoller Entwicklung hervor. Es ist ganz unmöglich, den Gottesnamen Elohim wegen seiner Pluralform als Zeugnis einer polytheistischen Gottesidee geltend zu machen: denn nirgends findet sich eine Spur dieser abgewürdigten Götter. Ohnedies ist der Polytheismus ein Erzeugnis späterer Entwicklung, in welcher die Idee der ursprünglichen Einheit allen Werdens und Wirkens mit dem in der Mythologie ausgesprochenen Gedanken eines tiefempfundenen Weltendramas bereits erschöpft und unverständlich geworden war.

Das tiefere, von der Sphinx der Wirklichkeit selber aufgewühlte Denken der Urzeit war durch alle inneren und äußeren Verhältnisse genötigt, die Einheit und die ursächliche Kraft, das lebendige Werden und Wirken als den Grundzug der Wirklichkeit ins Auge zu fassen, nicht aber die Vielheit und Vereinzelung, nicht die einfache Tatsächlichkeit, nicht das ruhende Sein. Bei optimistischer Weltfreude galt der Kosmos der Einzelwesen als die Frucht des Sieges, den die Gottheit des Lichtes, der Vernunft, des Gesetzes und der Güte über die wilden Mächte des Chaos errungen. Beim Vorherrschen pessimistischer Stimmung wurde die Existenz der Einzelwesen als ein tragisches Schicksal, als ein Leiden und Verhängnis des geheimnisvollen Einen empfunden und religiös gefeiert. In beiden Fällen erschien die Wirklichkeit als eine Einheit, in der der Kampf der Gegensätze ewig tobt und welche gegen ihre Neigung und Natur die Zersplitterung erleidet. Die Götter und Verehrungswesen sind nicht Hypostasierungen der Naturdinge, der substantiellen Naturwesen, sondern der Vorgänge, der Kraftwirkungen, der Zustände, sogar der einzelnen Vorgänge und Geschehnisse. Die Aktualität, nicht die Substantialität war es, welche dem urzeitlichen Denken in erster Linie auffiel. Das Denken ging nicht vom gegebenen Sein aus, um zur Idee des Wirkens und Tuns fortzuschreiten, sondern von der lebendig beobachteten Wirksamkeit, in der das substantielle Sein und Wesen ebenso enthalten war, wie in dem lebendigen Selbstbewußtsein des Cogito et amo die Tatsächlichkeit des eigenen Seins und Wesens, das sum und das ego.

Elohim, der Gott aller Kräfte, ist gerade der Gottesname der weltschöpferischen Allmacht und damit der welterhabenen Einzigkeit. Wenn die Pluralform zur Bezeichnung dieses »Einzigen« gebraucht wurde, so geschah dies nicht aus Unbedacht, sondern um die Fülle der Kräfte in der Einheit zu vereinen und die Gleichung der unendlichen Allvollkommenheit mit der selbstmächtigen Persönlichkeit zu vollziehen: Jahwe-Elohim.

Die Bezugnahme des Schöpfers auf eine Mehrheit ist durch den Engel und Geist Jahwes begründet. Die Engelgeister können nicht inbetracht kommen, weil sie nicht bei der Erschaffung des Menschen beteiligt sind, weil der Mensch nicht nach dem Bilde der Engel erschaffen ist und weil sie nicht im

Besitz des vollkommenen Wissens und ungefährdeten Lebens sind, wie Jahwe-Elohim.

»Als die Menschen anfingen, sich auf Erden zu vermehren, und ihnen Töchter geboren wurden und die Gottessöhne die Menschentöchter sahen, wie schön sie waren, nahmen sie sich zu Weibern, welche ihnen gefielen. Und Jahwe sprach: Mein Geist soll nicht stets im Menschen streiten, da er Fleisch ist. Seine Tage sollen 120 Jahre sein. Riesen waren zu jener Zeit auf Erden. Auch nachher, als die Gottessöhne den Menschentöchtern beigewohnt, waren das jene Gewaltigen, die von alters her hochberühmt sind.« (Gen. 6, 1—4.)

Solche, welche nicht auf der Höhe des prophetischen Denkens standen, konnten natürlich leicht die Einzigkeit Jahwes in dem Sinne fassen, wie bei den Nachbarvölkern.

Übrigens war man berechtigt, die Götter der Nationen für wirkliche Mächte zu halten, weil sie ja der Ausdruck der nationalen Macht ihres Volkes waren. Sie waren das als Einheit gedachte Volk selber. Das ist auch der Grund, warum später geschöpfliche Geistermächte als Herrscher den einzelnen Nationen zugeteilt wurden. (Vgl. Deut. 32, 8 (LXX). Dan. 10, 13.)

Die Begründung, warum nur Jahwe verehrt werden dürfe, ist stets der Gedanke, daß Jahwe allein Schöpfer ist und alle anderen Natur- und Geistesmächte seine Geschöpfe sind. (Exod. 20, 3 - 11; Deut. 4, 15—20.) Jahwes Eifersucht (Exod. 34) ist die Forderung, den Schöpfer von den Geschöpfen zu unterscheiden. Das ist die Schmach des Heidentums, daß es jene Naturkräfte und Regungen als die Gottheit anbetete, welche der Schöpfer zum Dienste des Menschen ins Dasein gerufen. Die Jahwereligion brachte die Würde der geistigen Persönlichkeit zur Geltung und lehrte den Jahweverehrer, daß die ganze Welt und die gewaltigen Himmelslichter zum Dienst des Menschen geschaffen, zum Werkzeug des denkenden Erkennens und des nach Vollkommenheit ringenden Wollens gebildet seien. Dies ist der Sinn der merkwürdigen Wendung Deut. 4, 15—20: »Jahwe hat sie (Sonne, Mond und Sterne, das ganze Himmelsheer) allen Völkern unter allen Himmelsstrichen zugeteilt.«

Die Teleologie braucht nicht kleinlich gedacht zu werden; es kommt dabei nur auf den Grundgedanken an, daß der Mensch der Sinn der Erde sei, daß ohne Vernunft und Freiheit die ganze Natur ebenso sinnlos wäre, wie ein Haus ohne Bewohner.

Es wird nicht gesagt, Gott habe die Himmelslichter den Völkern »als Götter« zugeteilt, wie auch Fr. Delitzsch stillschweigend ergänzte. Vielmehr ist nach Gen. 1, 14—18. 29, wie nach dem Wortlaut die einzig berechtigte Auslegung, Gott habe sie als Zeitenmesser, als Licht- und Wärmequellen und überhaupt als Stützpunkte der Wahrheitserkenntnis der Menschheit gegeben, kurz als Jakobsleiter, um zur höchsten Wahrheit und Güte hinaufzusteigen. Was in dem Bibelworte Deut. 4, 19 wie Gen. 1, 14—31 machtvoll ausgesprochen ist, das ist die gottebenbildliche Erhabenheit des Menschen über die ganze Natur und der unendliche Wert der geistigen Persönlichkeit. Um die Bedeutung dieses Vorzugs richtig zu schätzen, muß man erwägen, daß jene

Kräfte des Lichtes und des Lebens in den großen Kulturreligionen als die höchsten und weltbeherrschenden Gottheiten galten. Die Religion des Jahweglaubens ist die Verehrung der absoluten und einzigen, weil unendlichen Gott-Persönlichkeit. Damit ist sie zugleich die hohe Schule zur Heranbildung der gottebenbildlichen Persönlichkeit im Menschen durch die Erfüllung und Einigung des Endlichen in und mit dem Unendlichen.

Der vorprophetische Gottesbegriff ist nur dann richtig gewürdigt, wenn er als der ursprüngliche Ausdruck der überweltlichen Macht und Vollkommenheit verstanden wird. Der Schöpfungsbegriff des Elohisten ist die Urkunde des klar ausgesprochenen Monotheismus. Nur so erklärt sich die wichtige Tatsache, daß Gott dem Menschen als erstes Gesetz die Aufgabe gibt, die Natur zu beherrschen und dadurch als Gottes Ebenbild und Stellvertreter das Gottesreich zu begründen. Der Mensch herrscht über die Natur, indem er sie, ihre Gesetze und Kräfte, erforscht und erkennt. Gott ist also nicht eifersüchtig und mißtrauisch gegen den Fortschritt, sondern er gebietet ihn geradezu.

Doch wird von der Bibelkritik nicht behauptet, in Gen. 3, 23 trete die Besorgnis des biblischen Gottes zutage, der Mensch möchte seiner Alleinherrschaft gefährlich werden, wenn er die volle Erkenntnis sowie die Unsterblichkeit gewinnt? (Vgl. Gen. 2, 17; 3, 4. 22.) Keineswegs. Nur jene Erkenntnis wird verboten, welche nicht zum Leben und zur Wahrheit, sondern zum Tode und zum Zweifel führt. Im Monismus ist die Gottheit das Höchste in der Welt: ihre Macht und Herrschaft gründet in der Schwäche der untergeordneten Wesen. Darum ist jede Naturkraft, welche der Mensch entdeckt und sich damit dienstbar macht, der obersten Gottheit oder doch ihrem Alleinbesitz entzogen. Folglich ist im Monismus der Neid der Gottheit begründet. Nur die Sterblichkeit des Menschen vermindert die Gefahr, welche der großen Naturgottheit von der Vernunft des Menschen droht. Hingegen beruht die Weltherrschaft des überweltlichen Gottes nicht auf der Schwäche des Menschen und der anderen Geschöpfe, sondern sie gründet in der eigenen überweltlichen Vollkommenheit, die sich als Leben und Wesen selbst genügt und allem anderen gegenüber als gebende Macht und Güte bekundet. Der Schöpfer des vernünftigen Geistes kann unmöglich den Fortschritt der Erkenntnis und Naturverwertung in der Menschheit fürchten, weil er selber dessen bewußter Urheber ist, indem er ihn nach seinem Ebenbilde schuf und darum zur Nachahmung seiner eigenen Weltherrschaft verpflichtete. Gott ist der Höchste über der Welt, nicht in der Welt; der Mensch ist vielmehr von ihm berufen, der Höchste in der Welt zu werden, indem er sie durch die Erforschung und Verwertung in Gottes Reich umwandelt. Die unter dem Gesichtspunkt der Wahrheit verstandene und unter dem Gesichtspunkte des Guten verwertete Welt ist dadurch zu Gottes Reich geworden. Der Mensch herrscht in ihr als Gottes Ebenbild und Stellvertreter mittels des Gedankens und Willens.

Die Herrschaft in der Welt ist für den Menschen indes nur zu erzielen, wenn er in seiner Gesinnung innerlich frei und erhaben über die Welt ist. Man kann die Geschöpfe richtig verwerten, wenn man von keinem Naturdrang und von keiner Leidenschaft innerlich zu ihrem Sklaven erniedrigt wird. Das ist der Sinn der Prüfung im Paradiese, sowie der Gottesworte über Adam, Kain und den Turmbau. Übrigens ist auch in diesen Berichten nirgends eine andere Voraussetzung als die, daß die Weltherrschaft ausschließlich dem einen und einzigen Gott und Schöpfer, dem Jahwe-Elohim zukomme. Diese Allein-herrschaft des Einen steht so fest, daß sie auch durch den Satan, den Ver-führer des Menschen, für den Verfasser der Genesis nicht in Frage gestellt wurde. Um wieviel weniger durch den Menschen! Es ist also keine apo-logetische Ausflucht, daß das Gotteswort Gen. 3, 22 und 9, 6. 7 ironisch zu verstehen sei. Die Ironie ist in diesem Falle Gottes würdig, weil der Wahn des Übermutes so am wirksamsten getroffen und geheilt wird.

2. Die Geistigkeit und Heiligkeit des Gottesbegriffs ist der Bibelkritik zufolge ein dem alten Jahwismus völlig unbekannter Vorzug. Jahwe erscheine den Stammvätern vom Paradies an in sichtbarer Gestalt und verkehre wie ein Mensch mit ihnen. Der sichtbar erscheinende Jahwe könne unmöglich mit dem welt-erhabenen und schlechthin unsichtbaren Gott der prophetischen Religion identisch sein.

Unbefangen rede die Jahwereligion von dem Kommen und Gehen Jahwes. Er habe das Bedürfnis, vom Himmel herabzu-steigen, um zu erfahren, was auf Erden vorgehe, und um da tätig einzugreifen. Dem Gott des altisraelitischen Jahwismus fehle die Allgegenwart und Unveränderlichkeit, welche der Monotheismus dem Ewigen als wesentliche Vorzüge beilege.

Nicht minder werde die Unveränderlichkeit verneint, wenn gesagt werde, Jahwe empfinde Reue über das, was er getan. Jahwe bereue es, den Menschen erschaffen, das Volk Israel erwählt, den Saul zum Königtum berufen zu haben. (Gen. 6; Exod. 32, 10—14; 1. Sam. 15, 11.) Wie könne dieser Gottesbegriff derselbe sein, wie der der Propheten, denen Gott in seiner geistig-sittlichen Vollkommenheit und Unveränderlichkeit offenbar wurde? Wer die Vollkommenheit selber ist und aus ihr heraus seine Entschlüsse faßt und vollbringt, kann sich nicht ändern. »Ich bin Gott und ändere mich nicht.«

Wo also von Reue Gottes die Rede sei, da fehle der Begriff der sitt-lichen und geistigen Vollkommenheit Gottes. Ebenso unvereinbar mit der Heiligkeit sei jene Vorliebe für seine Lieblinge, für die Stammväter Israels und dieses Volk selber, die Jahwe ganz unverhüllt kundgebe. Von dem Gott des Jahwismus gelte: er handle nach freier Vorliebe und richte sich in seinem Verhalten ganz nach dem Ansehen der Person. Gütig gegen seine Lieblinge, hart und rücksichtslos gegen die anderen. Er lebe fort in dem Gottesbegriff der unverantwortlichen Freiheit, der unbeschränkten Willkürmacht, deren Wollen und Tun immer gut ist, weil sie keinen Gesetzgeber über sich hat. Deus supra se non habet superiorem, cui servire debeat. (Hontheim, S. J., Theodicaea. 1893. S. 251.) Itaque fallaces sunt et anthropomorphismo infectae omnes rationes, quae ex analogia amoris humani contra Deum mala permittentem petuntur. Amor videlicet humanus saepe malum permittere non potest, non quia amor est, sed quia amor finitus est, qui lege superioris, propria defectibilitate, providentia sua incerta obligatur in bonum amati tantum agere quantum potest, quum bonitas Dei infinita ad hoc non teneatur, immo non possit totas suas divitias in creaturas conferre. (l. c.)

Hierbei besteht die Voraussetzung: Der Wille des Höheren und Höchsten entscheidet allein über Gut und Böse. Der Unterschied von Gut und Böse gilt im eigentlichen Sinne nur für die geschöpflichen Geister, weil nur sie einen Höheren über sich haben. Der Höchste steht jenseits von Gut und Böse. Es wäre Anthropomorphismus, wenn man die Kategorien des Sittlichen im eigentlichen Sinne auf denjenigen übertragen wollte, für den kein höherer Wille bestimmen kann, was gut, verpflichtend und verdienstlich sei.

So entspreche es auch dem alten Jahwebegriff: was Jahwe fordere, sei gut. Er selbst sei der Maßstab des Guten für die Geschöpfe; darum seien nur die Geschöpfe an das Gesetz des Guten gebunden. Der Gesetzgeber selber nicht. Darum werde gut und lobenswert durch Gottes besonderes Gebot, was ohnedies infolge seines allgemeinen Gebotes unerlaubt und sündhaft sei. Darum habe Jahwe-Elohim die Opferung Isaaks, den Betrug an den Ägyptern, den Massenmord der Kanaaniter und Midianiter gebieten können. Darum verblende und verstocke Jahwe selbst zum Bösen und führe dadurch diejenigen in Schuld und Verderben, denen er übel wolle.

3. Geistigkeit ist ein abstrakter Begriff, wenn er im ausschließenden Gegensatz zur Körperlichkeit, nicht nur im Unterschied von ihr gedacht wird. Die Geistigkeit wird in der Urzeit nicht vom Gesichtspunkt der Unkörperlichkeit aus gedacht, sondern von dem der bestimmenden Ursächlichkeit, der selbsttätigen Kraft, der Erkenntnis und Gesinnung, kurz der Innerlichkeit und ursächlichen Lebendigkeit. Die größere Wahrheit ist hierbei auf seiten dieser urzeitlichen, weniger abstrakt-begrifflichen als poetisch-sinnbildlichen Denkweise. • Die Naturbilder waren nicht nur bloße Stützpunkte, sondern noch lebendig empfundene Erscheinungen des Innerlichen im Äußeren. Insofern die ursächliche Kraft in ihrer eigenen Innerlichkeit begriffen wird, ist sie unsichtbar. Nur der Geist des Menschen weiß, was in ihm ist. Insofern sich die Ursache dem Erkennen des Menschen gegenständlich macht, wird sie sichtbar. Die ursächliche Macht wird überhaupt in ihren Wirkungen sichtbar. Solange die Auffassungsweise dabei blieb, in den Wirkungen die Ursache zu schauen, desto eindringlicher

wurden die Naturvorgänge überhaupt und gewisse Naturvorgänge
insbesondere als Erscheinungen der Ursache empfunden. Dies
hörte in dem Maße auf, als die Dinge in Natur und Welt ihren
geheimnisvoll-rätselhaften Charakter infolge der Gewohnheit sowie
der zunehmenden Übersicht und praktischen Verwertung ein-
büßten. Ursprünglich standen sie dem Menschen als Rätsel gegenüber; später als Sachen, als Werkzeuge, als Örtlichkeiten. Sie
waren noch immer unerklärte Geheimnisse: aber man empfand
sie nicht mehr so, weil man eine gewisse Übersicht und Herrschaft über sie gewonnen hatte. Dem philosophierenden Geiste
erscheinen die Dinge in einer ehrfurchterweckenden Hoheit, weil
sie ihm als Probleme fühlbar sind. Der Praktiker hat für diese
ideale Stimmung kein Verständnis. Ebensowenig der moderne
Mensch für das Denken der Urzeit.

Die Sichtbarkeit Jahwes wurde ohnedies nicht naturhaft gedacht, wie sie dem Körper zukommt, sondern als die Fähigkeit,
nach Gutdünken sichtbar zu erscheinen. Diese Fähigkeit ist der
Vorzug des selbstwirklichen Geistes, der von sich sagen kann:
»Ich bin, der Ich bin, Jahwe!« — Einer Zeit, welche im Körperlichen das Geistige als Ursache schaute, galt die Sichtbarkeit nicht
als Mangel der Geistigkeit, zumal wenn sie der Selbstbestimmung
unterstand.

Aristoteles lehrt dasselbe, indem er von Gott sagt, er sei einerseits das
Allererkennbarste, anderseits das am wenigsten Erkennbare. Gott ist die
unentbehrlichste und notwendigste Wahrheit, als allein hinreichender Erklärungsgrund von allem: also das Allererkennbarste; aber zugleich aller Erfahrung
und Beobachtung unzugänglich: weil nur d a s erfahrungsmäßig erkennbar ist,
was durch naturnotwendige Wirksamkeit auf die Sinne einwirkt. Das Naturwesen wird deshalb wahrgenommen, ob es will oder nicht; Jahwe nur, wenn
und soweit er will. Seine ewige Erscheinung ist der Engel seines Angesichtes;
aber auch dieser wird nur sichtbar nach eigener Willensbestimmung und ver-
mittelst der frei angenommenen Gestalt. Die Lesung der jahwistischen Texte
läßt keinen Zweifel darüber aufkommen, daß Jahwe trotz seiner Erscheinungen
nicht in dem Sinne als sichtbar gilt, wie die Naturdinge. Zwischen dem
Jahwe, der im Paradies lustwandelt, und dem Gott des Johannesevangeliums,
den niemand je geschaut, außer dem, der in ihm ist, besteht kein Gegensatz:
beide sind die lebendige Wahrheit, die durch sich selber bestimmt ist und
darum über alle Naturnotwendigkeit der Sichtbarkeit erhaben ist.

Die Allgegenwart ist unzweifelhaft eine wesentliche Eigenschaft des Weltschöpfers. Allein sie schließt jene Ausdrucksweise

nicht aus, welche vom Kommen und Gehen Gottes, von seiner
Wohnung im Himmel, von seiner Rechten, von seiner Herabkunft
auf Erden spricht. Das Neue Testament und Christus selber ge-
brauchen die Redeweise: »Vater unser, der du bist im Himmel!«
Die Allgegenwart des Logos und des Hl. Geistes ist unzweifelhaft
in Prov. 8, Sap. 1, Sir. 1. 24 ausgesagt: gleichwohl wird von
ihrer Herabkunft gesprochen und diese für die Zukunft verheißen,
geradeso wie die Propheten und die Geheime Offenbarung vom
Kommen Gottes zum Weltgerichte reden. Sogar der erhabene
Gottesbegriff der Apokalypse scheut diesen Ausdruck nicht: »Der
da war, der da ist, und der da kommen wird!« Es soll eben
unverkennbar mit diesem Ausdruck die freie Lebendigkeit der
göttlichen Allursächlichkeit und Allgegenwart nahegelegt werden,
mit Ausschluß aller naturhaften Einförmigkeit und unterschieds-
losen Starrheit. Darum wird die Allgegenwart ebenso durch das
örtliche Kommen und Gehen belebt und berichtigt, wie die Unveränderlichkeit als ewiger, aber geistig-sittlich geordneter Weltplan verstanden werden soll: nicht als unabänderliche Starrheit.
Dazu dienen die sinnbildlichen Ausdrücke vom Zorn und von der
Reue Gottes, von seiner Härte jetzt und seiner Erbarmung zu
anderer Zeit oder für andere Menschen.

Durch seinen ewigen Schöpfungswillen wird Gott allen Unterschieden gerecht, welche in der Welt bei den verschiedenen
Geschöpfen obwalten und im Weltlauf durch das sittliche Verhalten der freien Geschöpfe eintreten. Wir stellen uns die Ewigkeit
als eine unendliche Zeitenfortdauer vor; darum können die Ausdrücke der Sprache nur dadurch eine sittlich-lebendige Rücksichtnahme Gottes auf die wechselnden Gewissenszustände der Menschen nahelegen, daß sie von Gottes Gesinnung so reden, als ob
sie wandelbar wäre. Diese Anthropopathie ist die notwendige
Ausgleichung dafür, daß wir Gottes Schöpfungstat und Weltregierung uns nicht in seiner allumspannenden Ewigkeit vorstellen
können. Gott ist eben in jedem Geschöpf und Vorgang so gegenwärtig, wie dies der besonderen Form entspricht, in der seine
Allursächlichkeit dabei beteiligt ist. Gott wertet alles so, wie es
nach seiner Bedeutung für die ganze Lebensentwicklung zu werten
ist: das folgt aus seiner überzeitlichen Ewigkeit. Aber daraus folgt
nicht etwa, daß er nicht jeder einzelnen Handlung die besondere

Gesinnung entgegenbringe, die sie für sich verdient, abgesehen
von ihrer Bedeutung für das Ganze. Bei Gott stört die Beurteilung
des Ganzen die Lebendigkeit seiner Beurteilung jedes einzelnen
nicht, weder im Weltganzen noch im Lebenslauf jeder Persönlichkeit. Wohl aber bei uns. Darum bedarf es zweier Reihen
von Redeweisen, um die Einheit dessen bei Gott hervorzuheben,
was bei uns unvereinbar ist. Gott ist ewig, allgegenwärtig und
unabänderlich: aber er wirkt nicht überall und zu jeder Zeit in
Welt und Seele das gleiche. Darum ist er nicht überall in
gleicher Weise gegenwärtig und nicht in jedem Zeitpunkt mit
gleichförmiger Gesinnung wirksam.

Darum wird in denselben Abschnitten unbefangen von Gott gesagt,
er bereue (1. Sam. 15, 11) und er bereue nicht (1. Sam. 15, 29; vgl. Num.
23, 19). Darum sprechen nicht nur die vorprophetischen Schriften von der Reue
und dem Zorn Gottes, sondern gerade die prophetischen: Gen. 6; Exod. 32;
Num. 23, 19; 1. Sam. 15, 11. 29; Jer. 18; Jonas 3, 10; 4, 2; Joel 2, 13. 14.

Jesus vergleicht Gott in Hinsicht auf die Erhörung des unermüdlichen
Gebetes mit dem hartherzigen Machthaber, der nur schwer zugänglich ist, aber
dem unermüdlichen Bitten schließlich doch nachgibt. (Lc. 18, 7.)

4. Die Willkür und Parteilichkeit ist mit der Vollkommenheit der Allursache in jeder Hinsicht unvereinbar, wenn
sie im Sinne menschlicher Vorliebe und Voreingenommenheit verstanden wird. Die Schranken, welche dem menschlichen Wollen
und Wirken gesetzt sind, nötigen den Menschen zu einer Auswahl
gegenüber Personen und Gütern, Idealen und Aufgaben. Sonst
kann der Mensch in keiner Richtung etwas Größeres oder Be-
deutungsvolles tun, weder in innerlicher Arbeit, noch in äußerem
Wirken. Gleichwohl muß von jedem die Gerechtigkeit und die
Liebe allen gegenüber in grundsätzlicher Entschiedenheit und Un-
zweideutigkeit gewahrt werden. Auch der Mensch darf kein
Ansehen der Person kennen. Allein deshalb braucht er nicht
allen gegenüber dieselbe Gesinnung zu hegen, dieselbe Liebe zu
erweisen, dieselbe Hingabe zu betätigen. Es wäre ohnehin ganz
unmöglich.

Was in der Weltregierung Gottes, wie die älteren Bücher der
Hl. Schrift dieselbe schildern, als Vorliebe und Abneigung Gottes
erscheint, ist nichts anderes als das Werturteil des hl. Schriftstellers über die Personen und Vorgänge, Schicksale und Zustände
in jener Zeit und Lage, von der jeweils die Rede ist. Was wertvoll

ist, stammt aus Gottes Liebe; was gefährlich und verderblich ist, stammt aus seinem Zorn. Beim Schöpfer ist jede Liebe Vorliebe, jede Gesinnung unbedingt von der Verwirklichung ihres Gegenstandes. Denn von jedem Vorgang muß man sagen: er würde nicht vorhanden sein, wenn Gott ihn nicht in seinen Weltplan aufgenommen hätte.

Es ist bei Gott allerdings nicht so, wie beim Menschen, daß die Enge seines Bewußtseins und die Beschränktheit seines Könnens zu einer Bevorzugung des einen vor dem anderen nötigte. Allein die Weisheit und Heiligkeit des Schöpfungsratschlusses verbietet die unterschiedslose Gleichheit in der Ausstattung der einzelnen. Eine derartige Gleichheit, wie sie Origenes im Interesse der Gerechtigkeit für notwendig erachtet hatte, würde ebenso den Reichtum der Weltentwicklung wie die sittliche Vollendung der einzelnen mittels dieser Weltentwicklung teils verhindern, teils auf das Mindesterreichbare herabdrücken. Welche Charaktere und Tugenden wären möglich, wenn Anlagen und Einflüsse, Umgebung und Erziehung, Schicksal und Lebensführung, Glück und Unglück, Lust und Leid für alle gleich wären? Die Heiligkeit des Weltschöpfers besteht darin, daß er in seiner Schöpfung die Heiligkeit in allen Formen und auf allen Wegen herbeiführt. Darum fordert gerade die Heiligkeit Gottes, daß in der Ausstattung der einzelnen scheinbar die größte Parteilichkeit herrsche, d. h. in der lebhaften Sprache des Gemütes, Liebe und Haß. Nicht unser beschränkter Standpunkt ist indes entscheidend, sondern jene Übersicht der ganzen Entwicklung, welche vom höchsten Standpunkt aus mit Würdigung aller Umstände und Folgen urteilt.

Man findet auch darin einen Unterschied zwischen dem Jahwe der Vorzeit und dem prophetischen Gottesbegriff, daß Jahwe einen blutigen Opferkultus fordere, während der Gott der Propheten denselben verwerfe. Nur sittliche Gerechtigkeit ist ihm als Opfer angenehm. — Wer aus diesem Unterschied einen Gegensatz macht und verschiedene Gottesbegriffe fordert, würdigt nicht, daß dieselbe Übung in ihrem Ursprung und Wesen voll von Geist und sittlicher Kraft sein kann, während sie in ihrer späteren Entwicklung dieses sittlich-religiösen Geistes fast ganz verlustig gegangen ist. Nur die Schale ist geblieben, der Kern ist entschwunden. Nicht der Gottesbegriff ist von der alten bis

zur prophetischen Zeit ein wesentlich anderer geworden, sondern
das Opfer hatte eine Entgeistigung erfahren: durch Vergessen
seines ursprünglichen Sinnes, durch Eindringen gottesunwürdiger
Beweggründe und Formen.

Was die Opfer der Patriarchen und der Richterzeit beseelt, ist
das mit heiliger Ehrfurcht und Sehnsucht empfundene Gemein-
schaftsbedürfnis mit dem Ewigen: fern von allem Wahn durch das
Opfer ihm einen Vorteil zuzuwenden oder einen Einfluß auf ihn
zu gewinnen. Das Opfer war nicht, wie bei den späteren Höhen-
kulten, die Form, um unter dem Schein der Gottesverehrung dem
weltlichen Sinn, der Zerstreuung und dem Eigennutz zu frönen.
Die Propheten bekämpften nichts, was in einem wirklich gottes-
würdigen Gemeinschaftsverlangen mit dem Ewigen wurzelte.

Es ist eine altherkömmliche Neigung, in dem Gott der alten
Jahwereligion die rücksichtslose Strenge der Gerechtigkeit zu erkennen, so daß Jahwe oder doch die Gotteserkenntnis der Jahwereligion im eigentlichen Gegensatz zum Gott der Barmherzigkeit
und Liebe, zum Vater Jesu Christi stünde. Hier kann sich die
religionswissenschaftliche Entwicklungslehre auf die übliche Auffassung der Theologen selber berufen. Was jene von der Offenbarung im Alten und Neuen Testament lehren, kann bezüglich
der Entwicklungsstufen des Alten Bundes nicht grundsätzlich abgelehnt werden. Wollte man aber annehmen, Gottes Gesinnung
habe (etwa durch das Opfer Christi als stellvertretende Genugtuung) selbst eine Einwirkung erfahren, so wäre damit die Veränderung in den Ewigen selber hineingetragen.

Alle diese Vorurteile sind dadurch entstanden, daß man Ent-
artungsformen der Gottesidee im Volke des Alten Bundes für die
alttestamentliche Gottesidee selber hielt. Das Bedürfnis, sich die
Überlegenheit der neutestamentlichen Offenbarung verständlich zu
machen, führte dazu, daß man die alttestamentliche Gottesidee so
weit herabdrückte, als es mittelst solcher zeitgeschichtlicher Ent-
artungen möglich war. Damit hatte man sich selber die Mühe
geistiger Erhebung gespart: denn es ist leichter, dem Fortschritt
des Neuen gerecht zu werden, wenn man sich den Standpunkt
des Früheren niedriger vorstellt.

Würdigt man die Schriften des Alten und des Neuen Testamentes selber, so findet sich in allen der Grundidee zufolge die

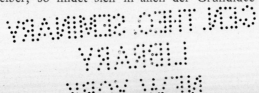

Güte mit der heiligen Strenge vereint. Der liebevolle Vater und Schöpfer wird in der Jahwe- und Elohim-Offenbarung nie verleugnet; ebensowenig aber der unerbittlich heilige Gesetzgeber und Vergelter, der allgewaltige Völkerlenker und Weltenrichter im Evangelium und der Offenbarung des Neuen Bundes. Die Heilsanstalt der Erbarmung ist erweitert worden, nicht aber die Erbarmung selber.

5. Die drei Beanstandungen des Jahwegottesbegriffs hinsichtlich seiner Einheit, Geistigkeit und Heiligkeit setzen sich fort in der Behauptung, er sei wesentlich mit Orten, mit Zeichen und Bildern, sowie mit nationalen Trieben verknüpft, wesentlich Naturkraft, wesentlich national-israelitischen Charakters. Das erste wäre kultischer Aberglaube, das zweite Naturaberglaube, das dritte nationaler Aberglaube.

Die Einheit Gottes sei nicht innerlich begründet, wenn in ihm nicht die Allwirklichkeit und Unendlichkeit zum Ausdruck komme, sondern nur irgend etwas Besonderes und Einzelnes. Darum sind alle naturalistischen Elemente und Weiterbildungen eines Gottesbegriffs der Beweis dafür, daß er nicht oder nicht mehr als die absolute Einheit gedacht wurde, oder daß er nicht mehr geeignet ist, als der Ausdruck der ewigen und selbstnotwendigen Einheit zu gelten. Das Heidentum begann, sobald der Himmel für das religiöse Denken nicht mehr Stützpunkt und Sinnbid für die Idee des allschöpferischen Vaters (Dyu-Pitar) war, sondern Ruhepunkt und Wesenserscheinung des Himmelvaters wurde. Die Versuchung hierzu war auch in Israel wirksam; aber sie ist von der Jahwereligion (und von ihr allein) abgelehnt worden, so sehr ihr auch die Neigungen im Volke wie im Priestertum zugetan waren. Weil der Jahwegottesbegriff sich von allen naturalistischen Elementen rein erhielt, darum war er geeignet, die Erkenntnis zu befriedigen, und zwar um so mehr, je bewußter die Vernunft nach Wahrheit und ursächlicher Erklärung allen Seins und Geschehens verlangte. Das erweist ihn als Offenbarung.

Die Vermischung mit phantastischen Vorstellungen und die Herabstimmung zur Mythologie ist ein zweites Verhängnis, das den höheren Erkenntnissen droht und sie allmählich aus tiefsinniger Weisheit zu sinnloser Phantastik und unverstandener Kultübung herabzieht. War der Gottesbegriff national, so kann er der Phantastik nicht widerstehen. Denn beide entstammen der Naturseite des Menschen. Wahrheit und Sittlichkeit sind international. Wenn die Jahwereligion ihren Gottesbegriff von mythologischer Phantastik freizuhalten vermochte, und zwar trotz dem engen Zusammenhang mit allem Nationalen und trotz dem Bedürfnis nach lebhafter Betätigung des Kultus, so ist dies ein Beweis ihres höheren Ursprunges.

Die Gefühlserregungen des Augenblickes sind für den ungebildeten Menschen maßgebender als dauernde Grundstimmungen und Grundrichtungen des Wertens und Wollens. Die Götter sind das himmlische Gegenbild der besonderen Gemütserregungen. Sie sind es viel weniger als die Geister, aber sie sind ebensowenig die reine Personifikation der einen Grundrichtung des Wahrheits- und Vollkommenheitsinteresses. Sie stehen in der Mitte zwischen dem aller Selbstbeherrschung entbehrenden Wechsel der Gefühlserregungen und dem Geisteszustand, wo man in der Arbeit für Wahrheit und Vollkommenheit als solche das eigenste Wesen des Geistes und das Abbild des Urgrundes erkennt. Infolgedessen ist der reine Gottesglaube im höchsten Sinne kulturbildend, weil er die Verehrung des ewigen Wahrheitsgeistes und Vollkommenheitswillens fordert. Er erhebt über alle Gemütserregungen zu der einen großen Leidenschaft des Wahren und Vollkommenen, zum Eifer für die Heiligkeit und Liebe. In diesem Sinne ist Jahwe ein eifernder Gott.

6. Die enge Verbindung des Gottesglaubens mit dem Naturleben kann nicht befremden. Die Natur ist ja der große Beweis des Schöpfers, sowohl in seiner welterhabenen Vollkommenheit wie in seiner weltdurchdringenden Wirksamkeit. Je mehr der Gottesglaube aus der Naturbetrachtung selber hervorwuchs, desto inniger war auch die Verknüpfung beider in der religiösen Vorstellung. In der Urzeit mußte sie am innigsten sein, weil die Natur dem Menschen noch fühlbar als eine rätselhafte Sphinx mit der dringenden Forderung entgegentrat, ihr Geheimnis irgendwie zu lösen und sie irgendwie begrifflich zu deuten. Sodann war die Natur fast der ganze Lebensinhalt der Menschheit. Die Abhängigkeit des Menschen von der Natur war noch sehr groß und ungemein aufregend. Um so lebhafter haftete der Gedanke der geheimnisvollen Urkraft an den einzelnen Naturerscheinungen, welche für den Menschen zugleich staunenerregende Vorgänge und äußerst wichtige Segnungen oder Gefährdungen waren.

Daraus, daß man Gottes Wirken in den Naturvorgängen unmittelbar schaute und fühlte, war über das Verhältnis der Gottheit zur Natur noch gar nichts weiter ausgesagt, als daß Gott wie die Ursache in der Natur als seiner Wirkung kund werde. Diese Betrachtungsweise konnte ebenso zum Monotheismus wie zum Monismus und Pantheismus werden.

Das oberflächliche Denken faßt bei der Natur weniger den einheitlichen Zusammenhang, als die Vielheit der einzelnen Erscheinungen ins Auge. Es neigt mehr zum Pluralismus, als zum Monismus oder Theismus und bleibt gern bei einer Vielheit von Naturgeistern stehen. Damit ist die Richtung zur Natur-

vergötterung eingeschlagen. Allein man darf über dieser Anschauungsweise der großen Menge die Tatsache nicht übersehen,
daß das tiefere Denken allzeit zur allbeherrschenden Einheit vor-
zudringen suchte. Wurde diese ursächliche Einheit als innerlich
selbständig von der Welt erkannt, wie in der Jahwereligion, so
ergab sich für die Religion und Weltanschauung ein dreifacher
Vorzug: der Vorzug einer tiefen Naturauffassung, eines hohen und
kraftvollen Gottesbegriffs, einer reinen und geistigen Schöpfungs-
idee. Von jener Geringschätzung der Natur, welche später vielleicht im Gefolge der Religion auftrat, konnte keine Rede sein.
Die Gottheit erschien vor allem als die erfinderische Weisheit,
welche in der Schöpfung waltet. Die Erschaffung betonte nicht
so sehr die Voraussetzungslosigkeit des Bewirkens, als die
bestimmende Macht des Gedankens und den erregenden
oder befruchtenden Geist gütiger Einhauchung des Wirkens und Lebens. Das war es ja, was in allen Naturvorgängen
hervortrat.

Für die Geistesart einer Nation und Zeitperiode wie für ihren Kulturstand
ist es bezeichnend, welche Naturvorgänge aus dem großen Ozean des Werdens
und Wirkens hervortraten und besonders als die Offenbarungen der göttlichen
Macht zur Geltung kamen.

In den alttestamentlichen Naturschilderungen findet sich trotz aller Gott-
innigkeit stets eine bestimmte Unterscheidung der wirkenden Gottesmacht und
des Naturvorganges. Man muß die Schilderungen schon sehr voll nehmen,
wenn man Material gewinnen will, durch welches überhaupt der Gedanke an
eine Verehrung der Natur selber als göttlicher Wesenserscheinung nahegelegt werden könnte.

Auch der Wettersturm ist nur das Mittel und Werkzeug der göttlichen
Machtoffenbarung: nicht diese selber. Wenn das Gewitter mit Blitz und Donner
besonders gern mit Jahwe verknüpft erscheint, so liegt der Grund darin, daß
die lebendige Geistesmacht, welche die Geschichte beherrscht und die Schicksale
bestimmt, in keiner großen Naturerscheinung so wie in dieser ein Sinnbild
fand. Der Gewittersturm erfolgt nicht stetig und naturhaft, wie die Sonne
alltäglich ihren Weg vollbringt, Licht und Wärme spendend, wie die Wasser-
quellen befruchtend wirken. Der Gewittersturm ist auch nicht ein einförmiger
Naturvorgang, sondern entwickelt sich in einer Vielheit von Wirkungen. Auch
dadurch gleicht er dem geistigen Wesen. Dies ist vielleicht der Sinn der
eigentümlichen Offenbarung, welche der Prophet Elias auf dem Berge Horeb
erlebte. Sturm, Erdbeben und Feuer sind die Vorboten Jahwes. Jahwe selbst
ist im sanften Wehen der Luft, in der nachhaltigen Segenswirkung, in welcher
das Tosen der Elemente zur Ruhe gelangt. Alle Kräfte sind Jahwes Boten.
(3. Reg. 18; Ps. 103/104.)

Der Sturmwind wird in der Schilderung der schöpferischen Allmacht Jahwes gern als der Hauch seines Mundes bezeichnet: ein Bild, das im wesentlichen durch die Pfingst-Theophanie des Hl. Geistes für den Neuen Bund verewigt worden ist. Die monistische Vorstellung von einer Wesenseinheit Gottes mit dem Luftozean ist durchaus ausgeschlossen: wohl aber erscheint Gott durch solche Bilder als der lebendige Quellgrund allen Werdens, Wirkens und Wesens, zum schöpferischen Quellgrund geeignet, weil er selber nicht totes und ruhendes Sein ist, sondern wie eine Quellflut der Unendlichkeit in ewiger Tatkraft, dem Sturme und dem Brunnquell gleich, nicht von anderen entsprungen und doch Leben in sich selbst, lebendigster Krafthervorgang. Der Quell und der Sturm eignen sich zum Sinnbild der Gottheit nicht, weil sie der zeitliche und sich in seiner Fortentwicklung verlierende Anfang einer Bewegung (actio transiens) sind, sondern weil sie in sich selbst wesenhafte Bewegung, Ursprünglichkeit, Lebenstat und Erregung aus der unergründlichen Tiefe zu sein scheinen. Das Sein, welches der Gottesname Jahwe bedeutet, ist das Sein der Quellkraft, der Tatkraft, des intensiv gewaltigsten und extensiv unermeßlichen Lebens, das in sich selber bleibt und doch, ja gerade deshalb das lebendigste Leben ist.

Unter allen Gottesbezeichnungen scheint der Ausdruck »Fels« am meisten geeignet zu sein, in den Naturdingen als solchen die Gottheit verkörpert zu denken. Gleichwohl ist dies unrichtig. Das Lied Mosis Deut. 32 gebraucht den Namen »Fels« fast wie einen Gottesnamen; allein so, daß die volle Loslösung von der Wesenheit des Felsens und die ausschließliche Verwertung der Wirksamkeit des Felsens zutage tritt.

Zudem ist das hebräische Wort »Zur«, »Fels«, ein Beleg, wie sogar solche substantielle Ausdrücke von einer Kraftwirkung hergeleitet sind, vom Drücken, Drängen, Verletzen: darum wird die Bedeutungswurzel auf die verschiedensten Gegenstände übertragen, insofern sie Mittel jener gemeinsamen Wirkungsweise sind.

Was immer in der Natur als eine besonders wichtige Kraft hervortrat und den geheimnisvoll wirkenden Lebensgrund des Werdens fühlbar machte, wurde zum Sinnbild des einen schöpferischen Jahwe. Kein Sinnbild schloß das andere aus, mit keinem verband sich der Gottesbegriff so, daß er nicht sofort mit allen anderen Naturvorgängen hätte verknüpft werden können. Quellen, Bäume, Felsen, Tiere, Sturm und Wetter, das Rauschen der Luft, Feuer und Wolken: alles war geeignet, die Gegenwart Jahwes zu bekunden.

Die Neigung des flachen Denkens bleibt zu allen Zeiten mehr an der Vielheit des einzelnen haften und faßt das Weltganze als eine Summe von Einzeldingen. Allein nicht alle Entwicklungsperioden sind dieser Neigung gleich günstig. Die Unmöglichkeit, welche für die Urzeit bestand, eine genaue Abgrenzung des einzelnen durch feste Klassifikation zu vollziehen und einen klaren Überblick über die Erden- und Himmelswelt zu gewinnen, begünstigte die Auffassung der Wirklichkeit als einer kraftvollen Einheit mit geheimnisvollen Quellgründen des Werdens und Wirkens. Die Entwicklung führt vom Monismus des Weltbildes durch den Pluralismus zum Monismus zurück. In der altbiblischen Auffassung herrscht der engste Zusammenhang in der Gesamtheit der Schöpfung: alles einzelne lebt vom Ganzen und ist Offenbarung und Glied des allumspannenden Ganzen. Aus diesem Grunde ist es unmöglich, den Jahweglauben mit dem Kultus der einzelnen Naturkräfte oder einzelner Naturkräfte in ursächliche Beziehung zu bringen. Jahwe ist Urheber der Wirklichkeit; diese Allwirklichkeit aber ist eine Heerschar.

Um die innere Einheitskraft in dem altbiblischen Elohim gegenüber der Fülle und dem Wechsel der Naturvorgänge zu empfinden, vergleiche man Elohim mit dem Baal der Kanaaniter und Phönizier. Baal ist auch einer, weil die Natur eine ist, in der er sich auslebt. Allein weil Baal als der Weltgott des heidnischen Monismus in der Natur aufgeht und nicht in sich selbst ein überweltliches Geistesleben bedeutet, darum vervielfältigt er sich zu einer Menge von Baalim, von Landes-, Orts- und Naturbaalen. Ebenso seine weibliche Ergänzung, Astarte. Baal war ein Singularbegriff; allein der Singularbegriff vermochte den Monismus nicht vor der Zersplitterung in den naturalistischen Pluralismus der vielen Baale zu retten. Ganz anders der Gottesbegriff Elohim: er spricht die Fülle der Kräfte mit ausdrücklicher Anerkennung ihrer Fülle im Gottesnamen aus und schließt sie in der Einheit des schöpferischen Geistes kraftvoll zusammen. Die Vielheit als Fülle dient dem Gottesbegriff Elohim als das Material, an dem er seine Einheitskraft bewährt. Die Einheit muß die Unendlichkeit zum Inhalt haben. Darum wird die Verehrung des einen Gottes meist dem Dienst der vielen Baale gegenübergestellt. (Jud. 2, 11. 13; 3, 7; 6, 10; 10, 6. 10. 3. Reg. 18, 18.) Der Aufschwung der Baalsreligion in der Zeit des Königs Ahab war vielleicht mit der stärkeren Betonung der Einheit Baals verbunden. Die Zersplitterung ist immer Folge der inneren Schwäche. Der Kampf des Einheitsgedankens mit den zersetzenden Neigungen des Pluralismus und Singularismus ist darum religionsgeschichtlich bedeutsam.

Es wird vielfach der Kampf zwischen der Jahwe- und Baalsreligion zur Zeit des Propheten Elias so dargestellt, als ob es sich bloß darum gehandelt hätte, ob Baal neben Jahwe in Israel verehrt werden dürfe. Allein es erhellt aus allen Phasen dieses Kampfes, daß es sich um den Unterschied des wahren Schöpfergottes von den falschen Gottesideen der Natur- und Nationalreligion handelte.

Jahwe erweist sich als der Schöpfergott gegenüber der im Baal vergöttlichten Natur, indem er Trockenheit und Regen sendet, indem er auf dem Karmel seine Herrschermacht erweist. Als Schöpfergott ist er nicht etwa ein Gott der Berge, nicht der Täler, wie die Syrer zum Trost nach ihrer Niederlage mutmaßen, sondern der Eine, der die ganze Welt beherrscht, der den Sieg verleiht und auch im Heidenlande seine Wunder wirkt. Als Schöpfergott ist es der Eine und Heilige, dem auch die Könige durch Recht und Gewissenhaftigkeit dienen müssen. Das ist die Offenbarung der Jahwereligion gegenüber dem Vordringen der Baalverehrung von Phönizien her. (3. Reg. 17—22.)

7. Jahwe, behauptet die Kritik, sei ursprünglich eine Lokalgottheit gewesen und habe auf dem Berge Sinai oder Horeb seinen Sitz gehabt. Darum habe er den Engel seines Angesichtes oder die Bundeslade als Ersatz seiner persönlichen Gegenwart Israel zugesagt. In Zeiten der Not erwartete und erbat man von Jahwe, daß er vom Sinai aus dem bedrängten Israel zu Hilfe komme. Elias wandere zum Horeb, um der Offenbarung Jahwes teilhaft zu werden. Später wurde das Land Kanaan zur Wohnstätte Gottes. Außerhalb des Landes Jahwes habe man Jahwes Dienst nicht üben können, sondern sei genötigt gewesen, fremden Göttern zu dienen. (Hingegen 1. Sam. 2, 27—28.)

Die schroffste Auffassung des Animismus sieht in dem Gott eines Ortes nichts als den Herrn des Ortes, ohne inhaltlichen Charakter. Die Ursache oder der ursächliche Geist wird nur angenommen, um da zu sein, nicht aber weil er als die wesenbestimmende und belebende Kraft notwendig ist, um die Tatsache verständlich zu machen. Wie der Ort die Form ist, in der die lebendige Wirklichkeit des Werdens am vollkommensten zur starren Ruhe des Rein-Tatsächlichen, die Aktualität zur Substantialität herabgestimmt und versteinert ist, so ist der Herr und Bewohner des Ortes die Form der Ursächlichkeit, in der sie vom Geist zum Gespenst geworden ist, von der bestimmenden Denk- und Willensmacht zum einfachen Da-Sein als besitzende Gewalt, die zugleich an den Ort gebannt ist. Die Ursächlichkeit ist zur Besessenheit einer Tatsache durch eine andere Tatsache herabgestimmt. Auf inneren erklärenden und fördernden Zusammenhang wird verzichtet. Der Kultus hat nur die Bedeutung, die positiv, traditionell und autoritativ, bezw. durch Willkür und Zufall geltenden Bedingungen zu vollziehen, von denen die Gunst der Gottheit abhängt; nicht aber um ihrer selber als des Ursprungs, Inbegriffs und Kraftquells aller Vollkommenheit und Wesenserhebung teilhaft zu werden.

Dies ist die Form des Geisterglaubens, welche von der religionsgeschichtlichen »Dogmatik« als die älteste Form der semitischen Religion betrachtet wird. Damit verknüpft man die Mutmaßung, aus den Ortsgeistern seien allmählich einzelne als »irdische Gottheiten« mehr hervorgetreten; schließlich seien auch die himmlischen Gottheiten mit irdischen Wohnungen ausgestattet worden. »Jahwe« sei wohl auch in dieser Weise aus einem lokalen Naturgeiste entstanden.

Es mag dies religionsgeschichtlich für den zuchtlosen Aberglauben der oberflächlichen Massen gelten, keinesfalls aber für die hervorragenden und führenden Persönlichkeiten, welche es in jeder Kulturperiode gab. In der unterrichtslosen Urzeit kam diesen Führenden ohnedies eine größere Bedeutung zu als nach der Einrichtung der ersten größeren Organisationen. Die Organisation schafft nämlich den Unterschied von Amtsgewalt und Persönlichkeit.

Die erwähnte Auffassung ist im besonderen Sinne gewaltsam und künstlich, wenn sie Jahwe zu einem örtlich bedingten Gott machen will. Wohl ist der Ort von größter Wichtigkeit, um das Gottesbewußtsein zu erwecken oder zu beleben: allein darum ist die Gottheit nicht an den Ort gebunden. Noch heute ist wie ehedem die weihevolle Stimmung gewaltig fühlbar, den besondere Orte ausüben: Bergeshöhen, rauschende Quellen und Wasserstürze, Waldesdunkel, Waldlichtungen, stille Haine und einsam stehende, altehrwürdige Bäume, Felsenlandschaften, kurz alles, was dem Menschen das Bild hervorragender Größe, gewaltiger Kraft, reger Lebendigkeit und Fruchtbarkeit gewährt und die Stimmung hierfür durch die einsame Stille des Ortes erweckt. Gebirg, Wüste und Meer, aber auch alles irgendwie Eindrucksvolle, wenn seine Wirkung nur nicht durch den Lärm des Verkehrs gestört wurde, war zur Erzeugung und Belebung des Gottesbewußtseins geeignet. Später, wenn der Lärm der Kultusfeier und der Pilgerzüge die Einsamkeit verdrängte, war die Heiligkeit des Ortes durch die fromme Überlieferung und die kultischen Einrichtungen schon sichergestellt. Alles das ist heute noch bedeutsam, trotz der Abstumpfung des Kulturmenschen für Natureindrücke. Wer wollte daraus die Folgerung ziehen, daß man Gott, die Jungfrau-Mutter, die Heiligen durch ihre Verehrung an heiligen Orten, wie Kirchen oder Wallfahrten, an den Ort gebunden denke? Wohl ist die Volksseele und die rituelle Frömmigkeit heute noch geneigt, die Wirksamkeit des himmlischen Verehrungswesens besonders eng mit dem Orte zu verknüpfen. Sonst würde man nicht mit Mühe und Aufwand lange Wallfahrten machen. Allein gerade deshalb können wir uns um so leichter in die Vorstellungsweise der Alten hineindenken. Nur muß die Erwägung hinzukommen, daß der Mensch in der Vorzeit aus vielen Gründen die Eindrücke der Natur unvergleichlich tiefer empfand. Er stand ihr so vereinzelt und unvorbereitet gegenüber, wie es in der Gegenwart nicht mehr leicht nachzuempfinden ist, wo die Bevölkerungsdichtigkeit aufs äußerste gesteigert, die Kultur fast überallhin ausgebreitet ist und die Geographie für alle Gegenden ihre Hilfsmittel zum voraus darbietet.

Der örtlich bedingte Mensch hat das Bedürfnis, sich die himmlischen Gewalten, ja sogar die Gottheit irgendwie örtlich bestimmt zu denken: aber ohne örtliche Gebundenheit! Das, was zur Stütze des Vorstellungsbildes dient, wird durch die Vernunft sofort berichtigt und als Gebundenheit verneint. — Der Sinn war und ist folgender. An einem weihevollen Orte trat es dem Menschen innerlich gegenüber wie eine Offenbarung: »Ich bin die Gottheit: hier empfindest du mich, von dessen Kraft und Güte die ganze Welt erfüllt ist.« Der Ort war heilig, nicht als ob die Gottheit gerade dort wohnte, sondern weil er den Menschen mit besonderer Eindringlichkeit an die allgegenwärtige Gottheit erinnerte.

Die Beziehung zum Orte ist auch deshalb so schwer entbehrlich, weil der religiöse Sinn wie die Vernunft sich genötigt fühlt, die Allgegenwart Gottes als lebendige Gegenwart vorzustellen. Das können wir nur, indem wir eine Bewegung von Ort zu Ort annehmen, in der Vorstellung, um sie mit der Vernunft sofort auf den richtigen Sinn zurückzuführen.

Die Heiligkeit des Landes Kanaan stand der Kritik zufolge in der Zeit des Propheten Elias schon fest. Gleichwohl ist es gerade Elias, der im Kampfe seines Innern das Licht und den Trost von Jahwe dadurch suchte, daß er nicht etwa zum Tempel nach Jerusalem, sondern zum heiligen Berg Horeb wanderte. Er brauchte vierzig Tage! Dort wurde ihm wirklich die ersehnte Offenbarung zuteil. Gleichwohl hat weder Elias noch haben seine Zeitgenossen gezweifelt, daß Jahwe auch auf dem Karmel gegenwärtig sei, daß er das stille Gebet in Phönizien und Syrien wie in Israel höre und erhöre.

Ein Berggott vom Sinai wäre an und für sich ungeeignet gewesen, um zum Nationalgott Israels zu werden. Welcher Zusammenhang sollte denn zwischen beiden bestehen? Nur wenn der Gott, der am Sinai oder auf dem Sinai wohl sein Heiligtum hatte und aus der Naturgewalt dieses Wüstengebirges einstens dem Menschengeiste dort besonders fühlbar geworden war, eine innere metaphysische Bedeutung hatte, konnte Moses seinem Volke den Gott vom Sinai bringen. Sinai, Kanaan, Sion haben alle dieselbe Bedeutung: wo eine besonders eindringliche Erregung des Gottesbewußtseins geschehen war und durch Überlieferung und Wallfahrten nachwirkte, da wurde die Wohnung Gottes erkannt. Das Land, welches Jahwe seinem Volke gab, der Tempel, der allmählich in einzigartiger Weise der Ort der Gottesverehrung wurde, waren insofern und um dessentwillen der Ort, wo Jahwe wohnte. Allein ehe Kanaan das Land Jahwes war, offenbarte sich Jahwe den Patriarchen an einzelnen Orten: Hebron, Mamre, Bethel, Mahanaim, Sichem, Beerseba. Der Gott von Bethel erschien dem Jakob im fernen Babylonien. (Gen. 31, 12.)

Auch nachdem der Sinai für Israel zum Gottesberg geworden war, erglänzte Jahwe ebenso vom Seir, von Pharan und von Kades. Gilgal und Silo stören die Heiligkeit des Sinai nicht, weil der Sinai auch kein Hindernis gewesen war, daß Gilgal und Silo heilige Wohnstätten Jahwes wurden.

Elias selbst hat den großen Gegensatz zwischen Jahwe und den heidnischen Berg- oder Talgöttern zum Ausdruck gebracht. Die Syrer sollten erfahren, daß Jahwes Macht nicht an Berg oder Tal gebunden sei. (3. Reg. 20, 28.) In Jud. 1, 19 ist Juda, nicht Jahwe gemeint. Denn der Sieg in den nördlichen Ebenen Israels bewies doch hinreichend, daß Jahwes Macht auch in der Ebene zum Siege führen könne. (Jud. 4, 15; Exod, 12.)

Es ist ganz gewaltsam, Abraham zum Vertreter des Baumkultus, Isaak zum Begründer des Quellenkultus, Jakob-Israel zum Freund des Steinkultus zu machen. Es findet sich keine Spur — und Spuren lassen sich auch bei späterer Reinigung nicht ganz verwischen —, daß irgend eine andere Bedeutung, als die einer lebhafteren Erregung des Gottesbewußtseins dabei wirksam war. Der Berg Moriah (Gen. 22) wird auch für Abraham heilig: ebenso Bethel. (Gen. 12, 9.) Die Gotteserscheinungen Jahwes und Elohims an Abraham sind nicht an eine bestimmte Art von Orten gebunden. (Gen. 15. 17. 22.) Der Engel Gottes erscheint der Hagar an einer Quelle. (Gen. 16. 21.) Abraham pflanzte an solchen heiligen Orten Bäume (Gen. 21, 33), um sie für den Kultus einzurichten. Abraham nennt Jahwe den Gott des Himmels oder der ganzen Welt. (Gen. 18, 25; 24, 3. 6.) Daß Isaak Brunnenorte vorzieht, ist sehr natürlich; zudem war ihm »der Brunnen des Lebendigen, der mich schaut«, persönlich bedeutsam. (Gen. 24, 63; 25, 11.) Isaak ließ den Brunnen erst graben, nachdem er die Gotteserscheinung gehabt hatte. (Gen. 26, 25.

32. 33.) Jakob hat keine Verehrung für den Stein mitgebracht, auf dem er sein Haupt zur Ruhe niederlegte. Er weiht ihn auch nicht zum Gegenstand der Verehrung, sondern zum Zeichen, daß der Ort heilig gehalten werden solle. Dort war ihm nämlich das Wesen der Religion aufgegangen. Er hatte erkannt, daß die Welt eine Stufenleiter zur Erkenntnis und Gemeinschaft Gottes sei und ein Werkzeug und Mittel, um göttliche Kräfte zu empfangen. Der ganze Bericht Gen. 28, 11—22 und 35, 1—15 ist erhaben über jede Spur von Fetischismus und Animismus. Hierzu Gen. 31, 11. 12. Die Bedeutung der Steine ergibt sich unzweideutig aus Gen. 31, 44—54. Auch der Prophet Elias nimmt zwölf Steine als Sinnbild der zwölf Stämme, um Jahwes Altar auf dem Karmel zu errichten. (3. Reg. 18, 31.) Weder die Erscheinung der Engelscharen bei Mahanaim noch der nächtliche Gotteskampf hat etwas mit Steinen zu tun. (Gen. 32, 2. 3. 25—33.) Ebensowenig die Heiligkeit von Sichem. (Gen. 33, 20.) Gott erscheint dem Jakob zu Beerseba; denn der Gott Isaaks ist auch der Gott Jakobs. Er wird zu Beerseba Gott Isaaks genannt, weil Isaak dort gelebt und geopfert hatte. Dieser El, der Gott Isaaks, will mit Jakob nach Ägypten ziehen und ihn auch wieder zurückbringen — in seiner zum Volke gewordenen Nachkommenschaft. Folglich ist El weder an Personen noch an Orte gebunden. (Gen. 48, 15.) Auch Abraham hatte bereits zu Beerseba ein Heiligtum gegründet. (Gen. 21, 25—34.)

Wo Baumkultus stattfindet, wie vielleicht in Babel, fehlt auch der Hinweis nicht: wie die Darbringung von Opfergaben an den Baum. So auf einer babylonischen Darstellung. Das Bewachen der hl. Bäume beweist nur ihre geheimnisvolle Kraft, wie ebenso bei Quellen, Meteorsteinen, Bergen, auch Tieren. Von beiden Formen, den Naturwesen und bevorzugten Orten selbst eine innere Bedeutung für die Gottheit zuzuschreiben, ist die Patriarchengeschichte vollkommen frei.

Die Kultusorte konnten nur durch natürliche oder künstliche Zeichen als heilige Orte gekennzeichnet und für den Gebrauch sichergestellt werden. Die religiöse Erfahrung, welche den Anlaß dazu gegeben hatte, fand ihren Ausdruck in dem Namen, der dem Heiligtum gegeben wurde. Die Art der Benennung konnte nicht geeigneter sein, wenn man eine fetischartige Auffassung fernhalten wollte. »Jahwe sieht« ist der Name des Heiligtums auf dem Moriah. (Gen. 22, 17.) »Gott ist der Gott Israels« (Gen. 33, 20) hieß der erste Altar, den Jakob nach dem nächtlichen Kampfe mit dem Engel Gottes weihte. »Jahwe ist mein Banner« (Exod. 17, 15) heißt der erste Altar, den Moses errichtete. »Haus Gottes« könnte fetischistisch gedeutet werden, wenn nicht die Himmelsleiter und die stete Gleichsetzung des Gottes von Bethel mit dem Gott, der an anderen Heiligtümern verehrt wurde, es verböten. Zudem wird ausdrücklich gesagt, daß der Gott von Bethel in weiter Ferne dem Jakob erschien und ihm auf der ganzen Wanderung seinen Schutz gewährte. Kann man mehr tun, um die fetischistische Anschauung auszuschließen, als ob die verschiedenen Altäre und Säulen »verschiedene Modifikationen Jahwes« bedeuteten? So Smend. Man muß ein »Nicht« hinzufügen, wenn sein Satz wahr sein soll: »Jahwe vervielfältigte sich sogar nach der Zahl der Heiligtümer.

Es war ein bestimmter Jahwe, der dem Abraham in Sichem erschien (Gen. 12, 7), ein anderer, der beim Brunnen von Lachai Roi zu Hagar redete (Gen. 16, 13); ein anderer, der in Bethel wohnte und sich dem Jakob auf der Flucht hier offenbarte.« (Alttest. Rel.-G. 2. Aufl. S. 128.) Abraham rief an den verschiedenen Orten den einen Namen »Jahwe« an, weil ihn ein äußerer oder innerer Anlaß jeweils dazu bestimmte. Jakob nannte sogar einen Altar »Gott von Bethel« (Gen. 35, 7), aber nur um die Bedeutung des Heiligtums zu Bethel für sein Pilgerleben auszudrücken. Die Gleichsetzung des Gottes, der an den verschiedenen Orten erschien und angerufen wurde, wird immerfort vollzogen und schließlich von dem sterbenden Patriarchen feierlich ausgesprochen. (Gen. 48, 15. 16.)

8. Die magische Verknüpfung der Gottheit mit den Kultusgegenständen ist ein weiterer Gesichtspunkt, unter dem die Kritik die alttestamentliche Jahwereligion betrachtet und als das Endergebnis einer natürlichen Entwicklung von den niedersten Anfängen an erklärt. In der altisraelitischen Zeit erscheint die Idee und Gegenwart Gottes aufs engste mit heiligen Kultusgegenständen, Zeichen und Gottesbildern verknüpft, während die Propheten und das Gesetz (letzteres mit einigen Ausnahmen) schroff dagegen kämpfen und alle menschlichen und tierischen Gottesbilder, Holzpfähle, Steinsäulen als Götzendienst verwerfen. Ganz habe das Gesetz den überlieferten Bilder- und Fetischkult nicht zu vernichten vermocht; die Cherubim blieben im Allerheiligsten, und die heilige Lade wurde sogar als der eigentliche Gnadenthron Gottes festgehalten. »Die Lade war im Altertum ein Idol,« sagt Wellhausen unter Berufung auf 1. Sam. 4—6. (Prolegomena p. 195.) Vgl. Jos. 4. 6; insbes. 6, 8 wird anstatt der Lade einfach Jahwe gesagt. Die Gotteslade in Israel entspreche vollständig der Gottesbarke im ägyptischen, dem Gotteslager im chaldäischen Tempelkultus. Der Gottesthron von Amyklä und der fahrbare Thron des Lichtgottes im Heereszug des Xerxes legen anderen den Gedanken nahe, die Lade sei auch von Anfang an als Gnadenthron gemeint gewesen. Inbetracht kommen Num. 7, 89; 10, 35; Exod. 25, 8; 1. Sam. 4, 4; 2. Sam. 6, 2.

Die Lade konnte allerdings im zweiten Tempel ohne Gefahr zum Sakrament der göttlichen Gnadengegenwart erklärt werden, weil ihr Hauptinhalt, die zwei Gesetzestafeln, seit dem Untergang des Tempels 587 nicht mehr vorhanden waren. Nach 2. Makk. 2 glaubte man auf Grund von Berichten, die auf Jeremias zurückgeführt wurden, Jeremias habe sie nebst der Lade, dem Zelte und dem Rauchaltar vor der Zerstörung gerettet und im Berge Nebo verborgen; erst bei der Wiederbegnadigung des Volkes werde sie wiedergefunden. Allein der Prophet Jeremias habe der Lade selbst keinen Wert beigelegt, vielmehr gesagt, man werde in der Zukunft »nicht mehr von der Lade Jahwes reden, nicht mehr an sie denken, ihrer nicht erwähnen, nicht mehr nach ihr verlangen und keine wiedermachen«. (Jer. 3, 16.)

Das Deuteronomium berichtet als Zweck der Lade nur, daß die beiden Gesetzestafeln in ihr aufbewahrt werden sollten. Darum wurde sie mit diesen zugleich angeordnet. (Deut. 10, 1—5.) Der Wert der Lade als Kultgegenstand im Sinne des Gesetzes Aufbewahrung wäre hinreichend groß gewesen, um die Bergung derselben durch den Propheten Jeremias verständlich zu machen. Gesetz und Lade waren dann ein und dasselbe Heiligtum.

Wenn in der Geschichte des Wüstenzugs und der Philisterkriege die Bundeslade als die sichtbare Versinnbildung der Gottesgegenwart die Lade Jahwes genannt wird, so ergibt sich daraus mitnichten, daß sie selber wie eine Verkörperung der Gottheit gelten sollte. Die Versinnbildung der Gegenwart wie des Wesens durch ein sichtbares Zeichen ist ein menschliches Bedürfnis, wie es in dem Worte »An-beten« zutage tritt. Es ist insbesondere ein Bedürfnis des Kultus. Wenn nur die Richtung zum·Altar oder Chor übrig bleibt: irgendwie muß die Hinwendung zu Gott ihren Ausdruck finden. Mit jedem Sinnbild, mit dem Gebet und Opfer überhaupt, auch mit dem Gesetz und dem Evangelium kann sich der Aberglaube einer magisch wirkenden Heiligkeit verbinden. Allein deshalb ist der Gebrauch dieser Dinge selber nicht als Aberglaube zu verdächtigen.

Während die Lade nur das sakramentale Unterpfand der Gegenwart Gottes ist, soll im Bilde die Natur der Gottheit zur Darstellung kommen. Aaron war es, der jedenfalls nicht unabhängig von früheren Kultusgebräuchen dem Volke in dem goldenen Stierkalb ein Bild Jahwes gab und dann mit dem Volke ein Fest zu Ehren Jahwes als des Gottes feierte, der sie aus Ägypten herausgeführt hatte. Jeroboam stiftete in den zwei königlichen Heiligtümern zu Bethel und Dan ebenfalls Jahwebilder in der Gestalt eines Stierkalbes. Damit ward die zeugende Urkraft versinnbildet, aber nicht so wie Jahwe als Schöpfer die Urkraft ist: durch geistige Wesensbestimmung und Verwirklichung aller Dinge. Der Begriff des Naturgottes Baal wurde eben mit dem heiligen Gottesnamen verbunden. Nur der Name Jahwe blieb, der Gottesbegriff selber war durch das Bild geändert. Wenn die sinnbildliche Bezeichnung Jahwes in einigen Schriftstellen auf den Stier Bezug nimmt, dann geschieht dies nie im Sinne der geschlechtlichen Zeugungskraft, sondern nur, um die Überlegenheit der sich im Kampf bewährenden Tatkraft zu bekunden. (Num. 23, 22; 24, 8; Ps. 78, 25. 35. 65; Gen. 49, 25.)

Erwähnt wird noch die eherne Schlange, der Nehustan, dem als Gottesbild im Tempel Salomons bis zur Kultusreform des Königs Hiskia Rauchopfer dargebracht wurden. (4. Reg. 18, 4; vgl. 3. Reg. 1, 9; Neh. 2, 13.) Die Schlange ist fast bei allen Semiten Sinnbild der Gottheit. Durch die Geschichte Num. 21 (vgl. Deut. 8, 15) wurde trotz der Milderung des Ärgernisses die Autorität des Gesetzgebers selbst für die Darstellung des Gott-Heilandes unter dem Bilde der Schlange (vgl. Hygieia und Äskulap) eingeführt. In Ägypten war die Schlange das Sinnbild des Heilgottes Kneph (Wasser). Saraph = Schlange vgl. Jes. 14, 29; 30, 6 fliegende Schlangen, von denen man die Wüste bevölkert dachte. Die Araber hielten sie für die Wohnung der Ginne, der Dämonen. Die geflügelten Grabhüter in Ägypten hießen Seref.

Hommel glaubt einen Zusammenhang zwischen den Seraphim und Nergal, der versengenden Sonnenglut, dargestellt als geflügelter Löwe mit Menschenhaupt, annehmen zu dürfen, weil Nergal auch als Scharrapu in der Stadt Mar verehrt wurde. (Babylon. Gesch. S. 373.)

Die Cherubim sind wohl den assyrischen Torwächtern des Heiligtums verwandt, wie das Etymon nahelegt (Kirubu, Karubu = groß, erhaben, Greif?). Auch die Gestalten, in denen sie Ezechiel und die Apokalypse c. 4 beschreibt als Mensch, Löwe, Stier, Adler, weisen auf die höchsten Weltkräfte hin, deren Herr Jahwe, der Gott der Heerscharen, d. h. der kosmischen Gewalten, ist. Ezechiel 41 gibt dem Cherub ein Doppelgesicht von Mensch und Löwe. Die assyrischen Kirubu werden als Stiere mit Menschenantlitz dargestellt. An die Cherubim erinnern auch die Skorpionmenschen, welche in der Gilgamessage das Paradies, die Lebensursprünge und die Unsterblichkeitspflanze, den Aufgang und ·Niedergang der Sonne behüten. Die assyrischen Adarbilder sind den Cherubim verwandt.

Die Wetterwolken, in denen das Nahen und Walten Jahwes in seiner gewaltigen Majestät von den Psalmen so herrlich beschrieben wird, sind die Naturgrundlage der Cherubim, das Fahrzeug der Gottheit (Ps. 17/18, 11; 103/4, 3. 4; 79/80, 2; Psalm des Nordreiches), das Werkzeug ihrer weltbeherrschenden Allmacht und Heiligkeit. Daher ist der Cherub mit der Flamme des Schwertes, nämlich mit Blitz oder der Blitzesschlange, dem Seraph, der Wächter des Paradieses. Das Stierbild schließt sich an den Cherub, das Schlangenbild an den Seraph an. (Gen. 3, 24; Jes. 6; Ezech. 1, 4 sq.; 10.) Im Allerheiligsten sollten nach der Gesetzesvorschrift Exod. 25, 18—22 zwei geflügelte Cherubim auf der Bundeslade angebracht werden; die Cherubsgestalten, welche Salomon errichtete, standen neben der Bundeslade, waren zehn Ellen hoch und bedeckten sie mit ihren inneren Flügeln. (3. Reg. 6, 23—35; 2. Chron. 3, 10—13.)

Bei allen Völkern nahm man mit der fortschreitenden Bildung an den Tiergestalten als Sinnbildern der Gottheit Anstoß und wandelte sie zu untergeordneten Attributen um. Die Kritik neigt dazu, eine ähnliche Entwicklung auch für Israel anzunehmen; der Gottesname, »der Starke Jakobs, der Stier Israel« offenbare den Zusammenhang; die Cherubim seien demzufolge die ältesten stiergestaltigen Gottesbilder und später zu untergeordneten Wächtern des ewigen Geheimnisses herabgesetzt worden. Hieraus erkläre sich die Neigung zum Stierbild für Aaron und das Nordreich, wie anderseits für das Schlangenbild im Tempel Salomons. Sonst sei es unmöglich zu erklären, wie im Hinblick auf den Dekalog die Cherubimbilder in das Allerheiligste hätten kommen können: nur eine uralte Tradition konnte ihnen den Fortbestand sichern. Ebenso unbegreiflich wäre sonst die Durchbrechung des Dekalogs durch Moses, wenn er selber die eherne Schlange herstellen ließ, damit man zu ihr wie zu dem Bilde des Gott-Heilandes aufblicke: »Ich bin dein Arzt, Israel.« (Exod. 15, 26.)

Die Tiersinnbilder haben für die ältere, unmittelbarere und naturheimische Denkweise nichts Anstößiges, sondern einen wirklich anregenden und erbauenden Sinn. Das Tier selbst war dem Menschen gegenüber noch nicht ganz zur Sache herabgesunken, wenigstens noch nicht ausdrücklich als solche erklärt. Das Tier war noch nicht profan geworden: es war noch vom metaphysischen Geheimnisse seines rätselhaften Wesens verklärt. Die praktische Kulturherrschaft des Menschen über alle irdischen Lebewesen verführt nämlich zu der oberflächlichen Anschauung, diese Wesen seien auch theoretisch in Besitz genommen, wenn sie praktisch zum Eigentum des Menschen geworden sind. Es liegt in dem Interesse des Besitzers und Herrschers, um nicht durch seine Herrscherstellung beunruhigt und zu Höherem verpflichtet zu werden, das, was er sich unterworfen und als Eigentum in Besitz genommen hat, wirklich zur Sache, zum Werkzeug, zur willenlosen Maschine, zum Besitzgegenstand herabzuwürdigen und soviel als möglich der Selbstbetätigung einerseits, des Geheimnisvollen anderseits zu entkleiden. Die Erfahrung zeigte dem scharfen Beobachter Aristoteles gewiß viele Sklaven von hoher Geistesanlage. Allein wenn er es einmal als seinen Beruf ansah, die gesellschaftliche Ordnung seiner Zeit zu begründen, so mußte er eben theoretisch aller Erfahrung zum Trotz behaupten, der Sklave sei von Natur minder vernünftig.

Mit dem Kulturfortschritt ging auch mehr und mehr die Durchsichtigkeit der sprachlichen Ausdrücke verloren. Solange noch in dem Tiernamen die Bedeutung jener Vollkommenheit lebendig war, welche ihn einst ins Dasein gerufen hatte, war das Tiersymbol gleichwertig mit dem, was jetzt ein begriffsmäßiger Ausdruck für eine Vollkommenheit ist. Nur hatte das Natursinnbild den Vorzug der größeren Lebendigkeit und Anschaulichkeit. Solange im Stier die Idee des Starken, des Sprungkräftigen, des Majestätischen (Deut. 33, 17) offenkundig hervortrat, war das Tiersinnbild so gut wie das entsprechende Bestimmungswort. Stier bedeutete eben den Starken. Alle Namen und Worte sind von charakteristischen Tätigkeiten hergenommen: erst mit dem Vergessen dieses Ursprungs und der damit gegebenen Wesensbestimmung entstand der Schein des Willkürlichen und Unwürdigen, zuerst für die ihrer Zeit vorauseilenden Geister, für welche die Gewöhnung und Überlieferung nicht als Rechtfertigungsgrund galt. Die Entgeistigung der Sprache und der Tiernamen machte demnach immer mehr anstößig, was nicht anstößig gewesen war, solange diese Ausdrücke nicht nur Tiernamen, sondern zugleich durchsichtige Erklärungen und Begriffsbestimmungen gewesen waren. Wenn man dann die altüberlieferten Ausdrücke umdeutete, so war dies tatsächlich nur eine Richtigstellung. Die Späteren durften Jahwe nicht mehr »Stier Israels« nennen, wenn sie dem Gottesbegriff ihrer Vorfahren treu bleiben wollten. Diese hatten bei diesem Ausdruck geradezu an den »Starken Israels« gedacht und vom Stier das Bild dafür entliehen.

Die Herabwürdigung der Natur zur Sache und die Abschleifung der Sprache zum rein technischen Bezeichnungsmittel, kurz die Entgeistigung der Natur und der Namen erklärt hinreichend, warum für die späteren Geschlechter anstößig und götzendienerisch erschien, was den Früheren eine Offenbarung und Erbauung gewesen war. Vielleicht kam die poetische Denkweise der Urzeit der Wahrheit näher als unser prosaisches Denken.

Die Kritik legt Gewicht darauf, daß die Bilder **Jahwe**bilder sein sollten, daß das Stierbild als eine Maßregel Aarons erklärt wird, daß Moses selbst ein

Schlangenbild errichtete, daß die Lade ein Träger der göttlichen Gegenwart war, fast noch mehr als der Engel Jahwes, daß Josua selber Malsteine oder Masseben aufrichtete, wie einst Jakob zu Bethel, daß Gideon, der Eiferer gegen den Baaldienst, aus Frömmigkeit ein goldenes Jahwebild als Ephod herstellen ließ (Jud. 8, 27), daß Micha für sein Heiligtum ein Gußbild, ein Jahweephod und Teraphim besorgt, sowie einen Leviten als Priester beruft, daß der Stamm Dan, als er eine Heimat suchte, diesen Priester und das Gottesbild mitnahm (Jud. 17), und daß dies alles dem ursprünglichen Berichte als Beweis von Frömmigkeit gelte. Die nachträglichen Beanstandungen seien offenkundig Glossen, weil unvereinbar mit dem Bericht selber. Ein Kampf gegen die Bilder finde sich zuerst bei dem Propheten Hosea.

Im Heiligtum zu Gilgal waren Schnitzbilder aufgestellt. (Jud. 3, 19. 26; vgl. 1. Sam. 15, 21. 23.) Diese Schnitzbilder sind entweder die von Josua errichteten Masseben oder hinzugefügte eigentliche Bilder. Dieselben können damals keinen Anstoß erregt haben; denn unmittelbar vorher wird die Theophanie des Jahweengels berichtet, der von Gilgal ausgeht, um in Bochin das Volk für den Bund zu verpflichten und eine Opferfeier zu veranlassen. (Jud. 2; vgl. Jos. 22, 16.) Der erste Dekalog Exod. 34 verbot bloß Gußbilder, erlaubt also andere. Das Ephod scheint das eigentliche Gottesbild gewesen zu sein, so zu Nob. (1. Sam. 21. 22. 23.)

Gilgal in der Nähe von Jericho wurde zum Kultusheiligtum, weil Josua dort sein erstes Lager nach der Überschreitung des Jordan aufgeschlagen, die Beschneidung des ganzen Volkes vorgenommen, den Bund mit Jahwe feierlich durch die Errichtung von zwölf Steinen beurkundet und das erste Passahfest gefeiert hatte. Zudem wurde Gilgal durch eine Theophanie des Fürsten der Heerscharen Jahwe als heilig erklärt. (Jos. 4. 5.) Ebenso durch die Theophanie des Jahweengels. (Jud. 2, 1—5.) Darum hielt dort Samuel seine Gerichtstage ab, wie zu Bethel, Mizpa und Rama (1. Sam. 7, 16; 10, 8; 11, 15), natürlich mit feierlichen Opfern. Diese Bedeutung hatte Gilgal noch zur Zeit der Propheten Elias und Elisäus. (4. Reg. 2; 4, 38.)

Der Gebrauch von Bildern, sowie von bilderähnlichen Z e i c h e n, insbesondere M a l s t e i n e n (Masseben) und B a u m p f ä h l e n (Ascheren) ist je nach der Kulturstufe verschieden zu beurteilen. Auch im Christentum verzichtete man trotz der Heilighaltung des Dekalogs nicht auf die bildliche Darstellung Gottes, sowohl in menschlicher Gestalt, wie als Lamm und als Taube.

Das Bild ist Bedürfnis, weil der Mensch durch Unterscheiden und Vergleichen denkt und darum das eine im andern schaut. Die lebendige Wechseldurchdringung des Äußerlichen und Innerlichen, des Eigentlichen und Sinnbildlichen ist unserer Vorstellungsweise eigentümlich, insoweit sie wirkliches Verständnis für die Dinge ist. Solange der Mensch von der Natur selber in der ursprünglichen Frische eines vor ihm stehenden Rätsels, einer gewaltigen Sphinx angeregt wurde, schaute er die Gottheit oder doch ihr Walten in den Naturvorgängen selber. Mit dem Fortschritt der Kultur oder mit der fortschreitenden Herrschaft des Menschen über die Natur verlor sie immer mehr das Geheimnisvolle, den Ausblick ins Unendliche und den Zusammenhang mit dem Weltgrund, die Durchsichtigkeit für den schöpferischen Urheber, der sich in ihr als Urbild und Lebensquell kundgab. Je mehr die Natur durch ihre praktische Herabsetzung zu einem Werkzeug des Menschen an Tiefe und Sinnbildlichkeit verlor, desto mehr bedurfte es künstlicher Sinnbilder, um die Gegenwart Gottes zum Bewußtsein und sein Wesen zur Darstellung zu bringen.

9. Der Offenbarungsursprung der Jahwereligion wird von der Kritik bestritten, weil der Gottesglaube aus dem Geisterglauben und Totenkultus hervorgegangen sei. Er sei ursprünglich Verehrung der Stammväter gewesen. Hieraus erkläre sich der selbstsüchtig-nationale Charakter der Jahwereligion und die vielfach unheilige Vorliebe Jahwes für die Patriarchen und Stämme Israels. Für die Anfänge der Jahwereligion ergebe sich der Animismus des Geisterkults. Die Totengeister werden Elohim genannt und erscheinen damit als die Urelemente des Gottesbegriffs. Der Stärkste unter ihnen wurde zum Herrn ihrer Heerscharen und mit dem Gesamtnamen bezeichnet. Als Beweisstellen werden geltend gemacht alle Texte, die sich auf die Fortexistenz nach dem Tode, auf Totenbeschwörung, auf Trauergebräuche und auf die fortwirkende Kraft des Vatersegens beziehen. — Die Folgerungen auf Animismus sind sehr gewaltsam und willkürlich. Ebenso gezwungen sind die Versuche, in Abraham und den übrigen Stammvätern Götter der Urzeit nachzuweisen.

Wenn man die Seele als fortdauernd annahm und in ihr den Quellgrund aller Lebenskräfte fand, so mußte die Seele des Abgeschiedenen als eine wirksame Kraft, sei es im freundlichen oder feindlichen Sinne, gedacht werden. Es war eine besondere Reflexion notwendig, um die Seele der Toten als kraftlos und matt aufzufassen und trotzdem die Unsterblichkeit festzuhalten.

Der Grundgedanke in dem Worte El ist Kraft: folglich kann es nicht auffallen, wenn die Seelen als Kräfte, als Elohim bezeichnet werden.

Die Natur des Geistes konnte der trägen Masse des Stoffes gegenüber zunächst kaum treffender gekennzeichnet werden denn als regsame und anregende Kraft, als El. Man müßte heute noch den Gottesglauben im Verdacht des Animismus haben, sobald Gott als Geist bestimmt wird. In keinem Schriftwort geschieht dies so energisch wie im Worte Jesu: »Gott ist Geist: darum müssen ihn seine Verehrer im Geiste und in der Wahrheit anbeten.« (Joh. 4, 24.) Und doch ist dieses Wort der reinste Ausdruck der reinsten Erhabenheit Gottes über alle geschöpfliche Geisterart: sonst dürften diese weder zur Anbetung Gottes überhaupt, noch zur Anbetung in Geist und Wahrheit verpflichtet werden.

Nicht durch Glück und Anmaßung, sondern durch seine ursächliche Schöpfertat war Jahwe der Jahwe der Heere (also nicht nur des Sternenheeres oder des Kriegsheeres, sondern der Heere überhaupt, d. h. aller Geister, Kräfte und Wesen). Der Jahwe der Heerscharen ist nicht einer unter vielen, sondern der Weltgott von Uranfang her.

Der eine Jahwe wurde als der große Geist und Gedankenerreger, als der Lebendigmacher und Lehrer aller Kunst und Tüchtigkeit erkannt, nicht eine Menge von Geistern. Obgleich man Engel kannte, führte man die eigentlich wertvollen Kraftregungen des Seelen- und Geisteslebens nicht auf Geister zurück, sondern auf den Geist, auf Jahwe und den Geist Jahwes. Und doch war das Heldentum und die Gabe kriegerischer Erweckung und Erfolge so weit verschieden von den Vorzügen des Friedens und seiner Kultur. Gleichwohl war alles, was aus dem Dunkel ins Licht, von der Roheit zur Bildung, von der Schwäche zur Kraft, aus dem Chaos zur Ordnung führte, eine Inspiration des einen Jahwe und seines Geistes. »Die geheimnisvolle Gewalt, welche die Gleichheit der Überzeugungen in den verschiedenen Köpfen hervorbrachte und sowohl das Urteil als dessen Anerkennung bedang, stellten sie sich nicht als ein Abstraktum vor. Sie glaubten nicht an Abstrakta, sie kannten keine unpersönliche Macht, keine Wirkung ohne wirkendes Subjekt. Es war Jahwe, der das allgemeine Gefühl des Rechtes und des Rechten band und den bestimmten Inhalt desselben einzelnen offenbarte.« (Wellhausen, Isr. u. Jüd. Gesch. 1901. 28.) Jahwe war in den festen Einrichtungen und Überzeugungen, die man durch Überlieferung von den Vätern empfangen hatte: aber er war nicht minder »in dem schöpferischen Geist, der in der freien Tat und dem gesprochenen Wort ungewöhnlicher Individuen sich offenbarte. Das göttliche Recht der Männer des Geistes wurde anerkannt, und Jahwe ließ es nicht an solchen Männern fehlen«. (S. 36.)

Die Verehrung, mit der das Leben der Stammväter Israels geschildert und ihr Andenken fortgepflanzt wird, ist sehr groß. Allein ein religiöser Dienst wurde den Patriarchen, sogar Abraham nicht zuteil. Die Patriarchenverehrung wäre ein Übergang von dem allgemeinen Animismus zur nationalen Monolatrie des Jahwedienstes. Weil die Pietät gegen die Stammväter so groß war, darum ist es gerade auffallend, daß ihnen keine religiöse Verehrung zuteil wurde. Wenn Jahwe der Gott Abrahams genannt wird, so ist damit keine Einschränkung seiner Macht und Gnade angedeutet: er ist eben der Gott derer, die ihn trotz des berückenden Scheines und trotz der öffentlichen Meinung erkennen und bekennen. Daß die Grabstätten der Stammväter heilig gehalten wurden, ist sehr begreiflich und sogar ohne irgend welchen Totenkult möglich. Es wird übrigens nichts von den Begräbnisstätten und -gebräuchen aus der Vorzeit berichtet, was irgendwie der wohlwollenden Entschuldigung bedürfte. Wie ganz anders gestalteten sich diese Dinge in den ersten Jahrhunderten des Christentums! Die Klagen der Kirchenväter bekunden es. Darf man deshalb das Christentum auf Totenkult und animistischen Geisterglauben zurückführen? Die Volksseele bemächtigt sich eben sofort immer und überall aller Religionsideale und verknüpft mit ihnen ihre eigenen Lieblingsrichtungen, die allerdings die Einheit, Geistigkeit und Heiligkeit des Göttlichen entweder unmittelbar gefährden oder irgendwie in den Hintergrund drängen.

Ein Gesetzgeber und Volksgründer wie Moses hätte bei einem geschichtlich veranlagten Volke, wie Israel es war, zu einem religiösen

Verehrungswesen werden müssen, wenn die Triebkräfte der nationalen Selbstvergöttlichung und Selbsterziehung in der Jahwereligion wirksam gewesen wären. — Es bleibt indessen immer eine der auffälligsten Erscheinungen, daß das Grab Moses' im Dunkel der Vergessenheit verloren gehen konnte, also niemals einen religiösen Kultus erfahren hat. Es bleibt immer eine der ergreifendsten Inspirationen, die sich nicht als Mythus des Rätselhaften berauben läßt, daß der große Prophet in der Einsamkeit sterben s o l l t e, um nicht, wie dies oft geschehen ist, zum Opfer der Vergötterung in irgend welcher Form zu werden und so als Toter zu gefährden, was er als Lebender begründet hatte. Moses sorgte in hochsinnigem Gehorsam dafür, daß er auch im Tode blieb, was er im Leben gewesen: der Prophet Jahwes und der Gesetzgeber des strengen Monotheismus.

Außerdem sei hier auf alles andere verwiesen, was bereits zum Erweis der sittlichen Heiligkeit der altbiblischen Religion ausgeführt worden ist. In der folgenden Beweisführung wird der innere Charakter des alttestamentlichen Heiligkeitsbegriffs und Vollkommenheitsideals dargelegt und damit ein weiteres Licht über die sittlich-geistige Natur und den Offenbarungsursprung der Jahwereligion verbreitet.

Zweiter Abschnitt.

Der Vollkommenheitsbegriff und das Sittlich-Gute in der Jahwereligion.

§ 1. Die Jahweoffenbarung als die Religion des hl. Gesetzes.

1. Die Jahweoffenbarung ist ihrem ganzen Grundgedanken nach die Religion des h e i l i g e n Gesetzes. Sie hat das ganze menschliche Leben unter den Gesichtspunkt der heiligen Verpflichtung gestellt. Die Wahrheit verpflichtet, die Vollkommenheit verpflichtet, das Recht und die Gerechtigkeit verpflichtet, der Kampf für die eigene Zukunft und für die Gemeinschaft verpflichtet: das ist ihr Grundgedanke.

Vor allem ist jeder einzelne wie die Gemeinschaft verpflichtet, Jahwes Bekenner und Sachwalter, Gottesträger und Gotteskämpfer zu sein, Jahwes Reich und Gebot auf sich zu nehmen. Dadurch wuchs der Wert und das Recht des eigenen Wesens und der Volksgemeinschaft im Bewußtsein Israels weit über die Bedeutung der benachbarten Stämme hinaus. Hieraus erklärt es sich, daß die Geltendmachung der eigenen Lebensinteressen eine heilige

Angelegenheit und Verpflichtung werden mußte. Sie wäre es
schon deshalb geworden, weil die Sittlichkeit die eigene Tüchtigkeit
nach innen und außen bezweckt. Allein sobald sich der Mensch
im strengen Sinn als Gott verpflichtet und darum als Sachwalter
des Göttlichen fühlt, wird die Wahrung und Förderung seiner
eigenen Lebensinteressen unmittelbar zur Pflichterfüllung gegen
den von ihm vertretenen Gott.

Keine der vorderasiatischen Religionen, in deren Umgebung sich die
Jahwereligion entwickelt hat, kennt eine solche Verpflichtung des Menschen
und des Volkes für Gott, bezw. für seinen Gott. Gottheit und Volk werden
wohl als zusammengehörig empfunden; allein zur Sache des ausgesprochenen
Gesetzes und einer eigentlichen Verpflichtung wird dies nicht. Darum wurde
auch weder die babylonische noch die ägyptische Religion zu einer Gesetzesreligion; noch weniger die syrische und kanaanitische, moabitische und am-
monitische. Das Volk Marduks wußte sich wohl mit seinem Gott eins:
allein das war mehr ein Naturverhältnis. Als innere Verpflichtung wurde
weder die Erkenntnis Marduks empfunden, noch die Aufgabe, das ganze Leben
und Wirken unter dem Gesichtspunkt des Dienstes Marduks und seines eigenen
Werkes aufzufassen. Niemand in Babel glaubte verpflichtet zu sein, daß Anu,
Marduk oder Istar durch das babylonische Volk vor den anderen Völkern geheiligt werden müßte.

Ganz anders in der Jahwereligion. Sie nahm den ganzen
Menschen, einzeln und in der Gemeinschaft für sich in Anspruch.
Älter als der Wortlaut des ersten Gebotes ist dessen Gedanke
wirksam gewesen: »Ich bin Jahwe, der Herr, dein Gott! Du
sollst keine fremden Götter neben mir haben!« Die Verpflichtung für den Einen begründet den ausschließlichen Monotheismus.

Auch in Babel und Ägypten finden sich Ausdrücke der Verpflichtung für den einen Gott. Allein in einem viel schwächeren
Sinne. Daß es nicht den Sinn hat wie in der Jahwereligion,
ergibt sich schon daraus, daß der Mensch durch die Angehörigkeit
zu diesem Gott den anderen nicht entzogen wird. Jahwe verpflichtet den Menschen vollständig und allein: Jahwe ist eben die
verpflichtende Macht des Gesetzes selber, die sich im Innern
kundgibt und nicht nur irgend eine Kategorie von Handlungen als
sittliche Gebote und gottesdienstliche Leistungen erklärt, sondern
das ganze Leben und Streben unter den Gesichtspunkt der verpflichtenden Wahrheit und Vollkommenheit stellt. Das ist gemeint,
wenn wir die Jahwereligion vom Anfang ihrer Entwicklung an
als die Religion des hl. Gesetzes hervorheben.

Es kommt nicht auf die einzelnen Forderungen an, sondern darauf, daß alles, insbesondere die Anerkennung Gottes, sowie die Begründung der Volkseinheit und der staatlichen Existenz und als Mittel dazu Krieg und Recht unter dem Gesichtspunkte des Sein-Sollenden geltend gemacht wurde. Wäre dieser Grundgedanke nicht das innerste Wesen der patriarchalischen Jahwereligion gewesen, so hätte sie sich nicht zur Religion der gesetzlich gebotenen Volksbefreiung, zur Religion des Zehngebotes, zur Religion des zu erkämpfenden Hl. Landes, zur Religion des Bundesgesetzes, des Heiligkeitsgesetzes, des Deuteronomiums, der Propheten und Psalmisten mit ihrem geistigen Gesetzesideal, sowie endlich zur Religion der nachexilischen Gesetzesauffassung und Weisheitspflege entwickeln können. In irgend einer Weise ist die Jahwereligion zu allen diesen Zeiten die Religion gewesen, welche das ganze Leben als den Dienst des göttlichen Gesetzes betrachtet. Sie war eine Religion der Kultur und des Kultus, des starken Ringens um Volkstum und um einen Platz an der Sonne, wie der stillen Andacht und Zuflucht zu Gott, kurz eine Religion der Arbeit wie des Gebetes, der Rechtspflege wie des Opferdienstes, der Arbeit und des Kampfes in der Welt, wie der gottbegierigen Erhebung über die Welt.

Ein Gesetz ist es, was Abraham aus seiner Umgebung (und dem Herrschaftsbereich Hammurabis?) herabführte: er wußte und fühlte sich durch Gott und durch religiöse Gründe verpflichtet, aus Babylonien zuerst nach Charan und dann nach seines Vaters Tod nach Kanaan zu ziehen, um ungestört seinem Gott dienen und dessen Erkenntnis verbreiten zu können. (Act. 7.) Ebenso steht der Lebensgang Isaaks und Jakobs unter der Leitung verpflichtender Offenbarungen. Menschlich betrachtet wissen sich die Patriarchen innerlich aufgefordert, höhere Aufgaben der Gotteserkenntnis in ihrem Lebenswerk zu erfüllen. Sie sollen aus dem gefährlichen Einfluß der babylonischen Weltanschauung heraustreten und in Kanaan eine neue Heimat vorbereiten, um zum Völkersegen zu werden.

Die Königsherrlichkeit Israels genügt bei weitem nicht, um den großen Worten der göttlichen Aufforderung gerecht zu werden. Es ist die Erkenntnis Jahwes, wodurch Abraham und sein Volk zum Segen der Menschheit wird. Weil es sich nicht um ein Volk im gewöhnlichen Sinne handelte, darum sollte auch Volk und Land nicht in gewöhnlicher Weise gewonnen werden, sondern durch den Vollzug eines göttlichen Gesetzes.

Die Verpflichtung für Jahwe ist als Grundforderung des Bundes ausgesprochen in dem erhabenen Wort, das seinesgleichen in keiner der anderen Religionen findet: »Ihr habt gesehen, was ich Ägypten getan, und wie ich

euch auf Adlersflügeln getragen und zu mir gebracht habe. Wenn ihr meine
Stimme hört und meinen Bund haltet, so sollt ihr mir zum Eigentum sein
aus allen Völkern: denn mir gehört die ganze Erde. Ihr sollt mir ein priesterliches Königtum und ein heiliges Volk sein.« (Exod. 19, 4—6; vgl. Deut.
10, 12 sq.) Es ist das Gebot der Vereinigung zu einem Volk, und zwar
zu einem Volk, dessen Lebensinhalt und beherrschender Endzweck Gott selber
ist. Darin besteht das priesterliche Königtum, das die zur Einheit zusammen-
gerufenen Stämme für Jahwe werden sollen. Die Begründung der nationalen
Einheit und die Erwerbung einer festen Heimat wird als Gesetz und Bundespflicht geltend gemacht. Die Jahwereligion ist das heilige Gesetz der Volksgründung und Landeroberung. (Exod. 3, 7—10 Je; 6, 2—8 P.)

Die Kraft, Innigkeit und Klarheit, mit der das Lebenwirkende in den
verschiedenen Zeiten und Büchern der biblischen Religionsgeschichte ausgesprochen worden ist, ist sehr verschieden, und das Evangelium bildet unzweifelhaft den Höhepunkt. Allein wenn zu irgend einer Zeit der Jahwereligion diese lebenwirkende Kraft gefehlt hätte, so wäre es unverständlich,
wie aus ihr hätte hervorgehen können, was aus keiner anderen Religion hervorgewachsen ist: die lebendigmachende Kraft des Gottesreiches in Seele und
Welt.

Die Religion ist in keiner heidnischen Nation (einzelne Formen und
Stadien der Entartung ausgenommen, die sich überall finden) ganz zur Dienerin
des Staatswesens und zur Sklavin des Kulturlebens herabgewürdigt. Man
könnte dies nämlich deshalb vermuten, weil die heidnischen Religionen aus
dem gemeinsamen nationalen Mutterboden hervorgewachsen seien. Die Religion war auch nicht etwa bloß eine äußere unwesentliche Zutat zum nationalen Kulturleben, sondern gab ihm seine Richtung, seinen Inhalt und sein
letztes Ziel.

Man findet zuweilen beide Auffassungen bei einem und demselben
Religionshistoriker vertreten, obgleich sie sich gegenseitig ausschließen. Es
liegt darin ein Hinweis, daß die Religion in einer Hinsicht zwar richtunggebend
für das ganze Kulturleben sein wollte und sollte, allein daß sie es tatsächlich
nicht überall vermochte oder ihre Forderung nicht mit der erforderlichen
Energie vertrat. Vielleicht fehlte es den heidnischen Religionen an selb-
ständigem Lebensinhalt, so daß sie deshalb unvermerkt den nationalen Kultur-
zweck in sich selber aufnehmen mußten. Der monistische Grundgedanke macht
das ohnedies notwendig.

Daher ist trotz allem Reichtum der nationalen Kulturarbeit in Babel,
Ägypten, Indien, Hellas und Rom aus keiner dieser Religionen ein Evangelium hervorgegangen, das als Gesetz eines ewigen Lebensinhaltes, als
Zusicherung einer unvergänglichen Lebenskraft und Aufstellung eines eigentlichen Gottesreiches die Religion zur Vollkommenheit erhoben hätte. Bestenfalls finden wir Ansätze und Anläufe zu dem, was die Jahwereligion als ausdrückliches Gesetz des Gottesglaubens, des Gottesdienstes durch Liebe, als
Gesetz der Hoffnung auf ein Gottesreich von Anfang an war. Nur darum
konnte Christus und sein Evangelium vom Gottesreich daraus hervorgehen.

Das G e s e t z der Jahweangehörigkeit im Glauben, Hoffen und Lieben ist die Wurzel des E v a n g e l i u m s, welches diese Angehörigkeit zur Gotteskindschaft verklärt und Hoffnung und Liebe mit dem Geiste der Kindschaft neu befruchtet. Der Geist der Gotteskindschaft treibt die Furcht aus: er erhebt die Religion und Sittlichkeit über die gewöhnlichen Beweggründe zu der besseren Gerechtigkeit einer uneigennützigen Gesetzeserfüllung.

2. Der G l a u b e a n J a h w e als den einzigen Gott und Herrn ist das grundlegende Gesetz in der Religion Israels. In keiner der alten Religionen war der Glaube Gegenstand der gesetzlichen Verpflichtung. Die Jahwereligion ist hingegen von Anfang an die Religion des hl. Gesetzes, weil sie das G e s e t z d e s G o t t e s g l a u b e n s ist. In den nationalen Kulturreligionen ist der Glaube an die Gottheiten immer eine selbstverständliche Sache, die nicht pflichtgemäß eingeschärft zu werden braucht. Man lebt in den religiösen Glauben hinein, wie in die ganze einheimische Kultur. Anders in Israel: hier ist das Grundgesetz aller sittlichen Verpflichtung der Glaube an Jahwe, an die alleinige Gottheit Jahwes, und damit an die Gottheit des H e i l i g e n und G u t e n.

Das Gute und Heilige ist Gott; denn er ist die wesenhafte Tat der ewigen Vollkommenheit: »Ich bin, der Ich bin!« Darum ist der Glaube an Jahwe als den einzigen Gott der Glaube an die Gottheit des Guten und fordert eine Erhebung des Geistes. Das erste Gebot der Sittlichkeit ist der Gottesglaube. Darauf weist Christus zurück, als er von dem Reichen um das Ideal der Sittlichkeit gefragt wurde: »Niemand ist gut als Gott allein.« (Mt. 19, 17.) Dieser Grundgedanke geht durch das ganze Alte und Neue Testament. Darum ist die Jahwereligion von Ursprung an die Religion des hl. Gesetzes.

Die Urgeschichte der Ge n e s i s zeigt, wie die Erkenntnis Jahwes, des wahren Gottes, eine Sache des geistig-sittlichen Kampfes war. Die Erkenntnis Gottes ist den Stammvätern des Glaubens nicht naturhaft zugefallen. Sie mußte von ihnen in schweren Prüfungen und Kämpfen errungen, immer wieder von neuem erobert werden. Schon die Geschichte des S ü n d e n f a l l s im Paradiese zeigt, daß der Mensch den wahren Begriff von der sittlichen Heiligkeit und lebenwirkenden Güte der göttlichen Gebote verliert und die absolute Willkürmacht als Gott denkt, wenn er nicht der Versuchung mit geistiger Gedankenkraft widersteht.

Der S ü n d e n f a l l soll zeigen, daß der erste Mensch die wahre Gottesidee von der Allmacht des Guten preisgab und dafür einen falschen Gottesbegriff, nämlich die absolute Willkürmacht voller Selbstsucht und Neid gegen die geistige Vervollkommnung des Menschen annahm. Der Mensch ließ sich überreden, Gott sei nicht der Allerhöchste kraft der inneren Vollkommenheit seiner Weisheit und Willensmacht, noch kraft seiner allursächlichen Würde und Güte, sondern nur durch ewiges Schicksal und unerforschliche Tatsächlichkeit. Darum müsse er von der freien Entfaltung der menschlichen Geisteskraft für seinen Herrscherthron f ü r c h t e n.

Die Patriarchen erringen in den Theophanien die Gotteserkenntnis jenes Gottes, der der Herr ist in allen Völkern und Ländern. Ihm, dem lebendigen und persönlichen Weltbeherrscher, gehört die ganze Menschheit. Im Gegensatz zu ihm, dem Herrn, findet die heidnische Weltanschauung in der Genesis nur dadurch Erwähnung, daß die Teraphim, also Gottesbilder Labans, von Rebekka mit fortgenommen werden. Sie gelten als eine Sache, die der Mensch wie jede andere Sache besitzt, die ihrem Besitzer gestohlen werden können. Jakob läßt sie vergraben, nachdem er in Kanaan angelangt ist. Die Genesis berichtet sonst gar nichts vom Ursprung und der Ausbreitung des Götterglaubens. Der Bilderdienst scheint als der Anfang des Heidentums zu gelten. Wenn man die Anschauung nicht anderswoher mitbrächte, daß die Menschheit von der wahren Gotteserkenntnis abgefallen sei, aus der Genesis würde man sie nicht gewinnen. Der einzige Hinweis ist der Umstand, daß die Gottesgemeinschaft der Patriarchen als die Frucht besonderer Führungen erscheint. Es ist ein Grungedanke der Urgeschichte, daß die Gotteserkenntnis durch stetes Ringen immer wieder von neuem gewonnen werden mußte. Diesem Ringen des Menschen entspricht die Offenbarung von oben. Was von oben betrachtet die gnadenvolle Erscheinung Gottes an die Gottesmänner ist, stellt sich von unten gesehen als deren innere Bemühung um besseres Verständnis von Welt und Leben und damit um tiefere Gotteserkenntnis dar. So ist die Genesis die Grundlegung dafür, daß die auserwählte Nation ihr ganzes Volkstum auf das Gesetz der Gotteserkenntnis bauen mußte und daß das Grundgesetz der nationalen Existenz von ihr die Anerkennung Jahwes als des einzigen Gottes forderte.

Die Wirksamkeit des Propheten Elias zielt darauf, den Unterschied zwischen dem Gottesbegriff des überweltlichen und wesentlich heiligen Jahwe und des Naturgottes Baal zum allgemeinen Bewußtsein zu bringen. Amos kämpft für dieselbe Aufgabe: Israel hat die besondere Pflicht, den Heiligen als die Allmacht zu erkennen. »Von allen Völkern der Erde habe ich nur euch auserwählt, darum werde ich alle eure Verschuldungen an euch heimsuchen.« (3, 2.) »Forschet nach mir, damit ihr lebet! Forschet nach dem Guten und nicht nach dem Bösen, damit ihr lebet! Dann würde Jahwe, der Gott der Heerscharen, mit euch sein, wie ihr behauptet. Hasset das Böse und liebet das Gute; erhaltet das Recht in den Toren aufrecht!« (5, 4. 13—15.)

Die Verschuldung Israels ist dem Propheten Hoseas zufolge, daß sie Jahwe nach Art des Baal denken und verehren, daß also trotz allem Jahwekultus keine Gotteserkenntnis im Lande ist. Sittlichkeit, Liebe und Treue macht den Kultus zum Jahwekultus; wo die Pflege von Recht und Liebe fehlt, ist trotz allem Eifer in Opfer- und Festesfeiern Baalkultus vorhanden. Die Vermählung von Gott und Mensch, also die Religion kann nur erfolgen

»durch Recht und Gerechtigkeit, Güte und Liebe«. (Hos. 2, 21; 4, 1—8
5, 4—7; 6, 6.)

Michäas klagt, daß man Jahwe wie Baal auffasse, wenn die Israeliten
meinen: »Wir haben Jahwe in unserer Mitte, uns kann kein Unheil treffen!«
(3, 12.) »Gott hat dir gesagt, o Mensch, was frommt! Was fordert Jahwe
von dir, außer recht zu tun, Liebe zu üben und demütig zu wandeln vor
deinem Gott?« (6, 8.) Die Arbeit der Propheten Jesajas und Jeremias
ist durch dieselbe Schwierigkeit herausgefordert, weil das Gesetz und die
Aufgabe der wahren Gotteserkenntnis von Israel nicht gebührend erfüllt wird.

3. Die Jahwereligion ist das Gesetz der Gottangehörigkeit.
Die Jahwereligion hat von Urbeginn an den Gottesglauben und
damit die Gottangehörigkeit als die Macht zur Geltung gebracht, welche dem ganzen Leben seine Richtung, seinen Inhalt
und Zweck gibt. Die Form war schlicht und einfach wie die
Urzeit selbst; aber der Grundgedanke war mit mustergültiger Kraft
und Reinheit ausgesprochen. Das gibt dem Alten Testamente
seine immer noch wirksame Kraft. Würde diese religiöse Kraft
nicht immer empfunden worden sein, so hätte sich die biblische
Geschichte des Alten Bundes nicht als wesentlichen Bestandteil
im Religionsunterricht durchsetzen und behaupten können.

Die Geschichte der Patriarchen wie der Volksgründung ist die
geschichtlich-lebendige Einkleidung der großen Wahrheit, daß Jahwe die
Seinigen (also den Menschen, wenigstens innerhalb des Kreises der Auserwählung) ganz in Anspruch nehme: »Ich bin der Herr, dein Gott!« Nicht
etwa so, wie Ra und Amun, Bel und Marduk, Varuna und Indra ihre Ver
ehrer, d. h. nicht so wie Natur und Welt den Menschen in Anspruch nehmen,
sondern so wie es die Propheten und die Psalmen als göttliche Verpflichtung
schildern. Die Energie, mit der sie es tun, ist einzig in der Weltgeschichte.
Darin liegt die Berechtigung, vom Jahweglauben zu sagen, er sei von Grund
aus die Religion des hl. Gesetzes, des verpflichtenden Guten.

Gotteserkenntnis bedeutet die Betrachtung der Welt im Lichte
des Ewigen und Heiligen, von dem sie als Schöpfung abhängt.
Gotteserkenntnis begründet den höchsten Adel der Seele, wodurch
sie zum Zusammenschluß mit Gott als ihrem Grund und Ziel
befähigt und berufen ist. Sie begründet die Verpflichtung, das
Leben nicht in der Enge und in der Tiefe der natürlichen Selbstsucht zu führen, sondern in jener Höhenlage, wo die gemeinschaftlichen Interessen des Wahren und Guten anstatt der irdischzeitlichen Interessengegensätze maßgebend werden. Was der
Kampf ums Erdendasein trennt, einigt der Kampf um das ewige
Leben. Gott einigt die Interessen, die Welt trennt dieselben.

Ist damit etwas Großes und Übernatürliches ausgesagt, wenn die Jahwereligion das Gesetz der Gottangehörigkeit war? Liegt das Übernatürliche
nicht in der näheren Form, wie diese Gottangehörigkeit betätigt werden muß?
Ist die Hauptsache nicht darin gelegen, daß ein besonderer übernatürlicher
Gegenstand dargeboten wird, auf den sich das Leben der Gottgeweihten zu
richten hat?

Wellhausen spricht eine ähnliche Empfindung aus, indem er sagt: »Jahwe
der Gott Israels, Israel das Volk Jahwes: das ist der Anfang und das bleibende
Prinzip der folgenden politisch-religiösen Geschichte. Ehe Israel war, war
Jahwe nicht . . . Unzertrennlich wie Seele und Leib waren beide miteinander
verbunden. Israels Leben war Jahwes Leben.« (S. 26.) »Jahwe billigte Per-
fidie und Grausamkeit gegen die Feinde Israels; gut war in seinen Augen
das, was Israel frommte.« (S. 34.) In diesem Sinne ist der weitere Satz zu
verstehen: »Jahwe der Gott Israels . . . bedeutete, daß die nationalen Aufgaben, innere und äußere, als heilige erfaßt wurden.« (S. 35.) »Die Religion
beteiligte nicht das Volk am Leben der Gottheit, sondern die Gottheit am
Leben des Volkes.« (S. 36.) Israel oder im modernen Sinne das natürliche
Kulturleben wäre das Maß der Heiligkeit. Heiligkeit und Gottgehörigkeit
würde nur bedeuten, daß die natürliche Lebens- und Kulturaufgabe eben die
höchste sei. Darum braucht sie von keiner höheren Ordnung geregelt zu
werden. Sie ist die Gottheit. Jahwe wäre die Menschheit und die Menschheit
wäre Jahwe.

Die Frage, welche hier als Problem der Vergangenheit eine
Lösung fordert, beschäftigt das Denken der Gegenwart mit dem
vollen Ernst eines der großen Welträtsel: ob die Religion zu
ihrer Betätigung nichts anderes fordere und dulde als das irdische
Berufs- und Familienleben, wie insbesondere der freidenkerische
Protestantismus behauptet, oder ob außerdem ein anderer Lebens-
inhalt und Lebenszweck zum Gegenstand der Pflege und Übung
gemacht werden müsse? sei es als höhere Vollkommenheit, als
Aszese und Mystik, als Gebetsleben und Kontemplation, als
Andachtsübung und Sakramentenempfang, als Opferfeier und gute
Werke, als dogmatische Erkenntnis und Rechtgläubigkeit, als
Mitarbeit am Aufbau der Kirche. Die Lösung, welche Harnacks
Wesen des Christentums für die Gegenwart gibt, führt im Grunde
auch nicht über Wellhausens Urteil hinaus. Das Christentum im
modernsten kritisch-geläuterten Sinne beteiligt den Menschen
nicht am Leben Gottes, sondern Gott am Leben des Menschen,
und zwar des in seinen Berufskreis und seine nationale Interessensphäre eingeschränkten Menschen.

Nicht die Lehre oder das Dogma, nicht der Eifer um sittliche Verdienste und aszetische Übungen, nicht der sakramentale

Kultus, nicht die kirchliche Amtstätigkeit, nicht das Ordensleben dürfe als neuer Lebensinhalt von spezifisch religiösem Charakter zum natürlich-weltlichen Lebensberuf hinzugefügt werden. All das sei eher eine Gefährdung und Belastung der Religion als deren Ausdruck und Lebenserscheinung. Religion sei nur das, was den Menschen unmittelbar im Gewissen ergreift, bindet und befreit, was ihm innerlich zur Wiedergeburt und Neuschaffung verhilft, was ihn unmittelbar und rein persönlich mit Gott zusammenschließt, was ihn von der Sünde erlöst. Findet sich dies alles nicht kraftvoll und rein in der Jahwereligion von Anfang an? Wenn das als Wort Gottes, als Wesen des Christentums und als Offenbarung zu verehren ist, was im Menschen die genannten Wirkungen ausübt, muß dann nicht die Jahwereligion als die Quelle des heiligen und höheren Lebens und als Gottes Offenbarung gelten?

Das höchste Ziel und innerste Wesen der Religion ist der religionswissenschaftlichen und dogmengeschichtlichen Kritik zufolge die innerliche Hinwendung des Endlichen zum Unendlichen im Gottesglauben, sowie die ernste Verpflichtung zur vollkommensten Lebensbetätigung, mit der Zuversicht, in dem Unendlichen den Quellgrund aller notwendigen Hilfe zu besitzen. Damit verbindet sich naturgemäß das Gefühl der Verpflichtung, für die Forterhaltung und Ausbreitung dieser Gesinnung nach Kräften wirksam zu sein.

Wenn dem Urteil der Kritik zufolge darin der göttliche Offenbarungswert des Evangeliums liegt, daß es diesen Grundgedanken als das Wesen der Heilsoffenbarung rein und stark geltend gemacht hat, so ist auch der Offenbarungscharakter der alten Jahwereligion unverkennbar. Denn gerade darin liegt ihre ganze geistige Macht und Richtung.

Es wird als ein Charakterzug der Jahwereligion gerühmt, daß sie bei dem religiösen Gottesglauben stehen blieb und nicht zur begrifflichen Verarbeitung desselben überging. Selbst die Welterschaffung wurde nicht begrifflich zu dogmatisch-metaphysischen Lehren ausgestaltet. Der Gottesglaube behauptete in Israel seinen rein religiösen Charakter, wie er sich in der prophetischen Geschichtschreibung, in den Propheten und Psalmen ausspricht. Die kosmologischen Spekulationen fanden zwar in der nachexilischen Zeit eine kräftige Pflege: allein das Alte Testament, auch die deuterokanonischen Bücher blieben frei davon. Sie begnügen sich damit, in stets erneuten

Betrachtungen die ursächliche Herrschaft des Ewigen in der Natur und
Geschichte darzutun.   Die heidnischen Kulturreligionen stehen trotz ihrer
spekulativen Richtung hierin weit hinter dem alttestamentlichen Schrifttum
zurück.   Die Jahwereligion führte demnach nicht dazu, in begrifflicher Spekulation und kosmologischer Metaphysik dem religiösen Leben einen neuen
Gegenstand zu bieten.   Die religiöse Grundbetätigung wäre durch diese
Begriffsarbeit geschwächt und abgelenkt worden.

Die Hinwendung zum Ewigen will gleichwohl zur kraftvollen
Entfaltung aller Wesensanlagen und Lebenskeime verpflichten.
Die Seele soll in alle Wahrheit eingeführt und zu aller Vollkommenheit ausgebildet werden.   Das ist das Volk Gottes im
Menschen und in der Menschheit.   Sobald es vom einzelnen auf
den Nächsten, auf die nationale Gemeinschaft und die Gesamtheit
ausgedehnt wird, ist der Grundgedanke des Gottesreiches gegeben.
Das Reich Gottes ist die Einführung der ganzen Menschheit in alle
Wahrheit und deren Heranbildung zu aller Vollkommenheit durch
den Geist Gottes.   Die Zuversicht, daß im Ewigen die Quelle
aller erforderlichen Kraft und Hilfe sei, bewirkt die Gewißheit,
daß Gottes Reich zu siegreicher Erfüllung kommen werde.

Religiös ist demnach der Kritik zufolge unmittelbar nur die
Verpflichtung zur Vollkommenheit des Lebens und Wesens
sowie zur vollkommenen Entfaltung aller Kräfte und Keime, die
im Menschenwesen und in der Menschheitsgeschichte verborgen
sind.   Natürlich muß diese Verpflichtung im Hinblick auf die
unendliche Vollkommenheit empfunden werden, wenn sie nicht
nur Ethos, sondern Religion sein will.   Die nähere Bestimmung,
worin diese Vollkommenheit bestehe und was sie fordere oder
ausschließe, ist nicht mehr unmittelbare Religion, sondern eine
von ihr geforderte Aufgabe der sittlichen, sozialen und kulturellen
Geistes- und Lebensarbeit.   Auch heute noch ist nicht erschöpfend
dargetan, was zur Vollkommenheit des Menschentums gehört, sei
es im Sinne der Individual- oder der Sozial-Ethik, der nationalen
und der internationalen Aufgaben.   Nicht nur die Verschiedenheit
der Weltanschauungen führt zu den Gegensätzen in der Auffassung
von Gut und Böse.   Es ist nicht minder die unerschöpfliche Tiefe
des Vollkommenheitsideals überhaupt und des geistigen und
menschlichen Vollkommenheitszieles insbesondere.   Das führt auch
zu Verschiedenheiten in der Vorstellung vom Ziel der Weltgeschichte und ihrer göttlichen Leitung, von dem Endergebnis

aller Entwicklung im Diesseits und Jenseits, kurz von der Natur des Reiches Gottes. Alles, was zur näheren Ausgestaltung dieser Vorstellungen gehört, ist nicht ein Bestandteil der religiösen Hoffnung selber, sondern eine unter ihrem Einfluß und in ihrem Interesse geleistete Arbeit.

Wenn demnach die Anschauungen und Handlungsweisen Bedenken erregen, welche besonders im Alten Testamente im Dienst der großen und eigentlich religiösen Hoffnung wirksam wurden, so darf daraus nicht ein Einwand gegen diese religiöse Hoffnung selber abgeleitet werden. Ebensowenig darf das eigentliche religiöse Prinzip, die Verpflichtung zur Vollkommenheit oder Gottverähnlichung, um dessentwillen beanstandet werden, weil die Art und Weise, wie die Vollkommenheit näher bestimmt wird, wie sie zu gewinnen, wie sie zu fördern sei, wo sie zu erstreben und wieweit sie auszubreiten sei, vielfach anstößig erscheint.

Außerdem ist zu beachten, daß das Urteil des Kritikers trotz allen philosophischen Ernstes nicht als das endgültig entscheidende Wort gelten darf. Es ist selbst wesentlich bedingt von der Gesamtheit der wissenschaftlichen Voraussetzungen, der zeitgeschichtlichen Lebensbedingungen und der persönlichen Eigenart des Beurteilers.

Die alte Jahwereligion hat das Gebot der sittlichen Vollkommenheit und die Hoffnung der Weltvollendung mit der allerstärksten Energie vertreten. Das kann nicht bezweifelt werden. Allein ebendeshalb, weil die ganze Energie sich hierin erschöpfte, stand die Entscheidung über das jenseitige Leben, über die Unsterblichkeit und Vergeltung, über die Auferstehung in zweiter Linie. Der Sadduzäismus konnte sich sogar im Hinblick auf das reine Ideal des Gesetzes noch zur Zeit Christi gegen all das ablehnend verhalten und blieb doch im Besitz des Hohepriestertums und der Tempelhierarchie. (Act. 23, 8.)

Je weniger also der Schwerpunkt der Religion und das Göttliche der Offenbarung in der Metaphysik, in der Ausgestaltung der sittlichen Theorie und der Zukunftsvorstellungen liegt, nicht in der Ausführung, sondern vielmehr in der alles bewegenden Wahrheit, Pflicht und Hoffnung selber, welche Gott zum Lebensinhalt und Gesetz der Menschheit macht, desto offenkundiger ist die große Tatsache, daß die Jahwereligion eine Offenbarung der religiösen Wahrheit, Pflicht und Hoffnung von einzigartiger Kraft und Reinheit ist. Die Jahwereligion ist eben das von Urbeginn an ausgesprochene Gesetz des höchsten Glaubens, Hoffens und Liebens, das Gesetz der Religion, das heilige Gesetz schlechthin.

Gott ist das Gesetz des Guten, weil er den Menschen für sich in Anspruch nimmt. Die Menschenseele ist von höchstem Adel, weil sie von Gott in Anspruch genommen werden kann: für die Erkenntnis Gottes, für den Dienst Gottes, für das Werk Gottes. Die Gemeinschaft der Jahwegläubigen ist das Werk der göttlichen Heilsgnade: der Mensch soll dieses Gotteswerk betätigen: darin besteht seine Pflicht gegen den Nebenmenschen. Die Gründung und Ausgestaltung eines Volkes, das sich als Gottes Gemeinde und Eigentum weiß und fühlt, war im Grunde dasselbe Werk, das schließlich als Gottesreich des Neuen Bundes eine internationale Ausdehnung forderte. »Das Reich Gottes ist letztlich nichts anderes als der Schatz, den die Seele an dem ewigen und barmherzigen Gott besitzt, und von hier aus kann in wenigen Strichen alles entwickelt werden, was die Christenheit als Hoffnung, Glaube und Liebe auf Grund der Sprüche Jesu erkannt hat und festhalten will.« (Harnack, Wesen des Chr. 5. S. 49. 50.) — Ich füge hinzu: Und auf Grund der Jahwereligion. Denn sie war von Anfang an die Verpflichtung für Gott als alleinigen Herrn, für sein Werk, ein Gottesvolk zu bilden und ihm durch die Liebe und Hingabe zu dienen, welche dieses Werk zu seinem Vollzug fordert. Das ist das erste Gebot der Jahwereligion: ihr Glaube, ihre Hoffnung und ihre Liebe. Dieser ihr Wesenskern läßt sich leicht aus der zeitgeschichtlichen Menschlichkeit herausschälen, welche naturgemäß der Patriarchengeschichte, der Volksgründung, den Kämpfen um die nationale Entwicklung, der Prophetenzeit, der nachexilischen Gesetzesreligion eignet. In der Jahweoffenbarung ist von Anfang an die Religion als die Grundwahrheit des Lebens geltend gemacht. »Sie ist nun nicht mehr bloß eine Begleiterscheinung des sinnlichen Lebens, ein Koeffizient, eine Verklärung bestimmter Teile desselben, sondern sie tritt hier auf mit dem souveränen Anspruch, daß erst sie und sie allein den Urgrund und Sinn des Lebens enthüllt. Sie unterwirft sich die gesamte bunte Welt der Erscheinung und trotzt ihr, wenn sie sich als die alleinwirkliche behaupten will. Sie bringt nur eine Erfahrung, aber läßt in ihr ein neues Weltbild entstehen:

das Ewige tritt ein, das Zeitliche wird Mittel zum Zweck, der Mensch gehört auf die Seite des Ewigen.« (Harnack, Wesen d. Chr. 4. S. 44. 45.)

Vom pharisäischen Judentum der Zeit Christi mag wohl gelten, was Harnack (S. 33) in scharfer Gegenüberstellung zu Jesus ausführt: »Sie (die Führer Israels) dachten sich Gott als den Despoten, der über dem Zeremoniell seiner Hausordnung wacht; Jesus atmete in der Gegenwart Gottes. Sie sahen ihn nur in seinem Gesetze, das sie zu einem Labyrinth gemacht hatten: er sah und fühlte ihn überall. Sie besaßen tausend Gebote von ihm und glaubten ihn deshalb zu kennen: er hatte nur ein Gebot von ihm, und darum kannte er ihn. Sie hatten aus der Religion ein irdisches Gewerbe gemacht: er verkündete den lebendigen Gott und den Adel der Seele.« Das gleiche gilt in der Art der kraftvollen Grundlegung von der Jahwereligion des Alten Bundes. Sie ist die Offenbarung des lebendigen Gottes in der Natur wie in der Geschichte, sowie die Erhebung des Menschen zum priesterlichen Königtum Gottes, zum Genossen der Güter und Kräfte des Ewigen. Sie war das Gesetz des Lebens, wie es Paulus dem Buchstabenkultus gegenüber verherrlicht. (Röm. 8.)

Das Evangelium Christi ist Harnack zufolge deshalb als absolute Religion zu verehren, weil es das Evangelium der besseren Gerechtigkeit ist. Der unerreichte Adel dieses Sittlichkeitsideals gründe darin, daß die Gottbedürftigkeit und Demut als Grundstimmung allen sittlichen Tuns gefordert werde, daß dieses sittliche Tun selber als die Liebe bestimmt werde, die hingebungsvoll dem Nächsten und dem Ganzen dient; daß sie schon in der innersten Gesinnung lebe und nicht in den technischen und tendenziösen Betrieb guter Werke hineingezogen werde. (W. d. Chr. 4.) Wenn damit das Sittlichkeitsgebot Christi richtig wiedergegeben wird, so ist es unmöglich zu verkennen, daß dieses Ideal der besseren Gerechtigkeit der alttestamentlichen Religionsentwicklung von Anfang an vorschwebte. Das demütige Gefühl der Gottangehörigkeit, die Verpflichtung zur tatkräftigen Mitarbeit am Werke Gottes, die Herstellung einer Gottesgemeinde in Israel: das ist in der zeitgeschichtlichen Form des Alten Testamentes die bessere Gerechtigkeit, welche Jesus in der der Zeitenfülle entsprechenden Form gefordert hat. Die Aufgaben, welche das Werk Gottes in der Aufeinanderfolge der Zeiten an die Jahwegläubigen stellte, waren sehr verschieden. Oft war die nationale Tätigkeidringender als die private Übung von Liebe, Recht und Gerechtigkeit. Mit dieser allein wäre das Werk Gottes in dieser Welt der rauhen Wirklichkeiten nicht vollbracht worden. Es gehörte

eine partikularistisch-nationale Arbeit und die Entschlossenheit zu
einem steten Kampf ums Dasein dazu, wenn eine Gemeinschaft
von Jahweverehrern herangebildet werden sollte. In der Zeit des
Moses wäre es nicht möglich gewesen, durch ein Apostolat, das
sich an die einzelnen richtete, allmählich eine Gottesgemeinde zu
schaffen. Die Ausbreitung des Christentums wäre ja auch zu ihrer
Zeit nicht möglich gewesen, wenn sich die Apostel nicht überall
an die Synagogengemeinden hätten wenden können. Die Kulturverhältnisse der Zeit Mosis boten für den Zweck der Jahwegemeinschaft keine andere Möglichkeit dar, als die Gründung einer
Nation unter dem Banner des Jahweglaubens. Damit war alles
als notwendig mitgegeben, was die Entwicklung einer Nation und
die Wahrung ihrer Daseinsbedingungen als Folge mit sich bringt.
Es steht dies vielfach in schroffem Gegensatz mit dem Gebot der
Liebe im Sinne der Individual-Ethik. Allein auch heute, nachdem
zwei Jahrtausende hindurch das Evangelium der Liebe mit absoluter Autorität verkündigt worden ist und geherrscht hat, scheint
es noch nicht möglich, daß die christlichen Nationen in wirt-
schaftlicher wie politischer Hinsicht ihre Lebensinteressen wahren,
außer dadurch, daß sie die wirtschaftliche Entwicklung anderer
Völker hemmen oder auf einer niedrigeren Stufe zurückhalten.
Die Liebe hat sich noch nicht als das Prinzip für die Politik der
Handelsverträge durchsetzen können.

Die Kulturgeschichte zeigt beim Zusammenstoß der Rassen und der
Nationen auch heute noch, daß die Unterdrückung oder Vernichtung der
schwächeren durch die stärkere tatsächlich als Recht geübt wird, allerdings
unter Verwahrungen, deren einzige Wirkung die Verschleierung dessen ist,
was Anstoß erregt. Die Schrifttexte bezüglich der Kanaaniter, welche zu
sittlichen Bedenken Anstoß gegeben haben, enthalten eine Methode, die sich
von der Praxis der modernen Kulturvölker nur dadurch unterscheidet, daß sie
als Notwendigkeit aussprachen, was die letzteren als Wirkung erwarten oder
herbeiführen. Man bedenke indessen, daß die altertümliche Redeweise in
jedem Sinne auf die direkte Rede angewiesen war. Auch war die Anschauung
noch nicht in Geltung, man müsse und könne grundsätzliche Schwierigkeiten
durch die Schaffung einer verhüllenden Ausdrucksweise erledigen. Wenn man
dies erwägt und die tatsächliche Schonung der Kanaaniter sowie deren Verschmelzung mit Israel unter David und Salomon ins Auge faßt, so kann man
wohl sagen, daß das Schicksal der Kanaaniter besser war als das mancher
Bevölkerungen und Rassen, welche dem Lebensinteresse moderner Kulturvölker
weichen müssen, auch dann, wenn letztere die absolute Humanitätsmoral
vertreten.

Die apologetische Würdigung der auf die Kanaaniter, Midianiter und Amalekiter bezüglichen Anordnungen hat die exegetische Feststellung des gesamten
literarischen und geschichtlichen Tatbestandes zur Voraussetzung. Die hierher
gehörigen Texte sind viele und mannigfaltig. Sie enthalten Verheißungen,
Anordnungen, religiös-sittliche Begründungen, Warnungen, geschichtliche Analogien, Berichte und Erwägungen über Ausführung und Nichtausführung. Exod.
23, 20—33; 33, 2; 34, 11—16. 24; Exod. 17 Amalek. Lev. 18, 24—30; Num.
25, 17. 18; 31 (Midian); 33, 50—56. Deut. 2. 3. 7. 9, 1—4. 11, 23—25;
12, 1—3. 29. 30; 13, 12—18; 20, 16—18; 23, 3—8; 31, 3—6. Jos. 5, 1;
6 (Jericho). 7. 8 (Ai). 10 Süden Kanaans, 11 Norden. Jos. 9. Gibeon.
2 Sam. 21. 3 Reg. 3. Jos. 13, 13; 16, 10 (Nichterfüllung); 15, 63; 17, 12—18
21, 43—45; 23; 24, 11—18. Jud. 1, 17—36; 2—3, 14. 1 Sam. 15; 2 Sam.
8. 21. Aus der Vergleichung und Würdigung dieser Texte ergibt sich die sittliche Heiligkeit der göttlichen Anordnungen. Der Offenbarungsglaube belastet
die Inspiration nicht mit Dingen, welche das sittliche Gewissen als sittlich
anstößig empfindet. Was nicht durch und durch sittlich vollkommen und
heilig ist, darf nicht auf Gottes eigentliche und unmittelbare Ursächlichkeit
zurückgeführt werden. Bei menschlichen Gesetzgebern und Herrschern läßt
sich eine anstößige Maßregel aus der Not der Lage und den zeitgeschichtlichen Verhältnissen verstehen und entschuldigen, sogar so, daß auf ihren
sittlichen Charakter kein Flecken fällt. Allein bei Gott und seiner unbedingten
Ursächlichkeit ist dies ganz anders. Gottes Ursächlichkeit ist über alle Recht-
fertigungsversuche erhaben, die nicht aus der inneren Beschaffenheit der Sache
selbst entnommen sind und sie als gotteswürdig im vollen Sinne der Heiligkeit dartun.

Die Religion des Alten Bundes hat sich im Judentum zur Religion des
Gesetzes entwickelt: ihr höchster Gedanke, ja ihr Gottesbegriff ist das Gesetz
geworden. Das Gesetz wurde zu einer ewigen Macht in Gott, im Talmud
sogar zu einer Macht im Gegensatz zu Gott. Diese Entwicklung offenbart den
Grundcharakter der alttestamentlichen Religion in ihrer eigenartigen Anlage.
Sie wäre nie zur Apotheose des Gesetzes geworden, wenn sie Gott nicht in
ganz einzigartiger Weise von Anfang an als die Majestät des Seinsollenden,
des Gebotes, der verpflichtenden Heiligkeit betrachtet hätte. Was Kant mit
der Autonomie des Sittlich-Guten, mit dem kategorischen Imperativ und seiner
souveränen Hoheit aussprach, ist der Grundgedanke der mosaischen Jahweoffenbarung: Gott ist das Gesetz des Lebens: das Gesetz verpflichtet in seinem
eigenen Namen. Was in seinem eigenen Namen verpflichtet, das ist eben
Gott. Der Gottesbegriff ist damit selber gegeben, nicht bloß eine hinzu-
kommende Eigenschaft. Der Irrtum, dem das Judentum in der Zeit Christi
anheimgefallen war, bestand nicht in der Gleichsetzung von Gott und Gesetz,
sondern von Gesetz und Gesetzbuch, von Gesetz und Gesetzesbuchstaben, von
Gesetz und zeitgeschichtlicher Gesetzgebung. Was dem Geiste nach und richtig
verstanden, in den wahren Zusammenhang hineingestellt, wirklich Gesetz des
Lebens war, wurde zum Gesetz des Todes, sobald es, aus diesem Zusammenhang
herausgestellt, selber zum leblosen Bruchstück und Buchstaben, zum Widerspruch mit sich selbst geworden war. Was im Lebenden Sinn und Kraft, Vorteil

und Zweck hat, verliert es und wird zum Gift und zur Last, Fessel und
Schranke, sobald es selber zur Leblosigkeit erstarrt ist.

Nicht erst die Psalmen und die Weisheitsbücher sind die Vergöttlichung
des Gesetzes: auch die Propheten verkünden von Anfang an, das Gesetz sei
Gott und Gott sei das Gesetz. Sie standen zu der herrschenden Anschauung
nur darum im Gegensatz, weil sie jenes Gesetz meinten, welches wahrhaft
Göttliches, durch sich selber Verpflichtendes, unbedingt Wertvolles, wirklich
Lebendigmachendes zum Inhalt hat.

§ 2.   **Das biblische Urbild des Guten als die Vereinigung
von Gottesliebe, Selbstliebe und Nächstenliebe.**

Das Gute ist die Vollkommenheit des Wesens und Wirkens.
Die sittliche Güte liegt darin, daß der Wille allem Vollkommenen
durch innere Gesinnung und tatkräftige Selbstbestimmung gerecht
wird. Das Gut der Seligkeit liegt in dem Besitz und Genuß aller
Vollkommenheit durch eine Geisteskraft, welche dieser Vollkommenheit wert und fähig geworden ist.

Das Gute hat also eine mehrfache Richtung: zuerst auf das,
was als Gegenstand des innerlichen Lebens und Tuns, Besitzens
und Genießens inbetracht kommt, auf das höchste Gut, den
Gesetzgeber und Inbegriff alles Guten. Sodann kommt der Geist
inbetracht, der als Empfänger und Vollbringer jener Gesetze und
Bestimmung zu denken ist; endlich die Gesamtheit derjenigen,
welche diesen Beruf haben und für welche demgemäß von jedem
einzelnen die Vollkommenheit als Inhalt und Tatkraft des Lebens
zu erstreben ist. Das Gute bedeutet den richtigen Gegenstand
und Zielpunkt des Wollens, den richtigen Lebensinhalt oder das
höchste Gut. Sodann die eigene Tüchtigkeit des Wollens und
des Wollenden. Endlich die Gesamtheit derjenigen, für welche
beides als Endzweck zu wünschen und zu bewirken ist.

1. Gott bedeutet die höchste Vollkommenheit als ewige Macht
und zwar in der zweifachen Weise als innerlicher Besitz einer
unendlichen Lebensfülle und als tatkräftiger Vollzug aller seiner
Vorzüge. Die Gottesliebe ist darum der Wille, welcher sich
mit gebührender Innigkeit und Kraft diesem Urbild der geistigen
Vollkommenheit hingibt, um dessen unendlichen Reichtum als
eigenen Lebensinhalt aufzunehmen und dessen heilige Tatkraft
und Selbstbestimmung so gut als möglich selbst nachzuahmen.
Der Gottengel ist die Offenbarung der unendlichen Herrlichkeit

Gottes. Daher ist er der Inbegriff des Reichtums an göttlichen Gütern, deren Besitz zur Aufgabe der Vollkommenheit gehört. Der Geist Gottes ist die Willenskraft voll Innigkeit und Eifer, mit der Gott die ewige Vollkommenheit ist. Darum ist seine Einwohnung und Salbung die zu erstrebende Vollkommenheit nach ihrer formellen Seite. Liebe ist der Wille zum Guten und zwar der reine und starke Wille des Guten. Gottesliebe ist der Wille zum höchsten wesenhaften Guten, sowohl um es als Lebensinhalt in Erkenntnis und Besitz aufzunehmen, als um es als Lebenskraft selbsttätig im eigenen Lebenskampf und in der eigenen Lebensvollendung zu erleben.

Wenn Gottesliebe in diesem Sinne verstanden wird, erscheint die Religion des Jahweglaubens zu allen Zeiten eigentlich als die Religion der Gottesliebe. Gott ist der Lebensinhalt und das Lebensvorbild, das Lebensgesetz und die Lebenskraft der Seinigen. Ihn als das alles aufnehmen und wollen ist Gottesliebe. Das Wort »Liebe« ist nicht entscheidend: ohnedies verbindet sich mit diesem Ausdruck vielfach die Idee einer besonderen Nachgiebigkeit und Rücksichtnahme für persönliche Wünsche. Was hier unter Liebe verstanden wird, ist der reine und starke Wille des Guten. Wo die Hinordnung zur höchsten Vollkommenheit als Besitz und Nachahmung zum Gesetz des Willens gemacht wird, da ist die Religion der Gottesliebe.

Der Sinn der Gottverpflichtung ist im Grundgebot der patriarchalischen und mosaischen Jahwereligion geltend gemacht worden. Ohne diese grundsätzliche Gottverpflichtung wäre der Ursprung und die Geschichtsentwicklung des Jahwevolkes vollkommen unverständlich. In der deuteronomischen Gesetzgebung ist die Gottverpflichtung zuerst als Liebe bezeichnet worden und hat eine bestimmte Auslegung hinsichtlich der einzelnen Formen ihrer inneren und äußeren Betätigung erfahren. Das deuteronomische Gesetz fordert in seinem religiösen Grundgebot drei göttliche Tugenden: die Liebe Gottes aus ganzer Kraft, die Furcht Gottes und ein heiliges Gottvertrauen, das Gott nicht versucht. Christus wies die dreifache Versuchung mit Worten zurück, welche diese drei Grundgebote einprägen. Die Liebe zu Gott nimmt das ganze Wesen und Leben in jeder Form für den Inbegriff aller Wahrheit und Vollkommenheit in Pflicht. »Höre, Israel, Jahwe ist unser Gott, Jahwe ist einzig. Du sollst Jahwe, deinen Gott, lieben von ganzem Herzen, von ganzer Seele und mit aller deiner Kraft.« (Deut. 6, 4. 5; 10, 12 bis 11, 28.) »Der Mensch lebt nicht vom Brote allein, sondern von jedem Worte, das aus Gottes Munde hervorgeht.« (Deut. 8, 3.) In diesem Verlangen besteht die Gottesliebe. — Die Furcht Gottes fordert, daß nichts anderes in ähnlicher Weise die Seele in Anspruch nehme und daß das Geschöpf niemandem so gehöre, wie seinem Gott und Schöpfer, Erlöser und Vollender. Die Seele soll sich unmittelbar ihrem Gott gegenüberstellen und nichts anderes für die höchste Ursache, Weisheit und Güte halten, noch als solche verehren, noch so behandeln, als ob sie dasselbe für das Urbild des Guten und den Quellgrund der Kraft und des Lebens hielte. »Jahwe, deinen Gott, sollst du fürchten, ihn sollst du verehren und bei seinem Namen schwören: nicht aber dürft ihr einem anderen Gott anhangen . . . denn Jahwe, dein Gott, ist ein eifersüchtiger Gott.« (Deut. 6, 10—15.) — Das Gottvertrauen soll unbedingt sein, soweit Gottes Wille und Verheißung ein Recht dazu gibt, frei von zweifelndem Kleinglauben, aber auch frei von allem Aberglauben. Die Frage des Kleinglaubens war bei jeder Schwierigkeit: »Ist Jahwe unter uns oder nicht?« (Exod. 17, 7.) Als ob Gott und sein Gesetz nur den Zweck habe, die Seinigen von aller Anstrengung des Denkens und Wollens zu bewahren. Das richtige Gottvertrauen liegt in der unentwegten Erfüllung von Recht und Pflicht, unter Verzicht auf alle magischen Versuche, die Wirksamkeit Gottes in bestimmter Richtung durch Riten und Beschwörungen zu erzwingen. Das war der dritte Gegensatz zum Heidentum, das (auch in Ägypten und Babel) größtenteils in diesem Zauberwesen aufging und die Gottheit beeinflussen zu können wähnte.

Alle drei Grundgebote kommen in dem einen Pflichtgebot zusammen, den die jüdische Frömmigkeit als schönstes Erbgut aus dem Gesetz entnommen hat: Die Religion des Gesetzes ist die Hingabe der Seele an Gott und seinen Willen, die Übernahme der Gottesherrschaft und des Gesetzes. Der Gottesgläubige hat Jahwes Namen in der Welt zu heiligen; denn jede gute Tat des Jahwegläubigen ist ein Gottesbeweis für Jahwe, »ein Sieg des Gottesgedankens«, eine Heiligung des göttlichen Namens.

»Wenn der edle Mensch ohne Gottesglauben nur daran zu denken braucht, daß ‚der Menschheit Würde in seine Hand gegeben ist‘, mußte jeder ernste Bekenner der jüdischen Lehre sich vor Augen halten, daß auch der Gottheit Würde in seine Hand gegeben ist. Dieser Gedanke beherrscht die ganze jüdische Sittenlehre und war jederzeit die wirksamste treibende Kraft im sittlichen Leben, der gegenüber die gelegentlichen eudämonistischen Begründungen der Sittlichkeit, die Verheißungen auf Lohn im Diesseits oder Jenseits zurücktreten.« Perles, Boussets Religion des Judentums. Berlin, Wolf Peiser, 1903. S. 69. 70.

Die Gottesliebe steht eigentlich nicht neben der Selbstpflicht, sondern ist deren hohe und starke Begründung und Wesensbestimmung. Die Gottangehörigkeit bedeutet die Inanspruchnahme für das, was höher ist als alle Welt, und macht das Volk Gottes durch diese innere Freiheit von der Welt zu einem priesterlichen Gottesreich. Darin besteht die Reinheit der Selbstzucht und Selbstvervollkommnung.

Die innere Erhebung über Natur und Welt soll indes nicht zu aszetischer Weltflucht führen, sondern zu königlicher Herrschermacht über alles Natürliche und Weltliche. Die Reinheit der Selbstbeherrschung befähigt zum Königtum. Darum ist die Gottangehörigkeit die Verpflichtung zu königlicher Führerschaft auf dem Wege der Vervollkommnung. Die Gottesliebe bedeutet die Erhebung über alles, was vergänglich und endlich ist, die Erhebung zum Unendlichen und Selbstwirklichen als Lebensinhalt und Wesensvorbild.

Die nähere Ausführung dieser Grundpflicht ist sehr schwer, weil es sich um ein überweltliches Gut handelt, dessen Eigenart und Wesensfülle nicht durch unmittelbare Wahrnehmung und Lebensbedürfnisse dem Menschen von selber zum Bewußtsein kommt. Bei hoher Geistesanlage besteht darum die Gefahr, daß das Pflichtgefühl für das Ewige zu einer Vernachlässigung der natürlichen Lebensaufgaben in der Welt und zum Beweggrund für die Pflege künstlicher und sachlich bedeutungsloser Übungen wird. Das Charakteristische der Jahwereligion blieb nun immer der Grundsatz, daß die Gottangehörigkeit und Gottesliebe nicht von den natürlichen Berufsaufgaben in der Welt wegführen, sondern deren höchste Weihe und Heiligung sein solle. Das ganze natürliche Leben soll zum Mittel und Sinnbild der Gottesgemeinschaft werden. Damit stimmt die älteste Jahwereligion mit dem

Evangelium überein. In beiden wird der Ausdruck »Gottesliebe« nicht viel gebraucht: aber das ganze Leben wird in das Himmelslicht der göttlichen Liebe gestellt.

Die G o t t e s liebe im biblischen Sinne schließt die wahre Selbstliebe und die vollkommene Nächsten liebe in sich ein. Sie fordert nämlich, daß die unendliche Vollkommenheit als Lebensinhalt und Lebenskraft für die Gesamtheit der hierzu Befähigten mit Hingebung und Tatkraft erstrebt und herbeigeführt werde, zunächst von jedem einzelpersönlichen Standpunkte aus, aber gleichwohl grundsätzlich für alle. Die drei Formen der sittlichen Güte schließen sich kraft innerer Wechseldurchdringung zur Einheit zusammen, wenn jede richtig verstanden wird. Sie stellen die im engeren Sinne re l i g i ö s e , die humane und altruistische, die heroische und individualistische Vollkommenheit dar.

Sobald die Humanität der Nächstenliebe und die Ausbildung einer charakteristischen und reichen Persönlichkeit nicht als wesentliche Bestandteile der Religion begriffen werden, wird die Religion nicht in ihrem vollen Inhalt und Umfang erfaßt. Beide Ideale stehen ihrem Wesenszweck ebenso nahe, wie der Gottesdienst durch Mystik, Kultus und Aszese. Auch die Pflege und Ausbildung einer charakteristischen Eigenart mit geistiger und leiblicher Tüchtigkeit wie Reinheit gehört ebenso unmittelbar zu ihrem Leben wie die Nächstenliebe.

Anderseits ist es bei der menschlichen Einseitigkeit begreiflich, daß die einseitigen Auffassungen des Vollkommenheits- und Religionsideals in der Geschichte vorwiegen. Der Mensch ist ja durch Anlage und Entwicklung individuell, raumzeitlich bedingt und darum zur Einseitigkeit geneigt. Das Vollkommenheitsideal der Jahwereligion findet eine gerechte Würdigung erst dann, wenn diese Einseitigkeit überwunden ist. Denn die Jahwereligion hat ihre Eigenart gerade darin, daß sie die Arbeit um die Vollkommenheit des Menschen und der Menschheit als den eigentlichen Gottesdienst will. Das Gute ist die Gesundheit und Tüchtigkeit des Menschen, die Wesensvollendung und Überwindung aller Übel, die Erhebung über alles, was weichliche Schwäche ist und was den Körper und Geist zu vergiften droht. Das Gotteswort: »Seid heilig, weil ich heilig bin, Jahwe euer Gott« ist ebenso das Moralprinzip des Alten Bundes, wie das Wort Christi in der Bergpredigt: »Seid vollkommen, wie euer Vater im Himmel vollkommen ist«.

Die Heiligkeit im Sinne des Heiligkeitsgesetzes (Lev. 18—26) ist nicht richtig wiedergegeben, wenn sie nur als r i t u e l l e Reinhaltung verstanden wird, in jenem Sinne, in dem sie Christus als eine Pflanzung bezeichnet hat, welche sein himmlischer Vater nicht gepflanzt habe. Die Heiligkeit des Menschen muß so verstanden werden wie die Heiligkeit Jahwes. Nur das ist wahr, daß alles Verderbende, Zersetzende und Verwesende in dem Licht der lebendigmachenden Vollkommenheit geschaut und als unrein und widergöttlich empfunden wurde. Was Jahwe will, ist Kraft, Tüchtigkeit, Reinheit. Darum spricht das Heiligkeitsgesetz (Lev. 18—26) in erster Linie von der Unsittlichkeit und Ungerechtigkeit; erst in zweiter Linie von der rituellen Reinheit. Je nach der Beschaffenheit des Menschen und der eigentümlichen Lage der Kultur gestaltet sich auch das Verhältnis zwischen dem Menschen und der Natur sehr verschieden. Darum wird für andere Zeiten eine frühere Beurteilung von rein und unrein oft ganz unverständlich, während sie zu ihrer Zeit sehr ernst begründet war.

2. Die Selbstliebe ist Selbstvervollkommnung: der reine und starke Wille des Guten. Der reine Wille der Vervollkommnung ist jener, der nur durch die innere Güte der Sache bestimmt wird, nicht durch ein Gefühl der begleitenden Lust, nicht durch die Neigung, nicht durch irgend einen anderen Erwerb oder Nutzen, nicht durch Furcht oder Abhängigkeitsrücksichten, auch nicht durch den äußeren Erfolg, durch Befriedigung der Eitelkeit und der Machtbegierde.

Der starke Wille hält trotz aller Schwierigkeit unentwegt aus und überwindet die inneren und äußeren Mängel und Ungewißheiten in fortgesetzter Arbeit an sich selbst. Die Selbstliebe ist tatkräftige und kampfesfreudige Verwertung der eigenen Anlagen und Fähigkeiten, fortgesetzte Aneignung aller wahren Güter und Werte, stete Steigerung der eigenen Tüchtigkeit und damit der Überlegenheit und Herrschaft über die anderen, aber im Sinne der ursächlichen Führung zum Besseren, nicht zum Zweck selbstsüchtiger Ausbeutung und Unterdrückung. Die Selbstliebe schließt demnach die Lust und den Nutzen, Macht und Ehre nicht aus, sondern nur insoweit, als sie einseitig gepflegt und dadurch zum Hindernis der wahren Lust, des wahren Nutzens, sowie der wahren Ehre und Überlegenheit werden. Die Lust an freier Kraftbetätigung, am Kampf mit Schwierigkeiten, an der Bereicherung mit allen wahren Gütern, an der Herrschaft über die anderen durch Vorangehen in Tätigkeit, Sorge, Anregung, also Herrschaft durch Dienen und Geben, ist in der Selbstliebe enthalten, wie sie die Jahwereligion will.

Von diesem Gesichtspunkt aus lösen sich manche Härten: denn die Nächstenliebe wird weder in der sittlichen Ordnung noch in der Jahwereligion auf Kosten der eigenen Vollkommenheit gefordert. In der tatsächlichen Ordnung der Dinge ist die allgemeine Anstrengung eines jeden, sich selber zur höchsten Vollkommenheit auszubilden, ohne empfindliche Härten gegen die Interessen anderer kaum möglich. Darin liegt die Rechtfertigung dessen, was man als stark ausgeprägten Willen der eigenen Lebensbejahung und Selbstauswirkung bei den Heiligen der Jahwereligion fremdartig empfindet. Das Ideal der Nachsicht, Schonung und zärtlichen Rücksichtnahme ist oft die verderblichste Schädigung des Nächsten. Man anerkennt vielfach die altruistische Gesinnung als die religiöse Forderung schlechthin und wendet sie als Maßstab der Beurteilung an, während man ihr inneres Recht selbst nicht anerkennt, wenigstens nicht in dem Maß und Umfang, wie die Theorie es fordert. Dies gilt besonders von dem, was die Pflicht der Selbstvervollkommnung im Vergleich zur Rücksichtnahme auf den Nächsten fordert. Die Religion steht keineswegs bloß auf der Seite der Verzichtleistung und Nachgiebigkeit: auch die Religion Jesu nicht. Die Jahwereligion war auch niemals die Vergöttlichung der natürlichen Selbstsucht in Israel: sie ist mit gewaltiger Kraft allen Naturtrieben und aller Selbstvergötterung gegenübergetreten. Die Selbstpflicht, welche sie forderte, hat mit der natürlichen Selbstliebe nichts gemein, weder mit der individuellen noch mit der nationalen Selbstsucht.

Durch die ganze Geschichte der Jahwereligion und ihrer Gesetzgebungen geht die stete Forderung, sich durch strenge Selbstzucht zu einem starken und reinen Geschlecht heranzubilden. Die Kanaaniter wurden natürlich mit den Augen des Feindes beurteilt; allein in dem Verwerfungsurteil spricht sich doch das tiefe Pflichtgefühl für sittliche Reinheit und Kraft aus und der Abscheu vor geschlechtlicher Zuchtlosigkeit. Daß die Unzucht bei den kanaanitischen Völkern mit einer entwickelten Kultur und mit der Naturreligion des Baalkultes verbunden war, ist nicht befremdlich und darf über die Gefahr der Ansteckung und des Verderbens nicht hinwegtäuschen.

Wie Joseph in Ägypten die Versuchung gegen die Keuschheit aus Gottesfurcht zu überwinden hatte, so wurde die Gründung der Volkseinheit durch die Befreiung von der weichlichen Kultur Ägyptens und ihrer Siechtümer vollzogen. (Deut. 7, 15.) Sie war der Aufruf zum unerbittlichen Vollzug des Gottesgerichtes an einem sittlich entarteten Volke. Daher fand das Pflichtgefühl für sittliche Reinheit und Zucht in Israel allzeit den stärksten Ausdruck. In den Zeiten, wo der nationalpolitische Gegensatz zu den Kanaanitern abgestorben war, wurde das Grundgebot der Keuschheit gleichwohl mit gesteigerter Kraft geltend gemacht. Israel wurde immer durch die Forderung sittlicher Selbstzucht und Reinheit für Jahwe als den Heiligen Israels in Pflicht genommen.

Für die nähere Begründung der einzelnen Forderungen, die im Namen der Keuschheit gestellt wurden, ist als entscheidender

Gesichtspunkt die geschlechtliche Fortpflanzung überhaupt und des Gottesvolkes insbesondere maßgebend. Aus diesem Gesichtspunkt erklärt sich, was zum Zweck der Keuschheit gefordert wurde, wie das, was unerwähnt blieb.

Die zeitgeschichtliche Art, wie das Ideal der Selbstpflicht, Kraft und Reinheit aufgefaßt und durchgeführt wurde, ist von den jeweiligen Kulturverhältnissen bedingt. Die Aufgabe, die Grundlagen der eigenen Existenz erst zu schaffen und die Gefährdungen abzuwehren, welche sie immer wieder bedrohten, lenkt die Kraftbetätigung nach außen zu Kampf und Abwehr. So viel Schroffheit und Härte dabei zu beklagen ist, die N o t w e n d i g k e i t derselben in der gegenwärtigen Weltordnung scheint nicht in Frage gestellt werden zu können.

Auch das steht außer Zweifel, daß es in erster Linie die g e i s t i g e Tüchtigkeit, die Fernhaltung der verweichlichenden Naturreligion und der Zuchtlosigkeit war, um derentwillen die harten Maßnahmen gegen die Kanaaniter getroffen wurden. Daß es ein i d e a l e r Beweggrund war, der als e r s t e Macht zur Geltung kam, erhellt aus der strengen Forderung, die Habe der unterworfenen Kanaaniter nicht in Besitz zu nehmen, sondern zu verbrennen. Die schlichte gesunde Kraft sollte nicht durch den Reichtum der Beute, durch Habgier und Weichlichkeit geschädigt werden.

Jugendstarke Völker sind auch von der Anschauung beherrscht, daß jeder Besitz durch die Tüchtigkeit des Besitzers bedingt sei; wer seine Heimat nicht zu behaupten vermag, geht ihres Anrechtes darauf verlustig. Die Tüchtigkeit gilt als Rechtstitel.

Grundsätzlich ist die S e l b s t p f l i c h t geheiligt, indem sie in das Zehngebot aufgenommen wurde. Das Gebot der werktäglichen oder berufsmäßigen A r b e i t fordert die Arbeit als die Nachahmung der weltschöpferischen Tätigkeit Gottes. Die Sabbatruhe ist deren geistliche Ergänzung, die mit dem Fortschritt der Offenbarung immer mehr zur geistigen Beschäftigung mit Gott wurde. Das n e u n t e und z e h n t e Gebot fordert die strenge Selbstzucht, damit nicht nur die Handlungen, sondern auch die G e s i n n u n g e n gotteswürdig seien. Der Mensch soll innerlich H e r r über Begierde und Leidenschaft werden.

Die Einzelgebote und -verbote hinsichtlich der Keuschheit sind naturgemäß durch die Hauptforderung bestimmt, welche für gewisse Kulturstufen als maßgebend erklärt wird. Man kann eine Empfehlung der Ehelosigkeit im Alten Bund nicht erwarten, wenn die Fortpflanzung des Menschengeschlechts als eigentlicher Zweck zu gelten hat. Für gewisse Kulturverhältnisse mußte sich unter dieser Voraussetzung auch eine andere Beurteilung der Polygamie und der Nebenfrauen ergeben. Wenn die geschlechtliche Funktion als Wesensbestandteil der menschlichen Natur gilt, ist die Folgerung unabweislich, daß deren Erfüllung jedem möglich gemacht werden müsse.

Aus den hierauf abzielenden Verordnungen darf demnach keine Folgerung dahin gezogen werden, als ob das Alte Testament in Hinsicht auf die sittliche Strenge und Hoheit manchen Bedenken unterliege. Unter den geltenden Grundvoraussetzungen war die Gesetzgebung vielmehr durchaus vollkommen.

Der Sinn dieser Grundvoraussetzungen wird von Felix Perles also ausgedrückt: »In Pauli Unterschätzung der Ehe wirkt keineswegs eine rabbinische Anschauung nach. Die Ehe und ihr Zweck, die Fortpflanzung des Menschengeschlechts, galten den Rabbinern als eine religiöse Pflicht, der sich niemand entziehen dürfe. Wer sich ihr entzieht, vergießt gleichsam Blut und verringert sozusagen die Gottähnlichkeit. Wer keine Frau hat, ist noch kein Mensch. Wer keine Frau hat, ist von Gott in den Bann getan. Das Verlöbnis heißt Heiligung: ... die Frau wird durch die Ehe ein jedermann außer ihrem Gatten unantastbares Heiligtum. Besonders charakteristisch für die rabbinische Auffassung von der Ehe ist die Forderung, daß man sich im Augenblick des ehelichen Aktes heilige.« Perles, Boussets Religion des Judentums. Berlin, Wolf Peiser, 1903. S. 91. 92.

Mit dem Gottesreich des Neuen Bundes trat eine wesentliche Erhöhung der ganzen Lebensauffassung ein. Darum kann man vom Standpunkt des Neuen Testamentes die alttestamentliche Behandlung des Geschlechtslebens als vollkommen anerkennen und gleichwohl die höhere Wahrheit des Evangeliums geltend machen.

3. Die Geschichte der Jahwereligion ist die hohe Schule für die vollkommene Nächstenliebe. Die Erziehung zur Nächstenliebe begann mit der Hingabe an die Gemeinschaft des Gottesvolkes und führte bis zum Apostolat des Evangeliums, wonach die höchste Gottesliebe durch die allgemeinste Nächstenliebe geübt werden soll. Es war eine Entwicklung, in der die Jahwereligion vom Gesetz des auserwählten Gottesvolkes bis zum Ideal der weltumspannenden Nächstenliebe im Evangelium Jesu fortgebildet wurde. Allein es war die Entwicklung des Keimes zur vollen Lebensentfaltung. Der Adel des Nächsten, des Volksgenossen, zunächst aber nicht minder des Fremden, gründet schon in der ältesten Jahwereligion in seiner Gottgehörigkeit. Der Mensch als solcher ist Gottesträger und Gottes Ebenbild: darum gilt er als heilig.

Die noachischen Gebote tragen den Charakter höchsten Altertums an sich: »Euer eigenes Blut will ich rächen: an jedem Tier und an jedem Menschen, der sein Bruder ist, will ich es rächen. Wer Menschenblut vergießt, dessen Blut soll auch durch Menschen vergossen werden; denn nach seinem Bilde hat Gott den Menschen gemacht.« (Gen. 9, 5. 6.) Sogar der Brudermörder Kain wird durch das Jahwezeichen geschützt, daß er nicht ungesetzlicher Vergeltungssucht zum Opfer falle. (Gen. 4, 16.)

Die aufeinanderfolgenden Gesetzgebungen haben den Schutz des Schwachen und Fremden mit besonderer Teilnahme sichergestellt. Es geht ein Zug rücksichtsvoller Humanität durch alle mosaischen Gesetzgebungen hindurch, der als die Eigenart der alttestamentlichen Ausführung des Grundgebotes von Gerechtigkeit und Liebe vor allen anderen Gesetzgebungen des Altertums gelten muß. Die Vergleichung mit Hammurabis Gesetzbuch hat dies für das semitische Gebiet bestätigt. Das Gesetz des babylonischen Königs darf zwar nicht unmittelbar mit den alttestamentlichen Gesetzgebungen verglichen werden. Denn es ist mindestens acht Jahrhunderte älter als das älteste Gesetzbuch Israels. Die Erfüllung der gesetzgeberischen Aufgabe war naturgemäß viel schwerer, je weniger Vorbilder vorhanden waren. Indessen stand Babylonien in der Zeit Hammurabis auf einer viel höheren Stufe äußerer Kultur als Israel ein Jahrtausend später und sogar unter den Königen. Darum überrascht es doch, daß Hammurabis Gesetz im Vergleich zum Bundesbuch (Exod. 20—24) sehr grausam ist. Außerdem hat das mosaische Gesetz das ius talionis dadurch gemildert, daß zur Sühne der Verschuldungen außer dem Mord die Geldbuße als Ersatz zugelassen wird.

Die grundsätzliche Bedeutung, welche der Nächstenliebe im edelsten Sinne beigelegt wurde, bekundet sich in der Anordnung der Sabbatruhe für alle Hausgenossen. Die Schonung der Arbeitskraft der Untergebenen ist die schuldige Tributleistung an den Schöpfer. Darin liegt ein einzigartiger Vorzug der Jahwereligion, daß sie in systematischer Weise für die Schonung der dienstbaren Arbeitskräfte sorgte, und daß sie diese Pflichterfüllung geradezu in die Mitte des Kultus stellte. Es ist bezeichnend, daß im Dekalog keine Kultushandlung vorgeschrieben wird, außer der Sabbatfeier, als einer Betätigung der Nächstenliebe. Man dient Gott, indem man Nächstenliebe übt und die Wohlfahrt des Ganzen fördert. Die Propheten haben die Sabbatheiligung

allen Kultusforderungen gegenüber als das Gebot erklärt, wodurch
der Mensch lebe, d. h. wodurch der unmittelbare Segen der
Gottesgemeinschaft gewonnen werde.

Mit dem Sabbatgebot hängt als weitere Ausführung seiner
großartigen Heiligung des Menschenlebens die Heiligung des siebten
Jahres zum Sabbatjahr zusammen.

»Sechs Jahre sollst du das Land besäen und deine Früchte einsammeln.
Im siebten sollst du es ruhen und liegen lassen, daß die Armen deines Volkes
es essen. Das übrige mögen die Tiere des Feldes verzehren. So sollst du
es mit deinem Weinberg und deinem Ölbaum machen. Sechs Tage sollst du
deine Arbeit tun und am siebten sollst du ruhen, damit dein Stier und dein
Esel ausruhe, und der Sohn deiner Magd und der Fremdling sich erhole.«
(Exod. 23, 10—12. Lev. 25, 1—7.) Denselben Zweck verfolgt das Verbot
der Nachlese. (Lev. 19, 9. 10.)

Noch weitergehend war die soziale Absicht des Gesetzes über das Jubeljahr. Nach sieben Sabbatjahren sollte jeder Israelit in seinen Grundbesitz und
sein Geschlecht zurückkehren. Die Häuser in den Städten wurden im Interesse
des Verkehrs nicht dazu gerechnet, wohl aber die Häuser in offenen Ort-
schaften. So sollte die volle Verarmung und die Entstehung eines Proletariats
verhindert werden. Außerdem brachte das Jubeljahr jedem israelitischen Sklaven
die Freiheit. (Lev. 25, 8—55.)

Die deuteronomische Gesetzgebung will den Schuldnachlaß, sowie
die Rückgabe der Freiheit für Volksgenossen in jedem Sabbatjahr. (Deut. 15.)

Die höchste Absicht dieser einzigartigen sozialpolitischen Gesetzgebungen ist die Erhebung über den gemeinen Erwerbsgeist,
der die Rücksichten der Liebe wohl anerkennt, aber nur soweit
sie das Interesse des geschäftlichen Vorteils nicht berühren. Die
Jahwereligion wollte einen Sinn vornehmer Freiheit und edler
Fürsorge in ihrem Volke. Darum wird als Beweggrund eingeschärft, daß Gott der eigentliche Eigentümer des Landes und
seiner Bewohner bleibe. Die rücksichtslose Ausbeutung von Besitz
und Glück soll durch das Bewußtsein verhindert werden, daß
alle und alles dem Schöpfer gehört und dem höchsten Zweck der
Gottesgemeinschaft und Gottesherrschaft dienen soll.

Der Grundgedanke dieser sozial-sittlichen Gesetzgebungen fand
im Schlußgebot des Dekalogs seine grundsätzliche Beurkundung.
Der Sinn des zehnten Gebotes ist nicht nur das Verbot der
Begierde, durch eigentliche Ungerechtigkeit, wie Diebstahl, Raub
und Wucher, fremdes Eigentum zu gewinnen, sondern man soll
auch nicht die Überlegenheit der eigenen Kaufkraft und die Gunst

des Schicksals ausnützen, um den Nächsten um seinen festen Grundbesitz zu bringen und so dem Proletariat zuzuführen.

Das war es, was Elias dem König Ahab wegen Naboths Weinberg zum Vorwurf machte und als den Grund des Unterganges für sein Königshaus erklärte. Die phönizische Königin sprach offen ihr Erstaunen aus, wie ein König Israels sich vor solchen Rechtsanschauungen ohnmächtig fühlen könne. Die Sünde Ahabs, der nichts von der Missetat Jezabels wußte, bestand nur in der ungeordneten Begierde nach dem Erbgute Naboths. (4. Reg. 21.)

Die Milde der alttestamentlichen Gesetzgebungen kommt auch in den häufigen Wucherverboten zum Ausdruck. Es wäre nun ungerecht, ähnliche Vorschriften in der babylonischen Gesetzgebung zu erwarten: denn das Interesse des großhändlerischen Verkehrs forderte andere Rechtsordnungen. Allein trotzdem ist der Geist, der sich in Hammurabis Gesetzgebung bekundet, nicht zu verkennen: der Schutz des Besitzes ist das höchste Interesse, das der Gesetzgeber kennt. Die alttestamentlichen Gesetzgebungen haben den Mammonsgeist von Anfang an bekämpft: Christus hat das Gesetz Jahwes auch in dieser Hinsicht erfüllt.

Die humanen Gesetze inbezug auf den Besitz an Gütern und Sklaven gelten in vollem Maße nur inbezug auf die Volksgenossen. Allein für die große Menge kam eigentlich nur der Verkehr mit den Volksgenossen in Frage. Sodann ist es selbstverständlich, daß die Forderungen der Nächstenliebe innerhalb der engeren und unmittelbaren Gemeinschaftskreise nicht ohne weiteres auf die Gesamtheit ausgedehnt werden können. Wer wollte verlangen, daß das Maß der allgemeinen Nächstenliebe unterschiedslos so weit gehe wie das, was die Nächstenliebe innerhalb der engsten und engeren Familien- und Freundschaftskreise diesen Allernächsten gegenüber fordert?

Übrigens hatte die Gesetzgebung auch inbezug auf die Fremden eine für das Altertum ungewohnte Milde. »Den Fremdling sollst du nicht drängen und ihn nicht drücken: denn Fremdlinge seid ihr gewesen im Lande Ägypten.« (Exod. 22, 21.) »Einerlei Strafmaß sollt ihr haben, der Fremde wie der Einheimische: denn ich bin der Herr euer Gott.« (Lev. 24, 22; 25, 35; 23, 9.) »Wie ein Eingeborener aus euch soll euch der Fremde sein, der bei euch sich aufhält: du sollst ihn lieben wie dich selbst.« (Lev. 19, 34.) Damit ist dasselbe gesagt, wie durch die Gottangehörigkeit der Menschen und des Landes. In allen Personen tritt Gott als der Anwalt der Persönlichkeit, und in allen Gütern tritt Gott als das Gut aller Güter dem Jahweglaubigen gegenüber.

Die Nächstenliebe fordert in demselben Maße eine strengere Rücksichtnahme, je mehr die Not und Schwäche den Nächsten hilfsbedürftig macht: darum sind Witwen und Waisen, Taglöhner und Arme, Blinde und Lahme der Gegenstand besonderer Fürsorge für die alttestamentlichen Gesetzgebungen.

Es ist dies, wie bekannt, kein im Altertum selbstverständlicher Gedanke. (Exod. 23. Lev. 19, 13. 15.)

Auch vor dem Feinde darf die Nächstenliebe nicht aufhören. Vielmehr enthält das Gesetz positive Forderungen von sehr praktischer Art: erstens soll man offen und durch unmittelbaren Gedankenaustausch mit dem Feinde die Sache erledigen; denn nichts fördert die Feindschaft so sehr wie das Meiden einer unmittelbaren Auseinandersetzung. (Lev. 19, 17. 18.)

Sodann soll man dem gefährdeten Tier des Feindes zu Hilfe kommen und so die Beschädigung seines Besitzes verhindern. (Exod. 23, 4. 5.)

Christus verwirft in der Bergpredigt die Maxime: »Du sollst deinen Nächsten lieben und deinen Feind hassen.« Aber der zweite Teil findet sich nirgends im alten Gesetz, insbesondere nicht in Lev. 19, 17. 18. Was Jesus bekämpfte, war die kasuistische Beschränkung der Nächstenliebe auf Freunde und Volksgenossen, sowie die Freigabe der Rachsucht. Der Geist der alten Gesetzgebungen spricht sich außer den angegebenen Texten in den Aufforderungen aus, die Rachsucht zu unterdrücken und das Böse durch Gutes zu überwinden.

Vgl. Jer. Klagel. 3, 30: »Gut ist's dem Menschen, wenn er dem die Wange hinreicht, der ihn schlägt.« — Job 31, 29 versichert, daß er sich nicht durch Schadenfreude versündigt habe. Prov. 20, 22 gebietet: »Sprich nicht: Ich will das Böse vergelten. Warte auf den Herrn, und er wird dich befreien.« Ebenso 24, 17. 29; 25, 21. 22: »Wenn dein Feind hungert, so speise ihn; wenn er dürstet, reiche ihm Wasser. So wirst du Gluten auf sein Haupt sammeln, und der Herr wird es dir vergelten.« (Sir. 28, 1—14.)

Der Grundsatz »Aug' um Aug', Zahn um Zahn« hatte seine Geltung für die öffentliche Rechtsordnung und ist im Grunde auch im heutigen Strafrecht wirksam.

Das Beispiel fehlte auch nicht in dem edelmütigen Verhalten Davids gegen König Saul. (1 Sam. 24, 17; 26, 21.) Es ist also der Geist der Jahwereligion, der in dem hohen Gebot der Bergpredigt seine letzte Vollendung erfuhr: »Liebet eure Feinde: tut Gutes denen, die euch hassen, und betet für eure Verfolger und Verleumder, auf daß ihr Kinder eures Vaters im Himmel seid, der seine Sonne aufgehen läßt über Gute und Böse.« (Mt. 5, 44.) »Laß nicht das Böse dich überwinden, sondern überwinde du das Böse durch Güte.« (Rom. 12, 21.)

Die nationale Gemeinschaft mußte zunächst naturnotwendig die Grenze für die positive Übung der Nächstenliebe bilden, wie es jetzt im allgemeinen auch ist. Wenn man dazu nimmt, daß mit der Volkszugehörigkeit zu Israel zugleich die Religionsgemeinschaft der einzig wahren Gottesverehrung gegeben war oder fehlte, und daß die religiösen Gebräuche der anderen Völker an den Israeliten mit der Todesstrafe geahndet wurden, so ist es berechtigt, für die Beurteilung der auf die Kanaaniter bezüglichen Verfügungen die Würdigung der ganzen zeitgeschichtlichen Lage, sowie des nationalen Pflichtgefühls zu fordern. Das christliche Gebot der Nächstenliebe wurde in der Zeit der Inquisition auch nicht als Hindernis für die Ketzer-verfolgung betrachtet; man glaubte vielmehr, es dem Schutze der Seelen schuldig zu sein, daß man alle Irrlehrer nach Möglichkeit ausrotte.

Das Entscheidende für den übernatürlichen Offenbarungs-charakter der Jahwereligion sind nicht diese oder jene einzelnen Verordnungen, auch nicht die eigentümlichen Wirkungen, welche dieselbe als Offenbarung des allein wahren Gottes und als Ver-kündigung seines Rechtsanspruches auf Israel und die Welt in den verschiedenen Personen hervorbrachte, welche von der Macht und Glut dieser Grundüberzeugung durchdrungen waren, sondern ent-scheidend ist die eine große Weissagung und Zielbestimmung, wonach durch Israel der große Segen der Jahwereligion und der Jahwegemeinschaft einstens allen Völkern zuteil werden sollte. Darin erhielt die Nächstenliebe ihre Krönung: sie besteht ja nicht in der Nachgiebigkeit gegen den Nächsten, sondern in dem Willen, ihm zum wahren Lebensinhalt und zur höchsten Vollkommenheit zu verhelfen. Was um dessentwillen notwendig wird, darf nicht als Verleugnung des Prinzips der Nächstenliebe gelten. Auch diese ist nach dem höchsten Ziel zu bestimmen.

Aus dem Bewußtsein, das auserwählte Gottesvolk zu sein, konnte wohl die Versuchung zu geistlichem Hochmut entstehen: allein nicht mit Recht. Denn es wurde nichts eindringlicher dem Volke eingeschärft als das Gleichgewicht von Rechten und Pflichten. Die Bevorzugung als Gottesvolk steigerte die Ver-pflichtung in demselben Maße, und zwar ebenso mit Rücksicht auf Gott wie auf die Völkerwelt, für welche Israel das Gut der wahren Religion bewahren und zur Vollreife bringen sollte: kämpfend und siegend, aber auch entsagend und leidend als Gottes-knecht.

Die Begeisterung für Güter und Aufgaben vom allerhöchsten Werte und das ernste Pflichtbewußtsein für den allein wahren Gott und Herrn mußte sich je nach der Anlage und Lage in man-chen Vertretern der Jahwereligion zu Maßnahmen der rücksichts-losen Gewalt und zu Ausdrücken der bittersten Vergeltungssuch:

10*

umsetzen. Der Glaube an die Offenbarung fordert nicht, daß man
in dem, was den Grundgeboten der Offenbarung nicht entspricht,
die Offenbarung sehe. Übrigens sind die heftigsten Äußerungen
gegen die Feinde des Gottesvolkes immer noch nicht so heftig
und auch nicht so zahlreich, wie die Androhungen gegen Israel
selbst für den Fall der Untreue. (Lev. 26. Deut. 27—29.)

Indem die Wahrheit und ewige Lebensinteressen für die
Gesamtheit in das Empfinden und Fühlen Eingang nehmen, wird
das ganze Seelenleben in der heftigsten Weise in Mitleidenschaft
gezogen. In verhängnisvoller Weise geschieht dies so lange, bis
die Entwicklung durch die Sturm- und Drangperiode hindurch-
geführt hat, um den Erfolg wertvoller Erfahrungen und sittlicher
Errungenschaften zu erzielen, wie er Elias am Berge Horeb zuteil
wurde. (3 Reg. 19.)

Die textkritische Auffassung der Hl. Schriften, zu denen die
katholische Bibelwissenschaft vorgeschritten ist, erleichtert die
Aufgabe der Apologetik wesentlich. Was als Maßnahme, als Gedanke und als Gefühl (wie z. B. in den sog. Fluchpsalmen und
Rachegebeten im Alten Testament wie in der Apokalypse) ganz
verständlich und unter Würdigung der zeitgeschichtlichen
Verhältnisse sogar heroisch und bewunderungswürdig erscheint,
wenn es als menschliche Lebensäußerung betrachtet wird, auch
bei den Empfängern übernatürlicher Offenbarungen, das bildet
eine Schwierigkeit, sobald es aus seinem psychologischen und
geschichtlichen Zusammenhang losgelöst und für sich allein, sei
es aus Gesinnung, Wort, Wille und Tat ins Auge gefaßt wird.

Ein wichtiger Vorzug der alttestamentlichen Gesetzgebungen
hinsichtlich der Nächstenliebe ist die Humanität des Strafrechtes.
Nicht nur ist das Strafrecht Israels immer von der unsittlichen
Untersuchungsmethode der Folterung frei geblieben, sondern
auch von den Strafmitteln der Verstümmelung und der qualvollen
Todesstrafe. Es gelang der europäischen Strafrechtspflege erst
infolge der großen Umwälzung am Ende des 18. Jahrhunderts,
von beiden unsittlichen Ausartungen frei zu werden.

Das Gesetzbuch Hammurabis nimmt sowohl Verstümmelung wie die
grausame Todesstrafe in sein Strafrecht auf. Vgl. 192. 193. 194. 195. (196.
197. 200.) 205. 218. 226. 253. 282. Hiervon sind 196. 197. 200 die strenge
Anwendung des ius talionis. Exod. 21, 23—25; Lev. 24, 19. 20; Deut. 19, 21

sprechen diesen Strafrechtsgrundsatz im allgemeinen aus. Die Härte der Verstümmelung wird einigermaßen verständlich durch das Übel der Verstümmelung, welches der Übeltäter seinem Nächsten zugefügt hat. Allein ohne diese oder eine ähnliche Voraussetzung erscheint die Verstümmelung als unmenschlich, zumal in den Fällen der obigen Gesetzesvorschriften. Das deuteronomische Gesetz führte die körperliche Züchtigung ein, aber nicht mehr als 40 Streiche, damit die Menschenwürde nicht verletzt werde. (Deut. 25, 1—3; Hammurabi 202.) Das Bundesgesetz verfügt die körperliche Züchtigung überhaupt nicht.

Sittliches Bedenken erregte die alttestamentliche Gesetzgebung in christlichen Kreisen allezeit dadurch, daß sie den außerehelichen Geschlechtsverkehr nicht verbot, vor allem aber darum, weil sie die Polygamie weder inbezug auf die Mehrzahl der Ehefrauen noch auf die Nebenfrauen verbot. Das Bundesgesetz anerkennt neben dem Nahrungs- und Kleidungsbedürfnis den Anspruch eines jeden auf geschlechtliche Befriedigung. (Exod. 21, 10.)

Die gerechte Würdigung der Jahwereligion in sittlicher Hinsicht wird vor allem durch die Bedenken erschwert, welche die Vernichtungsbefehle gegen die Kanaaniter, sowie die Ausbrüche eines unduldsamen und rücksichtslosen Fanatismus erregen. Die moderne Frömmigkeit fühle sich abgestoßen durch das Vorwiegen der irdisch-weltlichen und nationalen Angelegenheiten. Das Interesse am Seelenheil und am jenseitigen Leben scheine allzulange und allzusehr zurückgedrängt. Beides einige sich zu dem Gesamteindruck: Als gut und gottwohlgefällig gilt, was Israel nützt. Die nationale Selbstsucht Israels kenne kaum andere Interessen und mache sich darum zum Maßstab des Guten für Gott und die Menschen.

Diese Beurteilungsweise verkennt trotz ihrer streng sittlichen Absicht die Forderung der geschichtlichen Gerechtigkeit, wonach jedes Zeitalter aus seinen eigenen Verhältnissen heraus zu verstehen ist. Sie verkennt auch die tiefste Natur und Tragweite der sittlichen Ordnung. Sittlichkeit im modernen Sinne ist nicht der erschöpfende Ausdruck für das, was der Grundgedanke von gut und böse, von Pflicht und Sollen ist. Wir kommen diesem Grundgedanken wohl am nächsten, wenn wir das Ideal der Vollkommenheit im allseitigsten und intensivsten Sinne als den Sinn der Sittlichkeit bezeichnen. Dann ist das eigene Lebensinteresse, so mannigfaltig der subjektive Gesichtspunkt sein mag, von dem aus sich die Lebensinteressen als die eigenen den Menschen, Völkern, Ständen, Religionen darstellen, nicht minder zum Wesensbestand des Guten gehörig, als die Forderungen der Gemeinschaft gegenüber den einzelnen und anderen Gemeinschaften.

Dazu kommt ein mehr geschichtliches Moment. Die Urzeit, in der sich die Jahwereligion entwickelte, kannte noch keine literarisch ausgestaltete und vielfach durchgeführte Moraltheorie, weder als Philosophie noch als Theologie. Das sittliche Bewußtsein wirkte ungebrochen und ungehemmt durch literarische Darstellung und Überlieferung in der lebendigen Betätigung selber. Die literarische Durchführung der Sittlichkeit kommt unwillkürlich den Interessen der großen Gemeinschaftskörper mehr entgegen, als denjenigen der Einzelpersönlichkeit. Ebenso bekundet sie von vornherein wesentlich mehr Verständnis für das eigene Lebensgebiet und Recht, als für das fremder Rassen und Kulturgebiete. Was literarisch auftritt, ist auf die Gunst der Gesamtheit angewiesen und kann nur zur Sache der Überlieferung werden, soweit es von der öffentlichen Meinung gebilligt und getragen wird. Selbstverständlich kann trotzdem das Recht der Einzelpersönlichkeit von einem mutigen Schriftsteller literarisch vertreten werden. Aber für die rein mündliche Überlieferung ist nur die Gesamtheit maßgebend, die öffentliche Meinung eines Volkes oder eines Stammes.

Die Gesamtheit ist sehr gern bereit, die einzelnen zum Mittel des Ganzen herabzusetzen. Sie versteht dies auch dann, wenn sie mit Worten die Einzelpersönlichkeit im höchsten Maße als Selbstzweck feiert. Sie kann tatsächlich ohne Besorgnis vor der öffentlichen Meinung das Recht der Einzelpersönlichkeit beeinträchtigen. Denn die große Menge der Durchschnittsmenschen empfindet das Bedürfnis, sich als selbständige Geistespersönlichkeit auszubilden, nur sehr leise. Die Aufgabe ist eben sehr schwer. Zudem ist es nicht leicht, den vielgestaltigen Gemeinschaftskörpern gegenüber das Recht des einzelnen im vollen Maße zur Geltung zu bringen.

Aus all dem erklärt es sich, daß die Sittlichkeit in den offiziellen Darstellungen enger gefaßt wird, als sie in Wirklichkeit ist und lebendig empfunden wird. Man muß dies würdigen, wenn man dem sittlichen Geiste der Jahwereligion in der Urzeit gerecht werden will. Der Anteil, welcher der Jahwereligion zuzurechnen ist, besteht nur in dem Grundsatz, daß das ganze Leben unter den Gesichtspunkt des heiligen Gesetzes und des göttlichen Dienstes zu stellen sei.

Was im einzelnen und jeweils zur Lebensaufgabe und damit zum schuldigen Gottesdienst für jeden und für Israel gehöre, das sagte einer jeden Generation die Jahwereligion nicht in fertiggestellten Erkenntnissen, nicht ohne weiteres und nicht ohne die eigene Fortbildung der Gottesgemeinde. Die Vernunft von innen und die Lage von außen mußte sich mit der fortschreitenden Offenbarung vereinen: dadurch wurde Gesetzgebung und Prophetentum zu einer hohen Gottesschule der sittlichen Erkenntnis und Gesinnung. Was aber dann im fortgesetzten Ringen des Gottesgeistes mit dem Menschengeist als Gott schuldige Verpflichtung erkannt wurde, gewann durch diese Beziehung zum höchsten Grund und Zweck eine ergreifende Stärke und Innigkeit. Hatte man dabei die Gottverpflichtung auf Handlungsweisen bezogen, die dem sittlichen Geist späterer Zeiten und anderer Völker Anstoß erregen, so kam die Macht der religiösen Ergriffenheit auch dieser für uns anstößigen Art der israelitischen Lebensbetätigung zugute. Es bleibt indes immer noch fraglich, welche Auffassung dem Ideal am nächsten kommt. Man darf dies nicht aus dem Auge verlieren.

Ein anderer Gesichtspunkt, der nicht außeracht gelassen werden darf, ist der Unterschied jugendlicher und altersmüder Völker. Die sittliche Vollkommenheit erscheint anders aus dem Gefühl hoffnungsstarker Lebenskraft heraus; ganz anders erscheint sie dem erfahrungsreichen Alter, das in langem Kampfe das Entsagen gelernt hat und darum geneigt ist, das Sittliche und Gottwohlgefällige mehr im Dulden und der Selbstverleugnung zu sehen.

Man darf endlich nicht übersehen, daß das Ideal der Sittlichkeit in keiner seiner Richtungen auf Erden zu einer solchen Erfüllung gebracht werden kann, welche die entgegengesetzten Bedenken vollkommen entkräftet. Die aktive Sittlichkeit, wie anderseits die passive Tugend hat ihre Gegner und wird scharf beanstandet; ebenso wogt der Kampf zwischen Altruismus und Individualethik, zwischen Eudämonismus und uneigennütziger Sittlichkeit, zwischen Kultur und Ascese, zwischen Autonomie und Heteronomie. Auch darüber streitet man, ob nicht das Nationale so stark geltend gemacht werden müsse, daß die soziale Ethik einen antisemitischen bezw. einen antiasiatischen Charakter annehmen müsse. Die Frauenfrage, die Temperenzbewegung, der Friedensbund, die soziale Frage, all das sind Probleme, welche entgegengesetzte Lösungen erfahren, und zwar vom sittlichen Standpunkt aus. Es wäre unrecht, wenn man an dem ehrlichen sittlichen Wollen der feindlichen Parteien zweifeln wollte: allein die irdischen Daseinsverhältnisse und die Beschaffenheit der menschlichen Natur macht die vollständige Durchführung der sittlichen Ideale scheinbar unmöglich. Aus diesem Grunde wurde und wird auch die Bergpredigt sittlich beanstandet.

Viele meinen, die Sittenlehre Jesu sei wohl edel gedacht, allein praktisch undurchführbar und für die sittliche Ordnung selbst gefährlich. Der Verzicht auf Arbeit und Sorge, die heilige Gleichgültigkeit gegen Eltern und Familie, die planlose Verteilung des Besitzes an die Armen — all das erzeuge gefährliche Übelstände. Wenn man dem Bösen nicht mit Kraft widerstehe, so gedeihe eben alle Zuchtlosigkeit. Wenn man ungestraft dem Nächsten persönliche und sachliche Unbilden zufügen, ins Gesicht schlagen und den Besitz nehmen könne, ja wenn die Religion lehre, dem Schlagenden auch die andere Wange darzubieten, so könne sich das Laster und der Übermut nichts Besseres wünschen. Nicht das Gottesreich, sondern die widerstandslose Willkürherrschaft alles Bösen wäre die Folge, wenn die Vorschriften der Bergpredigt von den Frommen erfüllt würden.

In der Tat sind die Bedenken gegen die Sittenlehre des Evangeliums ein Beweis, daß man die sittlich-religiösen Grundgedanken von ihrer Einkleidung und jeweiligen Anwendung wohl unterscheiden muß. Das gilt am allermeisten von der Bergpredigt. Der selbstvergessene Altruismus, die ideale Humanität und Charitas würde bei wörtlicher Erfüllung einiger Vorschriften der Bergpredigt den bösen Neigungen willkommene Förderung bieten, ja sie würde durch ihre Nachgiebigkeit die Schlechten geradezu zum Schwelgen in zuchtlosem Übermut reizen. Allein den hohen Ernst, sittlichen Adel und damit die grundsätzliche Wahrheit der Bergpredigt anerkennt man trotzdem fast allgemein. »Die Worte, die ich zu euch geredet habe, sind Geist und Leben.« (Joh. 6.) — Man empfindet es wohl als Mangel, daß das Evangelium für die Kulturarbeit und das Staatsinteresse nicht viel Interesse bekunde, obgleich deren Mühen und Segnungen, sowie deren allgemeine Herrschaft die unentbehrliche Voraussetzung sind, daß die Asceten aller Schulen mit weltverachtender Sorglosigkeit ihrem ascetischen Vollkommenheitsideal nachstreben können.

Angenommen, die Friedensliga führe zum Ziel: welche Befürchtungen in kultureller und sittlicher Hinsicht würden mit dem Verschwinden der Völkerkämpfe und Völkergegensätze sofort lebendig werden?

Alle Richtungen, in denen das sittliche Ideal durchzuführen ist, stoßen einmal mit der rauhen Wirklichkeit und mit der tatsächlichen Beschaffenheit des Durchschnittsmenschentums zusammen. Gleichwohl müssen wir an ihnen festhalten, in der Hoffnung, daß die Menschennatur und die Daseinsbedingungen entsprechend dem sittlichen Ideal einstens eine Umgestaltung zum Besseren erfahren werden. In der gegenwärtigen Weltordnung würde der sittliche Idealismus vielfach zum Untergang führen, wenn er (von der Mehrzahl) nur in einer Richtung, etwa der Ascese und des Altruismus gepflegt würde. Das steht mit dem Wesen des Sittlich-Guten im Widerspruch: denn das Gute bedeutet die Tüchtigkeit des Wesens und dessen selige Vollendung. Folglich wird die Notwendigkeit dargetan, daß das sittliche Ideal in der einen Richtung durch jenes der anderen Richtung ergänzt werde, die Ascese durch die Kulturarbeit, der Altruismus durch die Selbstliebe, der Sozialismus durch den Individualismus und umgekehrt, die Tüchtigkeit des Friedens durch Heldenmut und die Tugenden der Kriegsnot.

Wenn ein Volk zur nationalen Existenz und Kraftentfaltung kommen soll, so war es und ist es kaum anders möglich, als durch irgend welche Unterdrückung und Hemmung der anderen. Der Erfolg des einen ist der Verlust des anderen. So scheint es in den meisten Lebensgebieten der diesseitigen Welt eine unvermeidliche Notwendigkeit zu fordern. Darum wird die Pflicht des Altruismus und der Selbstverleugnung in den entscheidenden Lebensfragen des einzelnen und noch mehr der Nationen zurückgestellt, um den Notwendigkeiten des Lebens ihr Recht zu gewähren. Die Vorzeit hat das offen als heilige Pflicht und göttliches Recht erklärt, was die Aufgabe der Selbstbehauptung und Selbstentwicklung von den Völkern forderte. Darin liegt die Apologie der ältesten Jahwereligion.

§ 3. Die innere Wesenseinheit des Gesetzes und der Allmacht.

Die weltschöpferische Allmacht des sittlichen Gesetzes.

1. Die Religion des Alten und des Neuen Bundes ist im eigentlichen Sinne die Religion des weltbegründenden und weltvollendenden Gesetzes. Das Gesetz ist Gott; das Gute ist die weltschöpferische Macht. Was im Gewissen verpflichtet, ist derselbe Gottesgeist, der schöpferisch über den Wassern schwebt und der als heilige Macht den Weltkreis erfüllt, um ihn zur Walstatt der sittlichen Ordnung zu weihen. (Gen. 1; Sap. 1.)

»Der Herr besaß mich im Anfang seiner Wege; ich war bei ihm alles gestaltend. Darum ihr Menschenkinder höret mich: Selig, die meine Wege bewahren. Vernehmet die Zucht und seid weise. Selig der Mensch, der auf mich hört. Wer mich findet, findet das Leben und erlangt das Heil vom Herrn. Wer gegen mich sündigt, verletzt seine eigene Seele. Alle, die mich hassen, lieben den Tod.« (Prov. 8.) »Dies (Gesetz der schöpferischen Weisheit) ist unser Gott. Er hat die Weisheit erzeugt und hat sie Jakob geoffenbart. Danach ist er auf Erden erschienen und hat mit den Menschen verkehrt. Er ist das Buch der Gebote Gottes und das Gesetz, das ewig gilt. Alle, die es halten, werden leben, die es übertreten, werden sterben.« (Baruch 3, 36—4, 1.) »Im Anfang war das Wort . . . und alles ist durch dasselbe gemacht. In ihm ist das Leben, und das Leben ist das Licht der Menschen.« (Joh. 1.) Das Gesetz wird unmittelbar als die verpflichtende Macht und Vollkommenheit gedacht; als solche ist es zugleich Gott und Weltschöpfer. Das Gesetz ist Gott, und Gott ist das Gesetz.

»Die Grundlehre des Judentums lautet: Weil das Sittliche göttlich ist, darum sollt ihr gottähnlich werden.« (Lazarus, Ethik des Judentums. 1898. S. 88.)

Das Gesetz verpflichtet den Willen durch seine eigene Majestät. Das Gesetz ist selbst Gesetzgeber, weil das Gute allein Weltschöpfer und Weltrichter sein kann. Gott steht dem Gesetz nicht gegenüber, gewissermaßen als dessen Vollstrecker in der Welt, als die Macht, die es zur Herrschaft bringt und ihm mit der Verheißung oder Androhung von Lohn und Strafe erst die notwendige Sanktion gibt.

Diese Aufgabe fällt dem allmächtigen Gott in der talmudischen Theologie und in Kants Philosophie zu, allerdings jeweils aus verschiedenen Gründen. Die rabbinische Theologie ist nicht immer in diesem Sinne talmudisch. Allein sie ist von der genannten Anschauung beherrscht, wenn sie die Vernunft, nicht Gott, als die verpflichtende Kraft in der Sittlichkeit angibt, »weil diese oft über die göttliche Vorschrift hinausgehen muß«. So Hirschfassel bei Lazarus, Ethik S. 94. Gott ist nicht nur das Verpflichtende in der positiven Gesetzgebung, sondern noch mehr in dem, was über die positive Satzung hinaufruft.

Ebensowenig ist das Gesetz erst deswegen verpflichtend, weil Gott mit seinem Gebot und Verbot das eine als gut und das andere als bös erklärte. Hiernach läge der Unterschied von gut und bös eigentlich nicht in der Sache selbst, sondern bloß und formell nur in der Anordnung des obersten Herrscherwillens. Der Allerhöchste, der keinen Höheren über sich hat, könne unbeschränkt festsetzen, was gut und bös sei. Gut sei, was der allerhöchsten Anordnung entspricht, bös, was ihr widerspricht oder nicht entspricht. Bei dieser Annahme verpflichtet das Gesetz nicht in seinem eigenen Namen, sondern in Kraft des göttlichen Willens, und zwar deshalb, weil der Wille Gottes der mächtigste und darum der rechtmäßige Herrscher über alle anderen Willen ist. Es gibt eine theologische Auffassung der Sittlichkeit, welche dem rein positiven und autoritativen Charakter der religiösen und sittlichen Verpflichtungen einen ganz besonderen Wert beimißt.

Diese Auffassung vertritt, ohne es zu wissen und zu wollen, den Gottesbegriff der Willkürallmacht. Der autoritative und formale Gehorsam gilt ihr als das höchste Verdienst. Sie schließt die innere Vernünftigkeit und sachliche Notwendigkeit der Gebote nicht durchweg aus, will sie aber auch nicht allzusehr betont wissen, weil es ihr scheint, daß das Verdienst des Gehorsams durch die Einsicht in die sachlichen Gründe gemindert werde. Sie vertritt wohl den Grundsatz, daß das höchste Prinzip des Guten im Wesen Gottes, nicht nur in seinem Willen liege. Allein sie macht von diesem Grundsatz in den entscheidenden Fragen keinen weiteren Gebrauch. Wenn der Wille des Allerhöchsten überhaupt über gut und bös entscheidet, so ist selbstverständlich das eigene Wesen des absoluten Gesetzgebers die substantielle Güte und Heiligkeit. Allein Heiligkeit bedeutet dann die Unverletzlichkeit, welche dem Mächtigsten zukommt, dessen Gebote nicht ungestraft verletzt werden dürfen, weil er eben der Mächtigste ist.

Außerdem wird die wesenhafte Heiligkeit von dieser Richtung in dem Sinne verstanden, daß der Allerhöchste seine Güte nicht mehr durch Werke zu betätigen brauche, weil die wesenhafte Güte das entbehrlich mache. Nur für den Menschen gelte die Forderung: Nimirum, Ut omnis hominis virtus, ita etiam bonitas opere alenda et conservanda est ... Propterea pater qui mala filiorum tolerat, quando sat facile ea prohibere potest, eos non amat: quia qui amat, amorem aptis operibus conservare et augere debet. — Contra Dei dilectio et benignitas nullo opere conservari indiget vel augeri potest. Darum sei es kein Mangel der Güte, wenn Gott zulasse, was ein menschlicher Vater nicht zulassen dürfe. (Hontheim S. J., Theodicaea 1893. S. 251.) Das Wesen wird bei dieser Auffassung als Ersatz für die Tätigkeit betrachtet. Es erinnert diese Auffassung an die Suffizienz der hinreichenden Gnade zum Können, aber nicht zum Tun des Guten.

Die Bedeutung, welche der alt- und neutestamentlichen Gleichsetzung von Gott und Gesetz, von Gott und Gut zukommt, ergibt sich auch aus dem philosophischen Gegensatz dieses biblischen Gedankens. Kant anerkennt die Notwendigkeit des Gottesglaubens für die sittliche Ordnung. Trotzdem will er das Dasein Gottes nicht als Wahrheit, sondern nur als Forderung der praktischen Vernunft gelten lassen. Kant anerkennt, daß die innere Erfahrung und das sittliche Bewußtsein eine unmittelbare Wahrnehmung der Wirklichkeit sei: frei von den Schleiern der Erscheinungsformen, wie Raum, Zeit, Bedingtheit durch anderes. Allein trotzdem lehnt er den Wahrheitscharakter des Gottesglaubens ab.

Kant übersieht den sittlichen Charakter der Wahrheit und der Wahrheitserkenntnis. Um zu verpflichten, ist die wirkliche Tatsächlichkeit und ursächliche Macht des sittlichen Ideals, kurz seine reale Wahrheit sehr bedeutsam, ja unbedingt notwendig. Die sittliche Ordnung ist als Ideal des Guten und des reinen Willens nicht durchzuführen, wenn sie nicht als reale Wahrheit zu erweisen ist. Die Wahrheit berührt den sittlichen Willen nicht weniger als die Vernunft. Die Beziehung zur Wirklichkeit und zur Verwirklichung liegt im Begriff des Guten selbst. Gut ist einerseits, was wirklich zu sein verdient und fordert; anderseits, was nicht bloß das Recht, sondern auch die Kraft dazu hat. Die Ohnmacht des Rechtes ist nicht gut. Die Gleichsetzung von Jahwe und Recht, von Gut und Gott im Alten Testament bedeutet also, daß die sittliche Ordnung nicht nur eine subjektive Einbildung oder Vorstellung des Menschengeistes sei, sondern die reale Macht und Wahrheit, welche die wirkliche Welt begründet hat und beherrscht.

Der Irrtum der Kantischen Ethik besteht darin, daß zwar mit Recht die souveräne Majestät und verpflichtende Macht des sittlichen Gesetzes geltend gemacht wird, allein ohne sofort und ausdrücklich die Gleichsetzung dieses

souveränen Imperativs (lex aeterna) mit Gott bezw. dem Weltschöpfer zu vollziehen. Gott wird zwar als Postulat der praktischen Vernunft und des religiösen
Bedürfnisses angenommen: aber damit ist sein objektiver Wahrheitscharakter
nicht festgestellt. Er bleibt ein subjektiv wertvoller Hilfsbegriff, einerseits um
der Erfahrungswelt eine subjektiv notwendige Ergänzung zu geben, anderseits
um der sittlichen Forderung den subjektiv notwendigen Nachdruck im Gewissen
des Durchschnittsmenschen zu verschaffen.

Das Gute verpflichtet durch sich selber, und zwar in allen
Formen, weil es die ursächliche Schöpfermacht ist, weil es der
Wille der Vollkommenheit und die Forderung der Vollkommenheit ist. Wie nur das Gute und die Güte schöpferisch wirken
kann, so kann auch nur die Vollkommenheit der Verpflichteten
der Inhalt des göttlichen Gesetzes sein. »Das ist der Wille
Gottes, eure Heiligung.« Gott kann nur das gebieten, was zum
Leben dient, nicht aber, was Tod und Niedergang im Gefolge
hat. Die Wirklichkeit ist die Offenbarung und das Reich der
Schöpfermacht des Guten; darum dient sie in allen ihren Formen
dem Guten: durch die Erregung des reinen Wohlgefallens und
der edlen Neigung, durch die innere Verpflichtung des Gewissens,
durch die Vergeltung, welche sie im Schicksalslauf mit sich bringt.
Die Selbstherrlichkeit des Gesetzes bedeutet den göttlichen Adel
und die alleinige Schöpfermacht des Guten. Der eigentliche Adel
oder die innere Heiligkeit würde ihm mangeln, wenn es nicht
durch sich selber liebenswürdig, verpflichtend und vergeltend,
schaffend und richtend wäre. Das Gute macht sich nicht bloß
im Gewissen als Verpflichtung oder kategorischen Imperativ geltend, sondern in der ganzen Wesensbeschaffenheit der Seele, die
zum Guten neigt, sowie der Güter und Dinge, welche diese Neigung erregen.

Die ganze Wirklichkeit, welche den Menschen von außen und innen um-
gibt, tritt ihm als Offenbarung des Guten und der sittlichen Verpflichtung
gegenüber, als die Offenbarung eines Gottes, der ihn zu seinem Ebenbilde
beruft, von der Erschaffung an und durch alles, was sich im Schöpfungswerke
geltend macht. Die ganze Wirklichkeit ist eine laute und eindringliche Aufforderung, Gesetzgebung und Verpflichtung zur höchsten Vollkommenheit.
Auch das Material ist eine Aufforderung: es will und soll vom sittlichen Geiste
zum Kunstwerk der Vollkommenheit verarbeitet werden. Es ist eine sehr
bedeutsame Tatsache, daß die Güte des Schöpfungswerkes als sein eigenster
Vorzug im ersten Schöpfungsbericht (Gen. 1, 10—31) hervorgehoben wird.
»Und Gott sah, daß es gut war, und er sah, daß das Ganze sehr gut war.«
(Gen. 1.) Wie diese Güte gemeint ist, ergibt sich aus dem Schöpfungswort

an den Menschen, daß er sich durch die Herrschaft über alle Naturordnungen, über alles Gute zum Sehrguten, zur Sabbatruhe in Gott emporarbeite.

Die Einheit der Schöpfungsmacht und des sittlichen Gesetzes im Sinne der Jahwereligion ist nicht etwa bloß eine Art Personalunion. Vielmehr wurzeln beide Vorzüge des Gottesbegriffs in demselben Grunde. Das sittliche Gesetz will die dem Eigenwesen entsprechende Vollkommenheit, und zwar als Ziel und Vorbild, wie zur Verwirklichung im ganzen und einzelnen. Gut ist, was zur Vollkommenheit des Wesens gehört: also ist die Gesetzgebung des Guten gleichbedeutend mit der schöpferischen Erfindung und idealen Ausgestaltung der Wesen. Gut ist, was der Verwirklichung wert ist und ebenso, was dem Wertvollen zur Verwirklichung verhilft. Der gute Wille ist demnach das eigentlich Gute, weil er die Kraft des Guten ist, wodurch es nicht bloß Idee, sondern Tatsache und Ursache ist.

Die Schöpfung ist ihrem innersten Wesen zufolge Gesetzgebung und Gebot des Schöpfers, daß das Vollkommene in einer reichen Fülle bestimmter Arten ausgestaltet werde und in bestimmtem Entwicklungsgang sich im einzelnen wie im ganzen auswirke. Darum wird die Schöpfung im Alten Testament immer als eine gesetzgeberische Tat dargestellt. Der Schöpfer stellt der Natur ihre Aufgaben, indem er seine Schöpfungsgedanken ausspricht und sie von der Natur selber mit der Kraft des sie durchdringenden Gottesgeistes vollbringen läßt.

Ebenso ist die sittliche Gesetzgebung nichts anderes als die Tat der lebendigmachenden Allmacht und Schöpfergüte inbezug auf die geistige Welt. Sie ist nichts anderes als die besondere Form, wie die Vollbringung des Schöpfungsgedankens inbezug auf den Menschen und die Gesamtwelt von dem vernünftigen und freien Geiste selber zu betätigen ist. Hier tritt der Charakter des Gesetzes, des in ihm gegebenen Vorbildes und Endzieles, der Verpflichtung und Verantwortung, sowie des durch seine Erfüllung verdienten Lohnes der Anerkennung wie der Vollendung in eigentlicher und ausgeprägter Schärfe hervor. Die Erschaffung des Vollkommenen in der Form der Menschennatur, der menschlichen Einzelpersönlichkeit, wie der Gemeinschaftsverbände aller Art, endlich der Verwertung des Universums durch den Menschen und dessen Umwandlung in ein Gottesreich wird eben durch die

sittliche Gesetzgebung und Gnadenordnung in der der Wesensstufe des Geistes angemessenen Weise vollzogen. Dieser innere
Zusammenhang von Schöpfung und Gesetzgebung findet im ersten
Schöpfungsbericht auch dadurch seinen Ausdruck, daß die sittliche Gesetzgebung mit der Schöpfung selber anfängt. Dadurch
ist ausgesprochen, daß der Zweck der sittlichen Pflichten und
Gebote kein anderer ist als die Vollkommenheit der menschlichen Natur und Persönlichkeit in allen Richtungen ihres Wesens
und in allen ihren Lebensbeziehungen. Das Gesetz der sittlichen
Ordnung im Sinne der Jahwereligion ist demnach von Anfang
an über jeden Verdacht der Willkür, des rein Statutarischen und
des Belastenden, des Knechtischen und Einschränkenden erhaben.
Das Urgesetz der Schöpfung ist zugleich die Bürgschaft dafür,
daß die Gebote Gottes den Menschen nicht zur Knechtschaft
beugen, sondern zum Adel der Freiheit und Selbstvervollkommnung erheben.

Es ist nicht die Folge von Naturgebundenheit und Unfreiheit des Bewußtseins, wenn die Naturwelt und die Selbstbestimmung gleichmäßig, aber
nicht gleichförmig als die Schöpfung des Gesetzes, des gesetzgebenden
Denkens und Willens betrachtet wird. Wie die Naturordnung, so wurzelt
auch die Rechtsordnung in den Tiefen des Weltgrundes. Damit ist eine ver-
ständige Unterscheidung beider und eine nüchterne Auffassung über den Ursprung der einzelnen Sitten- und Rechtsgesetze sehr wohl vereinbar.

Der Gedanke, daß das Gesetz allen Werdens und Wirkens, der Natur
und des Geistes in Gott wurzle, findet sich auch in den anderen Religionen,
in Ägyptens Lehre vom zweifachen Gesetz, in der brahmanischen Idee, welche
das Gesetzbuch Manus am Anfang ausspricht:

> »Denn dieser ganzen Welt Ordnung, die alles Denken übersteigt,
> Die schuf der Selbstseiende, ihr Ziel und Wesen kennst nur du.«

> »Die Namen und die Kräfte hat in der Schöpfung Anbeginn,
> Jeglichen Wesens Zustände nach Vedaworten Brahma gestaltet.«

Der Vorzug der biblischen Jahwereligion ist die reine und
ernste Durchführung dieses Grundsatzes. In der Jahwereligion
allein wurde er zu einer wirklichen Vervollkommnung des Menschen bis zum Endzweck des Schöpfungswerkes, der Gottebenbildlichkeit. In den anderen großen Religionen wirkte der Zwiespalt zwischen dem Gesetz der tatsächlichen Wirklichkeit und dem
Gesetz des Guten. Nicht überall führte dieser Zwiespalt dazu,
daß die religiöse Sittlichkeit ihr Gesetz darin fand, das Gesetz des

persönlichen Wesens und Daseins aufzulösen, wie im Brahmanismus und Buddhismus. Aber überall lagerte ein Dunkel über der Endvollendung des Menschen. Am wenigsten in der Ahuramazdareligion des heiligen Gesetzes, die vielleicht von den Exulanten des Zehnstämmereiches, von dem Volke eines Elias und Hoseas ihre eigentümlichen Ideen empfangen hat. Denn Israel wurde von Assur in Medien angesiedelt. (4 Reg. 17, 6. 28.)

Gerade der Brahmanismus und Manus Gesetzbuch bietet den Beweis dafür, was auch im Rig-Veda schon hervortritt, daß trotz der erhabensten Begründung des Gesetzes die nackte Selbstsucht der beiden oberen Stände das Gesetz zur Ausbeutung der Massen ausgestaltet, anstatt zur Vollendung des Menschentums zum Ebenbild Gottes. Desgleichen ist die Religionsgeschichte des Brahmanismus wie die des außerbiblischen Judentums der monumentale Beweis dafür, wie schließlich das Gesetz mit dem Buchstaben gleichgesetzt und zum Götzen über Gott und sein inneres Schöpfungsgesetz, den ewigen Schöpfungsplan hinausgehoben wird. So führte die sinnlose Überspannung eines tiefen Gedankens zu einer anderen Form des Gegensatzes zwischen dem Gesetz des Seinsollenden und dem Gesetz des Wirklichen.

2. Aus der Einheit der schöpferischen Ursächlichkeit und der sittlichen Gesetzgebung ergab sich als nächste Folge, daß die Gebote der sittlichen Ordnung keinen anderen Zweck haben als die Herbeiführung jener Vollkommenheit, welche die schöpferische Ursache, wenn auch mittelst der freien Selbstbestimmung und gemeinsamen Anstrengung der Menschen, bewirken will. Das Vorurteil, welches vielfach verbreitet war und die religiöse Sittlichkeit der Geringschätzung ausgesetzt hat, wird dadurch gründlich widerlegt: als ob die Gebote der Religion willkürliche Vorschriften seien, bei denen es vor allem auf die Unterwürfigkeit des Willens, nicht auf den inneren Zweck ankomme. Die alttestamentliche Offenbarung betonte der heidnischen Religion gegenüber, daß die Gebote Gottes auf die Vollkommenheit und Wohlfahrt des Menschen selber abzielen. Das Heil des Leibes und der Seele ist ihr Inhalt und Zweck: Israel gewinnt durch das Gesetz die Tüchtigkeit und Vollkommenheit in jeder Hinsicht, für die Gesamtheit als Volk, wie für die einzelnen, die Familien, für die inneren und äußeren Lebensgüter. Das Gesetz ist das, worauf das Leben, seine Kraft und sein Gedeihen gründet, das, wodurch der Mensch lebt. (Deut. 30. Ezech. 20, 10—25; 22. 33. 37. Prov. 3, 21. 22; 4, 4. 13. 22; 8, 35; 11, 19; 12, 3; 21, 21.

Sir. 4, 12—14; 24.) Das Ziel der schöpferischen Macht, Weisheit und Güte wird beim freien Menschen durch das Gesetz der religiösen Sittlichkeit herbeigeführt.

Auch die Kraft und Macht der Volksgemeinschaft, sowie des Staatswesens ist der Inhalt des göttlichen Gebotes: denn Volk und Staat sind eine der wichtigsten Formen, in denen die Gesamtheit den Inbegriff der Sittlichkeit, welcher den Propheten zufolge zugleich der Inbegriff des wahren Gottesdienstes ist, durchführt, nämlich Recht und Gerechtigkeit, Nächstenliebe und Naturbeherrschung, Bekämpfung aller Übel und Pflege alles Guten.

Ein charakteristischer Vorzug der nationalen Erziehung Israels liegt darin, daß bei der Volksgründung, bei der Einführung des Königtums und im Zeitalter der schriftstellerischen Prophezie von der Jahwereligion mit Energie die Pflicht der bürgerlichen Freiheit betont und die Gefahr, welche der Freiheit und damit dem sittlichen Vollkommenheitszweck durch die Gewaltherrschaft drohe, hervorgehoben wird. Die Einigung der Stämme, welche unzweifelhaft die geschichtliche Tat des Moses ist, sollte zu keinem orientalischen oder despotischen Königtum führen, sondern zu einem priesterlichen und königlichen Gemeinwesen in geordneter Selbständigkeit aller. Sonst wäre es unerklärlich, warum die Volkseinigung und der Kampf um Kanaan nicht sofort zum Königtum geführt haben sollten. Was im Wege stand, war das Grundgesetz der Bundesreligion, das Gesetz vom priesterlichen Königtum Jahwes und vom heiligen Gottesvolk, das Ideal eines sittlich-religiösen Gottesstaates, in dem das Grundgesetz die gemeinschaftliche Erfüllung der sittlichen Vollkommenheit und das Leben in der Gottesgemeinschaft war. (Exod. 19, 4—6.)

Was sonst zum Königtum führt, war in Israel zur Zeit des Auszuges und der Eroberung in voller Stärke wirksam. Die geschichtlichen Verhältnisse Israels in dieser höchst kritischen Zeit forderten das Königtum viel dringender als zur Zeit Samuels und der Philisternot. Es war auch in ganz anderem Sinne als später eine Persönlichkeit da, mit deren innerem und äußerem Recht auf das Königtum kein anderer in Vergleich kommen konnte.

Die Revolution des Korah war mehr levitisch und mehr ein Angriff auf Aarons Priesterrecht als politisch. Immerhin verraten die weltlichen Teilnehmer an der Verschwörung (Dathan, Abiram und On aus dem Stamme Ruben) auch eine Tendenz gegen Moses: »Willst du dir auch noch die absolute Herrschaft über uns anmaßen?« (Num. 16, 13.) Was diese weltlichen Fürsten mit Korah verband, war die Eifersucht des ältesten Stammes gegen den führenden Stammesteil in dem jüngeren Stamme Levi. Aber tatsächlich spielte die ganze Auflehnung ausschließlich auf dem Gebiet der priesterlichen Funktionen.

Josua ist so feierlich wie ein Nachfolger im Königtum von Moses eingesetzt, von oben gesalbt und vom Volke anerkannt worden. (Deut. 31; Jos. 1.) Es fehlte bei Moses und Josua nichts zum Königtum außer dem Namen und der Würde. Insbesondere die kraftvolle Zusammenfassung zu einem Gesamt-volk und zu gemeinsamer Geltendmachung der Einheit nach außen wurde von Moses wie Josua vollzogen. Ohnedies war das Beispiel aller Nachbarvölker gegeben, nicht nur der größeren, sondern auch derjenigen, welche viel kleiner waren als Israel. Selbst wenn es sich bei Josua nur um den Stamm Joseph und einige andere Bruderstämme desselben handeln würde, wie die Kritik meint, würde dies zum Königtum vollständig genügt haben. Es hat ja auch später genügt, sowohl in dem Nordreich wie in dem viel kleineren Südreich. Es ist nur e in Erklärungsgrund annehmbar: der religiöse Beweggrund, mit dem Gideon die Ablehnung des Königtums begründete: »Jahwe soll König über euch sein!« (Jud. 8, 23.) Außerdem der sittliche Beweggrund und das geistige Freiheitsideal, welches das uralte Gleichnis des Jotham hervorhebt. (Jud. 9; 1 Sam. 8. 12.)

Die innere Erhabenheit der Jahwereligion und ihres Sitten-gesetzes liegt darin, daß dasselbe von dem unmittelbaren Interesse an der geistigen Vollendung des Menschen selbst, und zwar in seiner Persönlichkeit als solcher beseelt ist. Dadurch macht sie den Menschen praktisch zum Selbstzweck. Gott gibt ihm diese Bedeutung, weil er der Lebensinhalt seines Ebenbildes sein will.

Sonst wird die sittliche Ordnung einfach als die Schutzmacht der irdischen Lebensinteressen und des gesellschaftlichen Verkehrs betrachtet, als die Macht, welche die rohe Äußerung der Selbst-sucht mit allen geeigneten Mitteln zu verhindern hat. Das sitt-liche Gesetz wird im großen zum Schutz des Eigentums, des Leibes und des Lebens gefordert. Selbstverständlich muß es überall die rohen Eingriffe in die Sicherheit der Personen und Güter zurückweisen. Allein das gibt ihm nicht seinen eigentlichen Cha-rakter, ebensowenig wie die notgedrungene Befriedigung der Lebensbedingungen sittlich-freie Arbeit ist. Es kommt auf jene Grundsätze an, welche zu den Abwehrgesetzen des Rechtes als die positiven Gebote der Liebe hinzukommen. Erst durch diese wird das sittliche Gesetz zu dem großen Gesetz der Vollkommen-heit, zur Pflege der Gottebenbildlichkeit im eigenen Wesen wie im Nächsten, zur Arbeit um das höchste Ziel der Gottesgemein-schaft.

Dieser Grundzug gibt den altbiblischen Gesetzgebungen ihren Adel: sie zielen in keimhaften, aber kraftvollen Grundgeboten auf die Vollkommenheit als solche ab, auf die Liebe und damit auf das Reich Gottes. Sie sind alle viel mehr als eine Schutzmacht zur Sicherstellung des vergänglichen Besitzes und der glücklichen

Besitzer. Der Schutz der irdischen Rechte und Güter ist wohl eine Forderung des Sittengesetzes; aber das Gesetz der Liebe ist das eigentliche Sittengesetz, der Wille zur Vollkommenheit selber.

Das biblische Ideal des Guten ist die Ausbildung der Gottebenbildlichkeit und dadurch der Lebensgemeinschaft mit Gott, also die Ausbildung der vollkommenen Persönlichkeit. Die Heranbildung zur vollkommenen Persönlichkeit umfaßt alle Tüchtigkeit in jeder Form der geistigen Betätigung und damit die Verähnlichung mit Gott. Aber ebenso die Befähigung und Bereitwilligkeit, um in geistiger Lebensgemeinschaft mit Gott zu stehen und Gott als eigentlichen Lebensinhalt zu haben. Das biblische Ideal des Guten ist der Mensch als Bürger des Gottesreiches, die Menschheit als priesterliches und königliches Gottesvolk und Gottesreich. Das Bürgertum im Gottesreich bedeutet zuerst die Berechtigung und Befähigung zu der tätigen Anteilnahme an den Angelegenheiten des Gottesreiches, sodann die innere Interessengemeinschaft und das lebendige Verwachsensein mit den Aufgaben und Zielen dieses Gottesreiches.

Hieraus ergibt sich, worin der Fortschritt des Alten zum Neuen Bunde in dieser Hinsicht besteht. Das Bürgertum im Gottesreich wird mehr und mehr aus seinem Gebot und Beruf, Pflicht und Gesetz zu einer inneren, freien und vollen Anteilnahme, zum eigensten Lebensinteresse des Menschen. Dies geschieht in dem Maße, daß die geistige Persönlichkeit selber als der Träger und Vollbringer des Gottesreiches hervortritt, also je mehr die Gleichung zwischen vollkommener Persönlichkeit, Gotteskindschaft und Gottebenbildlichkeit (im übernatürlichen Sinne) bewußt wird. Sodann wird der Beruf zum Bürgertum im Reiche Gottes von dem Volke Israel auf die ganze Menschheit ausgedehnt. Dies geschah in dem Augenblick, in dem die erste Entwicklung zu ihrer Vollendung geführt war, in der Erscheinung des Messias, des Gottgesalbten, des Gott-mit-uns, des Gottmenschen, des lebendigen Gottesreiches in menschlicher Natur- und Opferhingabe.

Die ganze Offenbarungsentwicklung ist in ihren großen Entwicklungsstufen gekennzeichnet durch den Ausgleich zwischen dem idealen Grundgesetz vom priesterlichen und königlichen Charakter des Gottesvolkes einerseits und dem menschlichen Bedürfnis nach einer heteronomen Autorität und Herrschergewalt anderseits. Daher klingen die hohen Worte bei der Grundlegung des Alten Bundes (Exod. 19, 4—6; 20, 19; Num. 11, 27—29; Deut. 5) zusammen mit den idealen Forderungen Christi: Mt. 23, 8—10; Luk. 22, 24—34; Joh. 6, 45; 1 Joh. 2, 20. 27; 1 Cor. 2, 15; 7, 23; Gal. 3. 4; Jes. 54, 13; Jer. 31, 33. 34; Ezech. 34.

Der göttlich-übernatürliche Charakter der Jahwereligion liegt darin, daß sie trotz aller menschlichen Unebenbürtigkeit und Erdenschwäche von Anfang an das höchste Ideal als das Gesetz der ganzen Entwicklung aufstellt und auf allen Entwicklungsstufen festhält.

»Alles ist für euch da, sei es Paulus oder Apollo oder Kephas, sei es Welt, Leben oder Tod, Gegenwart oder Zukunft, alles ist für euch da. Ihr aber seid Christi, Christus aber ist Gottes!« (1 Cor. 3, 22. 23.) »Der Herr ist Geist. Wo der Geist des Herrn ist, da ist Freiheit. Wir alle sollen deutlich mit unverhülltem Angesicht die Herrlichkeit des Herrn schauen und werden nach seinem Ebenbild verklärt, immer herrlicher und herrlicher, und zwar durch den Geist des Herrn.« (2 Cor. 3.) Die unmittelbare Herrschaft des Gesetzes in der Seele ist die Freiheit des Evangeliums. Die vollbewußte Theonomie ist die Freiheit der Gotteskinder.

Die Jahwereligion bot einen Ersatz und Ausgleich für die Unvollkommenheit, welche das Zurückbleiben hinter dem vollkommenen Freiheitsideal der vollbewußten Theonomie mit sich bringt, in der Tugend der pflichtbewußten Unterordnung und des heiligen Gehorsams einerseits, vor allem aber in der helfenden, erziehenden, leitenden Nächstenliebe anderseits, welche die Starken gegen die Schwachen, die Mündigen gegen die Unmündigen üben. Allerdings soll der Gehorsam nie zum Stolz auf die eigene Unmündigkeit werden: die Liebe nie zur Gewaltherrschaft. (Mc. 10, 42—45; Lc. 22, 24—27; Joh. 10; 21, 15—17; Ezech. 34.) Der Gehorsam der Schwachen und die Herrschaft der Starken soll auf das hohe Ziel der unmittelbaren Gottesherrschaft in einem jeden hinarbeiten.

So ist die Organisation des Gottesvolkes in der Theokratie des Alten und des Neuen Bundes, im Staatswesen Israels, wie in der nachexilischen Gemeinde und in der christlichen Kirche das gottgewollte Mittel zur Herbeiführung des priesterlichen Gotteskönigtums in den Seelen. Solange dieses Ziel nicht allgemein erreicht wird, also bis zur Erfüllung des messianischen Gottesreiches, ist die Autorität und deren Wirken im Geist der dienenden Liebe der gottgewollte Ersatz für die noch mangelnde Vollkommenheit der einzelnen.

Der Gottesdienst in der Jahwereligion ist von Anfang an sogar ausdrücklich als Recht und Gerechtigkeit erklärt. Ausdrücklich geschieht dies in der Berufung Abrahams: »Wandle vor mir und sei vollkommen.« Sequere Deum! »Abraham soll doch zu einem großen und mächtigen Volke werden, und in ihm sollen sich segnen alle Völker der Erde. Denn ich habe ihn erwählt, daß er seinen Kindern und Nachkommen gebiete, daß sie Jahwes Wege einhalten und Recht und Gerechtigkeit üben, damit Jahwe über Abraham kommen lasse, was er ihm verheißen hat.« Gen. 18, 17 - 19. 25: »Sollte der Richter der ganzen Erde nicht Gerechtigkeit üben?«

Die einzelnen Erzählungen der Urgeschichte sagen dasselbe, nur in besonderer Anwendung. Und zwar sowohl hinsichtlich des Inhaltes der sittlichen Gottebenbildlichkeit, wie hinsichtlich der Form. Gottebenbildlichkeit ist der oberste Zweck der Sittlichkeit: sie offenbart sich in der Herrschaft des Menschengeistes über die Natur (Gen. 1) und bildet die Grundlage für die Sabbatgemeinschaft Gottes mit dem Menschen. (Gen. 2, 1—3.) Das Paradies und seine Pflege bedeutet dasselbe. Allein es ist nur als endgültiger Besitz möglich, wenn jene sittliche Reife des Geistes errungen ist, die der Verführung von außen wie dem Reiz von innen und dem trügerischen Scheine mit Selbstbeherrschung zu widerstehen gelernt hat. (Gen. 3.) Hingabe an Lust und Verführung ist Sünde.

Die Kritik findet in der Paradiesesgeschichte den Beweis, daß Jahwe als Gott der Willkürallmacht gedacht wurde. Sein Gebot an Adam unterscheide sich von dem Schöpfergebot Elohims im ersten Schöpfungsbericht dadurch, daß es rein positive Satzung sei und nichts als Probe des unbedingten Gehorsams. Mit der Frucht eines Baumes werde willkürlich die ungeheure Folge des Schicksals für die ganze Menschheit verknüpft.

Diese Auffassung ist unhaltbar. Es handelt sich im Paradies nicht um irgend welche Bäume der Pflanzenwelt, sondern um jene Bäume, von denen auch Jesus Sirach (c. 24) spricht, um den Baum des Lebens oder der Weisheit, und anderseits um den Baum der einseitig gepflegten Erkenntnis des Guten wie des Bösen. Nur wenn man in vollständiger Verkennung der tiefsinnigen Bildersprache trotz aller Hinweise des hl. Textes die Sinnbilder bloß äußerlich nimmt, ergibt sich der Schein, als ob das Schicksal des Menschengeschlechtes willkürlich von Gott mit einer beliebigen Gehorsamsprobe verknüpft worden wäre. Das Verbot des Erkenntnisbaumes war seiner inneren Natur nach geeignet, dem Menschen die Tragweite seiner Entscheidung ins Bewußtsein zu rufen.

Die Erzählung des Jahwisten von dem ersten Opfer, welches die Söhne Adams mit entgegengesetztem Erfolg darbrachten, gibt ebenso Anlaß, um den Willkürcharakter der Kultusgesetze und ihrer rein statutarischen Natur zu behaupten. — Allein so schwierig auch die sichere Auslegung von Gen. 4 sein mag, darüber kann bei unbefangener Würdigung keine Ungewißheit bestehen, daß die ernsteste Absicht der Erzählung darauf geht, der Mensch müsse sich bei der Gottesverehrung vor allem selber Gott zum Opfer bringen. Sie enthält die Forderung, der Mensch müsse sich über alle Schicksalsprüfungen innerlich erheben können. Von keinem Mißerfolg dürfe er sich in seiner Pflichterfüllung erschüttern lassen.

Kain hätte die Prüfung hochherzig überwinden sollen: die innere Schwäche gab ihn der selbstsüchtigen Leidenschaft preis, und diese führte ihn zur Gewalttat. (Gen. 4.) Die Sünde ist gewalttätige Rache; diese und die geschlechtliche Zuchtlosigkeit verschuldet das Strafgericht der Sündflut. Die Gewaltherrschaft der Starken erzeugt den Übermut und das Unrecht, wie den Knechtsinn und dessen Laster. (Gen. 9.) Es ist also kein fremdartiger Grundsatz, wenn uns in der Geschichte Abrahams ausdrücklich die Überzeugung gegenübertritt, daß die Religion wesentlich Recht und Gerechtigkeit bedeute. Und zwar in jeder Hinsicht. Vor allem gegen Gott, dann gegen die Menschen. Herrschaft über sich selbst und Herrschaft über alle Gegenstände, Güter und Schwierigkeiten, die dem Menschen gegenübertreten. Die Gottebenbildlichkeit besagt alles. Ambrosius hat darum im Kulturbewußtsein des stoisch geschulten Römergeistes als den Sinn der Patriarchengeschichte mit Recht herauslesen können: Sequere Deum! Strebe nach Gott! Verfolge Gottes Spur und strebe nach Gottähnlichkeit!

Die Göttlichkeit des sittlichen Offenbarungszieles und seiner Propheten wird positiv durch den erhabenen Grundsatz vom priesterlichen Königtum des Bundesvolkes dargetan. Aber auch negativ dadurch, daß die Priesterherrschaft von dem Propheten nicht gefördert wird. Der priesterliche Prophet Jeremias beklagt es sogar, daß die Priester herrschen. (Jer. 5, 31.) So wertvoll das Priestertum als Verkünder der wahren Gotteserkenntnis und als Bahnbrecher der sittlichen Gerechtigkeit und der Nächstenliebe ist, so bedenklich wird es, wenn es in der Neigung vorangeht, das Äußerliche zur Hauptsache zu machen und unter dem Schutze der Religion die Selbstsucht ihrer Organe zu fördern.

Die Kritik hat den Pentateuch aus dem Anfang der Religionsgeschichte Israels in die nachexilische Endzeit verwiesen. Allein gerade wenn man sich auf den Standpunkt der Bibelkritik stellt,

welche die nachexilische Periode als die Zeit der absoluten Gesetzes-
knechtschaft auffaßt, müßte man es ganz unverständlich finden,
wie man in dieser knechtlichen Gesinnung und ängstlichen Absonderung zu so hohen und freien Auffassungen habe kommen
können. Tatsächlich nimmt auch die Bibelkritik die jahwistische
wie elohistische Genesis als die älteste Urkunde in der alttestamentlichen Schriftsammlung. Für die erwähnten Stellen nimmt
man prophetische Einschaltungen an. Allein die Frage kehrt trotzdem wieder: Woher kam das Prophetentum und sein Grundgedanke: Jahwe fordert den Gottesdienst der sittlichen Gottebenbildlichkeit?

Die Jahwereligion ist Inanspruchnahme des Menschen für Gott. Sequere
Deum! Jahwe nimmt den Glauben und das Bekenntnis in Anspruch, wie keine
andere Gottheit: Jahwe nimmt das ganze Hoffen und Lieben mit ausschließ-
licher Strenge in Anspruch, »mit allen Kräften und aus der ganzen Seele«.
(Deut. 6.) Also ist das Denken und Wollen gottverpflichtet, also gehört Sittlichkeit und Kultus miteinander zum Gottesdienst.

Im Bundesbuch und im Heiligkeitsgesetz findet sich die ausdrückliche Forderung der Gottesliebe als Grundgebot nicht in der Form, wie dies im
Neuen Testament, besonders im Johannesevangelium und den Apostelbriefen
geschieht. Das deuteronomische Gesetz stellt im sog. Pentalog oder besser
Dreigebot die Gottesliebe als die wesentliche Grundforderung ausdrücklich
an die Spitze der ganzen Gesetzgebung. (Deut. 6.) Hoseas und Jeremias sind
im eigentlichen Sinn die Propheten der Gottesliebe. Amos fordert Recht
als Grundpflicht der Gottesverehrung, Hoseas die Liebe und Gotteserkenntnis,
Michäas vereinigt die Liebe mit dem Recht, er will vornehmen Edelsinn und
Geradheit, Jesajas will Buße und Bekehrung, Jeremias Gottergebenheit und
Weltentsagung: all das soll der einzelne und soll das Volk leisten als ein Gottesreich der Gerechtigkeit, der Liebe, der Uneigennützigkeit, der Buße und
des rückhaltlosen Genügens in Gott allein als Herrscher und Lebenszweck.
»Der Weise rühme sich nicht seiner Weisheit, der Starke nicht seiner Kraft,
der Reiche nicht seines Besitzes: sondern daß er mich kenne und überzeugt
von mir sage, ich sei der Herr, der Liebe, Billigkeit und Gerechtigkeit
auf Erden vollbringt: denn daran habe ich mein Wohlgefallen.« (Jer. 9, 23.)
Ezechiel ruft nach Reinigung und innerlicher Erfüllung mit dem Geiste
Gottes, nach Auferstehung zum Leben. Was Ezechiel unter dem Gesetze
Gottes versteht, sagt er cap. 18. 20. Ebenso Zacharias 7, 9—14; 8, 16. 17.

Die Gottesliebe selber in der Innigkeit und Geistigkeit des lebendigen
Herzensverkehrs mit Gott hat in vielen Psalmen und in den Weisheitsbüchern,
insbesondere Sap. 7—10, einen ergreifenden und mannigfaltigen Ausdruck gefunden. Darum konnte der Schriftgelehrte die Frage Jesu nach dem Wesen
der Jahwereligion ganz gut dahin beantworten: Sie sei das Gebot der Gottes-
und der Nächstenliebe. (Lc. 10, 27.)

Ebenso konnte aber auch in christlichen Kreisen die Ansicht entstehen, die Gottesliebe sei erst durch Christus als das Wesen der Offenbarungsreligion erklärt worden. Indes spricht Christus in den drei ersten Evangelien viel mehr von der Nächstenliebe; sogar im Evangelium Johannis. Allein darin liegt gerade das Einzigartig-Große, daß die Offenbarung viel mehr durch die Sache als durch einen einzelnen Ausdruck das höchste Ideal des Sittlich-Guten gefordert hat, im Alten wie im Neuen Bund.

In dem Grundgebot der Gottesliebe wird die Sittlichkeit zum Kultus und der Kultus zur Sittlichkeit im engeren Sinne verklärt. Beide erweisen sich als die Sabbatbeschäftigung des Geschöpfes mit seinem Schöpfer, damit Gott sein Schöpfungswerk im Menschen vollende. Die Sabbatfeier ist der altjahwistische Ausdruck für den inneren Zusammenhang von sittlichem Pflichtgesetz und schöpferischer Allmacht.

§ 4. Die innere Einheit von Sittlichkeit und Kultus, von Sittlichkeit und Seligkeit.

Das Verhältnis von Sittlichkeit und Kultus ist in der Religionsgeschichte und Religionswissenschaft ebenso strittig wie das Verhältnis von Sittlichkeit und Seligkeit. In der Jahwereligion und ihren heiligen Urkunden herrscht die gegenteilige Auffassung, wie es sich aus dem Grundgedanken der Gottverähnlichung und der Gottgemeinschaft unabweisbar ergibt. Der Kultus ist Gottgemeinschaft durch äußere sinnbildliche Feier; die Sittlichkeit ist innere Gottgemeinschaft durch Nachahmung der göttlichen Vollkommenheit.

Die Seligkeit ist die ungehemmte und vollkommene Lebensgemeinschaft mit Gott, das volle Leben aus Gott und bei Gott. Folglich sind Kultus, Seligkeit und Sittlichkeit im innigsten Zusammenhang. Sie sind untrennbar verbunden und wechselseitig Beweggrund und Ziel ihrer Betätigung.

1. Die Jahweoffenbarung bedeutet den weittragenden Grundsatz: Die Erfüllung des Gesetzes ist der gottgewollte Gottesdienst und Kultus. Das königliche Gesetz der Vollkommenheit ist die Verehrung, welche Jahwes Wohlgefallen findet. Es schafft die Gesundheit und Kraft des Lebens; es schützt Israel vor den Krankheiten der Kultur Ägyptens. (Exod. 15, 25. 26; Deut. 30; Ezech. 20, 11. 25.) Das Ringen nach der Verähnlichung mit Gott ist zugleich das Mittel, um mit Gott die heilige Gemeinschaft zu pflegen.

Dieser Grundsatz nimmt dem Kultus seine selbständige Bedeutung nicht. Aber er sagt, daß die tiefste Idee des Kultus dasselbe Gesetz der gottebenbildlichen Vollkommenheit sei, welches
die verpflichtende Norm des menschlichen Strebens und Handelns
ist. Aller Kultus beruht nämlich in letzter Hinsicht darauf, daß man
dasselbe tut, was Gott tut. Die Gottheit wird verehrt, indem man
ihr Wirken und Leben durch Nachahmung zur Anschauung bringt.
Dadurch gewinnt man zugleich Anteil an ihrer Fülle und Kraft.
Der Kultus ist Pflege der Gottesgemeinschaft; die Sittlichkeit ist
es nicht minder, wenn auch in anderer Weise. Also gehören
Sittlichkeit und Kultus in der wahren Religion zusammen. Indem
man die Gesinnung und Handlungsweise Gottes nachahmt, tritt
man in die Gottesgemeinschaft ein und empfängt Kraft um Kraft,
Licht und Trost. (Ps. 83/84. Mt. 6, 12—15; 18, 35.)

Die vergleichende Religionsforschung ließ sich durch ihr dar-
winistisches Entwicklungsprinzip verleiten, die Kultusgebräuche als ein unauf-
lösliches und darum unverständliches Element zu betrachten und vom religiösen
Gedanken wie vom sittlichen Pflichtgefühl gleichermaßen loszulösen. Die Lehre
sei durch die künstliche Umdeutung der Gebräuche entstanden: der Sinn aus
dem Sinnlosen, der Lehrgedanke aus dem künstlich erklärten Brauch.

Die alttestamentliche Religionsentwicklung ist am allerwenigsten geeignet,
zur Bestätigung dieser Anschauungsweise zu dienen. Gerade dann, wenn die
Ergebnisse der Bibelkritik angenommen werden, erscheint das Ritualgesetz des
Priesterkodex als die letzte Frucht der israelitischen Religionsgeschichte. Die
Formulierung der heiligen Gebräuche im Sinn einer positiven Ordnung und
eines statutarischen Gottesdienstes steht der Bibelkritik zufolge nicht am
Anfang der Jahwereligion, sondern wird als die Reaktion der nachexilischen
Gemeinde gegen die heidnische Herrschaft erklärt. Die Kultusgebräuche der
patriarchalischen und der vorköniglichen Zeit erscheinen als natürliche Betäti-
gungen der Gottesgemeinschaft. Sie sind darum auch keineswegs unverständlich. Gott nimmt am Opfermahle Abrahams zu Mamre teil: das Bewußtsein
ist indes lebendig, daß der göttliche Gast mehr durch seine Gegenwart gebe
als empfange. (Gen. 18.) Jakob betätigt im Opferdienst den Verkehr mit Gott,
versinnbildet durch die Engel, die auf- und niedersteigen. (Gen. 28.) Erst in
der späteren Königszeit finden die Kultusgebräuche eine derartige Wertschätzung,
daß sie nicht mehr als der unmittelbare Ausdruck der lebendigen Gemeinschaftspflege mit Gott, sondern als etwas um seiner selber willen Wertvolles
geübt werden. Die Opfer- und Festfeiern bezwecken nunmehr die berech-
nende Beeinflussung Gottes, nicht mehr die gottergebene Gemeinschaft mit
Gott. Daher werden sie ins Übermaß gesteigert, in ausschweifender Leidenschaft oder unruhiger Angst vollzogen, mit dem vermessenen Aberglauben an
bestimmte Erfolge und Wirkungen in äußerer Hinsicht. Es entsteht die verhängnisvolle Voraussetzung, Gott bedürfe der Opfer oder er finde an Blut,

Schmerz und Tod eine Befriedigung. (Mich. 6). »Jahwe muß seinem Volke
helfen — weil es das Volk Jahwes ist und ihn durch die schuldigen Opfer
ehrt.« Sie gewinnen einen heidnischen Charakter, weil Jahwe wie eine Naturmacht oder menschenähnlich gedacht wird. Infolgedessen ändert sich unvermerkt der Geist des Opferkultus. Man denkt dabei nicht mehr an die unveränderliche Majestät des überweltlichen Gottes, sondern an den Mächtigen, den
man durch Schmeichelei und Gaben umstimmen kann.

Nur gegen diese abergläubische Überschätzung des Kultus,
sowie gegen die sittliche Entkräftung desselben richtete sich die
Polemik der Propheten. Der Kultus selber ist dem prophetischen
Geiste nicht fremd, insofern er Pflege der Gottesgemeinschaft ist:
so gehört er ebenso wesentlich, ja grundlegend zum Gesetz der
Vollkommenheit in Gott, wie die Sittlichkeit. Allein die einzelnen Kultushandlungen werden, wenn sie unverstanden fortgeübt werden, diesem wesentlichen Zweck des Kultus selbst entfremdet und damit zu todbringenden Buchstaben, während sie
lebendigmachender Geist sein könnten und sollten. In ihrem
ursprünglichen Sinn sind die Kultusübungen sogar ein unentbehrlicher Bestandteil der Sittlichkeit selber.

Der Prophet Elias bringt selbst Opfer dar: folglich stand der sittlichstrenge Gottesbegriff seiner Jahwereligion nur im Gegensatz zu dem naturgebundenen, schwärmerischen Opferwesen. (3 Reg. 18.)

Hoseas empfindet es trotz seiner hohen Auffassung vom innersten Wesen
der Gottesverehrung als eine Strafe, wenn die Opfer- und Festfeier unmöglich
gemacht wird. (Hos. 3, 4; 14, 3.) Aus den strengen Schilderungen Hos. 4—14;
Amos 3—8; Jes. 1, 11—20; Jer. 6, 19. 20; 7, 21—23; 8, 8; 11, 6—15; 14,
10—12; 17. 22, 3; Ezech. 20; 7, 39—44; 22 (zwei Verse beziehen sich auf
Sabbatfeier und Reinheitsgesetze); 23, 38; Hab. 1; Malachias 2, 13; 3 geht
hervor, daß nicht der Kultus als solcher, sondern nur jene Opferfeste dem
Herrn zuwider sind, mit denen Sittenlosigkeit, der Mangel richtiger Gotteserkenntnis und infolgedessen Aberglaube verbunden sind. Der Kultus, welcher
mit Sittenlosigkeit verbunden ist, wird dadurch ohne weiteres zu Götzendienst,
auch wenn er vermeintlich dem wahren Gott dargebracht wird. Dieser Kultus
erzeugt sogar die Idole. Recht, Liebe und Gotteserkenntnis werden um der
sittlichen Güte selbst willen von Gott gefordert: die äußeren Kultusübungen hingegen nicht. Sie sind wie die Sprache nur wertvoll als der
echte und schöne Ausdruck jener religiös-sittlichen Denk- und Willensrichtung.
(Hos. 4; 14, 3; Mich. 6.) Das Evangelium vertritt dieselbe Forderung. (Mt.
5, 23. 24.)

Die Verfälschung der Gotteserkenntnis und des göttlichen Gesetzes, sowie
die Lüge, auf die Jer. 3, 6—10 in der Reformation Judas hinweist, bezieht
sich auf die faktische Überordnung des äußeren Kultus, welche in zunehmendem Maße das Gepräge der jüdischen Jahwereligion wurde, bis Christus die

Gesetzeserfüllung im Geist und in der Wahrheit forderte. Hingegen wird vom Gottesspruch des Propheten Jeremias an den König Josias nur seine sittlich-humane Fürsorge für die Armen und Schwachen als gottwohlgefällig und als Grund erwähnt, warum Gott ihn segnete. (Jer. 22, 16.) Bedeutsam ist auch die Gegenüberstellung von Gotteserkenntnis und Bundeslade. (Jer. 3, 15—19.)

Die späteren Propheten vertreten keine grundsätzlich verschiedene Haltung gegenüber dem Opferkultus. Es sind wohl Unterschiede da: allein diese erklären sich aus dem tiefgehenden Unterschied der Lage. Vor dem Exil war die Kultusfeier in unbestrittener Pracht und Fülle mit voller urwüchsiger Naturmacht wirksam und gefährdete das geistige Wesen der Religion. In und nach dem Exil war der Kultus teils unmöglich teils nur notdürftig. Die Verkümmerung des Kultus war eine schmerzliche Entbehrung für den Jahweglauben: er muß sich doch seinem Gott in heiligem Dienste nahen, wenn er sich innerlich von ihm erfüllt und gehoben fühlt. Der Kultus der nachexilischen Zeit hatte den verführerischen Reiz nicht mehr, durch den er einst zum Abfall vom überweltlichen und heiligen Gott geführt hatte. Jahwe hatte ihn durch die großen Katastrophen vom Mutterboden des Naturlebens losgerissen. Als ritueller Dienst, der an einem einzigen fernen Ort für alle vollzogen wurde, war er etwas wesentlich anderes als das, was die Propheten von Amos bis Jeremias bekämpft hatten. Sobald der höhere Standpunkt erklommen war, zu dem diese Propheten hinaufdrängten, war die Opferfeier ungefährlich und gottwohlgefällig geworden. Darum wird ihr ungestörter Vollzug nebst den Wallfahrten der Fremden als ein Lohn für die Bekehrung und Erhebung zum höheren Standpunkt in Aussicht gestellt. (Hos. 14, 3; Jes. 56; Jer. 17. 26. 27, 16 – 22; 30, 18—22; 31; 33, 11; Ezech. 20, 39—44; Zach. 8, 16 – 23; Mal. 2. 3.) Dem Erwachsenen, dem Starken und Gesunden schadet nicht mehr, was für das Kind, den Schwachen und Kranken Gift war. Wie die Verhinderung der Kultusfeier eine Strafe (Hos. 3, 4) ist, so deren Freigabe ein Lohn — für den Menschen. Der Kultus ist mehr des Menschen Bedürfnis und die natürliche Auswirkung der Religion als eine Befriedigung Jahwes. Auch die jüngeren Propheten fordern die Opfer nicht, wohl aber fordern sie, daß der Kultus mit gebührender Ehrfurcht geübt werde. (Mal. 2. 3.)

Der rein positive oder sogar willkürliche Charakter kann sich auch auf dem sittlichen Gebiet im engeren Sinn durch kasuistische Schaffung von

Geboten und von Sünden zeigen; am meisten aber auf dem Gebiet des Kultus.
Denn bei den sittlichen Geboten ist man im allgemeinen gewohnt, einen
inneren Grund anzunehmen, der sie für die Gesundheit von Leib und Seele, für
die Gesellschaft und gedeihliche Entwicklung der menschlichen Lebensaufgaben
unentbehrlich macht. Bei den Gesetzen des Kultus ist dies nicht im gleichen
Maße so, weil der Kultus mehr einen sinnbildlichen und mittelbaren Charakter
hat. Infolgedessen konnte und kann die ursprüngliche Bedeutung leicht in
Vergessenheit kommen, so daß die heiligen Gebräuche fast nur auf Grund der
Überlieferung geübt werden. Die ursprüngliche Bedeutung, welche die religiösen Gebräuche einst geschaffen hatte, konnte um so ungehinderter dem
öffentlichen Bewußtsein entschwinden, weil die Kulthandlungen meist durch
die Priester vollzogen wurden, während die Sittengebote von allen zu erfüllen
sind. Darum bleiben die sittlichen Gesetze mit dem Leben, mit dem Denken
und ihrem Zweck verknüpft.

Daraus erklärt sich auch, warum die Propheten vor allem die sittliche
Pflichterfüllung als den wahren Gottesdienst betonten, während sie den Kultus
und das Opferwesen entweder geradezu bekämpfen oder doch nebensächlich
behandeln. Die Kultusgebräuche waren eben naturgemäß am meisten veräußerlicht und entartet. (Vgl. Hos. 6, 6; Amos. 5; Mich. 6, 6—8; Jes. 1, 10—19;
58; Jer. 7, 21—23; Ezech. 18. 20; Hebr. 4, 6; 16, 4; Ps. 39. 49. 50, 18. 19.
Für den Kultus Ps. 19/20; 26/27, 6; 50/51, 21; 55/56, 13; 65/66, 13—15.)

Indes wird das äußere Opferwesen dann nur als die selbstverständliche
Form der Gottesverehrung betrachtet, durch welche die Herrlichkeit Gottes dem
Bewußtsein vergegenwärtigt und die innere Hingabe der Persönlichkeit an Gott
sinnbildlich durch die Weihe der Opfergabe vollzogen wird. Die Weisheitsbücher finden dessen Wert ebenso darin, daß sie die natürliche Kundgabe der
inneren Gottverpflichtung sind. (Prov. 15, 8. 26; 21, 3. 27; Ecles. 4, 17; 5, 3. 4;
9, 2; Sir. 7, 34. 35. 45. 50.)

Die beiden priesterlichen Propheten Jeremias und Ezechiel
erklären, Jahwe habe seinem Volk in der Zeit seiner Berufung
zum Gottesvolk nur solche Gesetze gegeben, durch welche der
Mensch lebt. Israel erfüllte sie indes nicht. »Darum überließ ich
sie Satzungen, die nicht gut waren, und Gebräuchen, durch die
sie nicht leben konnten.« (Ezech. 20, 11. 25.) Es sind dieselben
Gesetze von wesentlich verschiedenem Wert, auf die sich Jeremias
7, 21. 22 bezieht: die Gesetze des Brandopfer- und Schlachtopfer-
kultus. Die beiden priesterlichen Propheten stimmen in dieser
grundsätzlichen Beurteilung vollkommen überein. Damit wird ein
wichtiger Aufschluß für das richtige Verständnis des Gesetzbuches
gegeben. Wer diesen Aufschluß nicht beachtet, darf in keiner
Weise den Anspruch erheben, seine Auffassung der alttestamentlichen Gesetzessammlung stehe im Einklang mit den Propheten.

Der prophetischen Polemik gegen die Ausartung des Kultus
zur Verunehrung Gottes entspricht ihre Polemik gegen die Entartung der Sittlichkeit. Es liegt in der Natur der Sache, daß die
sittliche Entartung zunächst nicht in der Verderbnis der sittlichen
Anschauungen besteht, sondern in der praktischen Vernachlässigung der sittlichen Grundsätze. Darum sind auch die meisten
prophetischen Reden gegen den praktischen Abfall vom Sittengesetz gerichtet. Allein die Propheten mußten auch gegen jene
Versuche kämpfen, durch welche das sittliche Bewußtsein selber
gefälscht und zu anderen Grundanschauungen verleitet wurde.
(Jes. 5, 20; Amos 5, 7; 6, 12; Jer. 23, 14; Ezech. 18. 33; Soph.
1, 12; Mal. 2, 17; 3, 13—18.)

So wenig der Kampf der Propheten gegen falsche Sittlich-
keitstheorien ein Kampf gegen die Sittlichkeit überhaupt war,
ebensowenig war ihr Kampf gegen die falschen Auffassungen
des Kultus ein Kampf gegen die äußere Gottesverehrung und
das Opferwesen selber. Die Propheten hatten nicht bloß für die
Sittlichkeit überhaupt zu kämpfen, sondern für die Sittlichkeit im
Sinne der Jahweoffenbarung.

Den Kultus und das Opferwesen selbst bekämpften die alten
Propheten keineswegs. Vielmehr wollen sie, daß die große Pflicht
des Gottesdienstes ebenso wie durch Recht und Gerechtigkeit so
auch durch lebendige Gemeinschaftspflege mit Jahwe erfüllt werde.
Die Gottesverehrung besteht darin, daß man den Willen des
Schöpfers erfüllt und sein Werk in tätigem Mitwirken zur Vollkommenheit bringt. Sie besteht aber auch darin, daß man durch
die Erkenntnis Gottes und die Gemeinschaft mit dem Schöpfer die
Kraft und Gnade gewinnt, um seinen Willen erfüllen zu können.
Das ist der Sinn des Kultus: er ist die Gemeinschaftspflege mit
dem Ursprung des Lebens durch die Opferfeier. Insofern der
Kultus der Gemeinschaftspflege mit dem Schöpfer diente, haben
ihn die Propheten niemals bekämpft. Allein er war dazu aus-
geartet, daß er diese Gemeinschaft nicht bloß nicht pflegte, sondern geradezu verhinderte.

Aus dem Einheitsverhältnis zwischen Schöpfermacht und sitt-
licher Gesetzgebung folgte ebenso der religiöse Charakter der
Sittlichkeit als des ersten Mittels der Gottesverehrung, wie die
Notwendigkeit des Kultus, um der Hilfe und Gnadenkraft Jahwes

teilhaft zu werden. Die Gotteserkenntnis, welche Hoseas (cf. Jes. 11, 9) an erster Stelle fordert, ist eigentlich der Kultus: die innerliche geistige Beschäftigung mit Gott erfolgt durch die Vergegenwärtigung seiner Vollkommenheiten und seiner Werke. Hieraus quillt die sittliche Kraft zum Wollen und Vollbringen des Guten. Die Gemeinschaft mit dem Weisheitsworte Gottes in der Pflege der Gotteserkenntnis und des Gebetes ist der Quellgrund des Hl. Geistes, seiner erleuchtenden, tröstenden, stärkenden und reinigenden Gnade. Erfüllung mit dem Geiste Jahwes: das war das große Bedürfnis. Die ganze Sehnsucht der Propheten von Moses an bis auf die messianische Weissagung ging auf die Ausgießung des Heiligen Geistes, damit das Gesetz der Heiligkeit in der gebührenden Einsicht und Freiheit von allen erfüllt und so die Gottesgemeinschaft vollkommen werde.

Die Art und Weise, wie die Jahwereligion diese Form der Gottesverehrung im Geist und in der Wahrheit pflegte, ergibt sich aus den Psalmen und ihrer Durchführung des großen Gnadenmittels: Gotteserkenntnis und Gebet. Wenn das Geschöpf die Kraft Gottes in seinen schwachen und gefährdeten Willen aufnehmen soll, so muß es eben das Auge der Erkenntnis für die Wahrheitsfülle, Vollkommenheit, Schöpfergüte und Heiligkeit Gottes aufmachen. Wenn Gott in dem denkenden Geiste gegenwärtig ist und drinnen als Wahrheitssonne leuchtet, dann wird auch seine Kraft und Gnadenhilfe, seine lebendigmachende Geistessalbung in der Seele wirksam werden.

2. Sittlichkeit und Seligkeit. Ein wichtiger Gegensatz, der in der Willensbestimmung des Guten hervortritt, bezieht sich auf die Sittlichkeit und die Seligkeit. Die Sittlichkeit besagt einen Vorzug des Willens und der Persönlichkeit, die Seligkeit besagt den Besitz des Guten im sachlichen Sinne. Der gute Wille ist die Sittlichkeit; das Gute bewirkt durch seinen Besitz und Genuß die Seligkeit. Beide gehören zusammen: der gute Wille ist der Wille des Guten, die dem Guten angemessene Selbstbetätigung des Geistes. Der Gute bedeutet den Wert des Selbstzweckes; das Gute bedeutet den Wert, den eine Sache dadurch für den Willen hat, daß er sie als Lebensinhalt in sich aufnimmt.

Die Sittlichkeit besteht in der Güte der Personen, die Seligkeit stammt aus der Güte ihres Lebensinhalts. Sie stammt aus der Güte der Gegenstände, welche für das Begehren der Personen als Güter inbetracht kommen. Die wahre Vollkommenheit ist indes in beiderlei Richtung erst dann gegeben, wenn die innere Vollendung mit der äußeren Vollendung verbunden ist. Die Güte des Willens steht auch in innerem Zusammenhang mit der Güte seines Lebensinhaltes; allein unmittelbar bedeutet sie die Vollkommenheit von seiten der geistigen Persönlichkeit selber, wenn auch mit Bezug darauf, ob sie zum richtigen Lebenszweck hingewandt ist. Die ganze Vollkommenheit besteht in der allseitigen Erfüllung der Fähigkeiten sowohl durch Betätigung wie durch Besitz und Genuß des richtigen Lebensinhalts.

Die äußere Vollendung kann nur eintreten, wenn die innere, sittliche Vollendung erzielt ist. Die Sittlichkeit ist die Grundlage der Seligkeit, und zwar nicht nur im Sinn der Vorbereitung, sondern als deren unersetzliche Bedingung, als deren fortwirkender Grund und Endzweck.

Die Wissenschaft findet den Inbegriff des Guten einseitig und oft ausschließlich in der Sittlichkeit, und zwar in der uneigennützigen Sittlichkeit, welche von allem Verdienst und Lohn der Seligkeit absieht. Die philosophische Ethik erhebt darum gegen das Christentum den Vorwurf des untersittlichen Eudämonismus. Man dürfe das Gute nur um des Guten selber willen tun, nicht aus Verlangen nach Seligkeit, nicht aus Furcht vor Unseligkeit.

Die Sittlichkeit liege in der Macht des Willens; die Herbeiführung eines seligen Lebensstandes nicht. Die wahre Vollkommenheit liege in dem, was der Geist durch seine eigene Selbstbestimmung ist, nicht in dem, was er empfängt. Die wahre Vollkommenheit bestehe ausschließlich in der Sittlichkeit; sie mache den Geist innerlich unabhängig und widerstandsfähig gegenüber allem äußeren Schicksal und aller äußeren Gewalt.

Die heteronome Moral sei durch das Ideal des Gutes bestimmt: sie erfülle das Gebot, um als Lohn das Gute zu empfangen; darum sei sie untersittlich. Die autonome Moral sei durch das Ideal des Wertes bestimmt: sie will nur absolute Werte vollbringen.

Die Religionen, behauptet die autonome Ethik, richten die Aufmerksamkeit und das Verlangen mehr auf die Seligkeit als

eine von der Gottheit zu erhoffende Gabe, als einen Zustand der
äußeren Vollendung, durch welchen die eigentliche Mühe der sittlichen Selbstbestimmung dem Willen abgenommen werde. Die
sittliche Vollendung erscheine mehr als die von Gott geforderte
Gehorsamsprobe und als Bedingung der Seligkeit, nicht aber
als deren innerer Grund und Quell.

Die Jahwereligion bekundet in jeder Hinsicht eine andere
Auffassung. Sie sieht in der sittlichen Arbeit und inneren Vollendung ebenso ein religiöses Gut, das Ziel der Gottverähnlichung,
wie in der äußeren Vollendung und Seligkeit. Allein in letzterer
nur deshalb und dann, wenn die Gottesgemeinschaft deren
Grund und Inhalt ist. Wenn die Gottebenbildlichkeit der Grundgedanke der Sittlichkeit ist, wie dies die zwei Schöpfungsberichte
samt dem Zehngebot (Exod. 20, 11) hervorheben, dann ist die
Sittlichkeit nicht nur Bedingung, sondern Wesensgrund der Seligkeit. Das höchste Gut ist zugleich der höchste Wert, wie es das
höchste Gesetz und das allein gültige Vorbild ist. Als Wert ist
es durch die sittliche Selbstbestimmung und die gottgestellte Aufgabe der Herrschaft des Geistes über die Welt zu gewinnen; als
höchstes Gut besteht es wiederum in der ungehemmten Entfaltung
des geistigen Lebens, in der vollkommensten Intensität des Denkens und Wollens. Als Tätigkeit ist das Gute der höchste Wert;
als Tätigkeitsinhalt der höchste Reichtum und beseligende Fülle.
Der höchste Wert ist zugleich das höchste Gut: aber in der eigenen Vollendung, nicht im notdürftigen Anfang.

Im ersten Schöpfungsbericht wird die sittliche Kulturarbeit
der Gottverähnlichung durch die Herrschaft des Geistes über die
Natur als der göttliche Adel des Menschen dargetan. Im zweiten
Schöpfungsbericht wird Adam zur Arbeitsnot und Mühsal verur-
teilt. Das ist kein Widerspruch. Die Arbeit, welche dem Menschen
als Strafe und Sündenfolge auferlegt ist, ist kein hinreichender
Lebensinhalt für die Seele und reibt den Leib unaufhaltsam auf.
Sie ist ein Knechtsdienst der Leibeigenschaft. Die Arbeit der
Gottverähnlichung in der Welteroberung durch Kultur und Erfor-
schung ist hingegen eine wirkliche Nachahmung Gottes und eine
Vergöttlichung des Menschen. Sie schafft einen inneren Reichtum
des Lebensinhalts und befähigt den Menschen zur Unsterblichkeit.
Die Paradiesespflege ist das Sinnbild dieser Arbeit, welche nicht

aufreibt, sondern Lebensinhalt ist. Sie besteht in der Aneignung Gottes, wie die Knechtsarbeit des sündigen Menschen in der steten Abwehr der zersetzenden Natureinflüsse.

Das biblische Ideal des Guten ist der praktisch wirksame Gottesbegriff der Jahwereligion. So wenig die Jahweoffenbarung eine bloße Lehre sein wollte, ebensowenig trat das Gesetz der Jahwereligion als bloße Vorschrift oder Pflichtforderung dem Willen gegenüber. Die Wahrheit wird gerade daran erkannt, daß sie sich mit der Kraft und Festigkeit des Wirklichen dem Bewußtsein fühlbar macht. Gott wird als die Wahrheit erwiesen, welche die Vernunft befriedigt, weil er das Gut ist, welches den Willen durch Verpflichtung in Anspruch zu nehmen und dem Leben Inhalt und Wert zu geben vermag.

Die Religion ist nicht die Zusammenfügung von Lehre, Sittengesetz und Kultus, sondern die ursprüngliche und lebensvolle Einheit, welche in ihrer Entwicklung zur Ausgestaltung dieser drei Formen gelangt. Allein was um der Klarheit und Ausbildung willen begriffsmäßig geschieden werden muß, darf deswegen nicht als ursprünglich getrennt gelten. Die Religion ist das ursprüngliche Konkretum: die abstrakte Unterscheidung folgt erst nachträglich aus Gründen der Klarheit und der Verwertung, d. h. aus theoretischen und praktischen Gründen. Auch das Sittengesetz ist aus dem lebendigen Menschenwesen durch begriffliche Sonderung herausgehoben und so zum gegenständlichen Inbegriff des Gesetzlichen, weil Pflichtmäßigen und Wertvollen geworden. Die Scheidung der Kräfte und Tätigkeiten erfolgte erst nachträglich; auch die Scheidung der Wahrheit und des Sittlich-Guten, sowie des auf Wahrheit, Recht und Güte gerichteten Seelenlebens. Ursprünglich besteht die lebendige Wechseldurchdringung der Ziele, wie Wahrheit, Tüchtigkeit, Beseligung, Einzelwohl, Gesamtwohl. In der Befriedigung des lebendig empfundenen Bedürfnisses wird das höhere Gut gesucht, sowie im höheren Gute die Sättigung des eigenen Verlangens. Ebenso wird die Wahrheit zuerst im Inbegriff dessen gesucht, was die Seele überhaupt als Lebensgut fordert und empfindet; nicht anders die Sittlichkeit. Die Gegenüberstellung dieser und der anderen Güter als besonderer Aufgaben und Ziele folgt erst, wenn die Reflexion erwacht. »Den Bedrückten und Armen Recht schaffen: heißt nicht das ‚Gott erkennen‘?« (Jer. 22, 16; 3, 15—19.) »Jahwe ist unsere Gerechtigkeit.« (Jer. 23, 6.)

Wie Gotteserkenntnis und Gottesverehrung, Wahrheit und Sittlichkeit, Gottesliebe und Nächstenliebe hier in einer bewußten lebendigen Einheit gehalten und gefordert werden, so auch die Sittlichkeit und Seligkeit. Man darf eine begriffliche Scheidung beider Seiten der geistigen Wesensvollendung nicht von den ältesten Urkunden der Jahwereligion erwarten, auch nicht, wenn sie als Offenbarung zu betrachten ist: denn die begriffliche Verarbeitung ist die eigenste Aufgabe des menschlichen Geistes, die er am Offenbarungsinhalt zu erfüllen hat. Die prophetische Religion hat dann grundsätzlich danach gestrebt, die innere Einheit von Sittlichkeit und Seligkeit, von idealer und realer Wesensvollendung darzutun. Darum haben die Propheten den Sabbat mit solchem Nachdruck betont. Darum ist der Sabbat ein wesentlicher Bestandteil des Zehngebotes: das einzige Kultusgebot.

Die Jahwereligion ist mit der Sabbatfeier so eng verbunden, daß man sie als die Sabbatreligion bezeichnen kann. Nicht die äußere Übung des Sabbats, sondern dessen religiöse Idee ist dabei wichtig. Im Sabbatgedanken ist die innere Einheit und Wechseldurchdringung von Arbeit und Ruhe, von Sittlichkeit und Seligkeit, von tatkräftigem Streben nach Gottverähnlichung und seliger Gottvereinigung ausgesprochen.

Die Kulturarbeit zur Welteroberung für Gott und Geist wird weder in Gen. 3 noch 4 gebrandmarkt: wohl aber das Maßlose, Unbedingte, Ruhelose in Arbeit und Fortschrittsstreben. Der Kampf um die Welt soll mit dem Gottesfrieden der Sabbatgesinnung verbunden und innerlich durch ihn geläutert, gehoben und vergeistigt werden. Der Sabbat lehrt den Menschen, nie zu vergessen, daß die Welt nur Material zum Gottesreich ist, daß er an ihr seine Kraft erproben und vollenden, nicht aber seine Liebe an sie verlieren soll. Das dritte Gebot fordert selber die berufsmäßige Arbeit in irgend einer Form des privaten oder öffentlichen Dienstes oder des freien Strebens: aber im Zusammenhang mit dem Sabbat. Die Arbeit, die den größten Zeitraum des Lebens ausfüllt, stellt die Sittlichkeit und Pflichterfüllung dar: der Sabbat die Seligkeit und Vollendung in Gott.

Die Jahwereligion ist dadurch einzigartig, daß sie die Arbeit als Nachahmung Gottes und die Sabbatruhe in Gott wie Mittel und Zweck, wie Weg und Ziel, wie Wachstum und Reife zu einem Lebensideal der Vollkommenheit zusammengefaßt und unter den großen Grundpflichten mit monumentaler Kürze und Kraft als Grundgesetz ausgesprochen hat.

Aus dieser Bedeutung der Sabbatfeier erklärt es sich, daß die Propheten nur dieses Kultusgebot mit positiver Mahnung eingeschärft haben, wie es auch das einzige Kultusgebot im Dekalog ist. (Jer. 17, 21—27; 34; Jes. 56.)

Es ist unrichtig, daß der Mensch die Sittlichkeit weniger dem Schöpfer verdanke als die Seligkeit. Jedenfalls hat die Jahwereligion diese Anschauung nicht: sie ist durch den Begriff der Schöpferursächlichkeit ausgeschlossen, die nicht von außen an die Geschöpfe herantritt, auch nicht an die Freiheit, sondern mit ihrem Gedanken und ihrem Geist alles von innen entfaltet und erweckt. Wohl scheint es dem natürlichen Bewußtsein so, als

ob die sittliche Willensentscheidung minder von dem Schöpfer ab-
hinge als die Natur. Allein dem strengen Denken wird es sofort
unzweifelhaft klar, daß die göttliche Ursächlichkeit alles bestimmt,
weil sie allem als die schöpferische Ursache vorangeht und als
solche schlechthin voraussetzungslos ist. Unsere Selbstbestimmung
ist uns bewußt als die Fähigkeit, allen einzelnen Gütern, Einwirkungen und Beweggründen gegenüber die innere Zustimmung
zu verweigern, kurz allem, was irgendwann und irgendwie in
unser Bewußtsein und Gefühl eingeht. Allein, daß sich unser
Wesen und Leben unter diesen bestimmten Verhältnissen entwickelt
und daß unsere Lebensentwicklung überhaupt diesen oder jenen
bestimmten Bewußtseinszustand mit sich bringt, das ist jenseits
unserer Selbstbestimmung und die Machtwirkung dessen, der die
Schicksale und Naturen, die Lebenswege und die Herzen lenkt
wie Wasserbäche.

Vom Standpunkt des Jahweglaubens ist demnach das Gebet
vor allem auf die gütige Leitung des inneren Lebens, der Freiheit
und Selbstbestimmung gerichtet. Das ganze Alte Testament bietet
den Beleg hierfür. Die äußeren Güter sind es erst in zweiter Linie,
und zwar als die Formen, in denen der Seele die günstigen Lebensbedingungen und damit die Voraussetzungen eines guten Freiheits-
gebrauches gegeben sind. Das gewöhnliche Denken behandelt
Gott nicht als eigentlichen Schöpfer im Sinne der voraussetzungslosen Ursache, sondern als die mächtigste unter den äußeren
Ursachen. Daher entsteht jener trügerische Schein, als ob die
sittlichen Verdienste nicht Gaben Gottes seien.

Die Sittlichkeit steht mehr in unserer Gewalt als die äußere
Lebenslage — aber nur im Vergleich des Willens zu den in der
Welt wirkenden Mächten, nicht aber, wenn die Ursache allen
Seins inbetracht gezogen wird. Die sittliche Selbstbestimmung,
welche allem anderen gegenüber innerlich unabhängig macht und
im Charakter einen unangreifbaren Standort, ein Reich der Freiheit schafft, ist nur möglich auf Grund der vom Schöpfer gegebenen Anlage für die Wahrheit und Vollkommenheit als solche
und mittelst der von ihm ausgehenden Gesichtspunkte und Kräfte.
Der Wille kann sich seine Freiheit der Außen- und Innenwelt
gegenüber nur erkämpfen mittelst der von Gott ausstrahlenden
Gesetze und Kräfte. Nur insofern Gott als Einzelursache neben

anderen wirksam gedacht wird, ist der Wille auch ihm gegenüber innerlich selbständig.

Was aber das Ideal der Sittlichkeit ohne Seligkeit betrifft, so kann der Adel des Sittlich-Guten unmöglich darin liegen, daß sie das kraftlose und zukunftslose Wahngebilde eines vergänglichen Bewußtseins ist. Die Erfüllung und Verwirklichung des Guten kann doch unmöglich dessen ideale Reinheit und Würde beeinträchtigen. Die Realisierung kann unmöglich eine Schwächung, Trübung oder Aufhebung des Sittlich-Guten sein. Die Seligkeit ist indes nichts anderes als die Verwirklichung des sittlichen Gesetzes: die wirkliche Vereinigung des geistigen Lebens mit dem wahren, höchsten und unvergänglichen Gute, mit der Wahrheit und Vollkommenheit selber. Es ist undenkbar, daß die Verpflichtung zum Guten die Erreichung des Guten ausschließen sollte. Sie würde dadurch sich selbst aufheben. Das Gute der seligen Vollendung ist nämlich nur die andere Seite des Sittlich-Guten. Die Vollkommenheit verpflichtet, solange sie noch nicht erzielt ist, um eben mit aller Kraft erzielt zu werden. Aber auch in der beseligenden Vollendung fordert das Gute vom freien Willen die ihm gebührende Hingabe aus innerer Würdigung. Die Sittlichkeit bleibt demnach in der Seligkeit fortbestehen. Die Sittlichkeit bedeutet die Kraft und Würdigkeit für einen unvergänglichen Lebensinhalt. Sie stellt die Gesinnung her, welche dafür erforderlich ist. Die Sittlichkeit von der Hoffnung auf selige Vollendung rein halten, bedeutet die Tätigkeit fordern, aber ihr den entsprechenden Lebensinhalt vorenthalten. Die Tätigkeit und Gesinnung ist zur höchsten Reinheit und Kraft auszubilden, um eben des ewigen Lebensinhaltes würdig und teilhaft zu werden.

Die sittliche Tugend ist nicht etwas Willkürliches oder Unverständliches. Das gilt nicht nur dem statutarischen Autoritätsgesetz, sondern auch der rein formalen Autonomie gegenüber. Das autonome Gesetz wäre ebenso willkürlich wie das heteronome Belieben, wenn ihm die innere Begründung fehlte. Diese macht das Gesetz zu einem vernünftig-verpflichtenden Gesetz, gleichviel ob es autonom oder heteronom auftritt. Wo anders kann indes diese innere Begründung liegen, als in der Tüchtigkeit des ganzen Lebens, in der geistigen und leiblichen Gesundheit und Vollkommenheit?

Was das Leben innerlich und äußerlich vollendet, ist sittlich gut. Einen anderen Maßstab des Sittlichen gibt es nicht. Auch die Gebote der Autorität haben das Wohl des Einzelnen und des Ganzen zum Zweck, soweit sie gut und sittlich verpflichtend sind. Natürlich ist unter der Tüchtigkeit und Gesundheit des Wesens nur die höchste, endgültige und allseitige zu verstehen, jene, von der man nicht sagen kann, das Gute sei der Feind des Bessern.

Die innere Einheit von Sittlichkeit und Seligkeit bedeutet die organische Zusammengehörigkeit der persönlichen Kraft und Tüchtigkeit mit der Fülle des Guten in der jenseitigen wie diesseitigen Vergeltung und Vollendung. Die diesseitige und jenseitige Welt wird in der älteren Jahwereligion nicht geschieden. Der Standpunkt ist zu sehr in das verlegt, was um seiner selbst willen heilig und gut ist, so daß der Unterschied von Diesseits und Jenseits nur von untergeordneter Bedeutung ist. Das Heil ist gegeben, wenn Gottes Lebensgemeinschaft erzielt ist, sei es auf Erden oder im Himmel.

Zum Heile gehört vor allem die unbedingte Sicherheit, daß das Gute in der rauhen Wirklichkeit trotz aller Hindernisse und Widerstände zum endgültigen Siege gelange. Die alleinige Weltherrschaft Gottes ist der objektive Ausdruck dieser seligen Gewißheit. Die Schicksalsgewalten und Katastrophen, so dunkel und dämonisch ihr Charakter auch erscheinen mag, können den Sieg des Guten nicht in Frage stellen. Gott hat die Alleinherrschaft: Christus vincit, Christus regnat und überwindet schließlich alle gegnerischen Gewalten. Recht und Heiligkeit sind die höchste Macht, welche in der Weltgeschichte über die Schicksale entscheidet: in ihrer Hand liegt darum die letzte und endgültige Entscheidung.

Patriarchen- und Volksgeschichte wollen die Überzeugung begründen, daß der seinem Gott angehörige Mensch, der Gottesträger, Gottesknecht, Prophet und Gotteserbe, in keiner Not und keinem Kampf mit äußeren Gegnern dauernd unterliegen werde, wenn er nur nicht selbst von Jahwe abfällt. Durch den Abfall von Gott fällt der Mensch als Person und als Volk von seinem eigenen Leben und Siege ab.

Diese Gotteskraft führte die Patriarchen zum Segenserfolg, sie rettete die Geknechteten aus Ägypten, in der Wüste, verbürgte den Sieg über die Völker Kanaans. Der Feuerofen Assurs und Babels zeigte in einer Probe, die ins Innerste drang, daß Israel unterging, soweit es von sich selbst und seinem

Heilsberuf abgefallen war, aber verjüngt aus der doppelten Katastrophe hervorging, soweit es Jahwes Knecht und Bekenner blieb. Gott ist Sieg und Leben: »Denen, die Gott lieben, gereicht alles zum Besten. Wenn Gott für uns ist, wer ist wider uns?« Die Worte des Römerbriefes sind die Siegesgewißheit der Propheten trotz aller Strafgerichts-Drohung und -Erfahrung. Das war die Offenbarung, welche Moses empfing und die ihn zur Einigung und Befreiung seines Volkes befähigte. Das Recht ist der wahre Gott; er ist stärker als die Götter Ägyptens. Diese Überzeugung war der Grundgedanke und die Kraft der älteren Propheten, besonders in Samuel, Nathan, Elias. Von den Propheten der Folgezeit wurde sie in ihren Schriften beurkundet. »Das Recht ist Weltherrscher.« »Das Unrecht verfällt dem Gerichte.« (Hab. 1. 2, 4.)

Amos verkündet das ewige Recht als den einzigen Gott und Weltherrscher. Das Rechte suchen, das Gute suchen und nach Jahwe fragen ist gleichbedeutend. (Am. 4, 5.) »Euch habe ich als mein Volk erwählt, darum suche ich an euch eure Verschuldungen heim.« »Recht soll sprudeln wie Wasser und Gerechtigkeit wie ein nimmer versiegender Bach.« (Am. 3, 2; 5, 24.) Das Suchen Jahwes und des Guten führt zum unwandelbaren Heil. (Am. 9.)

Hoseas tadelt es nicht, wenn Israel sicher darauf baut, daß keine Willkür in Gott sei und er darum unzweifelhaft dem reumütigen Geiste entgegenkomme, um neues Leben und Rettung zu wirken. Wo Gott in der Seele herrscht, da ist auch der Ausgang des Heiles als äußerer Schicksalsvollendung gewiß. (Hos. 6; 11, 8; 14.) Gerechtigkeit und Friede werden als Gesetz und Tugend von Sion aus die Gesamtheit der Völker erobern und dadurch das Heil des Gottesreiches begründen: so lautet die große Weissagung von Michäas. (4. 7.)

Jesaias I führt den Grundgedanken des Mosaischen Gott-Jahwe-Begriffes durch: Nur der Heilige hat Bestand und gibt Bestand. Sobald der Heilige verlassen wird, entsteht das Verderben. Der Heilige wird verlassen, wenn der Kultus das Salz der strengen Sittlichkeit entbehrt, wenn die Klugheit und Kraft auf den inneren Ernst der sittlichen Grundverpflichtung verzichten zu können wähnt. Chaos, Tod und Höllenglut sind die Ausgeburt der Sünde, d. h. der Verzichtleistung auf Gott und seine Heiligkeit: der Heilige hat allein Bestand. Ebenso Jer. 9, 22. 23; 11, 20; 17, 5—13. Gerechtigkeit und Rettung kommen miteinander: Jer. 23, 5—8; 31; 33; Zach. 13. 14; Mal. 3. 4.

Es gibt einen Gott, der der Hort des Rechtes ist: so Ps. 7. 9. 10. 49. 57. Die Psalmen 73. 74. 81 führen in Asaphs Geist die sittliche Notwendigkeit Gottes (91. 93. 111), die innere Unvergänglichkeit des Rechtes und den unabwendbaren Sieg des Guten aus. Gott ist der Selbstand des Rechtes: schildert in majestätischem Hymnus Ps. 98. »Recht und Gerechtigkeit sind die Grundfesten deines Thrones; Gnade und Treue gehen vor deinem Antlitz her.« (Ps. 88, 15.) »Die Gerechtigkeit ist das Ewige und Unvergängliche.« (Sap. 1, 15.)

Die Psalmen führen als Grundgedanken durch: Jahwe ist das Gesetz der Heiligkeit und die Gnadenfülle der seligen Vollendung. Gott ist das Gesetz, das zum Guten verpflichtet. Gott ist aber auch das Heil, das die Seele mit dem Guten sättigt, das Volk und die Menschheit mit Licht und Herrlichkeit krönt. (Ps. 1. 15/16. 22/23. 24/25. 26/27. 30/31. 32/33. 35/36. 42/43. 62/63. 83/84. 84/85. 102/103. 144/145.) Daß Gott das Heil und die Seligkeit ist, steht ebenso fest, wie daß er das. Gesetz der Gerechtigkeit ist. Aber die rauhe Wirklichkeit zeigt dem kämpfenden Menschenherzen einen oft furchtbaren Zwiespalt. Diesen Abgrund will die Offenbarung und der von ihr inspirierte Gebetsgeist der Psalmen ausfüllen. Ps. hebr. 9. 10 sind Typen hierfür.

Der Grundgedanke lautet: »Ich stelle mir den Herrn beständig vor die Seele: er steht mir zur Rechten, ich wanke nicht. Deshalb freut sich mein Herz und frohlockt meine Seele. Auch mein Fleisch ruht in Sicherheit. Denn du wirst meine Seele nicht im Totenreich lassen und deinen Geliebten nicht schauen lassen die Verwesung. Du zeigst mir den Weg des Lebens, Fülle der Freude vor dir, Wonne zu deiner Rechten beständig.« (Ps. 15/16.) »Bei dir ist der Quell des Lebens: in deinem Lichte schaut man das Licht.« (Ps. 35/36.)

Zweite Beweisführung.

Die übernatürliche Kraft des lebendigmachenden Geistes in der biblischen Offenbarung.

Die Inspiration als religionsgeschichtliche Tatsache.

§ 1. Der Vorzug der Inspiration.

Die Kraft der belebenden Anregung ist unzweifelhaft ein Vorzug, durch den eine Religion ihre Erhabenheit über die übrigen Religionen bekundet und die Berechtigung ihres Anspruchs auf göttlichen Ursprung oder auf übernatürliche Inspiration erweist. Der Sinn der folgenden Ausführungen ist dem apologetischen Charakter dieses Werkes entsprechend n i c h t eine Darlegung der d o g m a t i s c h e n Inspirationslehre, sondern die Hervorhebung jener Vorzüge, in denen die unbefangene Vernunft die Spuren und Wirkungen der göttlichen Inspiration erkennen kann.

1. Die Jahwereligion ist Gotteserkenntnis und damit Gesetz der verpflichtenden Gottähnlichkeit. Der Gott der Offenbarung soll von der gläubigen Erkenntnis und dem sittlichen Gewissen als Wahrheit und als Gesetz der Vollkommenheit aufgenommen werden. Die Jahwereligion ist indes nicht nur Gesetz der Wahrheit und Vollkommenheit, sondern auch die Kraft und Gnade

zu ihrem lebendigen Vollzug. Das Gesetz stellt das Ideal auf und verpflichtet für das Ziel. Die Gnade hilft zur Erfüllung des Ideals und befähigt dazu, daß es in der Seele wie in der Welt zur Wirklichkeit werde. Die Gnade verbürgt und bewirkt die tatsächliche Eroberung der Welt für die Erkenntnis und Liebe des wahren Gottes, die tatsächliche Weltherrschaft des göttlichen Gesetzes. In der Zeit der Grundlegung und Vorbereitung wird diese Gottesherrschaft in der Welt als das Heil der Zukunft und als das Ziel der Vorsehung vorhergesagt. Das Reich Gottes ist der große Inhalt der Prophezie. Das Reich Gottes ist aber zugleich der Anfang ihrer Erfüllung: denn es ist die Kraft, welche die unzweifelhafte Gewißheit des siegreichen Fortschritts alles Göttlichen in der Welt für die Überzeugung verbürgt. Damit ist der Anfang zur Verwirklichung des Reiches Gottes gemacht, und zwar so, wie es der sittlichen Freiheit des Geistes entspricht.

Die Jahwereligion war also wesentlich und von Anfang an ein Evangelium der Gnade, die frohe Botschaft des schon gegenwärtig vorhandenen und wirkenden Gottesreiches, das eben darum, weil es schon gegenwärtig ist, sein Kommen in voller Geistesmacht und Herrlichkeit fortschreitend herbeiführt. Das Gottesreich jeder Entwicklungsstufe war die jeweils wirksame Weisheit und Kraft von Gott, die in der Menschheit ihrem Heilsplane gemäß wirksam war. Es ist also kein Widerspruch zwischen der Gegenwart des Gottesreiches und der Verheißung, daß es in der Zukunft kommen werde. Diese Verheißung ist selbst schon der lebendige Keim und die nahrungsammelnde Wurzel des Lebensbaumes. Daher erklärt es sich, daß auch in den vier Evangelien das Gottesreich sowohl als gegenwärtige Gottesgemeinschaft wie als zukünftige Gottesherrschaft erscheint.

2. Die Offenbarungsgeschichte oder die Religionsentwicklung Israels bekundet unzweifelhaft den Grundzug der Inspiration. Die Inspiration ist nicht nur ein dogmatischer Glaube, sondern auch eine apologetisch wertvolle Tatsache. Es ist nirgends so wie in Israels Werdegang offenkundig, daß darin der Geist Gottes, der Herr und Lebendigmacher gesprochen und gewirkt hat, und zwar durch die Propheten, wie sie jede der alttestamentlichen Religionsperioden im Stil einer jeden Periode in charakteristischer Eigenart aufweist. Der Beweis des lebendigmachenden Geistes

ist neben der Fülle von höherer Weisheit und übernatürlichem
Wahrheitsgehalt der zweite Vorzug, durch den sich die Religion
der Jahwe- und Christusgemeinschaft als übernatürliche Offenbarung kundgibt. Wenn das Leben der Endzweck des Geistes
und der eigenste Vorzug Gottes ist, so ist die lebendigmachende
Erregung der Geister der Finger Gottes, das Zeichen der göttlichen Gegenwart. Wie der Rauch für das Feuer, so ist das
machtvoll erweckte Leben das beweiskräftige Zeichen für die besondere Wirksamkeit Gottes in seinem Volke.

Je stärker der Gegensatz ist, mit dem das Material den Lebens-
kräften unbotmäßig widerstrebt und seine Eigenart behauptet, desto
größer muß die Kraft des Lebens sein, wenn es trotzdem den
Sieg behauptet, und zwar ohne Entwertung und Entkräftung des
Materials, an dem es sich auszuwirken und zu erproben hat.

So zeigt die Natur den schroffen Gegensatz zwischen dem
mechanischen Stoff und seiner ehernen Gesetzmäßigkeit, sowie
anderseits den bildenden Kräften des organischen Lebens. Gleichwohl behaupten diese trotz aller Zartheit den Sieg und verwerten
die mechanische Notwendigkeit und ihre widerstrebende Gegnerschaft, um die Abwandlung der Lebensalter und den Reichtum
der Vorzüge mittelst derselben zur Entfaltung zu bringen. Die
Inspiration der Schöpfungsgedanken und Lebensformen in die
mechanische Naturwirksamkeit ist der große Beweis für das Dasein Gottes aus der Tatsache des Lebens, aus der Gesetzmäßigkeit
und Zielstrebigkeit der Welt. Ebenso ist die Inspiration großer
Gedanken und Aufgaben in den Menschengeist ein Beweis, daß
Gottes Ursächlichkeit in besonderem Sinne wirksam ist. Es ist
dies um so zwingender, je mehr jene Gedanken und Aufgaben
in einem offenkundigen Gegensatz zu der menschlichen Neigung
stehen, wie sie sich in dem Offenbarungsvolke sowie in den
übrigen Völkern und ihrer Entwicklung kundgibt.

Inspiration ist das Ergriffenwerden von einer übernatürlichen Wahrheit und Aufgabe. In der Sprache Nietzsches ausgedrückt, ist sie die Leidenschaft eines großen Glaubens und einer
großen Liebe. Der Geist leidet dabei; er leidet von dem, was
ihn von oben mit Gewalt ergreift und erfüllt, was ihn erglühen,
schauen, kämpfen und hoffen macht. Ob man die Gottheit als
die unendliche Fülle der Wahrheit, als ein Pleroma von Gedanken

und Ideen versteht, oder als den Quellgrund und Inbegriff leben-
weckender Samenkräfte, immer erscheint es dem Gottesbegriff
aufs höchste entsprechend, Gott als den Inspirator einer höheren
Wahrheitserkenntnis und Lebensaufgabe zu denken.

Wird die Natur des menschlichen Geistes ins Auge gefaßt,
so ist auch unsere Vernunft mehr intellectus passibilis als agens,
mehr zum Lernen und Vernehmen geneigt, wie der Name Vernunft selbst nahelegt. Ergriffenwerden von der Wahrheit ist im
vollsten Sinne vernunftgemäß. Die Seele ist demnach für die
Inspiration angelegt, jedenfalls empfindet sie dieselbe nicht als
eine Vergewaltigung im Sinne einer verderblichen Naturwidrigkeit.
Allein wie die Eindrücke der Erfahrung und der Erziehung in
dem überlieferten Wissen nur das Material liefern sollen für die
eigene Denkbetätigung und die Hilfsmittel für eine ergiebige Verarbeitung, so ist auch die Inspiration von höheren Erkenntnissen
dazu bestimmt, die eigene Denk- und Willenstätigkeit herauszu-
fordern und an dem dargebotenen Material zu erproben. Die
Inspiration entspricht sowohl dem passiven wie dem aktiven
Bedürfnis der Menschenseele, ein Lehrling der Wahrheit wie ein
Streiter und Kämpfer um die Wahrheit zu sein. Nietzsche hat
nicht recht, wenn er meint, der persönliche Gott des Christentums und die Inspiration im Sinne der kirchlichen Glaubenslehre
schließe die Selbstbetätigung des Menschengeistes aus und ver-
urteile ihn zur Verzichtleistung auf das eigene Denken und Wollen.
Die Wiedergeburt ist passives Geborenwerden; aber auch aktives
Gebären. »Was vom Fleische geboren wird, ist Fleisch; was
vom Geiste geboren wird, ist Geist.« (Joh. 3.)

Die tatsächliche Beschaffenheit der biblischen Offenbarung,
ihrer Offenbarungsurkunde und ihrer gegensatzreichen Geschichtsentwicklung duldet nicht nur den Inspirationsbegriff im Sinne der
leidenden Ergriffenheit und des kraftvollen Ringens mit dem ergreifenden Gott, im Sinne des Gotteskämpfers Israel, sondern
fordert ihn geradezu. Israel ist deshalb der Name des Stammvaters: jener nächtliche Kampf mit dem Gott-Engel sollte eben
das Wesen der Inspiration offenbar machen, welche den Geist
erfüllt und durchdringt, aber nicht, um ihn zur Tatlosigkeit zu
verurteilen, sondern um ihn in allen seinen Tiefen zur kraftvollsten Anspannung um das höhere und höchste Wahrheitsideal

aufzuwühlen. »Die mich essen, hungern immerfort; die mich trinken, werden von stärkerem Durste (nach mehr Erkenntnis und Gottesgemeinschaft) erfüllt.« (Sir. 24, 29.) Ebenso Joh. 4, 13. 14. Die göttliche Belehrung stillt den Durst, weil sie sich bewährt: sie erregt den Durst, weil sie das Denken nicht zum Stillstand bringt, sondern wie eine Quelle zu unerschöpflichem Leben befruchtet.

Die Denkweise der schlichten Frömmigkeit sieht die Wirksamkeit Gottes mehr in der Darbietung von übernatürlichen Lehren und Wahrheiten, weil sie sich selber mit der bereitwilligen Hinnahme der heiligen Überlieferung begnügt und ihre Tatkraft in der betrachtenden Aneignung und praktischen Verwertung der Glaubenslehre erprobt, weniger in der theoretischen Untersuchung ihres philosophischen Wahrheitsrechtes. Die kritisch-philosophische Geistesart findet die Gottheit mehr in der lebendigmachenden Anregung und Erweckung zu eigener Kraftentfaltung. Der moderne Geist fordert von der Kirche und der Religion weniger Lehrvorschriften als vielmehr Anregungen zu gesteigerter Tätigkeit auf dem religiös-sittlichen, sozialen und pädagogischen, wie auf dem religionswissenschaftlichen Gebiete. Daß die Vorlage und Verpflichtung zu seiner Lehre göttlich sei, ist dem modernen Empfinden nicht recht verständlich; aber daß Anregung und Befruchtung des eigenen Forschens und Ringens göttlich sei, gibt er bereitwillig zu. Man müßte demnach erwarten, daß der Beweis aus der lebendigmachenden Inspiration auf die Modernen großen Eindruck zugunsten des Offenbarungsglaubens machen werde. Vielleicht ist das auch der Fall, wenn mit dem Ideal des lebendigmachenden Geistes Ernst gemacht wird. Allerdings entzieht man sich der entscheidenden Schlußfolgerung sehr gern, wenn man fühlt, daß sie einen Bruch mit dem seitherigen Lebensgang fordere. Auch die Verehrer des lebendigmachenden Geistes unterliegen schließlich dem Naturdrang nach Ruhe und fordern einen mühelos aufgenötigten Wahrheitsbesitz. Wird der objektive Wahrheitsbesitz geltend gemacht, den die Offenbarung gewährt, so rühmt man den lebendigmachenden Geist steten Ringens und Forschens als das Beste und einzig Gute. Wird aus der Geschichte von Offenbarung und Christentum gezeigt, daß Bibel und Evangelium wirklich mehr lebendigmachender Geist als ein

Lehrbuch seien, so erhebt man den Anspruch, die Offenbarung
solle von Anfang an alle geistigen Gegensätze aufheben und alle
zu widerstandsloser Glaubenseinheit in einem festbeschriebenen
Lehrbekenntnis vereinigen.

3. Die geistige Vollkommenheit und Lebendigkeit kommt
in der Jahwereligion und ihrer heiligen Schriftensammlung nicht
bloß inhaltlich, sondern auch formell zur Geltung. Es zeigt
sich in ihr ein vollkommenes Gleichgewicht zwischen der Fülle
des religiösen Lehrinhaltes und dem lebendigmachenden Geiste,
der in der mannigfaltigsten Weise von ihr ausströmt. Lehren,
Gesetze, geschichtliche Berichte, Gebete und Betrachtungen, Rätsel
und Geheimnisse, Fragen und Lösungen, Worte und Taten, Personen und Organisationen: alles ist vereinigt, um die abstrakte
Einseitigkeit und Lehrhaftigkeit fernzuhalten und ein Pleroma des
übernatürlich befruchteten Lebens darzustellen. Die Hl. Schrift
der Jahwereligion ist unzweifelhaft so eingerichtet, daß sie Freund
und Feind dazu reizt, sich in allen möglichen Formen mit Jahwe
und Christus zu beschäftigen und auseinanderzusetzen. Vermöge
ihrer ganzen Art ist es für den denkenden Geist kaum möglich,
gegen die Jahweoffenbarung gleichgültig zu bleiben. Die Heilige
Schrift ist eine mustergültige Offenbarung des lebendigmachenden
Geistes, im eigentlichen Sinne ein Unterpfand dafür, daß in der
Menschheit das gespannteste Interesse und der Wettkampf um
die in ihr verborgene Wahrheit und Gnade immer wieder neu
erweckt werde.

Ein zweiter Gesichtspunkt ist folgender. Die Offenbarungsreligion will eine Befreiung und Erhebung des Geistes sein, nicht
eine Knechtung und Belastung desselben. Darum tritt sie als
Religion des Geistes der Tyrannei des Buchstabens, als Gesetz
der Knechtschaft, als Gottesdienst der Liebe dem Gottesdienst der
Furcht und Lohnsucht, als Gnadenkraft und Wiedergeburt der
bloßen Forderung und Drohung gegenüber. Es ist unrichtig, in
irgend einem Teile des Alten Testamentes den Gegensatz des
lebendigmachenden Geistes finden zu wollen: die Jahwereligion
war das niemals, so wenig als der Keim dies sein kann. Das
Göttliche wird erst zu diesen Formen greisenhafter Erstarrung
herabgestimmt durch die menschliche Einseitigkeit und Schwäche,

die es zur eigenen Enge herabzieht, anstatt sich zum Göttlichen auszudehnen.

Offenbarung ist es nie und ebensowenig göttliche Inspiration, was den menschlichen Geist wie eine Last und Fessel einschränkt und niederdrückt. Es gibt allerdings eine Anschauung, welche in der Wahrheit eine Schranke, im Gesetz der Vollkommenheit und der Gottesliebe eine Last und Fessel sieht. Der Ausgleich erfolgt dadurch, daß auch die Gnadenerweise Gottes und die ewige Seligkeit als eine Art rechtsverbindlicher Leistung betrachtet werden, welche Gott weniger aus freier Güte und als Kundgebung seiner Freiheit, sondern viel mehr als irgendwie durch Verdienst abgenötigte Gegenleistung vollbringt.

Der Geist soll durch die Mitteilung der Wahrheit und des heiligen Gesetzes innerlich befreit, befruchtet, gehoben werden. Er gewinnt damit mehr Fähigkeit zu reicherer Geistesbetätigung, als er durch die dargebotenen Lösungen an Aufgaben verliert. Allerdings muß der Fülle der empfangenen Wahrheit und Gnade die Höhe der Auffassung und der maßgebenden Gesichtspunkte entsprechen. Wenn diese fehlen, wird zur Last, was Kraftquell sein sollte, und zur Fessel, was richtig verwertet eine Steigerung des Könnens und eine Erweiterung des Gesichtskreises ist und sein will.

Der lebendigmachende Geist kann allerdings nicht wie Lehrstoff mitgeteilt und auch nicht in einem Buch niedergelegt werden. Aber er kann doch durch die ganze Anlage erregt und angefacht werden. Dies geschieht in der Jahwereligion und ihrer heiligen Schrift durch die unvergleichliche Mannigfaltigkeit aller Formen, in denen sie dargestellt wird: als Geschichte, als Lehre, als Gesetz, als Tat, als Absicht und Rede Gottes, als Verheißung, Forderung, Fürsorge Gottes; als menschliche Verpflichtung, Erkenntnis, Gebet, Kampf, Lust und Opfer, als mühsames Verdienst und als selige Lust, ja sogar wie im Prediger und Job als Kampf des Zweifels mit dem Glauben, oder wie im Hohen Lied als Gleichnis des Geistes im sinnlichen Naturleben. Der Geist Gottes vermag alle Regungen der Menschenseele und alle Schicksalsformen zur Einkleidung der göttlichen Gedanken und zum Werkzeug der göttlichen Gnadenkräfte zu verwerten.

Bald erscheint das Göttliche mehr im Vordergrund, bald das

Menschliche. Das Menschliche wird in seinem unendlich viel-gestaltigen Verhalten gegen das Göttliche geschildert, so vielfach wie die Mischungen sind, die sich auf der Grundstimmung der grundsätzlichen Gottergebenheit oder des Weltsinnes abspielen. Manche meinen, alles werde gebilligt, was von frommen bibli-schen Personen berichtet werde: dies ist dann der Anlaß zu einer Kasuistik, welche zwar den Anstoß für die urteilslosen Unmün-digen entfernt, aber dafür den Anstoß für die kritischen Geister ins Ungeheure vermehrt.

Es sind Anordnungen und Handlungsweisen biblischer Personen, welche Anstoß erregen. Der Anstoß besteht, solange der Buchstabe dem Geiste im Wege steht, um unbefangen, ohne Ansehen der Person, aber in gerechter Würdigung der geschichtlichen Entwicklung und Lage die einzelnen Anord-nungen und Handlungen zu beurteilen. Zu diesem Zweck bedarf es natürlich der richtigen Auffassung darüber, was die Ausdrucksweisen der alten Schrift-steller und Gesetzgeber bedeuten und was nicht. Der Buchstabe trifft da gerade am allerwenigsten den eigentlichen oder wirklich buchstäblichen Sinn. Die alte Schriftstellerkunst wollte nicht nur mitteilen, sondern zur Anstrengung des Geistes nötigen, sie wollte Rätsel geben. (Sirach 39.) Das Erkennen findet nämlich seine innere Vollendung durch die sinnbildliche Einkleidung oder künstlerische Ausgestaltung einer Wahrheit in Wort und Werk. Darum besteht die vollkommenste Schriftstellerkunst in der Darbietung solcher Früchte der in sich selber vollendeten Erkenntnis.

4. Der lebendigmachende Geist, der die Offenbarung als göttliche Inspiration erweist, muß zu einem bestimmten Zweck anregen und aufrütteln. Dieser Zweck kann nur die höchste for-melle Vollkommenheit der Religion als Lebensgemeinschaft mit Gott, als consortium naturae divinae sein. Diese ist die Religions-übung im Geist und in der Wahrheit. Christus hat dieses Ideal aufgestellt. (Joh. 4.)

»Im Geiste« bedeutet die logische Folgestrenge, also die Unterordnung alles Geschöpflichen, Endlichen, Einzelnen, Äußer-lichen unter Gott als die eine Grundwahrheit, den einen verpflich-tenden Endzweck, das eine unentbehrliche Sakrament in allen Sakramenten, die allumfassende Gnadenkraft. »Niemand ist gut als Gott allein.« (Mc. 10, 18.) »Eines ist notwendig.« (Lc. 10, 42.) »Suchet zuerst das Reich Gottes und seine Gerechtig-keit: alles andere wird euch beigegeben.« (Mt. 6, 33.) Gott kann alles andere ersetzen; aber Gott kann durch nichts ersetzt werden. Alles Geschöpfliche ist gut, insofern es Gottes bedürftig und empfänglich ist, insoweit es Gott versinnbildet, vermittelt und zu Gott hinzuführen vermag.

»In der Wahrheit« wird die Religion geübt, wenn eine praktische Folgestrenge im Leben obwaltet. Das als Wahrheit Erkannte wird kraft vernünftiger Folgenotwendigkeit zum Gesetz für den Willen. Die Sittlichkeit ist nichts anderes als die folgerichtige Anwendung des Gottesglaubens auf die gesamte Lebensaufgabe. Dabei ist es natürlich von größter Bedeutung, ob der Gottesbegriff richtig und in allseitiger Vollständigkeit erfaßt wird. Aller sittliche und soziale Fortschritt schöpft aus der Fülle des besser verstandenen Gottesbegriffs als des Urbildes aller Vollkommenheit.

Der Rationalismus mißbraucht den großen Grundsatz Christi vom lebendigmachenden Geiste und von der Gottesanbetung im Geist und in der Wahrheit. Er versteht dieses Wort dahin, als ob Geist und Wahrheit von selber da wären, wenn nur keine äußeren Übungen und Gebräuche beobachtet und wertgeschätzt würden. Allein so leicht es möglich ist, daß die äußeren Übungen bei allem Eifer ohne Geist und Wahrheit verrichtet werden, ebenso häufig oder noch häufiger ist es, daß bei denen, welche die äußeren gottesdienstlichen Übungen unterlassen, auch die Gottesverehrung im Geist und in der Wahrheit vollständig mangle.

Die regste Wissenschaftlichkeit wäre sonst durch die volle Abwesenheit aller Buchstaben, d. h. Bücher und Bibliotheken, verbürgt. Der Denkgeist kann wohl unter der Last des gelehrten Materials ersticken: allein deshalb bleibt doch der Buchstabe die Frucht und der Keim des wissenschaftlichen Denklebens.

Die Gedanken methodisch und selbständig zu Gott zu erheben und mit dem ernsten Forschen und Sinnen wirklich Gott zu suchen, ist schwerer als der Gebrauch einer Gebetsformel, und noch viel schwerer als einige oberflächliche Vorstellungen höherer Art, auf welche manche Gebildete mit Selbstgefälligkeit hinweisen. Solche fehlen auch bei dem Lippengebete nicht.

Die Fortbildung der Sittlichkeit in der Richtung, welche die neuen Kulturaufgaben eröffnen, hätte mehr Fortschritte gemacht, wenn diejenigen Gott in der Wahrheit wirklich praktisch anbeten würden, welche die Gottesverehrung in der Kirche für entbehrlich halten. Es wäre eine sehr verdienstliche Anbetung Gottes in der Wahrheit, wenn die geistige Arbeit planmäßig darauf gerichtet würde, wie z. B. die sozialen Übelstände des Maschinenzeitalters, des Kriegswesens oder der Arbeitslosigkeit überwunden werden könnten. Die Jahweoffenbarung ist überreich an Inspirationen, um die Gottesanbetung im Geist und in der Wahrheit zu begründen oder zu fördern.

§ 2. Die Inspiration und die Bibelkritik.

1. Die Kritik lehnt auf Grund der Bibelforschung die Annahme einer göttlichen Inspiration ab. Sie behauptet die unzweifelhaften Beweise der literarischen Abhängigkeit, nationaler und kulturgeschichtlicher Bedingtheit durch Überlieferung, Sitte, Umgebung, sowie durch die babylonische Bildung. Diese Abhängigkeit beziehe sich gerade auf die sittlichen Anschauungen und religiösen Gebräuche und Überlieferungen, wie Kultuszeiten, Sabbat- und Neumondfeier, Opfer und Priestertum, Sitten- und Rechtsordnung, Schöpfungs- und Sündflutgeschichte, auf Jenseits und Erlösung. Wo Inspiration wirke, könne unmöglich eine Abhängigkeit von heidnischen Kulturen und Einrichtungen wirksam werden.

Die Verschiedenheit der Quellen, der Auffassung und Erinnerung bringe auch bei solchen, die die Wahrheit beurteilen und erfassen können und richtig wiedergeben wollen, eine Verschiedenartigkeit der Berichte und sogar Widersprüche mit sich. Die Widersprüche beweisen eben die menschliche Beschränktheit und Bedingtheit. Die persönliche Glaubwürdigkeit werde dadurch nicht ausgeschlossen; natürlich müsse trotzdem immer der Vorbehalt der Prüfung und Richtigstellung gemacht werden. Allein die Inspiration sei damit unvereinbar. Da die Schriften des Alten und des Neuen Testamentes alle diese Formen menschlicher Bedingtheit aufweisen und da insbesondere zahlreiche Widersprüche in den Parallelberichten und Anordnungen unleugbar vorhanden seien, so sei die göttliche Inspiration ausgeschlossen.

Die Bibelforschung einerseits, die Assyriologie und Religionsvergleichung anderseits hat die biblischen Schriften in die Mitte der kritischen Beobachtung gerückt und damit Schwierigkeiten zur Empfindung gebracht, die man früher nicht kannte. Diese

Schwierigkeiten wären noch größer, wenn die Bibelforschung nicht gleichzeitig die rein geschichtliche Auffassung von der Literatur des Alten und Neuen Testamentes verbreitet hätte. Je mehr die biblische Literatur aus einer religionsgeschichtlichen Entwicklung stammt, desto besser versteht man die scheinbaren Widersprüche und desto mehr verlieren sie ihre Schärfe. Das gleiche gilt, wenn auf verschiedene Verfasser zurückgeführt wird, was dem Sprachgebrauch zufolge als das Werk eines und desselben Verfassers erscheint, etwa des Moses.

Der Inspirationsglaube ist vielfach nicht bloß Inspirationsglaube, sondern zugleich die Behauptung bestimmter Verfasser und die Annahme einer starren Auslegung. Dann verschärfen sich natürlich die Schwierigkeiten, zumal wenn die Ausgleichsversuche den Eindruck künstlicher Tendenzprodukte erregen. Die Lage ist dann eine höchst bedenkliche, und anstatt die Kenner der heiligen Schriften für den Inspirationsglauben zu gewinnen, wird der Glaube an die Offenbarung um so tiefer erschüttert, je dringender die Inspiration, sei es als Verbal- oder Realinspiration, behauptet und mit der Annahme bestimmter Verfasser und strenggeschichtlicher Auslegung verknüpft wird. Darin besteht eines der brennenden Probleme der Gegenwart: es wird für das Alte Testament durch die Bibel-Babel-Schriften von Friedrich Delitzsch, für das Neue Testament durch das Wesen des Christentums von Adolf Harnack, sowie durch die Namen Loisy und Tolstoi bezeichnet und in seiner Bedeutung für die große Öffentlichkeit dargetan.

Zunächst ist zur vorurteilslosen Klarstellung erforderlich, daß der Inspirationsglaube nicht mit anderen Annahmen verknüpft werde, die nur durch Denkgewöhnung, aber nicht durch die Natur der Sache und auch nicht durch die Lehre der Kirche mit ihm zusammenhängen. Die Frage der Inspiration ist unabhängig von der Person des Verfassers und der äußeren Entstehungsgeschichte eines Buches.

Vgl. Hummelauer, Com. in Deut. p. 108: Ecclesia Dei ab apostolis accepit libros sacros v. T.: . . . particularem traditionem de modo, quo singuli libri orti et praeservati sunt, non accepit: haec doctorum virorum investigationi relicta.

Die Inspiration fordert auch nicht, daß ein Bericht buchstäblich verstanden werde, obgleich die Gesamtheit aller Fingerzeige darauf hinweist, daß es sich um die bildliche Einkleidung eines religiösen Gedankens handle.

Vergl. die Ausführungen von Anton Scholz, Hummelauer S. J., Exegetisches zur Inspirationsfrage. Freiburg, Herder, 1904. Zapletal O. Praed., Der Schöpfungsbericht der Genesis. 1902.

Man kann die göttliche Inspiration allerdings so auffassen, daß dadurch die literarische Abhängigkeit von menschlichen, insbesondere geschichtlichen Erkenntnisquellen, von Überlieferungen und Nachforschungen ausgeschlossen wird. Es war zwar schon durch die Erklärung von 2 Macc. und den Prolog Sirachs wie durch viele Hinweise in den Geschichtsbüchern dargetan, daß die Hl. Schriften sich selbst auf Quellenschriften beriefen; allein man glaubte dies nicht als maßgebend ansehen zu dürfen. Wenn die Abhängigkeit des inspirierten Schriftstellers von den vorhandenen Überlieferungen und Erkenntnisquellen durch die Inspiration nicht aufgehoben, vielmehr für deren höhere Zwecke benützt wird, um die Herrschaft des Buchstabens fernzuhalten, so ergeben sich natürlich auch in der Hl. Schrift jene Verschiedenheiten, wie sie die verschiedenen Überlieferungen und Erkenntnisquellen selber aufweisen und mit sich bringen. Im einzelnen kommt es darauf an, ob der hl. Schriftsteller selbst eine Umarbeitung an seinem Material vornahm, sei es aus grundsätzlichen oder geschichtlichen Gesichtspunkten oder ob er einfach die vorhandenen Berichte zusammenstellte, um dem Leser mittels der dargebotenen Gesichtspunkte ein eigenes Urteil zu ermöglichen. Die lebendigmachende Wirkung dieser Darstellungsweise ist unzweifelhaft. Sie entspricht demzufolge dem göttlichen Wesen des Inspirators im eigentlichsten Sinne.

Folglich ist es weder notwendig, mit Rücksicht auf die Inspiration eine künstliche Ausgleichung der Verschiedenheiten und Schwierigkeiten zu versuchen, zumal diese Versuche dem Glauben mehr schaden als nützen, noch ein Anlaß gegeben, um deshalb die Inspiration in Zweifel zu ziehen. Es ist schlechthin undenkbar, warum die göttliche Inspiration dem Menschen die geistige Arbeit ersparen sollte, um zu der richtigen Erkenntnis in jenen Gebieten der Natur und der Geschichte, der Kultur und Philosophie zu gelangen, welche nur in tatsächlichem Zusammenhang mit der Offenbarungsreligion stehen. Die Mühe um die richtige Erkenntnis der geschichtlichen Vorgänge und der natürlichen Wahrheiten zu gewinnen, nützt zum Verständnis der Offenbarung mehr als die mühelos dargebotene Mitteilung derselben.

2. Die Kritik macht ferner in schärfster Weise geltend, daß die inspirierten Schriften nicht nur bezüglich der Tatsachen und Anschauungen Verschiedenheiten und Widersprüche aufweisen, sondern daß sie von Gott und seinen Auserwählten Worte und Handlungen, Gesetze und Taten berichten, welche mit dem sittlichen Geiste und dem sittlichen Gottesbegriff in unversöhnlichem Widerspruch stehen. Wenn auch die geschichtlichen und naturwissenschaftlichen Mängel mit der Inspiration vereinbar sein sollten, so könne kein Zweifel sein, daß sittliche Anstöße mit der unmittelbaren Urheberschaft Gottes unvereinbar seien. Dem inneren Kriterium der sittlichen Heiligkeit werde ja allgemein eine unbedingte Beweiskraft im negativen Sinne zuerkannt, daß nämlich keine sittlich anstößige Sache als göttliche Offenbarung angenommen werden könne.

Der Ausweg, der für die Kirchenväter wie Augustinus gangbar war: Non est mendacium sed mysterium, oder die Annahme einer Dispens von dem sittlichen Gesetz und dem göttlichen Gebot hinsichtlich der Ehe und der Monogamie, der geschlechtlichen Keuschheit, der Kriegführung, des Eigentums, der Wahrhaftigkeit sei jetzt nicht mehr zulässig. Die Lösung, welche Hontheims Theodicee bietet, Gott brauche seine Güte nicht wie der Mensch in seinen Werken zu betätigen, weil er schon durch sein Wesen die vollkommene Güte sei, werde kaum auf ernste apologetische Verwertung hoffen dürfen. Die sittliche Heiligkeit Gottes werde durch derartige Mittel noch mehr in Frage gestellt als durch die anstößigen Berichte selbst.

Es kommen unter diesem Gesichtspunkt vor allem inbetracht: die Polygamie hinsichtlich der Ehefrauen und der Nebenfrauen, die Freigabe der Fornicatio simplex, die Aufforderung zum Betrug an den Ägyptern, die Vernichtungsbefehle gegen die Kanaaniter und Midianiter; auch der Geist der blutdürstigen und rachsüchtigen Grausamkeit, der aus vielen prophetischen Weissagungen gegen die Heidenvölker und aus den Fluchpsalmen spreche. Friedrich Delitzsch hat diese Bedenken in eindringlicher Weise geltend gemacht: auch die Sinnlichkeit des Hohen Liedes, des 44./45. Psalmes, sowie den an Gotteslästerung streifenden Zweifelgeist des Buches Job und des Predigers.

Alle diese Vorwürfe und Befürchtungen sind nur möglich von einem Standpunkt aus, welcher die lebendigmachende Absicht der biblischen Offenbarungsgeschichte nicht ins Auge faßt. Man vergißt dabei auch die eigenen Anforderungen, die im Namen des sittlichen Geistes an eine göttliche Offenbarung gestellt werden:

daß sie weder eine mechanische Wahrheitsmitteilung sein dürfe
noch eine Beeinträchtigung der geistigen Selbstbetätigung insbesondere inbezug auf das sittliche Urteil. — Wie schon früher
dargetan wurde, ist das, was der Lauf des Schicksals und die
Gesetze des Ursachenzusammenhanges mit sich bringen, dem altertümlichen Denken eine Fügung Gottes. Jahwe wirkt in der Natur,
im Schicksal, in dem gesetzlichen Ursachenzusammenhang.

Die Vergleichung der verschiedenen Ausführungen, in denen das Verhalten gegen die Kanaaniter erörtert wird, beweist, daß es sich vielfach um die
Lösung dieser peinlichen Frage durch die Führer Israels handelt, die natürlich
das Interesse des Gottesvolkes im Auge hatten und so gut als möglich zu
wahren suchten. Außerdem sind es Betrachtungen, die von Späteren angestellt
wurden, um sich den tatsächlichen Verlauf der Dinge aus höheren Gesichtspunkten verständlich zu machen. In ähnlicher Weise war auch der Auszug
aus Ägypten eine Aufgabe gewesen, welche, unbeschadet des göttlichen Eingreifens in Wort und Tat, die Geisteskraft der Führer im höchsten Maße
herausforderte. Dabei waren sie von dem Bewußtsein erfüllt, im Namen und
Interesse der Jahwereligion und damit Jahwes selber zu handeln.

Die Güter des äußeren Lebens galten nicht aus sich selber als eine Richtschnur des Guten, sondern als das Material, welches den sittlichen Charakter
erst durch die sittliche Grundgesinnung gegenüber der höchsten Lebensaufgabe
erhielt. Diese sittliche Grundgesinnung und die ihr entsprechende Lebensrichtung bestimmt über Gut und Schlecht, über das Gott Wohlgefällige und
Gott Mißfällige. Die äußere Regelung inbezug auf die einzelnen Güter und
Handlungen ist mehr Sache der gesellschaftlichen Kultur. Darum konnte in
geschlechtlicher Hinsicht wie in anderen Dingen im Altertum mit der sittlichen Strenge manches vereinbar sein, was das sittliche Gefühl unter anderen
Kulturverhältnissen nicht mehr duldet. Die fortschreitende Offenbarung hat
die volle Enthaltsamkeit vom außerehelichen Geschlechtsverkehr und die Monogamie für die Ehe zur sittlichen Pflicht gemacht.

Der sittlich-religiöse Grundcharakter kann in solcher Kraft und Entschiedenheit hinsichtlich des höchsten Zieles vorhanden sein, daß derselbe ohne
Gefahr von sinnlichen Dingen Gebrauch machen kann, welche unter anderen
Verhältnissen die sittlich-religiöse Gesinnung ernstlich gefährden. Nicht jeder
ist in der Lage, die Bilder des Hohen Liedes ohne Gefahr zu verwerten und
ohne Anstoß die Gedankenkämpfe des Buches Hiob und des Predigers in sich
selber innerlich mitzuerleben.

Eine Offenbarung, welche für die Menschheit in ihrer zeitlichen Lebensentwicklung und in ihrer nationalen Vielgestaltigkeit
von wesentlicher und grundlegender Bedeutung sein soll, muß
auch die höchsten Ansprüche der kampfzerrissenen Geister im
Auge haben, nicht bloß die genügsamen Seelen des durchschnitt-
lichen Menschentums. Jedenfalls darf nicht der Maßstab eines

Religionshandbuches zum Schulgebrauch für Unmündige an die
Urkundensammlung einer Gottesoffenbarung angelegt werden.
Auch da gilt das Gotteswort an Augustin: »Ich bin eine Speise
der Starken: Wachse, und du kannst mich genießen! So wirst
du in mich umgewandelt.« Es ist auch nicht die Gewohnheit
der alten Schriftsteller, über jede Handlungs- und Denkweise ein
Urteil beizufügen: sie verfolgen vielmehr gerade die Absicht, welche
einen Vorzug höchster Ordnung begründet, dem Leser das Material
für die eigene Beurteilung darzubieten und mit der Darstellung
eine geistige Aufgabe zu stellen.

Der Bericht in Gen. 34 lautet so, daß man eine Billigung des Überfalles
von Sichem durch Simeon und Levi vermuten könnte, insbesondere auf Grund
ihrer Rechtfertigung Gen. 34, 31. In der Tat nimmt Judith im Gebet die
Tat Simeons als ihr Vorbild. (Jud. 9, 2—4.) Allein die Verurteilung dieser
Tat durch Jakob (Gen. 49, 5—7) gibt eine unzweifelhafte Aufklärung für
diesen und analoge Fälle. Sichem war nur ein Spezialfall von Kanaan. Ebenso
Gibeon.

Wenn übrigens die Denk- und Handlungsweise vielfach anstößig erscheint, so ist doch zu beachten, daß es vielfach nur unsere abstrakte Auffassung ist, welche den Anstoß verschuldet. Durch die literarische Grundlegung
des modernen Denkens wird das Anstößige einfach aus der Darstellung ausgeschaltet, aber in der Wirklichkeit ist es doch da. Die Praxis der Kriegführung, der Geschäftskonkurrenz ist bis auf die neueste Zeit nicht vollständig
in sittliche Theorie übersetzt. In der Theorie würde sie Anstoß erregen: so
entsteht der Schein, als ob die moderne Kultur über allen sittlichen Anstoß
inbezug auf Ausnützung der Gewalt erhaben wäre. Das gleiche gilt von den
geschlechtlichen Fragen. Die Theorie ist vielfach ohne Rücksicht auf die
praktischen und realen Gesichtspunkte ausgebildet: dann kann sie natürlich
leicht von Anstoß frei bleiben. Ihre Aufgabe ist es indes, die Gleichung von
Ideal und Wirklichkeit in die Wege zu leiten.

Was Gott seinem sittlichen Wesen zufolge ist und will, ist
so deutlich und unzweifelhaft in den ältesten Offenbarungsurkunden
der Jahwereligion sichergestellt, wenigstens für ein unbefangenes
Denken und bei Würdigung der zeitgeschichtlichen Sinnesweise,
daß die eigentlichen Anstöße und Schwierigkeiten sittlicher Art
wegen ihrer inneren Beschaffenheit gar nicht mit Jahwe in unmittelbaren Zusammenhang als Kundgaben seiner eigenen göttlichen Gesinnung gebracht werden können. Dabei wird allerdings
die Allursächlichkeit Gottes im Sinne der absoluten Ursache aller
Wirklichkeit in den ältesten Urkunden ebenso gewahrt, wie im
Buche Jesajas I u. II. Gerade der Prophet der Heiligkeit wird

nicht müde hervorzuheben, daß Gott der erste Urheber von allem ohne Ausnahme sei, auch von Licht und Finsternis, von Glück und Unheil. (Jes. 45, 7; 54, 16, 17.)

Wie in der Urgeschichte und der Patriarchengeschichte diese zweifache Bedeutung des Gottesbegriffs besonders inbezug auf Kultus und Kultur, auf Kain und Babel, auf Ismael und Esau, auf Simeon und Levi hervorzuheben ist, so kommt die Verschiedenheit des Gesichtspunktes auch zum Ausdruck hinsichtlich der Gottesoffenbarung des Namens Jahwe. (Exod. 3, 15 und Genesis, sowie Exod. 6, 2.) Die Begründung, mit welcher Moses vom Pharao die Genehmigung des Auszuges fordert, bezieht sich nur auf eine Festfeier am Sinai. (Exod. 5, 1. 3. 8. 17; 7, 16; 8, 8. 25—28; 10, 7—11. 24—26.)

Die Beurteilung Bileams ist sehr verschieden im Bericht Num. 22—24; 31, 8. 16; Jos. 13, 22; Mich. 6, 5.

Die Einführung des Königtums wird in 1. Sam. 8. 10, 18—27; 12 als eine Auflehnung gegen den Gottkönig und als Zurückdrängung der Gottesherrschaft betrachtet, jedenfalls nicht als Ausführung von Deut. 17.

Die Berufung Jeroboams zum König von Israel erfolgt nach 3. Reg. 11, 29—40; 14. 16 auf Gottes Geheiß durch den Propheten Ahia. Wenn sich Hoseas 8, 4 auch auf Jeroboam bezieht, so galt ihm die Wahl Jeroboams eben als widergöttlich. Der Prophet verurteilt die Tat Jehus als Blutschuld, um derentwillen das Reich Israel dem Strafgericht Gottes anheimfalle. (Hos. 1, 4. 5.) Hingegen wird 3. Reg. 9, 6—10 Jehu vom Propheten Elisäus um dieser Aufgabe willen im Namen Gottes zum Königtum berufen und seine Tat anerkannt. (3. Reg. 10, 30.) Hiernach ergibt sich, daß viele Maßnahmen inbezug auf die Kanaaniter aus dem Bemühen stammen, die Lösung der schwierigen Aufgabe zu finden, wie der Jahweglauben gegenüber der kanaanitischen Baalsreligion bei der kulturellen Überlegenheit der Kanaaniter sichergestellt werden könnte. Daß kein eigentliches Gottesgebot die Kanaaniter von der Wohltat der Gerechtigkeit und Billigkeit ausnahm, sagt auch Hummelauer (Com. in Iosue 1903. p. 29), und ergibt sich daraus, daß sie in großer Zahl unbehelligt fortbestanden und daß David sich nicht verpflichtet fühlte, die Jebusiter in dem eroberten Jerusalem zu töten. (2. Sam. 5.) Auch die Amalekiter vertilgte er nicht, obgleich Saul deswegen von Samuel verworfen worden war, weil er nur das Volk, nicht zugleich den König von Amalek der gottverschwornen Vernichtung preisgegeben hatte. (1. Sam. 15, 8; 2. Sam. 8, 12; 1. Chron. 18, 11.) Die Krethi und Plethi werden in den nächsten Dienst des Königs aufgenommen. Für das kanaanitische Gibeon wurde nicht nur das große Sonnenwunder gewirkt, sondern auch deren Höhe bevorzugt für große Opferfeste. Der König Saul wird als schuldbar erklärt, weil er sie »aus Eifer für Israel und Juda« zu schlagen suchte. Eine dreijährige Hungersnot wurde dahin gedeutet und durch die Auslieferung von sieben Nachkommen Sauls an die Kanaaniter gesühnt, »um sie vor Jahwe aufzuhängen«. (2. Sam. 21.)

Die Lösung, welche P. Hummelauer S. J. inbezug auf die Ausrottungsbefehle der Kanaaniter gibt, geht von dem Grundsatz aus, diese

Ausrottungsbefehle seien trotz ihres unbedingten Wortlautes bedingt gewesen. Nur jene Kanaaniter sollten getötet werden, welche sich weigerten, die Gesetze Israels und die Religion Jahwes anzunehmen oder auszuwandern. At nulla lege iubebantur Hebraei exterminare Chananaeos illos, qui iam non essent Chananaei sed Hebraei, qui animo sincero cuperent sacris Habraeorum accedere et e filiis Chanaan fieri filii Abraham. Aus dem Gesetz Samuels (Deut. 23, 1—8 [2—9]) ergebe sich, daß nur die Philister, Ammoniter und Moabiter, nicht aber die Kanaaniter von der Anfnahme in die israelitische Religions- und Volksgemeinschaft ausgeschlossen gewesen seien. Wer in Num. 33, 50—56 usw.; Deut. 7; Lev. 27, 29 dem Wortlaut entsprechend das göttliche Gebot ausnahmsloser Vernichtung der sieben kanaanitischen Völker findet, wird diesem Argumentum e silentio entgegenhalten, es habe kein besonderes Verbot gebraucht, das die Kanaaniter von der Aufnahme in die Volksgemeinschaft Israels ausschloß, weil sie ja der Ausrottung geweiht waren. E quo eius legis de Chananaeis silentio legitimum conficitur argumentum, Samuelem id rem plane licitam habuisse, ut Chananaei etiam in ecclesiam admitterentur. Non fuerat a Iahwe lata lex ita crudelis, quae pios simul et impios communi neci addiceret, sed illud procurandum aequissime praecipiebatur, ut terra Iahwe nonnisi a Iahwe cultoribus incoleretur. (Com. in Iosue. Paris 1903. p. 29.) Das Murren des Volkes bei dem Vertrag mit den Gibeoniten (Jos. 9, 18) habe nicht deren Schonung, sondern die Bundesschließung mit dieser kanaanitischen Stadt zum Grunde gehabt. — Die jüdische Überlieferung behaupte von altersher: Josue habe den Kanaanitern stets zuerst das Anerbieten gemacht, auszuwandern oder sich mit Israel in Frieden zu verständigen. (So Midr. r. 3 M. sectio 18. J. Hamburger: Real-Enzyklopädie für Bibel und Talmud I, 611. Strelitz 1884. Mehr bei Heß, Bibl. Gesch. A. u. N. T. V. 1. p. 45. Zürich 1826.) Auch Maimonides sei dieser Ansicht gewesen; Seldenus versichere, sie in alten jüdischen Kommentaren gefunden zu haben; et Cunaeus: Enimvero illud hinc efficitur, deletas propterea eas gentes esse, quia belli fortunam tentare quam conficere pacem in Israelitarum leges maluerunt; quodsi fecialibus auscultassent, utique iam salus eorum neutiquam in dubio fuisset. (l. c. 30.)

Aus dem Wortlaut der biblischen Texte selber, insbesondere Num. 33, 50—56, ist dieser Sinn der Ausrottungsbefehle nicht zu erkennen. — Allerdings behauptet Hummelauer, es sei selbstverständlich (p. 29. 33) (mit Rücksicht auf die sittliche Heiligkeit Gottes), daß Jahwes Befehl nicht so grausam habe lauten können, und daß jeder Fremde, auch jeder Kanaaniter in die heilige Volksgemeinde habe aufgenommen werden können.

Hummelauer beruft sich ferner auf die göttliche Heilsordnung und den Bund mit Abraham. Nach Gen. 3, 15 sei allen Menschen das Heil durch den auserwählten Samen verheißen worden. Signum electi seminis externum et carnale circumcisio, electionis fundamentum fides. Wie es möglich war, durch Verbrechen aus der Gemeinschaft der Heilsgenossen ausgeschlossen zu werden, so konnten Würdige und Gläubige in dieselbe Aufnahme finden. Darum sei die ganze Hausgenossenschaft Abrahams, nicht bloß seine Nachkommenschaft, in den hl. Bund aufgenommen worden (Gen. 14, 14; 17, 23 sq.). Ähnliches werde öfters berichtet und auch gesetzlich vorgesehen. Jakob sei nach Gen. 34 bereit gewesen, alle Sichemiten, obgleich sie Hewäer waren, durch die Beschneidung in das auserwählte Volk aufzunehmen. (p. 31.)

Ein weiterer Grund, der für Hummelauer entscheidend ist, liegt in Davids und Salomons Verhalten gegen die Kanaaniter. Beide Könige waren weit entfernt, sich zur Ausrottung der Kanaaniter verpflichtet zu halten. Vielmehr traten sie in engere Beziehung zu denselben. Dicta confirmantur ex actis regis David, qui inter amicissimos suos plurimos habuit alienigenas, qui aut demonstrantur sacra hebraea esse professi, aut censendi sunt id fecisse, cum pius rex haud credi possit sui corporis custodes habuisse plura centena virorum incircumcisorum. Habes Obededom Gethaeum, Areana Iebusaeum, Uriam Hethaeum, pios evidenter Israelitas (2. Sam. 6, 10; 24, 16; 11, 3; 23, 11. 30). Habes inter heroas David Selek Ammonitam et Igaal Sobaeum (23, 36). Habes (15, 18) 600 Gethaeos, quorum dux Ethai Gethaeus (v. 21) iurat in nomine Iahwe. Habes Kerethi et Pelethi (8, 18; 15, 18; 20, 7. 23). Habes igitur in his praeter Iebusaeum et Hethaeum (cf. Deut. 7, 1), quae gentes nullo mandato prohibebantur recipi in ecclesiam, Ammonitam et Philistaeos tam severe excommunicatos in collectaneo Deut. 23, 2 (3) sq. aut ea lex, licet Thorae esset recens adscripta, non erat satis nota et observata, aut admittebat exceptiones aut a prophetis aevi davidici revocabatur, aut Deut. 23, 2 (3) sq. expressio »admitti ad ecclesiam« non dicit exclusionem a sacris, sed a plena communione iurium civilium. Reapse David videtur aeque amanter habuisse Hebraeos natos et alienigenas ad fidem conversos; quare hi alienigenae ad unum omnes adhaesere in turbis ab Absalome excitatis. — Patris vestigia secutus Salomo 3. Reg. 9, 20—22 eos, qui inde a Iosue temporibus superfuere Amorrhaei, Hethaei, Pherezaei, Hevaei, Iebusaei, non exterminavit, sed utique hebraeam fidem professos subiecit angariae, exemplum secutus a Moyse in transiordanica et a Iosue in Gabaonitis datum. Igitur merito legitimum habebatur tempore Moysis, Iosue, Davidis, Salomonis, admittere ad sacra Hebraeorum indigenas vel alienigenas eos, qui id animis sinceris expeterent: quibus argumentis defendes, eiusmodi homines ab aequalibus Iosue esse trucidatos? (Cf. A. Bertholet, Die Stellung der Israeliten zu den Fremden. Freibg. 1896. S. 45.)

Daß im Buch Josue (wie Num. 31) gewöhnlich einfach die Bekriegung und Vernichtung der besiegten Kanaaniter berichtet werde, erklärt Hummelauer daraus, daß dieses Buch mehr den Zweck der religiösen Erbauung als der geschichtlichen Berichterstattung verfolge. Josue werde als gewissenhafter Vollbringer des göttlichen Gesetzes dargestellt. Ratio vere cur in libro Iosue non clare statuatur, alienigenas plures in Chanaanitide genti Hebraeorum esse accensitos, haec est: finis libri non est pure historicus, enarrandi quaecumque facta sunt, sed est potissimum religiosus, narrandi ea quae legentibus futura sint aedificationi. Exhibetur Iosue religiosus observator Thorae, hinc inimicos percutiens ad internecionem usque (Deut. 7, 2) ethnicorum respuens foedera. Et Thora quidem de solis septem gentibus agit,

neque illud explicite affirmat, quod per se intelligebatur, alienigenas bonae
voluntatis ad sacra Hebraeorum esse admittendos, sive earum septem gentium
sive aliarum gentium homines essent (p. 32. 33.)

3. Die Inspiration gilt vielfach als widerlegt durch die
Forschungen der Bibelkritik überhaupt und insbesondere durch
den Nachweis, daß die Hl. Schriften das Endergebnis einer ver-
wickelten literarischen Entwicklung und Verarbeitung seien. Allein
die Autorschaft bestimmter Personen kann mit der Inspiration
nur dann in inneren Zusammenhang gebracht werden, wenn dieselbe von den biblischen Schriften selber in Anspruch genommen
oder durch eine gleichwertige Glaubensvorschrift gefordert wird.
Da dies hinsichtlich derjenigen biblischen Bücher nicht der Fall
ist, welche im Mittelpunkt der bibelkritischen Untersuchungen
stehen, so ist die Inspiration selber durch die Frage nach dem
Verfasser nicht in Frage gestellt, obgleich manche dies meinen.

Was die Geschichte der biblischen Schriften betrifft, so ist
das Gesamtbild ihres Werdens wesentlich ein anderes geworden
als früher, d. h. seit dem byzantinischen Zeitalter bis zum Erwachen der geschichtlichen Kritik und zur jüngsten Gegenwart.
Es handelt sich jetzt im eigentlichen Sinne um den Werdegang
der Bücher selber. Diese waren im Altertum selbständige
Größen, deren weitere Entwicklung durch keine Rücksicht auf
den Verfasser gehindert war. Ganz und gar nicht, wenn sie
öffentliches Gemeingut und vor allem, wenn sie religiös-wertvolle
und übernatürliche Offenbarungen waren. Dann gehörten sie eben
dem Geiste und der Gemeinschaft, von dem und für welche sie
verfaßt waren.

Die Inspiration wird also durch die Bibelkritik nicht in Frage
gestellt, wenn dieselbe von einer eigentlichen Entstehungsgeschichte
der hl. Bücher sprechen zu müssen glaubt. Der wahre Urheber
ist ja nicht ein einzelner Mensch, sondern der Gottesgeist, der
in vielen ebenso wirkt, wie in einem, der durch alle Zeiten hindurch wirksam bleibt, und zwar indem er die Entwicklung voll
beherrscht.

Aber auch ein anderer Gesichtspunkt gibt das Recht zu dem
Satze: Die Ergebnisse der Bibelkritik haben, soweit sie gesichert
sind und im Rahmen der literarischen Tatsachen bleiben, den
Inspirationsglauben mit einem Schlage von einer Menge von

Schwierigkeiten befreit, wie sie die Kritik von Spinoza bis zum Ende des 19. Jahrhunderts gegen die Göttlichkeit der Hl. Schriften beider Testamente mit wachsender Schärfe und gesteigertem Einzelnachweise erhob.

Die führenden Exegeten auf katholischer Seite empfinden und gestehen die Notwendigkeit einer gründlichen Umgestaltung der biblischen Wissenschaft und der Aplogie für die Hl. Schrift im ganzen und einzelnen. Hummelauer S. J. billigt Cornelys Urteil, die Exegeten der katholischen Glanzzeit (1563—1663) seien wohl Exegeten der Verse und Texte, nicht aber der Bücher gewesen (p. 8). Andere empfinden diese Notwendigkeit wohl auch, allein ihre Vereinzelung erschwert ihnen die Erfüllung der Aufgabe mehr aus äußeren als inneren Gründen, weil die bibelwissenschaftliche Aufgabe ohne weitgehende theologische Neuerungen nicht vollziehbar ist. Aus diesem Grunde erklärt es sich, daß es katholischerseits Ordenstheologen sind, und zwar Jesuiten und Dominikaner, welche mit der Approbation der Kirche und unter dem Schutze ihres Ordens den Fortschritt der Bibelwissenschaft vertreten. Weltgeistliche Gelehrte entbehren eines solchen Rückhaltes.

P. Hummelauer S. J. hat die schwierige Aufgabe in folgendem System zu erledigen versucht, aus dessen einzelnen Grundsätzen sich die wissenschaftliche Notwendigkeit und die kirchliche Korrektheit unserer obigen Ausführungen hinsichtlich der Inspiration ergibt. Die Bedeutung von Hummelauers Darlegungen liegt einerseits in ihrer grundsätzlichen Tragweite und anderseits in dem Umstand, daß die Kommentare des Cursus s. Scripturae von P. Cornely, Knabenbauer und Hummelauer unter den Augen der römischen Kurie und des Ordens erscheinen und daß Papst Leo XIII. deren Widmung angenommen hat.

Vom Pentateuch sagt P. Hummelauer: Pentateuchus est liber imminutus et auctus. (Comm. Deut. p. 109.) »Der Pentateuch ist ein verstümmeltes und durch Zusätze vermehrtes Buch.« Pentateuchi textus noster est textus plurimo et arduo negotio restitutus estque ut textus restitutus a nobis explicandus.

Qua in re consentientem nobis habemus Hieronymum, qui contra Helvidium (7. M. 23, 190) ait: Sive Moysen dicere volueris auctorem Pentateuchi sive Esdram eiusdem instauratorem, non recuso (p. 94). Pietas sola non supplet defectum scientiae criticae aliusve scientiae exactae (p. 107).

Hummelauer spricht seine bibelkritischen Ergebnisse in 15 Sätzen aus, von denen die letzten die weittragendsten sind. Die Tatsachen, von denen P. Hummelauers Theorie ausgeht, sind in den ersten fünf Sätzen enthalten:

1. »Moses hat das Gesetz (Deut. 5—11; 28; 29, 1) geschrieben. Das wird ausdrücklich erklärt 31, 9, offenkundig durch das Verfahren Josues und Samuels dargetan.«

2. »Dem von Moses geschriebenen Gesetz fügte Samuel sein Gesetz für das Königtum ein. (Deut. 12, 1 bis 26, 15.) Vor ihm hatte Josue seine Worte eingefügt, von denen 26, 16 bis 27, 26 ein Bruchteil zu sein scheint.«

3. »Dieses durch Samuels Schrift vermehrte Gesetz fand Hilkias unter dem König Josias.«

4. »Nicht nur dieses Gesetz, sondern alle Schriften des mosaischen Zeitalters erschienen in der Zeit Esras zu einem Pentateuch vereinigt, der später Gesetz genannt wurde.«

5. »Gewisse alte Zeugnisse im Zusammenhalt mit mehreren Schrifttexten und insbesondere mit der Tat des Hilkias begründen die Annahme, daß die Hl. Schriften im Zeitalter der Könige jener höchsten Verehrung verlustig gingen, welche ihnen vorher zuteil geworden war, ja sogar, daß sie der Verfolgung gottloser Könige anheimgefallen seien.« (p. 61. 62.)

6. »Das Deuteronomium besteht aus drei mosaischen Urkunden, welche in den Bericht des zweiteiligen Buches eingefügt sind. Das zweiteilige Buch sei Exod. 1, 1 bis Deut. 1, 3; 31, 14 bis 34, 12. Eingefügt ist die Gesetzesmahnung Deut. 1, 6 bis 4, 40; das Gesetz Deut. 5—11; die Geschichte von der Wiederherstellung des Bundes Deut. 29, 2 bis 31, 13.«

7. »Jenes Gesetz, welches den Namen Thorah schlechthin erlangt hat, ist das Fünfgebot Deut. 6, 1 bis 7, 11.«

8. »Dieses Gesetz ist der eine Teil der Bundesworte (29, 1), deren anderen Teil die Segens- und Fluchworte c. 28 bilden.«

9. »Das Gesetzbuch, das Moses den Priestern übergab, enthielt außer den Bundesworten noch die Einleitung c. 5 und die Ermahnung 7, 12 bis 12, 32.«

10. »Quod vero huius libri antiquissima apographa attinet, potuere ea praeterea habere, aut paraenesim (priorem) aut historiam foederis aut utramque atque nihilominus thorae appellari.« (p. 76.)

Die Tatsache der Vielgestaltigkeit und Verschiedenartigkeit der einzelnen Gesetzgebungen im Pentateuch scheint am meisten die Unmöglichkeit der Inspiration zu beweisen, da Gott doch unmöglich widersprechende Gesetze geben kann. Auch Moses könne dann nicht als der Urheber dieser verschiedenen Gesetzgebungen gelten, obgleich sie unter seinem Namen wie unter dem Namen Gottes erlassen sind. Mit Rücksicht hierauf wie auf den ganzen Tatbestand erklärt Hummelauer, daß der eigentliche Gesetzeskörper des fünften Buches Mosis nicht von Moses als Gesetzgeber stamme, sondern von Samuel, aber unter dem Namen Mosis. Einen kleineren Gesetzeskörper spricht er dem Josue zu. Die Gründe, warum die Gesetzessammlung Deut. 12, 1 bis 26, 15 nicht von Moses stammen könne, seien die widersprechenden Bestimmungen über Kultus und Priestertum. Im besonderen nennt er folgende:

a) Es bestehe ein Widerspruch zwischen Deut. 12, 8 und 12, 25.

b) Deut. 12, 11. 17; 16, 21 bis 17, 1 erlaube stillschweigend überall Altäre-

c) Deut. 12, 11. 17; 14, 23. 26 bestimme den Zehnten für das Volk und die Armen, Num. 18 für die Leviten.

d) Die Erstgeburt der Tiere werde Num. 18 für die Priester, im Deut. für das Volk bestimmt.

e) Widerspruch bestehe hinsichtlich der Bezüge der Priester vom Opfer.

f) Für das Passahopfer bestimme Exod. 12, 3 das Schaf und die Ziege; Deut. 16, 2 außerdem das Rind. So sei auch die Passahfeier des Josias 4. Reg.

g) Der Levitenstand sei nach Num. 35 festangesiedelt und bepfründet; nach Deut. 12. 14, 16; 26 Beisasse und besitzlos.

h) Deut. kenne keinen bestimmten Unterschied von Priestern und Leviten, wohl aber der Priesterkodex.

i) Das Deut. gibt Nachlässe hinsichtlich der Abgaben und Zehnten, welche der Priesterkodex nicht kenne. Es sei aber undenkbar, daß die Abgaben beim Eintritt aus der Wüste ins Gelobte Land ermäßigt worden seien.

k) Die Zufluchtstädte werden im Deut. 19 und Num. 35, 11—14 in verschiedenartiger Weise angeordnet, und zwar ehe die Sache überhaupt ins Leben treten konnte.

l) Unter den feindlichen Völkern würden Deut. 23, 2 die Mamzer genannt, welche als Philister gelten müßten. Diese hatten mit den Patriarchen freundlich verkehrt; Moses und Josua hatten keine Berührung mit ihnen; wohl aber Samuel und Saul als Gegner. David wurde ihr Schützling, und er nahm sie als seine Leibwächter. (Cf. p. 24.)

Die Gesetzgeberschaft und Namensnennung des Moses schließe die Urheberschaft späterer Gesetzgeber nicht aus. Ausdrücklich werde von Josua (24, 25 sq.) und Samuel (1. Sam. 10, 25) berichtet, daß sie Einfügungen in das Gesetzbuch Mosis gemacht hätten, nicht durch Hinzufügung neuer und unterschiedener Bücher, sondern durch Eingliederung in die Thora als deren Bestandteil. (p. 6. 7.) Die Einleitung des Josue-Gesetzes finde sich Deut. 26, 16 bis 27, 26. Das sog. Urdeuteronomium 12 ,1 bis 26, 15 sei die Gesetzessammlung Samuels. (Natürlich ist dann vom Standpunkt des Inspirationsglaubens grundsätzlich kein Hindernis, in einem Teil des Pentateuch eine Gesetzgebung anderer, der großen Könige, Propheten oder Priester, auch des großen Restaurators Esra, anzunehmen, wenn sich dies sachlich begründen läßt.)

Außer dieser positiven Weiterbildung kommt für die Textgestaltung nach Hummelauers Darlegung wesentlich inbetracht die Verfolgung der Hl. Schriften durch feindselige Parteien und Könige, sowie durch die babylonische Katastrophe. Die rabbinische Überlieferung berichtet von einer vollständigen Vernichtung aller Hl. Schriften bei der Zerstörung Jerusalems. (Chrysostomus und Theodoret schrieben die Bücherverfolgung den Königen zu, besonders dem Manasse.) Esra habe vierzig Tage lang fünf Schreibern den Text aus dem Gedächtnis vorgetragen und habe so die Hl. Schriften wiederhergestellt. Während Loisy dieser Überlieferung allen Wert abspricht, findet Hummelauer mit der Kritik einen geschichtlichen Kern in derselben. Die Kritik sieht darin das Zugeständnis, daß Esra überhaupt der erste Begründer eines heiligen Schrifttums sei. Hummelauer hält nur den vollständigen Untergang und die wunderbare Wiederherstellung für Legende. Bei der Wiederherstellung der hl. Literatur nach dem Exil konnten nach Hummelauers Untersuchung in der Tat große Änderungen entstehen, indem einige Abschnitte heiliger Bücher ausgelassen, andere am unrichtigen Orte eingefügt und dem Gesetzbuch Fremdartiges angegliedert wurde. (S. 11.) In der Königszeit habe ein zweigeteiltes Buch bestanden: aber aus diesem seien ausgemerzt worden: die Geschichte der vormosaischen Priester, der Abfall von Kades (37 Jahre), die zweite Bundesschließung in Moab. (S. 87.) Liber bipartitus regum aevo existebat. Eius quippe textus est decurtatus, excisis actis sacerdotum praemosaicorum, quae sequentium turbarum radix fuisse videntur; excita item historia apostasiae cadesianae, quae 37 fere annos complectebatur. (p. 87.) — Amos 5, 25 sq. habe diesen Abfall noch genauer gekannt. Der moabitische Bundesschluß habe peinliche Gefühle erregt, weil er Vertrag und Strafe war. Darum schämte man sich desselben. Desideratur vero omnino eius rei narratio in libro bipartito qui de secundo foedere silet. Die Erwähnung dieses zweiten Strafbundes (Deut. 31, 16. 20) beziehe man auf den ersten Bund vom Horeb.

Nach Exod. 32, 10 sei jeder Abfall mit dem Tode zu bestrafen. Allein da der Abfall so allgemein war, wären die Verheißungen in Frage gestellt worden, wenn dieses Gesetz durchgeführt worden wäre. Darum sei ein zweiter Bundesschluß notwendig gewesen. (Aber die Fluchandrohungen waren doch nichts Neues, wie Exod. 32, 10 und Levit. 26 beweisen?) Die einen hatten die Sorge, die einfache Verzeihung des Abfalls auf Grund der Reue und Buße mache leichtfertig; die anderen betrachteten den moabitischen Bund überhaupt als Schmach. Die Frommen nahmen Anstoß, daß im moabitischen Bunde sogar noch Erleichterungen gewährt waren. Erat ea rursum prioris legis mitigatio haud exigua. (p. 91.) Darum waren beide Parteien zur Ausmerzung bereit. Die Lücke findet H. vor Num. 27, 12—14. (Vgl. 18 sq. mit Deut. 32, 48.) Gott gebietet Moses, auf den Berg Abarim hinaufzusteigen und dort den Tod zu erwarten, »weil ihr widerspenstig waret gegen meinen Befehl in der Wüste Zin, bei dem Hader der Gemeinde«.

Dieses Gebot sei die Antwort Gottes auf die Bitte des Moses um die Wiederherstellung des Bundes gewesen. Diese Bitte wurde ihm gewährt; aber die Verurteilung zum Tode wurde nicht zurückgenommen, ebensowenig wie für das Volk (Num. 14) und für Aaron (Num. 20).

Die Beschreibung des zweiten Bundesschlusses habe nach Num. 36 begonnen. In diesem Sinn sind Hummelauers Thesen 13—15 zu verstehen:

13. »Der Pentateuch ist nicht so, wie er jetzt vorliegt, aus der Feder des Moses geflossen, sondern aus mehreren mosaischen Schriften zusammengewachsen.«

14. »Diese Schriften sind nicht unverändert in die Hände derjenigen gekommen, welche den Pentateuch zusammengestellt haben, sondern mehr oder weniger entstellt, zerrissen, ergänzt.«

15. »Unser Pentateuchtext ist mit vielfacher und mühsamer Arbeit wiederhergestellt und muß darum als wiederhergestellter Text erklärt werden« (94).

Der Redaktor habe dem Gesetzbuch dafür drei Abschnitte angegliedert: zuerst die Ermahnung zur Gesetzestreue (Deut. 1, 6 bis 4, 40); sodann das Gesetz der fünf großen Gebote selber (Deut. 5—11); drittens die Geschichte des moabitischen Bundesschlusses (Deut. 29, 2 bis 31, 13). Dem zweiten dieser drei Abschnitte, dem Pentalog, legt Hummelauer (mit Recht) eine ganz wesentliche Bedeutung bei. Nur dieses Gesetz sei unabänderlich gewesen; das Bundesbuch sei nicht abgeändert worden. (Exod. 21—23; 34.) Sonst gilt: »Die mosaischen Gesetze waren nicht schlechthin unabänderlich.« Thesis 11: »Die Mehrzahl der übrigen (sc. mosaischen) Gesetze wurden von Samuel in seiner Gesetzessammlung (Deut. 12—26) abgeändert.« (p. 79.) Thesis 12: Lex mosaica erat lex non mortua sed viva, non litera, sed litera Spiritu animata. Erat sc. lex credita prophetis. Quoniam officium princeps nequaquam erat, futura praenuntiare, sed Moysis legislatoris opis continuare et perficere. (p. 79.) H. hat vollkommen recht, wenn er nicht die Vorherverkündigung zukünftiger Ereignisse für den Beruf der Propheten erklärt, sondern die Erklärung und Erfüllung des göttlichen Gesetzes und zwar durch dessen Unterscheidung von allen menschlichen Anschauungen, Überlieferungen und Vorschriften.

Hummelauer anerkennt außer dem grundlegenden sittlich-religiösen Zehngebot (Exod. 20 und Deut. 5) nur das Fünfgebot (Deut. 6 bis 7, 11) als unabänderliche Gesetzgebung. Vom Bundesbuch (Exod. 21—23; 34) glaubt er beweisen zu können, daß es niemals abgeändert worden sei. Der Grund der Unabänderlichkeit liegt ihm zufolge darin, weil es sich bei jenen zwei Gesetzen um die Grundpflichten gegen Gott handelt, wie sie unter allen Verhältnissen und zu allen Zeiten gelten. Mit Bezug auf das Wort Christi, daß jede Pflanzung ausgerottet werde, die der himmlische Vater nicht selber gepflanzt habe (Mt. 15, 13), scheint uns die Unabänderlichkeit das eigentliche Merkmal der im vollkommenen Sinne von Gott selber gegebenen Gesetze zu sein.

Bezüglich des Pentaloges ist es nicht möglich, den Vorzug der Unabänderlichkeit auf alle seine Verordnungen auszudehnen. Das letzte unter den fünf Geboten fordert die schonungslose Ausrottung der sieben Völker Kanaans. Wie sollte dieses Gebot mit den vier ersten auf gleicher Höhe stehen und als unabänderlich gelten? Zudem wird es im Verlaufe selbst als eine Angelegenheit der Vorsehung bezeichnet. (7, 22.) Anders, wenn der grundsätzliche Gedanke in dieser Vorschrift als solcher ins Auge gefaßt wird, nämlich das Gebot grundsätzlicher Unbeugsamkeit oder dogmatischer Intoleranz und beharrlicher Treue hinsichtlich der anvertrauten Glaubenslehre, Lebensaufgabe und Lebensordnung.

Hummelauer gliedert den Pentalog in die fünf Gebote der Monolatrie oder der ausschließlichen Verehrung Jahwes, das Verbot der Bilderverehrung (der Idololatrie), der Versuchung Gottes, der Gesetzestreue und das Gebot, die Kanaaniter auszurotten. Wenn man die Fünfzahl festhalten und cp. 7—11 mit cp. 6 zur engeren Einheit eines Grundgesetzes zusammenschließen will, dann wäre das erste Gebot des Pentaloges das Gebot der Gottesliebe, das

zweite die Pflicht der ausschließlichen Gottesverehrung, das dritte die
Grundpflicht des Glaubens gegenüber allem Aberglauben, allem Kultus, der
Gott versuchen will, gegenüber jenem Kultus, der Gott dem Menschen dienstbar
machen will. Das vierte wäre die Verpflichtung für die Idee des Gesetzes
und der sittlichen Freiheit, nämlich für die Vervollkommnung, das Heil
und die Wohlfahrt der vom Gesetze Verpflichteten selber. Das fünfte Gebot
wäre in zeitgeschichtlicher Form und Anwendung die Forderung grundsätzlicher Treue und Reinerhaltung des Glaubens und Lebens vor aller Trübung
und Schwächung durch das Heidentum und die Weltkultur. Daß diese Reinerhaltung durch die gewaltsame Unterdrückung der andersgesinnten Menschen
erfolgen solle, ist in dem Grundsatz selbst nicht enthalten. Nur die geistig-
religiöse Schwäche kann sich nicht anders vor der Verführung schützen
als durch Unterdrückung derjenigen, von denen objektiv oder absichtlich die
Verführung droht. Die Abwehr der verderblichen Einflüsse ist der Wesenskern
des Gebotes. (7, 22.) Der ewiggültige Grundgedanke von Deut. 7 ist bereits
in Deut. 6, 10—13 ausgesprochen: die Pflicht unbedingter und ungeteilter
Gottergebenheit in Gesinnung und Leben.

Bei näherer Untersuchung scheint ein Dreigebot von Grundverpflich-
tungen in Deut. 6 ausgesprochen zu sein, zu dem sich das folgende in cp. 7—11
wie die zeitgeschichtliche Anwendung in besonders gefährlichen Verhältnissen
verhält. Das erste dieser drei Grundgebote fordert die Gottesliebe aus allen
Kräften. (Deut. 6, 4—12.) Das zweite fordert die Gottesverehrung und zwar
die ausschließliche Verehrung Jahwes. Darin spricht sich die Furcht Gottes
aus. (Deut. 6, 13—15.) Das dritte Gebot fordert die praktische Hingabe und
Unterordnung des menschlichen Willens unter den göttlichen Willen. Es verwirft darum alle Kultusgebräuche, welche Gott versuchen und dem Menschen
dienstbar machen wollen. Es erklärt die Sittlichkeit und Gesetzeserfüllung als die unerläßliche Betätigung der Religion. (Deut. 6, 16—25.)

Samuel Collectaneum inserens thorae illud intendebat, ut aequalem collectaneo cum thora, ad tempus saltem, vindicaret auctoritatem. Ad tempus,
inquam: etenim quod ab uno propheta inserebatur, non est cur non ab alio
postmodum propheta annuente Deo posset revocari; atque indulgentiae a Sa-
muele in statutis mosaicis concessae reapse brevi post plures revocabantur.
Verum ad tempus suis legibus aequalem cum thora auctoritatem vindicabat,
imo maiorem auctoritate earum legum mosaicarum, quae neque thora
neque libri foederis sinaitici pars essent. Etenim collectaneum explicituri
demonstrabimus, non omnes Moysis leges habitas esse aequalis inter se auctoritatis.

Inserens porro collectaneum thorae addidit Samuel inscriptionem, quae
legum earum observationem inculcaret, nequaquam proderet, quis eas inse-
ruisset. Sc. novellam 12, 8—19 explicaturi ostendemus, Samuelem in collectaneo inserendo, leges suas nomine Moysis et in persona Moysis loquentem
prolocutum esse, quo eis aequalem atque legibus ab ipso Moyse editis auctoritatem conciliaret. . . . Ita brevi factum esse videtur, quod natura fieri debuit,
ut homines obliviscerentur collectaneum esse Samuelis, non esse Moysis.

Certe in historicis posteriorum temporum leges collectanei affirmantur
esse leges thorae, thora collectaneo aucta vocatur thora Moysis. Ita 4. Reg.
14, 6; 2. Par. 25, 4, in actis Amasiae, lex collectanei Deut. 24, 16, in actis
Iosiae lex de Phase Deut. 16, 1; 4. Reg. 23, 21. 24; 2. Par. 34, 14; 2. Esdr.
13, 1; 1. Macc. 3, 56.

Quae omnia vere dicebantur: habebantur ea in thora postsamuelica, aucta
collectaneo, quae una ante exilium penes arcam asservabatur, post exilium in
pentateucho haberetur. Produnt tamen eae expressiones, oblitos iam esse
eorum temporum homines, aliqua in thora haberi, quae Moysis non essent;
produnt illos homines omnes leges existimasse esse eiusdem originis et eiusdem
auctoritatis. (L. c. p. 77. 78.)

Die Vorsehung habe dafür gesorgt, daß trotz der Vielgestaltigkeit von
Gesetzessammlungen kein wesentlicher Verlust eintrat. Praecavebat ipsa ne
communiter reciperentur ea, quae a thora essent plane aliena, efficiebatque ut
in tanta thorarum varietate numquam deficerent Hebraeos ea, quae ad salutem
sanctamque eruditionem essent necessaria. (Deut. 29, 29 [28]) (p. 79.)

Quare ratas habuit Samuel eas legum mosaicarum mutationes quasdam
quas ante ipsum usu invaluerant.

Quare licet collectaneum Samuelis non sit postmodum e thora excisum
. . . tamen eae indulgentiae, quas ob praecedentis aevi vicissitudines con-
cesserat collectaneum, aut omnes aut aliquae auctoribus prophetis fuere revocatae. Abrogabatur a prophetis facultas offerendi sacrificia Iahweh aliis etiam
locis, quam apud sanctuarium maximum; non tamen illico abrogabatur, cum
ipse Salomo 2. Par. 1, 6 approbante Iahwe sacrificia obtulerit in colle Gabaon.
(p. 80.)

Mit der Ära der Richter sei durch Josua, mit der Ära der Könige durch
Samuel, mit der Ära der kirchlichen Gesetzesgemeinde durch Esra eine Zusatz-
gesetzgebung erfolgt. (p. 80.) Sed non sine solidis rationibus concedes, sacro-
sancto thorae apud arcam apographo aliqua addita esse durante regum aevo,
aliqua, inquam non minora uti Deut. 28, 47—68, sed integrum librum bipar-
titum. (p. 80.)

Die gottlosen Könige und Parteien machten den Propheten gegenüber
geltend, daß die Thora die privaten Altäre gestatte, während die Propheten
für die Einheit des Kultusortes kämpften. Auch die Widersprüche in den Thora-
sammlungen selber, sowie die Verschiedenheiten der Gesetzessammlungen
wurden den Propheten vorgehalten. Sie verfolgten die Schriften und die
Propheten, testes et testimonia. (p. 83.) Darum sei die Thora zum Schutze
versteckt worden, aber in der Erinnerung nicht verschollen.

Hummelauer schildert die verhängnisvollen Folgen, welche die Zusammenfassung der verschiedenen Gesetzgebungen in ein Gesetzbuch und zwar unter
dem Namen des großen Gesetzgebers mit sich bringen mußte. Damit wurde
die Zusammenfügung des Unvereinbaren selber unter göttliche Autorität gestellt,
und außerdem dem Ganzen der Charakter göttlicher Unabänderlichkeit und
buchstäblicher Strenge aufgeprägt. Man vergaß, daß die theokratische Autorität
gerade den Beruf habe, die früheren Gesetze den veränderten Zeitverhältnissen

entsprechend umzugestalten und fortzubilden. Nonne leges quae ante erant sapientissimae, evadent insufficientes, graves, intolerabiles? (p. 104.)

Hummelauer stellt zum Vergleich die Frage, wie ein Franzose daran sei, der sich zugleich zur Beobachtung der Gesetze der alten Könige wie des Code Napoleon verpflichtet glaube?

Caeterum urgebat necessitas ut ipsae leges thorae explicarentur. Quod deficientibus prophetis praestitere scribae legis periti. Verum hi in Palaestina se mox exhibuere servos literae, quae occidit, alienos a spiritu vivificante, in rebus morum tutioristas, qui saepibus saepes circumducerent, ne quod lex detrimentum caperet. Arctabantur fidelium conscientiae. (1. Macc. 4, 47.) Leges mosaicae, ubi in unum omnes collectae cernebantur pentateuchum, mox etiam videbantur esse eiusdem omnes auctoritatis et gravitatis. Collectaneum explicaturi ostendemus, legum collectanei auctores non omnibus legibus a Moyse editis parem tribuisse auctoritatem, leges libri foederis Exod. 21—23, 33 habuisse magis sacras reliquis legibus Exod. Num.; has mutasse, illas non mutasse. Leges secundi foederis seu pentalogi, fuisse item immutabiles, patet per se, cum non sint de rebus particularibus, sed de supremis erga Iahwen officiis. Ipsae e contra collectanei leges natura sua erant mutabiles utque pleraeque indulgentiae ibidem concessae mox revocatae fuere. Tamen haud est mirandum quae leges scriptae fuerant veluti e Moysis ore profectae (p. 77), easdem vulgi sermone Moysi tributas esse auctori. Totam illam thoram ab Helkia repertam uni videntur tribuisse Moysi . . . omnibus eius legibus aequalem fere concedebant auctoritatem. Res periculo carebat, quamdiu Iudaei leges religiose servaturi essent: tum credendus est Iahwe, leges quasdam pro necessitate temporum per prophetas abrogaturus vel mutaturus esse. Verum Iudaeos foederis reos Iahwe »dimisit ingredi vias suas«, eis subtraxit prophetas. Habes 2. Esdr. 13: Esdram urgentem legem in collectaneo Deut. 23, 1—8 contra Ammonitas, Moabitas, Philistaeos latam. Urget illam potissimum, quod inventa sit scripta in libro Moysis. Certe illa lex erat mutabilis, neque apparet ratio, cur Moabitae et Ammonitae ob factum Balaam, Philistaei ob angustias Samueli paratas perpetuo constituerentur inferiore loco, quam aliae gentes v. g. Aegyptii, qui graves Hebraeis intulerunt iniurias. Durius sola Iudaeorum quorundam cum Moabitis, Ammonitis et Philistaeis coniugia proscribebantur, aliis gentilium foederibus toleratis. Durius res exigebatur, non ob eiusmodi foederum generale periculum, sed unice quod lex contra illas tres gentes lata »scripta esset in libro Moysis«. Lex illa per prophetam utique tum potuit mutari: sed Esdras non erat propheta (d. h.: Man hatte den Überlieferungen und Verhältnissen gegenüber nicht den freien und höheren Standpunkt des Prophetentums, daß der Mensch der Zweck des Gesetzes sei und nicht umgekehrt), insistere debuit literae legis; secutum est schisma Samaritanorum. (p. 104. 105.)

Habebantur tum in thora i. e. in pentateucho legum apparatus duo, diversis temporibus accommodati, quorum neuter accuratius congruebat necessitatibus aevi, quod post exilium fuit. Iudaei autem persuasum habebant, se ex aequo teneri ad leges illas omnes observandas. Satis erat ut ostenderetur lex aliqua scripta esse in libro Moysis, ut eadem crederetur omnino esse observanda.

Finge tibi hominem Gallum qui sibi vitam censeat esse componendam cum sec. antiquorum regum decreta tum sec. codicem Napoleonis. Aut animum reflecte ad illos aevi apostolorum iudaizantes christianos, qui censuerunt se ad legem veterem cum nova observandam teneri. Oportuit igitur plurimis dubiis Iudaeorum animos distineri; erant iam non merae »obscuritates« textus, sed obscuritates conscientiae, quas homines timorati cogebantur Iahwe commendatas habere, donec veniret propheta ille diu et ardenter expetitus. (p. 105.)

Das Gesetz wurde unerträglich durch den Pentateuch p. 106: Et tamen non erat intolerabile onus lex, quando a Moyse edebatur: erat illud sapiente legislatore indignum, imponere legem intolerabilem. Eam facilem esse, ipse Moyses profitebatur (Deut. 30, 16 sq.); non erat ob hanc legem acceptam tanto beatior Israel caeteris gentibus (4, 7 sq.), si lex ipsa erat intolerabile onus. Sed speciali providentia sapientissimi Numinis factum est ut lex, quae pridem fuisset facilis, postmodum fieret intolerabilis. Praeparandus erat Israel ad novam legem novumque prophetam suscipiendum. Si populus thorae Moysis fideliter adhaesisset, ab idololatria abstinuisset, amasset ex toto corde Iahwen, a quo ex toto corde amabatur; concessisset fortasse Iahwe continuam usque ad Messiam prophetarum seriem per quos leges veteres constanter explicasset, complesset et ubi opus erat, mutasset; tandem populus Messiam laetus excepisset, ab umbra transisset in plenam lucem, a typis ad antitypum, factus vere peculium de cunctis gentibus, regnum sacerdotale et gens sancta. (p. 106.)

Populus vero rebellis factus in iis puniebatur, quae ei ad salutem data fuerant. Occiderat prophetas, privabatur prophetis. Thoram vix non abiecerat; concedebatur ei thora veluti e fragmentis collecta, utilior futura nobis quam ipsi, quod plenam quidem exhibeat seriem promissionum ab exordio mundi, leges vero habeat variorum temporum non sat clare discriminatas. Promissiones illae nobis sunt lux, leges illae factae sunt Iudaeis onus. Thora prophetis carens interpretibus divinitus institutis, tandem effecta est onus intolerabile quo Israel induceretur ut totis votis expeteret novam thoram, novum prophetam, novum foedus. Thora, licet quadam tenus moribunda fuit Israeli paedagogus ad Christum. (p. 107.) So P. Hummelauer. Es ist immerhin eine tragische Entwicklung, daß die Synagoge trotz der Unerträglichkeit des Gesetzes unabänderlich an dem heiligen Vermächtnis des Bundes und damit an Gott selbst festhalten wollte. (Vgl. Act. 6, 13. 14.)

Hummelauer faßt diese Ergebnisse seiner Untersuchung in den drei folgenden Sätzen zusammen:

16. »Die Schriften des mosaischen Zeitalters sind zu einem Pentateuch vereinigt worden entweder durch Esdras, oder durch die (im Exil) zu Babel lebenden Juden, oder schon vor der Zerstörung Jerusalems in eigenen Abschriften.«

17. »Diesen Pentateuch brachte (der Priester) Manasses Esdra superstite zu den Samaritanern.«

18. »Nachdem diese Schriften, vorher auseinandergerissen und entstellt, zu einem Pentateuch zusammengefügt waren, hörten die Propheten auf, die

seither die Erklärer des lebendigen Gesetzes gewesen waren, und der tote Buchstabe des Gesetzes wurde den Juden zur unerträglichen Last, aber damit zugleich zum Wegbereiter eines neuen Gesetzes und eines Neuen Bundes, deren Begründer der Messias sein sollte.« (p. 107.)

»Die Kirche Gottes empfing von den Aposteln die Hl. Schriften, wie sie bei den palästinensischen und hellenistischen Synagogen vorhanden waren. Aber eine besondere Überlieferung, wie sie entstanden und forterhalten worden seien, hat sie nicht empfangen. Das ist der Untersuchung der Gelehrten überlassen.« (p. 108.)

§ 3. Die übernatürliche Autorität der biblischen Offenbarungsurkunden.

1. Die Hl. Schrift des Alten und Neuen Bundes ist in keiner Weise durch menschliche Absicht und hierarchischen Einfluß entstanden. Sie ist das Werk einer zielbewußten Entwicklung, aber einer solchen, welche von einer übermenschlichen Macht beherrscht ist. Diese höhere Macht ist deutlich unterschieden von allen denjenigen Mächten, welche als treibende Kräfte für die Religionsgeschichte des Alten und Neuen Testamentes inbetracht kommen könnten. Es besteht zumeist ein offener oder verhüllter Gegensatz dieser menschlichen Gewalten zu jener höheren Macht, welcher das Auftreten der Propheten und die Abfassung der Heil. Schriften im einzelnen, sowie deren Sammlung zu einer großen Offenbarungsurkunde zu verdanken ist. Nicht Israel hat die Heil. Schrift erzeugt, weder als Nation noch als Staat, weder das jüdische Königtum noch die Priesterschaft Jerusalems, weder die nachexilische Gemeinde noch der Geist des eifernden und schriftgelehrten Pharisäertums, auch nicht der des juristisch-hierarchischen, konservativ-reaktionären Sadduzäertums. Allen diesen Mächten sind die Hl. Schriften im einzelnen und schließlich als Ganzes von einer höheren Macht aufgenötigt worden. Man kann sagen: Trotz allen Widerstrebens mußten die Gottesgesandten und die Hl. Schriften schließlich von den maßgebenden Faktoren eines jeden offenbarungsgeschichtlichen Zeitraumes anerkannt und verehrungsvoll angenommen werden.

Jesus selbst hat dieses Gesetz der israelitischen Religionsgeschichte scharf ausgesprochen in einem Wort, das für die gewöhnliche Auffassung geradezu unverständlich ist. Die geistlichen Führer in Israel, insbesondere die Pharisäer und Schriftgelehrten, werden nämlich von Jesus als die Söhne und Gesinnungsgenossen der früheren Prophetenmörder bezeichnet, »welche das Maß ihrer Väter vollmachen«. (Mt. 23, 29—32.) Stephanus erhebt gegen den Hohen Rat die Anklage: »Welchen der Propheten haben eure Väter nicht verfolgt? Sie haben die getötet, welche von der Ankunft des Gerechten vorausverkündigten, den ihr ausgeliefert und gemordet habt.« (Act. 7, 52.)

Insbesondere ist das Alte Testament nicht als das Werk der jüdischen Hierarchie und ihrer kirchlich-theologischen Tendenz zu begreifen. Zwar hat die Synagoge als die legitime Autorität die Hl. Schriften als inspirierte anerkannt und schließlich (vielleicht auf der Synode zu Jamnia um 100 p. Chr.) den Umfang des palästinensischen Kanons festgestellt. Allein auch in dieser Entwicklung offenbarte sich der tiefe Gegensatz derselben zur Geistesrichtung, welche in der Hl. Schrift wirksam ist. Die Synagoge hat ihre innere Abneigung gegen den Geist der Hl. Schrift, ihr Widerstreben gegen den Hl. Geist, wie Stephanus es der jüdischen Hierarchie offen zum Vorwurf macht (Act. 7, 51—53), in zweifacher Weise bekundet.

Sie machte vor allem zum Grund und Maßstab, was ihrem eigenen Sinn am meisten entsprach, und entkräftete dadurch das eigentliche Gesetz und die Propheten. Was als untergeordnetes Mittel und Werkzeug dem göttlichen Zweck dienen sollte, wurde benutzt, um diesen Zweck ohne Aufsehen abzuwürdigen und sich still seiner Herrschaft zu entziehen. (Joh. 7, 19.) Außerdem suchte man mit diesem Maßstab der Göttlichkeit diejenigen Bücher vom Kanon auszuschließen, welche aus irgend einem Grund für dessen alleinige Gültigkeit gefährlich erschienen. Es mag überraschen, wie äußerlich die Gesichtspunkte sind, die hierbei in den Vordergrund treten. Allein es liegt eben in dieser eigentümlichen Geistesart selber, daß sie Mücken seiht und Kamele verschluckt. (Mt. 23.) Der Buchstabe überwuchert so sehr über den Geist, daß der Gegensatz der Grundgedanken nicht mehr so stark empfunden wird, wie nebensächliche Unterschiede, wenn sie äußerlich sind.

Daher richtete sich der Zweifel an der Göttlichkeit nicht so sehr gegen diejenigen biblischen Schriften, welche dem im Judentum herrschenden Geiste direkt entgegengesetzt waren, sondern

14*

gegen diejenigen, welche irgendwie durch ihre Form Bedenken erregten. Gegen die Propheten und Psalmen konnte man trotz aller inneren Entfremdung nichts mehr unternehmen. Man übersah den inneren Gegensatz, weil man in ihnen die Urkunden der messianischen Zukunftshoffnung fand. Auch das sprach zu ihren Gunsten, daß Gott in autoritativer Weise bei den Propheten hervortrat.

2. Trotzdem bemühte man sich, den Geist dieser Schriften unwirksam zu machen, und bekundete sich so als Prophetenmörder. Dies geschah durch den Grundsatz: Die Propheten und Hl. (Betrachtungs-) Schriften seien an dem Maßstab des Gesetzes, und zwar des Ritualgesetzes zu messen und danach zu beurteilen. Das Ritualgesetz und die von ihm gegründete Rechts- und Kultusnorm galt, wie es dem buchstäblichen Wortlaut allerdings entspricht, als ewige Ordnung, als gültig für immer und ewig. (Vgl. Act. 6, 13. 14. Exod. 27, 21; 28, 43; 29, 9. 28; 30, 21. Lev. 3, 17; 6, 22; 7, 34. 36; 16, 34. Sirach 45, 9. 19. 30. 31.)

Nicht die ins Christentum aufgenommene Wahrheits- und Vollkommenheitsregel der Gottähnlichkeit, des Zehngebotes, sowie des deuteronomischen Grundgebotes (Deut. 6. Jer. 7, 21—24. Mt. 23, 23), sondern das Ritualgesetz galt dabei als der Kern des Gesetzes. So bedeuten die 613 Gebote, von denen 365 verbietend, 248 positiv sind, in der Tat eine Zersplitterung und Entkräftung des sittlich-religiösen Geistes. Nicht die Pflanzung, welche der himmlische Vater gepflanzt hatte, sondern jene, welche Christus auszurotten gewillt war, galt als das Gesetz: darum wirft Jesus den Hohenpriestern und Führern der alttestamentlichen Gemeinde vor, daß sie das Gesetz nicht beobachteten. (Joh. 7, 19.) Jesus konnte dies sagen, ohne dem Tatbestand des ängstlichen Gesetzeseifers bei seinen Gegnern (Gal. 1, 14) zu nahe zu treten. Denn die für sie maßgebende Geistesrichtung gefährdete den Geist des Gesetzes durch die Vielzahl einzelner Gebote und Gebräuche, sie zwang den Geist unter die Herrschaft des Buchstabens, anstatt den Buchstaben in den Dienst des Geistes zu stellen. Man legte das Gesetzbuch nicht im Sinne des Grundgesetzes oder des Zehngebotes aus, sondern umgekehrt. Wer Göttlich-Wichtiges und Ewiggültiges mit Vergänglichem und Äußerlichem in dieselbe Reihe stellt, verschuldet sich an dem, was in der Tat Gottes

Gebot und das königliche Gesetz der Vollkommenheit ist, von dem der Mensch wirklich und eigentlich lebt. (Jes. 29, 13.)

Die Propheten und Hagiographen galten nicht als gleichwertig mit dem Gesetzbuch, auch nicht als eigentliche Beweisquellen der Offenbarungswahrheit. Nur so weit kam ihnen eigentliche Beweiskraft zu, als sie zur Erfüllung des Gesetzes aufforderten und Beweggründe dafür darboten. Man setzte dabei einfach voraus, daß sie unter dem Gesetz das Ritualgesetz verständen. Tatsächlich wurde das Gottesgesetz, welches die Propheten einschärften, von ihnen gewissen Geboten gegenübergestellt, welche nicht von Gott stammten und die mehr eine Strafe für Israel als Heilskraft und Leben seien. Allein da die Synagoge mehr und mehr das göttliche Gesetz nicht im Sinn der Propheten und Psalmisten verstand, sondern auf alle 613 Gebote gleichmäßig ausdehnte, so wurde damit der Grundgedanke der Propheten, Psalmisten und Weisheitslehrer unwirksam gemacht. (Amos 5. Hos. 6, 6. Mich. 6, 6—8. Jes. 1. Jer. 7, 21—24. Ezech. 20, 11—25. Mt. 22, 34—40.)

Die öffentliche Religionsübung gründete ganz auf dem Gesetzbuch. Die Propheten und Schriften dienten mehr der persönlichen Erbauung. Das Gesetzbuch galt als das Allerheiligste, die Propheten als das Heiligtum, die Hagiographen als der Vorhof.

Die Kluft ist demnach nicht so groß, wie es auf den ersten Anblick erscheint, welche zwischen den Sadduzäern und Pharisäern hinsichtlich der Hl. Schrift bestand. Die Sadduzäer hielten mit der Zähigkeit ihres streng konservativen Minimismus an den hl. Formulierungen der Vergangenheit fest. Da die erste feierliche Offenbarungsurkunde, welche als solche dem Volke dargeboten wurde, ein Gesetzbuch war, so deckte sich der Begriff des Gotteswortes, der Inspiration und Offenbarung mit dem Begriff des Gesetzbuches, weil es damals noch keine andere Gattung von Offenbarungsschriften gab. Deshalb bildete für die Sadduzäer und das sadduzäische Hohepriestertum der Pentateuch eigentlich allein die Hl. Schrift, wenn man hierunter die göttliche Offenbarungsurkunde versteht. Darum konnten die Sadduzäer die Lehre von der Auferstehung, dem Geiste und den Engeln ablehnen, ohne mit dem Buchstaben »des Gesetzes« in Widerstreit zu kommen. Darum berief sich Jesus den Sadduzäern gegenüber auf eine Stelle des Pentateuch, obgleich dieselbe nur im Sinne Jesu, d. h. in Verbindung mit seinem Gottesbegriff (Lc. 20, 38), als eigentliches Zeugnis für die Auferstehung dienen kann. Die beweiskräftigen Stellen aus den Propheten und Hagiographen konnte Jesus den Sadduzäern gegenüber nicht verwerten. Sie galten ihnen nicht als vollwertig.

So Hieronymus Com. in Mt. 22: Hi quinque tantum libros Moysis recipiebant, prophetarum vaticinia respuentes. Stultum ergo erat inde proferre testimonia, cuius auctoritatem non accipiebant. (Vgl. c. Luciferianos C. 23 im Anschluß an Pseudo-Tertullian adv. haer. 1.)

Daß die Sadduzäer und Samaritaner nur das Gesetz Mosis als Heilige Schrift verehrten, bezeugt vor allem Origines. (Com. in Mt. 22, 29—32. Migne XVII. c. 35. 36. c. Cels. 1, 49.) Diese Berichte werden gegenwärtig für unrichtig gehalten, soweit die Sadduzäer inbetracht kommen; allein wohl mit Unrecht. Der Zusammenhang zwischen den Sadduzäern und Samaritanern ist nicht in Abrede zu stellen. Die Ablehnung der übrigen Hl. Schriften ist damit nicht als eigentlicher Ausschluß vom Kanon zu denken; sie bestand eben in strenger Zurückhaltung und vorsichtigem Stehenbleiben bei dem von Esra vollzogenen Bundesschluß. (Neh. 8—10. Sir. 45, 6.) Die Propheten wurden ohnedies mehr zu der Überlieferung gerechnet, welche nach übereinstimmender Annahme von den Sadduzäern nicht als verbindlich anerkannt wurde. Nach Josephus Antiq. 18, 10, 6 ist der Gegensatz gemeint zwischen den Schriften des Moses und der Überlieferung, nicht zwischen der Hl. Schrift überhaupt und der Überlieferung. Deshalb konnten sie den Propheten und übrigen religiösen Schriftstellern gleichwohl eine hohe Verehrung entgegenbringen, wie sie etwa im Prolog von Sirach ausgesprochen ist, sowie in der Heiligentafel c. 44—50. 51, 18—31. Der Begriff eines abgeschlossenen Kanons heiliger Schriften war noch im Werden begriffen. Als er zur vollkommenen Ausbildung kam, war die Zeit des Sadduzäismus vorbei. Er ging mit dem Tempel und der politischen Berechtigung der Nation zugrunde.

Die Entwicklung des pharisäischen Grundsatzes, auch die Überlieferung der Alten habe unmittelbar gesetzliche Verbindlichkeit, ja sogar noch strengere als das Gesetz Mosis selber, wäre unmöglich gewesen, wenn der Geist des Prophetentums wirksam geblieben wäre. Schließlich führte die Entwicklung zu der Lehre des Sanhedrin (XI. 3): »Es ist strafbarer, gegen die Verordnungen der Schriftgelehrten zu lehren als gegen die Thora selbst.« — Nichts wäre den Sadduzäern bei ihrer hohenpriesterlichen Machtstellung im Kampf gegen die Kasuistik der Pharisäer dienlicher gewesen als die Propheten und ihre göttliche Autorität. Sie haben sich indes gegen die Männer des Buchstabens niemals auf die Männer des Geistes berufen.

Es war allerdings, wie es scheint, nicht strenger dogmatischer Konservatismus, der im Sadduzäismus als Grundkraft wirksam war. Allein es war auch nicht der weltliche Sinn und die aufklärerische Richtung; das wäre mit der Verehrung des heiligen Gesetzes und dem Beruf des Tempelkultus auf die Dauer doch nicht vereinbar gewesen. Vielmehr war es die Wertschätzung der vom Gesetze begründeten Theokratie und Kultusfeier als der unvergänglichen und vollkommenen Gottesgemeinschaft. Wenn die gesetzliche Rechts- und Kultusordnung die Hauptsache und für ewig gültig war (Act. 6, 13. 14), dann war ein Bedürfnis nach weiterer Offenbarung und nach messianischen Heilsgütern nicht vorhanden. Der Schwerpunkt der Religion lag im nationalen Tempeldienst mit seiner heiligen Rechtsordnung. Das Jenseits, die Unsterblichkeit und Auferstehung, die Engelwelt und Messiashoffnung konnte

um so weniger Bedeutung gewinnen, weil das Volksganze nach sadduzäischer
Auffassung alles war, dem der einzelne nur als Glied angehörte, ohne für sich
einen eigentlichen Selbstzweck zu bilden. Diese Anschauung hing mit der
absoluten Wertschätzung der gesetzlichen Ordnung und Kultusfeier zusammen
und wirkte sich bei denen zur Alleinberechtigung aus, deren persönliche Interessen mit der ungestörten Fortdauer der gesetzlichen Tempelhierarchie zu-
sammenfielen.

Die Samaritaner hatten und haben auch nur den Pentateuch. In der
Zeit, in welcher sich die Überreste des Nordreiches energisch vom Paganismus in der Jahwereligion abwandten und zum Anschluß an den Tempel von
Jerusalem bereit fanden, waren Offenbarung und Gesetzbuch noch gleichbedeutend. Sonst hätten sie auch die übrigen Hl. Schriften bereitwillig übernommen. Die Gesetzesmassen des Priesterkodex, welche im 2. 3. 4. Buch
Mosis verteilt sind, sowie die Kultusnorm des Deuteronomiums waren für die
Samaritaner doch viel schwerer annehmbar als die Propheten. In den Propheten war ebenso die Errettung Ephraims und Israels für die messianische
Zukunft verheißen wie die Judas: warum hätten sich die Samaritaner gegen
die Propheten ablehnend verhalten sollen? Eher könnte man erwarten, sie
hätten nur die Propheten und Hagiographen angenommen, aber den Pentateuch abgelehnt. Denn das auf Jerusalem abzielende Priestergesetz mußte für
sie eine stete Schwierigkeit bilden.

Das spätere Judentum vollendete die Apotheose des Gesetzbuches und
die Zurückdrängung der Propheten und Hagiographen, indem es die Tradition
der Mischna und Gemara, des Talmud und der Kabbalah entweder ausdrücklich oder bloß tatsächlich über die Propheten und Betrachtungsschriften erhob.
Durch die höhere Wertung der Tradition werden die dem gesetzlichen Judentum minder sympathischen Prophetenschriften so weit entkräftet, als es notwendig ist, ohne daß ihre göttliche Inspiration angetastet werden müßte. Der
Zaun ums Gesetz (Halacha) bestand in der Überlieferung der Alten, die
ihre Autorität auf Moses zurückleitete.

Im Neuen Testament ist die Formel üblich »das Gesetz und die Propheten«. Einmal werden an dritter Stelle die Psalmen (Lc. 16, 44) hinzugefügt. »Daraus darf zwar nicht geschlossen werden, daß die dritte Sammlung noch nicht existiert hat. Aber sie wurde noch nicht als eine Gruppe
von selbständiger Bedeutung und von gleichem Range mit den beiden anderen
empfunden.« »Trotz der Zusammenstellung der Nebiim und der Kethubim
mit der Thora sind jene doch niemals dieser ganz gleichgestellt worden. Die
Thora hat in der religiösen Wertschätzung immer eine höhere Stelle eingenommen. In ihr ist die ursprüngliche Offenbarung des göttlichen Willens
niedergelegt und vollständig enthalten. In den Propheten und anderen Heil.
Schriften ist dieser Wille Gottes im Grunde doch nur weiter überliefert.
Daher werden diese geradezu als die Überlieferung bezeichnet und als
solche zitiert. Wegen des höheren Wertes der Thora wird auch bestimmt, daß
zwar für den Erlös der Hl. Schriften ein Gesetzbuch angekauft werden dürfe,
nicht aber für den Erlös eines Gesetzbuches Hl. Schriften.« (Schürer Emil,
Geschichte des jüd. Volkes im Zeitalter Jesu Chr. 3. Aufl. 2. Bd. Leipz. 1898.

S. 308. 311.) Die Thora muß alle drei Jahre vollständig beim Gottesdienst vorgelesen werden, die übrigen Hl. Schriften nicht. Wenn letztere zuweilen auch als »Gesetz« zitiert werden, so bedeutet dies nicht etwa eine Gleichstellung, sondern daß ihr Wert und ihre Geltung nach dem Maßstab des Gesetzes zu bemessen sei. Wenn die Offenbarung im Gesetze Mosis vollständig enthalten war, konnte den Propheten und Schriften auch keine ebenbürtige Bedeutung zukommen. Anders wurde es im Christentum, welches dem Ritualgesetz seine Geltung nahm, während es die prophetischen Weissagungen und den neuen Bund der Gottesverehrung im Geist und in der Wahrheit als erfüllt verkündigte. (Joh. 10, 34; 12, 34; 15, 25. Rom. 3, 19. 1 Cor. 14, 21.)

Infolgedessen ist die scharfe Abstufung der Hl. Schriften, wie sie bei der Synagoge üblich wurde, im allgemeinen dem christlichen Bewußtsein fremd geblieben. Allein immerhin nimmt auch Cornelius a Lapide an, der Hl. Geist habe das Gesetz und die prophetischen Bücher wörtlich diktiert, nicht aber die geschichtlichen und sittlich-religiösen Ausführungen, da die hl. Schriftsteller diese Erkenntnisse schon hatten. (Argum. in Mt.) Es erinnert dies an die Theorie des Moses Maimonides, wonach Gott zu Moses unmittelbar in persönlicher Ansprache und Erscheinung geredet habe; hingegen seien die Propheten vom Geist der Weissagung, die hl. Schriftsteller vom Hl. Geist unterstützt worden. Der Unterschied zwischen dem Geist der Prophezie und dem der Weisheit ist auch dem alten Judentum geläufig. Philo, die Essener und Therapeuten, Flavius Josephus ebenso wie Philo erkennen in der Inspiration den Quellgrund für alle religiösen Schriften des Judentums, auch für ihre eigenen. Nur der Geist der Prophezie gilt ihnen als der Vorzug der Vergangenheit, sowie der messianischen Zukunft, dessen die Gegenwart entbehren mußte.

3. Die zweite Form, in der sich die Schwierigkeit ausprägte, welche die Synagoge den Hl. Schriften gegenüber empfand, war die Erhebung von Bedenken gegen ihren göttlichen Charakter. Zum Teil führten diese Bedenken zur endgültigen Ablehnung, zum Teil nicht.

Die Hl. Schriften, welche mit dem Ritualgesetz in Widerstreit zu stehen schienen, wurden von der Synagoge deshalb beanstandet. Ezechiel erregte Bedenken, weil es schien, als wolle er mit seinem Gesetzentwurf cp. 40—48 das Gesetz verbessern. Ebenso das Buch Esther, weil es das Purimfest gesetzlich anordnete, während die göttliche Vollkommenheit des Gesetzes jeden Nachtrag ausschließe. Das Spruchbuch, sowie das Hohe Lied und der Prediger wurden beanstandet wegen ihres Gleichnischarakters. Man fand darin innere Widersprüche, Widersprüche mit dem Gesetz, Geringschätzung der Geschöpfe Gottes. Dazu kam wohl der Eindruck der Sinnlichkeit vom Hohen Lied, wie des pessimistischen Zweifels beim Prediger.

Prof. Haupt stand offenbar unter einem ähnlichen Eindruck, wenn er auf dem zweiten internationalen Kongreß für allgemeine Religionsgeschichte zu Basel 1904 sein Urteil dahin abgab, der Prediger nehme sich unter den biblischen Büchern aus wie Häckels Welträtsel unter Andachtsbüchern.

Die Schule Hillels behauptete gegen die Schule Schammais die Heiligkeit des Predigers. Der Schriftgelehrte Akiba erklärte den Prediger für strittig; allein des Hohen Liedes nahm er sich mit größter Wärme an. »Denn kein Tag in der Weltgeschichte ist wie der, als das Hohe Lied in Israel erschien. Denn alle anderen Schriften (der dritten Stufe) sind heilig; aber das Hohe Lied ist hochheilig. Wenn ein Streit war, so betraf er den Prediger.« — Hieronymus berichtet: Aiunt Hebraei quum inter caetera scripta Salomonis quae antiquata sunt nec in memoria duraverunt et hic liber obliterandus videretur eo quod vanas Dei assereret creaturas et totum putaret esse pro nihilo et cibum et potum et delicias transeuntes praeferret omnibus, ex hoc uno capitulo (12, 13) meruisse auctoritatem, ut in divinorum voluminum numero poneretur. (Com. in Eccles. 12, 3. Vgl. zu beiden Büchern Anton Scholz, Kommentare zum Prediger 1901 und zum Hohen Lied 1904. B. Poertner, Die Autorität der deuterokanonischen Bücher des Alten Testamentes nachgewiesen aus dem paläst. und hellenist. Judentum. Münster 1893.)

Was der hierarchischen Kritik inbezug auf diese Bücher nicht gelang, tat sie mit Erfolg bei den deuterokanonischen Büchern. Der Ausschluß dieser Hl. Schriften erfolgte schließlich, indem die Synagoge folgende Bedingungen zur Geltung brachte, die für eine inspirierte Schrift unerläßlich seien. Erstens die vollkommene Übereinstimmung mit dem Pentateuch und dem Grundsatz von der ewigen Geltung des Ritualgesetzes. Zweitens die Abfassung in Palästina und in hebräischer Sprache. Drittens die Abfassung vor König Artaxerxes, d. h. vor der Entstehung des Judentums im Sinne der späteren Buchstabenknechtschaft.

Von theologischen Gesichtspunkten aus macht die jüdische und die protestantische Polemik gegen die deuterokanonischen Hl. Schriften folgendes geltend. Diese Bücher, wie insbesondere die Weisheitsbücher seien reflektierend, betrachtend, erörternd. Sie lehren nicht mit einfacher Geltendmachung der Autorität, sondern wollen begründen und überzeugen. Sie seien endlich nicht eine ursprüngliche Kundgabe der Wahrheit, sondern dienten zu ihrer praktischen Verwertung.

Das ist eine beschränkte Denkweise. Die Inspiration ist nicht minder mit der subjektiven Verwertung und Verarbeitung der

Lehrgedanken vereinbar, als mit ihrer einfachen Darbietung und Kundgabe. Der Geist Gottes tritt nicht von außen an den Menschengeist heran und wirkt auch nicht dadurch, daß er denselben zur Untätigkeit verurteilt, sondern er wirkt von innen und in der eigenen Selbstbetätigung der Seele. Der Geist Gottes ist darum ebenso Urheber und Inspirator für die Form der Reflexion und Spekulation, wie des Gebetes in den Psalmen und wie der gesetzgebenden Vorschrift im Pentateuch. Die aktive Selbsttätigkeit und Anspannung der Kräfte ist noch mehr von Gott als Wirkung beabsichtigt als die passive Entgegennahme des Wahren und Guten, der Gesetze und Hilfen. Denn Gott will die Verähnlichung des Geistes mit Gott, dem actus purissimus. Auch der Mensch, obgleich er nur von außen auf den Menschen einzuwirken imstande ist, vermag es zu bewirken, daß der andere durch eigenes Nachdenken zu einer bestimmten Einsicht, durch eigene Selbstbetätigung zu einem bestimmten Entschlusse kommt. Um wieviel mehr kann und will dies der Schöpfer! Und doch muß sich der Mensch auch bei der Anregung zur Selbstbetätigung auf die objektive Darlegung und Gesetzgebung beschränken. Gott kann die Kräfte von allen Seiten erwecken. Die Inspiration wirkt von innen heraus und darum lebendigmachend.

Sodann ist die subjektive und selbsteigene Verarbeitung der Wahrheiten und Aufgaben ebenso wesentlich zur religiösen Vollkommenheit wie zur Vollkommenheit des Geisteslebens und der Gottebenbildlichkeit überhaupt. Nichts ist wertvoller für die allgemeine Erfüllung des Gottesreiches in Welt und Seelen als die Durchführung der verschiedenartigen Wege, die zu Gott hinführen, und zwar unter Gottes eigener Führung. Darin besteht die große Lehre des lebendigmachenden Geistes, dem alle Lebenskämpfe und Seelenzustände als Werkzeug seiner inneren Erleuchtung und Überzeugung dienen. (Joh. 14, 26. 1 Joh. 2.)

Was der natürliche Sinn als Gottesferne betrachtet, wird gerade vom Inspirator als Jakobsleiter zur Einführung in die Höhen der Gottheit benutzt.

Es ist ganz unmöglich, den subjektiv-reflektierenden Charakter ausschließlich in den deuterokanonischen Schriften zu finden. Job, die Sprüche, die Psalmen und das Hohe Lied sind nicht minder subjektive Reflexion als Sirach und Weisheit. Wenn Esther in den Kanon gehört, dann lassen sich Judith und Tobias unmöglich als dazugehörige Glieder verkennen.

Die prophetische Beleuchtung und Auslegung der Geschichte ist der Grund, warum die Synagoge den altbiblischen Geschichtsbüchern prophetischen Charakter zuerkennt und deren Verfasser die früheren Propheten nennt. Die Makkabäerbücher können unmöglich deshalb anders behandelt werden, weil sie die Schicksale in prophetischem Geiste darlegen. Der Mensch meint allerdings, das Verarbeiten der aufgenommenen Erkenntnisse und Aufgaben mit dem Urteil und Willen sei in ausschließendem Sinne das Werk des eigenen Geistes, mit Ausschluß Gottes. Darum war es notwendig, durch die allumfassende Macht der Inspiration darzutun, daß Gottes Geist nicht nur durch Darbieten von Erkenntnis- und Willensgegenständen beleben könne, sondern auch durch alle inneren Erregungen, die schließlich zur Selbstbestimmung des Urteils und der Freiheit führen. Diese Überzeugung verbürgt den religiösen Charakter im Verhältnis zwischen Gott und Mensch und die Wechseldurchdringung des Abhängigkeits- und Freiheitsgefühls zur aktiven und passiven Gottergebenheit.

Die Ausscheidung der deuterokanonischen Bücher mag vom sadduzäischen Konservatismus aus verständlich sein, der einseitig die hierarchische Rechtsverfassung und Kultusübung in der Theokratie wertschätzte und die innerliche Vertiefung in die Gottesworte und Gottestaten außeracht ließ. Auch vom engherzig-palästinensischen Standpunkt des antichristlichen Pharisäismus, der um des Gegensatzes zum Christentum willen alles Hellenistische und Alexandrinische, sowie alles Neue ablehnte. Allein vom christlichen Standpunkt aus ist es nicht verständlich, wie der Protestantismus die deuterokanonischen Bücher verwerfen konnte. Sie bilden durch die bestimmte Ausgestaltung wesentlicher Glaubensgeheimnisse über Gottes inneres Wesen und Leben, über Unsterblichkeit und Auferstehung eine unentbehrliche Brücke vom Alten zum Neuen Testament. Wenn die Synagoge so gut, als am Ende des ersten christlichen Jahrhunderts noch möglich war, das Alte Testament gegen das Neue abzuschließen suchte, so war die Verwerfung des alexandrinischen Kanons mit den deuterokanonischen Schriften ein geeignetes Mittel. Es bedeutete literarisch dasselbe wie die Ausbildung des Gottesbegriffs zur abstrakten

Einpersönlichkeit und zur einseitigen Überweltlichkeit, um dem dreieinigen Gottesbegriff des Christentums schroff entgegenzutreten.

Die deuterokanonischen Schriften dienten allerdings der politischen Messiaserwartung nicht. Sirach und Weisheit führen in die hohe Schule Jesu, des menschgewordenen Gotteswortes, aber nicht zur Weltherrschaft des großen Judenkaisers. Übrigens haben sich diese beiden Weisheitsbücher trotz aller theoretischen Ablehnung sowohl beim Judentum wie beim Protestantismus in hohem Ansehen behauptet.

§ 4. Die übernatürliche Anlage und Teleologie der Heiligen Schrift.

1. Vom Alten wie vom Neuen Testamente als zusammengehöriger Einheit aller heiligen Urkunden wurde immer der Vorzug einer ganz staunenerregenden Eigentümlichkeit der Zusammenstellung und des geschichtlichen Aufbaues gerühmt. Die Gestaltung der einzelnen Bücher nimmt vielfach an dieser Eigenart der ganzen Sammlung teil. Die Erklärung liegt darin, daß auch die Bücher ihre geschichtliche Entwicklung haben, in der sie zu ihrem endgültigen Vollbestand gelangt sind.

Diese Eigenart im einzelnen und im ganzen ist ein wesentlicher Faktor in dem hohen Vorzug des lebendigmachenden Geistes, durch den sich die Offenbarung als göttliche Quellkraft erweist. Es kann darum nicht auffallen, daß gerade von freidenkerischer Seite diese Eigentümlichkeit der Hl. Schrift im ganzen und einzelnen empfunden wurde. Sie wird von diesen Beurteilern zwar nicht als übernatürliche Teleologie im Aufbau der Hl. Schrift, auch nicht als Kennzeichen der göttlichen Inspiration oder als Beweis der göttlichen Urheberschaft aufgefaßt. Allein das hängt von den grundsätzlichen Voraussetzungen und von der ganzen Geistesrichtung ab. Für eine vorurteilslose Würdigung genügt es, festzustellen, daß auch ernsten Freidenkern eine ganz eigentümliche Geistesmacht in der Hl. Schrift beider Testamente wirksam erscheint, eine gewissermaßen übermenschliche Genialität. Wir haben dabei auch das im Auge, was Widerspruch oder doch Befremden erregt. Man kann wohl sagen, daß weder der gläubige, noch der

freidenkerische Geist von dem Gefühl befremdender Schwierigkeiten freibleibt, wenn er sich forschend in der Hl. Schrift bewegt.

Es wird in der Hl. Schrift nicht nur eine höhere Weisheit
und Lebensordnung als göttliche Wahrheit dargeboten, sondern
es geschieht dies in einer so mannigfaltigen Form, daß die Heil.
Schrift dadurch zu einer hohen Schule des reichsten Geisteslebens
und der kraftvollsten Selbstbetätigung wird. Wie die Geschichte
der Schöpfung die vollkommenste Form des geschöpflichen Seins
offenbart, den kraftvollsten Naturzusammenhang des Werdens und
Wirkens in lebendiger Entwicklung des Ganzen und aller seiner
Glieder, so bekundet auch die Hl. Schrift in ihrem Aufbau und
den Jahresringen ihres geschichtlichen Wachstums die höchste
Kunst des belebenden Geistes.

Die feste dogmatische Grundlage des ganzen gewaltigen
Domes ist der klare und strenge Monotheismus des Jahweglaubens,
des überweltlichen und persönlichen Gottes, Weltschöpfers und
Weltzweckes. Der Gottesglaube ist zugleich die Quellkraft der
ganzen israelitischen Religionsentwicklung, ihr Ursprung, ihr Aller-
heiligstes und ihr Endziel. Sie will nicht über die Gotteserkenntnis
und Gottesgemeinschaft hinausführen, sondern immer tiefer hineinführen. Die jüdische Überordnung des Gesetzes über alle anderen
Hl. Schriften hat einen Wahrheitskern, wenn das Gesetz als die
Gotteserkenntnis und die im Dienst der Schöpfung tätige Liebe
des Schöpfers verstanden wird. Dann gilt Christi Wort: »An
diesen zwei Geboten hängt das ganze Gesetz und die Propheten.«
(Mt. 22, 40.) Sie sind das Gesetz in allen anderen Gesetzen und
Gebräuchen, die Seele der Offenbarung und des Gottesreiches.
Dieses Gesetz ist, wie dargetan, unzweifelhaft auf Moses und die
patriarchalische Uroffenbarung zurückzuführen. Das Gesetz der
sittlichen Gotteserkenntnis hat die Nation geeinigt und begründet,
es hat sie im Kampf gegen den Naturalismus und die politische
Religion gefestigt und gestählt.

Der einzigartige Vorzug der Jahwereligion ist die offene
und unbeugsame Stellungnahme gegen alle mythologische Entartung, gegen allen nationalen Naturalismus im Kultus wie in der
Kultur. Alle anderen Schriftreligionen vermieden die offene Ablehnung und Bekämpfung der Mythologie und des Naturalismus.

Auch der Buddhismus Buddhas ist nicht ganz auszunehmen. Selbst wenn die Ergebnisse der Bibelkritik als gültig vorausgesetzt werden, bleibt die entscheidende Tatsache bestehen. Was als ewige Wahrheit und Pflicht aus dem Alten Bund ins Neue Testament und ins Christentum übergehen sollte und übergegangen ist, muß auf Moses und die patriarchalische Uroffenbarung zurückgeführt werden. Die Kritik hat diese Tatsache für das vorurteilsfreie Urteil nicht erschüttert. Die große Grundwahrheit war schon in der Urzeit zum Ausdruck gebracht, daß Gott der Endzweck, das höchste Gut und die selige Vollendung seiner Schöpfung sei. Darin war die Bürgschaft der Unsterblichkeit und Auferstehung verborgen. (Lc. 20, 38.)

Das Denken, Leben und Opfern erscheint der Schilderung der ältesten biblischen Geschichtsbücher zufolge beherrscht vom Bundesgesetz. (Vgl. 4 Reg. 17, 13. Exod. 20—23; 34. Deut. 5.) Die Güter des Gottesreiches sind auf dieser Entwicklungsstufe eng verbunden mit der Verheißung und dem Kampf um das gelobte Land und um das gottgeweihte Volkstum. Die religiöse Aufgabe war gefährdet durch die kanaanitische Kultur: der wachsamste Gegensatz prägte sich im Nazaräertum und dem Rechabitenorden aus. Sie waren die Eiferer für den reinen Jahwedienst, unbefleckt von dieser Welt und ihrer Kultur. Ihre Ascese war von höchstem Mißtrauen gegen alle Kultur erfüllt.

Wenn das Gesetz und der Offenbarungsberuf des Moses so verstanden wird, dann wird das überraschende Wort Christi klar: »Hat euch nicht Moses das Gesetz gegeben, und niemand von euch beobachtet das Gesetz? Warum sucht ihr mich zu töten?« — Die Menge antwortete: »Du hast einen bösen Geist. Wer will dich denn töten?« (Joh. 7, 19. 20.) — »Alle, soviele vor mir gekommen sind, sind Diebe und Räuber. . . . Der Dieb kommt nur, um zu stehlen, (als Opfer) zu schlachten und zu verderben. Ich bin gekommen, damit sie das Leben haben und im Überfluß haben.« (Joh. 10, 8. 10.) Jene opfern anderes durch Gewalt, die sie ihm antun; Jesus opfert sich selbst für das Heil der anderen, auch seiner eigenen gewalttätigen Verfolger.

Im Unterschied von den menschlich-natürlichen Entwicklungsgängen ging die Jahwereligion nicht von unsicheren Tastversuchen, von unbestimmten Vorstellungen, von schwankenden Bildern und Mythen, von unklaren Gefühlsregungen aus, sondern vom Klar-Bestimmten und Gesetzlich-Festen, um dem Glauben und Leben einen unvergänglichen Grund zu geben.

Die zweite Stufe im Aufbau des Offenbarungstempels der Hl. Schrift ist das Prophetentum. Im Einklang mit der altjüdischen Auffassung ist damit sowohl das Prophetentum im engeren Sinne gemeint wie die prophetische Geschichtsbetrachtung, welche mit gotterfülltem Auge die Schicksale und Kämpfe der Vergangenheit aufzuklären wußte. Dieses Prophetentum blickte geöffneten Auges zurück, das andere schaute mahnend und tröstend, richtend und stärkend in die Zukunft, mehr um sie mit der Kraft lebendigmachenden Geistes in die rechten Segenspfade zu lenken, mehr um die Neugier mit ihrer Schilderung zu unterhalten.

Der Kampf des Prophetentums galt der Verteidigung und Vergeistigung der im Volke lebenden Jahwereligion. Sie sollte gegen den Abfall zur Verweltlichung und dann zur Verknöcherung geschützt werden: aber auch gegen den heidnischen Gegensatz, seinen Naturkult und politischen Übermut. »Nicht durch Macht, nicht durch Gewalt, sondern durch meinen Geist, spricht Gott der Herr.« (Zach. 4, 6.) Die prophetische Erziehung gab dem Offenbarungsvolke durch diesen ununterbrochenen Kampf und die sittliche Vergeistigung der Religion die Kraft des nationalen Fortbestandes und der nationalen Wiederherstellung, wie früher dem kanaanitischen Heidentum gegenüber, so der assyrisch-babylonischen Großmacht und ihrer verführerischen Kultur gegenüber. Von der Eroberung des Heiligen Landes an bis zur Rückkehr aus dem Exil ist die Aufgabe und der Erfolg des Prophetentums darin gelegen, daß die Jahwereligion zum beherrschenden Lebensinhalt und Lebensgesetz des Offenbarungsvolkes wurde.

Das Prophetentum hat diese große Aufgabe in der langen Periode von Josue bis Esra in der vielgestaltigsten Weise erfüllt und deren Erfüllung im prophetischen Schrifttum des Alten Testamentes gekennzeichnet.

Der Fortschritt der prophetischen Aufgabe spiegelt sich wider in der zunehmenden Ausgestaltung und Herrschaft des deuteronomischen Gesetzes, anfangend von der Schaffung zentraler Heiligtümer insbesondere des davidisch-salomonischen Tempels bis zur Reform der Könige Josaphat (873—849), Hiskia (727—699) und Josia (640—609).

Der König Josaphat von Juda sorgte für den Unterricht des Volkes im Gesetze durch Priester und Leviten. (2 Chron. 17, 9.) Der König Amasja (797—779) von Juda führte den deuteronomischen Grundsatz durch, daß die Kinder nicht für Vergehen der Eltern gestraft werden sollen. (4 Reg. 14, 6. Deut. 24, 16 sq.)

Der König Hiskia schaffte unter dem mächtigen Eindruck des Zusammensturzes von Israel die Höhen als Kultorte Jahwes ab und zertrümmerte die eherne Schlange, den Nehustan, der seit Salomo eine abgöttische Verehrung im Tempel erfahren hatte. (4 Reg. 18.)

Josia verpflichtete das Volk feierlich auf das 623 im Tempel gefundene Gesetzbuch und feierte ein Passahfest, wie seit der Richterzeit keines gefeiert worden war. Die Reform des Josia bewirkte auch in dem unter assyrischer Herrschaft stehenden Gebiet Israels die Unterdrückung allen abgöttischen Beiwerkes. (4 Reg. 22. 23.)

Die Katastrophe konnte zwar nicht ferngehalten werden: allein die Kraft, um sie zu ertragen und geistig zu überwinden, war gewonnen — dank der hohen Schule, in welcher Elias, Amos und Hoseas, Micha, Jesajas, Jeremias ihr Volk für seine göttliche Lebensaufgabe in harter Zeit gestählt hatten. Auch für Israel war die prophetische Wirksamkeit nicht erfolglos. Unter ihrem Einfluß und geläutert durch den Zusammenbruch des Nordreiches gab dessen Bevölkerung den Bilderdienst auf. Denn ohne deren Bereitwilligkeit hätte Josia in dem assyrischen Herrschaftsgebiet nichts ausrichten können. Die ins Exil nach Medien verpflanzten Führer Israels brachten in jenes religionsgeschichtlich höchst wichtige Land die Ideen der heiligen Offenbarung und des heiligen Gesetzes, eines heiligen Gottesbegriffs und Gottesvolkes. Diese Keime sind für die Entstehung der Zarathustrischen Ahura-Mazda-Religion unzweifelhaft von größtem Einfluß gewesen.

Die dritte Stufe im Aufbau des alttestamentlichen Schrifttums wird dargestellt durch die Hl. Schriften der andächtigen Verinnerlichung und der betrachtenden Aneignung der sinnbildlichen Verarbeitung, kurz der subjektiven Verwertung in allen Formen des Geistes. Das Bedürfnis danach war und ist zu allen Zeiten wirksam und fruchtbar gewesen, nicht erst seit dem Exil, wie die Kritik annimmt. Darum wird die Psalmendichtung von der Überlieferung wie von den Psalmüberschriften auf David und noch frühere Gottesmänner zurückgeführt. Sie sind jedenfalls aus deren Sinn und Lebenslage herausgedichtet.

Unsere religiösen Dichter fühlen sich trotz aller traditionellen Denkweise nicht dazu angeregt, aus der Person der alten Märtyrer und Bekenner heraus zu beten und zu singen. Auch in anderen Literaturen findet sich die Sitte nicht, daß spätere Fromme aus der Lebenslage der früheren heraus beten und denken.

Vielleicht sind die überlieferten Psalmen der Alten von späteren Dichtern erweitert worden, besonders um sie zum gottesdienstlichen Gebrauch der Gemeinde geeignet zu machen.

Die unbefangene Offenbarung der eigenen Lebenskämpfe und Lebensnöten ist ein altertümlicher Zug. Es läßt sich anderseits nicht verstehen, warum die · ergreifenden Gebetslieder nicht aus wirklich erlebten, sondern aus künstlich vergegenwärtigten Lagen anderer heraus gedichtet sein sollten.

Die Weisheit des Betrachtens und Vergleichens, der Sprüche und der Erwägung knüpft ebenso an Salomo als geistigen Urheber an. Was Moses für die Gesetzgebung, bedeutet David für die betende Lehrdarstellung.

Das Bedürfnis und die Bedeutung der subjektiven Verarbeitung in den Formen der Andacht und der Lehrweisheit trat indes mit ganz neuer Kraft in den Vordergrund, nachdem die eigentliche Wahrheitsmitteilung und der Kampf um den richtigen Geist im wesentlichen vollbracht war. Darum steht die heilige Literatur, welche dieser subjektiven Verarbeitung der heiligen Offenbarung und der frommen Betätigung ihres Geistes dient, in innerem Zusammenhang mit der Ära der Gesetzesreligion und des levitischen Tempelkultus. Mit dem großen Schriftgelehrten Esra beginnt die Wiederherstellung und Sammlung der Hl. Schriften, die Neubegründung der zersprengten Volksteile zu einer mehr kirchlichen Religionsgemeinde, die Entwicklung des levitischen Tempeldienstes im Sinne des nachexilischen Zeitalters unter der toleranten Herrschaft des persischen Reiches. Im Jahre 458 kam Esra mit dem Gesetzbuch in der Hand; im Jahre 444 erfolgte die Verpflichtung auf das von ihm mitgebrachte Gesetz. Die Frucht der von Esra und Nehemia vollzogenen neuen Gottesweihe war ernste Gesetzesfurcht, peinliche Gewissenhaftigkeit, eifriges Hineinleben in alle Teile des vielgestaltigen Gesetzes, autoritative Festigung des Religionswesens durch strenge Absonderung und rituelle Reinheit. In der vollentwickelten Psalmendichtung wurde die höchste Verinnerlichung der Gesetzesreligion erzielt; in den mannigfaltigen Weisheitsbüchern wurde der Glaube zur Einsicht und zum Wissen. In didaktischer wie apokalyptischer Form rang der Denkgeist als Werkzeug der göttlichen Inspiration mit den Schwierigkeiten der Theodizee, um über die Entwicklung des Gottesreiches in der

Seele wie in der Welt das Licht der Offenbarung auszugießen. Aus all dem, was in der Psalmendichtung, der Gesetzesbetrachtung und der Weisheitspflege lebte und wirkte, erwuchs der Geist jener Frömmigkeit, welche den Messias-Gottessohn erkannte, verstand und bereitwillig empfing, und den Apostolat seines universalen Gottesreiches trotz aller partikularistischen Widerstände erfolgreich betätigte. So ist Jesus Christus und sein Evangelium die Blüte, die am Stammbaum des Alten Bundes aufgeblüht ist, der gottmenschliche Sproß, welcher der heiligen Ahnenreihe der Patriarchen und Gesetzgeber, der Propheten des Wortes und der Tat, der Männer des Gebetes und der Betrachtung entstammt. Das Alte Testament in seinem dreifachen Aufbau ist der Stammbaum des Evangeliums.

Einseitige und verhängnisvolle Nebenentwicklungen fehlten in dieser Periode der nachexilischen Gesetzesreligion ebensowenig wie vordem. Der, wie Hummelauer urteilt, unbegründete Rigorismus der Absonderung, besonders inbezug auf die Ehegesetzgebung, erneuerte und verewigte das Schisma der Samaritaner. Der Kampf um die heiligen Güter und Pflichten der Jahwereligion gegen den Hellenismus begeisterte das Gottesvolk zum bewunderungswerten Heldenmut des Kampfes und des Martyriums der Makkabäerzeit. Allein weil, wie man es sich selber gestehen mußte, der Geist der Propheten zu vermissen war, folgte der kurzen und glänzenden Blütezeit der Makkabäerherrschaft allzubald die Ausgestaltung der Gesetzesstrenge zum Pharisäismus, sowie der Kulturfreundlichkeit zum Sadduzäismus. Beide Richtungen vereinigten sich schließlich zum Verwerfungsurteil über den gottgesandten Messias, weil keine ihn und seine Gottessohnschaft, Messiaswürde und Geistessalbung zu verstehen vermochte. Die Essener und Therapeuten, sowie die alexandrinische und hellenistische Religionsentwicklung des Judentums brachten dem Gottesreich des Evangeliums Jesu ein besseres Verständnis entgegen, weil sie selbst verwandten Zielen nachstrebten.

Als Typus, wie vom freidenkerischen Standpunkt aus die wunderbare Teleologie der Hl. Schrift aufgefaßt und gedeutet wird, ist die Ausführung Houston Stewart Chamberlains geeignet, obgleich dieser Kulturhistoriker eine ausgesprochene Abneigung gegen den semitischen und jüdischen Geist hegt.

»Die Männer, die das Judentum gründeten, wurden nicht von bösen, eigensüchtigen Absichten geleitet, sondern von einer dämonischen Kraft, wie sie nur ehrlichen Fanatikern eigen sein kann, denn das furchtbare Werk, welches sie vollbrachten, ist in jedem Punkte vollkommen.«

»Das ewige Denkmal dieser Vollkommenheit ist ihre Thora, die Bücher des Alten Testamentes. Hier gestaltet Geschichte wiederum Geschichte! Welches wissenschaftliche Werk könnte jemals hoffen, eine ähnliche Wirkung auf das Leben der Menschheit auszuüben? Man hat vielfach behauptet, den Juden fehle es an Gestaltungskraft; die Betrachtung dieses merkwürdigen Buches muß uns eines Bessern belehren. Mindestens wurde ihnen in der höchsten Not diese Kraft zuteil und schufen sie ein wahres Kunstwerk, namentlich darin ein Werk der Kunst, daß in dieser Weltgeschichte, welche mit der Erschaffung des Himmels und der Erde beginnt, um mit dem zukünftigen Reich Gottes auf Erden zu enden, alle perspektivischen Verhältnisse die unvergleichliche Hervorhebung des einen, einzigen Mittelpunktes (des jüdischen Volkes) bewirken. Und worin ruht die Kraft dieses Volkes, eine Lebenskraft, die jedem Schicksal bisher siegreich getrotzt hat, wo, wenn nicht in diesem Buche?« Ch. schildert, wie in dem israelitischen Wesen weder die Unternehmungslust des kriegerischen, noch des friedlichen Schaffens liege, weder die Kraft der Staatsgestaltung, noch der Wissenschaft und Kunst, weder des Ackerbaues, noch des Handwerks.

»Ein solches Volk scheint zum schnellen Verschwinden aus der Weltgeschichte wie prädestiniert. Und in der Tat, von den übrigen, viel tüchtigeren halbsemitischen Stämmen jener Zeit sind nur noch die Namen bekannt. Was schützte das kleine Volk der Juden vor dem gleichen Schicksal? Was hielt es noch fest zusammen, als es über die Erde zerstreut war? Was machte es möglich, daß aus seiner Mitte heraus das neue Weltprinzip des Christentums hervorging? Einzig dieses Buch. Es würde zu weit führen, wollte man die Eigenschaften dieses für die Weltgeschichte so wichtigen Werkes analysieren. Goethe schreibt einmal: »Diese Schriften stehen so glücklich beisammen, daß aus den fremdesten Elementen ein täuschendes Ganzes entgegentritt. Sie sind vollständig genug, um zu befriedigen, fragmentarisch genug, um anzureizen, hinlänglich barbarisch, um aufzufordern, hinlänglich zart, um zu besänftigen.« . . . So sehen wir dieses Buch den Anforderungen des geläuterten Geistes und des gemeinen Volkes genügen — dem einen, weil er in dem »täuschenden Ganzen« die kühne Willkür bewundert, dem anderen, weil das Mysterium des Daseins den Augen, wie Jahwe hinter dem Tempelvorhang, entrückt wird und er auf alle Fragen »populäre Antworten« erhält. Dieses Buch bedeutet den Sieg der materialistischen Weltanschauung, wahrlich nichts Geringes! Es bedeutet den Sieg des Willens über den Verstand und über jede fernere Regung der schöpferischen Phantasie! Ein solches Werk konnte nur aus frommer Gesinnung und dämonischer Kraft hervorgehen.«

»Man kann das Judentum und seine Macht, sowie seine unausrottbare Lebenszähigkeit nicht verstehen . . . solange man das Dämonisch-Geniale in seinem Ursprung nicht erkannt hat. Es handelt sich hier wirklich um den Kampf eines gegen alle; dieser eine hat jedes Opfer, jede Schmach auf sich genommen, um nur einmal, gleichviel wann, das messianische Weltreich, Jahwe zu ewigem Ruhme, anzutreten.« (Houston Stewart Chamberlain, Die Grundlagen des 19. Jahrh. 4. Aufl. I. 453—455.) Die Richtigstellung in den einzelnen Wendungen dieser Ausführung ist leicht zu vollziehen; dann ist sie ein Beweis für die Inspiration als religionsgeschichtliche Tatsache von einzigartiger Größe.

2. Die Ausführung Chamberlains ist von der Warte des 20. Jahrhunderts aus vollzogen, welche die religionsgeschichtlichen Tatsachen in voller räumlicher und zeitlicher Ausdehnung würdigt. Damit widerlegt sich der Einwand, der im Hinblick auf die Hl. Schriften anderer Religionen gegen den Inspirationsglauben des Christentums erhoben wird. Der Einwand wurde immer geltend gemacht, sobald der Blick nicht in dem Bekenntnis der eigenen und alleinherrschenden Religion eingeschlossen war. Er trat in dem Religionsgemenge des Römerreiches dem jungen Christentum gegenüber, er erhob sich im Zeitalter der Kreuzzüge, als der Islam und seine Kultur in den Gesichtskreis des christlichen Mittelalters eingetreten war.

Aus dieser Schwierigkeit entstand in der Hohenstaufenzeit die Schrift De tribus impostoribus: Moses, Christus, Mohammed. — Die Neuzeit empfand dieselbe Schwierigkeit in verschärftem Maße, weil sie die Übersicht über die Entwicklungsgeschichte der übrigen Menschheitsreligionen und insbesondere die Schriftreligionen gewann. Man bemerkte in den großen Kulturreligionen Analogien von Offenbarungsglaube und Hl. Schriften, und so entstand die Frage, ob der christliche Inspirationsglaube noch als objektiv begründet gelten könne, wenn man dem Glauben anderer Religionen an ihre Hl. Schriften keine ernste Bedeutung beizulegen brauche? Judentum und Islam haben mit dem Christentum das Alte Testament und den Monotheismus gemeinsam; diese Religionen sind gerade durch die Bibel mit dem Christentum stammverwandt. Allein seitdem die Hl. Schriften des Brahmanismus und Buddhismus, des Mazdeismus, auch Ägyptens und Babels, der Tao- und Schangti-Religion Chinas wieder bekannt geworden seien, könne dem christlichen Inspirationsglauben zugunsten der Bibel kein Vorrecht mehr zugestanden werden. Da unmöglich der Inspirationsglaube aller Religionen wahr sein könne, so müsse man folgern, es sei kein Inspirationsglaube wahr.

Der Einwand geht von der Voraussetzung aus, daß der Inspirationsglaube sein Wahrheitsrecht nur durch die eigene Autorität beweisen wolle, oder durch die Tatsache, daß seine Religions-

gemeinschaft seit Urzeiten die Inspiration ihrer Hl. Schriften geglaubt und bezeugt habe.

Allein die Hauptfrage geht dahin, ob Inhalt und Geistesart
der verschiedenen Hl. Schriften in Verbindung mit der kritischen
Würdigung ihrer Geschichte die Annahme begründen, daß sie
göttlich inspirierte und darum Offenbarungsschriften seien?

Daß jede Religionsgemeinde ihre Lehren wie ihre Hl. Schriften
für die höchste Wahrheit hält und bezeugt, ist selbstverständlich.
Allein daraus folgt für den Unbefangenen zunächst nicht die Wahrheit dieses Glaubens, aber auch nicht die Unwahrheit alles Glaubens an göttliche Inspiration und Offenbarung. Gewiß nimmt
jeder Naturforscher und jeder Philosoph seine Weltanschauung auf
Grund seiner wissenschaftlichen Überzeugung an. Allein daraus
folgt weder, daß alle recht haben, noch daß keiner recht habe.
Die Gründe für den Anspruch auf wissenschaftliche Überzeugung
und Wahrheit müssen eben vorurteilsfrei geprüft werden: das
gleiche gilt von dem Anspruch der Religionen auf die Wahrheit
ihrer religiösen Glaubensüberzeugung und Autorität.

Es erscheint auf den ersten Blick höchst auffallend, daß der
Offenbarungsglaube bei allen Religionen vorhanden ist. »Alle
geschichtlich hervortretenden Religionen sind Offenbarungsreligionen.« (Aloys Schmid, Apologie S. 115.)

Allein die Allgemeinheit des Offenbarungsglaubens erklärt sich
ohne Beeinträchtigung des christlichen Anspruches auf göttlichen
Ursprung aus mehreren Gründen. Zunächst aus der Voraussetzung, daß im Anfang der Menschheitsgeschichte wirklich eine
Uroffenbarung erfolgt sei. Dann wirkte die Erinnerung daran bei
allen Völkern nach. Sodann aus dem Bedürfnis nach höchst-
möglicher Gewißheit und Sicherstellung der religiösen Überlieferung,
zumal wenn man von ihrer Wahrheit ergriffen, von ihrer sittlichen
Notwendigkeit und sozialen Unentbehrlichkeit überzeugt war.

Drittens aus dem überwältigenden Eindruck, den die Lehrgedanken der Religionsstifter und die Ideen der Gesetzgeber,
sowie deren persönliche Ergriffenheit auf die große Menge, sowie
auf die späteren Geschlechter ausübte. Dieser Eindruck war um
so gewaltiger, weil die Durchschnittsmenschen in ihrer Weltanschauung von den Gedanken anderer leben. Folglich erklären sie

sich die außerordentliche Tatsache durch die Annahme einer göttlichen Offenbarung, die jenen Bevorzugten zuteil geworden sei.

V i e r t e n s ist die Schwierigkeit inbetracht zu ziehen, die Zustimmung der Menschen mittelst innerer Beweisgründe zu gewinnen. Die wenigsten haben den Wagemut, mit ihrem Urteil auf eigener Einsicht zu stehen. Daher entsteht und besteht die Neigung, sich mit Recht oder Unrecht auf Autoritäten der Vergangenheit wie der Gegenwart zu berufen, auch auf die öffentliche Meinung und die allgemeine Übereinstimmung. Daher erklärt sich auch die Neigung, große Namen der Vergangenheit für das in Anspruch zu nehmen, was man nach bestem Wissen und Gewissen für theoretisch oder praktisch notwendig hält und darum seiner Zeit wirksam einprägen will. Pseudo-Dionysius und Pseudo-Isidor sind Beispiele aus der kirchengeschichtlichen Zeit.

F ü n f t e n s ist zu beachten, daß die neuen Erkenntnisse und Aufgaben dem sinnenden Geiste der Religionsstifter und Gesetzgeber mit innerer Überlegenheit gegenübertraten. Sie wirkten mit Autorität und erschienen darum als die Offenbarung einer höheren Weisheit. Die Geschichte der Religionen und der Weltanschauungen ist darum mehr das Ergebnis einer inneren logischen Notwendigkeit, welche sich von den gegebenen Anfängen an durchsetzt. Die Entwicklung bringt die Grundgedanken immer mehr zur Entfaltung und Würdigung, vollzieht dem Zweifel gegenüber ihre Rechtfertigung, den fremden Einflüssen gegenüber ihre möglichste Selbstbehauptung. Sie ist weniger das Werk der Einzelmenschen als das Ergebnis dieser immanenten Logik. Vielmehr ist das Denken der einzelnen und der Massen zum größten Teil von diesem Entwicklungsprozeß bestimmt, in dem sich die Selbstbehauptung und Abwandlung der großen Grundgedanken vollzieht. (Vgl. Religion und Offenbarung 2. T. § 4.)

Wenn nun eine Vergleichung der Hl. Schriften der verschiedenen Offenbarungsreligionen durchgeführt wird und zwar sowohl nach dem Inhalt wie nach ihrer Geistesart und ihrem Kulturwert, so tritt die Einzigartigkeit und lebendigmachende Geisteskraft der christlichen Bibel in unvergleichlicher Weise hervor. Der Vorzug belebender Geistesmacht zeigt gerade, wie wenig die Hl. Schriften der brahmanischen und buddhistischen, der persischen und ägyptischen, der chinesischen Tao- und Schangti-Religion den Vergleich mit der Hl. Schrift des Christentums auszuhalten vermögen. Sie wurden tatsächlich auch mehr zu einer Last und Fessel, wenn sie nicht durch ihr rätselhaftes Dunkel dem Aberglauben zum Bürgerrecht in sonst hochstehenden Religionen verhalfen, wie dies fast bei allen geschah.

Im Buddhismus überwucherte die heilige Literatur durch ihre Masse wie durch ihre chaotische Ausschweifung alles geistige Leben. Der Irrtum ist einseitig und maßlos; das Maßhalten ist der Wahrheit eigen. Gott, der Lebendigmacher, würde den Menschengeist nie durch ein Übermaß von Büchern und Buchstaben erdrücken. Gewöhnlich wurde die Inspiration zur Buchstabenvergötterung übertrieben und den Hl. Schriften eine vorweltliche Bedeutung im Urgrund selber gegeben. Islam und Judentum hätten durch ihren monotheistischen Gottesglauben vor der Vergötterung geschichtlich entstandener Bücher bewahrt werden sollen: daß sie sich trotzdem dazu verleiten ließen, beweist, wie gern der Mensch das Göttliche zum Götzen macht, um es dem Gemeinmenschlichen dienstbar zu machen. Allein die Hl. Schrift hat trotzdem ihre lebendigmachende Geisteskraft behauptet und den Menschengeist trotz aller schweren und listigen Gegenneigungen zur eigenen Höhe hinaufgerufen und zu dieser Erhebung befähigt. Wie ganz anders hat die Bibel des Christentums in der Geschichte des Geistes gewirkt als die Hl. Schriften der anderen sogenannten Buchreligionen?

Der christliche Offenbarungsglaube verbietet es nicht, die mannigfaltigsten Formen und Grade göttlicher Anregung anzunehmen und diese Wirksamkeit des göttlichen Wortes und Geistes, des Logos spermaticos für die edlen Ziele und tiefsinnigen Erkenntnisse der führenden Geister in den verschiedenen Kulturgebieten anzunehmen.

Von Anfang an hat die Apologie des Christentums die großen Denker und Gesetzgeber des vorchristlichen und außerisraelitischen Altertums als Wegbereiter des Logos und als Werkzeuge des Hl. Geistes in Anspruch genommen. Die christliche Kunst hat die Philosophen und Sibyllen des Heidentums als eine Art Vorstufe des Prophetentums betrachtet und ihnen darum einen ehrenvollen Platz im Heiligtum zugewiesen. Der Geist Gottes wirkt nach Sap. 1, Sir. 24, Joh. 1, 9; 3, 8, Num. 22—24, Gen. 14, 18;

20, 3; 31, 24 allenthalben und macht die religiöse Entwicklung seinem Heilszweck dienstbar.

Nemo vir magnus sine aliquo afflatu divino umquam fuit. (Cicero de nat. deor. 2, 66; Tatian 29; Origenes c. Cels. 7, 46. 49. 51.) Derselbe Gesichtspunkt ist geeignet, das Verhältnis von Bibel und Babel richtig zu würdigen.

§ 5. Das Prophetentum als religionsgeschichtliche Tatsache.

1. Das Prophetentum ist als welt- und religionsgeschichtliche Tatsache von einzigartiger Bedeutung und Größe ein wichtiger Beweis für die in der biblischen Offenbarung wirksame Inspiration des göttlichen Geistes.

Das Prophetentum ist hier im Sinne von hervorragender religiöser Wirksamkeit gemeint, nicht in irgend einer besonderen Form zeitgeschichtlicher Art. Es ist die ganze Reihenfolge von Männern, welche seit den geschichtlichen Anfängen der Jahwereligion für den Jahweglauben und die Herrschaft Gottes in der Welt und den Seelen aufgetreten sind: von den Patriarchen bis zu den Aposteln und Evangelisten, so viele ihrer für die Gottheit Jahwes und sein Reich auf Erden lehrend, gesetzgebend, abwehrend und begründend, begeisternd und verheißend gekämpft haben. Es findet sich bei keiner anderen Nation oder Religion eine ähnliche Erscheinung. Weder die ägyptischen noch die babylonischen Priesterschulen, weder die griechischen Religionsphilosophen noch die Mysterienverbände, weder die brahmanischen Einsiedler, noch die buddhistischen Lehrer und Mönche lassen sich als gleichwertige Analogie dem biblischen Prophetentum gegenüberstellen, insbesondere nicht in ihrer geistig-sittlichen Bedeutung für die Menschheit.

Das Prophetentum gehört zu dem Tatbestand, den wir als den Vorzug des lebendigmachenden Geistes gekennzeichnet haben. Als die Wirkung des in der Jahwereligion waltenden Geistes teilt es den Charakter desselben. Er erweist sich als schöpferisch, innerlich befruchtend, bereichernd, entzündend und zur höchsten Kraft erweckend. Der Geist erweckt und entzündet zur gewaltigsten Kraftbetätigung, weil er Vernunft und Willen für

die übernatürliche Fülle höherer Offenbarungen und Aufgaben geöffnet und durch deren innere Aneignung bezeichnet hat.

Kattenbusch charakterisiert die philosophische und die prophetische Idee
des (göttlichen) Geistes in folgender Weise: »Ruach bezeichnet den starken
Wind, den Sturm, auch den heißen, aufregenden Wind. Die Ruach auch im
religiösen Sinn ist packend, niederwerfend, bezwingend, davontragend, innerlich erregend. Die Ruach hat mit dem Feuer, dem Glanze Verwandtschaft.
Sie frißt gewissermaßen die Sünde weg, brennt sie aus. . . . Pneuma bedeutet ursprünglich die leicht bewegte, erquickende Luft, besonders auch den
kühlen Wind. Übertragen auf sittliche Verhältnisse erscheint es als mäßi-
gend für die Leidenschaften, abkühlend für die innere Hitze. Es bekommt
leicht eine Beziehung zur Sophia, zum Logos. In hellenistischen Kreisen haben
sich Ausgleichungen zwischen hebräischen und griechischen Ideen ergeben.
(Sap. Sal. Philo.) Auf solchen Ausgleichungen baut sich auch die christlich-
theologische Pneumatologie bis zu einem gewissen Grade auf.« (Kattenbusch,
Apostol. Symbol. § 677.)

Diese Charakteristik bedarf einer Ergänzung. Der Gottesgeist im biblischen Sinn ist nicht aufregend, erweckend, entzündend außer dem Zusammenhang mit dem von ihm dargebotenen und ins Innere eingeführten Offenbarungsinhalt.

Der Offenbarungsgeist wirkt nicht nur beruhigend, sondern
vielmehr entzündend, weil die Offenbarung den Menschengeist
mit neuen Wahrheiten und höheren Zielen bereichert. Der Geist
im philosophischen Sinn hat mehr den Sinn gleichmütiger Erhebung über Welt und Sinnlichkeit. Weil keine eigentlich neue
Wahrheit und Lebensaufgabe zu der Erfahrungswelt hinzukommt,
wenigstens nicht mit gegenübertretender Gewalt, darum bleibt die
Wirkung des Geistes vorwiegend darauf beschränkt, den Menschen
der Welt, ihren Reizen und Schrecken gegenüber gleichmütig zu
machen und ihm so die Ruhe und den Frieden der Freiheit von
der Welt zu geben. Durch die Offenbarung tritt indes Gott
machtvoll in das menschliche Bewußtsein herein, nicht nur wie
eine Schlußfolgerung, sondern als eine geschichtlich wirkende Kraft
von reichstem geistigen Lebens- und Wahrheitsgehalt. Darum
wirkt sie nicht nur beruhigend, sondern entzündend — zur Freiheit für Gott und Gottes Reich. Der Geist der übernatürlichen
Offenbarung ist darum in der Tat am besten durch den aufregenden Sturm und die entzündende Feuerglut zu versinnbilden,
wie am Pfingstfest.

Ad. Harnack hat diesen Gesichtspunkt bei seiner Scheidung der beruhigenden und der entzündenden Lehrgedanken im Evangelium nicht beachtet.

Zugleich ergibt sich hieraus, daß der Geist des Prophetentums, dessen zündende Kraft aus der Fülle des höheren Wahrheitsgehaltes hervorgeht, nichts mit den inhaltleeren und unklaren Verzückungen mystischer Schwärmerei gemein hat.

Die wissenschaftliche Begriffsbildung und Einzelprüfung verdankt wohl in erster Linie der griechischen Geistesarbeit ihre Grundlegung: allein die großen Ideen überhaupt, an denen sie ihre Arbeit vollbringt, verdankt sie dem Genius der Religion, und in besonderem Sinn der Offenbarung. Es ist vor allem die schwierigste unter allen Erkenntnissen, die Idee der überweltlichen Vollkommenheit und Gottheit, welche die Philosophie dem biblischen Prophetentum verdankt. Wie die Gottesidee selbst, so ist auch die Weltbegründung im Sinne des überweltlichen Gottesgedankens wesentlich schwerer zu vollziehen als die monistische Entwicklungsidee. Beim Monismus der heidnischen Religionen wie der modernen Weltanschauung entfaltet sich der Schöpfungsvorgang unmittelbar vor unseren Augen: was wir erfahrungmäßig vom Werden der Dinge wahrnehmen, ist dem Monismus zufolge ein Ausschnitt aus dem großen Schöpfungsvorgang selber. Hingegen fordert die Vorstellung von der Hervorbringung der in Zeit und Raum ausgebreiteten Welt durch Gottes bewußten Gedanken und Willen eine volle Erhebung über alles Erfahrungsmäßige. Was uns die Erfahrung zeigt, gehört insgesamt zum Werk und Gegenstand der Weltschöpfung, nicht zur Weltschöpfung als Tat, nicht zum Vollzug des Schöpfungsaktes selber. — Selbst wenn man den überweltlichen Gott ablehnt, kann doch nicht bezweifelt werden, daß die höchste Erprobung der Denkkraft durch die Idee der überweltlichen Gottheit, Weisheit und Willensmacht gefordert wird und daß diese Idee hinsichtlich ihrer Befähigung zu einer hinreichenden Welterklärung mindestens in ernste Erwägung genommen werden muß.

Das Prophetentum hat diese überweltliche Einheit und Kraft aller Vollkommenheit der Menschheit als ihren Gottesbegriff dargeboten, als den Jahweglauben an die Gedanken- und Willensmacht, die allein sagen kann »Ich bin, der Ich bin«.

Das Prophetentum hat, einig in diesem Grundgedanken, in jedem Propheten die unerschöpfliche Fruchtbarkeit und lebendige, anspruchsvolle Bedeutung dieser Gottesidee immer wieder unter neuen Gesichtspunkten offenbar gemacht oder praktisch dargetan.

So wurde das Prophetentum trotz oder gerade auf Grund der Einheit seines Grundgedankens zu einer hohen Schule der ursprünglichsten Persönlichkeiten und der charakteristischen Eigenart im Empfinden wie im Wirken und Wesen.

Das Gesetz Gottes oder des Guten ist zugleich das Evangelium seines endlichen Sieges und durchgreifenden Erfolges, weil das Gesetz und die schöpferische Allmacht ein und derselbe Urgrund sind. Die Allmacht schafft durch die Feststellung des Gesetzes und durch dessen Erfüllung. Das Gesetz fordert das Vollkommene, welches die Allmacht ins Dasein rufen will und so wie sie es ins Dasein geführt haben will. Darum ist die Zuversicht vom endlichen Sieg des Guten in der Weltentwicklung und Schicksalsordnung ebenso eine religiöse Grundforderung wie die Einheit von Sittlichkeit und Seligkeit. Die Seligkeit ist die zur Vollkommenheit gelangte Sittlichkeit, d. h. die Vollkommenheit des Wollens und Lebens.

Unbeschadet des übernatürlichen Weissagungscharakters, der in der Freiheit des göttlichen Weltplanes gründet, ist die Grundidee des Prophetentums, der geistige Triumph des Gottesreiches in der Weltgeschichte die Übersetzung des überweltlichen Gottesbegriffs in den göttlichen Heilsplan.

Das Prophetentum im engeren Sinne, wie es durch die Prophetenreihe von Samuel, Nathan, Elias an, von Amos, Hoseas, Michäas und den großen Propheten der Folgezeit vertreten ist, bis es in der nachexilischen Zeit in die Gesetzesreligion überleitet, hatte eine überaus hohe und schwere Aufgabe. Diese bestand nicht etwa darin, wie die Kritik in dogmatischer Durchführung ihres Entwicklungsschemas meint, daß sie den von Moses her überlieferten Henotheismus durch den sittlichen Gottesgedanken zum absoluten Monotheismus fortbildeten. Auch nicht darin, daß sie den seitherigen Glauben an die Unlösbarkeit des Bundesverhältnisses zwischen Jahwe und Israel als Aberglauben zerstörten und die Verwerfung Israels verkündigten. Denn der sittliche Gottesbegriff war von Anfang an im Jahweglauben gegeben, wie die Propheten selbst bezeugen, indem sie nicht einen neuen Gott verkündigen wollten, sondern die alten Forderungen des alten Gottes zur Geltung brachten. Sie behaupteten auch nicht, daß Jahwe den Bund mit Israel endgültig lösen werde, sondern vielmehr, daß er durch das Gericht hindurch zur Heiligung erziehe und sogar nötige; daß er den Bund in Herz und Geist des Volkes einprägen werde, um in Gnade und Segen ihr Gott zu sein. Es ist nicht vorurteilslose Kritik, sondern Tendenzkritik, wenn man bei den älteren Propheten, insbesondere Amos, die Segensverheißungen um dessentwillen als Zusätze erklärt, weil sie Segensverheißungen sind.

Die Kritik verkennt die Tiefe und Höhe der Aufgabe, die darin gelegen war, den Gottesbegriff Jahwes allen verfälschenden Einflüssen gegenüber in seiner Reinheit zu wahren, in seiner sittlichen Kraft zu entfalten und zum Gemeingut des Volksbewußtseins zu machen. Der Gottesbegriff Jahwe stand von Ursprung an im ausgesprochenen Gegensatz zu aller Naturreligion und zur Annahme, Jahwe und Israel seien in naturhafter Einheit miteinander verbunden. Denn Jahwes Wesen ist eben im Gegensatz zu allem Naturhaften und aller blinden Schicksalsnotwendigkeit die vollbewußte Selbstbestimmtheit: »Ich bin, der Ich bin«! Der Inhalt dieser selbstbestimmten Willensmacht war die unendliche Heiligkeit und Vollkommenheit seines Wesens, vermöge deren er der Eine, der Ewige, der Schöpfer Himmels und der Erde war. Aber er war auch aus Gnade der Erlöser und Gründer seines Volkes. Darum wird ihm nur durch Recht und Heiligkeit gedient, durch vollkommene Betätigung seines Ebenbildes, der Vernunft und Freiheit. (Gen. 18, 17—19.) Auch diese Wahrheit wurde von Elias, Amos und den folgenden Propheten als uralte Offenbarung behandelt und nur von neuem und unter wesentlich neuen Kulturverhältnissen eingeschärft. (Amos 5; 2, 4. Hos. 4; 6; 8, 1—14. Mich. 6, 8. Jes. 1. Jer. 7, 21—23. Zach. 7, 9.) Darum erinnern sie gern daran, daß Israel in der ersten Zeit innig an Jahwe hing. Es war eben damals von den Verderbnissen frei, welche die politische und soziale Kultur mit sich brachte.

2. Das biblische Prophetentum kann nicht als die Folge des religiösen Enthusiasmus, als die Frucht der aszetischen Mystik und der frommen Erregung, als die Form des gläubigen Denkens verstanden und so als Bestandteil der natürlichen Religionsentwicklung begriffen werden. Es widerstrebt der Eingliederung in das bloß natürliche Geistesleben. Die Religion ist selber eine eigenartige Lebensform des Geistes und umfaßt die mannigfaltigsten

Seelenzustände. Sie sind bei weitem noch nicht genügend erkannt. Allein das biblische Prophetentum ist eine wesentlich übernatürliche Erregung des Menschengeistes, und zwar durch den
überweltlichen Jahwe, der die wesenhafte Klarheit und Selbstmacht des unendlichen Geisteslebens ist. »Ich bin, der Ich bin.«
Diese wesenhafte Klarheit und Selbstmacht spiegelt sich als auszeichnender Grundzug in dem biblischen Prophetentum wider und
gibt ihm seine unvergleichliche Erhabenheit über alle analogen
Erscheinungen. Auch im Alten Testament findet sich in starker
Ausprägung das natürliche Prophetentum; außerdem werden die
vielen anderen Formen des religiösen Enthusiasmus, der Wahrsagung und Beschwörung entweder erwähnt oder gesetzlich verboten oder bekämpft. Aus den alten Losorakeln hatte sich allmählich ein berufsmäßiges Prophetentum herausgebildet mit Pro-
phetenschulen, mit einer aszetisch-mystischen Technik und man-
tischen Überlieferung.

Nach 1 Sam. 9, 9 nannte man damals diejenigen Seher (Roe), zu denen
man ging, um Gott zu fragen. Samuel wird stets Seher genannt. Der Nabi
diente später zur Bezeichnung dieser aus der Menge der Berufspropheten
einsam hervorragenden Gottesmänner.

1 Sam. 9, 9; 3, 20; 10; 14, 45: Nicht die fatalistische Auffassung ist
gottgemäß, sondern die vernünftig-sittliche, wie sie hier vom Volke erfolgreich
vertreten wird. 15, 23; 22, 3 (Gad); 23; 28, 3. 2 Sam. 7 (Nathan); 24 (Gad).

Auffallend ist, daß Salomo stets unmittelbar von Gott angeredet wird,
während bei David stets Propheten (Nathan und Gad) die göttliche Botschaft vermitteln. — 3 Reg. 11, 29 sq.; 14 (Ahia); 12, 22 (Semaja); 13; 14;
16 (Jehu); 17. 18. 21 (Elias); 18, 4. 13 (hundert Jahwepropheten), 18,19—40
(vierhundertfünfzig Baalspropheten und vierhundert Hainpropheten); 19, 1—14;
20, 13. 35—43; 22 (Micha und die vierhundert Jahwepropheten); 4 Reg. 1. 2
(Elisäus und die mehr als fünfzig Prophetenjünger von Bethel, dem Reichs-
tempel Israels); 5, 22; 6, 1 (die Prophetensöhne wachsen an Zahl); 10, 19;
14, 25 (Jonas); 19. 20 (Jesaja und Hiskia); 22 (die Prophetin Hulda). — Jes.
3. 8; Jer. 2, 26. 30; 4, 9; 5, 13; 6, 13; (7, 25); 8, 2. 3. 13, 13; 14, 13—18;
18, 18; 23; 26, 7—24; 27; 28; 29, 21—32; Ezech. 13; 22, 25; Mich. 3.

Der Prophetenstand steht in außerordentlich starker Anzahl
dem biblischen oder wahrhaft göttlichen Prophetentum gegenüber. Der zeitweilige schroffe Gegensatz schließt es nicht aus,
daß einige unter den biblischen Propheten aus den Propheten-
schulen hervorgingen und mit denselben in freundlichem Verkehr
blieben wie (Elias und) Elisäus. Allein sie waren nicht Propheten
Jahwes, weil sie aus diesem Zusammenhang hervorgegangen sind,

sondern kraft einer besonderen göttlichen Berufung. Jene mystisch-aszetische Schulung entwickelte wohl eine gewisse Empfänglichkeit für die göttliche Berufung: allein der Ruf Jahwes war dadurch nicht im geringsten bedingt. Er erfolgte mit voller Souveränität auch an Männer wie Amos und Micha, die den Zusammenhang mit allem Berufsprophetentum entschieden ablehnten. (Am. 8, 14. Mich. 3.) Nur Jahwes geistige Überwältigung begründete das biblische Prophetentum: »Der Löwe brüllt; wer sollte sich nicht fürchten? Jahwe der Herr redet: wer sollte nicht weissagen?« (Am. 3, 8. Mich. 3, 8.)

Dieses Prophetentum ist durch einen ganz bestimmten Vorgang als göttlich auferlegter Beruf ausgezeichnet, nicht als menschliche Berufswahl und Berufsarbeit. Der Prophet hat vielmehr mehr oder weniger mit der Versuchung zu kämpfen, sich dem von der höheren Macht auferlegten Berufe zu entziehen. Der prophetische Beruf wird darum als »Last« empfunden und bezeichnet. Insofern bildet ein geistig-sittliches Wunder die Grundlage des übernatürlichen Prophetentums.

Damit wurde der Prophet für ein schweres Opferleben, häufig auch für den Zeugentod in Pflicht genommen. Der Prophet soll nicht klagen wie Baruch. »So spricht Jahwe: fürwahr, was ich aufgebaut habe, reiße ich (selber) nieder . . . und da verlangst du für dich Großes (sc. Schonung)?« (Jer. 45, 1—5.) Es galt, allem natürlichen Eigennutz zu entsagen und ganz zum Sprachorgan Gottes, zum Sachwalter der göttlichen Absichten zu werden. Es ist eine tiefe Kluft zwischen dem selbstlosen Prophetentum und jener Selbstsucht, die Mohammeds Wirksamkeit als eine rein menschliche kennzeichnet.

Die Geschichte der Menschheit kennt in ihrem dramatischen Verlauf den Wechsel von Ebbe und Flut, von Erschöpfung, Unfruchtbarkeit und Altersschwäche; aber auch von ungeheurer Lebenskraft, von Unternehmungsmut, Schaffenslust und Entdeckerglück. Solche Zeiten befruchtender Inspiration erweitern den Gesichtskreis auf Jahrhunderte und Jahrtausende hinaus; sie liefern in rascher Folge von Erfolgen und Erfindungen den Geistesreichtum, von dem lange Folgen von Epigonengeschlechtern leben.

Es gibt Zeiten einer natürlichen Inspiration; es gibt Hochgebirge und Tiefebenen auch im kulturgeschichtlichen Werdegang der Völker. Besonders auffällig ist jene geistige Erregung, die etwa um das siebte bis fünfte Jahrhundert vor Christus fast durch alle Kulturvölker hindurchwirkte und neue Stimmungen, aber auch neue Kräfte wachrief. Man rechnet das Prophetentum Israels zu dieser großen Inspiration, welche die Menschheit erlebt hat. Allein, ohne den inneren Zusammenhang überhaupt zu leugnen, muß doch die wesentliche Erhabenheit des biblischen Prophetentums behauptet werden.

Die anderen Religionserhebungen jener Zeit verhalten sich derartig zum biblischen Prophetentum wie die gesteigerten Anstrengungen des Menschengeistes zur selbstgewissen Verheißung und Erfüllung. Die eigenartigste der damaligen Religionsbewegungen war die Reformation der Ahuramazda-Religion: sie steht wahrscheinlich mit der Verpflanzung Israels nach Medien in Zusammenhang. Jedenfalls konnte die assyrische Wegführung der geistig bedeutenden Volkskreise Israels in den Nordosten des assyrischen Reiches für jene Gegenden nicht ohne große Wirkung bleiben.

Die mächtigste der damaligen Religionsgründungen, der Buddhismus, wagte keine positive Vollendung zu verheißen, sondern nur die negative Erlösung vom eigenpersönlichen Sonderdasein. Ganz anders die prophetische Weissagung: sie verkündet der Menschheit das Kommen Gottes mit der Fülle seiner Kräfte und Güter. »Ich bin mit Kraft erfüllt und mit dem Geiste Jahwes, mit Recht und Stärke, um Jakob seinen Abfall und Israel seine Schuld kundzutun.« So Micha im Namen des Prophetentums, um dem kommenden Gottesreich des Rechtes und des Friedens den Weg zu bereiten.

Die Gründung des Islam erfolgte aus einer gewaltigen religiösen Erregung, deren Glut von der enthusiastischen Persönlichkeit des Mohammed angefacht wurde. Die großen Neuerungen und Umwälzungen sind gewöhnlich durch das Zusammentreffen einer explosiven Zeit und einer impulsiven Persönlichkeit bedingt. In beiderlei Form müssen außergewöhnliche Stimmungen und Kräfte zusammenwirken. Das alles kann anerkannt werden: allein dabei ist nichts Übernatürliches, wenn alle treibenden Mächte und alle zeugenden Gedanken ausnahmslos aus dem Vorrat der seitherigen Entwicklung herauswirken und in der Linie der ganzen subjektiv empfundenen Zeitrichtung liegen. So war es beim Islam.

Niemand wird behaupten wollen, der Islam sei eine der arabischen Nation im Grunde aufgenötigte Religion gewesen, mit deren Grundforderungen Nation und Natur einen steten Kampf zu führen gehabt hätten — wie bei der Jahwe- und Christusreligion.

Alle Ideen, aus denen der Islam Mohammeds entstand, waren im Alten und Neuen Testament, sowie in der christlich-jüdischen Überlieferung der dortigen Sekten enthalten. Mohammeds Werk bestand darin, daß er ohne formelle Beeinträchtigung des streng monotheistischen Gottesglaubens denselben seiner übernatürlichen Eigenart entkleidete und zu einem Religionsideal umwandelte, das den Neigungen und Stimmungen eines jugendstarken Volkstums ebenso entgegenkam wie denen eines edlen Menschentums. Seine Religion wollte durchaus natürliches Menschentum, und zwar Menschentum im orientalischen Sinne bleiben — mit seiner »gesunden« Sinnlichkeit und Leidenschaft. Etwa so, wie es in Saladin von Lessing geschildert wird.

Es gibt eine vielfache Möglichkeit, den Jahweglauben seiner übernatürlichen Majestät unvermerkt zu entkleiden und in Paganismus und Fetischismus umzuwandeln. Die Umwandlung der Jahwereligion in Baalskultus war eine der größten und ältesten Formen, in denen sich die menschliche Sophistik betätigte, aber bei weitem nicht die letzte und vielleicht auch nicht die bedenklichste.

Der Abfall zum goldenen Idol ist nicht bloß ein einmaliger und noch weniger ein zufälliger Vorgang, sondern die psychologische Macht, die in irgend einer Weise den Kompromiß des natürlichen Menschentums mit der natürlichen Offenbarung zu schließen sucht. (3 Reg. 18, 21. Jes. 28.) Man will den Himmel zur Erde herabziehen, natürlich im Wahne, mit dem eigenen Gedankenleben die Höhe des Himmels zu erreichen. (Jes. 55, 8. 9. Gen. 9.)

Man kann den gewaltigen Fortschritt vollauf würdigen, den die arabische Nation infolge der Religionsgründung Mohammeds erlebt hat; aber dieser Fortschritt blieb trotz der Übernatürlichkeit der von Mohammed ausgebeuteten biblischen Gedankenwelt durchaus in der Zone des Natürlichen. Darum entwickelt der Islam noch heute eine natürliche Anziehungskraft, wenigstens für eine gewisse Kulturstufe. Wiedergeburt und Auferstehung für ein überweltliches Gottesreich fordert er nicht. Der natürliche Enthusiasmus vermag auf dem Gebiet der Religion Gewaltiges zu leisten: wie der Patriotismus in Krieg und Frieden. Mohammed war unzweifelhaft eine enthusiastisch für sein Ideal begeisterte Natur. Allein die natürliche Selbstsucht, die geschlechtliche Sinnlichkeit und die persönliche Rachsucht waren durch keine übernatürliche Forderung der Wiedergeburt gebändigt: darum wurde sein religiöser Enthusiasmus in Sure 36 u. 66 unwillkürlich diesen niedrigen Leidenschaften dienstbar. Damit verrät er, daß er nicht aus höherer Offenbarung oder göttlicher Inspiration stammt.

Das göttlich inspirierte Prophetentum erhebt sich durch unverkennbare Vorzüge über alle Stufen des rein menschlichen Enthusiasmus für Religion, Religionserneuerung und Religionsbetätigung. Seine e r s t e und wesentlichste Aufgabe besteht darin, S a c h w a l t e r und A n w a l t zu sein für den eigentlich überweltlichen Sinn und Zweck des Gottesglaubens. Es bedeutet den grundsätzlichen Kampf gegen alle Herabstimmung der Religion zum Naturdienst, zum nationalen und politischen Religionsideal, zu jeder Veräußerlichung und Verweltlichung, zu jedem Versuch, das Himmelreich, das nicht von dieser Welt ist, zu einer Gottesherrschaft mit weltlichen Mitteln, d. h. zu einem bloß scheinbaren Gottesreich zu machen, wenn auch unter dem berückenden Anschein, es dadurch in der Welt zu verwirklichen. Das soll auch den Propheten zufolge unzweifelhaft geschehen: aber »nicht durch Macht, nicht durch Gewalt, sondern durch meinen Geist, spricht der Herr«. (Zach. 4, 6.) Noch weniger stehen die Propheten auf der Seite derjenigen, welche dem Gottesreich die freie Wirksamkeit in der Welt vorenthalten wollen, unter dem heuchlerischen Vorwand, es sei nicht von dieser Welt und bedürfe ihrer nicht.

Deshalb sind die Propheten in gewissem Sinne wesentlich Unglückspropheten. Aber im großen Stile und mit der großen Hoffnung auf Gottes Reich. So verkündigt es die Einleitung zum großen Trostbuch des Alten Bundes und zur frohen Botschaft des Messias. Die natürliche Welt und das natürliche Menschentum ist wie das Gras: eine Welt des Todes und der Vergänglichkeit, der Enttäuschung für jetzt und für immer. So weit stimmt das Prophetentum mit Buddha überein. Aber nicht weiter. »Das Gras verdorrt, die Blume welkt; aber das Wort unseres Gottes bleibt ewig. Jünglinge ermatten, Helden straucheln: aber die auf Jahwe hoffen, gewinnen neue Kraft. Sie schwingen sich auf wie mit Adlersflügeln, sie laufen und ermüden nicht,

sie gehen und ermatten nicht.« (Jes. 40. Mt. 3. Lc. 3.) »Die Welt vergeht
mit ihrer Lust: wer aber den Willen Gottes tut, der bleibt in Ewigkeit.«
(1 Joh. 2, 17.) Das Weltgericht vollzieht sich im großen Weltbrand: dann
erfolgt die ewige Geistestaufe.

Die Propheten sind also in erster Linie vollkommen will-
fährige Lehrlinge Gottes, Männer, denen Jahwe das Ohr geöffnet
hat, Männer geöffneten Auges. Sie sind Vorbilder für jenen
Heldensinn, der alle Hemmnisse und Trübungen der Wahrheit im
eigenen Geiste überwindet und eine wahrhaft vorurteilslose Empfänglichkeit für die göttlichen Gedanken und Ziele errungen hat.

In zweiter Hinsicht sind die wahren Propheten Verkünder
und Sachwalter des hl. Gesetzes und seines reinsittlichen
Geistes, seines ewigen Ernstes und seiner unverletzlichen Hoheit.
Die Propheten sind die Männer, die Jahwes Gesetz im Herzen
wie im Munde und in der Hand tragen und es seinem Volke
lehren, sei es als Gesetzgeber oder als Wächter seiner Reinheit.
Sie kämpfen darum immer gegen den Geist der Verweltlichung,
gegen den Sadduzäismus, der es in irgend welcher Form verweltlichen will, und gegen den Pharisäismus, der es aus Eifer und
Sorge in Buchstaben und Formen verknöchern und mit einem
möglichst vielfachen Zaun schützen will. Jede Zeit hat ihren eigentümlichen Sadduzäismus und Pharisäismus.

Die Propheten sind Lehrer des Gesetzes, aber des ewigen
Gesetzes, das nie abgewürdigt wird, das ewige Geltung hat und
vollkommen erfüllt werden muß; jenes Gesetzes, von dem Deut. 30
sagt, daß es jedem Herzen nahe ist, das Josua als Gesetz Mosis
auf die Steine schrieb (Jos. 8, 32—34), durch das der Mensch
lebt und zur Freiheit der Gesetzesfreude erhoben wird, wie die
Psalmisten jubelnd erzählen, und das vom Geiste des Messias in
die Herzen hineingeschrieben wird.

Die Propheten sind in dritter Hinsicht Wächter und
Späher über Israel und die Völker, Beurteiler aller öffentlichen
Bestrebungen und Geistesrichtungen in Kirche und Welt von den
höchsten Gesichtspunkten aus. Wenn sie als solche auch die Strafgerichte verkünden müssen, so ist dies nur deshalb, damit sie zum
vierten auch Sachwalter des Gottesvolkes und der Menschheit
werden — in Fürbitte und Hingabe, in ringendem Gebetskampf
und in teilnehmendem Leiden. Die Propheten sollen Gottesknechte sein, die sich in die Bresche stellen, leidende und büßende

Gottesknechte, priesterliche Seelen, die sich hochherzig zwischen Gottes Strafgericht und die bedrohte Menschheit stellen. Die Augen wurden ihnen von Jahwe geöffnet, damit sie die Wunden der Menschheit sehen und mitleidig als Samaritane verbinden. Die Strafgerichte wurden ihnen geoffenbart, mit denen Gott die Sünde in seinem Hause und außer demselben bedroht, damit sie mit übernatürlichem Liebesgeist und unverzagter Hoffnung Gottes Erbarmen und Treue, Jahwes Ehre und Allmacht auf ihr Volk herabrufen und so die Rettung anbahnen. So will es Jahwe in seinem heiligen Sinne: er will von dem unermüdlichen Mittlertum der Gottesknechte zur Erbarmung und Segnung aufgerufen werden. Er straft auch seine bevorzugtesten Sendboten, wenn sie aus Entsetzen über die menschliche Undankbarkeit an der göttlichen Langmut und Güte irre werden. Darum durfte Moses nicht selber ins Heilige Land: er hatte einen Augenblick geglaubt, Gottes Erbarmen müsse nunmehr ein Ende haben.

Josua erwies sich als prophetischer Gottesmann, weil er mit den Fürsten trotz dem Murren des Volkes in prophetischer Gesinnung den Geist des Gebotes über den Buchstaben stellte und das dem kanaanitischen Gibeon gegebene Wort trotz des Vernichtungsbefehles als die eigentlich von Gott gewollte Pflicht erklärte. (Jos. 9, 18—27. Cf. 1 Sam. 14, 45. Jonas 3, 7—4, 11.)

Die Propheten sind also berufen, für die Sache des Gottesreiches und der Menschenliebe zum Brandopfer zu werden: von innen und von außen aufgezehrt. Ihre Beglaubigung ist ihr unbeugsamer Wahrheitsmut und Wahrheitssinn, ihre unüberwindliche Liebeskraft und Opfertreue: das ist der Geist Gottes selbst, der Geist der Wahrheit und Liebe. »Der Geist des Herrn ist über mir; darum hat er mich gesalbt, um den Armen die frohe Botschaft zu verkünden, und gesandt, um den verwundeten Herzen Heilung und den Gefangenen Erlösung zu verkünden.« (Jes. 61.)

Als fürbittende, kämpfende und büßende Gottesknechte sind die Propheten Vorbilder und Glieder des großen Gottesknechtes und Heilsmittlers, des Messias im Sinne von Jes. 53 und Ps. 21. Wegen des geistigen Adels und der sittlichen Hoheit dieses Prophetentums wurde ihm als höchste Segnung und zugleich als herrlichste Beglaubigung das Gotteswort zuteil: »Zu wenig ist es, daß du mein Knecht seiest, um die Stämme Jakobs aufzurichten

16*

und die Geretteten Israels heimzuführen: ich will dich auch zum
Licht der Heidenvölker machen, daß sich bis in die fernsten Länder
mein Heil verbreite.« (Jes. 49, 6.)

§ 6. Das Prophetentum und das mosaische Gesetz.

1. Es besteht unzweifelhaft ein großer Unterschied in der
Auffassung der Sittlichkeit und ihrer Beziehung zur Religion
zwischen der mosaischen und der prophetischen Zeit. Allein der
Unterschied liegt nicht darin, daß zuerst nur äußere Rechtlichkeit
und kriegerische Tüchtigkeit als Pflichtleistungen gegen Gott
gegolten hätten, während die Propheten die innere sittliche Gesinnung forderten. In der prophetischen Zeit war Kriegführung
und Rechtspflege schon nahezu profan geworden; wie fast alle
Lebensfunktionen, auch Zeugung und Nahrung, Landbau und
Naturbeherrschung. Im ersten Zeitalter der Erfindungen, der bahnbrechenden Entdeckungen und der grundlegenden Einrichtungen,
als Genuß und Kampf noch mit dem Schimmer des Geheimnisses
umgeben und noch nicht durch Gewohnheit und Überlieferung
zur selbstverständlichen, alltäglichen Sache herabgedrückt war, da
waren alle Lebenstätigkeiten, soweit sie bedeutsam erschienen,
ebendeshalb heilig, sittlich, gottgeweiht und gotterfüllt. Man
empfand sie eben noch als Kundgebungen des geheimnisvollen
Urgrundes.

Sobald die Wege gebahnt, die Formen geschaffen und die Einrichtungen
festgestellt waren, mittelst deren die großen Notwendigkeiten des Lebens ihre
Befriedigung finden sollten, war die Spannung der Aufgabe und des Wagnisses
nicht mehr fühlbar und damit der frühere Eindruck nicht mehr wirksam. Sobald z. B. die Rechtspflege und der Unterricht berufsmäßig organisiert sind,
werden sie weltlich; als heilig werden sie nur so lange von der großen
Menge empfunden, als sie eine Sache der Persönlichkeit sind — ihres persönlichen Wagens und Könnens.

Der Schauer des Zusammenhanges mit dem unerforschlichen Quellgrund
und Endziel allen Werdens und Lebens machte alles Bedeutsame zu einem
heiligen Vorgang. Erst durch die Gewohnheit und Überlieferung wurde
gemein und gewöhnlich, was heilig und göttlich gewesen war. Die Beziehung zu Gott brauchte damals gar nicht künstlich hergestellt zu werden:
die Empfindung für die göttliche Gegenwart und Wirksamkeit war noch unmittelbar lebendig. Was im Anfang als eine bedeutungsvolle Kundgebung des
verborgenen Urgrundes erschien, ward schließlich aus diesem geheimnisvollen
Zusammenhang gelöst und damit zur gewöhnlichen Sache. Die Zeit, welche

aus den Naturvorgängen am Himmel und auf Erden, aus den Mondwechseln und Gewitterkämpfen unmittelbar die Welterklärung und den Unsterblichkeitsglauben herauslas, hat auch in den natürlichen Lebensbetätigungen geheimnisvolle Ziele und Güter erstrebt und gefördert. Mythologie und Mystik gehören zusammen. Alles war sittlich, und zwar im Sinne innerer Beziehung auf die heilige Notwendigkeit des Guten, des Seinsollenden, des Zweckes, weil es eine Lebensbetätigung aus dem Ewigen und Göttlichen heraus war.

Nahrung und Zeugung, Krieg und Rechtspflege galten nicht etwa nur durch äußere Beziehung als gottesdienstliche Handlungen, sondern vermöge ihres ganzen Wesens und ihres innerlich empfundenen Wertes. (Gen. 4, 1.) Sie wurden erst allmählich profan, und zwar je mehr sie zur Sache der Gewohnheit und berufsmäßiger Einrichtungen wurden. Damit vollzog sich zugleich ihre Loslösung vom Kultus und Priestertum. Es verlor sich dann naturnotwendig die weihevolle Stimmung, mit der sie früher geübt worden waren. Auch wenn sie weiterhin als Kultushandlungen geübt wurden wie bei Opfermahlzeiten, war bei den meisten die weltliche Stimmung vorherrschend, und zwar mit Ausgelassenheit oder mit berechnender Selbstsucht. Wenn einmal der Sinn für Sinnbilder verloren gegangen ist, geben dieselben mehr zum Spott Anlaß als zur Erbauung. So war das Volksbewußtsein zur Zeit der Propheten über die tiefsinnige Naivetät der mosaischen Zeit hinausgewachsen. Es ist mit dem Kulturleben wie mit dem Naturleben: wenn einmal die Kraft in Organisation umgewandelt ist, schwindet allmählich der Reiz der Jugend und der Zauber des Ideals.

2. Die wesenhafte Heiligkeit wurde immer, nicht erst von den Propheten, mit dem Gottesbegriff Jahwe verbunden. Diese Erkenntnis war eine ursprüngliche und grundlegende Offenbarung. Allein die Erhebung zu einer so hohen Gottesidee war einmal für sich eine gewaltige Aufgabe, zumal inmitten von Völkern, bei denen insgesamt der naturalistische und nationale Monismus den Grundcharakter der Religion bildete. Schon um dessentwillen wäre das Prophetentum als weitere Offenbarungsstufe notwendig gewesen. Allein für die denkenden Geister ergab sich immer wieder in neuen Formen die gefährliche Versuchung, Jahwe so zu denken, wie es die in dem Wechsel von Glück und Unglück waltende Schicksalsmacht nahelegte, d. h. den ewigen Gott so zu denken, wie es die unmittelbare Beschaffenheit der Welt und der in ihr waltende Gegensatz von Geist und Stoff, Gut und Bös zu fordern schien. Es war und ist nämlich nicht offenkundig, daß die im Schicksal waltende Macht ausschließlich von den Zwecken der Heiligkeit und Gerechtigkeit geleitet sei.

Es entsteht für jede Generation aus ihren eigenen Beobachtungen in Natur und Geschichte der zweifelerregende Schein, als ob Willkür, Zufall, Laune, Verhängnis die Schicksale bestimme. Man empfand wohl die sittliche Notwendigkeit, daß der Herr der ganzen Welt nur die unparteiische Gerechtigkeit selber sein dürfe. (Gen. 18, 25.) Aber die rauhe Wirklichkeit schien dem gar oft zu widersprechen. So wirkte der Gegensatz zwischen dem Ideal der Gerechtigkeit und der rauhen Wirklichkeit immerfort dahin, daß Gott selber als Willkürmacht gedacht wurde. Damit war der Gottesbegriff beeinträchtigt, den der Gottesname Jahwe aussprach. Die Schwierigkeit, trotz allem Willkür und blinde Schicksalsmacht aus dem Begriff des göttlichen Weltherrschers fernzuhalten, bestand immer und besteht noch heute. Nur ist die Form, in der die Versuchung wirkt, und der Anlaß, durch den die Schwierigkeit von neuem fühlbar wird, für jede Zeit eine andere. Die Schwierigkeit bestand auch für die vorprophetische Zeit und wurde von ihr ausgesprochen, aber auch im Postulat überwunden. Wegen der Art, wie dies geschah, darf man nicht, wie es die Kritik der vorprophetischen Religion Israels gegenüber tut, den alten Jahweglauben als eine religiöse Vorstellungsweise bezeichnen, die überhaupt noch nicht sittlicher Monotheismus gewesen sei. Es handelt sich eben um eine Schwierigkeit, über welche die Menschheit aller Zeiten nur durch grundsätzliche Lösung, nicht durch sachliche Auflösung der Schwierigkeit im einzelnen hinwegzukommen vermag. Ihre Lösung ist ein wesentlicher Bestandteil der Theodizee. Die Propheten haben das Verdienst, der Religionsentwicklung Israels durch grundsätzliche Gesichtspunkte über diese Schwierigkeit hinübergeholfen zu haben, und damit haben sie dem menschlichen Denken überhaupt eine neue, ewig gültige Erkenntnis vermittelt.

Das Prophetentum vertrat die Überzeugung: Trotz aller Rätsel und Dunkelheiten, welche die Wirklichkeit bietet, dürfe nur die wesenhafte Heiligkeit als die Schöpfermacht und Herrschergewalt in Natur und Schicksal gelten. Darum sei, wenn auch nicht immer sofort, das Gericht über alles Unrecht zu erwarten; darum aber auch der Triumph des Guten, das messianische Gottesreich. Wie man in der Natur über alle sinnlichen Gelüste und Notwendigkeiten hinausgehen und die selbstbestimmte Willensmacht als Schöpfergott annehmen muß, so hat auch nicht des Schicksals Zufallsspiel die letzte Entscheidung, sondern Weisheit und Gerechtigkeit. »Das Recht ist König!« (Hab.) Aber niemand darf diese grundsätzliche Wahrheit fatalistisch auffassen und dadurch zur Verwirrung des sittlichen Pflichtbewußtseins mißbrauchen. Auch die andere Wahrheit steht grundsätzlich fest und wurde ebenso von den Propheten vertreten: Die sittliche Verpflichtung ist unbedingt und fordert von der Freiheit eine Entscheidung des eigenen Willens, die auf ewig geltende Entscheidung für Gut oder Bös, für oder wider Gott, für das Leben oder den Tod.

3. Ein weiterer Unterschied zwischen dem Mosaischen und prophetischen Zeitalter gründet in folgendem. Was für ein Hirtenvolk der Wüste und für eine Zeit kriegerischen Nomadentums leicht ist, wird schwer und verführerisch, je mehr dasselbe zum ansässigen Bauernvolk wird und in die Pflege der Gewerbe, des Handels und der ganzen Weltkultur hineinwächst. Die Versuchungen, welche für das Hirtenleben noch nicht gefährlich waren, werden zu ernsten Gefahren, je mehr das Nomadenvolk dem äußeren Lebensstand nach zum Ackerbauer und Städtegründer wird. Aus dieser Empfindung entstand das Nasiräertum und der Rechabitenorden. Es war die organisierte Warnung gegen die Gefahr, welche die Kultur für den schlichten Geist der alten Zucht und Frömmigkeit in sich barg. Der Rechabitenorden entstand, als der phönizische Baal in Israel und Juda zur eigentlichen Gefahr wurde: unter Ahab und Athalja. Es ist leicht, die Sünden und Laster des Kulturlebens zu meiden und zu verabscheuen, solange man dessen Güter und Genüsse, dessen Aufgaben und Sorgen nicht kennt und seinen Interessen vollständig fremd ist.

Um die Zaubermacht des im zeugenden Wachstum des Naturlebens waltenden Geheimnisses zu empfinden, muß man wie der ansässige Bauer mit allem Arbeiten, Sorgen, Genießen und Hoffen in die Natur hineinverflochten sein. Dann erst entstand die Gefahr, Jahwe als zeugenden Naturgott, als Baal zu denken, sowie im Stierbild und in der Hingabe an das Naturleben zu verehren. — Die Erfüllung der Gerechtigkeits- und Billigkeitspflichten wird erst zum eigentlichen Kampfe der Selbstüberwindung, wenn das produktive Erwerbsleben beginnt. Die produktive Arbeit hat ihrer Natur nach den Drang in sich, zum Mammonskult und zum Selbstzweck zu werden, zumal wenn sie ihrer kulturellen Bedeutung bewußt wird. Ein Kriegervolk ist von Geringschätzung erfüllt für die Berufsarbeit und die sittlichen Berufsschwächen eines Kulturvolkes. So das alte Israel inbezug auf die Kanaaniter, so die mittelalterlichen Ritter gegenüber dem Bürgertum. Wenn das einstmalige Krieger- oder Rittervolk ein reiferes Lebensalter im Völkerdasein erreicht hat, verfällt es selber denselben Schwächen, vielleicht in noch höherem Grade.

Das alles ist inbetracht zu ziehen, um über die Religionsentwicklung
Israels richtig zu urteilen. Die sittliche Forderung der Propheten brauchte
nicht neu zu sein; die äußere Lage und die innere Verfassung Israels war
eben ihrerseits eine andere geworden und machte die Hervorhebung des Sittlichen im Gottesbegriff und Gottesdienst in einer solchen Weise notwendig,
wie niemals vorher.

Für alle Kulturstufen ist es notwendig, die sittlichen Grundpflichten inbezug
auf Ehe und Familie, Leben und persönliche Sicherheit, Besitz und Erwerb,
Wahrhaftigkeit und Zeugenschaft, Begierde und Tat einzuschärfen. Allein die
Art, wie diese Pflichten verletzt, und die Mittel, wie sie umgangen werden,
werden andere und feinere mit der fortschreitenden Kultur. Vom Raub bis
zum Prinzip rücksichtsloser Ausbeutung der Verhältnisse und alles dessen, was
gesetzlich nicht strafbar ist, führt eine lange Reihe von Handlungsweisen, die
indes alle Versündigungen gegen das siebte Gebot sind. Auf einer gewissen
Höhe der Kultur begeht man nicht Raub und Diebstahl, aber man beutet die
Vorteile der Lage in moderner Weise ebenso rücksichtslos aus, wie dies der
Räuber gewaltsam, der Dieb in listiger Weise tut. Man rechtfertigt sich, weil
man nicht sei wie Räuber und Diebe: dieser Sophistik traten die Propheten,
trat zuletzt Christus gegenüber.

4. Wenn der Ewige Jahwe, d. h. selbstbestimmte Heiligkeit und Willens-
macht ist, dann kann ihm auch nur durch Nachahmung dieser Vollkommenheit
gedient werden. Das bedeutet formell die Zucht der Selbstbestimmung, die
Herrschaft über alles Naturhafte, über Leidenschaften, Gefühle und Triebe.
Sachlich bedeutet es die Erhebung über alles Endliche und Vergängliche zum
Unendlichen und Ewigen. Aber nicht durch ängstliche Flucht; denn alles
Endliche ist Gottes Schöpfung; sondern durch Verwertung für die Erkenntnis
und Gewinnung des wesenhaft Wahren und Guten. Darum steht die Aufgabe
der Gottebenbildlichkeit und der Herrschaft über alles Endliche am Anfang der
Genesis. Das ist ferner der Sinn der Sabbatheiligung, der Geschichte von Kain
und von Babel.

Der Bund mit Abraham fordert eine Gottesverehrung durch Recht und
Gerechtigkeit. Der Bund mit Israel durch Moses fordert die Jahweverehrung
durch die Einigung und Verfassung der zwölf Stämme zu einem priesterlichen
und königlichen Volke. Damit ist vom Offenbarungsgott die Gesetzgebung
und Organisation nach allen Richtungen hin als Aufgabe gestellt. Diese Aufgabe wird in den aufeinanderfolgenden Gesetzgebungen den jeweiligen Zeitverhältnissen entsprechend erfüllt. Dabei wirkt der göttliche Gesetzgeber und
die menschliche Geistesanstrengung zusammen, ohne der letzteren die volle
Verantwortlichkeit für ihr Werk zu nehmen. Auch ist mit dem Bewußtsein,
in der gesetzgeberischen Arbeit eine gegebene Aufgabe, und zwar im Geiste
Gottes zu erfüllen, keineswegs gemeint, daß alle Aufgaben, welche die Gottebenbildlichkeit und die Herrschaft über alles Nichtgöttliche in sich schließt,
mit der jeweiligen Gesetzgebung ausgesprochen und erfüllt seien. »Das Gesetz Gottes« im Sinne der Religion, des Moses und der Propheten erschöpft
sich in keiner Gesetzgebung. Eine Gesetzgebung muß notwendig vor allem
die Abwehr des Unrechts und die Erfüllung gewisser Grundforderungen als

Ziel ins Auge fassen. Hier ist nun eine außerordentlich mannigfaltige Abstufung und eine sehr verschiedenartige Lösung möglich. Da ein Gesetzgeber nicht alle möglichen und zulässigen Ordnungen ausdenken und vorschreiben kann, so wird eben diejenige von ihm zur Geltung gebracht, welche ihm als die geeignetste erscheint. Dies ist besonders bei den altsemitischen Gesetzgebungen zu beachten, welche nicht Rechtsgrundsätze aufstellen, sondern die vollzogenen Rechtsfälle und Rechtsentscheidungen zusammenordnen. Eine solche Gesetzgebung will weder absolut erschöpfend, noch absolut unabänderlich sein, obgleich sie naturgemäß mit dem Anspruch auf ewige (= nichtbegrenzte) Geltung auftritt.

Die öffentliche Gesetzgebung muß sich ferner auf die äußeren Handlungen beziehen; denn die Gesinnungen entziehen sich der menschlichen Aufsicht und Herrschaft. Daraus folgt nicht, daß die Pflege der inneren Gesinnung, ihrer Reinheit und Kraft nicht zu der großen Aufgabe der sittlichen Gottähnlichkeit gehöre: allein das oberflächliche Denken und die öffentliche Meinung kann leicht zu dieser irrtümlichen Ansicht kommen, weil eben alle Gesetzgebung ausschließlich oder vorwiegend das Äußere regelt, nicht das Innere. Je höher die Verehrung ist, die man dem heiligen Gesetz entgegenbringt, desto mehr wächst die Neigung, das positive Gesetz, welches sich auf äußere Handlungen bezieht, weit über das ungeschriebene Gewissensgesetz zu erheben und ihm viel größere Wichtigkeit und Göttlichkeit beizulegen. Das positive Gesetz tritt dem Menschen als durchaus selbständige Macht gegenüber; aber das Gesetz der inneren Güte nicht. Das positive Gesetz spricht in bestimmten, ausgeprägten Vorschriften; das innere Gesetz muß erst vom eigenen Denken zum Ausdruck gebracht werden. So entsteht der Schein, als ob die äußere Gesetzlichkeit in Kultus und Leben der ganze Inbegriff oder doch das wichtigste Stück der Gerechtigkeit ist.

Eine solche Anschauungsweise war herrschend geworden, als das Königtum und das nationale Volksleben seinen Höhepunkt erreicht und ein gewisses Maß von Kulturaufgaben erfüllt hatte. Anstatt sich um neue Gesichtspunkte und Aufgaben umzuschauen, glaubte man die Bundespflicht in der Beobachtung der überlieferten Ordnungen vollbracht. Diesem Wahn trat das Prophetentum gegenüber und forderte anstatt der bloß äußeren Gesetzlichkeit in Kultus und Leben die innere Heiligkeit, sowie den grundsätzlichen Willen, das Ideal des Gottesreiches, der priesterlichen und königlichen Gemeinschaft immer besser auszuführen, auch durch gesetzgeberische Arbeit.

Grundsätzlich sind demnach die Propheten mit dem Gesetzgeber Moses vollständig einig. Moses hatte nichts weniger beabsichtigt, als die erforderliche Geistesarbeit, welche die Organisation des Gottesreiches erforderte, für alle Zeiten zu vollbringen. Noch weniger hatte er bei der ersten und darum elementaren Grundlegung einer Rechtsordnung beabsichtigt, die innere Gesinnung als minder wichtig zu vernachlässigen. Hier kann die menschliche Fürsorge um so weniger eingreifen, je weiter das Gebiet ist, für das sie zu arbeiten hat.

Es ist höchst verständnislos, wenn die Bibelkritik einen besonderen Mangel darin findet, daß in der älteren Zeit das Gebiet der eigentlichen Sittlichkeit und

das des erzwingbaren Rechtes nicht so scharf geschieden werden, wie dies
etwa seit der zweiten Hälfte des 19. Jahrhunderts in den chr tlichen Kultur-
staaten geschieht. Die mosaische Gesetzgebung zielte e   als religiöse
auf die Durchführung des Gottesreiches in der Welt u   den Seelen, im
privaten und öffentlichen Wesen. Ihr Verdienst liegt   lem darin, daß sie
die wichtigsten Grundbestimmungen ausgedacht u   r Geltung gebracht
hat, was von Gemeinschafts wegen inbezug auf die   e Aufgabe zu tun und
zu fordern sei. So hat die Sittlichkeit das Recht   sich erzeugt, aber nicht
von sich getrennt.

Verständnislos ist es auch, wen   e Kritik meint, bei der
altmosaischen Rechtspflege habe es   n nicht um eine sittliche
Ergründung gehandelt, sondern u   twas ganz Äußerliches, um
einen Orakelspruch, um einen   ntscheid.

»Es galt im Falle eines Ver   ns, den Täter zu ermitteln oder zu
überführen, im Falle eines Streit   er Mein und Dein eine Entscheidung
herbeizuführen. Beides leistete   e; aber wodurch? Nicht durch sittliche
Ergründung und Belehrung, s   n durch einen Orakelspruch, der durch ein
heiliges Los herbeigeführt w   .« (Ex. 22, 6, sq. Jos. 7, 16 sq. 1 Sam. 14,
38 sq.) Budde s. 27.

Wie kam es, daß   mit der geistig-sittlichen Aufgabe des Recht-
findens den bedenkliche   brauch einer reinen Zufallsentscheidung verknüpfte
und ihr dadurch eine   che Bestätigung verschaffte? — Der Grund ist derselbe, der dazu nöti   n Äußerlich-Gegenständlichen das Innerlich-Lebendige
anzuschauen, zu v   bilden, auszudrücken und so gegenständlich zu machen.

Der Me   fühlte wohl, daß Wahrheit und Recht nur durch
innere gei   Denk- und Willensbetätigung erzielt werden können.
Er fühl   auch, daß sie kein Erzeugnis der einzelpersönlichen
Leb   tigung sein könnten. Sie stehen über dem Belieben
de   schen, seines Denkens und Wollens. Dadurch entsteht
iderspruch, in dem der Gegensatz der autonomen und hetero-
nen oder besser theonomen Ethik wurzelt, wie etwas über dem
enschen stehen könne und doch Inhalt, Frucht und Errungenschaft seiner inneren Geistesbetätigung, seines Urteils und seiner
Entscheidung sei? Im Urteil und Willensentscheid ist oft Willkür
und Irrtum, Laune und Übermut wirksam. Darum genügte es
dem urzeitlichen Denken nicht, die Geltung und Autorität der
Rechtsordnung im ganzen und einzelnen, als Gesetz und Urteil
auf die menschliche Geistesbetätigung zu gründen. Dieselbe
schien trotz der Anerkennung des Vernünftigen und Sittlichen zu
eng mit dem Willkürlichen und Gebrechlichen verknüpft, dessen
sich jeder im eigenen Innern bewußt war. Darum hat die Urzeit

nicht den Menschen als das beste Sinnbild und Organ der Gottheit betrachtet, sondern die Natur, das Tier, den Zufall. Denn bei all diesen war das Eine gewiß, daß keine persönliche Willkür wie beim Menschen störend und beschränkend eingriff. Aus dem Tier wie aus der Natur leuchtete dem Menschen eine selbstgewisse Gesetzmäßigkeit entgegen: darum sah er Gott in der Natur und im Tier. Der Zufall ist durch das Geheimnisvolle mit dem Urgrund verwandt. Dazu kam die Macht des Gedankens, daß die Weisheit des Urgrundes sich in allen Schicksalszufällen durchsetze und offenbare. Man verzichtete tatsächlich doch nicht darauf, durch vernünftiges Nachdenken die Sache zu entscheiden, sei es durch Beeinflussung oder Deutung des Orakels. Nur darum handelte es sich, daß Wahrheit und Recht nicht ein Geschöpf des Menschen, sondern eine Macht über dem Menschen seien. Endlich ist zu beachten, daß der Zusammenhang von allem als elementare Vernunftnotwendigkeit feststand: allein man wußte nicht, wie man diesen Grundgedanken im einzelnen durchführen müsse. So kam es zu tiefsinnigen Mythen und sinnbildlichen Gebräuchen. Als deren erklärender Ursprung und Wurzelgedanke vergessen zu werden begann, wurde das tiefsinnige Gleichnis zu törichtem Aberglauben. So auch beim Gottesurteil. Zuerst diente es als Ausdruck des Gedankens, daß der eigentliche Gesetzgeber und Richter der Ewige selber sei. Man sucht Gott, indem man Recht, Wahrheit und Güte sucht.

5. Die Aufhellung der altbabylonischen und altarabischen, sowie der altkanaanitischen Kulturverhältnisse hat besonders durch die Entdeckung des Gesetzbuches von Hammurabi eine wesentliche Bedeutung für die Entscheidung der Frage, was zur Zeit Mosis in Hinsicht auf die Kultus- und Rechtsordnung geschichtlich möglich und notwendig gewesen ist. Damit ist auch die Stellung des biblischen Prophetentums zu Moses und dem Gesetze klargestellt. Jedenfalls nicht im Sinne der radikalen Kritik, welche eine Gesetzgebung von sittlich-religiösem Geiste, wie mit genauen Rechts- und Kultusvorschriften in der Zeit Mosis für unmöglich erklärt und darum die Propheten zu Begründern der sittlichen Jahwereligion gemacht hatte.

Was in Babel zur Durchführung des großen Einheitsstaates um 2250 v. Chr. möglich und angemessen war, kann 800 Jahre

später für Moses und sein Volk keine kulturgeschichtliche Unmöglichkeit gewesen sein. Wenn damals nicht nur die uralte
ägyptische Kultur, sondern auch die arabische und die kanaanitische (laut den Amarna-Urkunden) in solchem Maße ausgebildet war, so mußte die Vereinigung der Stämme zur nationalen
Volkseinheit durch eine Gesetzgebung vollzogen und sichergestellt werden. Die gesetzgeberische Tat des Moses ist jedenfalls
als möglich erwiesen. Sie bestand unzweifelhaft darin, daß er
das uralte gemeinsemitische Gewohnheitsrecht, sowie die Kultusüberlieferung unter die Idee des Gesetzes stellte und das Gesetz
der inneren und äußeren Verpflichtung unter die Idee Gottes.

Das Bundesbuch ist inhaltlich in seinem wesentlichen Bestand sogar viel älter als Moses, wie der Vergleich mit dem Gesetzbuch Hammurabis ergibt. Das überlieferte Gewohnheitsrecht
wurde von dem Begründer der Volkseinheit zum Gesetz fortgebildet und religiös mit Gott als dem höchsten Gesetzgeber verknüpft: nicht nur, weil er der Grund und Zweck aller Verpflichtung
ist, sondern weil er die Befreiung und Einigung Israels geboten
und vollzogen hat, und zwar in der Form des Bundesschlusses. Das
Bundesbuch erweist sich selber als die für das neubegründete Volk
gegebene Gesetzgebung. Die wesentlichen Vorzüge, durch welche
sich die Gesetzgebung Mosis, im Bundesbuch wie im Heiligkeitsgesetz, von derjenigen des babylonischen Gesetzgebers unterscheidet,
wurden früher dargetan und sind oben kenntlich gemacht.

Gott hat im Gesetz Mosis nicht nur die Bedeutung einer
äußeren Sanktion, sondern des inneren verpflichtenden Grundes und
Endzweckes der ganzen Volksgründung und der sie begleitenden
Gesetzgebung. Die folgenden Gesetzgebungen führten das grundlegende Werk aus, indem sie die vorhandenen Rechtsentscheide
und Kultusbestimmungen durch weitere Anordnungen ergänzten,
sowie die Verhältnisse es notwendig machten. Es sei nur nochmals darauf hingewiesen, daß auch das deuteronomische Gesetz
unmöglich einer anderen Zeit seine Entstehung verdanken kann,
als jener, wo die Durchführung des Volkstums und seiner Jahwebestimmung mit der kanaanitischen Kultur als einer ihm noch
selbständig gegenüberstehenden Macht zu kämpfen hatte.

6. Je mehr diese Rechts- und Kultusordnungen ausgebildet
und durchgeführt wurden, desto mehr wurde der menschlichen

Neigung entsprechend der Schwerpunkt der Sittlichkeit wie der
Religion auf die äußere oder kasuistische Beobachtung der gesetzlichen Forderung gelegt. Es war noch kein Kultus des Gesetzes
als solches; das kam erst viel später. Aber der Schwerpunkt der
sozialen Ordnung lag in der Vielheit formaler Einzelvorschriften,
die man sorgsam zu beobachten und doch wirksam zu umgehen
wußte; der Schwerpunkt der Religion lag im Glanze und Reichtum
des äußeren Kultus, seiner Opfer und Feste.

Beiden Verirrungen gegenüber griff das Prophetentum auf
den Grundgedanken des großen Gesetzgebers zurück und brachte
zur Geltung, daß Gerechtigkeit und Nächstenliebe die Seele aller
Einzelpflichten sei und sich im sozialen und politischen Gebiet
ebenso auswirken müsse, wie es die jeweilige Lage fordere. Der
Geist des Rechtes und der Liebe, d. h. die eigentliche Pflicht der
Sittlichkeit werde dadurch entkräftet, daß man sich kasuistisch ausschließlich an die überlieferten Einzelvorschriften gebunden glaube
und den übrigen Forderungen von Recht und Billigkeit unter dem
Vorwand entziehe, sie seien nicht gesetzlich geboten. In der
Religion brachten die Propheten zur Geltung, daß nicht Kultus-
gaben, Kultusorte und Kultuszeichen die Gemeinschaft mit Gott
bewirken, sondern die lebendig interessierte Pflege der Gotteserkenntnis und Nachahmung Gottes. Diese besteht in der Übung
von Recht und Liebe gegen den Nächsten, in der Beherrschung
und Verwertung der Natur für die Zwecke des Geistes und des
Gottesreiches. Gott herrscht, wenn Wahrheit im Denken, Liebe
und Recht in der Menschheit, Friede und Leben in der Natur
herrschen. Die Gotteserkenntnis setzt sich in Gebet, Betrachtung
und produktive Geistesarbeit um, wenn sie aktuell betätigt wird.

Das Prophetentum hat also mit seiner dreifachen großen Forderung Gotteserkenntnis, Recht und Barmherzigkeit den Grundgedanken der mosaischen Gesetzgebung aufgegriffen und gegen
die einseitige Wertschätzung der von ihr ausgegangenen äußeren
Entwicklung zur Geltung gebracht.

Das Prophetentum hat demnach der mosaischen Gesetzgebung gegenüber eine selbständige Bedeutung, obgleich es auf
ihr als seiner geschichtlichen und grundsätzlichen Grundlage beruht. Anderseits besteht kein Recht, das Zehngebot für ein Werk
des prophetischen Zeitalters zu halten, weil dieses Gesetz dem

sittlich-religiösen Geiste des Prophetentums am nächsten kommt. Allein deswegen bleibt das Zehngebot eben doch ein Gesetz und teilt mit allen Gesetzen, sogar dem deuteronomischen Grundgebot der Liebe die Möglichkeit, zum Gegenstand kasuistischer Behandlung gemacht zu werden. Die Kasuistik ist notwendig; aber wenn sie den Anspruch erhebt, daß sie die erschöpfende Auslegung des Gesetzes sei, führt sie schließlich zur Entkräftung des Gesetzes. Die Forderung der Propheten hingegen ist nicht in die Form des Gesetzes gebracht und entzieht sich deshalb der Kasuistik. Das Prophetentum hat den lebendigen Geist des Gesetzes zu wahren: darin liegt seine offenbarungsgeschichtliche Bedeutung und sein ewiges Recht.

§ 7. Der religiöse Charakter des Prophetentums und der Einwand von den unerfüllten Weissagungen.

1. Gegen die Göttlichkeit der Prophezie und damit der Offenbarung überhaupt wird mit besonderem Nachdruck geltend gemacht, daß die meisten und wichtigsten Weissagungen unerfüllt geblieben seien. Der Angriff gegen Kirche und Christentum kämpft gerade in der Gegenwart mit diesem Vorwurf, sowohl in der populären Agitation wie in der wissenschaftlichen Untersuchung. Dieser Vorwurf treffe das Prophetentum des Alten und des Neuen Testamentes, vor allem auch die Weissagung Christi von seiner baldigen Wiederkunft.

Die wichtigsten Weissagungen, welche unerfüllt geblieben seien, mögen aus folgender Zusammenstellung von Hühn entnommen werden. Vgl. auch die Zusammenstellung von Schultz, Alttest. Theologie S. 245. Smend, Alttestamentl. Religionsgesch. 2. Aufl. S. 189—192. Hühn, Messian. Weissagungen § 60:

»Nicht erfüllte Weissagungen.« »Zunächst zeigt uns eine kritische Untersuchung der messianischen Weissagungen, daß die Propheten den Anbruch des Endheiles in nächster Zeit erwarteten. Selbst Hengstenberg konnte sich dieses Eindruckes nicht erwehren. Er hätte aber Stellen wie Jes. 29, 17 gegenüber sich nicht mit der Ausrede behelfen sollen, den Propheten sei die Zukunft ohne richtige Perspektive erschienen, so daß sie die Entfernung zwischen dem einzelnen nicht taxieren konnten. Ließ Gott die Propheten die Zukunft schauen, warum dann in einer so unvollkommenen Weise, daß die Zeitgenossen ihre Anssprüche mißverstehen mußten? Das Gericht stand nach Meinung der Propheten nahe bevor. Die Gegenwart war ja so verderbt, daß Jahwes Zorn sich in Kürze entladen mußte. Das gerade gegen Israel feindlich auftretende, furchtbar drohende Volk galt als Werkzeug des erzürnten Gottes. Und an das Gericht sollte sich unmittelbar oder höchstens nach einer verhältnismäßig kleinen Zwischenzeit das Endheil anschließen. Gerichte brachen über Israel herein, die messianische Zeit aber begann nicht. Wie hat vor allem Deuterojesaias sich geirrt! Jerusalem wurde wieder aufgebaut, doch die nachexilische Gemeinde war nicht besser als ihre Väter. Haggai und Sacharja sahen in Serubbabel den verheißenen Messias, aber Serubbabel starb, und die späteren Propheten harrten von neuem einer glänzenden Zukunft. Die ganzen Jahrhunderte hindurch hoffte man auf Vollendung der Theokratie; indessen wie eine fata morgana erschien und floh dieses Bild. Ephraim und Juda und die Völker, welchen Teilnahme am Endheil verheißen wurde, sind zugrunde gegangen. Amos (7, 9) und Hosea (1, 4) erwarteten ferner den Untergang Israels gleichzeitig mit dem des Hauses Jehu. Dasselbe starb jedoch schon 743 aus, als Sacharja, der Sohn Jeroboams II., von Sallum ermordet wurde. Vornehmlich bei Jesaias treten uns verschiedene nicht erfüllte Weissagungen entgegen. So 7, 18—25 das Drohorakel gegen Ahas und Juda. Außerdem weiß man nichts davon, daß Juda den Ägyptern so großen Schrecken eingejagt habe, daß jeder, gegen den man es erwähnte, in Furcht geriet (19, 17). Ein solch friedliches Verhältnis zwischen Assur und Ägypten, wie es 19, 23 geweissagt wird, ist ebenfalls nicht eingetreten. Assur hat ferner die Ägypter und Kuschiten nicht in naher Zeit als Gefangene einhergeführt (20, 4); Sanheribs Heer wurde vielmehr auf dem Zuge nach dem Nillande 701 in Juda durch die Pest aufgerieben. Tyrus wurde niemals für 70 Jahre vergessen (23, 15). Jerusalem wurde nicht in der 29 geschilderten Weise belagert und errettet. Jesaias verkündete auch das eine Mal die Zerstörung und das andere Mal die Bewahrung Jerusalems; vgl. S. 19. Micha irrte sich, als er erwartete, daß in allernächster Zeit Zion zum Felde umgepflügt und der Tempelberg zu bewaldeter Höhe werde (3, 12). Nahum weissagte fälschlicherweise bei einer Belagerung Ninives die ewige Erhaltung Judas (1, 12). Das babylonische Exil dauerte weder 70 (so Jeremias 25, 11; 29, 10), noch (wie Hesekiel 4, 6 verkündete) 40, sondern 48 Jahre. Schon der Verfasser des Buches Daniel erkannte des Jeremias unrichtige Berechnung und deutete darum die 70 Jahre als 70 Jahrwochen (9, 24). Wie Jesaias täuschte sich auch Hesekiel in seiner Weissagung über Tyrus (26, 1—28, 19). 29, 18 hebt er sogar selbst hervor, daß der von ihm angedrohte Untergang dieser Stadt nicht eingetreten sei. Deuterojesaias war im Irrtum, als er hoffte, Jahwe werde sein Volk nach der einmal hereingebrochenen Zerstörung Jerusalems nicht von neuem heimsuchen (54, 9). Es kamen sehr wohl wieder Zeiten, wo die Feinde sein Getreide aßen und seinen Most tranken (62, 8 f.).«

»Wir sehen schon aus dieser Zusammenstellung nicht erfüllter Weissagungen, daß die alttestamentlichen Propheten menschlicher Unvollkommenheit teilhaftig waren. Sie haben sich bisweilen geirrt, wie auch andere Menschen sich irrten. Auf Grund der gerade vorliegenden Verhältnisse entwarfen sie von der Zukunft ein Bild, welches sich nicht realisierte. Ihre Bedeutung hat eben nicht darin beruht, Wahrsager zu sein. Das religiös-sittliche Moment war in ihrer ganzen Tätigkeit die Hauptsache. Hierin liegt ihre unermeßliche, von Gott gewollte Bedeutung für die Menschheit.« (S. 158. 159.)

Inbezug auf die Segensweissagungen schreibt Schöpfer: Die Propheten »weissagen, daß nicht bloß aus Babylon, sondern aus der ganzen Welt die Zerstreuten zurückkehren (Is. 43, 5—7. Jer. 29, 14), daß auch die Bewohner des nördlichen Reiches derselben Gnade teilhaftig (Jer. 33, 7. 14. 26. Hos. 3, 5), daß Israel und Juda wieder vereinigt werden (Ezech. 37, 15. Mich. 2, 12) und das Reich seine Selbständigkeit wiedererlangen wird«. »Nicht mehr werden Fremde über Israel herrschen . . ., sondern es wird selbst einen Führer haben, und ein Fürst wird aus seiner Mitte hervorgehen.« (Jer. 30, 8. 21.) Vom historischen Standpunkt aus betrachtet, sind aber weder die in die Welt Zerstreuten zurückgekehrt, noch hat eine Vereinigung der getrennten Reiche stattgefunden. Auch hat Israel, von der vorübergehenden Erhebung der Makkabäer abgesehen, die politische Selbständigkeit nicht mehr erlangt.« (Geschichte des Alt. Test. 2. Aufl. S. 392.)

Robertson Smith urteilt über das Problem also: »Die althergebrachte Weise, Schwierigkeiten aufzuhellen und offenbare Widersprüche auszugleichen, würde bei der Behandlung anderer Bücher nicht länger mehr geduldet werden, und man fragt sich, ob unser christlicher Glaube, das überaus köstliche Geschenk der Wahrheit, das uns Gott hat zuteil werden lassen, ohne Gefahr seine Verteidigung auf Argumente gründen kann, die auf den Geist nicht den Eindruck der geschichtlichen Wahrheit machen.« »Die Kritik ist Wahrheit und Kraft, weil sie ein lebensvolles und in sich zusammenhängendes Bild vom Alten Bunde entfaltet: ja sie ist selbst ein lebendiges Etwas, das seinen Fuß auf Wirklichkeiten stellt und wie Dante unter den Schatten beweist, daß es lebt, indem es bewegt, was es berührt.« »Keine Apologetik ist imstande, nachdenkende Geister davor zu bewahren, sich vom Glauben abwenden zu lassen, falls die geschichtliche Erforschung des Alten Testamentes von der Kirche verdammt und den Händen Ungläubiger überlassen wird.« (Das Alte Testament. Vorwort. Deutsch von Rothstein. 1894.)

2. **Der Einwand ist trotz seines verwirrenden Eindruckes nicht haltbar; denn er wird der geistigen Größe und dem geschichtlichen Grundgedanken des Prophetentums und seiner Weissagungen nicht gerecht. Der Einwand hat nur Geltung, wenn die prophetischen Weissagungen unrichtig verstanden und anders aufgefaßt werden, als sie selber gemeint waren, nämlich erstens als fatalistische Schicksalsbestimmungen, zweitens als chronistische Schilderungen der Zukunft, drittens als einzelgeschichtliche Voraussagen, die sich in einem einzelnen Vorkommnis erschöpfen. Alles das wollen die prophetischen Weissagungen ihrem eigenen Wortlaut und Wesen zufolge gar nicht sein.**

Sie haben und fordern **erstens eine sittlich bedingte Wahr**heit, nicht eine fatalistisch unbedingte, **zweitens eine sachliche**

und geistige Wahrheit, nicht eine chronistische, drittens eine
heilsgeschichtliche, religions- und weltgeschichtliche, und
eschatologische Wahrheit, nicht eine einzelgeschichtliche. — So
fordern es der sittliche Gottesbegriff, der Heilszweck der Offenbarung, die ausdrücklichen Erklärungen der Propheten selber.

A. Schon Amos war überzeugt, daß die Weissagung des
Strafgerichtes keinen fatalistisch-unabänderlichen Schicksalsspruch
bedeute. Darum forderte er Israel auf: »Hasset das Böse und
liebet das Gute, und wahret das Recht im Tore! Vielleicht er-
barmt sich Jahwe, des Weltalls Gott, über Josephs Rest!« (Am.
5, 15.) Dieser große Verkünder des Gottesbegriffs der unbeug-
samen Gerechtigkeit versichert trotzdem, daß es sich Jahwe zweimal auf seine Fürbitte gereuen ließ, die angekündigte Strafe zu
vollstrecken. (Am. 7, 1—6.)

Jeremias spricht es als Grundsatz im Namen Gottes aus:
»Plötzlich beschließe ich über ein Volk und ein Reich, daß ich
sie ausrotte, zerstöre und vertilge. Wenn aber das Volk, über
das ich solches beschlossen habe, von seiner Bosheit zurückkehrt,
so reut mich das Unglück, das ich über• es zu verhängen gedachte. Plötzlich beschließe ich über ein Volk und ein Reich,
daß ich sie wieder aufbaue und anpflanze. Tat es aber Böses
vor meinen Augen, ohne auf meine Stimme zu hören, so reut
mich das Gute, das ich ihm zu erweisen versprochen.« (Jer. 18,
7—10.)

Als Jeremias die entscheidende Weissagung verkündet hatte, der Tempel
werde samt Jerusalem zerstört werden, fügte er ausdrücklich die Mahnung bei,
der Staat solle durch Buße die Nichterfüllung der Weissagung erwirken. Die
Fürsten und das Volk waren es, die den Propheten Jeremias gegen die Anklage der Priesterschaft und der mit ihnen verbündeten Berufspropheten in
Schutz nahmen, als sie das Todesurteil gegen ihn verlangten, weil er gegen
die heilige Stadt geweissagt habe. Fürsten und Volk waren eben weniger
von dem Gedanken zu verblenden, Gott sei durch die Rücksicht auf seinen
Tempel gebunden. Darum vertraten sie den Priestern gegenüber den sittlichen Gottesbegriff und erklärten: »Diesem Manne gebührt das Todesurteil
nicht. Denn er hat im Namen Jahwes unseres Gottes zu uns geredet.«
Auch der Prophet Micha habe zur Zeit Hiskias die Zerstörung des heiligen
Ortes geweissagt. Aber König und Volk hätten ihn deshalb nicht zum Tode
verurteilt, sondern Buße getan, und Jahwe habe sich des Unglücks gereuen
lassen, das er ihnen geweissagt habe. (Jer. 26.) Zu beachten ist außerdem,
daß der Prophet sofort als die Absicht der Weissagung angibt, daß Juda durch

dieselbe zur Buße aufgerüttelt werden solle. (Jer. 26, 3; 36, 3. 7.) — Man hat seitens der Kritik die Vermutung ausgesprochen, daß Jeremias durch die Nicht-erfüllung der Vorhersagungen zu dieser Ausflucht genötigt worden sei. Allein die ganze Verhandlung von Jer. 26 und alles seither Gesagte entzieht einer solcher Vermutung den Boden. Das Prophetentum hatte schon vor Jeremias diesen Grundsatz vertreten, und er war zur Anerkennung bei Fürsten und Volk gelangt. Auch Elias hatte erfahren, daß Gott um der Buße des Königs Ahab willen die Strafweissagung über ihn wesentlich mildere. (3 Reg. 21, 29.) Der sittliche Gottesbegriff beherrschte das öffentliche Bewußtsein: nur die Tempelpriesterschaft suchte sich durch die kultische Heiligkeit des Tempels und der Auserwählung Israels gegen die Heiligkeit Gottes zu schützen.

Der Prophet Ezechiel wahrte die sittliche Hoheit der wahren Weis-sagung durch die Verkündigung derselben Grundsätze. (Ezech. 18, 33.) »Wenn ich zu dem Frommen spreche, daß er leben werde, und er verläßt sich auf seine Frömmigkeit und tut Böses, so soll all seiner Frömmigkeit nicht gedacht werden, sondern wegen der Sünde, die er begangen, soll er sterben. Wenn ich zu dem Gottlosen spreche: »Du wirst sterben! und er bekehrt sich von seiner Sünde und tut, was recht und gerecht ist . . . so soll er leben, nicht sterben.« (Ezech. 33, 13—15.)

Das Buch Jonas ist der grundsätzlichen Sicherstellung dieser sittlichen Wahrheit und der lebendigmachenden Heiligkeit des Jahwegottesbegriffes ganz und gar gewidmet. Jonas wird aufgefordert, in unbedingter Weise das Straf-gericht über die Weltstadt Ninive zu verkünden. Jonas entzieht sich diesem Auftrag, weil er die Nichterfüllung der ihm geoffenbarten Vorhersage fürchtet. Denn er wisse, »daß Jahwe ein gnädiger, barmherziger und langmütiger Gott sei, reich an Liebe, der sich des Übels gereuen lasse«. (Jon. 4, 2.) Die Ein-wohnerschaft von Ninive ist von derselben Hoffnung beseelt: »Wer wisse, nicht Gott es sich wieder gereuen lasse?« (Jon. 3, 9.) Gott nahm in der Tat das Strafverhängnis zurück, weil sie Buße taten (3, 10), und begründet dies im Schlußwort des Prophetenbuches (4, 11).

B. Die prophetischen Weissagungen sind nicht weltlich-politisch und infolgedesen nicht einzelgeschichtlich, son-dern religions- und heilsgeschichtlich, weltgeschichtlich, mes-sianisch und eschatologisch. Sie haben ihre Hauptbedeutung in dem Höchsten und in dem Endzweck der letzten Bestimmung. Das Eschatologische bedeutet nicht nur das Endzeitliche, sondern zugleich den letzten und höchsten Endzweck der Menschheit und dessen Erfüllung in der Menschheitsgeschichte. Der Bund Jahwes mit Israel hatte nicht den Zweck, der israelitischen Nation zu weltlicher Macht und Herrlichkeit zu verhelfen, ebensowenig dem Messias und der Kirche die irdische Weltherrschaft zu geben. Vielmehr sollte Israel zum Knecht und Werkzeug Gottes für sein Heilswerk unter den Völkern werden, zum Überbringer und Sach-

walter, Vorkämpfer und Bahnbrecher für die Güter des Gottesreiches, für Gotteserkenntnis und Gottesgemeinschaft. Daher erklärt es sich, daß die Propheten insgesamt und grundsätzlich den
Großmachtgelüsten der Reiche Israel und Juda gegenübertraten.
Daher drängte Jesajas zur Zeit der assyrischen Macht und der
Wegführung Israels in die assyrische Gefangenschaft auf die Unterwerfung Judas unter Assur. Aus demselben Grunde forderte
Jeremias loyale Unterwerfung unter die neue Großmacht Babel,
auch bei der Zerstörung Jerusalems.

Die Propheten bekämpften von dem religiösen Gesichtspunkt
aus die Politik der nationalweltlichen Machtgelüste und den davon
beseelten Optimismus, insoweit, als der Israel verheißene Beistand
Gottes und die religiöse Auszeichnung Israels der Beweggrund
dafür war. Was die Propheten bekämpften, war die mißbräuch-
liche Verwertung der religiösen Vorzüge und der gnadenvollen
Gottesgemeinschaft, um auf Grund derselben größere Ansprüche
und Hoffnungen in weltlich-politischer Hinsicht zu hegen.
Die engere Verbindung mit Jahwe sollte von Israel nicht benutzt
werden, um in der Welt eine größere politische Rolle und materielle Vorteile zu erstreben, sondern um sich umgekehrt in der
inneren Gesinnung wie in der äußeren Lebensbetätigung über die
irdische Interessenwelt zu erheben.

Die Propheten vertraten demnach nicht eine andere politische
Auffassung gegenüber der herrschenden politischen Richtung,
sondern sie vertraten die religiöse Auffassung vom Beruf Israels
gegenüber jeder politischen Richtung. Ihre Weissagung verkündigt deshalb allen weltlich-politischen Mächten das Strafgericht,
sowohl Israel wie den Heidenvölkern, den Großmächten und den
Opfern ihrer selbstsüchtigen Gewaltherrschaft.

Die Weissagung der Propheten verheißt den endzeitlichen
Triumph des religiösen Geistes über die politischen Machtgelüste,
der heiligen Freiheit des priesterlichen und königlichen Geschlechtes über die Idee der Weltreiche, wonach Recht und Ordnung durch Unterdrückung hergestellt wird.

C. Die prophetischen Weissagungen wollen nicht chro-
nistisch verstanden sein, sondern typisch und geistig. Nicht
die Form, sondern die Sache ist der Zweck der Vorhersagung.
Die prophetischen Vorhersagungen wollen nicht photographische

Abbildungen der Zukunft sein, sondern Ausmalung des Grundgedankens, auf den es dem Propheten ankommt. Dem Propheten war (durch die Inspiration) eine gewisse Erkenntnis über die Schicksalsentwicklung der Menschheit gegeben und damit die Aufgabe, dieselbe in ein seinen Zeitgenossen verständliches Bild einzukleiden. So entspricht es dem psychologischen Wesen der Erkenntnis, welche sich im Ausprägen eines möglichst geeigneten Bildes vollzieht, sowie der Inspiration, die befruchtend auf die Erkenntnistätigkeit wirkt, wie dies aus den prophetischen Gesichten und Reden, diesen sinnbildlichen Ausgestaltungen und Einkleidungen geistiger Ideen erhellt.

Die prophetischen Ideen konnten den Menschen überhaupt und den Zeitgenossen insbesondere nur dadurch verständlich nahegebracht werden, daß sie die geistliche Natur und Fülle des verheißenen Gottesreiches durch weltlich-irdische Sinnbilder schilderten, und dadurch, daß sie das Zukünftige und Ewige in zeitgeschichtlichen Formen beschrieben. Auch unserer begrifflichen Denkweise stehen keine anderen Mittel zur Kennzeichnung des Übersinnlichen und Übernatürlichen zur Verfügung. Auch unsere theologische Begriffssprache muß vom Mahle der Gottesgemeinschaft, vom Siege über die Feinde Gottes, von dem Reiche der Herrlichkeit, von dem Glanz des Himmels reden. Auch wir können uns die Kämpfe der Endzeit nur vorstellen, indem wir die ringenden Gegensätze unserer Zeit etwas gesteigert und abgeändert in die Zukunft hinausverlegen. Es wäre selbstgefällige Überschätzung, wenn wir meinen wollten, wir vermöchten das Zukunftsbild der geistigen Kultur oder gar der messianischen Vollendung in seiner positiven Eigenart auszudenken und wiederzugeben. Auch wir reden trotz aller Abstraktion immer noch in Bildern; denn der abstrakte Ausdruck ist im Grunde doch nur ein abgeblaßtes Bild, dessen bildlicher Inhalt übersehen wird und das man fast bloß noch als Wortzeichen verwendet.

In diesem Sinne, als Bilder des verheißenen Gottesreiches, wurden die glänzenden Schilderungen von der triumphierenden Rückkehr beider Volksteile aus dem Exil entworfen. Das endgültige Aufhören aller Fremdherrschaft für Juda und Israel, die Rückkehr Judas, aber nicht minder auch Israels, die Wiedervereinigung aller zwölf Stämme zu einem Reich unter Davids

Königshaus, ungetrübter Sonnenglanz und ungestörte Fruchtbarkeit, Friedensglück für Menschen, Tiere und die ganze Natur,
Erneuerung von Grund aus ohne Abfall und ohne Sünde in der
Zukunft, vollkommene Durchdringung mit dem Gesetze Gottes,
freiwillige Huldigung aller Großmächte und aller Heidenvölker
durch Wallfahrten nach Jerusalem mit reichen Weihegaben und
voller Dienstwilligkeit: das sind die Bilder, unter denen dieselbe
Segensfülle beschrieben wird, die sich sonst als allgemeine Gotteserkenntnis und Gesetzesbeobachtung darstellt. Die Bilder des
Überflusses an Fruchtbarkeit und Beute, die Vollkommenheit des
Sieges durch gewaltsame Niederwerfung und Vernichtung aller
Heidenvölker sind demselben Grundgedanken gewidmet, aber
dürfen ebensowenig als chronistische Zukunftsbilder genommen
werden wie die sinnliche Pracht der Königsherrlichkeit und des
Opferkultus mit dem ewigen Priestertum Levis. Die Darstellung
nötigt selbst dazu, über Buchstaben und Bild zum geistigen Gedanken hinaufzusteigen. Man erkennt ihre sinnbildliche Absicht
daran, daß die Bilder nicht folgestreng durchgeführt werden. Darum
werden die verschiedenen Bilder auch nicht miteinander zu einem
widerspruchslosen Gesamtbild verbunden. Das müßte geschehen,
wenn sie mehr als Sinnbilder sein sollten.

Die Schilderungen des Exils sind so, daß der Zustand kaum erträglich
erscheint; tatsächlich gestaltete sich die Lage in Babel bei den Exulanten so,
daß nur die Idealisten und die Besitzlosen heimkehren wollten.

Auch die Art, wie die Könige und Großkönige dargestellt werden, ist
nicht als persönlich-geschichtliche Charakteristik derselben zu verstehen; vielmehr erscheinen sie ohne Rücksicht auf ihre eigene Gesinnung bald als Knechte,
Vollzugsorgane und vertraute Werkzeuge Gottes, bald als übermütige Frevler,
welche die ihnen übertragene Sendung und die ihnen erwiesene Gunst mißbrauchen, um sich selbst gegen Jahwe zu erheben. Die ganze Darstellung
nimmt eben für ihren Grundgedanken ein geeignetes Schema und fügt demselben die einzelnen Faktoren ein. Jeroboam I hat von Anfang an den Bilderdienst in Bethel beabsichtigt; Nabuchodonosor war durchaus von politischen
Gesichtspunkten geleitet, aber nicht von der Absicht, als Strafwerkzeug Jahwes
gerechte Vergeltung zu üben; Cyrus huldigte trotz seiner sonstigen Förderung
des Monotheismus in Babel den Göttern Babels und sorgte für den gesetzlichen Kultus in ihren Tempeln. Also kann Cyrus nicht als ein Herrscher
gelten, der die Götter Babels vernichtet hätte. (Jer. 51, 44.)

Als die Propheten ihre Reden und Schriften veröffentlichten, konnten sie
zuversichtlich erwarten, daß die Art, wie sie die Faktoren der Gegenwart zur
bildlichen Ausführung ihrer Gedanken verwerteten, wirklich als sinnbildlich

verstanden würde. Dasselbe galt von den symbolischen Handlungen, von denen einige zur tatsächlichen Ausführung höchst ungeeignet, wenn nicht unmöglich, äußerst gefährlich und anstößig gewesen wären. Sie sind wohl meist sinnbildliche Darstellungen und als solche sehr wohl geeignet, einen dramatischen Eindruck hervorzubringen, sogar mehr als wenn sie wirklich ausgeführt worden wären. Als Darstellungsform ist vieles wirksam und sinnvoll, was sich bei tatsächlicher Ausführung als physisch und sittlich unmöglich erweisen würde.

Der Prophet Amos hat gewiß nicht geglaubt, die Amoriter seien so groß wie Zedern und so stark wie Eichen gewesen. Allein er gebraucht dieses Bild, weil er das Vertrauen hegt, daß die Leser als Bild verstehen, was als Bild geboten wird. (Am. 2, 9.) Die ergreifenden Bilder von dem Empfang der gedemütigten Großmächte in der Unterwelt, sowie vom Übermut der Großen haben ihre Großartigkeit als Bilder, nicht als Berichte.

Trotz der eigenen weltlich-politischen Sinnesweise war es dem Volke und seinen Führern wohl verständlich, daß die Propheten im Dienst eines übersinnlichen und überpolitischen Gottesreiches wirkten und für die geistige Gottesgemeinschaft den Sinn, das Pflichtgefühl und die Hingabe wollten. Nur so erklärt es sich, daß die Menge dessen, was der Vorwurf von den unerfüllten Weissagungen geltend macht, dem Ansehen der Propheten in ihrer eigenen Zeit keinen Eintrag getan hat. Man wußte eben, in welchem Sinn ihre Weissagungen gemeint waren. Darum wurde gerade in jener Zeit, wo das Urteil über Erfüllung oder Nichterfüllung ihrer Weissagungen möglich war und wo die Nichterfüllung die größte Aufregung und den bittersten Hohn hätte hervorrufen müssen, kein abfälliges Urteil über die Propheten gefällt, sondern vielmehr ohne urkundlichen Widerspruch die Weissagung der Propheten als eine einzigartige Auszeichnung Israels empfunden, hocherhaben über jene Mantik und Prophezie, wie sie sich in den heidnischen Religionen und auch in Israel selber breit machte. Die Weissagung wurde im Gegensatz zu der Magie in ihrem heilsgeschichtlichen, sittlich-religiösen Sinne gewürdigt und in diesem Sinne als großer Wahrheitsbeweis für den Jahweglauben und die Jahweoffenbarung geltend gemacht. Das geschah, als das Volk Jahwes unter der Wucht der göttlichen Heimsuchungen daniederlag!

Die prophetische Ausführung der Weissagung als Wahrheitsbeweis für die Göttlichkeit der Jahweoffenbarung ist in Jes. 40—48 niedergelegt. Der allmächtige Weltschöpfer ist der Gesetzgeber der Weltgeschichte und der Herr aller Weltmächte. Die prophetische Weissagung offenbart die Richtung, in welcher Gottes Weltherrschaft die Entwicklung leitet.

Es ist von religionsgeschichtlichem und zugleich apologetischem Interesse, wie ein Augustinus gerade durch die geistige Gewalt und Hoheit der Heil. Schrift zum Glauben und zur Kirche gezogen wurde. Er spricht den Werdegang seiner Glaubensüberzeugung also aus: Persuasisti mihi, non qui crederent libris tuis, quos tanta in omnibus fere gentibus auctoritate fundasti, sed qui non crederent, esse culpandos, nec audiendos esse, si qui forte mihi dicerent: Unde scis, illos libros unius veri et veracissimi Dei Spiritu esse humano generi ministratos? Augustinus antwortet auf diese Frage, woran

er die Göttlichkeit der Hl. Schriften erkenne, die Vorsehung und Weltregierung
sei ihm immer als unumstößliche Wahrheit sicher gewesen. Ideoque quum
essemus infirmi ad inveniendam liquida ratione veritatem et ob hoc nobis
opus esset auctoritate sanctarum literarum, iam credere coeperam, nullo modo
te fuisse tributurum tam excellentem illi scripturae per omnes iam terras auctoritatem, nisi et per ipsam tibi credi et per ipsam te quaeri voluisses. (Conf.
6, 5.) Der Erfolg und das Ansehen, welche sich die Hl. Schrift in der Kirche
und Menschheit erworben hat, gelten ihm als Beweis, daß es so gottgewollt
und sachlich begründet war. Die kritische Würdigung der biblischen Religionsgeschichte bringt überhaupt den Inhalt und die Geistesart der Offenbarung zugleich als Wunder und Weissagung zur Geltung, sowie deren Organisation
und Wirksamkeit als Kirche. Allerdings machen alle vermeintlichen Offenbarungsreligionen Wunder und Weissagung zu ihren Gunsten geltend. Aber
damit ist nicht gesagt, daß dieselben bei der kritischen Würdigung ihrer Geschichte eine solche Tatsächlichkeit und Beweiskraft bekunden, wie in der
Offenbarungsgeschichte des Alten und Neuen Testamentes, sowie in der Kirche.

Später, als Augustin Vertreter der Kirche war und für die bedrohte Autorität der Kirche zu kämpfen hatte, tat er den vielerwähnten Ausspruch: Evangelio
non crederem, nisi me commoveret ecclesiae catholicae auctoritas. Dem
Manichäismus gegenüber erklärte er: Nicht einmal Wunder vermöchten ihn von
dessen Wahrheit zu überzeugen, weil das Ansehen der Hl. Schrift, nämlich
des Alten Testamentes, dann preisgegeben werden müsse; denn die Manichäer
verwarfen das Alte Testament. Dessen Göttlichkeit galt Augustin indes durch
die großen Weissagungen als erwiesen. »So sehr wollte Gott, daß nichts gegen
das bekräftigte Ansehen der Hl. Schriften geglaubt werde, deren Wahrheit
durch die Tatsachen selber dargetan werde, indem das, was lange vorher
geweissagt worden, im Laufe der Zeit erfüllt und vollbracht worden sei.«
(C. Man. Schanz, Apologie 2. S. 413.)

§ 8. Die messianische Weissagung.

Positive Widerlegung des Einwandes von den unerfüllten Weissagungen.

Der Vorwurf behauptet, gerade die wichtigsten Weissagungen
seien unerfüllt geblieben. Das ist sachlich unrichtig. Jene Vorhersagungen, welche das Wesen des Prophetentums im Alten und
Neuen Bunde bilden, haben eine vollkommene, weltgeschichtlich
offenkundige und großartige Erfüllung gefunden.

Gottesherrschaft, Gotteserkenntnis, Gottesgemeinschaft bilden
den Gegenstand dieser Weissagung: er ist allerdings streng religiös, aber zugleich heils- und weltgeschichtlich, weil er den
unzweifelhaften Vollzug und den allgemeinen Sieg des Gottesreiches in Israel und der Völkerwelt bedeutet. Es handelt sich

um eine wahre Weissagung, nicht bloß um eine religiöse
Überzeugung von folgestrenger Energie.

1. Die prophetische Weissagung hat als ihren eigentlichen
Inhalt und Zweck das messianische Gottesreich mit seinen
Gütern, der allgemeinen Gotteserkenntnis, Gotteskindschaft und
Gottesgemeinschaft, sodann den geistig-sittlichen Aufbau des Gottes-
reiches in dem Offenbarungsvolk, sowie in der gesamten Mensch-
heit mit fortschreitender Überwindung der entgegengesetzten
Geistesrichtungen und mit fortschreitender Verwertung und Ent-
faltung aller geistig-sittlichen Vorzüge und Errungenschaften.

Das ist die große Weissagung der Offenbarung im Alten und
Neuen Testament. Ihre Erfüllung ist nicht des Beweises bedürftig,
weil sie durch die ganze Weltgeschichte bezeugt wird.

Die prophetische Weissagung selber ist eine weltgeschichtliche Tatsache, welche im Hinblick auf ihren Inhalt nicht aus
der Gesamtheit der natürlichen Gründe und Ursachen erklärt
werden kann. Denn dieser Inhalt geht weit über all dasjenige
hinaus, was geniales Denken und wagemutiges Hoffen mit dem
Idealbild seiner Sehnsucht verbinden konnte. Er ist nämlich in
dreifacher Richtung derart bestimmt und eigenartig ausgeprägt,
daß die Idee des Gottesreiches als solche nicht genügt, um kraft
immanenter Logik als der hinreichende Erklärungsgrund des prophetischen Weissagungsinhaltes gelten zu können. Vor allem ist
es die Idee des Messias selber, welche den ersten wesentlichen
Bestandteil der prophetischen Weissagung bildet. Sie kann in
keiner Weise weder aus den natürlichen Voraussetzungen überhaupt noch aus der Energie des religiösen Glaubens und Wollens
abgeleitet werden.

Messias bedeutet in der biblischen Weissagung die vollkommene Offenbarung des göttlichen Heilsgeheimnisses und Heilsplanes in einer geheimnisvollen Persönlichkeit als der lebendigen
Verkörperung des Gottesreiches und der machtvollen Durchführung
der übernatürlichen Gottesgemeinschaft. Das Wesen des Messias
ist durch seinen Namen bezeichnet: er ist der Gottgesalbte, der
ganz und gar von Gott Erfüllte und mit Gott Verbundene, der
aus Gott lebende und wirkende Menschensohn, darum wie Vorbild so Vollbringer des Gottesreiches auf Erden.

Die Weissagung des Messias, des messianischen Heilswerkes

und Gottesreiches ist der e r s t e wesentliche Inhalt der prophetischen Weissagung. Es ist der g o t t m e n s c h l i c h e Heiland und
König, Prophet und Priester, der durch die Weissagung zum Ziel
der religiösen Erwartung und Sehnsucht wurde.

Die Tatsache der messianischen Hoffnung, und zwar als einer Überzeugung,
die sich auf die Prophezie gründete, ist unbestreitbar. Wie tief gewurzelt diese
Hoffnung war, ergibt sich aus der Zusammenstellung der neutestamentlichen
Worte, welche sie aussprechen und im Alten Testament finden. (Vgl. Hühn,
Die messianischen Weissagungen. 2. Teil. S. 278—282. Tübingen 1900.) Je
stärker die Sehnsucht nach einem »Gott mit uns«, und je fester die Überzeugung von seinem Kommen war, desto heller strahlte die ganze Vergangenheit
im Lichte dieser Hoffnung. Sie machte auch die Steine reden und die Unmündigen zu sprechenden Zeugen.

Das m e s s i a n i s c h e Werk besteht in der Überwindung des
Bösen in den Seelen und in der Welt, im inneren wie äußeren
Gottesreiche, durch die Erlösung und das Weltgericht, durch Buße
und heilige Opfertat für das sittliche Bewußtsein, wie durch den
Triumph des Segens und des Gerichtes in der äußeren Wirklichkeit. Durch diese z w e i f a c h e Aufgabe wird eine z w e i f a c h e
Erscheinung des Gottgesandten, des Gottengels, des Gottsprossen,
des Gottgesalbten, des Gottmituns, des Gottesknechtes nahegelegt.

Bald tritt in der messianischen Weissagung mehr die Herabkunft des allmächtigen Gottkönigs hervor, besonders für das Weltgericht und die allgemeine Gottesherrschaft; bald erscheint ein
Gottesknecht (von gottmenschlicher Art) im Vordergrund, der
das Ideal des Prophetentums, Königtums und Priestertums erfüllt.
Die innere Überwindung des Bösen hängt mit der erschütternden
Tragik seines Lebens und Leidens zusammen. Gott und Mensch
vereinigen sich zur Überwindung des Bösen. Des Menschen Sache
ist es, die sittliche Überwindung des Bösen im Innern durch Buße
und Läuterung, sowie durch Kampf, Belehrung und Vorbild mitwirkend herbeizuführen. Gottes Sache ist die Überwindung des
Bösen, insofern es eine reale Macht ist, welche das Verhältnis
von Natur und Geist verkehrt, die zielgemäße Weltentwicklung
gefährdet, die sittliche und geistige Entfaltung der Seelen und der
Menschheit teilweise hemmt und teilweise beeinträchtigt.

Das innere Wesen und die Güter des messianischen Gottesreiches sind die vollkommene, allgemeine und darum unzerstörbare Herrschaft der Gotteserkenntnis, daß Jahwe das Recht und die Liebe ist, damit die Weltherrschaft von Wahrheit und Recht, von Liebe und Friede; Auferstehung und Wiedergeburt, Gottes innere Herrschaft, Geistesmitteilung, Fülle des Gottesmahles, Gottesweihe auf ewig, Hunger nach Gottes Wort, Sündenvergebung und Gnade, Gesetzestreue und Gesetzeseifer im wahren Sinne, Kultus im Geist und in der Wahrheit. (Amos 3—5; 8, 11—14.)

Hos. 4, 1. 6; 6, 6; 8, 12. 13; 10, 12; 12, 7; 14, 2—8. Mich. 4, 1—8; 5—7. Jes. 1. 2, 4; 9, 1—6; 11; 12; 19 (Ägypten und Assur); 23 (Tyrus); 25 (Gottesmahl für alle Völker); 28, 16—18; 32; 33, 22; 42; 43; 44; 60; 61. Jer. 3, 14—17; 9, 22. 23; 23, 1—7; 30—33. Ezech. 18; 34; 47. Dan. 7; 9; 12. Joel 3. Soph. 2, 11—20. Zach. 8, 20—23; 9, 9—17; 10, 12; 12, 10. Mal. 1, 11; 3, 6—18. Baruch 3. 4. Ps. (hb.) 22, 23—32; 84; 85; 111; 112; 119; 130; 145. 146. 147. Prov. 7. Sir. 24. Sap. 6—9.

Das messianische Reich verwirklicht im eigentlichen Sinn das Ideal der autonomen Sittlichkeit durch überzeugte und freie Gesetzeserfüllung, durch soziale Liebesarbeit und unparteiische Rechtspflege.

Wie das Ideal der internationalen Völkergemeinschaft, des Rechts- und Kulturstaates, der durch keinen Neid gestörten gesellschaftlichen Eintracht in ihm Tatsache und Leben wird, so auch das Ideal der vollentwickelten Persönlichkeit und anderseits der vollen Verwertung der Naturkräfte für die Zwecke des Geistes. In diesem allgemeinen Kommunionismus wechselseitiger Ergänzung und Vergeistigung besteht der Gottesfriede des messianischen Reiches.

Der Gedanke dieser hochherzigen Arbeitsgemeinschaft unter Völkern und Ständen ist die Überwindung aller Rassenfeindschaft und des instinktiven Klassenhasses, die Übung der Feindesliebe im großen und die Überwindung jenes neidischen Geistes, der in der Unterdrückung und Hemmung der anderen Menschen und Völker, sei es der nahen oder fernen, das Mittel des eigenen Gedeihens sieht. Es ist die praktische Durchführung des Gottesbegriffs Jahwe, der lebendigen Autonomie von Wahrheit und Vollkommenheit in einem Geschlechte, das wirklich ein priesterliches und königliches Gottesvolk genannt zu werden verdient. (Exod. 19, 6. 1 Petr. 2, 5—9.) Priesterlich, weil es die Erkenntnis Gottes und seines Gesetzes in sich selber trägt (Jes. 54, 13; 11, 9. [Hos. 4, 1.] Jer. 31, 31—34. Joh. 6, 45; 1 Joh. 2, 20. 27. Mt. 23) und Gottes Gesetz im Herzen eingeschrieben hat, königlich,

weil es der Forderung dieses Gesetzes mit der Kraft der Selbstbeherrschung allen Leidenschaften von innen und Hemmungen
von außen gegenüber entspricht. Das Ideal einer priesterlichen
und königlichen Gottesgemeinde ist die praktische Übersetzung
des Jahwe-Gottesbegriffs, der selbstbestimmten Weisheit und Heiligkeit. Priesterlich ist der Gottesstaat durch die planmäßige
Liebesarbeit auf allen Gebieten; königlich durch die unparteiische
Rechtspflege und den hochherzigen Schutz für alle (persönlichen)
Kräfte und (sachlichen) Ziele, in denen sich die Pflicht des steten
Fortschritts für alle und in allem auswirkt.

Die Weltherrschaft des Messias wird geschildert als Überwindung aller gottfeindlichen Mächte, aber durch das Schwert des
Geistes, durch die Majestät des Namens Gottes. (Mich. 5. Jes. 11,
14. 19; 23; 26. 34. 35. Ezech. 38. 39 Gog. Zach. 9. Soph. 3.
Dan. 7. Ps. 2. 18. 21. 76; 96—99; 110; 149.)

Zur messianischen Weissagung wurden von altersher gerechnet die Verheißung des Schlangentreters (Gen. 3, 15), des Nachkommen Abrahams, in
dem alle Geschlechter der Erde gesegnet werden sollen (Gen. 12, 2—3; 18, 18;
22, 18; 26, 4), des Schilo, dem die Herrschaft zufallen soll. Bis dorthin wird
das Zepter nicht von Juda weichen. (Gen. 49, 10.) Messianisch werden noch
verstanden das Wort Evas bei Kains Geburt vom Menschen nach Jahwe (Gen.
4, 1) und der Segen Noahs über Sem (Gen. 9, 27), der Bileamsspruch über
den Stern aus Jakob, der die Söhne Seths, besonders Moab und Edom nieder-
wirft. (Num. 24, 17—19.)

Die Verheißung eines Propheten wie Moses war eine der wichtigsten
Wurzeln der Messiashoffnung. (Deut. 18, 15—18.) Ebenso die Verheißung
ewigen Königtums für Davids Haus. (2 Sam. 7, 8—16.) Jesajas weissagt
den Jungfrauensohn aus Davids Haus (Jes. 7, 14. Jer. 31, 22) mit einer Schilderung, die an das Paradies erinnert: er bringt eine Herrschaft des Friedens
für Natur und Menschheit, er ist stark durch Gerechtigkeit und erfüllt vom
Geiste Gottes. Die messianische Zeit ist die Herrschaft des Lichtes und der
Gotteserkenntnis. (Jes. 2. 4; 7, 14; 9, 5. 6; 11, 1—8; 18, 7; 19, 18—24;
30, 26; 32, 15; 33, 13—24.) »Jahwe ist unser Richter, Gesetzgeber und König,
er ist es, der uns schützt . . . Kein Bewohner wird dann sagen: Ich bin
krank. — Vom Nebel ist das Volk befreit, das darin wohnt.«

Michäas verkündigt gleichzeitig die Heimsuchung des Strafgerichtes und
der Heilsgnade: aus Bethlehem geht der Herrscher hervor, dessen Ursprung
in der Ewigkeit ist. (Mich. 5, 1—13; 4, 5.) Der Messias ist der Friede. (5, 4.)

Jeremias weissagt für die Zeit der Gnade nach dem Gericht den König
aus Davids Haus, der den Namen trägt: Jahwe unsere Gerechtigkeit.
(Jer. 23, 5; 30, 8.) Weil seine Herrschaft Gerechtigkeit ist, darum ist es der
Vorzug jener Zeit, daß das Gesetz Gottes in die Seelen eingeschrieben ist.

Ezechiel preist den Sohn Davids als den guten Hirten, der durch seine Herrschaft nicht nimmt, sondern gibt. (Ezech. 34, 23 sq.; 37, 22—28.) Indem dieser Sohn Davids ihr Hirte ist, übt Gott selbst das Hirtenamt aus.

Jesajas II verkündigt das Kommen Jahwes in seiner göttlichen Hoheit und Macht, wie in dem Gottesknecht, der mit Jahwes Geist erfüllt, das Recht unter den Völkern verbreitet. Der Messias zerbricht das geknickte Rohr nicht, den glimmenden Docht löscht er nicht aus. (Jes. 42.) Auch Cyrus wird Gesalbter genannt und wird als Werkzeug Jahwes berufen; allein ausdrücklich wird von ihm gesagt, daß er Jahwe nicht gekannt habe, um ihn vom Messias zu unterscheiden. (Jes. 45, 5.) Er soll allen Völkern das Licht der Gotteserkenntnis, die Freiheit von Sündenschuld und Sündenstrafe, von der Übermacht des Bösen bringen. (Jes. 49.)

Allerdings war es ein furchtbares Leidensopfer, wodurch der Gottesknecht seinen gottgegebenen Beruf zu erfüllen hatte. (Jes. 50. 52. 53.) Er wurde um unserer Sünden willen mißhandelt und getötet, durch seine Wunden ward uns das Heil. Er ist zum Sühnopfer bestimmt, um die vielen gerecht zu machen, deren Schuld er trug. (Jes. 53.)

In der Zeit der Perserherrschaft mahnt der Prophet Haggai zum Tempelbau, indem er an die unerschütterliche Treue Jahwes erinnert, dessen Bundeswort und Geist fest in der Mitte seiner Gemeinde stehe. In kurzer Frist werde Jahwe die ganze Welt erschüttern und die Menschheit in Bewegung setzen: »denn kommen wird die Sehnsucht der Völker, und mit Herrlichkeit erfülle ich diesen Tempel«. (Hag. 2, 6. 7.) Aus diesen Worten geht hervor, daß Haggai in Serubabels Erhebung zum Statthalter zwar eine große Gnade Gottes gesehen hat, aber keineswegs den Messias, wie behauptet wird. (Vgl. Hühn l. c. 61.)

Zacharias verheißt den Messias-König voll Sanftmut und Gerechtigkeit, der Gottes Reich über die ganze Erde ausbreitet, und um dessen Bundesblutes willen Gott die Gefangenen aus der Grube entläßt. (Zach. 9, 9—11. 17; 12, 10; 13.)

Auf den Messias als Begründer der Heilszeit geht die Weissagung des Malachias: »Siehe, ich sende meinen Boten, daß er den Weg vor mir bereite: und plötzlich kehrt in seinen Tempel ein der Herr, den ihr suchet, und der Engel des Bundes, nach dem ihr verlanget. Seht, er kommt, spricht Jahwe, der Weltenherrscher.« (Mal. 3, 1.)

Das Gericht bahnt der Gnade den Weg: nicht in mechanischer Zeitfolge, sondern vermöge der inneren Notwendigkeit, wonach das Böse weggeräumt und überwunden werden muß, wenn das Gute herrschen und wirken soll. Wie die Nacht dem Lichte den Weg bereitet und zugleich weicht, so das Gericht der Gnade.

Die Prophezie ist demnach in dieser wichtigen Weissagung nicht durch den wirklichen Verlauf widerlegt worden, wie vielfach gemeint wird.

Die messianische Hoffnung nährte sich mit besonderer Vorliebe aus den Psalmen, vor allem aus den Königspsalmen (2. 20/21. 44/45. 71/72. 88/89. 109/110.), den Leidenspsalmen (hb. 16. 22. 40. 69), den Offenbarungspsalmen (hb. 8. 19, 23. 48. 93—99), den Gottesreichspsalmen (hb. 23. 24. 46. 76. 83.

84. 87. 93—99. 145). Im Neuen Testament herrscht die messianische Verwertung der Psalmen.

Die Kritik der messianischen Weissagung vermag das innere Recht der messianischen Auslegung im großen und ganzen nicht zu widerlegen. Wohl gilt auch von der messianischen Weissagung, was von allen gilt, daß der Schwerpunkt nicht in den einzelnen Zügen der Ausführung liegt, sondern in dem Grundgedanken — der Gottessohnschaft und Gottessalbung, der Aufopferung und Erlöserliebe, der siegreichen Überwindung des Bösen und der vollkommenen Gottesherrschaft, d. h. der Wahrheit und Heiligkeit, Liebe und Gnade. Die einzelnen Züge gehören unmittelbar nur zum Bilde, in dem der Gedanke ausgeführt ist. Es ist kein Beweis gegen den messianischen Charakter, wenn geschichtliche Anlässe für die Psalmisten das Material geliefert haben, mit dem sie etwas Größeres schilderten, als der unmittelbare Anlaß erlaubte.

Die Bezeichnung Gottessohn ist wohl auf Israel und auf den theokratischen König angewandt worden (Exod. 4, 22. 23. Deut. 14, 1. Jes. 1, 2; 43, 6. Jer. 31, 9. 20. 2 Sam. 7, 14. Ps. 88, 27. 28 [vulg.] Sap. 2, 13), allein eine übliche Bezeichnung für den König war sie nicht. Wo sie gebraucht wird, bringt sie das Volk, den König und den Menschen in die Beziehung zum allerhöchsten Quellgrund aller Gnade und aller Zielbestimmung. Ps. 44/45. 109/110 sind zu erhaben, als daß ein Makkabäerkönig ihr Gegenstand sein könnte. Die Herrschaft des Guten ist so, wie es Ps. 71/72 schildert, durch keinen gewöhnlichen König zu bewirken. Es ist auch zu beachten, daß in der Beziehung des unmittelbaren Anlasses auf den durch ihn versinnbildeten Haupt- und Zweckgedanken der geistige Reiz der Darstellung gelegen ist. Darum ist die beziehungsvolle Typik geradezu ein Vorzug.

2. Der zweite Gegenstand der prophetischen Weissagung ist die endliche Bekehrung Israels oder der Sieg des Gottesreiches in dem Stammvolk der Offenbarung. So hart auch die Strafgerichte sind, mit denen Jahwe gerade sein Bundesvolk heimsucht, die Treue der einmal und für immerdar geschlossenen Gnadengemeinschaft bricht Gott niemals. »Die Verheißungen Gottes sind ohne Reue.« (Rom. 11, 29.) Solange die Zeiten der Entfremdung und des Widerstandes gegen den Geist des Gottesreiches auch dauern mögen, wie insbesondere nach der Verwerfung des in Jesus erschienenen Messias, eine endgültige Auflösung des von Jahwe mit Israel geschlossenen Bundes erfolgt nicht. Darin stimmen alle Strafandrohungen überein, so daß hierin ein

wesentlicher Bestandteil der prophetischen Weissagung zu erkennen ist. Es liegt so in dem besonderen Segen über Sem, Abraham und Jakob, über Joseph und Juda, daß das Werkzeug des Segens für die ganze Menschheit nicht selbst endgültig vom messianischen Segen ausgeschlossen werde.

Das Verhältnis ist so, wie Paulus sagt: »Wenn der Fall Israels ein Glück für die Welt war und seine Zerrüttung ein Gewinn für die Heiden, wie vielmehr seine Vollzahl! ... Wenn schon Israels Verstoßung der Anlaß wurde zur Versöhnung der Welt, was wird seine Wiederaufnahme anders sein als Aufleben von den Toten?« (Rom. 11, 12. 14.) Israel bleibt das Stammvolk des Lebensbaumes. »Ich will euch, Brüder, dieses Geheimnis nicht verhehlen, daß nämlich die Verblendnng eines Teiles von Israel so lange dauern wird, bis der Heiden Vollzahl bekehrt sein wird. Dann wird ganz Israel begnadigt werden, wie geschrieben steht: ,Aus Sion wird der Retter kommen und Jakob von seiner Gottlosigkeit befreien. Und dieses wird mein Bund mit ihnen sein, daß ich hinwegnehme ihre Sünden'.« (Jes. 59, 20.) »Zwar sind sie in Hinsicht des Evangeliums Feinde euretwegen; aber in Hinsicht der Auserwählung Geliebte der Väter wegen. Denn Gott können seine Gnadenerweise und seine Berufung nie gereuen. So wie ihr einst nicht an Gott geglaubt habt, aber nun aus Anlaß ihres Unglaubens zu seiner Gnade gelangt seid, so sind auch jene jetzt ungläubig. Aber durch die euch zuteil gewordene Gnade werden auch sie zur Gnade gelangen. Denn Gott hat alle in Unglauben verschlossen, um an allen Erbarmen zu beweisen.« (Rom. 11, 25—32.)

Besondere Beachtung verdient es, daß auch Israel, das Volk des Nordreiches, ausdrücklich in die Weissagung der endzeitlichen Bekehrung und Rettung eingeschlossen ist. Daß die Propheten der assyrischen Zeit dies tun, ist naheliegend; allein auch die Propheten aus der babylonischen Periode Judas behalten den offenen Sinn für das Volk der zehn Stämme, als gleichberechtigten Erben der großen Verheißung.

Schon in Amos 4. 5 ist diese Verheißung enthalten, indem die Bedingung dafür gegeben wird (9, 8—15. Hos. 11—14. Mich. 5—7.) Die Eifersucht Israels und Judas wird dann aufhören. (Jes. 11. 10—16; 40, 27—31; 41, 8 sq.; 42, 24; 49; 56, 8. Jer. 3, 11—25; 31, 1—34; 33, 7—9. 14—16. 24—26; 46, 27; 50, 17—20. Ezech. 11, 14—21; 16, 48—63; 20, 40—44. Sünde und Bestrafung beider Völker: 23. 34—37; **37, 15—28**. Zach. 9, 9—10, 12.)

Die Verheißung, welche dem Volke Josephs und dem Zehnstämmevolk überhaupt die Wiederbegnadigung verbürgt, hat darin eine bedeutsame Erfüllung gefunden, daß Jesus Christus gerade in Galiläa seine messianische Wirksamkeit dauernd entfaltet hat, und darin, daß außer Judas Ischariot alle Jünger Israeliten, nicht Juden waren. Die Lehrtätigkeit in Samaria war außerordentlich, aber durchgreifend. (Joh. 4. Act. 8.)

Die religionsgeschichtliche Bedeutung der assyrischen Gefangenschaft für Medien und Persien ist auch ein Teil dessen, was die Verheißung meint, wenn auch die israelitischen Einflüsse nur aus der charakteristischen Weiterbildung

der iranischen Religion zu entnehmen sind. Die Hypothesen der alttestamentlichen Bibelkritik haben indessen keine annähernd gleichwertigen Anhaltspunkte.

Der stete Fortbestand des Volkes Israel ist in der Weissagung seiner endzeitlichen Bekehrung mitenthalten. Die Weltgeschichte hat diese Weissagung seither in großartiger Weise bestätigt. Die Beweiskraft dieser Tatsache verliert nichts, wenn man
vollkommen würdigt, daß die Kraft zum nationalen Fortbestand
durch die Überzeugung eines höheren Berufes und eines besonderen Vorzugs und Besitzes gewonnen wird. Gott wirkt nicht
neben und außerhalb der sachlichen Gründe, sondern mittelst derselben. In der Zeit, als die unvergängliche Fortdauer Israels
trotz aller Strafgerichte geweissagt wurde, konnte niemand auf
Grund von Vernunft und Erfahrung die bestimmte Behauptung aufstellen, das Bewußtsein eines höheren Berufes überhaupt oder eines
religiösen Berufes insbesondere vermöge ein Volk vor dem Untergang zu bewahren. Auch die Behauptung war psychologisch unmöglich, der Glaube an einen persönlichen Weltschöpfer habe
eine solche Wirkung, hingegen der Monismus der großen Kulturvölker nicht.

Die Zusicherung, daß Gott sein Offenbarungsvolk niemals ganz verwerfen
werde, wurde sogar ins Gesetzbuch aufgenommen. (Lev. 26. Deut. 30.)

Die Prophetenworte, welche Israels endliche Bekehrung verheißen, sind
besonders Amos 9. Hos. 3, 5; 6; 11, 8. 9. 13. 14. Mich. 4; 5; 7. Jes. 28.
29, 17—24; 35; 54; 55. Jer. 26. 27. 28. 29, 8—14; 30, 10 sq.; 31—33. 50.
Ezech. 11, 13—21; 20, 36—44; 39, 22 sq. 36. 37; 39, 25—29. Joel 4. Dan.
7, 27. Soph. 2, 11—20. Hag. 2, 4—9. Zach. 3, 8; 9, 16; 10; 12, 10; 13.
14. Mal. 3, 1—4. Ps. hb. 31; 35; 37; 46; 48; 68; 71; 74. 79. 80; 85; 89;
90; 91; 92; 94; 102; 103; 105; 115; 118; 121; 124; 125; 129; 130; 132;
148. 149.

Die gnadenvolle Weissagung für Israel ist indes nicht nur die
Bekundung der göttlichen Treue, sondern auch das Unterpfand
dafür, daß eine göttlich-siegreiche Wahrheit und Gnade im Gottesreich gegeben sei. Das Göttliche trägt schließlich allen möglichen
Irrungen gegenüber den Sieg davon: nur die Wahrheit und Gerechtigkeit, das vollkommene Gesetz des Denkens und Wollens
kann endgültig bestehen. Der Irrtum muß als Irrtum, die Sünde
als Sünde offenbar werden. Allein dies geschieht nicht in einem
Naturprozeß, sondern durch freie Stellungnahme der geistigen
Mächte, der Gesamtheiten und ihrer Richtungen, wie der Einzel-

personen. Die Weltgeschichte ist die Abwandlung aller möglichen Stellungnahmen des Denkens und Wollens von jedem möglichen Standpunkte aus unter den verschiedensten Umständen und Einflüssen. Darum muß die Freiheit des geschaffenen Geistes ebenso als Grundzug der Heilsgeschichte betont werden, wie die Treue Gottes. Wenn Gottes Heilsplan erfüllt wird, so ist dies nicht einer Naturnotwendigkeit zu danken, sondern der Treue Gottes, besonders inbezug auf das Stammvolk der Offenbarung, wie auf deren Zielgegenstand. Darum sind Israel einerseits, wie die Gesamtheit der Völker anderseits der eigentliche Gegenstand der prophetischen Weissagung.

Ebenso Hummelauer: Triplex est veluti foedus, triplici titulo sacrum, solis posterorum impietatibus nequaquam irritandum: debetur id fere patriarcharum fidei, ut posteros impios tamdiu Deus flagellis prosequatur, donec poenitentes ei opportunitatem praebeant, ut foederis cum patriarchis initi reminiscatur. Patriarchis quippe aliqua promisit Deus, quae non toto pendeant a posterorum fide, sed absolute impleri debent v. g. in eorum semine benedicendas esse omnes gentes . . . »Ego enim sum Dominus Deus eorum.« Si homo essem pacto illis devinctus, possem illas a pacto resilientibus resilire etiam ipse. Sed cum pacto speciali titulo factus sim eorum Deus, volo non solam in eos iustitiam, sed item misericordiam exhibere; quam exhibebo illos, donec resipiscant plectendo. (Com. in Exod. et Lev. p. 541. Cf. Hos. 11, 8. 9.)

3. Die dritte Weissagung, welche in der großen messianischen Verheißung enthalten ist, verkündet die Eingliederung der Heidenvölker in das Gottesreich. Dies geschieht einmal durch die Kundgabe des göttlichen Gnadenwillens, wonach die Segnungen seines Heilswerkes für die ganze Menschheit bestimmt sind, und außerdem durch die besondere Verkündigung, daß dieses und jenes Volk, insbesondere die Großmächte, in das Gottesreich Aufnahme finden sollen. Natürlich nur auf Grund ihrer Bekehrung.

Schon der Gottesspruch im Paradiese hat eine universale Tendenz; ebenso der noachische Segensbund, dessen Zeichen der Regenbogen ist (Gen. 3, 15; 9). Der Segen Sems ist Jahwe; da Japhet in den Zelten Sems wohnt, nimmt er an dem göttlichen Erbgut teil. Die Verheißung an Abraham lautet, daß in seinem Samen alle Völker gesegnet werden sollen. (Gen. 12, 3; 18, 18—19; 22, 18; 26, 4; 28, 14; 49, 10.)

Amos hat den Aberglauben bekämpft, als ob der Bund mit Israel die Gleichheit aller Völker vor Gott als dem ewigen Rechte beeinträchtige. Vielmehr sei die Auserwählung Israels ein Grund besonderer Strenge. Die Kritik folgert hieraus, daß Gott Israel wegen seiner Schuld gerade so schonungslos vernichte, wie die Heidenvölker. Allein Amos betont auch die Schöpfermacht desselben Jahwe, der das wesenhafte Recht ist, und damit die Überzeugung, daß Gott sich mehr in der Durchführung des Guten trotz alles Bösen, als in der Vernichtung seiner eigenen Geschöpfe wegen ihres Bösen betätige. Der Schöpfer hat doch seine Schöpfung nicht zum Verderben erschaffen. Die Gerechtigkeit des Schöpfers ist in erster Linie unbedingt, bewirkende Ursache der Gerechtigkeit; erst in zweiter Linie bedingt und insofern nach Art der menschlichen Gerechtigkeit nachträglich vergeltend. (Am. 4, 12—5, 15; 9, 5—15. Jer. 1, 10. Ezech. 13, 22; 18, 33.) Folglich liegt in der Gleichstellung aller Völker mit Israel, daß alle an dem Heile Israels teilnehmen sollen. Zu diesem Zweck wird gesagt, Gott werde bei der Bestrafung seines Volkes dasselbe unter alle Völker zerstreuen. Der Sinn dieser Weissagung geht über das assyrische und babylonische Exil hinaus und zeigt, wie das Strafgericht über Israel zugleich ein Mittel sei, um der Heidenwelt die Wahrheit und das Heil näherzubringen. (Am. 9, 9; 3, 2.) »Das bekehrte Israel soll (für Gott) in (geistigen) Besitz nehmen den Rest von Edom und alle Völker, die nach seinem Namen genannt werden sollen. Jahwe verkündet dies, der es vollbringt.« (9, 12.)

Ein Prophet wie Amos steht zu hoch, als daß mit seinem Gottesbegriff ein Heilszweck vereinbar wäre, der in der politischen Knechtung der Menschheit durch Israel bestände. Ebenso Micha 5, 7. Jon. 4. Jes. 2. 11, 10; 19, 23 (Tyrus); 25; 45, 21—25; 49; 51; 60; 61. Die Propheten sind darum ebenso mit den Völkern beschäftigt wie mit Israel: »um auszurotten und zu zerstören, (aber auch) um aufzubauen und zu pflanzen!« (Jer. 1, 10.)

Der äußere Eindruck der prophetischen Weissagung ist überhaupt düstere Strafvergeltung, mit den bittersten Vorwürfen wegen der Schuld und mit den schrecklichsten Ausblicken auf das kommende Verderben. Allein zunächst ist wohl zu beachten, daß diese düstere Betrachtung mit unparteiischer Gleichheit sich auf Israel wie auf die Völkerwelt bezieht. Sodann ist es die große Aufgabe der Schöpfung, daß sie durch erschütternde und tiefgreifende Einwirkungen von den beengenden Schranken der Endlichkeit in ihrem Denken und Sinnen befreit werde. »Ist nicht mein Wort wie Feuer, spricht Jahwe, und wie ein Hammer, der Felsen sprengt?« (Jer. 23, 29.) Die Offenbarung will

zum Unendlichen erheben, vertiefen, erweitern und aufregen; sie will nicht dem
Zuge des Endlichen zur Ruhe und zur naturhaften Behaglichkeit nachgeben.
Darum vernichtet sie in Strafgerichten ohne Ruhe den Erdenmenschen in Völkern
und Einzelnen, um die Wiedergeburt nach dem Bilde des Himmelsmenschen
herbeizuführen.

Das Strafgericht über die Völker hat in der Tat nach ausdrücklicher
prophetischer Versicherung den Zweck, dieselben durch Buße für die geistige
Wiedergeburt fähig zu machen. »Alsdann werde ich den Völkern reine Lippen
geben, damit sie alle den Namen Jahwes anrufen und ihm einmütig dienen.«
(Soph. 2, 8. 9.) Wie das sündige Israel zum Fluche für die Heiden war, so
soll das einst bekehrte Israel zum Segen der Menschheit werden. (Zach. 8,
13. 20—23.) In diesem Sinne sind die furchtbaren Gerichtsschilderungen über
die Heidenvölker zu verstehen. (Zach. 12—14. Mal. 4, 1. 2.) Sonst würde
nicht zuletzt von bekehrten Heiden gesprochen werden, die nach dem Völkergericht nach Jerusalem hinaufziehen, um den Herrn anzubeten. (Zach. 14,
16—21.) Es sind die, von denen Malachias weissagt, daß sie in allen Ländern
dem Herrn reine Opfer der Anbetung darbringen. (Mal. 1, 11. Ps. 2. 22,
28—32; 66; 67; 72; 82; 87; 96; 100; 113; 138 hb.)

Es ist nicht ohne tieferen Grund, daß die Kritik sich bemüht,
bei den ältesten Propheten, besonders Amos, nur furchtbare Zukunftsbilder zu finden, wo »kein heller Saum das dunkle Gemälde
abschließt«. Der übernatürliche Charakter tritt eben gerade aus
dieser grundlegenden Segensweissagung hervor. Die Bibelkritik
spricht sie dem Amos ab, indem sie die betreffenden Stellen als
spätere Zusätze erklärt. (Amos 9, 8—15.) Mit Unrecht. Gerade
der Prophet der absoluten Gerechtigkeit konnte nicht ein faktisches
Strafgericht im Sinne der Unabänderlichkeit verkünden wollen.
Amos 5, 1. 2 steht nicht im Widerspruch mit der endlichen Aussicht auf Gnade und Bekehrung: denn schon 5, 4 enthält die
Aufforderung: »Suchet mich, und ihr werdet leben!« Amos 5, 1
spricht nicht von dem Verharren der Jungfrau Israel in der Sünde,
sondern von dem Untergang des Staates Israel: aber auch nur
unter Vorbehalt von 5, 15 und 7.

Der Bund zwischen Israel und Jahwe ist auf ewig geschlossen: so Hoseas
inbezug auf das Nordreich. Die von Blutschuld befleckte Dynastie Jehu wird
allerdings verworfen. Das Haus Davids ist der Erbe der Verheißung. (Hos.
2, 2. 21. 22; 3, 5; 13; 14. Mich. 7 [2, 12; 4, 6].)

Aus diesen Weissagungen erhellt, daß das Haus Davids gewissermaßen
der besondere Träger der ganz Israel gegebenen Verheißung ist. Mit Recht;
denn Davids Haus vertrat immer die Einheit der zwölf Stämme. Darum lautet
die dem Hause Davids gegebene Verheißung ähnlich. Gott droht mit strenger
Züchtigung, »aber meine Gnade soll nicht (auf immer) von ihm weichen«.
(2. Sam. 7, 8—16. Ps. 89 hb.)

Die Vereinigung der Segensweissagung für Israel und die Heidenwelt ist ein Beweis, daß das Prophetentum sich in der Tat für eine universale Aufgabe berufen fühlte. Die Tatsache ist deswegen nicht minder wahr, weil es eine übernatürliche Gesinnung ist, auch für das moderne Empfinden. Der Universalismus in der abstrakten Theorie ist leicht; aber im Hinblick auf bestimmte Völker und Rassen, wie dies bei den Propheten der Fall war, ist er sehr schwer. So wirkte sich im Weissagungsbilde aus, was im Gottesbegriff Jahwes so wichtig war: der Schöpfer, Lebensgrund und darum der Erzieher aller Völker.

4. Das Prophetentum muß als die höchste und schwierigste Aufgabe betrachtet werden, welche den Offenbarungsorganen zukam. Denn sein eigentlicher Beruf war jene Forderung, welche auf die Religion selber geht. Der Prophet Jahwes hatte im Alten wie im Neuen Testament den geistig-sittlichen Endzweck in allen gesetzlichen Ordnungen und heiligen Einrichtungen zur Geltung zu bringen. Auch in der Religion sind Endzweck und Mittel zu unterscheiden. Der Zweck und das Wesen der Religion liegt in der Gottverähnlichung und Gottesgemeinschaft. Diese soll für die einzelnen wie für die Gesamtheit immer mehr zum Gegenstand unmittelbarer Betätigung werden, so daß an dem Menschen zur lebendigen Wahrheit wird, was die Gottesmänner beider Testamente als das Wesen der Offenbarung bezeichnen: »Wenn ihr mit Christus auferstanden seid, so suchet, was oben ist, wo Christus zur Rechten Gottes thront; was oben ist, sinnet, nicht was auf Erden ist. Denn ihr seid (der Welt) gestorben und euer Leben ist mit Christus verborgen in Gott.« (Kol. 3, 1—3.) Die Psalmen sind dadurch so einzigartig erhaben, daß sie diesen Grundgedanken des Prophetentums in den Formen lebendiger Erfüllung ausführen. Alles, was durch Lehrüberlieferung, Gesetz und Kultus dargeboten und gefordert ist, bedeutet das Mittel und Material, um das Leben mit Gott und aus Gott innerlich zu betätigen. Das Äußere kann weder als Bekenntnis, noch Werkgerechtigkeit, noch Kultusübung entbehrt werden, so wenig als für die Erkenntnisaufgabe das Material entbehrt werden kann, in dem die Erfahrungswahrheit dem Erkennen gegenübertritt, um von ihm durch die Arbeit der Begriffsbildung ergriffen zu werden, und um durch die Schlußfolgerung zum Erkenntnismittel höherer

18*

Wahrheiten, insbesondere der Erklärungsgründe verwertet zu werden. Dazu kommt die weitere Notwendigkeit, das, was dem Wesen nach bei allem Geistesleben innerlich erlebt und getan wird, zum entsprechenden Ausdruck zu bringen. Die äußere Vergegenständlichung, wenn auch nur in Wort und Schrift, Bild und Zeichen, ist ein Lebensbedürfnis des Geistes, nicht nur um der Mitteilung an andere willen, sondern um das Erkenntnis- und Willensleben selber zur eigenen Vollendung zu bringen. Das gilt auch vom wissenschaftlichen Erkennen, das nur wenigen Bevorzugten als Beruf obliegt: um wieviel mehr vom religiösen Geistesleben!

Die Unterscheidung zwischen dem, was die Religion selber ist und was ihr als notwendiges oder wertvolles Mittel dient, ist theoretisch und praktisch begründet; allein sie darf nicht zu einer Trennung beider führen. Das wäre ebenso, wie wenn man das Leben selber festhalten, aber dessen werkzeugliche Funktionen und Organe preisgeben wollte. Die Ernährung und Bewegung dient dem Leben, aber ist nicht selbst das Leben. Dies ist der Vorbehalt, unter dem Harnacks Ausführungen in seinem »Wesen des Christentums« zur Darlegung dessen verwendet werden können, was die eigenste Aufgabe des Prophetentums war. Gott selber und sein Kommen in die Seele als Wahrheit und Kraft ist die Religion. Gott und die Seele: Gott als Vater, die Seele als sein Kind, Abbild und Heiligtum, das ist die Religion selber.

»Indem man,« schreibt Harnack, »die ganze Verkündigung Jesu auf diese beiden Stücke zurückführen kann, Gott als den Vater und die menschliche Seele so geadelt, daß sie sich mit ihm zusammenzuschließen vermag und zusammenschließt, zeigt es sich, daß das Evangelium überhaupt keine positive Religion ist wie die anderen, daß es nichts Statutarisches und Partikularistisches an sich hat, daß es also die Religion selbt ist. Es ist erhaben über alle Gegensätze und Spannungen von Diesseits und Jenseits, Vernunft und Ekstase, Arbeit und Weltflucht, Jüdischem und Griechischem. In allen kann es regieren und in keinem irdischen Element ist es eingeschlossen oder notwendig mit ihm behaftet.« (S. 41.)

Weder das Evangelium noch das Prophetentum haben das Statutarische und Positive im Sinne H. von der Religion selber getrennt, sondern nur die unbedingte Hegemonie der Gottesverehrung im Geiste und in der Wahrheit gefordert. Gesetz und Freiheit, Wesen und Übungen, Überlieferung und eigenes Geistesleben schließen sich nicht aus. Vielmehr zeigt Harnack selbst, im Hinblick auf das zweite Jahrhundert, daß alles mit Notwendigkeit statutarisch werde. Die Notwendigkeit, das Eigene zu überliefern und dasselbe gegen die Gegner zu behaupten, nötigt dazu. (S. 124.) Auch das gesteht H.: »Die Religion ist nicht bloß ein Leben in und mit Gott: sondern auch, eben weil sie dies ist, die Enthüllung des Sinnes und der Verantwortlichkeit des Lebens.« (S. 27.) Lehre, Gesetz und Kultus wollen dazu dienen, um ein unmittelbares Verhältnis zu Gott zu gewinnen. Die übernatürliche Gottesgemeinschaft soll nicht eine Erkenntnis und Willensbetätigung aus zweiter Hand bleiben, sondern zum eigenen und überzeugten Vollzug dessen werden, was man zuerst als Lehre, Gesetz und Übung von der Überlieferung empfangen und gelernt hat. »Alle sollen Lehrlinge Gottes werden«; das Gesetz der Überlieferung soll zum lebendigen Gesetze werden, das in die Seele selbst eingeschrieben ist. (Jer. 31, 33. 34. Ezech. 36, 26. Jes. 54, 13. Joh. 6, 45. 1. Joh. 2, 20. 27. Mt. 23.)

Von diesem Gesichtspunkt aus ergibt sich auch der Grundzug der prophetischen Weissagung im Unterschied von aller Wahrsagung, aber auch von aller bloß begrifflichen Schlußfolgerung. Weil die prophetische Weissagung viel höher ist als Wahrsagung, darum geht sie auf die Religion oder das Gottesreich selber und hat ihren Vollzug oder Vollbringer zum Gegenstand, ihre berufenen Empfänger und Träger, sowie die heilsgeschichtliche Stufenfolge ihrer Berufung. Die Weissagung ist darum messianisch und heilsgeschichtlich, und zwar mit Bezug auf Israel und die gesamte Menschheit. Gleichwohl ist diese Weissagung wesentlich erhaben über die Form der schlußfolgernden Erkenntnis aus der Fülle und Tiefe des sittlichen Gottesbegriffs: denn es handelt sich beim messianischen Gottesreich und seinem Haupte, sowie bei seiner Durchführung in Israel und der Menschheit um freie Gnadenratschlüsse Gottes, die unbeschadet seiner wesenhaften Güte auch anders lauten könnten. Darum ist die Weissagung des Gottesreiches und des Messias als seines Vollbringers, sowie seines Sieges in Israel wie der Heidenwelt im eigentlichen Sinne übernatürliche Weissagung.

Zweiter Teil.

Apologie Christi.

§ 1. Beweisgegenstand und Beweismethode der Apologie Christi.

1. Für die apologetische Untersuchung über Christus ist die Gesamtheit ihrer Aufgaben in der Frage zusammengefaßt, ob die kirchliche Glaubenslehre von Christi Person und Werk durch die wissenschaftliche Forschung begründet oder widerlegt werde. Wenn der Standpunkt vertreten wird, der Glaube an Christus werde von der wissenschaftlichen Forschung überhaupt nicht berührt, dann bedarf es keiner apologetischen Begründung. Sie könnte nur dazu dienen, die wahre und allein wertvolle Begründung des Glaubens in Frage zu stellen.

Die kirchliche Glaubenslehre über die Person Christi bekennt Jesum Christum als den menschgewordenen Gottessohn im trinitarischen Sinne des persönlichen Logos auf Grund der Menschwerdung oder der hypostatischen Vereinigung mit einer vollständigen Menschennatur. Infolge der hypostatischen Union lebt der wesenhafte Gottessohn nicht nur in seiner göttlichen Natur, sondern auch in der von ihm angenommenen menschlichen Natur. Aber die beiden Naturen und das einer jeden entsprechende Leben bleiben trotz der persönlichen Einheit vollkommen unvermischt und bewahren ihre eigentümliche Eigenart. So hat es die Kirche auf dem vierten allgemeinen Konzil zu Chalcedon 451 festgestellt, im Gegensatz zum Monophysitismus, der eine Vermischung der beiden Naturen zu einem gottmenschlichen Wesen und Leben annahm.

Die unwandelbare Ewigkeit des göttlichen Lebens, welches dem Logos zukommt, und die numerische Wesenseinheit des Logos mit dem Vater und dem Hl. Geiste im Sein und Wirken, im Denken und Wollen schließen ohnedies jede Veränderung im göttlichen Leben des Logos aus, auch als Folge der Menschwerdung.

Der kirchliche Glaube bekennt diesen Gottmenschen Jesus als den Vollender der göttlichen Offenbarung, weil er das menschgewordene Wort Gottes ist; als den Vollbringer der Erlösung durch das Opfer der stellvertretenden Genugtuung, als den Verdiener des Hl. Geistes für Kirche und Seelen, als das Vorbild und den Gesetzgeber der vollkommenen Sittlichkeit und Religion, als den Stifter der Kirche und der kirchlichen Heilsordnung, als den kommenden Weltrichter.

2. Die Apologie Christi muß in ihrer Beweismethode selbstverständlich auf den wissenschaftlichen Widerspruch gegen den kirchlichen Christusglauben Rücksicht nehmen, zumal dieser Widerspruch gerade in der Gegenwart von verschiedenartigen Gesichtspunkten höherer Ordnung und mit dem Aufgebot unermüdlicher Forschungsarbeit erfolgt.

Der Widerspruch der wissenschaftlichen Forschung spricht sich gegenwärtig in folgenden grundsätzlichen Behauptungen aus.

A. Die kirchliche Glaubenslehre von Christus stehe im Widerspruch mit dem tatsächlichen Geschichtsbilde und Selbstbewußtsein Jesu, wie es sich aus den neutestamentlichen Quellen bei kritischer Untersuchung und Verwertung derselben ergebe.

B. Die kirchliche Christologie erweise sich als geschichtliche Unmöglichkeit. Es fehlten, wie die Kritik vielfach behauptet, zur Zeit Christi alle Voraussetzungen, um in Israel mit dem Anspruch wesenhafter Gottessohnschaft aufzutreten und verstanden zu werden. Die Bedeutung, die man mit dem Ausdruck »Gottessohn« verbunden habe, sei nicht über den Begriff des theokratischen Gottessohnes, des gottgesandten und gottgesalbten Messiaskönigs hinausgegangen. Die Dreieinigkeitsidee sei die Folge der Vergöttlichung Christi: denn diese sei mit der Einpersönlichkeit des alttestamentlichen Gottesbegriffs unvereinbar. Die Enttäuschung der Jünger hinsichtlich der irdischzeitlichen Offenbarung und Verherrlichung Jesu als des gottgesandten Messiaskönigs konnte nur ausgeglichen werden durch die Vergöttlichung der Person Christi und die Vergeistigung der messianischen Aufgabe, insbesondere durch die Verklärung der Hinrichtung am Kreuze zu einem freiwilligen Opfertod und zum Verdienst stellvertretender Genugtuung.

Die Entwicklungsstufen der fortschreitenden Vergöttlichung Christi seien in den neutestamentlichen Schriften bestimmt nachweisbar.

C. Die kirchliche Glaubenslehre über den Gottmenschen und sein Erlösungswerk sei vom sittlichen Standpunkt aus innerlich unmöglich und im Widerspruch mit dem sittlichen Zwecke der Menschwerdung. Die Vereinigung von Gottheit und Menschheit zur persönlichen Einheit des Gottmenschen erhebe den Gottmenschen in unendlichem Maße über die Bedingungen der menschlichen Freiheits- und Sittlichkeitsbetätigung. Dadurch werde der Gottmensch innerlich unfähig zum sittlichen Vorbild, weil erhaben über alle menschlichen Schranken des Erkenntnis- und Willenslebens, über innere Versuchung und Seelenkämpfe, über die Möglichkeit von Sünde und Irrtum. Damit sei auch die innere Unfähigkeit eines Gottmenschen zu sittlichem Verdienste und zu stellvertretender Genugtuung dargetan, abgesehen von jener sittlichen Unmöglichkeit, welche jede Stellvertretung in Sachen der persönlichen (nicht bloß sachlichen) Verpflichtung, Schuld und Sühne ausschließe.

D. Die kirchliche Christologie sei vom metaphysischen Standpunkt aus unmöglich und bedeute einen inneren Widerspruch. Die hypostatische Union sei im monotheistischen System unvollziehbar, weil sie das Ewige und Zeitliche, das Unbedingte und Bedingte, den Unendlichen und das Endlich-Menschliche, das absolut vollkommene Geistesleben mit menschlicher Erkenntnis- und Willensbetätigung in eine Einheit gottmenschlichen Lebens zusammenschließen wolle. Das Ungeheuerliche eines Gottmenschen im Monotheismus habe die heidnische Kritik schon durch Celsus ausgesprochen. Die Kirche habe es anerkannt, indem sie durch das chalcedonensische Dogma die grundsätzliche Notwendigkeit aussprach, jede Natur müsse in ihrer Vollständigkeit und Eigenart gewahrt bleiben. Allein die kirchliche Redeweise über Christus habe selber niemals der chalcedonensischen Lehrbestimmung zu entsprechen vermocht, abgesehen von der theoretischen Wiedergabe dieser dogmatischen Forderung.

E. Die kirchliche Christologie und Trinitätslehre sowie ihre Erlösungslehre sei religionsgeschichtlich zu erklären als der Ausgleich des semitisch-alttestamentlichen Monotheismus, seiner einseitigen Welterhabenheit, seiner strengen Sittlichkeit und Gesetzesforderung einerseits mit dem arischen Monismus und Polytheismus anderseits, mit seiner starken Hervorhebung der innerweltlichen Immanenz Gottes als der Weltvernunft, Weltseele, Weltidee, als dem inneren Weltgrund und Weltzweck. Im Monismus wurzle die Mystik der Erlösungslehre und Sakramentenreligion, die Idee, durch sachliche Vorgänge, Leistungen und Gnadenmittel, also durch ein opus operatum das Persönliche erledigen zu können, sowohl die persönliche Verpflichtung wie das persönliche Heil.

Die Logosidee der griechisch-orientalischen Religionsphilosophie habe sich als die geeignetste Form dargeboten, um den Gegensatz zwischen dem Monismus der herrschenden Religionsauffassung und dem Dualismus von Gott und Welt in der alttestamentlichen Religion zu mildern; aber auch als die angemessenste Form, um die religiöse Wertschätzung Jesu zum dogmatischen Ausdruck zu bringen. Denn die Messiasidee sei für die nichtjüdische Menschheit in jeder Hinsicht unverständlich gewesen.

F. Die Organisation dieser synkretistischen Ausgleichung unvereinbarer Gegensätze sei die Kirche als hierarchische Theokratie anstatt des Gottesreiches, als magische Sakraments- und Heilsanstalt anstatt des Evangeliums und der Bergpredigt. Die Kirche und das kirchliche Christentum berufe sich auf die Stiftung durch Christus. Allein mit Unrecht. Die Kirche und die Jesus zugeschriebene Kirchengründung sei der nachträgliche Ersatz für das von Jesus verkündigte Gottesreich, als es in dem Sinne ausblieb, in dem es die Jünger und die Urchristenheit trotz allem immer wieder erwarteten.

3. Das Selbstbewußtsein Jesu ist die eigentliche Grundlage und unentbehrliche Voraussetzung für die Beurteilung seiner Persönlichkeit, seiner Sendung und Würde. Das Glaubensurteil der Apostel über die Person und Würde Jesu gründete auf diesem Selbstbewußtsein Jesu, wie es sich in Wort und Tat aussprach. Die Glaubensüberzeugung der Kirche von der göttlichen Sohnschaft, Wesenheit und Persönlichkeit Jesu Christi weist geschichtlich auf dieselbe Grundlage zurück und wurzelt durch das Mittelglied der unmittelbaren Jünger Jesu in dem Selbstbewußtsein des Meisters selber. Apologetisch oder wissenschaftlich kann daher auch keine andere Begründung und Rechtfertigung für den kirchlichen Glauben an Jesus Christus als den Messias und Gottmenschen, den wesenhaften Gottessohn und Menschensohn, Erlöser und Heiland gesucht und gefunden werden, als das Selbstbewußtsein Jesu. Alle anderen Gründe, wie insbesondere Wunder und übernatürliche Verherrlichung, haben nur Beweiskraft, soweit sie vom Selbstbewußtsein Jesu getragen und bestätigt werden. Dieses Selbstbewußtsein Jesu ist die Seele aller apologetischen Beweisgründe für die dogmatische Lehre der Kirche, daß Jesus der verheißene Messias und Gottgesandte, der menschgewordene Gottessohn, in seiner Gottheit wesensgleich und wesenseins mit dem Vater und Hl. Geiste sei, aber ebenso als wahrer Mensch wesensgleich mit dem Menschengeschlecht und allen Bedingungen des menschlichen Lebens und Wirkens unterstellt, ausgenommen allein die Sünde.

Die Darlegung des Selbstbewußtseins Jesu ist in einer apologetischen Untersuchung ausschließlich auf Grund der geschichtlichen Urkunden zu führen und nur mit den Gesichtspunkten, welche die Tatsachen selber darbieten. Dabei sind natürlich die Abstufungen zu beachten, welche sich inbezug auf den Quellenwert der Evangelien und sonstigen Urkunden ergeben, wenn und solange keine Voraussetzung übernatürlicher Erhabenheit hinsichtlich der Evangelien und der Person Jesu gemacht wird. In erster Linie stehen demnach diejenigen Berichte, welche ihrer ganzen Beschaffenheit nach keine übernatürliche Voraussetzung machen und die Person Jesu, ihr Denken und Wollen, ihr Reden und Wirken möglichst unbeeinflußt durch die eigene Glaubensüberzeugung des Berichterstatters zur Darstellung bringen. Es ist dies in erster Linie das Evangelium Markus, in zweiter Linie Lukas und Matthäus, soweit sich diese Evangelien auf die öffentliche Wirksamkeit Jesu beziehen, also von der Taufe bis zum Kreuzestod.

Die Berichte der Kindheitsgeschichte stammen (im allgemeinen) ihrer Natur nach nicht aus dem unmittelbaren Erfahrungsbereich der Jünger und Berichterstatter, sondern aus den Mitteilungen der Angehörigen Jesu und dem Kreise jener Personen, deren Aufmerksamkeit und Teilnahme für Jesus nicht erst durch sein öffentliches Auftreten erregt worden ist. Je weniger dieselben mit Wundern verknüpft sind, desto mehr nähert sich für die rein geschichtliche Betrachtung ihr urkundlicher Wert der ersten Kategorie. Hierher gehört wohl der Bericht über den Tempelbesuch des zwölfjährigen Jesus. Das gleiche gilt von den Berichten, welche offenkundig nicht von den Glaubensüberzeugungen der urchristlichen Kirche bestimmt sind, sondern ihre geistige Selbständigkeit nach Form und Inhalt deutlich kundgeben. Hierher gehören z. B. die dichterischen Gebetspsalmen der Kindheitsgeschichte, die Reden und Gebete der Apostelgeschichte in ihrem ersten Teile.

Die Reden des Auferstandenen haben die geschichtliche Tatsächlichkeit der Auferstehung Christi zur Voraussetzung und erscheinen darum denjenigen mindestens als zweifelhaft, welche das Wunder der Auferstehung für unmöglich halten. Man (auch Loisy) sieht in diesen Worten nur zumeist den Ausdruck jener Glaubensüberzeugungen, welche sich der Jüngergemeinde und der Kirche im Interesse des Werkes Jesu und im Geiste seiner Lehre als unabweisbare Folgerungen aufdrängten. Man habe sie als Anordnungen Jesus zugeschrieben, um so die äußere Legitimation für das zu schaffen, was sich als Notwendigkeit im Sinne Jesu und im Interesse seines Werkes ergab. So Mt. 16, 16—18 u. 28. Und doch ständen diese Anordnungen Jesu im Widerspruch mit der Tatsache, daß die Berechtigung, den Heiden das Heil zu bringen, noch lange strittig war, und damit auch die Berechtigung, sich als eigene Kirche von der Gemeinschaft des Tempels zu trennen. (Act. 10. 11.)

In den Evangelien von Matthäus und Lukas sind wieder jene Redestücke von besonderem Ansehen und Wert, welche aus den Logia, jener von Papias bezeugten Sammlung der Jesuslehren, entnommen zu sein scheinen.

Jeder Versuch, von vornherein darüber verpflichtende Vorschriften zu machen, was entscheidende Beweiskraft habe, wäre bloß geeignet, die ganze apologetische Untersuchung als tendenziös verdächtig zu machen und ihres wissenschaftlichen Wertes zu berauben. Die Apologie Christi wird ebensowenig wie die Apologie des Christentums auf den äußeren Kriterienbeweis des Wunders verzichten; allein sie muß dabei im Auge behalten, daß die Kritik, wie sie gegenwärtig nicht etwa bloß von dem liberalen Protestantismus, sondern von der Religions- und Geschichtswissenschaft überhaupt vertreten wird, in dem Wunder mehr einen Beweis gegen die Geschichtlichkeit findet, als einen Beweis f ü r die Wahrheit.

Erster Abschnitt.

Das Selbstbewußtsein Jesu als Messias und Gottessohn.

§ 1. **Die Offenbarung des Gottessohnes im messianischen Lebenswerk der Geistestaufe (nach Markus).**

Als Anfang des großen Zeugnisses, welches im Evangelium und im Selbstbewußtsein Jesu enthalten ist, muß das Lebenswerk Jesu in seinem geschichtlichen Verlauf und Zusammenhang ins Auge gefaßt werden. So wird die Sicherheit erzielt, daß die eigentliche Beweisführung, wie sie im folgenden entwickelt wird, nicht etwa mittelst einer willkürlichen Auswahl und bruchstückartigen Zerlegung des urkundlichen Tatbestandes vor sich geht. Die Wahrheit liegt unzweifelhaft im Ganzen und in der Würdigung aller Bestandteile, und zwar in ihrem realen und geschichtlichen Zusammenhang.

Um dieses Gesamtbild des Lebenswerkes Christi zu geben, eignet sich in ganz besonderem Maße das Evangelium Markus. Die Darstellung dieses Evangeliums läßt nämlich den ursächlichen Zusammenhang am bestimmtesten hervortreten, während Matthäus

und auch Lukas systematische Gesichtspunkte überordnen. Sodann
gibt Markus die Ereignisse und Reden in einer Weise, daß der Einfluß
einer nachträglichen Verklärung bei ihm am meisten ausgeschlossen
erscheint.   Die Kritik rechnet nämlich mit der unwillkürlichen
Umwandlung, welche die Verherrlichung Jesu zum Messias und
Heiland inbezug auf alle Erinnerungen an Jesu Tun und Lehren
in der Vorstellung der Apostel bewirken mußte.

In dem apostolischen und kirchlichen Glaubensurteil über
Jesus steht nun im Vordergrunde seine persönliche Würde als
Gottessohn, sein Beruf als Messias-Christus und die Bedeutung
seines Todes als Opfer der Versöhnung.   Die nachträgliche Ein-
fügung dieser dreifachen Glaubensauffassung in das geschichtliche
Lebensüberzeugungsbild Jesu wäre zuerst im Markusevangelium
erfolgt. Es ist darum notwendig zu untersuchen, ob Gottessohnschaft, Messiasberuf der Geistestaufe und Erlösungsopfer als künstliche Hinzufügungen aus dem Lebensbild Jesu ausgeschaltet werden
können, wie es im Markusevangelium vorliegt.   Wenn es sich
ergeben sollte, daß sie die ganze Darstellung unausgesprochen, aber
unverkennbar von innen heraus beherrschen, so wäre dies ein
wertvoller Beweis für die geschichtliche Begründung des Glaubens
der Kirche.

1. Das Markusevangelium gibt als seinen Zweck an, Jesum
Christum als den Sohn Gottes zur Darstellung zu bringen. Allerdings ist über die Tragweite und den Sinn, in dem der Begriff
Gottessohnschaft von dem Evangelium gebraucht wird, von vornherein ausdrücklich keine nähere Bestimmung gegeben. Allein es
geschieht dies sofort, indem Markus sagt, das Auftreten Jesu sei
die Erfüllung der Weissagung in Jes. 40. Das Trostbuch beginnt
mit der Verheißung, daß Gott selbst als guter Hirte und Erlöser
Sions kommen werde, und daß seiner Ankunft eine Stimme des
Rufenden in der Wüste vorangehen werde. Derjenige, dem Johannes der Täufer den Weg bereitet, ist demnach in besonderem
Sinne Jahwe = Gott selber. Johannes erklärt zudem ausdrücklich:
»Ich taufe euch mit Wasser: der nach mir Kommende wird euch
mit dem Heiligen Geiste taufen.« Darum ist er dem Vorläufer
unendlich überlegen an Macht und Würde. (Mc. 1, 7. 8.) Die
Geistestaufe ist der Trost, den das Trostbuch des Propheten
Jesajas feierlich verheißt.

»Sehet, euer Gott ist da! Sehet, der Herr Jahwe tritt mit Macht einher! Vergeltung folgt ihm, Segen geht vor ihm her. Er weidet als Hirt seine Herde. . . . Wer lenkt Jahwes Geist? Wer vermag ihm Rat zu geben und ihn zu belehren« (im großen Schöpfungswerk der Weisheit, Allmacht und Güte)? »Weißt du nicht, daß Jahwe, der ewige Gott, es ist, der die Allwelt erschuf, der nie matt noch müde wird, dessen Verstand unergründlich ist, daß er es ist, der Kraft dem Müden gibt und dem, der kraftlos ist, die Stärke mehrt? Jünglinge werden matt und müde, Helden straucheln; aber die auf Jahwe hoffen, erlangen neue Kraft: sie schwingen sich auf gleich Adlern, sie laufen und ermüden nicht, sie gehen und ermatten nicht.« (Jes. 40.)

Das ist die Geistestaufe, welche der im Jesus-Messias verborgene Gottessohn vollzieht. Was in ihm als göttliches Geheimnis verborgen war, bekundet sich bei der Taufe Jesu im Jordan: »Sobald Jesus aus dem Wasser stieg, sah er, wie sich der Himmel öffnete und der Geist einer Taube gleich herabstieg und auf ihm blieb. Und eine Stimme erscholl vom Himmel: Du bist mein geliebter Sohn, an dem Ich Wohlgefallen habe. — Gleich darauf trieb ihn der Geist in die Wüste.« (Mc. 1.)

2. Nach dem Sieg über die Versuchungen Satans und nach der Verhaftung des Johannes trat Jesus in Galiläa mit der Verkündigung auf: »Die Zeit ist erfüllt, das Reich Gottes ist nahe, tuet Buße und glaubet der frohen Botschaft.« (Mc. 1, 15.) Das Reich Gottes ist da, wenn die Zeit erfüllt ist; es ist die Taufe und Neubelebung mit dem Geiste Gottes, wenn es eine frohe Botschaft ist. Jedenfalls hat sie Gott zum Inhalt und mit politischer Weltherrschaft nichts zu tun. Sonst bedürfte es keines Messias, der mit dem Heiligen Geiste tauft. Dem geistig-göttlichen Wesen des Reiches entspricht es, daß diejenigen Menschenfischer werden sollen, welche Jesus zu seiner Jüngerschaft beruft. Die Jüngerberufung geht von Jesus aus und gehört von vornherein zum Plan seines Werkes.

Das Lehren und Wirken Jesu ist gleichermaßen eine Kundgabe der selbstbewußten Macht und selbstgewissen Sicherheit, die unmittelbar aus dem Geiste Gottes schöpft, nicht aus dem Buchstaben. (Mc. 1, 22. 27.) Die unreinen Geister, d. h. die zu Heilenden oder Geheilten (Mc. 3, 11) bekennen Jesum darum als den Heiligen Gottes (Mc. 1, 24), als den Sohn Gottes (Mc. 3, 11). Jesus verbietet ihnen darum, daß sie überhaupt reden. Trotzdem verkünden sie seine Gottessohnschaft.

Die Heilungen des Besessenen, der Fieberkranken, des Aussätzigen, des Gichtbrüchigen erregten die Bevölkerung im höchsten Maße; aus dem Grunde, wie es scheint, weil sich Hilfe für alle Leibesnöten zeigte. Jesus drang bei dem Aussätzigen ausdrücklich auf die Beobachtung des Opfergesetzes (Lev. 13) — »ihnen zum Zeugnis«. (Mc. 1, 44.) Allein die Sündenvergebung, welche Jesus dem Gichtkranken ungebeten zuerst gewährte, veranlaßte den Verdacht der Gotteslästerung im Innern der anwesenden Schriftgelehrten.

»Wer kann Sünden vergeben, als Gott allein?« . . . Jesus sprach offen aus, was sie innerlich dachten: »Was heget ihr doch für Gedanken in euren Herzen? Was ist leichter, dem Gichtkranken zu sagen: Deine Sünden sind dir vergeben? oder zu sagen: Stehe auf, nimm dein Bett und geh? Doch um euch zu überzeugen, daß der Menschensohn die Macht hat, die Sünden zu vergeben auf Erden (so sprach er zu dem Gichtkranken): Ich sage dir, stehe auf, nimm dein Bett und gehe heim!« (Mc. 2, 1—12.)

Hieraus ergibt sich, daß Jesus nicht etwa nur im Hinblick auf die Gesinnung dieses oder jenes erklärte, die Sünden seien ihm offenbar schon vergeben, sondern daß er die Gewalt der Sündenvergebung in Anspruch nahm.

Als zweites will der Evangelist hervorheben, daß der Vorwurf der Gotteslästerung nicht zuerst offen gegen Jesus ausgesprochen wurde und ihn mit oder gegen seinen Willen in das Todesverhängnis verstrickte, sondern daß Jesus selbst den still auftauchenden, nicht ausgesprochenen Vorwurf an die Öffentlichkeit gebracht habe.

3. Jesus hat sich mit freiem Entschluß dem Verhängnis dargeboten, das mit dem Messiasberuf der Geistestaufe, der Sündenvergebung, des geistigen Tempelbaues untrennbar verbunden war. Die Schonung, welche Jesus übte, bestand nur darin, daß er die Werke und Aufgaben des Gottesreiches im Sinne der Geistestaufe in den Vordergrund rückte, nicht aber den Namen und Anspruch des Messias, des Gottessohnes, des Heiligen Gottes. Offenbar wollte er die weltlich-irdischen Erwartungen nicht wachrufen, welche mit dem Messiasbegriff tatsächlich verknüpft wurden. Allein um so deutlicher offenbarte er der Sache nach sein Messiasgeheimnis: er beruft mit Macht zur Jüngerschaft des Predigens, Heilens und Austreibens böser Geister; er ist es, der von sich zu sagen wagt: »Ich bin nicht gekommen, um die Gerechten, sondern

die Sünder zu berufen!« Er nennt sich den Bräutigam im Gottesreiche, dessen Gegenwart das Fasten entbehrlich macht. Er bringt das große Neue und würdigt damit das Alte und Veraltete ab. Sein Gesetz lautet: »Der Sabbat ist um des Menschen willen da!« Das alte Gesetz lautet: Der Mensch ist um des Sabbats willen da! »So ist der Menschensohn auch Herr über den Sabbat!« Jesus wußte, daß er sich damit nicht zum Gesetze Gottes in Widerspruch stellte. (Mc. 3, 4) Das, was er als alt und veraltet erklärte, ist die Umkehr der göttlichen Ordnung, welche die Mittel darbietet, um dem Menschen zur Gottverähnlichung und Vollendung zu verhelfen, nicht aber, um ihn unter den Zwang von Übungen und Gebräuchen zu stellen. Jesus sagt damit, der Zweck aller Gesetze Gottes sei das Heil und die Vervollkommnung des Menschen. Also sind alle Gesetze von diesem Zwecke aus auszulegen und zu erfüllen. Die merkwürdige Frage Jesu sollte diesen Sinn des göttlichen Gesetzes zum klaren Bewußtsein bringen: »Ist es erlaubt, am Sabbat Gutes oder Böses zu tun? Leben zu retten oder zu zerstören?« (Mc. 3, 4.)

4. Man findet einen Gegensatz des Markusevangeliums zu Matthäus und auch Lukas darin, daß ihm zufolge Jesus sofort (Mc. 1, 27; 2, 28) das Gottesreich als etwas Neues erkläre, während er in der Bergpredigt versichere: »Denket nicht, ich sei gekommen, das Gesetz und die Propheten aufzuheben. Ich bin nicht gekommen, sie aufzuheben, sondern zu erfüllen. Denn wahrlich! eher würde Himmel und Erde vergehen, als daß der kleinste Buchstabe oder der mindeste Punkt vom Gesetze verginge, bis alles erfüllt ist.« (Mt. 5, 17. 18.) — Die Bergpredigt beweist selber, wie dies zu verstehen sei, und daß keine Änderung im Urteil Jesu einzutreten brauchte, als er nach Mt. 15, 1—20 den Grundsatz verkündigte, wonach Reinheit und Unreinheit nur eine Frage der Sittlichkeit sei, nicht äußerer Gebräuche. — Das gleiche ergibt sich aus der Zusammenfassung des Gesetzes mit den Propheten. Jesus meinte das göttliche Offenbarungsgesetz im Sinne der Propheten als jenes Gesetz, von dem der Mensch lebt, und als jene Pflanzung, die niemals ausgerottet wird, weil sie der Vater gepflanzt hat.

Christus vertritt in Mt. 5, 19 außerdem den Grundsatz, daß man von dem kleinsten Gebot aus den Geist des Ganzen suchen und erfüllen könne. In diesem Sinne hat sein Evangelium das alte Gesetz im weitesten Sinne zur vollkommenen Erfüllung gebracht. Man kann die Einzelgebote indes auch so auffassen, daß man sie in ihrer Abgeschlossenheit als äußere und als einzelne Übung betont und gewissermaßen als Selbstzweck betrachtet. In diesem Sinne hat Christus viele alte Gesetze nicht erfüllt und nicht erfüllen wollen. So Mt. 5, 31—48; 23 – 26.

Die Gebote der zweiten Tafel sind dem Wortlaut nach verbietend: diese Form gab Anlaß zu der Kunst, sich die Erfüllung des Gebotes durch kasuistische Feststellung des Strengverbotenen möglichst leicht zu machen. Allein die Verbote des Dekalogs haben auch einen positiven Kerngedanken, wie Jesus selbst hervorhob; und insofern müssen sie im Zusammenhang mit dem ersten und letzten Gebot verstanden werden, d. h. inbezug auf Gott als Lebenszweck und die Gottverähnlichung der inneren Gesinnung.

Man muß bei dem alten Gesetze unterscheiden, was eigentliches Offenbarungsgesetz und göttliches Gebot für das religiössittliche Leben ist, und das, was seiner Natur nach weltlichbürgerlich oder national-zeitgeschichtlich ist und mit dem religiössittlichen Heilsgesetz nur als Material oder als Hilfsmittel und Werkzeug in Zusammenhang kam. Das Gesetzbuch Hammurabis hat hierfür wertvolle Anhaltspunkte gegeben.

5. Damit war das Messiasgeheimnis Jesu enthüllt, ohne ausgesprochen zu sein. Darum war auch der Entschluß im Geiste der Pharisäer und Herodianer gegeben, Jesus müsse als Feind des heiligen Gesetzes der gesetzlichen Todesstrafe verfallen. Nur über das Wie war eine Beratung notwendig. (Mc. 3, 6.) Jesus entzog sich der Gefahr. Das Urteil über Jesus, das von Jerusalem her ausgesprochen wurde, erklärte Jesum als ein Werkzeug des bösen Geistes. (Mc. 3, 22. 30.) Wegen dieser entschiedenen Verurteilung von Sorge bedrängt, wollten die Angehörigen Jesu sich seiner Person bemächtigen: »denn man hatte gesagt, er sei nicht bei Sinnen«. (Mc. 3, 21.) In dieser Form erzielte die von Jerusalem gegebene Losung allgemeineren Erfolg. Die wohlwollende Gesinnung des Volkes milderte so das schroffe Urteil der Obrigkeit.

Wenn allerdings die obrigkeitliche Verurteilung eine solche Zustimmung in dem Wirkungskreise Jesu und sogar bei seinen Angehörigen finden konnte, dann mußten auch diese Kreise durch seine seitherige Wirksamkeit und Lehre befremdet sein. Das empfanden jedenfalls alle, daß die Lehr- und Heiltätigkeit Jesu nicht der Anfang zur Vertreibung der Römer und zur Aufrichtung der jüdischen Weltherrschaft war. Darum konnten sie befremdet sein, so sehr auch die Wunderheilungen als Wohltat anerkannt und gesucht wurden. Allein das Eigentliche und Höchste, was man erwartete, war nicht die Erlösung von den Sünden, sondern von den Heiden, die Erlösung von der äußeren, nicht von der inneren Knechtschaft, nicht die leibliche und geistige Erhebung der gebrechlichen Menschennatur zur Lebensgemeinschaft mit Gott. Man wollte etwas anderes, was die Leidenschaft entflammte und die Gemüter mit dem Genuß der Weltherrschaft, der Vergeltung und des Triumphes berauschte.

Solche Erwartungen beseelten auch die Edelgesinnten. Diese wurden von Jesus befremdet, wenn er es bei dem seitherigen Evangelium bewenden ließ. Sie nahmen es an, aber als Einleitung; das Eigentliche, was man wollte, war der Triumph und seine berauschende Herrlichkeit. Anders die Führer im Heiligtum: sie fühlten sich durch den Geist Jesu nicht nur befremdet, sondern verurteilt und tödlich getroffen. Darum entschlossen sie sich zum Todesurteil über ihn. Jesus antwortete darauf mit dem Worte: »Wer den Heiligen Geist lästert, wird in Ewigkeit keine Vergebung erhalten, sondern der ewigen Sünde schuldig sein. — Sie hatten nämlich gesagt, Jesus habe einen unreinen Geist.« (Mc. 3, 29. 30.)

Den anderen gegenüber erklärte Jesus: »Wer den Willen Gottes tut, ist mir Bruder, Schwester und Mutter.« (Mc. 3, 21. 31—35.) Auch hierin sprach sich das Bewußtsein aus, daß er selbst in eigener Persönlichkeit der geborene Anwalt des göttlichen Willens ist. Darum ist man in dem Grade mit Jesus verwandt, in dem man den Willen Gottes in sein Verständnis und Leben aufnimmt. Darin liegt eine große Aussage Jesu von sich selber; sie erinnert an Joh. 4, 34.

6. Das Gleichnis vom Samen des göttlichen Wortes ist das erste und größte unter den Gleichnissen, welche Markus zur näheren Darlegung des Gottesreiches (Mc. 4, 11) bringt.

Markus hielt wohl die Aufnahme größerer Lehrstücke nicht für notwendig, weil die Lehrsprüche Jesu schon in der Sammlung der Logia vorhanden waren. Es handelte sich für den Evangelisten nur um den Zusammenhang des

Lebenswerkes Jesu und insofern auch um die Aufgabe, in welchen Zusammenhang die einzelnen, anderweit gesammelten Redengruppen gehören.

Das Gleichnis vom Sämann gewinnt seine volle Bedeutung,
wenn es als die Antwort Jesu auf den Vorwurf seiner hierarchischen
Gegner betrachtet wird. Das Reich Gottes ist das Wort Gottes,
wie es als Sämann und Same der göttlichen Lebensgemeinschaft
an jede Seele herantritt und je nach ihrem sittlichen Verhalten
gar keinen, oder einen ungenügenden, oder einen vollen Erfolg
hat. Der Erfolg ist sittlich bedingt, nicht naturhaft. Das Reich
Gottes rechnet demnach mit der Freiheit; ja es will in der Freiheit
der Menschenseele seine Heimat gewinnen, seinen Gottestempel
bauen.

Das Reich Gottes ist also allem Weltlichen und Politischen
fremd: es ist das Wort Gottes, welches in der Seele mit freier
Hingabe mittelst des Wahrheitssinnes und der Vollkommenheitsanlage dauernde Aufnahme finden will. Gott und Innerlichkeit
sind die zwei Grundzüge des Himmelreiches. Seine Hindernisse
sind die Bosheit (wie bei den Gegnern Jesu), die Oberflächlichkeit und Halbheit der Eindrucksmenschen, die Sorgen, Güter und
Begierden dieser Welt. — Das Gottesreich ist ein Geheimnis:
aber nicht um verborgen zu bleiben, sondern gerade um allen als
Wahrheit und Aufgabe, als Licht und Leben bekannt und gegeben
zu werden. Das Maß der Vergeltung ist die Verwertung des
anvertrauten Gutes: die Pflicht besteht in der Verwertung aller
Gaben und Güter. Damit hat Jesus den Grundsatz der Aktualität
für das Reich Gottes aufgestellt.

Das zweite Gleichnis sagt, daß das Reich Gottes nicht ein
künstliches Gebilde sei, sondern eigene göttliche Lebenskraft, die
sich nach eigenem Gesetz mit innerer Notwendigkeit auswirkt und
sich (wenn auch ohne Beeinträchtigung der persönlichen Freiheit)
der Gedanken und Gesinnungen bemächtigt. Aus dem ersten
Gleichnis könnte man nämlich durch einseitige Auslegung entnehmen, das Gottesreich sei ausschließlich davon abhängig, was
der freie Wille aus dem Evangelium macht. (Mc. 4, 26—29.)

Das dritte Gleichnis zeigt, wie das Gottesreich vom Keime
unscheinbarer Anfänge bis zur weltumspannenden Größe heran-
wachse — durch Entfaltung seines Zieles, wie durch stete Erweiterung seines Herrschaftsgebietes. (Mc. 4, 31—34.)

Markus schildert die von der Seepredigt aus unternommene Überfahrt mit der wunderbaren Stillung des Sturmes: »Wer muß doch dieser sein, daß ihm sogar Wind und Meer gehorchen!« (Mc. 4, 40.) Im jenseitigen Gerasenergebiet erfolgt das eigenartige Dämonenaustreiben mit der Erlaubnis, in die 2000 Schweine zu fahren, die Rückfahrt und die Auferweckung der Jairustochter, die Heilung der Blutflüssigen. Hierauf macht Jesus einen Besuch in Nazareth, wo Lehre und Wirken mit Ausnahme weniger Krankenheilungen erfolglos waren. Jesus wunderte sich über ihren Unglauben und erklärte: »Ein Prophet ist nirgends weniger geachtet als in seiner Heimat, bei seinen Verwandten und in seiner Familie.« (Mc. 6, 1—6.) Im Zusammenhang mit der Ablehnung in Nazareth steht die Aussendung der Jünger, um Buße zu predigen, böse Geister auszutreiben und Kranke durch Salbung zu heilen.

7. Unterdes kam die Schreckenskunde von der Hinrichtung Johannes des Täufers und warf ihre düsteren Schatten in die frohen Berichte der Jünger. Hier setzt mit der ersten Brotvermehrung in der Einöde eine größere Lehrtätigkeit ein. (Mc. 6, 34.)

Die Rückfahrt der Jünger über den See wird zum Anlaß des wunderbaren Wandelns Jesu über den See. Markus fügt hinzu: »Sie staunten und wunderten sich über die Maßen. Denn durch jene Brote waren sie noch nicht zur Einsicht gekommen, weil ihr Sinn noch unempfänglich war.« (Mc. 6, 51.) Damit wird festgestellt, daß die Jünger eine richtige Erkenntnis von dem Geheimnis Jesu und seiner Sendung noch nicht gewonnen hatten. Der Evangelist bezeugt so ausdrücklich, daß eine höhere Wahrheit in beiderlei Hinsicht vorliegt und Verständnis finden soll.

Nach einer größeren Heiltätigkeit wird das Wirken Jesu gestört durch das Ärgernis, welches Schriftgelehrte von Jerusalem am Verhalten der Jünger Jesu inbezug auf die Reinigkeitsvorschriften der Erblehre nahmen. Jesus erhob zunächst den Vorwurf, daß die geistlichen Führer Israels nur eine äußerliche Gottesverehrung pflegen, keine innere; und daß sie Menschensatzungen zur Geltung bringen, aber Gottes Gebote beiseite setzen. Vor allem Volke aber verkündigte er den weittragenden Grundsatz: »Höret mir alle zu und fasset es wohl! Nichts, was von außen in den Menschen hineinkommt, kann ihn verunreinigen; sondern nur was von ihm ausgeht, das ist es, was den Menschen verunreinigt. Wer Ohren hat zu hören, der höre!« Für seine Jünger fügte Jesus noch eine ganz unzweideutige Auslegung hinzu. (Mc. 7, 1—23.)

Infolge dieser offenen Verurteilung der äußeren Reinigkeitsgesetze entstand die Notwendigkeit, in das Gebiet von Tyrus und Sidon zu ziehen. Dort heilte Jesus die Kananäerin; nach der Rückkehr in die Dekapolis den Taubstummen. Die zweite Brotvermehrung veranlaßte die Wunderforderung der

Pharisäer, welche ein Zeichen vom Himmel verlangten. Jesus lehnte dies ab, aber heilte den Blinden zu Bethsaida. (Mc. 8.)

8. Nunmehr erfolgte die Wanderung nach Norden an die Jordanquelle, die Frage an die Jünger, wofür die Leute ihn hielten. Aus der Antwort der Jünger ergibt sich, daß ihn im Volke damals niemand für den Messias hielt, sondern entweder für Johannes oder Elias oder einen Propheten. Dieselbe Tatsache berichtet der Evangelist schon vorher, wo er den Eindruck schildert, den die Wunderheilungen Jesu bei Herodes und dem Volke machten. »Da fragte er sie: Und wer saget ihr denn, daß ich sei? Da antwortete Petrus: Du bist Christus!« (Mc. 8, 29.)

»Er verbot ihnen ernstlich, dies irgend jemand von ihm zu sagen. Und nun fing er an, ihnen zu eröffnen, der Menschensohn werde vieles leiden müssen, werde von den Ältesten, Oberpriestern und Schriftgelehrten verworfen und getötet werden, aber innerhalb drei Tagen wieder auferstehen. Das sagte er ganz frei heraus. Da nahm ihn Petrus auf die Seite und suchte ihm dies ernstlich auszureden. Er aber wandte sich um und auf seine Jünger blickend, gab er dem Petrus einen Verweis und sprach: Hinweg von mir, Satan! denn du denkst nicht, was göttlich, sondern was menschlich ist. — Darauf rief er das Volk und seine Jünger herbei und sprach: Will jemand mir nachfolgen, so verleugne er sich selbst, nehme sein Kreuz auf sich und folge mir nach. Denn wer sein Leben retten will, wird es verlieren. Wer aber um meiner und des Evangeliums willen das Leben verlieren wird, der wird es erhalten. Was hülfe es dem Menschen, wenn er die ganze Welt gewänne, aber an seiner Seele Schaden litte? Oder was kann der Mensch geben, um seine Seele zu lösen? — Wer sich unter diesem ehebrecherischen und sündhaften Geschlecht meiner und meiner Lehre schämen wird, dessen wird sich auch der Menschensohn schämen, wenn er in seines Vaters Herrlichkeit mit den heiligen Engeln kommen wird. Wahrlich, ich sage euch, es sind einige unter denen, die hier stehen, welche den Tod nicht kosten werden, bis sie das Reich Gottes in Kraft herankommen sehen.« (Mc. 8, 27—39.)

Mit diesem Vorgang wurde eine ganz neue Lage geschaffen und eine neue Aufgabe gestellt. Vor allem verdient Beachtung, daß bei Markus der Ausdruck Menschensohn (oder Mensch) zum erstenmal als ausschließliche Selbstbezeichnung Jesu in der Leidensweissagung auftritt. Denn in 2, 28 könnte er auf Grund des vorherigen Verses auf den Menschen überhaupt bezogen werden. Der Mensch ist Zweck des Sabbats, wie sich aus der Natur der Sache unzweifelhaft ergibt, also auch Herr über den Sabbat. Immerhin ist auch in diesen beiden Fällen Jesus mit dem Menschensohn gemeint.

Mit dem Messiasbekenntnis war auch die Überzeugung der Jünger gegeben, daß Jesus das Gottesreich bringe. Sie faßten es trotz den seitherigen Lehren unwillkürlich als etwas, was von außen und äußerlich von oben kommt und dem Volke Israel eine Herrscherstellung gibt. (Act. 1. Mc. 10, 35—45.) Dieses politische Messiasreich konnte durch die stärkere Betonung und engere Verbindung mit der sittlich-religiösen Forderung, etwa im Sinne von Lc. 1, 32. 51—54; 68—79 zu einer sehr hohen Geistigkeit gesteigert werden.

Allein von wesentlich selbständiger Bedeutung ist die Offenbarung, daß dieses Gottesreich durch das Opferleiden des Messiaskönigs verwirklicht werden sollte, und infolgedessen durch das Opfer der Selbstverleugnung und Selbsthingabe überhaupt. Nicht die Welt ist zu gewinnen, sondern Gott. Die Welt als Gegenstand der Hingabe wäre nur zu gewinnen auf Kosten der Seele; und doch kann die Welt sogar verloren gehen ohne Verlust für die Seele. Nur für den Verlust, den die Seele erleidet, kann die ganze Welt nicht als Ersatz oder Lösegeld gelten.

Darum wird der Menschensohn bei allen denen, welche in ehebrecherischer Entfremdung von der wahren Gotteserkenntnis an der Idee der Gewaltherrschaft festhalten, zu einem Gegenstand der Mißachtung. Allein der Menschensohn fordert trotzdem entschiedenes Bekenntnis zu seiner Person und zum Prinzip seiner messianischen Sendung. Beide triumphieren schließlich doch und beschämen dann diejenigen, welche kleingläubig mißtraut haben. Diese Erfahrung werde noch innerhalb der gegenwärtigen Generation gemacht werden. Es ist der prophetische Grundsatz: »Ich will sie retten durch Jahwe, ihren Gott, nicht aber durch Bogen, Schwert und Krieg, nicht durch Rosse und Reiter.« (Hos. 1, 7.) »Zion wird durch Recht gerettet werden!« (Jes. 1, 27; 53.) »Nicht durch Macht, nicht durch Kraft, sondern durch meinen Geist, spricht Jahwe, des Weltalls Gott!« (Zach. 4, 6.)

Nicht durch Gewalt von außen wird das Gottesreich hergestellt, sondern durch die Geistestaufe, durch das Licht der Überzeugung und durch jene Gewalt, mit der sich die Liebe die Herzen öffnet. Die äußere Gewalt verhindert mehr, als sie fördert. Was sie in inhaltlicher Hinsicht scheinbar oder wirklich erzielt, schädigt sie durch die Art und Weise, wie sie wirkt; denn diese

Art haftet auch ihren Erfolgen und Wirkungen an. Die stille Macht des Wahrheits- und Liebesgeistes wirkt trotzdem unendlich mehr, auch an äußerem Erfolg: darum konnten es in der Tat noch viele der Umstehenden selber erleben, daß das messianische Reich nach der Auferstehung Christi als siegreiche Geistesmacht gekommen sei. (Mc. 8, 39. Act. 2. 1 Cor. 1. 2.)

Die Einführung der Jünger in die Leidensaufgabe des Messias erfüllte die Einsamkeit der nächsten Woche und steht mit der Verklärung auf dem Berge in innerem Zusammenhang. Nichts konnte für diese Belehrung geeigneter sein als die Mitteilung über die drei Versuchungen, die an Jesus bei seinem Eintritt ins messianische Amt herangetreten waren. Petrus hatte ja durch sein Auftreten die Erinnerung an den Satan wachgerufen. Moses und Elias sind die Zeugen und Beweise dafür, daß der Messias nicht zum Königtum der Gewalt, sondern der Opferliebe berufen ist. Darum wird ausdrücklich das Wort Jesu hervorgehoben: »Elias geht allerdings voran, um alles wieder in besseren Stand zu bringen: so wie es auch vom Menschensohn geschrieben steht, daß er vieles leiden und verachtet werden müsse.« (Mc. 9, 11; vgl. Lc. 9, 31.) Johannes der Täufer ist der Elias, der durch seine Hinrichtung dies bezeugt. (Mt. 17, 12.)

Als der geliebte Gottessohn wird der verklärte Jesus von der Stimme den Jüngern bezeugt, die aus der Wolke erscholl. Jesus aber wiederholt das Verbot weiterer Mitteilung und erneuert den Ausblick auf seine Auferstehung. (Mc. 9, 1—12.)

Der vergebliche Versuch der Jünger, unterdes den taubstummen und tobsüchtigen Knaben zu heilen, gab Anlaß zu dem Worte: »Wer Glauben hat, für den ist alles möglich.« (9, 22.) Die Einschärfung des messianischen Leidensberufes soll den Geist des Gottesreiches offenbaren, von dem gesalbt Jesus die Versuchungen des politischen Messiasideals als gottwidrig abgelehnt hatte. Er will auch seine Jünger zur Überwindung dieser drei Versuchungen anleiten. Die Jünger stritten um den Vorrang im Gottesreiche: Jesus sagt ihnen als das Geheimnis der messianischen Weltherrschaft: »Wenn jemand der Erste sein will, so werde er der Letzte von allen und der Diener aller.« Um ihm, dem Messias, die Seele zu öffnen, solle man sie liebevoll dem Hilfsbedürftigen öffnen, auch dem unmündigen Kinde. Denn um der Menschenseele zu ihrem Gott zu verhelfen, ist der Messias gekommen. Die Menschenseele ist darum unendlich wertvoll und aller Aufopferung wert, auch im geringsten. Wer am Messias teilhaben wolle, solle an seinem Liebeswerk teilnehmen. Nur das Feueropfer dieser Liebeshingabe und das Salz der Leiden führt in

Gottes Reich. (Mc. 9, 29—49; 10, 13—16.) Darum ist auch die Ehescheidung vor Gott nicht erlaubt: die Seele ist es wert, daß man ihrem Heile zuliebe in dem Gemeinschaftsband bleibe, trotz der Schwierigkeiten und der zeitweiligen Trennung. Wenn die Ehe ein Seelenbund ist, darf sie wegen keiner Schwierigkeit mehr gelöst werden. (Deut. 24.)

Das Gut des Gottesreiches ist Gott selber. Wer ihm zuliebe nicht alles zurücklassen kann, wenn der Ruf es erfordert, hat das göttliche Gut noch nicht in seiner einzigartigen Güte erfaßt. »Bei Gott ist alles möglich« — und um Gottes willen auch. Der gute Wille bei den Jüngern war da; allein die Versuchung des politischen Messiasideals war nicht mit einem Male zu überwinden. Sie kehrte immer wieder, um erst mit der Kraft des Pfingstgeistes überwunden zu werden, aber mit den Worten des Meisters, durch die er sie einst zurechtgewiesen. (Mc. 10, 35—45.) Die Liebe macht schließlich alles möglich. Denn die Herrschaft der Weltreiche wurzelt in der Gewalt und Selbstsucht der Großen, wie in der Schwäche und Zuchtbedürftigkeit der Massen. Die Herrschaft des Gottesreiches aber wurzelt im Geiste der Liebe: »Wer unter euch der Größte und Erste sein will, sei aller Diener und Knecht. Denn auch der Menschensohn ist nicht gekommen, um sich bedienen zu lassen, sondern um sein Leben hinzugeben als Lösegeld für viele.« (Mc. 10, 45.)

Damit war der Schlüssel des Messiasgeheimnisses gegeben; damit hat Markus das Größte gesagt; damit ist das Evangelium des Gottessohnes auf seinem Höhepunkt angelangt. Der Messias ist gekommen, um sein Leiden und sein Leben als Lösegeld für viele zu geben. Dieses Wort ist mit dem ganzen Lebensbild Jesu, wie es Markus zeichnet, so innig verwachsen, daß die Annahme unmöglich ist, Markus habe den Sühnopfergedanken des Paulus als erster in das Lebensbild Jesu nachträglich hineingefügt. — Alles Seitherige diente der Vorbereitung dieses Wortes: alles Folgende zeigt die Erfüllung dieses großen Wortes.

9. Allein die Blindheit und die Unfruchtbarkeit des Weltsinnes zu heilen, diesen Berg zu versetzen, ist sehr schwer. Doch immerhin unternimmt Jesus das Wagnis und zieht deshalb feierlich in Jerusalem ein. Eine Messiaserklärung war damit nicht unmittelbar gegeben. Der Erfolg beweist diese Auffassung: denn »das Volk hielt Jesum (nach dem Einzug) für einen Propheten«. (Mt. 21, 46.) Als die Hohenpriester von Jesus Rechenschaft

forderten, aus welcher Vollmacht er den Opfermarkt aus dem Tempelvorhof vertrieben habe, war damit der Anlaß gegeben, den besonderen Charakter seiner Sendung zu offenbaren, ob als Prophet oder als Messias. Allein Jesus stellte die Gegenfrage, ob die Sendung des Johannes eine göttliche gewesen sei. Da die Hohenpriester der Antwort auswichen, blieb auch Jesus in seiner Zurückhaltung: »Ich sage euch auch nicht, aus welcher Macht ich dieses tue.« (Mc. 11, 33.) Nur im Gleichnis vom Weinberg deutet er es an: denn der Sohn des Weinbergsherrn und der Eckstein des Tempelbaues ist doch der Messias. Allein gesagt wurde es nicht, damit nicht die Sache aus dem Mittelpunkt der Aufmerksamkeit gerückt und die Gelegenheit nicht verloren gehe, um im Tempel vor den Wächtern der Offenbarungsreligion das Wesen des Gottesreiches zu kennzeichnen.

Das Reich Gottes steht hoch über allem Irdischen und braucht darum auch dem römischen Reiche nicht die Kaisermacht zu bestreiten. (Mc. 12, 13—17.) Es steht hoch über allen irdischen Lebensformen und Naturbedingungen: es ist ausschließliches Leben aus Gott und für Gott. (Mc. 12, 18—27.) Das Wesen des messianischen Reiches ist Gottesliebe durch Nächstenliebe, Gotteskindschaft und hochherziges Geben. (Mc. 12, 28—44.)

Dieses Reich besteht: ohne Waffen und Gewalt; das andere vergeht: trotz aller Gewalt. Der alte Tempel wird zerstört — trotz seiner äußeren Herrlichkeit. Der neue Tempel erhebt sich, obgleich die Träger der Autorität den Grundstein und Bauplan desselben verwerfen.

10. Das Messiasgeheimnis der Selbstaufopferung forderte nunmehr seine Erfüllung. Die Leidensgeschichte ist der äußere Vollzug des messianischen Opfers, soweit möglich durch Jesus, sonst an Jesus. In den drei großen Akten des Opfers spiegeln sich die drei Grundgesetze der gottgewollten Messiasaufgabe wider, welche Jesus der Versuchung gegenüber geltend gemacht hat.

Das Abendmahl ist der Akt, durch den Jesus alles zusammenfaßt und verklärt, was die Freiwilligkeit seines messianischen Opfers verbürgt. Es handelt sich beim Reiche Gottes um einen Lebensinhalt, um eine Überzeugung, um eine Weltherrschaft. Der Lebensinhalt oder das Lebensbrot darf nur Gott sein; Gott aber wird genossen durch Erkenntnis und deren tatkräftige

Verwertung in Gottverähnlichung. Der Mensch lebt von Gott. Das verkündigt Jesus als Messias dem Gottesvolk und der Welt. Er lehnt das Wunder ab, wenn es ihm eine leibliche Nahrung verschaffen soll, aber er vollbringt es zweimal, um dem armen Volke zu helfen, das aus Hunger nach Gottes Wort, dem wahren Lebensbrot, bei ihm in der Wüste versammelt war und durch diesen Eifer in leibliche Not geriet. Wer das Reich Gottes sucht, dem wird das andere beigegeben. Der Messias hat das Gastmahl Gottes der Menschheit zu bereiten, aber mit der göttlichen Lebensnahrung. Er hat sogar die Aufgabe, durch seine eigene Aufopferung die Notwendigkeit und den Wert der göttlichen Lebensgemeinschaft wirksam zu offenbaren: »Eines ist notwendig. Niemand ist gut als Gott allein.« In seinem Lehren, Wirken und Leben soll der Menschheit das göttliche Lebensbrot nahegebracht werden. Darum sollte der Messias selbst zur Seelennahrung im Himmelreich werden.

»Nehmet hin, das ist mein Leib! — Darauf nahm er den Kelch, dankte, gab ihnen denselben, und sie tranken alle daraus. Er sprach zu ihnen: Das (ist) mein Blut, das (Blut) des Neuen Bundes, das für viele vergossen wird. Wahrlich ich sage euch, nun trinke ich nicht mehr vom Gewächs des Weinstockes, bis zu jenem Tage, wo ich im Reiche Gottes neu trinken werde.« (Mc. 14, 22—25.)

Die Überzeugung, daß Jesus der gottgesandte Messiaskönig sei, wird, wie es den Anschein hat, am wirksamsten durch ein offenkundiges Wunder dargetan, und zwar von den Autoritäten des Tempels Gottes, also auch beim Tempel selbst. Das war der Sinn der zweiten Versuchung. Tatsächlich wurde diese Forderung auch an Jesus gerichtet, allein er lehnte sie immer und entschieden ab. Und doch muß die göttliche Sendung zum messianischen Königtum durch einen entscheidenden Beweis dargetan werden! War es nun Gottes Wille, daß kein solches Wunder gewirkt werde, wie das Herabschweben von der Tempelzinne oder das Herabsteigen vom Kreuze in Gegenwart der Hohenpriester, so war dies für den Gottgesandten selbst schwer genug. Noch unverständlicher für menschliches Denken und noch schwerer für menschliches Wollen war es indes, anstatt der göttlichen Wunderbeglaubigung vor dem Hohen Rate der Verurteilung und Hinrichtung seitens der rechtmäßigen geistlichen Behörde, dem Verrat und der Verleugnung seitens der eigenen Jünger, der

Gottverlassenheit durch den äußeren Untergang anheimzufallen. Wenn es auch nicht Gottes Wille war, daß Jesus als Gefangener und Angeklagter zu seiner Rechtfertigung ein Wunder wirke, konnte nicht Lazarus vor dem Hohen Rate erscheinen und als lebendiger Beweis einer eben erst und im Angesicht Jerusalems vollbrachten Gottestat Jesu auftreten? Auch dies war Gottes Wille nicht, weil es nicht Geist von seinem Geiste war.

Ein schrofferer Gegensatz zu dem glänzenden Bilde von der Herrlichkeit der messianischen Weltherrschaft, von dem Frieden, der von keinem äußeren Widersacher und von keinem Unrecht im Innern gestört wurde, von der Segensfülle des wiederhergestellten Paradieses, also der Gottesgemeinschaft, die Tod und Tränen ausschließt, war nicht denkbar, als was Jesus in Gethsemane vor sich sah und dann in grausiger Wirklichkeit erlebte: die Gottverlassenheit der Verurteilung, der Körperqual, der Preisgabe an Spott und Tod, an Wort und Tat seiner Feinde als seiner gesetzlichen Richter, als der berufenen Wächter im Heiligtum.

Auch ein Bewußtsein vom Gottesreich, das durchaus geistig war, welches der messianischen Weltherrschaft, wie sie der Versucher vom hohen Berge aus dem Messias vor kurzem gezeigt hatte, ablehnend gegenüberstand, konnte bei dem Gedanken an ein Schicksal und eine Lage, wie sie insbesondere vor dem Richterstuhl des Hohenpriestertums und unter dem Hohn desselben auf der Richtstätte für Jesus eintrat, mit Schauder und Entsetzen erfüllt werden. Messianische Gotterfüllung und äußerste Gottverlassenheit sind der schärfste Gegensatz. Darum ist auch das Leidensbild der Verurteilung und Hinrichtung Jesu der vollkommenste Gegensatz zu dem Herrlichkeitsbild der dritten Versuchung. Schärfer konnte nicht zum Ausdruck gebracht werden, daß Gottes Gedanken himmelhoch über aller Menschenweisheit erhaben sind, und daß Gottes Geist das Himmelreich auf ganz anderen Wegen im Messias offenbare und durch den Messias vollbringe, als es menschliche Hoffnung und Frömmigkeit vermutet.

Da die Auferstehung ohne Zeugen in der Einsamkeit erfolgte und von keiner sichtbaren Wiederkunft in den Wolken des Himmels unmittelbar gefolgt war, so blieb trotz dieser siegreichen Verherrlichung der Grundzug des Messias und seines Gottesreiches das Wort Jesu: »Der Menschensohn ist nicht gekommen, um sich bedienen zu lassen, sondern um zu dienen und um sein Leben als Lösepreis für viele hinzugeben.« (Mc. 10, 45.)

§ 2. Der Zusammenhang von messianischer und wesenhafter Gottessohnschaft.

1. Der unmittelbare Ausdruck des Selbstbewußtseins Jesu ist sein Gottessohnbewußtsein und sein Messiasberuf. Seine Selbstbezeichnung als Menschensohn ist eine weitere Form seiner Selbstbezeugung.

In allen drei Richtungen hat die Kritik durch Forschungsarbeit die Frage aufgeworfen, die Schwierigkeiten erörtert sowie Lösungen versucht. Es handelt sich darum, welches der Inhalt der drei Wesensbestimmungen überhaupt, im Sinne Jesu und im Sinne der Jünger bezw. der neutestamentlichen Schriftsteller sei. Was ergibt sich aus den Evangelienberichten über das Selbstbewußtsein Jesu in diesen drei Richtungen? Welcher Ursprung und welche Entwicklung ist zeitlich und sachlich für das Selbstbewußtsein Jesu und dessen Kundgabe aus den Urkunden zu entnehmen? Welcher Zusammenhang besteht zwischen dem Menschensohn, dem Gottessohn und dem Messias? Diese Fragen vervielfältigen sich nach der Verschiedenheit der Evangelien bezw. ihrer Quellen, sowie der außerdem inbetracht kommenden (neutestamentlichen) Urkunden.

Wir fassen das Ergebnis unserer Untersuchung in folgendem Satze zusammen:

Dem Evangelium, auch dem Markusevangelium zufolge ist das Selbstbewußtsein Jesu als Gottessohn, als Messias oder Gottgesalbter und als Menschensohn der verschiedenartige Ausdruck einer und derselben persönlichen Würde und Berufsbestimmung. Jede der drei Bezeichnungen dient bei Jesus dazu, den Sinn erkennbar zu machen, in welchem das Geheimnis seiner Person und Sendung und damit des Gottesreiches zu verstehen ist.

Selbstverständlich darf man nicht annehmen, Jesus habe die drei Ausdrücke einfach nach einer geschichtlich gegebenen Norm oder gar im Sinne der jüdischen Hierarchie oder des jüdischen Volkes aufgefaßt. Auch das ist als Vorurteil zu vermeiden, als ob der Messiasbegriff des damaligen Judentums der richtige Messiasbegriff im Sinne der prophetischen Weissagung sei. Der Wille der Lebenden ist stärker als das geschriebene Wort und hat in der Auslegung das Mittel, um dasselbe trotz aller Verehrung in sein Gegenteil umzudeuten. Dies geschah mit der Messiasweissagung der Propheten.

Die Beurteilung des Messiasberufes Jesu und seines Verhältnisses zum Logosgedanken leidet an dem Vorurteil, der Messiasbegriff sei national-jüdisch und darum für die Heidenchristen

ganz unverständlich gewesen und habe darum zum Ersatz durch
den Logosbegriff gedrängt. Dieser Schein gründet nur darin,
daß der Name Messias als Fremdwort für uns zur feststehenden
Bezeichnung einer gewissen aber strittigen Größe geworden ist.
Als Fremdwort ist er natürlich zunächst unverständlich; aber
an sich war er es durchaus nicht. Denn dem religiösen Sinne
ist nichts so vertraut, als die Erfüllung und Durchdringung der
Seele, des Lebens, des Denkens und Liebens durch Gott. Das ist
der Wortsinn von Christus oder Messias. Hingegen war der Logosbegriff im religiös-philosophischen Sinne auch für die griechisch
gebildete Bevölkerung sehr schwer.

2. Das Markusevangelium gibt die innere Einheit und wesentliche Gleichheit der Ausdrücke sofort durch seinen Prolog zu
erkennen. Jesus wird vom Evangelisten als Gottessohn erklärt
und von Johannes als derjenige bezeichnet, der die Welt mit dem
Heiligen Geiste taufen kann und soll. Das ist sein Wesen als
Messias, als Gottgesalbter; denn nur als Gottgesalbter kann er das
große messianische Werk vollbringen, die Taufe der Menschheit
mit dem Heiligen Geiste. Nur derjenige kann diesen Beruf haben,
der selber den Heiligen Geist besitzt, und zwar in seiner Fülle
und in ursprünglicher Weise. Sonst würde er ja auch zu der
Gesamtheit derjenigen gehören, die der Geistestaufe von vornherein entbehren und darum bedürftig sind.

Messias oder Gottgesalbter ist in der Tat nicht im bloß
passiven Sinne gemeint. So sind die Empfänger der Geistestaufe Gottgesalbte; aber derjenige, der sie tauft, ist es der Menschheit gegenüber im aktiven oder ursprünglichen Sinne. — Damit
ist zugleich das Wesen des Gottesreiches bestimmt; es ist
Erfüllung der Seele, der Menschheit mit Gott, mit Gott als er-
leuchtender, überzeugender, belehrender Wahrheit, mit Gott als ergreifender, verpflichtender, reinigender, erhebender und belebender
Güte und Heiligkeit. Beides ist der Heilige Geist in der Jahweoffenbarung wie in den Evangelien. Das Reich Gottes ist das
Leben aus Gottes Fülle durch Gottes Geist.

Markus hat darum die Geistestaufe als das messianische
Werk schlechthin an den feierlichen Beginn seines Evangeliums
gestellt; er wollte die Aufmerksamkeit auf diese Grund- und
Wesensbestimmung des Messias und des Gottesreiches hinlenken.

Die Taufe des Vorläufers wird als Taufe mit Wasser bestimmt, die des Messias als Taufe mit dem Hl. Geiste. Aber ausdrücklich ist gesagt, daß die Wassertaufe zur Bußgesinnung verpflichtete und dadurch die Nachlassung der Sünden herbeiführen wollte. Darin liegt also der Unterschied nicht, daß das bloße Sinnbild dem sittlichen Bußgeist und Bußzweck gegenübergestellt wird. Der Messias tauft eben mit dem Geiste Gottes selbst und begründet das religiös-sittliche Leben in einem wesentlich höheren Sinne, mit weit vollkommenerer Kraft und Innigkeit. Beide führen zur Buße und Gerechtigkeit; allein der Messias im vollkommenen Sinne des Gottesreiches, der Gotteskindschaft, der Wiedergeburt aus dem Hl. Geiste selber.

3. Jesus läßt sich von Johannes taufen; beim Heraussteigen sah er den Hl. Geist wie eine Taube aus dem geöffneten Himmel auf sich herabsteigen, während die Stimme rief: »Du bist mein vielgeliebter Sohn, an dem ich mein Wohlgefallen habe.« (Mc. 1, 4—11.) Damit ist die Gleichung zwischen dem Gottessohn und dem Gottgesalbten oder Messias vollzogen. Das Herabsteigen des Hl. Geistes auf Jesus ist analog der Kundgabe, daß Jesus der Gottessohn sei. Es bedeutet nicht, daß er erst jetzt die Geistes-salbung und Gottessohnschaft erlangt habe; es bedeutet nur, daß er von jetzt ab das Werk der Geistestaufe und des Gottessohnes in Angriff zu nehmen habe.

Wenn die beiden Kindheitsevangelien Matthäus' und Lukas' zeigen, daß Jesus unbeschadet der Taufepiphanie von Ursprung an der Gottgesalbte und Gottessohn gewesen sei, so ist dies eine Ergänzung des Markusevangeliums, aber keine Berichtigung desselben. Wenn das Johannesevangelium den Ursprung Jesu als die Menschwerdung des Logos bezeichnet, so ist dies eine weitere und wichtige Ergänzung, aber keine Berichtigung der synoptischen Auffassung: denn der Mensch Jesus konnte die Geistessalbung mit dem Geiste des Logos weder entbehren noch von anderswoher empfangen als von dem Quellgrund des Hl. Geistes selbst. Dieser Quellgrund des Hl. Geistes ist indessen schon im Alten Testament bestimmt angegeben, indem der Hl. Geist ebenso als Geist Jahwes wie als Geist seiner Weisheit bezeichnet wird.

Die hypostatische Union ist gar nicht geeignet, als Ersatz für die Geistessalbung gelten zu können, wie die Kritik in staunen-erregender Unkenntnis der dogmengeschichtlichen Auffassung und des dreieinigen Gotteswirkens annimmt, um von da aus weitere Folgerungen zu ziehen. Gott teilt s i c h dadurch mit, daß er

seinen Geist und dessen verschiedenartige Kraft- und Segensfülle
innerlich mitteilt.

Ebenso die Weisheit. »Wer mich findet, findet das Leben und schöpft
Heil vom Herrn.« (Prov. 8, 35.) Es ist dasselbe Leben, welches nach Joh.
1, 4; 1 Joh. 1 und dessen Urbild Gen. 1, 1—3 im »Worte« ist, das die Leere
und Wüste befruchtete und seither in der Schöpfung erleuchtend wirkt. (Sap.
7—9.) Man hat Anteil an der Weisheit, indem man ihren Geist empfängt.
(7, 7. 22; 9, 10, 17.) Sie ist ja der Lebensbaum, dessen Frucht der Hl. Geist
ist. (Sir. 24, 23—31.) Darum ist der Hl. Geist die Samenkraft der Wiedergeburt aus Gott und für Gott. (Joh. 3. 1 Joh. 4, 13; 2, 20—29; 5, 18. 1 Petr.
1, 23.) Das Johannesevangelium findet darum die göttliche Hoheit Christi
ebenso in der Geistessalbung wie den göttlichen Wert seines Werkes in der
Erflehung, Verdienung und Mitteilung des Hl. Geistes. (Joh. 1, 32. 33; 3, 5. 6;
4, 14; 7, 37—39; 14, 16—17. 26; 15, 26; 16, 7—15; 20, 23. 1 Joh. 2, 20. 27;
4, 2. 6. 13. 16; 5, 6—8.)

Die Gottessohnschaft ist nach Markus 1, 1—13 als eine
persönliche Wesensvollkommenheit zu denken; denn er bestimmt
sie durch den Hinweis auf die Prophezie Jes. 40 und Mal. 3.
Danach ist Johannes der Vorläufer jenes Bundesengels, der von
Jahwe ausgeht und in Jahwes Wesen ist. Johannes ist nach
Jes. 40 der Wegbereiter Jahwes selber. Gottes Heimsuchung
kann es wohl genannt werden, wenn er seine Sendboten schickt
und durch sie wirkt. Allein diese Redeweise scheint mehr darin
begründet, daß man sich zu jener hohen und unmittelbaren Art
der Heimsuchung Gottes nicht erheben kann, wie sie gerade der
feierliche Prolog des Trostbuches Jesajas im Auge hat. Denn der
Freudenbote d. h. der Wüstenprophet soll Zion verkünden: Sehet,
euer Gott ist da! Gott selbst will Hirte und Heiland sein!
(Jes. 40, 1—11.)

Das Sohnesverhältnis ist natürlich inbezug auf Gott nur insofern wesenhaft und wirklich, als es lebendiges Sohnesbewußtsein und innigtatkräftige Sohneshingabe ist, Gedanke und Wille
der Sohnesangehörigkeit an Gott wie des Sohnesursprungs aus
Gott. Dadurch, daß das göttliche Sohnesverhältnis durch und
durch Bewußtsein, Wille und Persönlichkeit ist, wird dessen wesenhafte Urbildlichkeit für das religiöse Ideal des Gottesreiches und
der Gotteskindschaft dargetan, aber auch dessen unmittelbare Bedeutung für den Messias als menschlichen Begründer und Vorbild
der Gottesgemeinschaft im messianischen Gottesreich.

Die Begründung dieser Gottesgemeinschaft, in der sich die

Menschenseele in kindlicher, nicht in knechtlicher Gesinnung
ihrem Gott verpflichtet weiß, kann nur durch die Mitteilung des
Geistes erfolgen, in dem der Sohn Gottes mit dem Vater verbunden ist. Folglich besteht die messianische Aufgabe darin, daß
die Welt mit dem Geiste des Vaters getauft d. h. mit der Offenbarung und Überzeugung der göttlichen Vatergüte durchdrungen
wird. Ferner darin, daß sie selber mit dem Geiste der Sohnschaft erfüllt wird. Gottessohnschaft und Messiasberuf sind also
im Grunde eins, weil es dem Sohne Gottes zukommt, die Welt
mit dem Geiste der Sohnesgesinnung zu taufen. Die Offenbarung der Vatergüte Gottes in Wort und Tat gehört wesentlich
zum Werke dieser Taufe.

Daß Gott im tiefsten Grunde Vatergüte sei, hat seine ewig-
notwendige Auswirkung nur in seinem eigenen Leben als drei-
einiger Gott. Allein es ist die Bürgschaft dafür, daß er auch in
der freibetätigten Erschaffung einer Welt vom Geiste der Vatergüte bestimmt sei. Wie unendlich tief- und weitgreifend diese
Überzeugung sei, ist im Hinblick auf die Begründung, deren sich
der Pessimismus rühmt, leicht zu verstehen. Aus diesem Grunde
ist ein enger Zusammenhang zwischen dem dreieinigen Gottesbegriff und dem Evangelium des Gottesreiches als der frohen
Botschaft. (Vgl. Régnon S. J.) Trotz aller Furcht vor der Heiligkeit ist Gottes Ankunft ein Beweggrund zur höchsten Freude.
(Joh. 6, 39; 10, 10. 18—30; 12, 47.)

4. Das Bewußtsein Jesu, wie es das Evangelium Markus im
Prolog bekundet, ist nur dann vollständig wiedergegeben, wenn
sowohl die Beziehung zum Vater im Gottessohne, wie die
Beziehung zum Hl. Geiste im Gottgesalbten, Christus oder
Messias, und im Berufszweck der messianischen Sendung, der
Geistestaufe ins Auge gefaßt und als innerlich zusammengehörig
gewürdigt werden.

Der Gottgesandte schlechthin, wie im ersten Teile dargetan, ist der
Engel Jahwes, die Weisheit und das Wort, das als Wahrheitsgedanke ewig
vor dem Bewußtsein Gottes steht und aus dem göttlichen Denken hervorgeht.
Der Gedanke und das Wort sind ihrer Natur nach der Sendbote aus der Welt
der Innerlichkeit in die Außenwelt. Der Beweggrund ist die Liebe und der
Vollkommenheitswille, wenn der Urgrund Vater ist, d. h. die wesenhafte Güte
und Ursächlichkeit. Folglich ist der Gottesgesandte hervorgegangen und gesandt im Geiste der Liebe und des Vollkommenheitswillens. Der Hervorgang

in Gott selber erfolgt im Geiste der Liebe und ist darum Erzeugung durch
den Vater, nicht bloß durch einen Erzeuger. Die Liebe ist darin wirksam.
Des Vaters Liebe ruht in dem Erzeugten. Er selber geht in derselben Gesinnung von Liebe und Vollkommenheitswillen aus dem Urgrund hervor und
bleibt in ihm: darum ist der Sohn selber auch Quellgrund des Geistes der
ewigen Liebe und des unendlichen Vollkommenheitswillens.

Der Geistgesalbte und der Gottessohn sind demnach die zwei
Richtungen einer (persönlichen) Vollkommenheit. Es wird nicht
genug beachtet, daß das Markusevangelium wie die übrigen Evangelien sofort im Anfang und im Gedankenkreis Johannes des
Täufers den Hl. Geist im Sinne einer göttlichen Hypostase einfach
als bekannt voraussetzt. Sonst wäre die ganze Darstellung unbegreiflich. Vor allem ist es die Idee der Taufe mit dem Heil.
Geiste, sowie dessen Herabkommen auf den Messias, um ihn als
göttlich-souveräne Macht, die aus dem Himmel des dreieinigen
Gotteslebens, auch des menschgewordenen Logos in seine menschliche Seele eingeht, zum messianischen Wirken und Opferleiden
zu führen. (Mc. 1, 9—12.) Daß der hl. Geist persönlich gedacht
ist, ergibt sich daraus, daß er den Messias leitet.

Die Würdigung der Weisheitsbücher, sowie die Lehre vom Engel und
Geiste Jahwes überhaupt, wie sie in der alttestamentlichen Jahwereligion vertreten ist, nötigt dazu, wenigstens in den tiefreligiösgesinnten Kreisen, die
Kenntnis der inneren Hervorgänge und Wechselbeziehungen der Sache nach
als geläufigen Gedankenbesitz des Judentums zur Zeit Christi anzunehmen. Wir
meinen die innere Lebendigkeit in Gott und den Gegensatz von Jahwe, seiner
Sendung, Erscheinung und Weisheit, wie seinem Geiste und seiner Kraft. Eine
Unterscheidung von Person und Wesen, eine Zusammenfassung zur Dreiheit
und eine formelle Begriffsbestimmung fand indes nicht statt. Es wurden sogar
Mittelwesen uud geschaffene Engel in den Vordergrund gerückt. Philo war
erst im Kommen. Niemand fand es auffällig, daß vom Hl. Geiste als der
führenden Gottesmacht gesprochen wurde. Paulus, der damals in der
Pharisäerschule Gamaliels zu Jerusalem seine theologische Bildung empfing,
bekundet, wie tief er in den dreieinigen Gottesbegriff des Weisheits- und
Sirachbuches eingewurzelt ist. Der Gedanke vom wesenhaften Bilde Gottes,
dem Erstgeborenen vor aller Schöpfung, dem Pleroma allen Wahrheitsbesitzes,
sowie die vom Geiste Gottes, der alles durchdringenden und belebenden
Kraft, wäre ihm sonst nicht so allbeherrschend geworden. Allerdings konnte
man alle diese Ausdrücke im Sinne der Einpersönlichkeit verstehen und sie
als lebhafte Hervorhebung göttlicher Kräfte und Eigenschaften auffassen.

5. So ist es verständlich, wie und warum Jesus trotz aller
Demut die Einzigartigkeit seines Sohnesbewußtseins und seiner
Geistessalbung behauptet. Denn darüber kann kein Zweifel sein:

Jesus stellte sich hinsichtlich der Sohnschaft und ebenso der Geistes-salbung nicht etwa als den Ersten, aber immerhin als wesentlich gleichartig, in die Reihe der übrigen, der Engel und Menschen. Er ist der Gottessohn und der Geistesgesalbte im einzigartigen Sinne. Darum unterscheidet er sich immer von den Seinigen und faßt sich niemals mit ihnen zum gemeinsamen Ausdruck der-selben Kindschaftsbeziehung zusammen.

Seitens der Kritik wird wohl behauptet, bei dem aramäischen »Abba« sei die Hinzufügung von mein und euer unterblieben. Indes ergibt sich die einzigartige Sohnschaft Jesu aus dem ganzen Sinn und Zusammenhang der Redeweise. Das wäre unbegreiflich, auch wenn die Erkenntnis der Vatergüte Gottes als tiefster Grund-bestimmung seines Wirkens noch so hoch gewertet wird.

Eine wesentlich innere und ewigdauernde Überlegenheit kann der erste Erkenner und Verkünder einer Wahrheit nicht bean-spruchen. Sonst wären alle Erfinder und Entdecker im eigent-lichen Sinne Übermenschen. Zu einer gewissen Zeit wird eine Erkenntnis reif; wer der erste ist, der sie erfaßt und vertritt, ist mehr das Verdienst der ganzen Entwicklung als der einzelnen von ihr getragenen und befruchteten Persönlichkeit. Nur dann, wenn die betreffende Wahrheit in dieser Persönlichkeit ihren wesen-haften Vertreter hätte, dann wäre auch eine unvergängliche Über-legenheit begründet. Nur dann gehört auch der Religionsstifter, nur dann auch der Begründer der wahren, reinen und höchsten Religion der Wertschätzung nach auf die Seite Gottes und nicht mehr auf die Seite der Menschheit. Nur dann ist eine absolute Wertschätzung und die Würde des Mittlers zwischen Gott und den Menschen begründet.

Dies muß gesagt werden, weil die Kritik der dogmenfreien Theologie zwar die trinitarische Gottessohnschaft Christi ablehnt, aber die absolute Bedeutung Jesu für alle Zukunft in religiöser Hinsicht behauptet. Das ist (vom Standpunkt der Kritik aus) auch dann ein Widerspruch, wenn ihr Jesus als die reinste Verwirk-lichung des religiösen Ideals ohne Vorbehalt gelten würde. Allein die Verkünder der absoluten Bedeutung Jesu glauben in wichtigen Dingen, wie Eschatologie, Eudämonismus, Vergeltung als sitt-liches Motiv, Engellehre, alttestamentliche Offenbarung, sehr viel

Zeitgeschichtlich-Bedingtes von dem geschichtlichen Jesus ab-
streifen zu müssen, um den idealen, absolut gültigen Jesus zu
gewinnen.

6. Vom Standpunkt der alttestamentlichen Religionsentwicklung, wie sie sich zuletzt in der Weisheitslehre ausspricht, ist es
nicht anders zu erwarten, als daß die neutestamentlichen Schriftsteller sowohl die Person des Messias wie das messianische Gottesreich der Sache nach, wenn auch nicht dem begrifflichen Ausdruck
nach, im Lichte des dreieinigen Gottesbegriffes auffassen. Dieselbe
Notwendigkeit ergibt sich, wenn der geistige Zusammenhang gewürdigt wird, der unverkennbar zwischen dem Gottesbegriff Pauli
und seiner Idee vom Bilde Gottes einerseits und dem Weisheits-
buche anderseits besteht, jedenfalls nicht ohne den Einfluß der
pharisäischen Theologie. Wenn nun Paulus, der älteste neutestamentliche Schriftsteller, den Messias und sein Werk vollkommen
im Lichte des dreieinigen Gotteslebens und Gotteswirkens auffaßt,
so ist dies auch bei den Jüngern zu erwarten, welche unter seinem
geistigen Einfluß gestanden sind.

Sobald die religionsgeschichtliche Tatsache außeracht gelassen
wird, daß die Jahweoffenbarung zum Ideal des dreieinigen Geisteslebens der Gottheit ausgereift war, wird die Sprach- und Auffassungsweise aller Evangelien unverständlich und entsteht eine
unüberbrückbare Kluft zwischen dem als einpersönlich voraus-
gesetzten Monotheismus und dem Christusglauben der Apostel.
Wird der einpersönliche Gottesbegriff der sogenannten Ver-
nunftreligion als metaphysischer Hintergrund für das Auftreten des
Täufers und Jesu angenommen, so wird die ganze Darstellung
rätselhaft.

Immerhin hat die Kritik, welche das übermenschliche Selbstbewußtsein
Jesu aus dem geschichtlichen Lebensbild entfernen will, bei weitem größere
Schwierigkeiten inbezug auf den Text und auf die Psychologie der Apostel.
Die Apostel wachsen dann zu einer ungeheuren Geistesmacht heran, für welche
die Kritik wiederum die erklärenden Voraussetzungen nicht bietet. Die kirchliche Auffassung hat auch große Schwierigkeiten, wenn sie die Evangelien-
berichte nicht im Lichte des dreieinigen Gottesbegriffs nach Art der Weisheitsbücher und der Lehre vom Jahwe-Engel und Jahwe-Geiste betrachtet. Denn
wenn Gott als einpersönliches Leben gedacht wird, k a n n die übermenschliche Wertung des geschichtlichen Jesus nur zu einem Mittelwesen führen.
Jedes Mittelwesen zwischen Schöpfer und Geschöpf bedeutet indes eine Gefährdung für die strenge Reinheit des Jahwe-Monotheismus.

Gegen unsere Annahme scheint zu sprechen, daß der Apostelgeschichte zufolge (Act. 19) zwölf Johannesjünger, mit denen
Paulus in Ephesus zusammentraf, vom Hl. Geiste nichts wußten.
Immerhin hat Paulus die Voraussetzung gemacht, daß sie von ihm
wissen könnten, und darum die Frage an sie gestellt, ob sie bei
ihrer Bekehrung den Hl. Geist empfangen hätten? So wie die
Frage gestellt war, ist sie nicht auf die theoretische Versicherung
einzuschränken, daß die Gnade des Hl. Geistes mit der Bekehrung
verbunden sei, sondern auf eine unmittelbare Erfahrung, wie sie
in der Sprachengabe nachher auch bei diesen Jüngern hervortrat.
(Act. 19, 6. Gal. 3, 2—5.) Von solchen Wirkungen und einer
solchen Bedeutung des Hl. Geistes hatten diese Jünger noch nichts
gewußt und noch weniger erfahren. (Joh. 7, 39.) Allein den
Namen und die Existenz des Hl. Geistes in irgend einem Sinne
mußten sie schon aus der Genesis und dem Alten Testament
wissen. Doch erst das lebendige Ergriffenwerden und Durch-
arbeiten führt zur eigentlichen Erkenntnis, wie bei den Aposteln
die Überwindung der politischen Messiaserwartung trotz aller
Belehrung Jesu erst als Frucht der eigenen Geisteskämpfe bei der
Herabkunft des Hl. Geistes erzielt wurde.

Man kann vom Hl. Geiste wissen und doch nicht wissen.
Wenn er nur als irgend eine Erscheinungsform und Kraftwirkung
der Gottheit gilt, kennt man ihn tatsächlich nicht. Nur wenn er
als die Mitteilung der göttlichen Liebe, als die Gabe der Gaben,
als die Lebenskraft und Lebensfülle des messianischen Gottesreiches erfaßt wird, kennt man ihn. Es galt auch damals, was
die Kirche im Hymnus zum Hl. Geiste erfleht: Per te sciamus
da Patrem, noscamus atque Filium, teque utriusque Spiritum cre-
damus omni tempore! Man muß so an den Hl. Geist glauben,
wie es durch die Angabe (Mc. 1, 8. Lc. 11, 13; 24, 49. Joh.
1, 33; 20, 22) ausgesprochen wird: die Taufe mit dem Hl. Geiste
ist das Gut und die Kraft des Reiches Gottes, das eine Notwendige aller Gebete, die große Verheißung des Vaters, die Errungenschaft des Opfers Jesu, der Reichtum der Kirche.

Es ist natürlich nicht möglich, über die Erkenntnis der göttlichen Hervorgänge in der Zeit Jesu allgemeingültige Behauptungen aufzustellen. Denn es
handelt sich um eine Zeit, in der die verschiedenartigsten Geistesströmungen
mit den mannigfaltigsten Anknüpfungen an Uralt-Heiliges oder an griechische
Philosopheme oder an orientalische Mysterien gerade im Judentum entstanden

und wirksam wurden. Es handelt sich um eine Zeit, welche mehr als eine andere gerade in religiöser Hinsicht die Kräfte und Gegensätze der Zukunft in sich spürte, um sie in schwerem Ringen aus sich zu gebären. Was Jesus in ernster Mahnung ausgesprochen, findet besonders inbezug auf die Gottesidee und deren unendliche Tiefe seine vollste Anwendung: Der Gott, den die Gegner Jesu anbeteten und für den sie eiferten, war nach dem Urteil Jesu gar nicht der Gott der Offenbarung, sondern etwas ganz anderes, sogar der Satan. Jesus beschuldigte die Hüter des Heiligtums geradezu des Monosatanismus. (Joh. 8, 19. 23. 38—44.) Infolge der ganzen Geistesrichtung war es dazu gekommen, daß die Berufenen in Israel keine Augen und kein Verständnis hatten für das, was in der uralten Jahweoffenbarung ihnen von Gottes Wesen und Leben enthüllt worden war. Zuerst hatte Israel den Gottesbegriff der Jahweoffenbarung nicht verstanden, weil ihm die Natur zu sehr im Glanze der Göttlichkeit erschien; später nicht, weil sein Denken zu sehr vom Gegensatz Gottes zur Welt beherrscht war.

Die Dreieinigkeit Gottes konnte der Sache nach, aber in der üblich gewordenen Begriffsform hinreichend aus der heiligen Literatur erkennbar sein, und war es auch tatsächlich für diejenigen, welche durch ihre ganze Religionsauffassung für die Würdigung dieser Wahrheitskeime und die Vertiefung des Gottesbegriffs reif geworden waren. Für diejenigen, welche den Schwerpunkt der Offenbarungsreligion in das Ritualwesen und die hierarchische Rechtsordnung verlegten, wurde Gott selbst zur notwendigen Voraussetzung der Religion, anstatt die große Herzensangelegenheit und der große Lebensinhalt für sie zu sein, wodurch ihr Sinnen und Denken betrachtend, forschend und ringend in Spannung versetzt war. Das war die geistige Verfassung des im Hohenpriestertum und Tempel herrschenden Sadduzäismus.

Übrigens darf nicht verkannt werden, daß die positive Würdigung der göttlichen Hervorgänge sowohl für.den Gottesbegriff selbst wie für das Wirken Gottes in Welt, Seele und Vorsehung eine hohe Geistesbildung fordert. Sonst werden die dargebotenen Wahrheitselemente im Sinne der Mittelwesen mißdeutet oder zugunsten der Engellehre in den Hintergrund gedrängt, wie im Essenertum und Pharisäismus. Die Theologie der Sadduzäer zeigt die gleiche Unempfindlichkeit wie für die Vertiefung des Gottesbegriffs auch in der Unsterblichkeitslehre. Die bedeutsamen Keime für das volle Unsterblichkeitsideal des ewigen Lebens und der leiblichen Auferstehung, die im Alten Testament enthalten waren, wußte die hohenpriesterliche Theologie nicht zu verwerten. Jesus hat es ihnen kurz vor seinem Leiden mit dem Hinweis dargetan, daß Gott als Lebenszweck auch die vollkommene Unsterblichkeit verbürge. (Mc. 12, 24—27.) Wenn der Sadduzäismus nach Act. 23 die Engelwelt trotz des Offenbarungsglaubens ablehnen konnte, dann kann es auch nicht überraschen, daß er für die Offenbarungen über die Hervorgänge in Gott keinen Sinn hatte.

Der Gedanke an die wesenhafte Gottessohnschaft eines Menschen, insbesondere des Messias, hat übrigens nicht nur die Kenntnis der Dreipersönlichkeit Gottes zur Voraussetzung, sondern auch die Idee der Menschwerdung selbst. Die größte Schwierigkeit für den Gedanken an die wesenhafte Gottessohnschaft Jesu lag nicht in der Unkenntnis der göttlichen Dreipersönlichkeit und des eingeborenen Wortes, sondern in der erfahrungsmäßig gegebenen Wirklichkeit der menschlichen Natur und Lebensentwicklung Jesu.

Die Würdigung der Offenbarungsworte über den Gott-Engel, die Weisheit und das Bild Gottes konnte vollkommen vorhanden sein: allein dadurch wurde die ungeheure Schwierigkeit nicht im geringsten aufgehoben, ob der Anspruch eines lebenden Menschen auf göttliche Persönlichkeit überhaupt ernst genommen werden könne, wenigstens vom Standpunkt des monotheistischen Gottesglaubens. Die Weisheit und der Geist Gottes waren trotz der Immanenz in derselben unendlichen Wesenserhabenheit über jedes irdische Menschenwesen wie Jahwe selber. Anders war es natürlich im mythologischen Polytheismus der griechisch-orientalischen Weltanschauung. Es ist auch ein wesentlicher Unterschied, ob es sich bei der Annahme göttlicher Persönlichkeit um einen Lebenden oder Toten handelt. Der Tod nimmt den Menschen mit all seiner irdischen Bedingtheit aus der Welt der unmittelbaren Erfahrung hinweg und ermöglicht dadurch die Verklärung und Apotheose. Wenn es sich indes um einen lebenden Menschen handelt, so stellt sich dem Glauben an seine Gottheit fast jede Lebensäußerung desselben als Widerspruch entgegen, weil in jeder die irdisch-zeitliche Bedingtheit zur unmittelbaren Empfindung derjenigen kommt, welche mit ihm verkehren. Die Apotheose fordert irgendwie die Absonderung aus dem Zusammenhang der Erfahrungswelt.

Wenn man voraussetzt, daß die Kenntnis des dreieinigen Gottes durch die alttestamentliche Offenbarung noch nicht in hinreichendem Maße ermöglicht war, dann konnten die Gläubigen unter dem Gottessohne auch nur einen bevorzugten Gottgesandten verstehen. Inbezug auf diesen Punkt urteilt B a r t - m a n n : »Maria wird mit ihrem Volke noch in den herkömmlichen monotheistischen Vorstellungen leben. Christus ist der Sohn Gottes, weil er aus Gott seinen Ursprung hat.« (Himmelreich S. 113.) Wenn die Dreipersönlichkeit Gottes nämlich durch übernatürliche Bezeugung noch nicht offenbar geworden war, so war es nur möglich, die Gottessohnschaft oder den Ursprung aus Gott auf eine besondere und unmittelbare Schöpfertätigkeit zurückzuführen, in Verbindung mit der Präexistenz im göttlichen Weltplan wegen der allerhöchsten Berufsbestimmung dieses Höchsterwählten. Die Messiastheologie des vorchristlichen Zeitalters hat dies spekulativ ausgeführt, wie es scheint, in verschiedenartiger Weise. Gemeinsam war jener Kulturperiode in erkenntnistheoretischer Hinsicht die Grundanschauung: Die Vorausbestimmung zu einer allgemein und dauernd gültigen Berufsaufgabe begründet eine besondere Präexistenz im göttlichen Weltplan. Da aber alles in dem Maße existiert, als es von Gott gedacht und gewollt wird, so ist die ideale Präexistenz zugleich eine reale himmlische Wirklichkeit. Was die Bedeutung eines höchsten Zweckes, eines unersetzlichen Gutes, eines maßgebenden Gesetzes, einer grundlegenden Ursache hat, kann nicht mit der Unzahl der Geschöpfe in einer Linie stehen, sondern hat einen besonderen Vorrang im Weltplan. Daher kommt ihm himmlische Präexistenz zu.

Bei diesem einpersönlichen Monotheismus wurde die Gottessohnschaft in dem besonderen Sinne verstanden, wie es der besondere Berufszweck und

Ursprung aus Gott mit sich brachte. War dieser Berufszweck allüberragend und einzig, ohne seinesgleichen in der Welt, so war auch die Gottessohnschaft eine einzigartige.

Es ergab sich dann eine Gottessohnschaft wegen besonderer Gottähnlichkeit der Natur und unmittelbaren Ursprungs aus Gottes Schöpfermacht. So bei den Engeln: sie sind Gottessöhne. Adam wird im Evangelium Lc. 3, 38 (Sohn) Gottes genannt, weil er ohne menschliche Zeugung nur durch göttliche Erschaffung zum Dasein gelangt ist. Insofern begründet die übernatürliche Erzeugung Jesu durch unmittelbare Schöpferwirksamkeit des Hl. Geistes in der Jungfrau-Mutter eine ganz besondere Gottessohnschaft. — Die Obrigkeiten und vor allem der König werden Gottessohn genannt, weil sie in Gottes Macht und Geist die Herrschaft der Gerechtigkeit auf Erden zu vertreten haben. Das Volk Israel wird Gottes Sohn oder erstgeborener Sohn genannt, weil es durch besondere Gnadenmacht Gottes zum Volke gemacht worden ist, aber auch, weil es den Beruf hat, Gottes Wahrheit und Recht vor der ganzen Menschheit zu vertreten, der Gesandte und Gesalbte Gottes für die anderen Völker zu sein. »Sohn« bedeutet im neutestamentlichen Sprachgebrauch den Träger und Inhaber der Sache, deren Sohn er genannt wird: Söhne des Reiches (Mt. 8, 12; 13, 28), des Friedens (Lc. 10, 6), des Lichtes (Lc. 16, 8. Joh. 12, 36. Mt. 9, 15. Mc. 2, 19. Lc. 5, 34), der Auferstehung (Lc. 20, 36), Söhne dieser Welt (Lc. 20, 34), der Hölle (Mt. 23, 15), des Teufels (Mt. 13, 38. Act. 13, 10).

7. Vom Standpunkt des sadduzäischen Monotheismus konnte der Anspruch auf die Gottessohnschaft bestenfalls in dem Sinne eines übernatürlichen Ursprungs aus Gottes unmittelbarer Schöpfertätigkeit verstanden werden. Der Schwerpunkt der Gottessohnschaft lag für den Sadduzäismus im Messiasanspruch. Allein nicht in diesem Anspruch als solchem, sondern in der Art, wie die messianische Aufgabe verstanden wurde. Das sachliche Ziel und der formelle Anspruch vereinigten sich dann, um den Vorwurf der Gotteslästerung. d. h. des Frevels am göttlichen Gesetz, zu begründen.

In diesem Sinn war die Blasphemie gemeint, derentwegen Jesus vom Hohenpriester des Todes schuldig erklärt worden ist. Den Anspruch auf göttliche Natur fand Kaiphas in Jesu Zugeständnis ebensowenig, wie er selbst als Sadduzäer bei der Gottessohnschaft in irgend einer Weise an eine Wesensgleichheit mit Gott dachte. Wären solche Gedanken hervorgetreten, so wäre weniger die Frage nach der Schuld, als nach der Zurechnungsfähigkeit aufgeworfen worden. Denn die Ungeheuerlichkeit, einen Menschen in offensichtlicher Menschlichkeit, gefesselt und der Gewalt der Behörde preisgegeben, dem Wesen nach mit der überweltlichen Allmacht und Schöpferweisheit in Personeinheit zu denken, wäre wenigstens irgendwie hervorgehoben worden. Allein weder die Frage noch die Antwort Jesu, weder die Verurteilung noch

die Spottreden lassen eine derartige Auffassung vermuten. Daß der Gottessohn im Sinne des Messias die Macht habe, seine göttliche Sendung durch
Herabsteigen vom Kreuz und durch Zersprengen der Marterwerkzeuge zu beweisen, war im Hinblick auf die Wundertaten des Moses und den Auszug aus
Ägypten zweifellos. Die Erlösung aus Ägypten galt als das Vorbild der Erlösung aus der Knechtschaft der Römer durch den Messias. Auch von den
Märtyrern wird wunderbares Zerbrechen der Marterwerkzeuge erzählt, ohne
daß sie deshalb für göttliche Wesen gehalten worden wären, nicht einmal von
den Heiden. Wenn die polytheistischen Heiden in den Fällen, wo der Märtyrer über die schrecklichsten Todeswerkzeuge wunderbar triumphierte, nur
an Zauberkräfte dachten, so ist es um so gewisser, daß ein monotheistischer
Jude auch bei den größten Wundern eines Menschen niemals um dieser Wundermacht willen auf die Vermutung gekommen wäre, eine göttliche Person in
demselben zu vermuten, auch dann nicht, wenn er von der Dreiheit göttlicher
Personen wußte.

Was die Anklage und Verurteilung auf todeswürdige Gotteslästerung vor
dem Hohen Rat begründete und was nicht, ergibt sich auch aus der Apostelgeschichte. Die Apostel konnten das Höchste, auch die Gottessohnschaft
(allerdings die theokratisch-messianische des παῖς oder puer Dei) von Jesus
vor dem Synedrium bekennen. Die Anklage wegen blasphemischer Gleichstellung Jesu mit Gott wurde nicht erhoben. Wohl aber wird gesagt, das
Hohepriestertum sei deswegen eingeschritten, weil die Apostel an Jesus die
Auferstehung der Toten verkündigten. (Act. 4, 2; 3, 15; 4, 33; 5, 28. 29—32;
6, 11—15; 7, 55; 10, 36—43; 13, 23—41; 17, 3. 31; 18, 28; 26, 22. 23; 28,23.)
Hingegen wurde Stephanus sofort auf Gotteslästerung angeklagt und zum Tode
verurteilt, weil er »nicht aufhöre, gegen den Tempel und das Gesetz zu
reden. Denn wir haben ihn sagen hören: Jesus von Nazareth werde diesen
Ort (den Tempel) zerstören und die Gebräuche ändern, welche uns Moses
überliefert hat«. (Act. 6, 10—15.) Darin lag der blasphemische Religionsfrevel,
obgleich Stephanus nur vom Menschensohne im Danielischen Sinne sprach.
Weil die Apostel nichts gegen Tempel und Gesetz lehrten, blieben sie trotz
aller Verfolgung von jenem verhängnisvollen Vorwurfe frei, um dessentwillen
Stephanus seinem Meister als erster im Martertode folgen mußte.

In welchem Sinne der Hohepriester und das Synedrium die Gottessohnschaft verstanden, beweist die Wirkung ihrer Anklage bei Pilatus und seiner
Formulierung der Verurteilung. Es handelte sich in der Anklage um den
Anspruch, »der König der Juden« zu sein, nicht um den Anspruch auf göttliche Natur. (Vgl. Act. 2, 22—36; 3, 13; 4, 10. 27; 25, 19.)

Nach Mc. 14, 62 mußte der Hohepriester in der Ankündigung der baldigen Herabkunft vom Himmel den Danielischen Menschensohn erkennen, vor
allem aber die Drohung, daß er den Tempel wirklich abbrechen wolle, um
einen geistigen Tempel an dessen Stelle zu setzen. Diese Auffassung des
messianischen Anspruchs, welche den Vorwurf wegen des Tempelabbruchs
bestätigte, erschien als blasphemischer Frevel. (Mc. 14, 55—65; 15, 2. 9. 12.
18. 26. 29—32.) Die Hohenpriester verspotteten den Gekreuzigten mit dem
Zuruf: »Anderen hat er geholfen, sich selbst kann er nicht helfen. Der Messias,

der König Israels möge herabsteigen vom Kreuze, damit wir sehen und glauben.« (Mc. 15, 32.) Das war es, was auch der Versucher vom Messias erwartete: die Macht eines offenkundigen Beweises seiner göttlichen Sendung!

Auch nach Matthäus tritt der Messiasanspruch in der Verhandlung wie in der Verspottung Jesu hervor, sowohl im jüdischen wie im römischen Gerichtshof. (Mt. 26, 28; 27, 4 [gerechtes Blut] 17. 22; 27, 40 [Tempelzerstörer]; 27, 11. 22. 29. 42 [König der Juden].)

Die Vorübergehenden und die Hohenpriester verspotteten Jesum auch als Gottessohn: aber der Sinn dieses Ausdrucks ist unzweifelhaft messianisch, weil sie ihm zugleich das Gottvertrauen vorhalten, in dem er seinen Anspruch geltend machte. Dem wesenhaften Gottessohn hätten sie nicht Vertrauen auf den göttlichen Beistand zum Vorwurf gemacht, sondern die Anmaßung göttlicher Allmacht. »Gottessohn« und »Gerechter« werden als gleichwertig gebraucht. (Mt. 27, 54. Lc. 23, 47.)

Nach Lukas wird Messias und Gottessohn im Synedriun gleichmäßig gebraucht. So fordert es auch das Sitzen zur Rechten der Kraft Gottes: denn diese wäre es selber, die als wesenhafter Gottessohn inbetracht käme. (Lc. 23, 69. Mt. 26, 64. Mc. 14, 62.)

Die Anklage vor Pilatus bezieht sich auch da wieder auf das öffentliche Wirken Jesu: er verführe das Volk, verbiete, dem Kaiser Steuer zu zahlen, wolle als der Messias-König gelten. (23, 2. 14.)

Die Spottreden beziehen sich auf den Messias und den Judenkönig. Von dem Gesalbten, dem Auserwählten Gottes, erwartete man als selbstverständlich, daß er sich und anderen helfen könne. (23, 35—47.)

Das Johannesevangelium berichtet von zwei Streitreden, welche zu dem Vorwurf Anlaß gaben, Jesus mache sich selber zu Gott, während er doch ein Mensch sei. Jesus hatte nämlich gesagt: »Ich und der Vater sind eins.« (Joh. 5, 18; 10, 30. 33.) Jesus lehnt den Vorwurf der Gotteslästerung dadurch ab, daß die Hl. Schrift diejenigen Götter nenne, an welche das Wort Gottes ergangen sei: um wieviel mehr dürfe sich der Sohn Gottes nennen, den der Vater geheiligt und in die Welt gesandt habe? (Joh. 10, 34—36.)

In der Leidensgeschichte des Johannesevangeliums nehmen sowohl die jüdische wie die römische Behörde die Gottessohnschaft im Sinne des Messiaskönigtums. Sonst hätte Pilatus nicht gerade so wie vorher an der Formulierung »König der Juden« festgehalten, obgleich ihm die Hohenpriester unterdes vorhielten: »Wir haben ein Gesetz, und nach diesem muß er sterben, weil er sich selber zum Sohne Gottes gemacht hat.« (Joh. 19, 7.) Der Zweck dieser Erklärung erhellt aus v. 4: Pilatus hatte eben zum zweitenmal erklärt, er finde keine Beweise für die eigentliche Anklage, Jesus trete als König der Juden auf. (18, 33—40.) Demgegenüber erklären die Hohenpriester, schon der Anspruch als solcher begründe den Religionsfrevel. Jesus beruft sich auch nur darauf, daß seinen Richtern von oben Macht über ihn gegeben sei. Die Ankläger bleiben in der alten Richtung und machen zum Zweck eines durchgreifenden Erfolges geltend: »Wenn du diesen freigibst, so bist du kein Freund des Kaisers. Denn jeder, der sich zum König macht, widerstreitet dem Kaiser.«

(19, 12.) Darum wird Jesus auch nach dem Evangelium Johannes' wegen des Anspruches auf das Königtum Israels verurteilt und hingerichtet. (19,14—22.) Auch hier kam der Anspruch auf wesenhafte Gottessohnschaft nicht zum Bewußtsein der Ankläger und Richter, sondern nur der Anspruch auf messianische Sendung und Gottessohnschaft. Diese bedrohte die bestehende Gesetzesreligion und Hierarchie, die andere an sich nicht.

Der Messiasanspruch Jesu war ernst zu nehmen; er bedeutete auch eine ernste Gefahr, wenn er gegen die bestehende Ordnung gerichtet war; darum begegnete man demselben auch mit aller Energie, sobald diese Gegnerschaft hervortrat wie bei Stephanus. (Act. 6, 10—14.)

Petrus nennt (Act. 2, 12—26; 3, 7—12; 26, 27. 30; 5, 31) Jesum den Herrn und Gesalbten, den Anführer des Lebens und Heiland, sowie den παῖς oder puer Gottes; aber ohne Drohung gegen den Tempel und dessen Religionsordnung. Der Hohe Rat fand darum keinen Grund zur strafgesetzlichen Verfolgung, auch nicht zum Banne. (4, 21.) Der Vorwurf des ungerechten Todesurteils war es, der als beunruhigend empfunden wurde. Also bezog sich das Todesurteil nicht auf die wesenhafte Gottessohnschaft. (Act. 5, 28.)

Das Bewußtsein der Gottessohnschaft bei Jesus bezieht sich bei ihm selber auf die wesenhafte Gottessohnschaft; dies läßt sich aus den Evangelien erweisen. Allein gerade deshalb dürfen die tatsächlichen Beweisgründe nicht mit jenen Stellen vermischt werden, wo dem ganzen Tatbestand zufolge nicht von wesenhafter, göttlich-messianischer, sondern nur menschlich-messianischer Gottessohnschaft die Rede ist. Dabei war natürlich die politische Messiasidee von Einfluß, und zwar auch dann, wenn man den Messiasanspruch Jesu als entgegengesetzt anerkannte und verurteilte. Der Schwerpunkt lag eben doch in dem formellen Messiasbegriff, wonach Jesus als Messias mit äußerer Gewalt und äußerem Umsturz das alte Religionswesen abschaffen wolle. Wer an die Gottheit der Gewalt glaubt, erwartet auch für Geist und Wahrheit, ja für Gott und Gottes Sache selbst nur von der äußeren Gewalt den durchgreifenden Erfolg. Darum hat das Synedrium auch vom Messias der Geistestaufe den Angriff der Gewalt gefürchtet, wenn auch nur durch die Erregung der Volksmassen. Deshalb mußte er hingerichtet werden, und zwar als Messiaskönig, von dem Gewalt zu befürchten war. Daß er sich als solcher verurteilen und kreuzigen ließ, war die ergreifendste Offenbarung und Bestätigung seiner wesenhaften Gottessohnschaft und seiner göttlichen Befähigung zur Geistestaufe.

§ 3. Die unmittelbaren Aussagen Jesu über sich selbst in den synoptischen Evangelien.

1. Das Selbstbewußtsein Jesu von seiner Gottessohnschaft und seiner messianischen Berufsaufgabe für das, was Gottes ist, ist in dem ersten Worte ausgedrückt, das überhaupt von ihm überliefert ist. Es ist die Antwort des zwölfjährigen Jesusknaben (Lc. 2, 49): »Wußtet ihr nicht, daß ich in dem sein muß, was meines Vaters ist?« Ihr geschichtlicher Charakter ist deshalb unumstößlich, weil dieses Wort vom Glauben eher als eine Schwierigkeit empfunden wird; sodann weil ausdrücklich versichert wird, daß Maria und Joseph die Antwort des Jesusknaben nicht verstanden hätten. (Lc. 2, 50.) Für Maria und Joseph war dasjenige maßgebend, was der Engel in der Verkündigung (Lc. 1. Mt. 1) über das Jesuskind, die Messiasaufgabe und die Gottessohnschaft gesagt hatte. Das Echo dieser Offenbarung hallt aus dem Magnifikat wider, ebenso wie das Benediktus der Widerhall der Worte war, in denen der Engel die Aufgabe des Johannes beschrieb.

Der zukünftige Messiaskönig, der im Kampf gegen die Herrschaft Roms das Reich seines Vaters David wiederherstellt, hat als Knabe nicht die Geistesart und Sehnsucht, wie der zwölfjährige Jesus durch Wort und Tat bekundet. Aus dem Wort des Knaben hören wir das Messias- und Sohnesbewußtsein in jenem Sinne heraus, wie es Jesus vor Pilatus ausgesprochen hat: »Mein Reich ist nicht von dieser Welt. Und doch sagst du mit Recht: Ich bin ein König. Dazu bin ich geboren und in die Welt gekommen, damit ich der Wahrheit Zeugnis gebe.« (Joh. 19, 37.) Die Vaterschaft Gottes, von der sich der Jesusknabe zu geistigreligiöser Beschäftigung mit dem, was Gottes ist, verpflichtet fühlt, ist nicht, wie O. Holtzmann sagt, die dem Judentum geläufige Anschauung: denn in diesem Fall hätten Maria und Joseph das Wort des Knaben verstanden. Das Unverständliche war die ganz eigenartige Sohnschaft, welche das Sinnen und Wirken in die Beschäftigung mit der Wahrheit wies.

Die Kritik macht gegen die Geschichtlichkeit der Kindheitsevangelien Mt. 1—2 und Mc. 1—2 folgendes geltend. Wenn die Wunder der Kindheitsgeschichte vorausgesetzt würden, so wäre seine Messiaswürde dadurch von Anfang an öffentlich bekundet gewesen. Allein es sei in den synoptischen Evangelien als Tatsache bezeugt, daß Jesus eigentlich von niemand für den Messias gehalten wurde, wenigstens nicht vor dem Petrusbekenntnis. Jesus selbst bestätigte dem Petrus die Neuheit dieses Gedankens, indem er sagt: »Nicht Fleisch und Blut hat dir dies geoffenbart, sondern mein Vater im Himmel.« (Mt. 16, 17.)

Allein der Schwerpunkt des Messiasglaubens liegt in dem Inhalt desselben. Wenn die Auffassungen inbezug auf den Inhalt nicht positiv zustimmen, kann die Messiaserkenntnis vorhanden sein, aber sie bleibt ohne praktische Bedeutung. Es ist mit dem Gottesbegriff ebenso und mit jeder Erkenntnis. Das Verhalten der Jünger bestätigt dieses Gesetz in mehrfacher Hinsicht. Nicht die Größe der wunderbaren Vorgänge ist das Durchgreifende, sondern jenes fiat lux in der Seele, der Aufgang jenes göttlichen Lichtes im Innern, von dem Paulus sagt: »Gott, der einstens das Licht aus der Finsternis aufleuchten ließ, ist selbst in unseren Herzen aufgestrahlt zur Erleuchtung der Erkenntnis der Herrlichkeit Gottes im Angesicht Jesu Christi.« (2 Cor. 4, 6.)

Wenn man den Vorwurf des Widerspruchs, den die Kritik in diesem Sinne gegen die Evangelien wie gegen die Apostelgeschichte erhebt, entkräften will, ist man genötigt, dieses Gesetz anzuerkennen. Hier betrifft es die Messiasaufgabe in der apostolischen Predigt, wie dort die Messiaswürde und Sohnschaft. Hatten die Apostel von Jesus den Auftrag empfangen, allen Völkern das Gottesreich zu verkünden, oder nur den Juden? (Mt. 28, 19. Lc. 24, 47. Act. 1, 8; 2, 21. 39; hingegen Act. 10, 17—11, 26; 13, 2, 46—49; 15. Gal. 2, 7—15.)

2. Das Tauferlebnis und die damit verbundene Theophanie sind die zweite und entscheidende Bekundung des Selbstbewußtseins Jesu von seiner Gottessohnschaft und Messiasaufgabe: beides im wesenhaften Sinne des Gottgesandten und Gottgesalbten schlechthin und ohnegleichen. Der Darstellung von Mt. 3, 16, Mc. 1, 11 und Lc. 3, 22 zufolge ist die Himmelsstimme an Jesus gerichtet: »Du bist mein geliebter Sohn, an dem ich mein Wohlgefallen habe.« »Jesus sah beim Heraussteigen aus dem Wasser, wie sich die Himmel öffneten und der Geist auf ihn herabkam. Und sofort trieb ihn der Geist in die Wüste.«

Nach Joh. 1, 32—34 war Johannes der Täufer auch Zeuge der Theophanie, aber sonst niemand. Die Theophanie ist indes nach Joh. 1, 32—34 nicht bloß an Johannes erfolgt, wie die Kritik annimmt, sondern außer an Jesus auch an Johannes. Die Kritik ist zu dieser Auslegung durch das Vorurteil genötigt, Jesus als Mensch bedürfe des Heiligen Geistes nicht, wenn er zugleich der wesenhafte Gottessohn sei. Da alle Werke des Dreieinigen untrennbar sind und vom Vater durch das Wort im Geiste beider erfolgen, so auch die Mitteilung der geistigen Kräfte, Erkenntnisse und Güter, welche der Seele Jesu aus der Fülle der ewigen Gottheit zugedacht sind. Auch im

Johannesevangelium ist Jesus der Gottesgesalbte, der alles im Geiste Gottes denkt und wirkt. Der Hl. Geist stieg ja auf Jesus herab, um auf ihm zu bleiben, und damit er mit dem Hl. Geiste taufe. (Joh. 1, 32. 33; 3, 6. 34; 7, 37—39; 14. 16. 20, 21—23.)

Das Tauferlebnis ist unzweifelhaft durch die geistige Arbeit des verborgenen Lebens zu Nazareth psychologisch vermittelt, schon deshalb, weil es nur so in Wahrheit ein Erlebnis ist, und zwar in dem großen Sinne, der durch die drei Versuchungen nahegelegt wird. Die vierzigtägige Einsamkeit wird ausdrücklich als der Zweck bezeichnet, um dessentwillen der Hl. Geist Jesum in die Wüste trieb, um dort vom bösen Geiste mittelst der weltlichen Messiasidee versucht zu werden. (Mc. 1, 11.)

Dem Hebräerevangelium zufolge war der Vorgang so: »Siehe, die Mutter des Herrn und seine Brüder sprachen zu ihm: Johannes der Täufer tauft zur Vergebung der Sünden. Laßt uns gehen und von ihm taufen. Er aber sprach zu ihnen: Was habe ich gesündigt, daß ich hingehen und mich von ihm taufen lassen sollte? Es müßte denn eben dies, was ich gesagt habe, Unwissenheit sein. — Es geschah aber, als der Herr aus dem Wasser heraufgestiegen war, kam die Quelle des Hl. Geistes herab und ruhte auf ihm und sprach zu ihm: Mein Sohn, in allen Propheten harrte ich deiner, daß du kämest und ich in dir meine Ruhe fände. Denn du bist meine Ruhe, du bist mein eingeborener Sohn, der du herrschest in Ewigkeit.« — Das Ebionitenevangelium der zwölf Apostel hat einen ausführlichen Bericht über die Epiphanie.

3. In der Versuchung offenbart sich die Auffassung Jesu von dem Geiste und Endzweck der messianischen Aufgabe im Gegensatz zu den Forderungen, welche das herrschende, vorwiegend politische Messiasideal im Interesse des Erfolges, der Ehre Gottes und der Alleinherrschaft seines Gesandten geltend machte. Daß dies damals nach dem Tauferlebnis Jesu geschah, ist sehr verständlich, auch wenn Jesus niemals über den Geist und Zweck seines Messiasberufes zweifelhaft war. Unmittelbar vor dem Beginn seines öffentlichen Wirkens mußten die Ansprüche auf Alleinberechtigung, welche das herrschende Messiasideal energisch geltend machte, mit voller Schärfe lebendig werden und eine nochmalige Stellungnahme auf Grund unbefangener Erwägung nahelegen. Es war der Gebrauch der Wundermacht zum Zweck der persönlichen Verherrlichung des Messias-Gottessohnes. Als höchster und einziger Stellvertreter Gottes mußte er sich über die demütigenden Sorgen und Nöten des leiblichen Daseins durch Gottes Wundermacht erheben: das wäre der erste Beweis, daß er wirklich

Gottes Sohn sei. Die Wunder mußten ihm auch als entscheidende Beweisgründe für seine göttliche Sendung dienen: denn das Wunder gilt als eigentliche Beglaubigung, daß Gott einen Menschen bevollmächtigt habe. Wenn dieser Grundsatz richtig ist, dann muß der Gottgesandte natürlich in erster Hinsicht von der rechtmäßigen religiösen Autorität, also im Tempel und vor der Öffentlichkeit seine Sendung beglaubigen. Nur dann ist er von der unwürdigen Lage befreit, sich mit der legitimen hierarchischen Autorität und Obrigkeit, mit den geistlichen Führern um die Anerkennung seiner göttlichen Sendung streiten und schließlich wegen unberechtigter Inanspruchnahme der göttlichen Sendung, also wegen blasphemischen Mißbrauchs des göttlichen Namens und eigenmächtiger Anmaßung der göttlichen Herrschaftsrechte verurteilen zu lassen. Denn der Messias hatte den Namen »Herr« und galt als Teilnehmer der göttlichen Königsgewalt, weil er zu ihrem Vollstrecker im Gottesreiche berufen war. Act. 2, 36: »Gott hat diesen Jesus zum Herrn und zum Christus gemacht.« Hingegen war durch das Wunder der siegreiche Triumph über alle Gegnerschaften und die Anerkennung seitens aller rechtmäßigen Autoritäten verbürgt. Damit wäre er als der Herr im vollsten Sinne in das Erbe der vorhergesagten Weltherrschaft eingetreten.

Es ist wohl zu beachten, daß die politische Messiasidee, wie sie damals herrschte, die sittlich-religiöse Erlösung von der Sünde, sowie die vollkommene Beobachtung des Gesetzes als Güter des messianischen Reiches betrachtete, sowohl als Bedingung wie als Folge. Man erwartete »nationale diesseitige Güter auf religiöser Grundlage«. (Paul Volz, Jüd. Eschatologie. 1903. S. 55, 74 sq., 83 sq.) Durch das Gericht über die Heidenvölker bringt Gott seinem Volke die verheißene Erlösung. (111—116, 197—237.)

Kein politisches Messiasideal sah von der Sündentilgung und von der Herstellung vollkommener Gerechtigkeit ab. Es fragt sich nur, wie man beide Gnadenwirkungen ihrem Vollzug nach dachte, und welche Stellung man ihnen im messianischen Gottesreich selber und zum wesentlichen Gnadengut desselben zuwies. Das messianische Gottesgericht über alle Bösen war ja ein sehr hervortretender Grundzug in der herrscheuden Erwartung des großen Davidsohnes.

4. Nachdem Jesus in den drei Versuchungen die einzelnen Grundgedanken des herrschenden Messiasideals als widergöttlich und satanisch enthüllt und abgewiesen hatte, sprach er sein eigenes Messiasbewußtsein in positiver Fassung aus. Es ist dies die erste Lehrverkündigung oder »das Evangelium des Gottes-

reiches«, wie Markus sagt. »Die Zeit ist erfüllt und das Reich
Gottes ist nahe herbeigekommen. Tut Buße und glaubt an die
frohe Botschaft!« (Mc. 1, 15. Mt. 4, 17.) Das Reich Gottes ist
demnach schon in ihm herabgekommen.

Was hier als Gottesreich unter dem Gesichtspunkt der Sache
und des Inhaltes der frohen Botschaft auftritt, wird von Jesus
zu Nazareth unter dem Gesichtspunkt des gottgesandten Bot-
schafters dargeboten, in dem als dem Gottgesalbten das Gottesreich als wirkliches Leben und als werbende Kraft nahe an die
Menschheit herangetreten ist. »Der Geist des Herrn ist über mir:
darum hat er mich gesalbt und gesandt, um den Armen die frohe
Botschaft, den verwundeten Herzen die Heilung, den Gefangenen
die Erlösung, den Blinden das Licht, den Gefesselten die Befreiung
zu verkünden, um das gnadenreiche Jahr des Herrn und den Tag
der Vergeltung auszurufen. (Jes. 61.) Diese Schrift ist heute vor
euern Ohren erfüllt.« (Lc. 4, 18—21.)

Offenbar wußte Jesus, daß die Nazarener Wundertaten von irdischem
Werte von ihm fordern wollten. »Arzt, hilf dir selbst.« (Lc. 4, 22 — 30.)
Darauf allein kam es ihnen an. Für die frohe Botschaft jenes Reiches, in das
Buße und Glaube hineinführen, welches der Armut, Blindheit, Gebundenheit,
Verschuldung und Krankheit der Seele abhelfen will, war bei dem Geiste, der
die Forderung der Nazarener beseelte, kein Interesse vorhanden. Infolge davon
hatten sie auch kein Interesse für das übernatürliche Geheimnis von der Gottes-
salbung und Geistesfülle dessen, der ihnen das Gottesreich als in ihm erfüllt
offenbarte und anbot. Denn das Gottesreich, welches die Seelen heilt und
innerlich mit Gott verbindet, ist selber Salbung und Taufe mit Gottes Geist
und kann darum nur von dem gebracht werden, der selbst im ursprünglichsten
Sinne der Geisterfülle ist, der Geistgesalbte schlechthin, dem der Vater die
Fülle seiner Gottheit, seines Lebens und seines Geistes zum Mitbesitz und
Erbteil gibt.

Der Gegensatz des messianischen Selbstbewußtseins Jesu zum
herrschenden Messiasbegriff liegt noch in einer anderen Richtung
und macht es verständlich, warum die Gottessohnschaft und Geistessalbung im Evangelium eine so wesentliche, wesenhafte und
trinitarische Bedeutung gewinnt, während sie in der jüdischen
Messiasidee jener Zeit keine grundlegende Bedeutung hat und über
die (politisch-theokratische) Berufsaufgabe nicht hinausweist. Daher
ist »Sohn Davids« dort der eigentliche Messiasname geworden.

Die großen Umwandlungen und Segensgüter des Gottesreiches im Vergleich zur Gegenwart treten dort nämlich wie durch

magische Gewalt in die Wirklichkeit. Der Messiaskönig wirkt
nicht als tatkräftiger Vollbringer des göttlichen Auftrags, weder
im Völkerkampf und Völkergericht, noch in der Aufrichtung des
Gottesreiches. Die Niederlage der Heiden, der Sturz der Bösen,
die Herrschaft der Frommen tritt wie eine sichere Folgeerschei-
nung bei dem Auftreten des Messias in Wirklichkeit. Ebensowenig sind die Frommen selber irgendwie beim Kampf oder im
Friedensreich bei irgend einer Aufgabe durch Spannung, Verpflichtung, Anstrengung, Geistesarbeit tatkräftig beteiligt: alles vollzieht
sich in der jüdischen Messiashoffnung wie auf dem Theater. Ganz
anders ist es dem prophetischen Weissagungsbilde zufolge; ebenso
dem Messiasbegriff Jesu zufolge. Die Aufrichtung des Gottesreiches
und die Überwindung der Sünde ist die wirkliche Errungenschaft
der messianischen Arbeit und Aufopferung in Kampf und Not.
Darum ist die Ausrüstung und Durchdringung mit dem lebendigmachenden Geiste Gottes so wichtig. Der Sohn Gottes ist der
tatkräftige Vollbringer und Verdiener des Himmelreiches, weil er
vom Geiste Gottes gesalbt ist und diesen Quellgrund aller Lebenskräfte, diesen Inbegriff aller Gaben und Lebensgüter in sich hat —
vom Vater. Hingegen wurde die Geistessalbung entbehrlich, je
mehr Siegeskampf und Segensfülle des Gottesreiches zum bloßen
Zielgegenstand behaglich-untätiger Erwartung herabgesetzt wurden.
Es war auch deshalb eine Herabsetzung, weil die geistigen Güter
ihrer Natur zufolge weniger geeignet sind, als fertiger Besitz einfach hingenommen zu werden wie Gold und Thron. Auch hierdurch
wurde die Verweltlichung der messianischen Hoffnung bewirkt.
Verweltlichung und Loslösung vom Geiste Gottes gingen Hand
in Hand. Darum kam das Weissagungsbild vom Kampf- und
Leidensopfer des Gottesknechtes im herrschenden Messiasbegriff
nicht zur Geltung.

Die Wahrheit und Göttlichkeit der prophetischen und neutestamentlichen Messiasidee erhellt indes gerade daraus, daß das
Reich Gottes als die wirkliche Errungenschaft der höchsten Geistestat, des schwersten Kampfes und des heiligsten Opfers gedacht
wird.

5. Die nächste Kundgabe des Selbstbewußtseins Jesu bildet
wiederum einen Wendepunkt seines Lebens. Jesus fragte seine
Jünger geradezu: »Wofür haltet ihr den Menschensohn?« Simon

Petrus antwortete: »Du bist der Messias, der Sohn des lebendigen Gottes.« (Mt. 16, 16.)

Vorher hatte Jesus die vorbereitende Frage an die Jünger gerichtet: »Wofür halten die Leute den Menschensohn?« — Jesus stellte diese Frage, nachdem eine feste ausgeprägte Stellungnahme für und wider ihn hervorgetreten war, sogar Abfall und Ärgernis einerseits, Feindseligkeit und Anklage anderseits. (Joh. 6, 14. 15. 30. 31. 61—67.) Mit Rücksicht darauf war Jesus in das mehr heidnische Gebiet der Jordansquellen und des Hermongebirges hinaufgezogen. »Die Jünger antworteten: Einige für Johannes den Täufer, andere für Elias, andere für Jeremias oder einen anderen Propheten.« Auffallend ist, daß die Ansicht nicht erwähnt wird, Jesus sei der Messias. Und doch war dieselbe als Ausruf der zwei Gerasener Besessenen (Mt. 8, 29 [Sohn Gottes], Mc. 1, 24; 5, 7), der zwei Blinden (Mt. 9, 27 [Sohn Davids]), sogar des ganzen Volkes (Mt. 12, 23 [Sohn Davids]), der Jünger (Mc. 14, 33), des kananäischen Weibes (Mt. 15, 22) hervorgetreten. Lc. 4, 34. 41; 8, 28. Mc. 6, 14. 15 gibt wohl die Erklärung: es waren dies augenblickliche Äußerungen der Begeisterung, die indes bei dem Gesamturteil wieder zurücktraten. Die Erwägung war dabei maßgebend, daß der Sohn Davids, der Sohn Gottes, der Heilige Gottes an der machtvollen Aufrichtung des messianischen Gottesreiches zu erkennen sei. (Lc. 19, 11.) Als das Volk die Vermutung äußerte, Jesus sei der Sohn Davids, bemühten sich seine geistlichen Führer, ihm die Überzeugung beizubringen, Jesus wirke seine Wunder in der Kraft des bösen Geistes. (Mt. 12, 25—31.) Da Jesus jene Wunder verweigerte, welche die geistlichen Führer von ihm verlangten, so konnte ihre Verdächtigung Jesu auf Erfolg rechnen. (Mt. 12, 38—45. Mc. 8, 11.)

Wunder zum Wohle und zur Erhaltung des Lebens wie als Gewalt über die Natur hatten ja Moses und Elias im großartigsten Sinne gewirkt; eine Totenerweckung wurde von Elisäus berichtet; die Propheten hatten gesprochen in Gottes Kraft. Darum wurde die Wundertätigkeit Jesu bei dem begeisterten Volke nur zum Anlaß, um Gott zu loben, der in seinem Gesandten sein Volk gnädig heimsuche. Auch die Gewalt der Sündenvergebung wurde als Ausfluß der göttlichen Sendung gepriesen, nachdem Jesus die Berechtigung dazu durch das Heilwunder dargetan hatte. »Die Leute gerieten in Furcht und priesen Gott, der solche Gewalt den Menschen gab.« (Mt. 9, 8; 15, 31. Lc. 7, 16; 8, 39; 17, 18.) Jesus selbst wollte, daß man Gott die Ehre gebe.

Bei der lebhaften Erwartung der messianischen Zeit war es nicht auffallend, wenn einzelne in Jesus den Messias vermuteten. Auch in Johannes hatte man denselben vermutet.

Als Bezeichnungen für Messias werden gebraucht Sohn Gottes, Heiliger Gottes, Sohn Davids. Das Bekenntnis Petri ist demnach in der Fassung Mt. 16, 16 nicht deshalb auffallend, weil es nicht nur sagt: »Du bist Christus,« sondern noch hinzufügt: »der Sohn des lebendigen Gottes«. Sonst wäre die Wiedergabe von Mc. 8, 29 und Lc. 9, 20, welche nur sagt: »Du bist Christus« in dem wesentlichen Punkte unvollständig. Wohl aber war die Erkenntnis Petri eine übernatürliche, vom Vater gewirkt und darum geeignet, die Grundlage für die Stiftung der Kirche Christi zu werden, weil sie nicht bloß der augenblickliche Ausdruck dankbarer Begeisterung, sondern die Frucht des seitherigen messianischen Wirkens Jesu war. Dieses Wirken war nicht die Vorbereitung politischer Überwindung des römischen Weltreiches, auch nicht Verwerfung der Sünder und Gericht über die Gegner, sondern die Mitteilung und Pflege des göttlichen Lebens in den Seelen, die Berufung der Sünder und der Notleidenden: also Leben, nicht Tod, und darum Offenbarung des Gottes, der Vater ist und durch seinen Geist lebendig machen will.

Die Erkenntnis Petri war nicht vollständig: darum wird ihm sofort nach der hohen Anerkennung die Zurechtweisung als eines Satan und Ärgernisses zuteil, weil er das Wesen der messianischen Sendung und Salbung des Gottessohnes nicht in dem Opfer des Leidens und Sterbens bereitwillig erkennen will. Jesus hatte die Gründung einer Kirche im Unterschied von einem Weltreiche als das Werk seiner messianischen Gottessohnschaft angegeben. In dieser Kirche sollte dann sein Geist fortleben, der Geist seiner lebendigmachenden und erlösenden Opferliebe, der Geist der Aufopferung, welche den Widerstand der Herzen bricht, der Geist des allein guten Vaters (Mc. 10, 18), darum auch der Geist der göttlichen Sohnschaft und Salbung. (Lc. 4.)

6. Die Vollendung der im Petrusbekenntnis begonnenen Offenbarung erfolgte sechs Tage später in der Verklärung auf dem hohen Berge, der wohl auch im Hermon zu suchen ist. Auf dem Tabor war ja eine befestigte Stadt. Die Himmelstimme bezeugte die Gottessohnschaft Jesu: »Dieser ist mein geliebter Sohn: ihn höret!« Die beiden großen Propheten Moses und Elias, welche mit Jesus dessen Ausgang in Jerusalem besprachen, bezeugen dadurch, daß das Leidens- und Todesopfer des Messias nicht ein Zurückbleiben hinter der Weissagung bedeutet, sondern deren Erfüllung und zwar schon jener älteren Offenbarung, welche mit siegreicher Macht den alten Bund gründete und durchführte. Darum schloß Jesus zur Enthüllung des Messiasgeheimnisses die zweite Leidensweissagung an die Verklärung an. Jesus versicherte, Elias sei

als Vorläufer schon in Johannes erschienen und als Märtyrer
hingerichtet worden. (Mt. 17. Mc. 9. Lc. 9.)

7. Nach der Verklärung wird von Lukas 10, 21—24 jenes
erhabene Gebet berichtet, in dem Jesus sein Sohnesbewußtsein
und dessen unendlichen Inhalt ausspricht.

Die Kritik anerkennt, daß dieses Gebetswort das Selbstbewußtsein Jesu
auf der Höhe der johanneischen Christusreden zeige. Lukas hat es wohl an
der richtigen Stelle mitgeteilt; denn vor dem Bekenntnis Petri und der Verklärung ist es nicht wahrscheinlich.

Es ist bei beiden Evangelien an die Rede angeschlossen, in
der Jesus ein Gesamturteil über seine Erfolge und Mißerfolge in
Galiläa vollzieht. Damit stehen nach Lukas im Zusammenhang die
Berichte der von ihrer Missionstätigkeit zurückkehrenden Jünger.
Die Notwendigkeit, welche sich für Jesus aus der Gesamthaltung
ergab, war der Verzicht auf weitere Fortsetzung eines öffentlichen
Wirkens in Galiläa. Von nun an wandte er seine Sorge vor
allem der Einführung seiner Jünger in das Geheimnis des Gottes-
reiches und des messianischen Opferleidens zu. »In jener Stunde
frohlockte Jesus im Heiligen Geiste und sprach: Ich preise dich,
Vater, Herr des Himmels und der Erde, daß du diese Dinge den
Weisen und Klugen verborgen, aber den Kleinen geoffenbart hast.
Ja, Vater, so war es dein Wohlgefallen. Alles ist mir von meinem
Vater übergeben, und niemand kennt den Sohn außer dem Vater,
so wie niemand den Vater kennt, als der Sohn und wem es der
Sohn offenbaren will.« (Lc. 10, 21. 22.) Matthäus fügt noch das
folgende Lehrwort hinzu: »Kommet alle zu mir, die ihr mühselig
und beladen seid, ich will euch erquicken. Nehmet mein Joch auf
euch und lernet von mir: denn ich bin sanftmütig und demütig
von Herzen, und ihr werdet Ruhe finden für eure Seelen. Denn
mein Joch ist sanft, und meine Bürde ist leicht.« (Mt. 11, 25—30.)
Lukas hat die letzten Worte weggelassen, weil er sie schon in
dem ersten Lehrwort als Offenbarung des Selbstbewußtseins Jesu
und seiner Geistessalbung sowie als Kennzeichnung seines Charakters
mitgeteilt hatte. (Lc. 4, 16—30.) »Der Geist des Herrn ist über
mir: deshalb hat er mich gesalbt, um den Armen die frohe Botschaft zu verkünden. Er hat mich gesandt zu heilen, die gebrochenen
Herzens sind, den Gefangenen Erlösung, den Blinden das Gesicht,
den Gefesselten die Freiheit zu verkünden, das gnadenvolle Jahr
des Herrn und den Tag der Vergeltung.«

Wie übermenschlich das Geheimnis des Messiasberufes und des Gottesreiches war, das in diesem Prophetenwort von Jesus als in ihm erfüllt erklärt wurde, bewiesen damals die Bewohner von Nazareth, aber auch trotz aller hohen Wundertaten die stolzen Städte Chorazin, Bethsaida, Kapharnaum. (Lc. 10, 12—15.) Es ist eine übernatürliche Offenbarung, wenn die unbefangenen, von keiner Menschenweisheit eingeengten und geblendeten Seelen in dem demütigen und sanftmütigen Lehren und Helfen den Sohn Gottes und den Gottgesalbten erkennen, dem der Vater alles, d. h. die Fülle seines eigenen Geistes gegeben hat. (Joh. 3, 34. 35.) Der Quell des Hl. Geistes ist in Jesus: das ist das Siegel und der Beweis seiner Gottessohnschaft. Darum ist der Hl. Geist das göttliche Zeugnis für Jesus, gerade nach johanneischer Auffassung. (Joh. 15, 26; 16, 7—15; 1 Joh. 5, 6.)

Die Gabe aller Gaben ist der innere Wesensreichtum Gottes und wird durch den Allein-Guten denjenigen gegeben, die ihn darum bitten. (Lc. 11, 13; 12, 31.) Das ist das eine Notwendige. (Lc. 9, 41. 42.) Deshalb handelt es sich im ganzen Werk des Gottessohnes darum, aus der Fülle seiner eigenen Geistessalbung die Menschheit mit der Geistestaufe zu erneuern und nach vollbrachtem Lebensopfer die Erfüllung dieser einen großen Verheißung vom Vater zu erflehen und in seinem Namen der Gemeinschaft der betenden Jünger zu senden. (Joh. 1, 33; 14, 16. 26; 16, 7; 7, 37—39; 20, 22; 1 Joh. 4, 13. Lc. 24, 49. Act. 1, 1—8; 2, 33. 38; 5, 31. 32; 9, 17; 10, 38. 45.) Die Ablehnung des messianischen Gottesreiches in seinem geistig-göttlichen Sinne (Act. 5, 31) ist Widerstreben gegen den Hl. Geist. (Act. 7, 51.) Die Mitteilung des Hl. Geistes ist die Gabe des Gottesreiches. (Act. 9, 17; 10, 45—11, 18.)

Die prophetische Weissagung hat in der Mitteilung des Hl. Geistes die Segensfülle des messianischen Gotteswerkes gekennzeichnet — für Haupt und Glieder. Die allgemeine und unmittelbare Gotteserkenntnis, Gesetzesüberzeugung, Liebesgesinnung, Eifer für Recht und Wahrheit sind die verschiedenen Offenbarungen des einen Gottesgeistes, der als Einer der Geist der Weisheit und des Verstandes, des Rates und der Stärke, der Wissenschaft, Frömmigkeit und Gottesfurcht ist. (Jes. 11. 28; 5. 6; 32; 35; 40, 28—31. 42; 44.)

Das Gebetswort Mt. 11. Lc. 10. wird nicht nur von der Kritik, sondern auch von Loisy als geschichtliches Wort Christi in Frage bezw. in Abrede gestellt und als Ausdruck des späteren Jüngerglaubens betrachtet. Es sei eine Nachbildung von Sir. 51 und eine Vorausnahme von Mt. 28, 18. Erst dem durch die Auferstehung verherrlichten Jesus sei alle Gewalt übergeben worden. In das Erdenleben Jesu und den ganzen Zusammenhang der synoptischen Evangelien bringe dieses Wort einen Widerspruch hinein. Es hängt diese Ansicht Loisys damit zusammen, daß Messias und Gottesreich von ihm als ausschließlich eschatologisch gedeutet werden. Wenn die irdische Wirksamkeit Jesu nur einen vorbereitenden Charakter hatte, so ist die sittlich-religiöse Wiedergeburt dem eschatologisch - eudämonistischen Ziel gegenüber untergeordnet. Dann ist die Gewalt höher gewertet als der Geist innerer Vergöttlichung. Ganz anders, wenn der Geist der hl. Gesinnung die Quellkraft der äußeren Vollendung ist, wenn die Vatergüte die weltschöpferische und weltbeherrschende Allmacht ist, wenn die sittliche Heiligkeit das innere Wesen des vollkommenen Lebens und aller · Seligkeit ist.

Es gibt allerdings eine Auffassung von der messianischen Herrlichkeit, welche Loisy zu seiner Kritik und Beurteilung veranlassen konnte. Allein den beiden Evangelien ist jene Auffassung durchaus fremd. Matthäus legt ein solches Gewicht auf den Grundcharakter des messianischen Geistes Jesu, daß er zweimal die Erfüllung der Weissagung hervorhebt, welche den Geist Gottes im messianischen Wirken als Liebe und Erbarmen, als Aufrichten, Heilen und Beleben kennzeichnet, im Gegensatz zur Gewalt, welche nach Art der Weltmächte teils bezwingt, teils verurteilt und den Widerstand zerschmettert. Der Schöpfer wirkt von innen durch Beleben; das Geschöpf von außen und darum durch Gewalt und Hemmung. Die prophetische Offenbarung hat diesen Gegensatz des göttlichen und naturhaft-geschöpflichen Wirkens stets hervorgehoben. Die Fülle der Gewalt, von welcher der Auferstandene spricht, ist nicht die der Machtwirkung von außen, die vor allem durch Zwang und Hemmung wirkt, sondern dieselbe Fülle des göttlichen Geistes, die Jesus als die unbegrenzte Fülle dessen, was ihm der Vater gegeben hat, im Gebete erwähnt. (Joh. 1, 3; 4, 14; 7, 38. 39; 14, 16; 20, 22.) Es ist jene Fülle des Lebens, der lebendigmachenden Kraft und allumfassenden Liebe, von der der Sohn gesalbt ist. Selbstsucht wäre mit dieser göttlichen Liebe ganz unvereinbar, die sich in stellvertretendem Sühnopfer wie in vollkommener Geistestaufe gerade an den Ärmsten und Elendesten betätigen will.

Jesus spricht von dieser Herrlichkeit im hohenpriesterlichen Gebete: »Ich habe (den Jüngern) die Herrlichkeit gegeben, die du mir gegeben hast, damit sie eins seien, wie auch wir eins sind, ich in ihnen und du in mir.« (Joh. 17, 22. 23.) Die Anerkennung der Gottessendung und Gottessalbung durch die Welt macht diese Einheit und Herrlichkeit vollkommen.

Aus all dem ergibt sich der Sinn des Gebetswortes, in dem Jesus das Geheimnis seiner Persönlichkeit und seines messianischen Geistes offenbarte. Es handelt sich um die Aufschließung seines messianischen Charakters oder seiner ganzen Geistesrichtung, nicht

nur um die Versicherung, daß er der Sohn Gottes und der Geistgesalbte sei. Jesus will sagen, von welchem Geiste er gesalbt
sei, gerade wie er die Wesensgesinnung Gottes als wesenhafte
und belebende Güte offenbart, indem er Gott als den Vater
erkennen lehrt.

Ausdrücklich wird darum von Lukas hervorgehoben: ‚In jener
Stunde jauchzte Jesus auf im Heiligen Geiste.‘ Als derjenige,
der den Geist des alleinguten Vaters in sich hat, ist er der Sohn
im einzigartigen Sinne und erkennt er die alleinige Güte Gottes
als des Vaters und als seines Vaters. Die Güte und Vaterschaft
Gottes bekundet sich durch die Mitteilung seines alleinguten
Wesens und darum seines guten Geistes, der darum der Geist
Gottes des Vaters ist. Er ist aber auch der Geist des Sohnes,
in dem dieser seinen Ausgang vom Vater erkennt und betätigt,
indem er immer in der Lebensgemeinschaft des Vaters bleibt, als
dessen Offenbarung und Gesandter wirkt, dessen Wille und Auftrag die Speise seines ganzen Menschenlebens ist. (Joh. 4, 34.
Hebr. 9, 14; 10, 5—10.) Wenn also bei Matthäus die ausdrückliche Erwähnung des Hl. Geistes fehlt, so ist es ein vollkommener Ersatz dafür, daß Jesus den Charakter seines messianischen
Geistes sachlich ausspricht und dadurch bekundet, warum er
als eingeborener Sohn die wesenhafte und persönliche Offenbarung
jenes Gottes ist, der in seinem tiefsten Wesen Vater und der
alleinige Gute ist.

Es hat darum einen tiefen Sinn, wenn sich an das erhabene Gebet der
messianischen Gottessohnschaft und innigen Liebesgemeinschaft mit dem Vater
die Lehre anschließt, daß das Wesen des Christentums die Gottes- und
Nächstenliebe sei, und daß nur dieses Eine notwendig sei. Dieses Eine und
Allein-Notwendige hat allein die Verheißung, daß es niemals vom Menschen
genommen werde. Daher preist er die Jünger selig, die das Wesen des
Gottesreiches in seiner Messiasliebe erkennen. (Lc. 10, 23—42.) Es ist auch
der eine Denar, den alle bekommen, die des Himmelreiches würdig werden:
die Lebensgemeinschaft mit Gott selber. (Mt. 20, 8—16.) Das Vaterunser ist
die Übersetzung des messianischen Geistes ins Gebet. »Wenn ihr, die ihr böse
seid, euren Kindern Gutes zu geben wißt, um wieviel mehr wird euer himmlischer Vater den guten Geist denen geben, die ihn darum bitten?« (Lc. 11,
13.) Jesus offenbart das Geheimnis seiner Persönlichkeit und Sendung, indem
er den Geist offenbart, von dem er und sein Wirken beseelt ist. Darum lehnt
er die Wunderforderung ab. (Lc. 11, 29—32.) Er hat durch die Aufschließung
seiner Geistesart den Schlüssel der Erkenntnis Gottes und des Gottesreiches
dargeboten. (Lc. 11, 52.)

8. Die Ablehnung der Anrede: »Guter Meister« mit dem hohen Worte: ‚Niemand ist gut als Gott allein‘ wird von der Kritik als entscheidender Beweis gegen die wesenhafte Gottessohnschaft Jesu erklärt. Diese Erklärung Jesu, welche von allen drei synoptischen Evangelien berichtet wird, gehört auch in erster Linie zu dem, was Loisy für unvereinbar mit dem hohen Gebetsworte des Sohnesbewußtseins (Mt. 11, 25. Lc. 10, 21. 22) hält. — Allein Jesus sagt nur, daß Gott allein dem Wesen nach gut sei, und daß darum alle anderen nur dadurch gut seien und gut werden, daß sie mit Gott in Gemeinschaft stehen oder aufgenommen werden. Nun ist gerade der Sinn jenes hohen Gebetswortes, daß Jesus in der innigsten Lebensgemeinschaft mit Gott als seinem Vater stehe und ganz vom Geiste der Gottessohnschaft durchdrungen sei. Folglich ist er selber gut, wofern er in seiner innigen Lebensgemeinschaft mit Gott erkannt wird. Da es aber wegen seiner menschlichen Erscheinung möglich war, daß ihn der reiche Jüngling einfach wie einen hervorragenden Meister ansah und darum als gut anredete, weist ihn Jesus darauf hin, daß die Gottesgemeinschaft der einzige Grund sei, um dessentwillen ein Mensch, und wäre er auch der Größte, als gut gelten dürfe. Deshalb schließt Jesus seine Belehrung mit der Aufforderung: »Komm und folge mir nach!« (Mc. 10, 21.)

Wenn die Methode der Addition bei der Auslegung des ganzen Lehrgespräches nicht angewandt wird, bringt man einen Widerspruch in die Rede Jesu hinein. (Mc. 10, 17—21.) Der Grundzug der Lehrworte Jesu ist die schärfste Ausprägung des Gedankens mit der Absicht, zum Nachsinnen und zur Vertiefung zu nötigen. Gerade diese Redeweise fordert die wechselseitige Ergänzung des einen durch das andere; sie verbietet die einseitige Auffassung und Isolierung der einzelnen Lehrworte.

Jesus erkennt, daß der gesetzeseifrige Reiche sich für gut, für innerlich fertig, für sittlich reif und religiös vollendet hält: er hat alles geleistet, was das Gesetz fordert. Auch von Jesus denkt er so. Dadurch, daß Jesus die Anrede als guter Meister ablehnt, macht er den Tugendstolzen darauf aufmerksam, daß die persönliche Gottverpflichtung unendlich sei, mit welcher der wahre Gerechte nie fertig sein wolle.

Die tiefe Wahrheit des dreieinigen Gottesglaubens leuchtet daraus hervor, daß die drei göttlichen Personen von Grund aus lebendige Wechselbeziehung zu ihrem Ursprung und Hervorgang sind, relationes subsistentes, die ganz füreinander bestehen. Das ist die einzigartige Güte Gottes. Denn die Güte ist Selbstmitteilung, Hingabe, Füreinandersein. Darum schließt der Vorzug des Vaters, der Allein-Gute zu sein, die wesenhafte Güte dessen nicht aus, an den der Vater die Fülle seines Lebens ewig mitteilt. Der Geist, der aus dieser Mitteilung und Entgegennahme (als Spirator) hervorströmt, wird ausdrücklich als der g u t e Geist und als die Gabe Gottes schlechthin bezeichnet. (Lc. 11, 13.) Die alleinige Güte Gottes schließt darum die wesenhafte Güte seines Sohnes und Geistes ein, sobald Gott als d e r V a t e r erkannt wird. Darin besteht nun nach einstimmigem Urteil die einzigartige Vollendung der Gotteserkenntnis durch Jesus. Folglich ist der Allein-Gute der Eine, der allein in der Wechselhingabe der ewighohen Dreiheit, der ewigen Hervorgänge lebt. Wenn Gott selbst, der Allein-Gute, nur gut ist in der Hingabe der dreieinigen Wechseleinwohnung, um wieviel mehr kann der Mensch nur gut werden durch die innige und tatkräftige Hingabe an Gott und dessen große Lebensgemeinschaft im Reiche Gottes? Wieviel engherzige Vorurteile, wieviel kleingläubige Schranken müssen fallen, bis das Reich Gottes im Sinne Gottes vollkommen erfüllt wird?

Die Wirksamkeit von innen und der Wille, aus der Nichtigkeit zur Kraft, Fülle und Selbständigkeit hinaufzuheben, ist nicht etwa Schwäche oder Selbstentäußerung, sondern der eigenste Grundzug der Gottheit in ihrer schöpferischen V a t e r g ü t e. Allerdings ist dieser Grundzug des göttlichen Wesens ebenso erhaben über die engherzige und gewalttätige Selbstsucht der geschöpflichen Sinnesart in ihrer naturhaften Betätigung, wie die Ratschlüsse und Ziele Gottes dem hohen Himmel gleich über die menschlichen Vermutungen erhaben sind. (Jes. 55, 6—11.)

Die Offenbarung der Vatergüte als des göttlichen Grundcharakters ist auch im Alten Testamente vom Sohne ausgegangen und hat zum selbstverständlichen Endzweck die Erhebung der Geschöpfe zur Gemeinschaft des göttlichen Geistes. Allein anstatt nach dem Geiste Gottes, der Gottverähnlichung, der Gottessohnschaft und Gotteskindschaft, diesem messianischen Heilsgut, strebte der menschliche Sinn immer nach der Gewaltherrschaft und der äußeren Herrlichkeit eines Weltreiches und wußte die Weissagungen stets in diesem Sinne umzubiegen. Und doch würde ein solches Bild des messianischen Gottesreiches wieder nur eine Gewaltherrschaft, also ein Weltreich bedeuten, mit dem einzigen Unterschied, daß die vorher Unterdrückten dann zu Unterdrückern würden und umgekehrt.

Das Gebetswort Jesu zeigt wohl eine gewisse Ähnlichkeit mit dem Gebet Jesus Sirachs, aber nur insofern Gott als Vater und Herr angeredet wird. Eine tiefer gehende Ähnlichkeit zeigt Sirach 24. Sap. 1, 6—9. Prov. 8. 9, wo die Weisheit geschildert wird als die Lebensgenossin Gottes, deren Gemeinschaft die einzig wahre Vollkommenheit und Seligkeit ist. Den Geist dieser Weisheit zu empfangen, sei das einzig Notwendige: denn mit ihm nehmen alle Güter Einkehr in die Seele: wer diese Lebensgemeinschaft gewinnt, hat den Quell des lebendigmachenden Geistes in sich aufgenommen, der fortströmt ins ewige Leben. (Joh. 4, 14; 7, 38.) Sap. 7, 11: Venerunt mihi omnia bona pariter cum illa et innumerabilis honestas. (7, 22—28, 8; 10, 17.)

Das erhabene Gebet der Gottessohnschaft und des vollkommenen Geistesbesitzes steht mit dem Grundzug des Matthäus- und Lukasevangeliums in vollem Einklang. (Lc. 9, 54—56. Mt. 9, 12—13; 12, 15—21.) Der Geist lebendigmachender Liebe ist die unendliche überweltliche Kraft der Gottheit und ihres Gesalbten. Der höchste Gott ist Vatergüte und darum im vollkommensten Sinne weltbeherrschende Allmacht. Das Schlußwort im Evangelium Mt. 11, 28—30 erinnert an das Wort im Weisheitsbuch: »O wie sanft und wie gut ist dein Geist, o Herr, in allen Dingen!« (Sap. 12, 1.) »Wie kann einer deinen Sinn verstehen, wenn du ihm nicht Weisheit gibst und ihm deinen Geist vom Himmel sendest?« (Sap. 10, 17. Zach. 4, 6.)

9. Entscheidend für das Schicksal Jesu war der unmittelbare Zusammenstoß mit dem Hohenpriestertum und den übrigen geistlichen Autoritäten Israels in Jerusalem. Dabei ergab sich der vollkommene und unversöhnliche Gegensatz zwischen Jesus und den hierarchischen Autoritäten des Tempels.

Die feierliche Einleitung zu dieser letzten wichtigen Lehrtätigkeit Jesu in der heiligen Stadt war der Einzug Jesu in Jerusalem und dem Tempel, sowie seine Verherrlichung durch die begleitenden Jünger und Pilgerscharen. (Mc. 11, 24. Mt. 21. Lc. 19, 37. Joh. 10, 12.) Eine Kundgabe des Messiasberufes von Jesus selbst erfolgte dabei nicht, wenigstens nicht ausdrücklich, höchstens mittelbar, insofern er die Huldigung nicht verbot. Die Jüngerscharen priesen übrigens frohlockend Gott wegen all der Wunder, die sie gesehen hatten. (Lc. 19, 32.)

Daß Jesus in der Öffentlichkeit sich auch beim Einzug in Jerusalem nicht selber als Messias kundgegeben hat, erhellt aus der Aufforderung der Hierarchen an Jesus: »Meister, untersage dies doch deinen Jüngern!« (Lc. 19, 39. Mt. 21, 15. 16.) Ausdrücklich wird nach dem Einzug von Mt. 21, 46 berichtet, das Volk habe Jesum für einen Propheten gehalten, also nicht für den Messias. Im gerichtlichen Verhör wäre vor allem diese Anklage gegen Jesus erhoben worden, wenn es irgendwie möglich gewesen wäre. Immerhin hat Jesus die Huldigung der Pilgerscharen nicht zurückgewiesen. Jesus war keineswegs von der Erwartung erfüllt, Gott werde das messianische Reich im Anschluß an seinen feierlichen Einzug in den Tempel offenbar machen. Die

Beziehung auf die Weissagung Zach. 9, 9. Jes. 62, 11 war für Jesus unzweifelhaft bestimmend für seine Anordnung. (Mc. 11, 1—7.) Allein die Bescheidenheit dieses Auftretens war gerade das Sinnbild für die geistige Gottesherrschaft, welche in Liebe und Lehre um die Seelen wirbt und den verlorenen Schäflein mitleidig nachgeht. Dabei schwebte Jesus nicht etwa eine längere Lehrtätigkeit in Jerusalem selber vor Augen, auch nicht die Absicht, sich nötigenfalls drohenden Gefahren durch die Flucht zu entziehen, wie insbesondere Stapfer annimmt. (La mort et la resurr. de J. Chr. 1898.)

Vielmehr zog Jesus mit dem Bewußtsein nach Jerusalem, daß er dort sein Leidensopfer zu vollbringen habe. Der ganze Aufbau der Evangelien und die ganze Entwicklung des Wirkens Jesu müßte zerstört werden, wenn man eine andere Erwartung als die seiner Leidenstaufe für den letzten Festbesuch Jesu in Jerusalem annehmen wollte. Hingegen war für die Erwartung einer sofortigen Offenbarung der messianischen Herrlichkeit in Jerusalem bei den Jüngern die Vorstellung maßgebend, daß das Gottesreich durch eine äußere Machtwirkung vom Himmel her eröffnet würde, daß es vor allem die politisch-weltliche Erlösung vom Römerjoche und eine Umgestaltung der irdisch-sozialen Lebensverhältnisse bringen werde. Um diese Erwartung zu widerlegen, hat Jesus v o r dem Einzug das Gleichnis von dem Manne erzählt, der in der Ferne zum Königtum berufen sei. »Er sagte ihnen ein Gleichnis, weil er sich Jerusalem näherte, wo sie meinten, daß das Gottesreich s o g l e i c h sollte versichtbart werden.« (Lc. 19, 11.)

Das Messiaskönigtum nahm Jesus in Anspruch, aber nur seinen Jüngern hatte er Mitteilung davon gemacht. Den Hohenpriestern, welche ihn nach der Vollmacht seines herrschgewaltigen Auftretens im Tempel fragten, gab er nur Anhaltspunkte. Vor allem gab er ihnen eine hinreichende Offenbarung über seinen Beruf im Gleichnis von den Weingärtnern. (Mt. 21. Mc. 12. Lc. 20.) Der Herr des Weinbergs sandte zuerst seine Knechte zu den Pächtern, um die Ernte in Empfang zu nehmen. Als diese sie schlugen und leer zurückschickten, sandte er zuletzt seinen lieben S o h n. Aber sie vergriffen sich auch an diesem und töteten ihn. — Jesus sprach auch vom Steine, den die Bauleute verwarfen, der aber trotzdem zum Grundstein bestimmt sei. (Lc. 20.)

Die Hohenpriester verstanden wohl, daß er sie selbst damit meine. Allein einen Anhalt zur Anklage auf Todesschuld konnten sie in der verhüllten Gleichnisrede nicht finden. Und doch mußte sie der Vorwurf des Justizmordes aufs tiefste verletzen. Ebenso verletzend war für sie das Gleichnis von der Hochzeit, die der König seinem S o h n e hielt. Auch hierin spricht Jesus sein S o h n e s bewußtsein aus. Aber auch hierin fand man keinen genügenden Anklagegrund, weil all das nicht zu dem herrschenden Messiasbegriff paßte. (Mt. 22.) Die Reden Mt. 24—25 sprechen das Messiasbewußtsein aus, aber sie wurden nur für die Jünger gehalten. Die große Darlegung des Gottesreiches im Sinne Jesu Mt. 23 und ihres Gegensatzes zur herrschenden Gesetzesreligion wurde zwar vor dem Volke gehalten, aber sie spricht nicht offenkundig aus, daß J e s u s der Messias sei. Sie versuchten darum Jesus durch zweideutige Streitfragen zu fangen. Jesus selbst lenkte ihre Aufmerksamkeit auf die Schwierigkeit, wie der Messias zugleich Davids Sohn und Herr sein könne? Doch allen Schlingen entzog sich Jesus. Es bedurfte des Verrates durch seinen Jünger Judas, um dem Hohenpriester Kaiphas die Möglichkeit zu geben, jene Frage zu stellen, deren bejahende Beantwortung sofort als Todesschuld erklärt wurde. Wie das Zeugenverhör beweist, hatten die Gegner Jesu aus den öffentlichen Reden Jesu selber keine Möglichkeit gewonnen, um die Beschuldigung wenigstens als begründeten Verdacht auszusprechen, Jesus sei mit dem Anspruch auf die Würde des Messias aufgetreten.

Der Verrat des Judas kann anderseits kaum bloß darin bestanden haben, daß er dem Synedrium eine heimliche Gefangennahme Jesu ermöglichte. Um den Aufenthalt Jesu und seiner zwölf Jünger zu erfahren, bedurfte es keines Verräters. Die unerwartete Frage des Hohenpriesters gibt die Antwort: was im Jüngerkreis vertraulich gesagt und ausdrücklich vor der Öffentlichkeit geheim gehalten werden sollte, das allein war wichtig genug, um dem Hohenpriester verraten zu werden. (Vgl. Lc. 19, 48; 20, 20.) Die Vermeidung eines Volksauflaufes konnte außerdem auch mit Hilfe des Verräters erzielt werden. Diese Seite des Verrates trat auch in die Öffentlichkeit, die Hauptsache wurde allein bei Kaiphas erledigt. Judas hat dem Hohenpriester das Messiasgeheimnis verraten, zu dessen Geheimhaltung die zwölf Jünger von Jesus ausdrücklich und streng verpflichtet waren. (Mt. 16, 20; 17, 9; 21, 28. Mc. 8, 30; 9, 8; 11, 33.) Jesus selbst verweigert den Hohenpriestern die Auskunft, aus welcher Gewalt er die Tempelreinigung vollzogen habe. Also bestand sein Verbot noch in Kraft. Da das Volk ihn auch nach dem Einzug nur für einen Propheten hielt, so hatte die Aufrechterhaltung des Verbotes einen ernsten Zweck. Die Hohenpriester suchten, wie ausdrücklich berichtet wird, nach einer Anklage gegen Jesus. Das gaben sie natürlich zu erkennen, um Denunziationen zu veranlassen. Daß der Messiasanspruch im höchsten Maße geeignet sein müsse, die Absicht der Hohenpriester zu erfüllen, mußte Judas schon aus dem Umstande entnehmen, daß Jesus den Zwölfen die Geheimhaltung zur strengen Pflicht gemacht hatte.

Kaiphas machte von dem Geheimnis, das ihm Judas verraten hatte, Gebrauch, als die Zeugenaussagen nichts Todesschuldiges ergaben. Er konnte seines Erfolges sicher sein: wenn Jesus die Frage selbst ausdrücklich bejahte und sich als Messias-Gottessohn bekannte, war die gotteslästerliche Anmaßung und der Widerspruch mit dem Gesetze und seiner ewigen Geltung erwiesen. Falls Jesus sich einer Erklärung entzogen hätte, so konnte ihm Kaiphas auf Grund des Verrates entgegenhalten, daß er im Kreise seiner Jünger sich als Messias-Gottessohn erklärt habe. So kam es zur Frage des Kaiphas: Bist du Christus, der Sohn des Hochgelobten? Jesus sprach: »Ich bin es, und ihr werdet den Menschensohn sitzen sehen zur Rechten der Kraft und kommen auf den

Wolken des Himmels.« (Mc. 14, 61. 62. Mt. 26, 64. Lc. 22, 66—71.)

Die Schuld der Gotteslästerung, welche der Hohepriester in der Antwort Jesu fand, bezieht sich nicht auf eine formelle Entheiligung des göttlichen Namens, sondern einmal auf die Anmaßung der höchsten Gewalt und Gesetzgebung in göttlichen Dingen, ohne die entsprechende göttliche Autorisation durch offensichtliche Wundermacht und Herrlichkeit, wie sie das Synedrium forderte. Sodann war es der Gegensatz, in dem Jesus und seine Lehre unverkennbar zur herrschenden Gesetzesreligion stand. Da die Kultus- und Rechtsordnung des mosaischen Gesetzes dem biblischen Buchstaben zufolge als ewig und unabänderlich galt, so durfte sie auch vom Messias nicht abgeändert werden. Wer dieses tat, erwies sich dadurch als falscher Messias und als Revolutionär gegen Gottes heiliges Gesetz. Jesus hat zwar niemals ausdrücklich die Abwürdigung des alttestamentlichen Kultus und der Tempelhierarchie ausgesprochen: allein in dem Geiste seiner Lehre war die geltende Gesetzesreligion grundsätzlich überwunden. Indes waren die im Zeugenverhör vorgebrachten Tatsachen nicht so beschaffen, daß sie nach herrschender Rechtsauffassung als unzweideutige Schuldbeweise hätten gelten können. Erst das Messiasbekenntnis stellte alles übrige in das hinreichende Licht. Dann erschienen nämlich die Worte Jesu nicht mehr bloß als die persönliche Kritik eines Rabbi, sondern als der Ausdruck des höchsten gesetzgeberischen Machtanspruches.

10. Der Zusammenhang zwischen wesenhafter Gottessohnschaft und Messiaswürde in den Aussagen der neutestamentlichen Geschichtsurkunden ist also folgender. Wenn die messianische Aufgabe und das Gottesreich als die Mitteilung Gottes selber als des einzig wahren Heilsgutes an die Menschheit begriffen wurde, war die erste Voraussetzung gegeben, um bei dem Gebrauch des Wortes »Gottessohn« an die wesenhafte Gottessohnschaft des Messias zu denken. Die zweite unbedingt notwendige und wesentliche Voraussetzung war die Kenntnis der göttlichen Dreipersönlichkeit; wenn nicht als Glaube, so als ernste theologische Lehre, mit der man ebenso rechnen mußte, wie die Sadduzäer mit der Auferstehung der Toten sowie der Lehre von der Engel- und Geisterwelt.

Die dritte Voraussetzung ist die, daß der Gegensatz zwischen der menschlichen Erscheinung und der in Anspruch genommenen Gottessohnschaft durch die Kenntnis der Menschwerdung überwunden werden konnte. Ohne die Kenntnis dieses Geheimnisses im göttlichen Heilsplan wäre es trotz der Kenntnis der göttlichen Hervorgänge unmöglich gewesen, im monotheistischen hohen Sinne an die Gottheit eines Propheten zu glauben.

Wenn diese drei Voraussetzungen fehlten, so konnte die Gottessohnschaft nur als theokratische, nicht als wesenhafte verstanden werden. Allein Jesus selbst verstand unter Gottessohnschaft trotzdem die innergöttliche und trinitarische, durch welche er als Mensch der messianische Gottesgesandte und Gottesgesalbte schlechthin war.

§ 4. Die Selbstbezeichnung Jesu als Menschensohn.

Die gewöhnliche Selbstbezeichnung Jesu ist allen vier Evangelien zufolge Menschensohn. Durch die Zurückführung auf den syrisch-aramäischen Sprachgebrauch von »Menschensohn« im Sinne von »Mensch« wird diese Selbstbezeichnung in keiner Weise verständlicher. Ebensowenig wird dadurch in Frage gestellt, daß Jesus mit dieser Bezeichnung etwas Geheimnisvolles und Einzigartiges von sich aussagen wollte. Allein der Sinn des Ausdrucks zielt unverkennbar zugleich auf den Menschen im Sinne der allgemeinen Menschennatur, und zwar in ihrer urbildlichen Hoheit und Weltbedeutung. Gebräuchlich war der Ausdruck nicht, jedenfalls nicht so, wie ihn Jesus gebrauchte. Denn »das Volk antwortete ihm: Wir haben gehört im Gesetze, daß Christus in Ewigkeit bleibe. Wie sagst du nun, der Menschensohn müsse erhöht werden? Wer ist dieser Menschensohn?« (Joh. 12, 34. 23.)

1. Im Alten Testament wird der Ausdruck gebraucht Ps. 8, 79, um den Gegensatz fühlbar zu machen, in dem die natürliche Bedingtheit des Menschen in seinem Werden und Leben zur Würde und Kraft der Gottebenbildlichkeit steht, und damit die Vergänglichkeit des Erdensohnes zur Unvergänglichkeit der geistigen Anlage und Gottesbestimmung.

Ezechiel wird beim Empfang der Offenbarungen so angeredet, um das Bewußtsein zu wecken, daß er die Offenbarung von oben empfange und

darum in Demut, Gehorsam und Milde den hohen Beruf eines Gottesgesandten erfüllen müsse.

In der berühmten Vision Daniels 7, 13 »erschien etwas in den Wolken
des Himmels wie ein Menschensohn und wurde zu dem Greise (auf dem
Weltenthron) gebracht. Und ihm wurde die Herrschaft übergeben, die Ehre
und das Reich, daß alle Völker, Nationen und Zungen ihm dienen sollten.
Seine Herrschaft ist eine ewige Herrschaft, die nicht untergehen noch zerstört
werden wird.« Hier steht der Menschensohn als Haupt des messianischen
Gottesreiches im Gegensatz zu den vier mythischen Raubtieren, welche die
großen Weltreiche in ihrem inneren Wesen als Verkörperungen der natur-
haften Gewaltherrschaft und Selbstsucht bezeichnen. Der Menschensohn bedeutet demgegenüber die geistig-sittliche Macht der vernünftigen
Überzeugung von Wahrheit und Pflicht und die Gottesherrschaft durch die
innere Einsicht und freie Hingabe für das Gesetz und Ziel der göttlichen
Weltregierung. Der Menschensohn bedeutet die Erhebung über die naturhafte
Selbstsucht und Gewalt; er bedeutet das Ideal jener Herrschaft, welche zur
Interessenvertretung der Gesamtheit und aller einzelnen wird, welche
denjenigen dient, welche sie beherrscht, und diejenigen zur Vollkommenheit
und höchsten Selbständigkeit erhebt, befreit und befruchtet, deren König sie
ist. »Gott dienen heißt herrschen.« »Der Menschensohn ist nicht gekommen,
um sich bedienen zu lassen, sondern um zu dienen und sein Leben als Lösegeld hinzugeben für viele.« (Mc. 10, 45.) Die jüdische Theologie jener Zeit,
wie sie in den wichtigen Bilderreden von Henoch c. 37—71; 4 Esr. 13 vertreten ist, hat den Danielschen Ausdruck zur Bezeichnung des Messias verwendet. Christus ist der wahre Adam, der Idealmensch, als Gottes Ebenbild
und vollkommener Gottesknecht. Vom Standpunkt des Kirchenglaubens ist der
Menschensohn vielleicht in sachlichem Zusammenhang mit dem Samen des
Weibes, also dem Menschensohne, welcher der Schlange den Kopf zertreten
soll. (Gen. 3, 15.)

2. Wenn die Worte Jesu verglichen werden, in denen er
vom Menschensohne spricht, so ist unverkennbar, daß dieser
Ausdruck mit der Notwendigkeit des Leidens und der darauf-
folgenden Verherrlichung, der Auferstehung und Wiederkunft zum
Gerichte im engsten Zusammenhang steht. Er wird darum erst
üblich, seitdem die Leidensweissagungen beginnen. (Mc. 8, 31.
38; 9, 11. 30; 10, 32—34. 45; 13, 26. [32]; 14, 21. 46. 62)
(Bekenntnis vor dem Hohenpriester). Vorher spricht Jesus mehr
von sich in der ersten Person.

Vom Menschensohne spricht Jesus zum erstenmal, wo die Gewalt der
Sündenvergebung in Frage steht; sodann um zu sagen, der Menschensohn sei
auch Herr über den Sabbat. (Mc. 2, 10. 28.) Die letztere Stelle könnte auch
allgemein auf den Menschen bezogen werden, weil Jesus vorher gesagt hatte,
der Mensch sei der Zweck des Sabbats, aber nicht umgekehrt. Aus Mt. 9, 8

folgert die Kritik, die Umstehenden hätten das Wort von der Befähigung der Menschen überhaupt zur Sündenvergebung verstanden. Allein es ist doch wegen des Wunders auf Jesus allein bezogen worden. Die Sünde gegen den Menschensohn wird vergeben; die Sünde wider den Hl. Geist nicht. (Mt. 12, 32. Lc. 12, 10.) Der Menschensohn ist seiner Zeit ein Gotteszeichen, wie es Jonas für die Niniviten war. (Lc. 11, 30.)

Zur Selbstbezeichnung gebraucht Jesus das Wort »Menschensohn« bei der Messiasfrage an seine Jünger, aber nicht bei Mc. 8, 27 und Lc. 9, 18, sondern nur nach Mt. 16, 13. Zur Bezeichnung der Menschen überhaupt gebraucht Jesus den Ausdruck gewöhnlich nicht, nur wo er davon spricht, daß alle Sünden den Menschenkindern vergeben werden, nur die Sünde wider den Heiligen Geist nicht. (Mc. 3, 28.) Bei Mt. 12, 31. 32 wird der Ausdruck nicht mehr für den Menschen überhaupt gebraucht, sondern auf Jesus eingeschränkt.

Menschensohn ist also für Jesus nicht ein bloßer Ersatz für die unmittelbare Selbstbezeichnung, sondern ein bestimmt ausgeprägter messianischer Begriff. Der Menschensohn bei Daniel ist darin enthalten, allein er erschöpft ihn nicht, weil der Menschensohn im Sinne Jesu mit dem Leiden und der sittlich-religiösen Vorbildlichkeit in erster Linie verbunden ist. Ein Zusammenhang ist wohl auch in dieser Hinsicht vorhanden, insofern der Danielische Menschensohn den Idealmenschen als Anlage und Sinn für Gott, für Wahrheit, Güte und Gesamtinteresse mitbezeichnet.

Die Selbstbezeichnung Jesu als Menschensohn weist indes offenkundig auf Daniel 7, 13 hin, wenn Jesus sagt, der Menschensohn werde in der Herrlichkeit Gottes und mit seinen Engeln vom Himmel kommen, um über alle Menschen das Gericht zu halten. (Mt. 10, 23; 13, 37; 24, 27—39; 25, 31. Mc. 8, 38; 12, 26; 14, 62. Lc. 12, 40; 17, 22—30; 18, 8; 21, 36.)

In der Weissagung Daniels wird allerdings das Gericht als unmittelbare Gottestat geschildert, welche schon vollbracht ist, wenn der Menschensohn in den Wolken vor den Ewigen gebracht wird, um die Herrscherwürde des Gottesreiches zu empfangen. Der Grundgedanke des Propheten wie des Evangeliums liegt darin, daß alle, die zur Wirksamkeit im Gottesreiche berufen sind, auch der Messias, ihre Taten als Sendboten der göttlichen Güte, Macht und Gerechtigkeit vollbringen, in Gottes Auftrag und Kraft, und daß Gott allen gibt, aber von niemanden empfängt. (Joh. 5.) Es bedarf keines Ersatzes und keiner Ergänzung des göttlichen Wirkens, als ob Gottes Güte, Macht und Weisheit beschränkt oder gebunden wäre, sondern Gott will die Überfülle seiner Güte, Weisheit und Macht durch den unübersehbaren Reichtum der von ihm berufenen und erweckten Kräfte offenbaren. Die höchste Güte will die allseitigste Teilnahme an ihrer ursächlichen Vollkommenheit.

Eine Bezugnahme auf den Gottesknecht birgt diese Bezeichnung, wenn der Menschensohn als der große Dulder geschildert wird, der nicht hat, wohin er sein Haupt legen solle (Mt. 8, 20. Lc. 9, 58), der dem Leidens- und Kreuzesschicksal überantwortet wird, um zum Lösepreis für viele zu werden. (Mc. 8, 31—33; 9, 9; 10, 32. 45; 14, 21. 41. Lc. 19, 19.)

Zur Bezeichnung des messianischen Wirkens überhaupt dient der Ausdruck im Gleichnis Mt. 13, 37; im allgemeinen Lc. 6, 22.

Der uneigennützige Eifer für die Güter der Gottesgemeinschaft, für ihre lebendige Verwirklichung in der Gesamtheit, also der Eifer für das Reich Gottes anstatt des Weltgeistes offenbart sich am vollkommensten im Leidensopfer und dadurch zugleich als höchstes sittlich-religiöses Vorbild. Wenn Jesus als Menschensohn zum Bekenntnis und zur Nachfolge verpflichtet, so kann er dieses nur insofern, als er der vorbildliche Mensch, der Idealmensch selber ist. Er ist dies, weil er ganz an Gott hingegeben ist in Tatkraft und Leiden, in seinem eigenen Leben wie durch die Aufgabe, die Gesamtheit für Gott zu gewinnen, mit Gott zu versöhnen und in Gott zu vollenden. Gott ist der Lebensinhalt des Menschen; das wird in der Jahweoffenbarung durch den Ausdruck hervorgehoben, Gott habe den Menschen nach seinem Ebenbild erschaffen. Diese Gottebenbildlichkeit wurde mit Bezug auf Gen. 1, 27; 2, 7 im Namen »Mensch« als Grundbestimmung angenommen.

Der hohe Adel der Anlage für Gott und die Gebrechlichkeit der fleischgeborenen Natur sind als wirksamer Gegensatz geeignet, um diese beiden Seiten der Menschennatur hervorzuheben. Die Verherrlichung in Gott und die Gottverlassenheit des Kreuzes begründen also beide die Bezeichnung Menschensohn, das Menschenwesen in seiner Kraft und in seiner Schwäche.

»Wir tragen einen kostbaren Schatz in gebrechlichem Gefäß.« Der Mensch ist Gottes: »Alles ist für euch da: ihr aber gehört Christo, Christus aber Gott.« (1 Cor. 3, 22. 23; 11, 3. 7; 15, 28.) In Adam und in Jesus sind die beiden Seiten des Menschentums in eigenartiger Weise vorbildlich und ursächlich ausgeprägt: darum sind Adam und Jesus der Mensch schlechthin, aber Adam als Erdensohn, Jesus als der himmlische Mensch. (1 Cor. 15, 45—50.)

3. Was Jesus mit dem Menschensohne sagen will, hat das

Trostbuch Jesajas im Gottesknecht geschildert: die vollste Hingabe in Kampf und Leid für Gott, sein Werk und Reich und darum für das Heil des Gottesvolkes, aber auch der ganzen Menschheit. Es ist die größte Innigkeit der Liebesgemeinschaft, was Name und Schilderung vom Gottesknecht aussagen, und zugleich die stärkste Forderung und weitgehendste Verpflichtung. Gott mutet seinem Knechte am meisten zu, weil er ihm mit seinem ganzen Sein und Wesen gehört, leibeigen und geisteseigen im vollsten Sinne.

Der Ausdruck »Diener« spricht keine persönliche Angehörigkeit aus, wie das Wort »Knecht«. Die vollste Angehörigkeit an Gott begründet darum auch die volle Teilnahme und Salbung mit dem Geiste Gottes. (Jes. 42; 44; 49; 50, 10; 52, 13—53, 12; 55, 4—6; 61.)

Die Jünger Jesu übersetzten den »Menschensohn« in tiefsinniger Weise in jenen doppelsinnigen Namen, in dem Sohn, Knabe und Knecht vereinigt sind: παῖς θεοῦ, puer Dei. Es geschieht dies besonders im Gebet und in feierlich gehobener Rede. (Act. 3, 13; 4, 27. 30.)

»Menschensohn« wird inbezug auf Jesus nur einmal von einem Jünger gebraucht, und zwar von Stephanus, als er gesteinigt wurde. Auch dies ist ein Beweis, wie tief Stephanus in den Geist Jesu eingedrungen war. (Act. 7, 56.)

4. Das Menschheitsideal besteht darin, offenes Auge für die Wahrheit, Herz für das Gute und freie Tatkraft für die Vollkommenheit selber zu sein, d. h. ein lebendiger Gottesgedanke und freie Gottverähnlichung; Gottesträger und Gottesknecht durch Hingabe und Tatkraft. Das empfangende Aufnehmen kommt mehr in der Erkenntnis zum Ausdruck, das tatkräftige Wirken mehr im Willen; aber beidemal nicht ausschließlich. Das wahre Menschentum und der Adel des Geistes liegt in der Fähigkeit und Aufgabe, ein Theophoros oder Aufnehmer der göttlichen Wahrheitsfülle und Güte zu werden, ein Anwalt der göttlichen Ziele, ein Vollbringer der göttlichen Werke, ein Abbild der göttlichen Vollkommenheit. Der geschaffene Geist ist in seiner eigentümlichen Endlichkeit die Anlage und Kraft für das Unendliche. Das Endliche und Unendliche sind in ihm in Wechselbeziehung, aber ihr Unterschied und Gegensatz wird dadurch nicht verhüllt oder abgeschwächt, vielmehr gerade in voller Schärfe ausgeprägt und zur Geltung gebracht. Darum ist unter allen Geschöpfen dieser sichtbaren Welt der Mensch allein das Sinnbild und der Träger der Gottesherrschaft, weil er Auge, Herz und Vernunft für Gott ist, die über

ihm bestehende Wahrheit und Güte, weil er Pflicht und Kraft für das Göttliche ist, d. h. für die durch ihn nachzuahmende und in ihm zu verwirklichende Wahrheit und Vollkommenheit.

Darum ist das Gottesreich in der Vision Daniels durch den Menschen versinnbildet und wird durch den Menschen vollbracht. Es ist durchaus übernatürlich und übermenschlich, allein gerade deshalb im besten Sinne menschlich, weil das Menschentum gerade darin besteht, Sinn und Kraft für das Übermenschliche und Göttliche zu sein.

Das Tierische bedeutet das in seiner Endlichkeit abgeschlossene Naturwesen, den Mangel der Empfänglichkeit für Gott und die Unendlichkeit, die Wahrheit und Vollkommenheit als solche und um ihrer selber willen, nicht nur um des eigenen Vorteils willen. Darum ist die naturhafte Selbstsucht und die Gewalt der Hemmung, Unterdrückung und Vernichtung als Prinzip des Wirkens durch das Tier versinnbildet. Die Gewalten, welche keinen Sinn für den ewigen Urgrund und Endzweck, für die Wahrheit und Vollkommenheit als solche haben, haben infolgedessen auch keinen Sinn für den unendlichen Wert der Seele, für das Recht der Persönlichkeit und ihrer allseitigen Vollendung. Darum haben sie auch keinen Sinn für jene Herrschaftsmethode, die dem Gottesreich wesentlich ist, durch den Geist der Überzeugung und Liebe: »Nicht durch Macht, nicht durch Gewalt, sondern durch meinen Geist, spricht des Weltalls Gott!« (Zach. 4, 6.)

Die Selbstbezeichnung Jesu als Menschensohn ist demnach nicht nur ein Hinweis auf die Messiasweissagung und messianische Sendung, sondern zugleich ein Programm, wie Jesus das messianische Königtum auffaßt. Was Jesus als widergöttlich in der dreifachen Versuchung abgelehnt hat, wird auch durch die Selbstbezeichnung als Menschensohn von ihm abgelehnt. Anderseits wird er dadurch positiv als der gottgesandte Messias gekennzeichnet, der im Geiste Gottes wirkt, d. h. durch die Kraft der Wahrheit und der Heiligkeit allein. Insofern weist die Bezeichnung Menschensohn darauf hin, daß Jesus der Geistgesalbte im vollsten und tiefsten Sinne ist, wie ihn die Propheten geweissagt haben, also der Messias im ursprünglichen und allein wahren biblischen Sinne.

Im Zusammenhang mit dem leidenden Gottesknecht gewinnt die Selbstbezeichnung Jesu als Menschensohn den besonderen Sinn, daß er der Mensch schlechthin sei, der für aller Not und Sünde in stellvertretender Sühne eintritt und für alle das Gottesreich mit seiner Segensfülle göttlicher Lebensgemeinschaft erringt und verdient.

5. Wird der kirchliche Glaube an die trinitarische Gottessohnschaft Jesu als im Bewußtsein Jesu begründet vorausgesetzt,
so ergibt sich für die Selbstbezeichnung Jesu als Menschensohn
noch ein weiterer Sinn. Wie er der Idealmensch dadurch ist,
daß er alle Gewalttätigkeit ablehnt und demütig und sanftmütig
nur durch den Geist der Wahrheit und Heiligkeit wirkt, so ist er
auch überhaupt in die Menschheit eingetreten, um als Heiland
durch Wort, Tat und Opferleiden alle an sich zu ziehen. Empfangen vom Hl. Geiste der erbarmenden Gottesliebe für die
zu erlösende Welt, oder vom Standpunkt des Logos aus, kraft des
freien Liebesratschlusses des Dreieinigen, also wiederum im Geiste
der Liebe, ist Jesus Mensch, nicht wie wir, ohne unseren
Willen und vor aller Betätigung des eigenen Willens, sondern kraft des göttlichen und darum zugleich eigenen Willens-
ratschlusses der Menschwerdung und Erlösung. Wenn, wie der
kirchliche Glaube im Sinne von Paulus und Johannes lehrt, Jesus
vom Bewußtsein seiner ewigen Gottessohnschaft erfüllt war, so
bedeutet seine Selbstbezeichnung als Menschensohn in letzter Hinsicht auch dies, daß er aus freiem Ratschluß und gnadenvoller
Liebe des dreieinigen Gottes Mensch geworden ist. Jesus ist
Mensch, weil und wie er es als Logos mit dem Vater und
Geiste gewollt hat; also in einem so hohen und vollen Sinne
wie sonst kein Mensch, weil alle ohne das Zutun ihres eigenen
Wollens zum Dasein gerufen und mit der menschlichen Natur
ausgestattet worden sind.

Damit wird auch die Natur der Gottessohnschaft geoffenbart. Als Idealmensch ist Jesus der Menschensohn in endlich-
geschöpflich-geschichtlicher Weise, Vernunft und Gewissen für
alles Göttliche, Kraft und Vollzug für alles Göttliche. Darin
besteht indes der göttliche Personalcharakter des Logos: er ist
ganz Ausdruck, Hinweis und Hingabe an Gott als den Vater, ganz
und gar Ursprung und Quellgrund des Hl. Geistes. Was der
Menschensohn in endlich-geschichtlicher Weise ist, ist der Logos
in ewiger, übergeschichtlicher und unendlicher Weise: Offenbarung
und Wort des Vaters, Quellgrund des Hl. Geistes, der Weg zum
Vater im Geiste der Sohnschaft, dessen Ursprung er ist.
Jesus ist darum der Menschensohn schlechthin, weil er der
Gottessohn und Geistesquell im ewigen Sinne ist. Was das

Wort sagt, zeigt auf den Vater als Urgrund von allem; was das Wort will und gibt, ist der Geist der Hingabe und Lebensgemeinschaft mit dem Vater nach dem Vorbild des Eingebornen, der vom Vater ausgeht, um in der Wesens- und Lebensgemeinschaft des Vaters zu bleiben. (Joh. 1, 18; 3, 13; 14, 6—10; Mt. 11, 25—30. Lc. 2, 49; 10, 21—24. Mc. 10, 17—21.) Wer mit Jesus die alleinige Güte Gottes erkennt, folgt Jesus in der rückhaltlosen Hingabe an den Vater: das ist der gute Geist, der Geist der Gotteskindschaft.

Zweiter Abschnitt.

Jesus in den Vollkommenheiten des Offenbarungsgottes.

§ 1. Jesus in der Vollkommenheit des Heilsbegründers.

Jesus handelte und wirkte aus dem Bewußtsein und der selbstgewissen Autorität dessen, der der Gottgesandte schlechthin ist, in dem Gottes Name ist. Jesus spricht und wirkt aus der Vollmacht jener hohen Gewalten und Eigenschaften, durch welche sich Gott als der Urheber und Vollbringer aller Wahrheit und Vollkommenheit, als der Begründer allen Heiles und als der Schöpfer des Himmelreiches erweist. Es sind dies jene hohen Eigenschaften, durch welche Gott der Begründer des religiösen Lebens, allen Glaubens, Hoffens und Liebens ist. »Niemand ist gut als Gott allein.« Indem Jesus von den synoptischen Evangelien in der vollbewußten Betätigung dieser göttlichen Güte und Machtfülle geschildert wird, kennzeichnen sie Jesum ebenso als Gottmenschen, wie das Johannesevangelium. Nur die Ausdrucksweise ist verschieden: bei Johannes begriffsmäßig, hier einfach sachlich.

1. Jesus wird in der Würde und dem Selbstbewußtsein des einzigen Lehrers aller Zeiten dargestellt, also des absoluten Lehrers. »Lasset euch nicht Lehrmeister nennen; denn einer ist euer Lehrmeister, Christus.« (Mt. 23, 10.) Wie Gott allein der Vater ist, so ist Christus allein der Lehrer. (Mt. 7, 29; 8, 10. 11; 9, 13. 13; 37—50.) Er ist der Säemann der Wahrheit im Reiche Gottes: alle anderen sind es nur als seine Gehilfen, indem sie durch den Hl. Geist befähigt werden, von dem Seinigen zu

nehmen. Jesus sendet seine Jünger mit seiner Lehre, gibt ihnen Mund und Weisheit, wie einst Gott dem Moses und Aaron. (Lc. 21, 15. Exod. 4, 11. 12. Mt. 23, 8—10.)

Jesus ist der Gesetzgeber des Neuen Bundes und der vollkommenen Religion: darum der Vollender und Vollbringer des Gesetzes. In der Bergpredigt und den anderen Gesetzgebungen spricht Jesus mit einer Autorität, welche sich dem alttestamentlichen Gesetzgeber gegenüber unzweifelhaft nicht untergeordnet fühlt.

Die Worte und Taten Jesu als Gesetzgeber stehen nicht im Widerspruch miteinander. Man behauptet vielfach, Jesus habe das alte Gesetz im Worte als unantastbar und ewig gültig erklärt, während er es in der Tat mittelbar und auch unmittelbar entkräftet habe. — Jesus verhielt sich dem alten Gesetz gegenüber offen und klar. Er brachte das Gesetz zur Erfüllung, zur theoretischen und praktischen Geltung, soweit es göttlich war und im eigentlichen und strengen Sinne von Gott selbst stammte.

Das Gesetz Gottes ist das Gesetz, von dem der Mensch lebt, wie der Prophet sagt (Ezech. 20, 11—25) und wie es der Psalmist freudig schildert. Jesus hat das alte Gesetz durch das höhere Gesetz des Evangeliums ersetzt, soweit es nur zeitgeschichtlich begründet und national beschränkt, mehr im Namen Gottes und im Interesse seines Volkes von den Gesetzgebern der verschiedenen Zeiten erlassen war, wenn auch unter dem Namen und der Autorität des Moses, wie dies von P. v. Hummelauer inbezug auf Josue und Samuel behauptet wird.

Jesus hat mit sicherem Urteil dasjenige in den Gesetzen und Gebräuchen der Überlieferung herausgehoben, was ewige Geltung und göttlichen Wert hat und der eigentliche Sinn und Zweck der alten Gesetzgebung war. Die Art und Weise, wie Jesus dies tut, läßt deutlich erkennen, daß er sich bewußt ist, die allerhöchsten Gesichtspunkte zur Geltung zu bringen, welche für Gesetz und Lehre maßgebend sind. Die Kritik erkennt zumeist, daß Jesus mit vollem Recht so geurteilt habe. Daher erklären die meisten theologischen Bibelkritiker Jesum als den Vollbringer der absoluten Religion, ohne den kein Mensch und kein zukünftiges Geschlecht die Aufgabe der Religion vollkommen erfassen und erfüllen könne.

Die Kritik rühmt die Klarheit Jesu in seiner Stellung zum alttestamentlichen Gesetz und findet, daß sie in ihrer einzigartigen Größe um so bewunderungswürdiger hervortrete, je mehr man damit die Stellung vergleiche, die Paulus, die Urapostel, das nachapostolische Christentum, die Gnosis zum Alten Testament eingenommen habe. (Vgl. Wendt, Lehre Jesu. 2. Aufl. 1901. S. 194—196.)

Der schroffe Gegensatz zum alten Gesetz scheint in Mt. 5, 21—48; 9, 14—17; 15, 1—20 tatsächlich bestätigt, obgleich Matthäus im Unterschied zu

Markus den Gegensatz durch Erklärungen wie Mt. 5, 18; 23, 3; Lc. 16, 17 positiv ausgleichen wolle. (Vgl. Mc. 7, 1—23; 2, 21. 22.) Die Beziehung auf das geschriebene Gesetz in Mt. 5, 18 ist unvermeidlich, wenn das Wort gewürdigt wird: »Auf dem Stuhle Mosis sitzen die Schriftgelehrten und Pharisäer. Alles nun, was sie euch sagen, das haltet und tuet; aber nach ihren Werken sollt ihr nicht tun. Denn sie handeln nicht so, wie sie lehren.« (Mt. 23, 3.)

Es kommt hier wie in anderen Fragen darauf an, ob die Methode der Addition oder Ergänzung und Vergeistigung sachlich berechtigt und notwendig ist, oder die der ausschließenden Gegensätzlichkeit. (Weinel, Jesus 308.) Ist die Methode der Ausgleichung hier berechtigt, dann überhaupt. Nun erhellt schon aus der Rede Mt. 23 in ihrem Verlauf selbst, daß Jesus gegen die Lehre der Pharisäer und Schriftgelehrten sehr viel einzuwenden hatte. Ebenso ist die Bergpredigt und das ganze Evangelium ein großer Beweis für einen tiefgehenden Gegensatz in der Lehre selber, nicht nur in ihrer Erfüllung. Folglich meinte Jesus in seinem Worte Mt. 23, 3 die Lehre der Schriftgelehrten nicht in ihrem vollen Umfang, sondern nur so weit, als sie das göttliche Gesetz zum Inhalt hatte. Die Anhaltspunkte, um das göttliche Gesetz von dem übrigen, wodurch der Mensch nicht lebt, zu unterscheiden, waren in der Offenbarung und der Hl. Schrift selber hinreichend dargeboten. (Mt. 23, 23.) Die Anwendung gibt Jesus in der Bergpredigt, in der Abwürdigung des Reinigkeitsgesetzes (Mc. 7), als Herr über den Sabbat und das Sabbatgesetz (Mc. 2, 28).

Alle Lehrentscheidungen Jesu über die ihm vorgelegten Fragen dienen zur Erfüllung dieser großen Aufgabe. Jesus bestreitet auch nicht, daß die Pharisäer die Ritualgesetze erfüllen: aber das bestreitet er, daß sie das Gesetz Gottes erfüllen, obgleich sie es nebst vielem anderen lehren. Sie hatten sogar die große Zusammenfassung aller Gebote zum Grundgebot der Gottes- und Nächstenliebe vollzogen, wie aus Lc. 10, 27 erhellt. Allein das wurde wieder unwirksam, weil sie diese Erkenntnis nicht folgestreng durchführten, sondern für sich stehen ließen. Jesus hat erst das Gesetz Gottes allen menschlichen Satzungen und Überlieferungen gegenüber zur Alleinherrschaft gebracht, sowohl theoretisch wie praktisch. Jesus hat alles, was nach Inhalt und Ursprung nur nationale und zeitgeschichtliche Bedeutung hatte, abgewürdigt und so das Gesetz erfüllt, ohne irgend etwas abzuwürdigen, was in Wirklichkeit Gottes Gesetz gewesen wäre. »Denket ja nicht, ich sei gekommen, um das Gesetz und die Propheten aufzuheben: Eher würde Himmel und Erde vergehen, als daß der kleinste Buchstabe oder der geringste Punkt vom Gesetze verginge, bis daß alles erfüllt ist.« (Mt. 5, 17. 18.)

Jesus ist der Lehrer und Gesetzgeber im einzigartigen und vollkommensten Sinne. Er erfüllt und vollendet die Offenbarung Gottes und das Gesetz der Offenbarung zur vollkommenen Gotteserkenntnis und zur vollkommenen Gottesgemeinschaft, über welche hinaus keine weitere Religions- oder Offenbarungsstufe führen kann. Die Einführung des Evangeliums Jesu vom Reiche Gottes in das Verständnis und das Leben der Menschheit ist die Aufgabe der neutestamentlichen Kirche und füllt die ganze Zeit aus, welche der Menschheit zur vollen Entwicklung bis zur Endzeit gegeben ist.

»Erst muß dies Evangelium vom Reiche in der ganzen Welt verkündigt werden, allen Völkern zum Zeugnis: alsdann wird das Ende kommen.« »Himmel und Erde werden vergehen: aber meine Worte werden nicht vergehen.« (Mt. 24, 14. 34.) Darin liegt die Bestätigung des Eindruckes, den die Lehrtätigkeit Jesu auf das Volk machte: »Er lehrte wie einer, der Gewalt hat, und nicht wie ihre Schriftgelehrten und Pharisäer.« (Mt. 7, 29.) Jesus lehrte nicht mit abgeleiteter Autorität durch bloße Auslegung, sondern mit dem souveränen Bewußtsein unmittelbarer und ursprünglicher Gewalt zur Offenbarung und Gesetzgebung.

Alle späteren Inhaber der Lehrgewalt haben das Lehramt in seinem Namen und durch seine Sendung.

»Siehe, ich sende Propheten, Weise und Schriftgelehrte zu euch.« (Mt. 23, 34—39.) Jesus sendet die Apostel zur Verkündigung des Gottesreiches und gibt ihnen die Zuversicht der inneren Befähigung dazu: »Wenn sie euch dann überliefern, so seid nicht bekümmert, wie und was ihr reden sollet: es wird euch zur selben Stunde gegeben werden. Denn nicht ihr seid es, die da reden, sondern der Geist eures Vaters ist es, der in euch redet.« (Mt. 10, 19. 20. Lc. 21, 12—15.) Was Jesus als König im Gottesreich dem Petrus im vollen und höchsten Sinne übertrug (Mt. 16. 18. 19), hat er den Aposteln überhaupt übertragen: »Wahrlich, ich sage euch: Was ihr auf Erden binden werdet, wird auch im Himmel gebunden sein; was ihr auf Erden lösen werdet, wird auch im Himmel gelöset sein.« (Mt. 18, 18.) Die Sendung, welche der Auferstandene den elf Jüngern erteilte, ist demnach nur die feierliche Bestätigung dessen, was er schon vor seinem Leiden vollzogen hatte. »Mir ist alle Gewalt gegeben im Himmel und auf Erden. Gehet hin und lehret alle Völker und taufet sie im Namen des Vaters, des Sohnes und des Hl. Geistes und lehret sie alles halten, was ich euch befohlen habe. Und siehe, ich bin bei euch alle Tage bis ans Ende der Welt.« (Mt. 28, 18—20.)

Die Übereinstimmung der Synoptiker mit dem Johannesevangelium könnte demnach in Hinsicht auf die absolute Gewalt Jesu als einziger Lehrer und Gesetzgeber nicht größer sein. Weder hinsichtlich des Inhaltes seiner Lehre: der vollkommenen Gotteserkenntnis (Joh. 17, 3—8; 12, 44—50; 13, 13—20. 34. 35. Joh. 14, 6. 21—24; 15, 10. 15. 18, 37) und des vollkommenen Heiligkeitsgesetzes wie hinsichtlich der Sendungsgewalt: »Wie mich der Vater gesandt hat, so sende ich euch.« (Joh. 20, 21.) »Wer euch hört, der hört mich, wer euch verachtet, der verachtet mich; wer aber mich verachtet, der verachtet den, der mich gesandt hat.« (Lc. 10, 16.)

2. Jesus spricht und handelt aus dem Vollbewußtsein, der Gesandte Gottes zur Vollbringung einer vollkommenen Erlösung

und Befreiung von der Sünde zu sein. Der Gottesgesandte hat die Macht und Aufgabe, das Gottesreich durch die Heilsgüter der Erlösung und Sündenvergebung zu begründen, in dem Maße, als er Gottesgesandter ist. Die Art, wie Jesus sich dieser Vollmacht bewußt ist, stellt ihn über alle anderen Gottesgesandten des Alten Bundes, auch über alle anderen Religionsstifter. Das Böse in jeglicher Gestalt ist vor dem Bewußtsein Jesu niemals als Gefahr vorhanden, sondern als Gegenstand und Ziel unzweifelhafter Überwindung. Dabei sind alle Formen des Übels eng zusammengeschlossen in ihrem sittlichen Grunde, der Schuld und Sünde selbst. Alle Krankheiten und vor allem der Tod sind, jedoch mit Ausschluß jedes Fatalismus, die Frucht des Bösen, die sündige Persönlichkeit ist ihre tatkräftige Vertretung, der Satan das Haupt im Reiche alles Bösen. Aber vor Jesus haben Sünde, Satan und Tod keine andere Bedeutung als der Tatbestand aller Übel, von deren Herrschaft, Fluch und Verderben Jesus selber die Welt befreien soll, kann und will. Das ist der zweite Endzweck seiner messianischen Sendung.

Jesus begann darum sofort mit der Spendung der Sündenvergebung, obgleich er nicht darum angegangen wurde und obgleich er wußte, daß damit die Todfeindschaft der geistlichen Führer Israels herausgefordert würde. Allein als Arzt und Hirte der sündenbelasteten Menschenseele war er in die Welt gesandt, zunächst für Israel. Darin bestand die zweite Aufgabe seines Messiasbewußtseins. Jesus weiß sich zu der sündenkranken Menschheit gesandt: darum kommt er im Geiste des Erbarmens, nicht um die Gesunden und Gerechten zu suchen, sondern zu den Kranken und Sündern, zu den verlorenen Schäflein des Hauses Israel, aber auch zu den Heiden und Zöllnern.

Jesus suchte als Erlöser die Schäflein und die Drachme, die wie Gott so auch ihm selber durch die Sünde verloren sind. (Lc. 15, 1—10. Mt. 9, 9–12. 36—38.) Aus diesem Erbarmen heraus vollzog Jesus die Auswahl der zwölf Jünger. »Als Jesus das Volk sah, hatte er herzliches Mitleid mit demselben; denn die Leute waren geplagt und zerstreut wie Schafe ohne Hirten. Dann sprach er zu seinen Jüngern: Die Ernte ist zwar groß, aber der Arbeiter sind wenige. Bittet den Herrn der Ernte, daß er Arbeiter zu seiner Ernte sende. Hierauf rief er seine zwölf Jünger zu sich und gab ihnen Gewalt über die unreinen Geister und sie auszutreiben und alle Gebrechen und Krankheiten zu heilen.« (Mt. 10, 1—8.)

Die Auserwählung Israels hatte im tiefsten Grunde zugleich den Zweck, ein Prophetentum und Apostolat für die ganze Menschheit heranzubilden. Darum wurde in der Zwölfzahl der Apostel dieser Heilsberuf Israels ausgedrückt und erfüllt. Jesus sendet aus dem Vollbewußtsein des Gottgesandten schlechthin alle anderen Gottgesandten. (Mt. 23, 8—10. 34—39.)

In der Heilandstätigkeit Jesu tritt wohl der Zusammenhang zwischen dem Krankheitselend und der Sünde sehr stark hervor. Hingegen wird die politische Knechtschaft niemals von Jesus als ein eigentliches Übel und als Zweck der Erlösung hingestellt. Darum sieht Jesus die Erniedrigung des Menschen und die Satansherrschaft wohl in der Preisgabe desselben an Siechtum und Tod, nicht aber in der Römerherrschaft. Gerade entgegengesetzt war es in der herrschenden Messiaserwartung, auch bei den Frommen: das eigentliche Übel, von dem man Erlösung hoffte und ersehnte, war die Knechtschaft Israels unter dem Joch der Heiden. (Lc. 24, 21. Act. 1, 6.) Wohl erkannte man darin die Strafe für den Ungehorsam Israels und darum die Notwendigkeit, zur Freiheit von der Sünde, zur vollkommenen und allgemeinen Erfüllung des Gesetzes zu gelangen. Allein dazu brauchte man die messianische Erlösung nicht, sondern zur Befreiung vom Joche der Römerherrschaft. Die Befreiung von Sündenschuld galt mehr als Aufgabe Israels selber und als Vorbedingung für das messianische Reich, nicht als dessen Wesen.

Indem Jesus die Sündenvergebung durch sein ganzes Verhalten als das Heilsgut und Wesen des messianischen Gottesreiches in den Vordergrund rückte, verkündete er das geistige und allgemeine Gottesreich. Der Messias bringt Erlösung von den Übeln, welche durch die innere Natur der Sünde die Würde des Geistes und das Heil aller Menschen bedrohen; aber er schweigt von der politisch-nationalen Knechtung Israels.

Die Tragweite dessen, was Jesus in dieser Hinsicht sagte und worüber er schwieg, was er als Heilsgut betonte und was er zum mindesten als gleichgültig beiseite ließ, wurde von den Führern Israels sofort empfunden. Daher berichtet Markus im Zusammenhang mit der Sündenvergebung den Ratschluß der Pharisäer und Herodianer, Jesum auf Todesschuld anzuklagen. (Mc. 2, 1—12.) Denn die Todesschuld ist die Voraussetzung für die Verurteilung zum Tode oder für den Mord in gesetzlicher Form. (Mc. 3, 6. Mt. 9. Lc. 5.)

Matthäus und Markus begnügen sich mit der Erzählung dieser einen Sündenvergebung, weil damit grundsätzlich gesagt ist, daß die Sündenvergebung ein wesentliches Heilsgut der messianischen Erlösung sei. Lukas berichtet außerdem noch eine zweite Sündenvergebung wegen der besonders ergreifenden Offenbarung, die in der Bekehrung des sündigen Weibes enthalten ist. (Lc. 7, 36—50. Vgl. Joh. 8, 1—11.) Außerdem erzählt Lukas eine dritte Sündenvergebung, die der Gekreuzigte dem reumütigen Mörder gewährte. Jesus erflehte auch die Sündenvergebung für alle seine Feinde. (Lc. 23, 34. 42.)

Jesus lehrt die sittliche Schuld als das eigentliche Verderben erkennen (Mc. 7. Mt. 15); darum soll die Sündenvergebung der Gegenstand der Sorge und des Gebetes sein. (Mt. 6, 12—15; 18, 1—35.) Ausdrücklich gibt er außer der Bitte selbst die innere Bedingung an, um der Sündenvergebung teilhaft zu werden, nämlich die eigene Bereitwilligkeit, dem Nächsten zu vergeben. Das größte Übel ist das Verderben, das der Seele zugefügt wird. (Mt. 18. Mc. 9, 41—49.) Die Sünde ist als solche Verderben.

Die Sündenvergebung ist die erste Wirkung der Geistestaufe; die Aufhebung des Verderbens in seiner Wurzel ist der Anfang des Heiles. Darum werden Geistestaufe und Sündenvergebung in engstem Zusammenhang dargetan. Indem der Hl. Geist vor allem die Sündenvergebung zum Herzensanliegen der Menschen macht, erweist er sich, wie es die ambrosianische Liturgie sinnig ausdrückt, als interpres divinae virtutis et auctor sanctificationis aeternae.

Auch hier zeigt sich, wie die Evangelien trotz großer Unterschiede in der Form gleichwohl im Wesen des Gottesreiches und des Messias einig sind: Markus beginnt mit der Schilderung, wie Jesus die Geistestaufe durch Sündenvergebung spendete; Johannes schließt, indem er die Herrlichkeit des Auferstandenen durch das Wort der Sündenvergebung und der Geistestaufe offenbart. Darin bestand die messianische Sendung des Eingebornen vom Vater; darin besteht auch die Sendung, welche der Auferstandene seinen Aposteln zu geben hat. Das ist die Fülle der Gewalt, die dem Messias-Gottessohn mitgeteilt ist. (Joh. 20, 21—23. Mt. 28, 18—20. Lc. 24, 47.) Auch das Logosevangelium weiß nichts Höheres als Heilsgut zu rühmen als die altertümlichen Reden in der ältesten Apostelgeschichte. (Act. 2, 38; 3, 19. 26; 5, 31; 10, 34—43; 11, 16—18; 13, 38.)

Das Evangelium hat vom Pfingsttage ab auch in der apostolischen Predigt die Sehnsucht der Geister auf die Erlösung der Seele gelenkt, während seither alles Interesse auf die Erlösung Israels vom Heidenjoch gerichtet war. Jesus hat auch hier nicht durch schroffe Ablehnung die herrschende Messiaserwartung bekämpft, sondern sie dadurch entwurzelt, daß er die wahren Güter des Gottesreiches den Seelen zeigte und näherbrachte. Hierin ist ein Erklärungsgrund dafür gelegen, daß Jesus nicht so, wie es das moderne Kulturbewußtsein erwartet, die nationalpolitische Verpflichtung für irdische Kulturaufgaben zur Geltung brachte. Es galt damals, das Sinnen und Trachten aus der

Äußerlichkeit und Enge nationalpolitischer Bestrebungen herauf-
zuheben ins Gottesreich aller Nationen. Jesus hat das Größte für
das wahre Pflichtbewußtsein dem Vaterland gegenüber getan, indem
er den Geist der selbstsüchtigen Unterdrückung und kriegerischer
Herrschaftsgelüste verdammte und jenen Geist pflegte, der in
den Aufgaben des Friedens und der Liebe die wahre Kraft
und Kultur, der einzelnen wie der Völker und der Gesamtheit
erblickt. Das Nationalgefühl ist auch in der heutigen Kultur
noch ebenso der Gefahr falscher und verderblicher Mißdeutung
ausgesetzt wie das Messiasideal zur Zeit Christi. Der Geist der
Selbstsucht und Gewalt sucht alles in seinen Dienst zu ziehen:
wie damals die messianische Hoffnung, so heute das Ideal
nationaler Kulturaufgaben. Jesus ist für die einzelnen und
die Völker der Erlöser von der falschen und verderblichen Selbstsucht und gerade deshalb der Erzieher zur wahren Selbstliebe, die
allein die höchste Vervollkommnung in der Gemeinschaft wie
in der Eigenart bringt. Das Vaterland ist im Evangelium nicht
vergessen; denn es ist in dem Worte miteingeschlossen: »Was
ihr dem geringsten meiner Brüder tut, das habt ihr mir getan.«
Das Vaterland ist auch im Reiche Gottes miteingeschlossen,
wenn es seine Größe nicht in der Unterdrückung und Ausbeutung der anderen Völker sieht, sondern in den Werken der
internationalen Friedenskultur in allen Nationen und Rassen.
Weil das Gottesreich in jeder Generation von Grund aus zu errichten ist, muß die Sendung des Messias-Heilandes in seinen
Jüngern durch alle Zeiten und Geschlechter fortdauern. Darum
gibt Jesus seinen Jüngern bei jeder Sendung den Auftrag und die
Gewalt, das Böse in allen seinen Formen zu überwinden und
dadurch das Reich Gottes zu bringen.

Die Jünger sollen die bösen Geister austreiben, die Kranken heilen und
über alle feindseligen Gewalten herrschen. (Mt. 10, 1. 8; 16, 17—19; 18,
18—35. Mc. 3, 14. 15; 6, 7—13; 16. 17. Lc. 9, 1—6; 10, 9—20.) Es war
das keine fatalistisch wirkende magische Gewalt, wie aus Mt. 17, 15; 7, 25;
Lc. 9, 40. 49 erhellt, sondern ein sittlich-religiöser Kampf gegen alle bösen
Gewalten, allerdings in der übermenschlichen Kraft des Hl. Geistes.

Alle Bestrebungen, die verderbende Wirksamkeit des Bösen
durch fortschreitende Geistesbildung und Erziehung, Rechtsordnung und Gesetzgebung, Arzneiwissenschaft und Gesundheitspflege,
durch die fortschreitende Organisation der Charitas und ihrer

Anstalten zu überwinden, dürfen sich mit Recht auf das Wort und das Werk Jesu berufen. Der übernatürliche Wundercharakter der Wirksamkeit Jesu zur Überwindung aller Übel ist unzweifelhaft: allein man darf deswegen nicht verkennen, daß er für diesen Zweck auch alle natürlichen Kräfte wirken ließ und aufgerufen hat. Darum ist alles zur Jüngerschaft Christi gehörig, was in irgend einer Form die Herrschaft des Bösen bekämpft.

Eigentümlich ist der Darstellung bei Markus die strenge Vorschrift an die Geheilten, ihre wunderbare Heilung durch Jesus geheimzuhalten. Von solchen, welche mit Rücksicht auf die Tradition die Erststellung des Matthäusevangeliums aufrechterhalten wollen, wird hierin eine tendenziöse Neigung des Markus gefunden. Allein mit Unrecht. Das Dringen auf Geheimhaltung erklärt sich sehr gut: einmal weil Jesus die Menschwerdung der reinen göttlichen Liebe und damit des Grundsatzes ist, die Linke soll beim Wohltun nicht erfahren, was die Rechte gibt; sodann weil er in der zweiten Versuchung das Schaugepränge mit Wundertaten als gottwidrig verurteilt hat.

Das prophetische Bild des Messias, das als göttliche Weissagung zugleich verpflichtend war und den Willen Gottes kundgab, schildert den Messias ausdrücklich als demütig und selbstlos, wie er alles Aufsehen vermeidet und die göttlichen Güter nur um ihrer selbst und um der Seelen willen austeilt. (Mt. 12, 15—21.) Jesus erkannte den Messias, der in uneigennütziger Geduld und Ausdauer trotz aller Undankbarkeit die wahre Gotteserkenntnis, Sittlichkeit und Frömmigkeit und damit das Gottesreich in den Seelen und dadurch in der Welt begründet, als das Messiasbild der prophetischen Weissagung.

Der Gegensatz Jesu zum politischen Messiasbegriff der öffentlichen Meinung darf nicht zu einem Gegensatz mit der prophetischen Messiasweissagung gesteigert werden. In dieser sah Jesus vielmehr den göttlichen Willen in maßgebender Weise ausgesprochen. Darum war es nicht zeitgeschichtliche Nachwirkung und kein Mangel, wenn Jesus auch die Charakterzüge der realen Neugestaltung der Welt zum Gottesreich hervortreten läßt. Das Gottesreich soll zwar in den Seelen seinen Anfang nehmen und zuerst da Gottesherrschaft in dem Denken und Wollen bewirken: aber von da aus wird es auch durch Gottes Machtwirkung die äußeren Verhältnisse umgestalten. Das ist durch die Sinnbilder vom Gastmahl und neuen Wein angezeigt. Aus dem innerlichen Gottesreich wird das äußere heranreifen, nicht um für die innere Gottesgemeinschaft einen bequemeren Ersatz zu schaffen, sondern um dieselbe zur vollkommenen und ungehemmten Lebensgemeinschaft mit Gott zu vollenden. Denn unsere jetzige reale Gottesferne entspricht wohl dem Pilgerstand der Prüfung und des

Verdienstes, nicht aber dem Bedürfnis der religiösen Gesinnung, nicht dem Geiste der Kindschaft.

Das politische Messiasideal hoffte wohl auch eine sittliche Erneuerung, aber als Zugabe zur äußeren Herrlichkeit und darum ohne inneres Verständnis für das Wesen jener Wiedergeburt. Die sittliche Erneuerung ist ihrem Werte nach nicht gewürdigt, wenn sie als Zutat und nachträgliches Geschenk betrachtet wird. Sie ist das Wesen des Himmelreiches und dauert darum als solches auch in der Jenseitsvollendung fort.

3. Das Gericht und der Vollzug der vergeltenden Gerechtigkeit ist die dritte Berufsaufgabe des Messias, welche dem Selbstbewußtsein Jesu zufolge in seiner göttlichen Sendung enthalten ist. Der Messias ist Teilnehmer und Vollstrecker des großen Gerichtes, mit welchem Gott seine Gottesherrschaft in der Zeit des diesseitigen messianischen Gottesreiches wie in der Ewigkeit der himmlischen Vollendung aufrichtet. Daß Gott selbst der Richter ist, wird im Evangelium als selbstverständliche Wahrheit ausgesprochen: Gott ist Richter der ganzen Welt im höchsten und weitesten Sinne. (Mt. 10, 32. 33; 18, 35; 21, 40. 41; 22,13. 44. Lc. 20, 16.) Über die Aufnahme in Gottes Reich entscheidet das Gericht. Der Vollzug dieses Gerichtes ist dem Messias übertragen, nicht in seiner ersten Berufssendung zur frohen Botschaft von der Nähe und Gegenwart des Reiches, sondern in der folgenden und offenkundigen Erscheinung als Messias.

Darum sind die Aussagen Jesu über seine Vollmacht zum großen Gericht über die Welt und die Seelen bei Markus mit seiner Leidensweissagung verbunden. Wenn Jesus seine Aufgabe als leidender Gottesknecht und als Erlöser erfüllt hat, dann beginnt seine Offenbarung in Herrlichkeit mit der Auferstehung und der Wiederkunft zum Weltgericht. (Mc. 8, 38.) Dasselbe Wort, das nach dem Messiasbekenntnis des Petrus den Messiasberuf des Erlösungsopfers offenbart, stellt auch die Wiederkunft zum Weltgericht in des Vaters Herrlichkeit mit den heiligen Engeln in Aussicht. »Der Menschensohn wird seine Engel senden und seine Auserwählten von allen Enden der Welt zusammenbringen.« (Mc. 13, 27.) So beschreibt das zweite Gerichtswort den Vorgang; aber »Tag und Stunde weiß niemand, weder die Engel im Himmel, noch der Sohn, sondern der Vater allein«. (Mc. 13, 32.) Die dritte Gerichtsverkündigung Jesu berichtet Markus in dem Messiasbekenntnis Jesu auf die entscheidende Frage des Hohenpriesters: »Ich bin es, und ihr werdet den Menschensohn zur Rechten der Macht sitzen und in den Wolken des Himmels kommen sehen.« (Mc. 14, 62.)

Das Matthäusevangelium hat diese Zeitfolge in seinem systematischen Aufbau aufgehoben. Das Wort der Bergpredigt (Mt. 7, 22) ist aus dem Bewußtsein des Weltrichters gesprochen; das Wort der Sendungsrede (Mt. 10, 32. 33) denkt an den Vater als Richter, den Messias als Zeugen. Zwei Gleichnisse des Kap. 13 eröffnen den Ausblick auf das Endgericht; der Messias ist der Säemann und der Weltrichter: »Der Menschensohn wird seine Engel senden, diese werden alle Verführer und alle, die Böses tun, aus seinem Reiche sondern und sie in den Feuerofen werfen: da wird Heulen und Zähneknirschen sein. Alsdann werden die Gerechten leuchten wie die Sonne in ihres Vaters Reich.« (Mt. 13, 14—43. 49; 16, 27. 28; 24. 24—31. 42—51; 25, 31—46; 28, 18.) Das Gericht wird auch in Mt. 19, 28 als allgemein gedacht, nur werden die Apostel als Richter über die zwölf Stämme Israels genannt. (Lc. 22, 28—30.)

Lukas berichtet wie Markus erst nach dem Messiasbekenntnis Petri Gerichtsworte Jesu und zwar zuerst im Zusammenhang mit dem Leidensberuf. (Lc. 9, 26; 12, 40; zu unvermuteter Zeit); 17, 22—30. (18, 8; 21, 27. 36; 22, 28—30.)

Die Vollmacht, das Weltgericht abzuhalten, und die Würde des Richters über die Lebenden und Toten gehört zu den Majestätsrechten Gottes. In der Weissagung wird es auch regelmäßig Gott zugeschrieben. An und für sich besteht kein Hindernis, daß ein Mensch in der Stellvertretung und Vollmacht Gottes zum Richter über alle geschaffenen Geister und Seelen berufen und befähigt würde. Es sollen ja auch die Apostel mit dem Messias über die Welt zu Gericht sitzen. Diese Teilnahme am Weltgericht wird unter den Auszeichnungen des Apostolates besonders hervorgehoben. Ja die Kirche sagt sogar von Petrus allein: In fine mundi iudicabis saeculum! Paulus dehnt diesen Vorzug, wie es scheint, sogar auf alle Gläubigen aus: »Wisset ihr nicht,« redet er die Korinther an, »daß die Heiligen Richter über die Welt sein werden? Und ihr, die ihr die Welt richten werdet, seid ihr denn ungeeignet, um über Kleinigkeiten zu entscheiden? Wisset ihr nicht, daß wir über die Engel richten werden? Um wieviel mehr über irdische Dinge?« (1 Cor. 6, 2. 3.)

Die Nachfolge Christi soll alle zu Sachwaltern der göttlichen Wahrheit, Gesetze und Endziele machen. Daraus ergibt sich, daß alle schließlich mit dem Messiaskönig als Sachwalter alles Göttlichen, Wahren und Guten das Gericht über die Welt und die in ihr wirksamen Mächte vollziehen. Es handelt sich ja im messianischen Gericht nicht um die Befriedigung irgend welcher Vergeltungssucht, sondern um die vollkommene Durchführung der sittlichen Ordnung in allen Gebieten und in allen Formen. Folglich müssen alle Gerechten zur Teilnahme am Gericht die innerliche Befähigung gewinnen.

Das Gericht, wie es von Jesus im Evangelium in Anspruch genommen wird, ist die ewige Sanktion der religiös-sittlichen Verpflichtung und bedeutet die dem Verdienst oder Mißverdienst entsprechende Entscheidung und Vollendung der Seelen wie der

Schöpfung überhaupt. Darum ist es göttlich, und zwar in seinem Zweck und Grundcharakter, in seinem ganzen Vollzug, der von innen nach außen geht. Darum bedarf es zu seinem Vollzug des Heiligen Geistes. Es ist also im eigentlichen Sinne die Aufgabe des Messias, weil er den Geist Gottes im vollen Maße und in seinem Quellgrund besitzt: als der Geistgesalbte. Im Geiste Gottes richten ist wesentlich erhaben über alles Richten der Menschen. Die göttliche Art oder der göttliche Geist des Gerichtes ist es, der in den Schilderungen Jesu den Gegensatz zu den Gerichtsbildern des politischen Messiasideals unverkennbar bezeichnet. Hier erfolgt das Gericht nach menschlicher Art, im Geiste der Rache und der Vernichtung, von außen her und mit den äußeren Gewaltmitteln der Zerstörung.

Kein Gerichtsbild kann der Sinnbilder entbehren, die aus der irdischen Weltgeschichte und ihren blutigen Gerichtskatastrophen hergenommen sind: allein die ganze Darstellung bekundet, ob das politisch-irdische Sinnbild den Grundcharakter bestimmt oder ob sich ein höherer überweltlicher Geist des irdischen Sinnbildes bedient.

In den Gerichtsschilderungen des politischen Messiasideals wird bald Gott selbst, bald der messianische König als Vollstrecker des Gerichtes geschildert. Man kann nicht sagen, daß das Weltgericht minder gewaltig erscheine, wenn es dem menschlichen Messiaskönig auf Davids Thron zugeschrieben wird. (Vgl. Henoch 45—58; Ps. Sal. 17. 18; 4 Esr. 13. Apok. Baruch 72. 73.) Darin empfand man offenbar keine Schwierigkeit. Das Übernatürliche und Göttliche der eigentlichen Offenbarungsworte über das messianische Gericht liegt in jener göttlichen Art des ganzen Gerichtsvollzuges, zu welcher der Messias durch den Geist Gottes befähigt und gesalbt wird. Nicht äußere Macht und Gewalt ist es, deren Mitteilung an den auserwählten Messiaskönig es vor allem bedarf, sondern dessen Erfüllung mit dem Geiste der Gottheit.

Der gedankenhohe 17. Salomonspsalm schildert das Gericht des messianischen Königs, wie es vom politischen Messiasbegriff aus möglich war, wenn er sich zur höchsten Vergeistigung erhob, aber doch das Ideal eines politischen Weltreiches mit äußerer Gewaltherrschaft festhielt.

Ganz anders die Gerichtsbilder Jesu: sie greifen aus den alten prophetischen Weissagungen das heraus, was an ihnen göttlich, übermenschlich ist und was den Schwerpunkt nicht in der äußeren Zwangsgewalt, sondern in der inneren Überzeugung hat.

Die Gerichtsauffassung des Johannesevangeliums spricht das übernatürliche und wahrhaft göttliche Wesen des messianischen

Gerichtes begrifflich am schärfsten aus. Allein der Sache nach deckt sich der Grundgedanke der johanneischen Gerichtsreden mit denjenigen der drei ersten Evangelien angefangen von der Johannespredigt. (Mc. 1. Mt. 3. Lc. 3.) Es ist allen gemeinsam, daß ein innerer Zusammenhang, nicht ein innerer Gegensatz zwischen der Erlösungs- und Gerichtstat Gottes statthabe. In beiden offenbart sich die heilige Vollkommenheit Gottes in ihrer überweltlichen Herrlichkeit und in ihrem Triumph über den Fürsten dieser Welt und seine Ideale von Weltregierung. Auch die Gerichtsverkündigung Jesu ist Evangelium, Freudenbotschaft vom Reiche des Vaters. (Mc. 1, 1. 8. 15; 16, 15. 16. Joh. 1, 18; 3, 17; 10, 8. Jes. 55, 8—11.)

Das messianische Wirken des Sohnes im Geiste des Vaters führt zur vollkommenen Gottesherrschaft im idealen wie realen Sinne. Das eschatologische Gottesreich kann vom sittlich-religiösen nicht getrennt werden noch letzteres vom ersteren. Allein das eschatologische Gottesreich darf nicht die Wiederaufrichtung jenes Prinzips bedeuten, welches in der ganzen sittlich-religiösen Offenbarung als widergöttlich bekämpft wurde. Wohl werden die Bilder weltlicher Macht und Triumphe, blutiger Kriege und Siege zur Schilderung der Gottesherrschaft im Messiasreiche gebraucht, wie bei den Propheten so im Neuen Testament. Man kann sie eben nicht entbehren. Allein es fehlt auch nirgends an Mahnungen, diese Schilderungen als Sinnbilder eines Triumphes und Gottesreiches zu verstehen, welches nicht durch äußere Gewalt, sondern durch den Geist der Überzeugung von innen alles überwindet, zur Freiheit erhebt und die Fülle Gottes einbürgert. Mt. 20, 25—28; Mc. 12, 42—45. Lc. 22, 24—30; 10, 18—20. Joh. 16, 7—15 sprechen in verschiedener Form diesen Grundcharakter des Gottesreiches aus. Der Triumph der siegreichen Geistesmacht, welche selber die allgemeine und vollkommene Wahrheitserkenntnis und Lebensvollendung zum Ziele hat, welche also durch Geben und Erhöhen ihre Eigenart bekundet, ist von wesentlich anderer Art, als wenn dieser oder jener Staat die Weltherrschaft erstrebt. Denn damit wird sie naturnotwendig allen anderen Völkern entzogen, während diese ebensogut danach trachten könnten. Und nicht nur dies, sondern auch die souveräne Selbständigkeit wird allen denen entzogen, welche unter die Herrschaft

einer anderen Gewalt gezwungen werden. Nur von Gottes Herrschaft gilt, daß ihm dienen herrschen bedeute.

Gott allein ist gut, wie Christus lehrt, weil er allein nicht
nur als einzelne Persönlichkeit der anderen Persönlichkeit gegenübersteht, sondern als die wesenhafte Wahrheit und Vollkommenheit, als das geistige Interesse der höchsten Denk- und Willensbetätigung selber. Darum ist Gott wesentlich der Sachwalter eines
jeden Rechtes, jedes wirklichen Lebens- und Vollkommenheitsinteresses. Gottes Reich allein baut sich nicht auf irgend welcher
Unterdrückung und Hemmung der Untertanen auf, vielmehr fordert
es gerade die höchste Energie und Allseitigkeit jeder Lebensentfaltung. Nur Gott kann von innen wirken; darum ist seine
vollkommene Herrschaft vollkommene Belebung, Erweckung und
Entfaltung aller Kräfte von innen heraus.

Wenn hervorgehoben wird, daß das messianische Reich von
oben her gegründet wird, so ist nicht eine räumliche Herabkunft
vom Himmel her gemeint, sondern die Geltendmachung göttlicher Gedanken und Ziele, Weisheit und Kraft, wie es Paulus
(1 Cor. 1. 2) ausführt.

§ 2. Jesus in der Vollkommenheit des religiösen Heilsgutes.

1. Jesus spricht aus einem Selbstbewußtsein, wonach er an
jenen hohen Vollkommenheiten Gottes teilnimmt, wodurch Gott
der Inbegriff aller Güter und Kräfte ist, die Fülle aller Wahrheit und
Heiligkeit, das höchste Gut, dessen Mitteilung und Besitz heilig
und selig macht. Jesus nimmt seinem Selbstbewußtsein zufolge
teil an den hohen Eigenschaften Gottes, wodurch Gott der Inhalt
und Gegenstand der Religion, Beweggrund und Ziel des religiösen
Glaubens, Hoffens und Liebens ist. Wie Gott die Wahrheit und
Gerechtigkeit selber ist, der Reichtum des Gottesreiches, das
eine Notwendige, die Perle von einzigem Wert, so ist auch
Jesus der Inhalt und Gegenstand der Verkündigung und Offenbarung, das Vorbild und der entscheidende Maßstab der besseren
Gerechtigkeit, der verdienstvolle und Gott wohlgefällige Beweggrund, um dessentwillen alle guten Werke zu vollbringen sind,
durch den sie gut, wertvoll und verdienstlich werden. Die Nachfolge Christi ist die bessere Gerechtigkeit, die Vollendung des sittlichen und religiösen Lebens. Der Name Jesu ist der Beweggrund

und die Bürgschaft aller Gebetserhörung und Gnadengewährung. Der Name Jesu ist die Kraft, in der die Jünger verbunden sein sollen, in dem sie Wunder vollbringen und die bösen Geister besiegen, kurz der Name Jesu ist es, in dem allein Heil ist.

Harnack hat als Hauptergebnis seiner Christusforschung den Satz aufgestellt: Nur Gott der Vater gehört ins Evangelium Jesu hinein, nicht aber der Sohn. Indes steht keine Ausführung im »Wesen des Christentums« in solchem Widerspruch mit den drei synoptischen Evangelien wie diese.

2. Jesus gehört als wesentlicher Bestandteil in das Evangelium vom Gottesreiche hinein, wie er es selber verkündigt hat. Die Erkenntnis Jesu als des Gottgesandten und Gottgesalbten, als des Sohnes und Geistspenders ist mit der Erkenntnis des himmlischen Vaters die Verkündigung der frohen Botschaft und mit ihr ein Grund, warum sie eine frohe Botschaft ist.

Wenn wir bei Markus bleiben, so tritt uns sofort Jesus als Inhalt der Heilsverkündigung und verpflichtender Gegenstand des Glaubens gegenüber. Wohl ist ein unmittelbarer Hinweis auf Jesus in dem kurzen Ausdruck seiner ersten Lehrverkündigung (Mc. 1, 15) nicht enthalten: allein die Ablehnung Jesu als dessen, der im Geiste Gottes wirkt, ist die Sünde wider den Hl. Geist, gegen die Wahrheit selber. (Mc. 3, 30.) Das Reich Gottes ist ja in Jesus selber gegenwärtig geworden: darum steht an der Spitze des Evangeliums Jesu und als dessen göttliche Bürgschaft das Zeugnis des ewigen Vaters selber: »Du bist mein geliebter Sohn, an dem ich mein Wohlgefallen habe.« Der Geist Gottes, der über ihm blieb, bezeugte ihn als den Bringer des Gottesreiches: sollte das Wort des Vaters und das Zeugnis des Hl. Geistes nicht in das Evangelium Jesu hineingehören, obgleich es mit jener Offenbarung seinen Anfang nahm? (Mc. 1, 7—12.) Was zur Lehrverkündigung des Johannes gehörte, kann das dem Evangelium Jesu abgesprochen werden? nämlich das Wort Mc. 1, 7. 8: »Jesus werde die Welt mit dem Hl. Geiste taufen«?

Der Säemann des Reiches ist, der das Wort säet. (Mc. 4, 14.) Weil die Einwohner von Nazareth nicht an ihn als den Säemann des Reiches glaubten, werden sie des Unglaubens schuldig und unfähig für die Wundertaten der Gnade. (Mc. 6, 1—6.)

Der Leidensberuf des Messias ist die große Gottesoffenbarung, in deren Verständnis Jesus die zwölf Jünger vom
Messiasbekenntnis an einzuführen bemüht ist. (Mc. 8, 31—38.)
Weil dieser Leidensberuf göttlicher Heilsratschluß ist, darum
sträubt sich der Menschensinn dagegen; darum besteht die Gefahr,
daß sich auch treue Seelen, wie Petrus, des im Leiden erniedrigten
Jesus schämen. (Mc. 8, 38; 14, 30. 66—72.) Was die Himmelsstimme bei der Taufe für Jesus und Johannes geoffenbart hat,
wiederholt sie auf dem Berg der Verklärung für die Jünger: »Dies
ist mein geliebter Sohn: ihn höret!« (Mc. 9, 6.)

Darum wird auch eine Liebestat, wie die Salbung Jesu in
Bethanien, ein Bestandteil der Heilsverkündigung, weil sie Jesu
erwiesen worden ist. (Mc. 14, 3—9.) Jesus ist für sein Evangelium
gestorben: was er vor dem Hohenpriester als Inhalt dieses Evangeliums bekannt hat, kann unmöglich aus demselben ausgeschaltet
werden. (Mc. 14, 62.)

So war erfüllt, was der greise Simeon geweissagt: Jesus ist
ein Licht zur Erleuchtung der Völker und zum Ruhme Israels:
aber auch ein Zeichen, dem widersprochen wird, gesetzt zum Falle
wie zur Auferstehung für viele in Israel. (Lc. 2, 32—34.) Was
diese Bedeutung hat, gehört eben zur Heilswahrheit und zum
Evangelium Jesu. Darum gehört das Bekenntnis Jesu zu den
Seligkeiten, welche Anteil am Reiche Gottes gewähren. Die Bergpredigt beginnt mit der Seligpreisung derer, die um Jesu willen
beschimpft, verfolgt und verleumdet werden. (Mt. 5, 11; 10, 18.
22—25.) Die Gemeinschaft mit Jesus ist die Gemeinschaft des
Reiches Gottes: aber sie wird nicht durch äußerliche Verehrung
Jesu, sondern nur durch tatkräftige Hingabe an ihn und sein
Wort erzielt. Aber daran ist kein Zweifel, daß der feste Grund
des Heiles die Lehre Jesu ist. (Mt. 7, 21—27.) »Wer mich
vor den Menschen bekennt, den werde ich auch vor meinem
himmlischen Vater bekennen; wer mich vor den Menschen verleugnet, den werde ich auch vor meinem Vater verleugnen.«
(Mt. 10, 32. 33.) »Selig, wer an mir kein Ärgernis nimmt!«
»Selig die Augen, die sehen, was ihr sehet! Viele Propheten und
Gerechte verlangten zu sehen, was ihr sehet, und haben es nicht
gesehen!« (Mt. 13, 16. Lc. 10, 24.) Die Erkenntnis des Sohnes
ist allerdings nur möglich durch die Erleuchtung des Vaters: aber

sie bringt auch Erlösung. (Mt. 11, 25—30.) Petrus wird selig gepriesen, weil er die beseligende Erkenntnis Jesu vom Vater empfangen hat. Auf diese Erkenntnis gründet Jesus seine Kirche. (Mt. 16, 16—19.) Die Erkenntnis seiner Person und ihres Geheimnisses ist Gottes Gabe und die große Aufgabe der Heilsgeschichte. Mehr kann auch Joh. 17, 3 nicht von Jesus sagen. »Das ist das ewige Leben, daß sie dich erkennen, den allein wahren Gott und den du gesandt hast, Jesum Christum.«

3. Jesus spricht aus dem Selbstbewußtsein, daß er der Maßstab und Beweggrund der besseren Gerechtigkeit sei. Das ist nur möglich, wenn er im vollen Sinn von der Gottheit durchdrungen und gesalbt ist, die vollkommene Offenbarung der gottzugewandten Gesinnung und Lebensbetätigung. Nur darum ist die vollkommene Religion des Gottesreiches als Nachfolge Christi zu üben. Die Aufforderungen Jesu, ohne Vorbehalt in seine Nachfolge einzutreten, bedeuten denselben großen Ausspruch wie das hohe Wort: »Ich bin der Weg, die Wahrheit und das Leben. Niemand kommt zum Vater als durch mich.« (Joh. 14, 6. Mt. 10, 37—40; 16, 24; 19, 28 – 30. Lc. 9, 57—62; 14, 26—35.)

Es ist ein ganz inniger und sicherer Zusammenhang zwischen dem heiligen Willen Gottes und dem Vorbild Jesu vorausgesetzt, wenn man dadurch in die Verwandtschaft Jesu eingegliedert wird, daß man Gottes Willen erfüllt. (Mc. 3, 35.) Die Forderung, auf alle Güter des diesseitigen Lebens um Jesu willen zu verzichten, ist im Monotheismus undenkbar, wenn Jesus nicht selber vollkommen auf der Seite Gottes steht. (Mc. 8, 34—39; 10, 29—45. Lc. 9, 48; 14, 26. 27. 33; 18, 15—30.) Die Nächstenliebe wird wertvoll, wie Jesus sagt, weil sie an und für sich, auch ohne die bewußte Absicht, in jedem Nebenmenschen ihm, dem Gottmenschen, erwiesen wird. (Mc. 9, 36—41.) »Wer ein solches Kind aufnimmt in meinem Namen, der nimmt mich auf. Wer mich aufnimmt, der nimmt nicht mich auf, sondern den, der mich gesandt hat.« (Mc. 9, 56. Mt. 18, 16.)

In diesem Wort sagt das Markusevangelium das gleiche, was in dem großen Gerichtsbild (Mt. 25, 40. 45) als der Maßstab der ewigen Vergeltung verkündigt wird: »Was ihr dem geringsten meiner Brüder getan, das habt ihr mir getan.« — Lc. 12, 8—12; 49—53; Haß und Verfolgung um Jesu willen ist Grund der Seligpreisung und gibt das Bürgerrecht im Gottesreich. (Mt. 5, 11; 10, 18—42; 20, 22—28. Mc. 13, 13. Lc. 6, 22.)

Man muß in die Nachfolge Jesu eintreten, um zu lernen, was göttlich, und um zu verlernen, was menschlich ist: die Nachfolge Jesu ist die Vollkommenheit des Himmelreiches. (Mt. 10, 37—40; 11, 28—30; 16, 24.) So wenig sein Lehrwort vergeht, ebensowenig auch die sittliche Geltung seines

Vorbildes. »Himmel und Erde werden vergehen, aber meine Worte werden nicht vergehen.« (Mc. 13, 31. Mt. 24, 35.) Jesus selbst ist deshalb als der Same, nicht nur als der Säemann des Gottesreiches in der Welt erkennbar: »auf seinen Namen sollen die Völker hoffen!« (Mt. 12, 21. 30; 13.) »Wo zwei oder drei versammelt sind in meinem Namen, da bin ich mitten unter ihnen.« Darum wird auch deren Gebet sicher erhört. (Mt. 18, 19. 20.)

In Jesus ist das Heil Gottes selbst erschienen: die Salbung zum Messias ist die Folge seiner persönlichen Geistesfülle. Die Gotterfüllung seiner Persönlichkeit ist der Grund zu seiner Berufsaufgabe. Jesus ist berufen, als Gottesgesandter das Reich Gottes zu bringen und zu wirken, weil er es selber in voller Kraft und Fülle ist. (Lc. 4, 18—21.) Die Liebe, die Jesus erwiesen wird, wirkt Sündentilgung. (Lc. 7, 47.) Jesus selbst ist das Zeichen, welches die Geister anziehen soll: mehr als Salomon, mehr als Jonas; er selbst ist das Himmelreich, das unter den Menschen erschienen ist. Kapharnaum war durch sein Wirken bis zum Himmel erhoben. (Lc. 10, 15—24; 11, 20—32.) Jesu Nachfolge ist die enge Pforte. (Lc. 13, 24—35.) Was bedeutet denn das Schriftwort: »Der Stein, den die Bauleute verworfen haben, der ist zum Eckstein geworden? Wer auf diesen Stein fällt, wird zerschmettert; auf wen er aber fällt, der wird zermalmt«? (Lc. 20, 17. 18. Mc. 12. Mt. 21.) Die Anwendung dieses Wortes vollzog Petrus ein Vierteljahr später, unmittelbar nach Pfingsten: »In keinem anderen ist Heil. Denn kein anderer Name ist den Menschen gegeben, um selig zu werden.« (Act. 4, 8—12.)

4. Jesus lehrt und lebt aus dem Bewußtsein heraus, die Gabe und Mahnung des göttlichen Gastmahles zu sein, die Gegenwart des Reiches Gottes, der Bräutigam der geheimnisvollen Gottesgemeinschaft. Nur Gott wird seit dem Propheten Hoseas als Bräutigam des Volkes und der Seele bezeichnet, um seinem Geschöpf die innigste Lebensgemeinschaft mit sich zu gewähren und dessen Liebe aus allen Kräften auf sich als den Quell alles Guten und aller Seligkeit zu lenken. Jesus spricht von Anfang an aus dem ruhigen und klaren Bewußtsein heraus, als der Bräutigam bei den Menschen erschienen zu sein, um sie mit sich und durch sich mit Jahwe selber im innigsten Lebensbunde zu vereinigen. Jesus steht auch in dieser innigsten Aufgabe des religiösen Lebens auf der Seite Gottes, der allein Bräutigam der Seele sein kann, weil er allein gut ist, weil er allein die Liebe selber und zugleich die Fülle alles Guten, aller Lebenswerke und Lebenskräfte ist.

In der Salbung ist diese innigste Einheit mit Gott ausgesprochen: der Gottgesalbte ist der Bräutigam der Seelen, weil Gottes Liebe und Güte in ihm ist und ihn zum Engel des großen Bundes weiht. Der Gesalbte Gottes im einzigartigen Sinne ist jener, bei welchem die Persönlichkeit vollkommen in dem aufgeht, was ihr Lebenszweck und Lebensgrund, ihr Kraftquell und Adel, ihr Beruf und Gut ist. Ganz Gottesträger, Gottgesandter und Gottgesalbter ist nur der Messias als Endzweck der Propheten, der Meister der Apostel. Darum ist die Ablehnung Jesu zugleich die Sünde wider den Geist der Wahrheit und Güte. (Mc. 3, 30.) Darum nimmt der Messias allein an dem innigsten Vorrechte Gottes teil, der Bräutigam der unsterblichen Seelen und die Nahrung ihres ewigen Lebens zu sein. Nur der kann das, bei dem die Sendung und Salbung für Gottes Reich alles ist, bei dem sich kein privates Wesen und Leben mit dem höheren Berufszweck in das Leben und Lieben teilt, bei dem keine raumzeitlich bedingte Individualität trotz alles Idealismus den Schwerpunkt des Daseins bildet.

Das ist der Sinn des ganz eigenartigen Wohlgefallens, welches auf dem Sohne ruht und ihn zur Geistestaufe salbt. (Mc. 1, 11.) Darum ist Jesus der Heilige Gottes. (Mc. 1, 24. Lc. 1, 35; 4, 17—21.) Mit ihm ist der Bräutigam des ewigen Lebensbundes unter den Menschen erschienen: darum brauchen seine Jünger nicht zu fasten wie die Pharisäer und Johannesjünger. »Können denn die Hochzeitsgäste fasten, wenn der Bräutigam bei ihnen ist? Solange sie den Bräutigam bei sich haben, können sie nicht fasten. Es werden aber Tage kommen, da der Bräutigam von ihnen weggenommen wird: dann werden sie fasten.« (Mc. 2, 18—20. Mt. 9, 14—17. Lc. 5, 33—39; 10, 42.) Damit ist sein Wirken nach Art und Inhalt als das große Neue erklärt. Was Johannes in dem Hochzeitswunder von Kana an den Anfang stellt, ist von Markus mit aller Bestimmtheit ebenso als Programm ausgesprochen. (Mc. 2, 21. 22.) Zugleich ist der Hinweis gegeben, daß Gott selbst das Gut und die Lust des Hochzeitsmahles sei.

Jesus selbst ist das Samenkorn der Reich Gottes-Gleichnisse. (Mc. 4. Mt. 13. Lc. 8), das nach Joh. 12, 24 in der Erde vergehen muß, ehe es keimen und zur Nahrung reifen kann. Die beiden Brotvermehrungen sollten die Begierde nach der Seelennahrung wecken. (Mc. 6. 8, 15. 21. Joh. 6.) Sein Wirken ist die Zubereitung für das Hochzeitsmahl. (Mc. 7, 27.) Die Klage Jesu war, daß das Begehren der Menge, auch der Wundersuchenden, trotz allem nach irdischen Wohltaten ging, nicht auf die wahre Lebensnahrung. (Mc. 9, 18. Mt. 6, 24—34; 16, 1—12.) Nur von diesem Gesichtspunkt aus erklären sich die Tadelworte, mit denen Jesus diejenigen als ungläubig zurechtweist, welche mit offenbarem Glauben an seine Wundermacht zu ihm kommen.

Die Segensfülle dieser hochzeitlichen Wirksamkeit schildert die Antwort Jesu, als Johannes, der Freund des Bräutigams, seine klagenden Jünger aus dem Gefängnis zu Jesu sandte, damit er ihnen sage, worin die Güter des Reiches Gottes bestünden. (Mt. 11, 4—30.) Es ist die folgestrenge Durchführung der großen Wahrheit im Denken und Lieben, daß Gott allein, nicht die Welt, die Nahrung der Seele, der hinreichende Lebensinhalt des Geistes ist.

Von Anfang an hat der Gedanke in Jesus gelebt, daß er zum **Lebensinhalt** und zur **Geistesnahrung** seiner Jünger werden müsse. Dieser Zweck machte es notwendig, daß sein Leben und Wirken in allen Formen der Wirksamkeit und des Leidens die Güte des ewigen Gottes offenbare und ebenso deren Beweggründe und Ziele, vor allem aber ihre voraussetzungslose Erbarmung. Das Leben des Messias sollte ihn zum geeigneten Lebensbrot für alle machen, damit es allen alles werde.

In diesem Sinne ist das Wort Jesu eine Voraussnahme des Opfermahles und Opferleidens: »Ich bin gekommen, Feuer auf die Erde herabzubringen, und was will ich anders, als daß es sich entzünde? Es steht mir eine Taufe bevor, und wie bin ich bedrängt, bis sie vollbracht ist!« (Lc. 12, 49. 50. Joh. 12, 23—33.) »Mit Sehnsucht habe ich verlangt, dieses Ostermahl mit euch zu halten, bevor ich leide. Denn ich sage euch: ich werde von nun an nicht mehr davon genießen, bis daß es vollendet wird im Reiche Gottes. Und er nahm den Kelch, dankte und sprach: Nehmet hin und teilet ihn unter euch; denn ich werde nicht mehr vom Gewächs des Weinstockes trinken, bis das Reich Gottes kommt. Und er nahm das Brot, dankte, brach es, gab es ihnen und sprach: Dies ist mein Leib, der für euch hingegeben wird. Dieses tut zu meinem Gedächtnis. Desgleichen auch den Kelch nach dem Abendmahle und sprach: Dieser Kelch ist der neue Bund in meinem Blute, welches für euch wird vergossen werden.« (Lc. 22, 15—20.)

Paulus, der älteste Berichterstatter über die Abendmahlsfeier der letzten Nacht, fügt hinzu: »So oft ihr dieses Brot esset und diesen Kelch trinket, sollt ihr den Tod des Herrn verkündigen, bis er kommt! Wer daher unwürdig dieses Brot ißt oder den Kelch des Herrn trinkt, versündigt sich am Leib und Blut des Herrn. Der Mensch prüfe sich selbst, und also esse er von diesem Brot und trinke von diesem Kelch. Denn wer unwürdig ißt und trinkt, ißt und trinkt sich das Gericht, indem er den Leib des Herrn nicht unterscheidet. Darum sind unter euch viele Kranke und Schwache und schlafen viele.« (1 Cor. 11, 23—30.) »Der Kelch der Segnung, den wir segnen, ist er nicht die Gemeinschaft des Blutes Christi? Das Brot, das wir brechen, ist es nicht die Gemeinschaft des Leibes Christi? Ein Brot, ein Leib sind wir viele, die wir an einem Brot teilhaben.« (1 Cor. 10, 16—21.)

Kein Anzeichen erlaubt die Annahme, Paulus habe die Feier des Abendmahles erst eingeführt und nicht als urchristliche Überlieferung des Brotbrechens vom ersten Pfingstfest an vorgefunden — »als Überlieferung vom Herrn her«. Die geheimnisvolle Bedeutung eines Opfermahles und Gemeinschaftsmittels mit Christus wird nun allerdings für das Empfinden der kirchlich gebildeten Christenheit späterer Zeiten gestört, wenn man an die weltliche Art der gemeinsamen Feier in Korinth denkt. Hier setzt der Zweifel an, ob das Abendmahl nicht zuerst eine einfache Erinnerungsfeier gewesen sei, welche erst Paulus zum Sakrament einer mystischen Gottesgemeinschaft verklärt habe. Es scheint, als ob eine sakramentale Opferfeier nicht in solcher Weise habe verweltlichen können, wie es der Korintherbrief schildert. Als weiterer Grund wird geltend gemacht, es sei keine Übereinstimmung und Sicherheit zu erzielen, ob Jesus ein Passahmahl gehalten habe oder ein gewöhnliches Abendmahl; ob er wirklich eine Darstellung seines Todesschicksals habe bieten wollen oder nur eine Abschiedsfeier und sinnbildliche Vorausnahme des wahren Festmahles im kommenden Messiasreiche? Ob Jesus den Erlösungszweck seines Opferleidens im Sinne gehabt habe oder nur das Todesschicksal selber? Ob bei der Umwandlung und Verklärung zum Sakrament das Passahopfer mit dem Osterlamm oder das Bundesopfer nach der Gesetzgebung vom Sinai maßgebend gewesen sei oder sein solle?

Was die weltliche Art der Abendmahlsfeier betrifft, wie sie von Korinth berichtet wird, so darf man daraus keine Bedenken gegen die religiöse Bedeutung des Brotbrechens ableiten. Das Brotbrechen und Kelchtrinken wurde zur Form des christlichen Gottesdienstes, als die Jüngergemeinde noch in unmittelbarer Innigkeit und Sehnsucht die Trennung vom Meister als den großen Verlust ihres eigenen Lebens und den Kreuzestod Jesu als eine unerträgliche Bitterkeit und Schmach wie eine offene Wunde empfand. Auch die Gläubigen waren alle durch persönliche Bekehrung in die Jüngergemeinde eingetreten und darum voller Verständnis und Bereitwilligkeit für die ernsten Stimmungen und Ziele der Abendmahlsfeier, obgleich sie in der Form eines gemeinschaftlichen Mahles stattfand. So blieb es die ersten Jahrzehnte mit der Art der Feier: aber die Stimmung der Teilnehmer wurde eine ganz andere. Trotz allen ehrlichen Meinens waren den Christen außerhalb der hl. Stadt und Landschaft und einige Jahrzehnte nach dem Auftreten Christi alle jene gewaltigen Seelenstimmungen fremd, von welchen die Jünger durch das plötzliche Todesschicksal ihres Meisters und den Zusammenbruch ihrer kühnen Hoffnungen auf die Wiedererrichtung von Davids Königsherrlichkeit durchdrungen und schließlich zu neuen Menschen und Aposteln neugeboren worden waren. Die Kreuzigung Jesu berührte sie eben, soweit das persönliche Miterleben inbetracht kommt, nicht anders wie andere Kreuzigungen und Hinrichtungen, Todesschicksale und Katastrophen, unbeschadet der hohen heilsgeschichtlichen Wertschätzung, die man dem Todesschicksal des Gottmenschen entgegenbrachte. Allein die persönliche Mitergriffenheit war es vor allem, welche das Essen und Trinken davor bewahrt hatte, weltlich mißbraucht zu werden. Sobald bei der Feier diejenigen überwogen, welche bei der Vollbringung des messianischen Werkes nicht mit ihrer ganzen Persönlichkeit mitbeteiligt gewesen waren oder diesen Mangel durch die innigste Lebendigkeit ihres religiösen Lebenswerkes ersetzten, mußte die gemeinschaftliche Mahlzeit, besonders wegen des Weines, mißbräuchlich werden. Dann trat die Notwendigkeit ein, das Mahl nur mehr durch rituelle Handlungen, nicht aber als eigentliches Mahl zu feiern. Die letzte Vorsichtsmaßregel in dieser Richtung ist das Verbot des Laienkelches in der katholischen Kirche.

Die Abendmahlsfeier war die Tat, durch welche Jesus die Freiwilligkeit bekundete, mit der er sich dem Todesschicksal weihte. Darum war sie zugleich geeignet, als Opfertat dem Opfertod voranzugehen und die stetige Vergegenwärtigung des messianischen Leidensopfers in der Kirche zu sein. Die Abendmahlsfeier wird darum auf die selbsteigene Anregung Jesu zurückgeführt. »Ihr wisset, daß nach zwei Tagen Ostern sein wird. Der Menschensohn wird überliefert und gekreuzigt werden.« (Mt. 26, 2. 17—29.) Lc. 22, 8: »Gehet, bereitet uns das Osterlamm, auf daß wir es essen.«

Die Frage, wo das Osterlamm bereitet werden solle, ging von den Jüngern aus (Petrus und Johannes), wie alle Evangelisten übereinstimmend berichten. (Mc. 14, 1. 12—25. Lc. 22, 1—30.) Schon aus diesem Grunde ist es schwer, eine Vorausnahme der Abendmahlsfeier anzunehmen. Damit entsteht die Notwendigkeit, mit Belser die Angaben von Joh. 18, 28; 19, 14. 31. cf. Mc. 15, 46 auf die Osterfeier überhaupt, nicht auf die Feier des Osterlammes am 14. Nisan zu beziehen. Markus findet offenbar keine Schwierigkeit darin, daß Joseph von Arimathäa am ersten Osterfesttag Leinwand für den Leichnam Jesu kaufte und die Bestattung vornahm. (Mc. 15, 46.) Auch sonst tritt der erste Festtag hinter dem Sabbat und dem Charakter des Rüsttags zurück. Demnach wäre der Todestag Jesu der erste Ostertag gewesen, der 7. April 783 des Jahres 30 unserer Ära.

Was die Bedenken betrifft, welche von der Kritik inbezug auf die nähere Bestimmung der Absicht Jesu geltend gemacht werden, so ist dafür der Grundcharakter Jesu entscheidend. Für Jesus war der lebendige Geist alles, der Buchstabe nichts. Für Jesus schloß sich noch weniger als für das israelitische Osterfest die Anknüpfung an das Passahlamm des Auszugs aus Ägypten und an das Bundesopfer nach der Gesetzgebung vom Sinai wechselseitig aus. Ebensowenig war die liturgische Schwierigkeit für ihn von Bedeutung, falls die Zeitbestimmung des vierten Evangeliums dahin auszulegen wäre, daß Jesus das Ostermahl einen Tag früher, am 13. Nisan gefeiert habe. Es scheint nicht so sicher, daß schon vor dem 14. Nisan die Osterlämmer im Tempel geschlachtet wurden: allein diese Erwägung hätte Jesus kaum abgehalten, unter den obwaltenden Umständen das Passahmahl schon am 13. Nisan zu feiern. Dann wäre freilich die kasuistische Frage veranlaßt, ob das letzte Abendmahl der Synoptiker wirklich ein Ostermahl gewesen sei oder nicht? Für Jesus und seine Sinnesart bestand keine Schwierigkeit, in derselben Mahlzeit die lebendige Gegenwart und die Hoffnung des kommenden Gottesreiches zusammenzuschließen und das Unterpfand der kommenden Vollendung mit der weihevollen Bundesgemeinschaft des inneren Gottesreiches zu vereinigen.

Für das schöpferische Leben und seine Fortentwicklung im Erkennen und Wollen ist nichts so befruchtend als das Zusammenwirken mehrerer Gesichtspunkte und die Wechseldurchdringung verschiedener Gedanken. Was der Archäologe um der abstrakten Erkenntnis willen scheiden und auseinanderhalten muß, das ist in der wirklichen Entwicklung gerade dadurch von weltgeschichtlichem Erfolge, weil es nicht geschieden blieb, sondern miteinander in konkretem Wechselspiel verbunden wurde.

Es ist dieselbe Sache wie mit dem Begriff des Gottesreiches im Evangelium Jesu. Die Frage darf nicht so gestellt werden, als ob entweder nur das Gottesreich im Innern und in der Gegenwart oder nur das Gottesreich der Zukunft in apokalyptischer Herrlichkeit oder nur das Gottesreich der Kirche gemeint gewesen sein könne, wenigstens bei einheitlichem und folgestrengem Denken und in derselben Zeit des Berufswirkens Jesu. Vielmehr liegt die beruhigende wie die zündende Kraft des Evangeliums Jesu gerade darin, daß das Gottesreich von ihm niemals ausschließlich in einer einzigen Form und Art allein gemeint war, sondern immer in mehrfachem Sinne. Die belebende und befruchtende Kraft seiner Worte lag gerade darin, daß er nötigte, das Geheimnis des Gottesreiches zu empfinden und in dasselbe einzudringen. Es liegt in seinen Lehrworten die Nötigung, zu dem unmittelbar Gesagten anderes hinzuzudenken und zwar so, daß der Inhalt der Begriffe nicht im Sinn der überlieferten Auffassung gedacht wurde, sondern mit wesentlicher Umwandlung, Vergeistigung und Vergöttlichung. Dasselbe gilt im höchsten Maße von der Absicht Jesu bei der Feier seines letzten Abendmahles.

§ 3. Die messianische Heiligkeit Jesu.

1. Heiligkeit ist die sittliche Vollkommenheit im Sinne der tiefsten Begründung und der höchsten Zielbestimmung. Wenn die sittliche Willensgesinnung und Lebensbetätigung wirklich

vollkommen ist, wenn sie sodann in Gott als dem Urgrund und Urbild allen Sollens und Wollens ihren entscheidenden Beweggrund und Endzweck hat, dann ist sie Heiligkeit. Heiligkeit bedeutet keine naturhafte Vollkommenheit, sondern die eigentümliche Vollkommenheit des geistigen Wesens und Lebens. Das Eigentümliche des Geistes ist das Wissen und Wollen. Die dem geistigen Wesen und Leben eigentümliche Vollkommenheit ist demnach die Vollkommenheit des Wesens und Lebens, insofern sie zugleich den innerlichen Lebensinhalt des Geistes bildet und durch die eigene bewußte Willensbetätigung verwirklicht ist, und zwar auf Grund innerer Würdigung des Guten. Der innere Gegensatz des Beweggrundes und des Endzweckes, des Seinsollenden und des Liebenswerten ist für die geistig-sittliche Vollkommenheit wesentlich.

Naturhaft ist die Vollkommenheit, wenn und soweit sie nicht durch den eigenen bewußten Willen besteht. Naturhafte Vorzüge können sich sehr wohl auf das geistige Wesen und Leben beziehen und sind für den geschöpflichen Geist unbedingt notwendig als die Grundlagen seiner sittlichen Willensbetätigung.

Nur dort ist die naturhafte Vollkommenheit völlig ausgeschlossen, wo das Wesen im Wollen aufgeht und wo der Wille wesenhaft, voraussetzungslos, ewig und unendlich ist, also bei Gott, dem wesenhaften Willen und der wesenhaften Heiligkeit. Darum ist Gottes unendliches Wesen und ewiges Dasein als solches anbetungswürdig, weil es durch und durch tatkräftiger Wille, seiner inneren Notwendigkeit und seines ewigen Wertes vollbewußter Wille ist. Gott ist darum die unendliche Heiligkeit selber. Gottes Heiligkeit ist wesenhaft. Als solche ist sie vor aller geschöpflichen Heiligkeit ausgezeichnet erstens durch ihre vollkommene Voraussetzungslosigkeit und Selbstwirklichkeit. Die göttliche Willenstat hat alle ihre Beweggründe und Ziele, Kraftquellen und Gesetze in sich selber. Ihr zweiter Vorzug ist die innere Unendlichkeit oder Allvollkommenheit ihres Inhaltes: sie hat die ganze, gesamte und höchste Fülle und Kraft des Seins, Wesens und Wollens zum Gegenstand und Lebensinhalt. Ihr dritter Vorzug ist die innere Ewigkeit und Endgültigkeit, Unveränderlichkeit und Weisheit ihrer Betätigung, welche jede Fortdauer, Verbesserung, Entwicklung, Wiederholung, Befruchtung und Anregung ausschließt.

Sie besteht eben darin, daß sie aus voller und reiner Würdigung aller Gründe und Ziele in einem einzigen allumfassenden und darum ewigen Wollen die ganze unendliche Vollkommenheit des Geisteslebens erfüllt. Sie bedarf also weder der Fortdauer oder Wiederholung noch der Vervollkommnung und Entwicklung, weil sie der ewige Wille aller unendlichen Geistesvollkommenheit ist.

2. Die Heiligkeit Jesu stellt sich auf Grund der geschichtlichen Urkunden für die rein sachliche, voraussetzungslose apologetische Untersuchung dar als die Heiligkeit des Weltheilandes und Welterlösers oder als messianische Heiligkeit. Dadurch unterscheidet sie sich von aller bloß menschlichen Heiligkeit und erweist sich als gottmenschliche Heiligkeit.

Die ewige, unveränderliche und überzeitliche Heiligkeit Gottes, welche dem Gott-Wort auch als Inhaber seiner angenommenen Menschennatur eignet, kommt hier nicht inbetracht, weil sie über allem unendlich erhaben ist, was als solches geschichtliches Leben und Wesen ist, was im Zusammenhang der geschichtlichen Bedingungen und im zeitlichen Nacheinander des Wollens und Tuns zur Verwirklichung gekommen ist, wie das menschliche Wesen und Leben Jesu. Die göttliche Heiligkeit des Gottessohnes besteht in demselben wesenhaften und ewigen Willensakte, welcher die gemeinsame und numerisch eine Gottheit der drei göttlichen Personen bildet. Drei Personen, aber ein Herr, eine Heiligkeit, ein heiliger Gott.

Die Heiligkeit des geschichtlichen Jesus erweist sich als die Gesinnung der vollkommenen Hingabe an Gott, als Lebensgrund und Lebensziel, als Kraftquell und Richtschnur und ist insofern die religiös-sittliche Vollkommenheit seiner Menschennatur, wie sie für sich selber inbetracht kommt. Zugleich bekundet sie sich von Anfang an als der bewußte freie Wille, das höchste Gut und die sittliche Vollkommenheit des gottgeweihten (theozentrischen, theonomen und theosoterischen) Geisteslebens mit Überwindung aller Hindernisse zum Erbteil und Besitz der ganzen Menschheit, ja der gesamten Welt zu machen, und zwar als Lehrer, Gesetzgeber und Vorbild, als Verdienstursache, Beweggrund und Richter. Grundgedanke des ganzen Lebens Jesu ist der Wille, das Reich Gottes zu begründen und zur Weltherrschaft zu bringen.

Die Form, in welcher Jesus die Erlösungsaufgabe zu vollbringen hatte, umfaßt die Gesamtheit aller hierzu geeigneten Mittel. Dieselben lassen sich unter folgenden Gesichtspunkten zusammenfassen: Lehre und Gesetzgebung, Vorbild und Verdienst, ersteres mehr im Wirken und Leiden als persönlicher Tat, letzteres mehr im Opfer des Lebens und Sterbens als sachlicher Leistung und Verzichtleistung. Die Lehre und Gesetzgebung, durch welche Jesus den Erlöserberuf betätigte und das Gottesreich begründete, gehört begrifflich an den Anfang. Allein wie das Leben überhaupt früher ist als die Lehre, so auch bei Jesus und in dem Erlösungsplan des messianischen Wirkens. »Jesus begann zu wirken und zu lehren.«

Jesus wurde seinen Jüngern und der Menschheit sofort (nach der Herabkunft des Hl. Geistes) verständlich in seiner persönlichen Erlöserkraft als das lebendig erfüllte Himmelreich, während über die Grundbestimmungen seiner (eigenen) Lehre die Übereinstimmung nicht im selben Maße vorhanden ist. Auch in der Christusforschung der Gegenwart findet sich weithin eine Übereinstimmung in der Anerkennung seiner einzigartigen Vorbildlichkeit und entzündenden Kraft für Religion und Sittlichkeit: aber hinsichtlich seiner Lehre gehen die Auffassungen wesentlich auseinander. Wie die Persönlichkeit Jesu auch nach seinem Hingange gewirkt hat, dafür ist Paulus der weltgeschichtliche Beweis; ebenso Stephanus, Barnabas, Philippus. Unter dem Einfluß dieser Erfahrung steht das apostolische Glaubensbekenntnis, in dem das Leiden und Sterben Christi hervorgehoben, aber kein Wort von seiner Lehre und Offenbarungstätigkeit gesagt wird. Auch heute noch wirkt Jesus in erster Linie durch die Kraft, die von seinem Vorbild und Kreuzesopfer ausgeht. Seine Lehrworte üben trotz aller Verehrung nicht dieselbe Wirkung aus.

Aus diesem Grunde ist es begründet, die Heiligkeit Jesu zuerst zur Darstellung zu bringen, dann erst seine Lehre und Weisheit. Zudem ist wenn irgendwo Jesu Persönlichkeit der Schlüssel zum richtigen Erfassen seiner Lehre. In ihm ist das Reich Gottes als lebendiges Bewußtsein der Gottessohnschaft, als tatkräftige Gottähnlichkeit und als selbstlose Hingabe an die erlösungsbedürftige Gesamtheit persönlich erschienen und wirksam geworden. »Philippus, wer mich sieht, sieht den Vater.« Die Christenheit sieht auch heute noch leichter und lieber den unsichtbaren Gott, seine erhabene Herrlichkeit und Güte im lebendigen Bilde und Leben Christi als in seinen Lehrworten.

Die messianische Heiligkeit Jesu ist Jesu Hingabe an den messianischen Beruf, die Herstellung der vollkommenen Gerechtigkeit, die Begründung und geistige Weltherrschaft des Reiches Gottes. Dieser Wille wurzelt in dem Bewußtsein, den göttlichen Auftrag und Beruf zu diesem Werk zu haben, aber auch die Kraft des göttlichen Geistes, um der allumfassenden Pflicht des messianischen Berufes in allen Formen gerecht zu werden. Das Himmelreich auf Erden ist Sittlichkeit und Heiligkeit, und zwar in der höchsten und umfassendsten Bedeutung, indem die Religion als Selbstzweck erfaßt und durchgeführt wird, um durch den Gottesgedanken und

die Gottesliebe das gesamte Geistesleben, sei es nach innen oder
nach außen gerichtet, zu befruchten und zu vollenden.

Die einzigartige Heiligkeit des geschichtlichen Jesu umfaßt
drei Tatsachen: das tiefste und sicherste Bewußtsein, von Gott zur
Begründung des Himmelreiches berufen und verpflichtet, gesandt
und gesalbt zu sein; den starken und reinen Willen, diesem göttlichen Auftrag mit Hingabe allen Könnens, aller Geistesarbeit und
Opferfähigkeit zu entsprechen; endlich den tatkräftigen Vollzug
dieses grundsätzlichen Willens, den planmäßigen Entwurf und
Verlauf seines messianischen Lebenswerkes, in Lehren und Wirken,
in Leiden und Sterben. Dieser Wille Jesu war stets durchdrungen
von dem Bewußtsein des gottentstammten Sollens, aber auch des
gottverbürgten Könnens; er selbst war stete Opferweihe und Selbst-
heiligung in freiem Gehorsam, starker Selbstbestimmung aus den
reinsten Beweggründen der Gottes- und Menschenliebe, des Gehorsams und der Freiheit, des Heroismus und des Altruismus.

Jesus erweist sich in seinem ganzen Leben als der Gottgesalbte
und Weltheiland, als ganz (Joh. 3, 34) durchdrungen und bestimmt vom Geiste der Heiligkeit; nämlich von der Pflicht und
Aufgabe, die unendliche Vollkommenheit Gottes durch sittliche
Verähnlichung und selige Vereinigung aller Seelen mit Gott zum
Erbteil und Gemeingut der Schöpfung zu machen. Die Innigkeit und die Tatkraft, mit welcher Jesus diese übermenschliche
Aufgabe in Gehorsam, Freiheit und Liebe erfaßte und vollbrachte, ist die denkbar höchste. Die Hingabe an diesen Lebenszweck würde für sich allein schon die sittliche Hoheit Jesu in
übermenschlichem Maß beweisen.

Mit Recht bewundert man den Entschluß Buddhas, die gewonnene Einsicht und Erlösung nicht für sich allein zu genießen, sondern sich der Mühsal
einer vielfach undankbaren Missionsarbeit zu unterziehen, um der Menschheit
zum Führer auf dem Wege der Selbsterlösung zu werden. Der Adel dieses
Entschlusses wird bei Buddha nicht dadurch gemindert, weil er einsehen mußte,
daß die Ablehnung des Missionswerkes immerhin eine starke Selbstsucht der
Gesinnung verraten und dadurch die eigene Selbsterlösung Buddhas verhindert
hätte. — Allein die religionsgeschichtliche Würdigung der sittlichen Hoheit
Buddhas im Vergleich zu Christus muß hervorheben, daß die Erlösung im
Sinne Buddhas über den Bereich des Menschenmöglichen nicht hinausging,
weil sie bloß Erlösung vom Übel des Sonderdaseins durch innere Loslösung
von aller Selbstsucht und Begierde war. Die Erlösung, wie sie Jesus als
Lebensaufgabe zu vollbringen hatte, war indes nicht nur die volle Loslösung

von der Welt des Vergänglichen, sondern zugleich die Erhebung und Verbindung der Seele mit dem überweltlichen Gott, als dem Allein-Guten und Allein-Notwendigen.

Das Reich Gottes war das Ziel und der Sinn der Erlösungsaufgabe Jesu; das bedeutet nicht nur die Befreiung von dem Vergänglichen in der vollkommenen Weltverleugnung, sondern zugleich die Vereinigung mit dem Unvergänglichen, mit dem Schöpfer der Welt und seiner unendlich großen Vollkommenheit als Vorbild, Gesetz und Lebensfülle. Damit war inbezug auf die Welt die Aufgabe gesetzt, sie nur als höchsten Lebensinhalt zu verneinen, nicht aber als Lebensinhalt überhaupt. Weil die Welt Gottes Schöpfung ist, kann und soll sie als Material für Gottes Reich verwertet, vergeistigt und verewigt werden. Die Welt ist nur vom Übel, soweit sie von Gott losgelöst und gegen Gott geltend gemacht wird, nicht aber überhaupt. Folglich obliegt dem Menschen die Aufgabe, sich innerlich über die Welt zu erheben, aber nicht um wie Buddha gleichgültig aus ihr zu fliehen, sondern um sie in das Reich Gottes, der Wahrheit und Liebe, der Gerechtigkeit und Seligkeit umzuwandeln. Schon in dieser Hinsicht bedeutet der Erlöserberuf Jesu eine unendlich schwierigere Aufgabe als die Erlösung, wie sie sich Buddha für sich und die Menschheit zum Ziele setzte.

Die positive Erhebung zu Gott als dem eigentlichen Lebensgut bedeutet indes eine noch größere Schwierigkeit, nicht für Jesus selbst, sondern um die Menschheit von dieser Notwendigkeit zu überzeugen, über die Tragweite dieser Aufgabe zu belehren und für ihre Erfüllung zu befähigen. »Gott ist Geist; darum muß man Gott im Geist und in der Wahrheit anbeten.« (Joh. 4.) Das Wort »Gott« und einige Wesensbestimmungen von Gott sind dem Wissen und Gewissen leicht einzuprägen: allein es ergibt sich schon aus dem hohenpriesterlichen Gebete Jesu, daß er unter der Erkenntnis des wahren und lebendigen Gottes etwas viel Größeres und Schwierigeres versteht. Sonst würde sie Jesus nicht das ewige Leben selber nennen und nicht als den großen Vorzug des Sohnes preisen.

Die Schwierigkeit stammt zum Teil aus der sittlichen Schwäche des Menschen, aber noch viel mehr aus der Beschaffenheit der menschlichen Lebenslage. Während die Welt des Vergänglichen ihre Tatsächlichkeit, ihren Wert und ihre Unentbehrlichkeit, ihre Reize und Antriebe unausgesetzt durch starke, unvermeidliche und empfindliche E i n d r ü c k e geltend macht, welche Leib und Seele mit Lust und Schmerz durchdringen und leidenschaftlich aufregen, kommt uns Gottes tatsächliches Dasein und praktische Bedeutung nur so weit zum Bewußtsein, als wir uns selber durch Würdigung der Beweisgründe und durch Vergleichung der höchsten Gesichtspunkte zur Erkenntnis seiner Notwendigkeit für Denken und Wollen, für Vernunft und Leben erheben. Gott steht uns nicht als Erfahrungstatsache w a h r n e h m b a r gegenüber, sondern muß als die allein hinreichende Wirk- und Zweck-Ursache alles Tatsächlichen auf der Jakobsleiter der Überlegung und Schlußfolgerung g e s u c h t werden. Soweit Unterricht und Autorität zugunsten des Gottesglaubens mit der Macht des Eindrucks und der Gewöhnung wirken, wird dem einzelnen ein großer Teil der eigenen Geistesarbeit und religiösen Gefahr erspart; allein sobald das reife Denken beginnt, wirkt die Verknüpfung des Gottesglaubens mit menschlichen Autoritäten vielfach ungünstig.

Auch für den Glauben gilt das Wort des Apostels, daß wir in diesem Erdenleben in der Gottes f e r n e weilen, während die Welt als eigentliche Umgebung unser Denken und Wollen, unser Bewußtsein und Empfinden unaufhörlich und eindringlich bestimmt.

Es war die erste Aufgabe in der großen Erlösungsaufgabe Jesu, diese erfahrungsmäßige Weltnähe und diese gefährliche Gottesferne durch die geistige Kraft und Klarheit seiner Gottesoffenbarung zu überwinden und die Menschheit durch den Glauben in die geistige Gemeinschaft Gottes zu erheben. Der geschichtliche Jesus ist unverkennbar dadurch ausgezeichnet, daß er in der unmittelbaren Gegenwart Gottes lebte und wirkte: »Niemand kennt den Vater, außer der Sohn und wem es der Sohn offenbart.« Die Erhebung des menschlichen Bewußtseins und Sinnens in die geistige Gegenwart und Umgebung Gottes war und ist eine Aufgabe von ungeheurer Schwierigkeit.

Jesus hat das übermenschliche Pflichtbewußtsein der Erlösungsaufgabe aufs vollkommenste in seinem Charakter und Lebenswerk durchgeführt. Nicht nur hat dieses ungeheure Pflichtbewußtsein das Gleichgewicht seiner Seelenkräfte nicht gestört, sondern Jesus hat innerlich und äußerlich, in Gesinnung und Werk die schwierigste, umfassendste, hochherzigste und selbstloseste Opfertat vollzogen, um in der Menschheit die Macht des Bösen zu brechen und die Gotteskraft des Guten zu entzünden.

Das ungestörte Gleichgewicht der Geisteskräfte Jesu ist der Beweis seiner übermenschlichen Befähigung und Heiligkeit zugleich. Die Überhebung hinsichtlich des geistig-sittlichen Könnens wirkt

nämlich wie eine verhängnisvolle Befleckung. Ein lebendiges und
ernstes Bewußtsein der eigenen Sündelosigkeit und Nichtbedürftig-
keit der Buße und Sühne sowie des Berufes zum Weltheiland
ist in angemessener und folgerichtiger Würde nur durchzuführen,
wenn wirklich die Kraft und Befähigung dazu da ist. Aus der
tiefen Einsicht in diese Schwierigkeit hat schon die prophetische
Messiasweissagung als den übermenschlichen Vorzug des Messias
jene Gesinnung hervorgehoben, welche Jesus trotz seiner Sündelosigkeit zum religiössittlichen Vorbild der sündigen Menschheit
befähigt. »Lernet von mir alle, denn ich bin demütig und sanftmütig von Herzen.« (Mt. 11.) Es ist damit nicht die einzige
Vorbildlichkeit Jesu in sittlich-religiöser Hinsicht ausgesprochen,
wie unbegreiflicherweise H. Chamberlain und Ed. v. Hartmann
annehmen, sondern die Demut und Milde wird deshalb hervorgehoben, weil sie die Gesinnung ist, welche dem Menschen am
schwersten fällt. Der Mensch, besonders der religiös-sittliche,
neigt dazu, den Nächsten allzustreng zu beurteilen. Dadurch wird
auch seine Gesinnung Gott gegenüber unwillkürlich beeinträchtigt.
Die wahre Milde dem Nächsten gegenüber folgt aus der wahren
Demut Gott gegenüber. Das Geheimnis der echten Religiösität
oder des Himmelreiches liegt in der Reinheit und Kraft dieser
doppelten Gesinnung. Daher hebt es auch der Hebräerbrief als
besonderen Zweck des göttlichen Erlösungsplanes hervor, daß der
Erlöser (als Gottmensch) durch seine Lebenserfahrungen Mitleid mit den Menschen lernen sollte. (Hebr. 2, 17. 18; 4, 15.)

3. Die Heiligkeit Jesu, wie sie als religiöse Macht in der
Geschichte des Christentums wirksam und zum Beweis seiner
wahren Gottheit geworden ist, ist unzweifelhaft die Heiligkeit des
Welterlösers, des Versöhners mit Gott und des Befreiers von Sünde,
Tod und Satan. Es ist ganz unmöglich, bloß das Vorbild Jesu
im Sinne der Sittlichkeit überhaupt oder der religiösen Sittlichkeit
insbesondere als die weltgeschichtlich wirksame Kraft und damit
als den Beweis seiner Gottheit geltend zu machen. Der Schwerpunkt und Quellpunkt dieser welterneuernden Kraft liegt im Er-
löserwillen und Leidensopfer Jesu. Losgelöst von dem vierten
Glaubensartikel würde zwar die sittliche Hoheit Jesu immer noch
Gegenstand der Verehrung und Bewunderung bleiben, allein diese
Verehrung wäre mehr akademische Bewunderung. Die Kraft, mit

der Jesus die Seelen an sich zieht, geht in der Tat vom Gekreuzigten aus, und zwar nicht von dem Martyrer für seine Überzeugung, sondern von dem Lamme Gottes, welches die Sünden der Welt auf sich nimmt, von dem Mittler und Hohenpriester der großen Versöhnung und stellvertretenden Genugtuung.

Der fromme Sinn wird durch die gewichtigsten Bedenken gegen die Vereinbarung dieses Glaubens mit dem heiligen Gottesbegriff, mit Sittlichkeit, Vernunft und Religion nicht gestört. Der Gekreuzigte als Erlösungsmittler und Versöhnungsopfer bleibt unersetzbar »der Weg, die Wahrheit und das Leben«.

Nun behauptet die kritische Christusforschung mit überwältigender Mehrheit, die Idee des stellvertretenden Sühnopfers, des Erlösungsverdienstes und der Heilsbedeutung des Todes Christi sei erst nachträglich entstanden und dem Lebensbild Jesu in den Evangelien eingefügt worden. Paulus wird insbesondere als der Urheber des kirchlichen Erlösungsglaubens und der stellvertretenden Genugtuung bezeichnet. Markus habe die paulinischen Lehrgedanken von der versöhnenden Kraft des Todes Jesu in den Abendmahlsbericht und überhaupt in das Leben und Bewußtsein Jesu zuerst hineingetragen. Das ursprüngliche und echte Christentum Jesu wisse von keiner Notwendigkeit einer Versöhnung Gottes durch Opfer, Blut und Tod, noch weniger von einer stellvertretenden Sühne als der Vorbedingung für Gnade und Sündenvergebung.

Die Kritik des Neuen Testamentes hat es sogar vermocht, daß ein katholischer Exeget von der Gelehrsamkeit und Urteilskraft eines A. Loisy dieser Auffassung recht gab. Es ist dies um so beachtenswerter, weil A. Loisy nicht gewillt ist, die kirchliche Glaubenslehre selber preiszugeben, weder die vom Kreuzesopfer noch von der sakramentalen Würde des Meßopfers. Werden diese Glaubenslehren aus dem Glauben ausgeschieden, wie von Harnack, dann ist es nicht auffallend, wenn man dieselben als dem Evangelium Jesu fremd erklärt.

Die Kritik, auch Loisys, beruft sich vor allem auf die notorische Tatsache, daß erst Paulus den Tod und die Auferstehung Jesu zum Inhalt der christlichen Lehrverkündigung gemacht habe, und zwar als das Opfer der stellvertretenden Genugtuung sowohl im Sinne der Sühne für die Sündenschuld wie der Gesetzeserfüllung. Jesu Tod sei die Erfüllung des Gesetzes und damit dessen Aufhebung.

Der Widerspruch dieser Auffassung mit dem Evangelium Jesu sei offenkundig. Niemals erwähne Jesus irgend eine Bedingung, von welcher die Sündenvergebung oder die Bereitwilligkeit Gottes zur Sündenvergebung abhängig sei. Nur Buße, Glaube, Bereitwilligkeit, dem Nächsten zu vergeben, werden von Jesus als Bedingung der Sündenvergebung genannt. Jesus schließe vielmehr jede andere Bedingung geradezu aus, weil er die hochherzige, unbedingte Vatergüte Gottes in ihrer Bereitwilligkeit zur Erbarmung als Vorbild und Beweggrund für die gleiche Gesinnung der Menschen geltend mache. Der hauptsächliche Anstoß der geistlichen Führer sei gerade dadurch veranlaßt gewesen, daß Jesus die Sünder und Zöllner ohne weiteres in die Gemeinschaft Gottes gerufen und aufgenommen habe. Ein schärferer Widerspruch sei nicht denkbar als der zwischen der wahrhaft frohen Botschaft Jesu, der die vollkommene Bereitwilligkeit Gottes zur Nachlassung der Sünden und zur Aufnahme ins Himmelreich verkündigt habe, und zwar im Gegensatz zu den Schranken, welche die jüdische Theologie für die Gnade Gottes behauptete, und anderseits der Lehre Pauli, daß Gottes Zorn erst durch den Tod Jesu besänftigt und seine Gnade erst durch die damit dargebotene Genugtuung ermöglicht worden sei. Dem Evangelium Jesu zufolge ist Gott das Vorbild der unbedingten Güte, Vaterliebe und Versöhnlichkeit, wenn nur die Bekehrung durch Buße, Glaube und Liebe erfolgt; nach Paulus sei Gott das Vorbild unnachsichtlicher Gebundenheit an die Forderung voller Genugtuung durch eine ausreichende Bestrafung, und zwar so, daß (nach der bestehenden Heilsordnung) eher ein Unschuldiger stellvertretend die Strafe erleiden müsse, als daß Gott ohne weiteres Gnade und Erbarmen üben könnte.

Die Leidensweissagungen Jesu, macht die Kritik ferner geltend, erwähnen niemals den Zweck einer stellvertretenden Genugtuung und Verdienstleistung, die notwendig sei, um Forderungen der göttlichen Heilsordnung zu erfüllen und die Gnade Gottes der Menschheit wieder zuzuwenden. Und doch wäre der arge Anstoß, den die Jünger an der Leidens- und Todesnotwendigkeit des Messias nahmen, durch den Hinweis auf diesen Versöhnungszweck wirksam überwunden worden. Allein es sei nicht geschehen. Das Wort Mc. 10, 45 und 14, 24 sei wohl der Versuch, die paulinische Auffassung in das Evangelium selber hineinzutragen: allein Markus und die übrigen Evangelisten hätten mit den weitgehendsten Annäherungen an Paulus doch nicht mehr zu sagen vermocht als das, das Leiden und Sterben Jesu sei ein Opfer der Liebe in dem allgemeinen Sinne, wie die Hingabe an den Martertod der höchste Liebesbeweis und die selbstloseste Willenstat sei. In diesem Sinne habe der Menschensohn sein Leben als Lösegeld für viele hingegeben. Auch P. Rose Ord. Praed. sagt gegen Loisy, der Ausdruck »Lösegeld« bedeute eine valeur morale qui nous affranchit d'une servitude morale. Étude sur les Evangiles. 1905. p. 254. Nicht anders sei in der Rede Pauli das Erkaufen der Gemeinde durch Christus gemeint, nämlich so, wie man durch Liebe und Aufopferung sich das Recht des Dankes und Verdienstes bei denen erwirkt, denen die Aufopferung zum Nutzen gereichte. (Act. 20, 28.)

Die grausame Enttäuschung, welche trotz aller Vorbereitung die Kreuzigung Jesu den Jüngern bereitete, habe die Notwendigkeit einer religiösen Erklärung dieser Katastrophe mit sich gebracht. In Lc. 24 und den Apostelreden der Apostelgeschichte sei offenkundig dargelegt, wie dies geschehen sei. Mit Hilfe der Leidenspsalmen und der prophetischen Weissagung vom leidenden Gottes-knecht habe man die Verurteilung und Hinrichtung Jesu als eine positive Anordnung Gottes erkannt, welche geweissagt war und erfüllt werden mußte: aber nicht als Bedingung, damit Gott wieder versöhnt würde, sondern als Bedingung, damit der Messias in seine Herrlichkeit eingehen könne. Ohne Tod keine Auferstehung: darum mußte der Messias den Tod erleiden, um durch die Auferweckung von Toten »zum Herrn und Gesalbten gemacht« (Act. 2, 36; 5, 31; 10, 42; 17, 31), »zum Sohne Gottes erzeugt zu werden«. »Gott hat Jesum erweckt, wie im zweiten Psalm geschrieben steht: ,Mein Sohn bist du, heute habe ich dich gezeugt.'« (Act. 13, 32. 33.)

Als wesentliche Funktion des (verherrlichten) Messias sei das Gericht betrachtet worden. Zur Vorbereitung für dieses Gericht und das damit be-ginnende Gottesreich ergehe der Ruf der Buße nunmehr an alle Menschen, an Juden und Heiden. Der Beweis dafür sei der Heilige Geist, der in den sichtbaren Wundertaten der Apostel und den Charismen der Gläubigen wirksam sei und bezeuge, daß Jesus wirklich zum Messias erhöht und zum Richter bestimmt sei, daß in seinem Namen Sündenvergebung gesucht werden müsse und erlangt werde. Als auffallend sei dabei nur das empfunden worden, daß auch den Heiden die Gnade der Sündenvergebung und die Gnadenwirkungen des Sprachenredens und anderer Charismen zuteil würden, daß also kein aus-schließlicher Vorzug Israels mehr bestehe. (Act. 10, 45. 46.)

Es handelt sich bei der tiefgreifenden Frage nach dem Er-lösungszweck des Leidensschicksals Jesu um fünf biblische Tat-sachen, um den Lehrinhalt der Worte Jesu, um den Lehrinhalt der uralten Apostelreden, sowie um den Lehrinhalt der Erlösungs-theorie Pauli. Der Erlösungsbegriff des Johannes-Evangeliums ist ebenfalls zu würdigen. Außerdem kommt inbetracht, welches der Sinn der dogmatisch-kirchlichen Erlösungslehre sei. Ebenso verlangt die prophetische Weissagung eine diesbezügliche Fest-stellung ihres Erlösungsbegriffes.

Wenn der Sinn der paulinischen und der kirchlich-dogma-tischen Erlösungslehre wirklich dahin ginge, daß das Leiden und Sterben Christi nicht das Werk der göttlichen Liebe, sondern deren Ursache sei, daß es durch die sachliche Genugtuung, welche es der Strafgerechtigkeit Gottes bereitete, im eigentlichen Sinn den unveränderlichen und ewigen Gott umgestimmt und in seiner Gesinnung aus einem erzürnten ungnädigen Gott zu einem gnädigen Gott gemacht habe, dann wäre allerdings unleugbar ein scharfer Gegensatz zu der Lehre Jesu vorhanden und ebenso zu der Lehr-verkündigung, wie sie in den Apostelreden der Apostelgeschichte

ausgeprägt ist. Dieser Gegensatz ließe sich nicht einmal für die
Gläubigen durch die Annahme ausgleichen, daß die Evangelien
und die Apostelgeschichte eben keine vollständigen Berichte über
die Lehre Jesu und der Urapostel darbieten. Die Lehre Jesu
schließt nämlich die genannte anthropomorphe Auffassung der stellvertretenden Genugtuung geradezu aus, läßt also die angenommene
Ergänzung überhaupt nicht zu. — Die uralten Reden der Apostelgeschichte haben darum einen ganz besonderen Wert, weil sie den
Inbegriff von Lehrgedanken darstellen und mitteilen wollen, mit
dem die Apostel vom Pfingstfeste an vor der Öffentlichkeit, vor
Volk und Obrigkeit, vor Juden und Heiden aufgetreten sind. Es
sind nicht beliebige Reden, sondern die Grundsätze und Wahrheiten, welche die Apostel im Namen Gottes der jüdischen und
heidnischen Welt zu verkünden hatten. Diese Reden sind die
Formulierung der urchristlichen Lehrverkündigung.

Es mag sein, daß Abbé Loisy von der Voraussetzung ausging, die Erlösungslehre der Kirche enthalte den angegebenen Gedanken, wonach Gott
vom Zorn zur Gnade innerlich umgestimmt und durch die Leistung einer sachlichen Genugtuung entweder bestimmt oder innerlich bewogen worden sei, der
Menschheit wieder seine Gnade zuzuwenden. Im Hinblick auf die Verurteilung,
welche die neuere Religionsphilosophie und Ethik einer solchen Auffassung
zuteil werden läßt, sowie im Hinblick auf Evangelium und Apostelgeschichte
hat sich Loisy dann zu dem Geständnis genötigt gesehen, die kirchliche Lehre
von der stellvertretenden Genugtuung sei eine spätere Zutat zur Lehre Jesu.
Er tut dies in möglichst schonender Form. Die Hauptsache wäre doch das
Zugeständnis, der kirchliche Glaube an die stellvertretende Genugtuung erweise
sich bei unbefangener Untersuchung religionsgeschichtlich als ein Sieg des
Pharisäismus über das Evangelium Jesu und des Heidentums über den strengen
Monotheismus der Jahweoffenbarung. Loisy glaubt allerdings, die anthro-
popathische Gottesidee, welche mit dem Glauben an eine Beeinflussung und
Umstimmung Gottes gegeben ist, sei die Gottesidee der seitherigen Kirchenlehre
und Theologie. Es ist indes von vornherein und grundsätzlich ausgeschlossen,
daß die kirchliche Glaubenslehre die Ewigkeit und Unveränderlichkeit Gottes,
sowie die Majestät seiner voraussetzungslosen Güte und Allmacht irgendwie
beeinträchtigen wolle. Jede Auffassung der Kirchenlehre von der stellvertretenden Genugtuung, welche die Ewigkeit, Unveränderlichkeit und Erstursächlichkeit Gottes, seines Weltplanes und Heils-Ratschlusses beeinträchtigt,
ist schon dadurch als unkirchlich erwiesen.

4. Die Erlösungslehre des Apostels Paulus ist weit
entfernt, die höchstursächliche Unbedingtheit und Güte Gottes
irgendwie zu beeinträchtigen. Wohl ist der pharisäische Geist, wie
er Jesus von Anfang an als seinem grundsätzlichen Gegner den

Untergang geschworen hatte, durch den Grundgedanken gekennzeichnet, Gott sei in seiner Macht und Güte an Bedingungen gebunden. Dies gilt insbesondere in der Heilsordnung. Nun besteht die Heilsordnung unzweifelhaft in Bedingungen: allein der ungeheure Unterschied liegt darin, ob diese Bedingungen als Einschränkungen für Gott selbst und als selbständige Faktoren betrachtet werden oder als die Mittel und Werkzeuge, durch welche Gott seine höchstursächliche Macht und Güte bekundet, und zwar mit allumfassendem Bewußtsein und Willen.

Paulus läßt keinen Zweifel darüber, daß alle im Heilsplan enthaltenen Bedingungen und Notwendigkeiten sowohl als Forderungen wie in ihrer Erfüllung die Wirkung der allesumfassenden Gnade Gottes sind. Der Grundgedanke des Apostels besteht gerade darin, daß Gott nicht nur Gesetz, Gesetzgeber und Urheber der Forderungen sei, sondern Gnade, Gnadenwille und Urheber allen guten Wollens und Vollbringens. Das war die große Offenbarung, die dem Apostel in Christus und seinem Sühnopfertod aufgegangen war. Gott wurde ihm im Gegensatz zu seiner pharisäischen Auffassung offenbar als der Vater, darum als der höchste und eigentliche Urheber aller Erlösung, aller Gnade und aller Verdienste, als die voraussetzungslose Erbarmung, deren Ratschluß und Werk alle zeitlichen Heilstaten sind, auch die Menschwerdung und Opferhingabe des Sohnes. Paulus hat diese Grundwahrheit unter den verschiedensten Gesichtspunkten durchgeführt.

Die erste Darlegung des Erlösungsplanes in den Briefen Pauli ist Rom. 3, 20—21: Gottes Gerechtigkeit ist es, welche gerecht macht und erlöst; sie muß erkannt werden. Sie wird sicherer erkannt, wenn nicht die Werke und deren Verdienst, sondern das Sühnopfer Christi das hauptsächliche Mittel der Rechtfertigung ist und demgemäß der Glaube an die Kraft Gottes, welche sich in der Auferweckung Jesu offenbart, aber ebenso, wenn auch minder auffällig, im Opfertod Jesu und in den Werken des lebendigen Glaubens. (Vgl. Phil. 3, 9. Col. 2, 12. 2 Tim. 1.)

Die zweite Darlegung ist Rom. 5: »Gott erweist seine Liebe gegen uns, indem Christus für uns starb, da wir noch Feinde (Gottes) waren.« Die Liebe Gottes hat selber die Erlösung in Christus bereitet. Zugleich wollte Gott durch das Erlösungswerk des Kreuzes die Hoffnung steigern und den Geist der Gemeinschaft neu begründen. Die Weltgeschichte hat gezeigt, wie der Zusammenhang des Geschlechtes und der Natur im Dienst der Sünde ursächlich wirksam wurde: es soll nun auch offenbar werden, daß dieser Zusammenhang im Dienst der Gnade und des Lebens eine viel größere Bedeutung entfaltet als im Dienst des Verderbens. Wenn die Sünde eine Fülle der Kraft und Entwicklung bekundete, so soll die Gnade eine Überfülle davon bekunden. (Rom. 5, 20.)

Der dritten Darlegung in Rom. 6 zufolge ist der Erlösungstod und die Auferstehung Christi von Gott gewollt, um als wirksames Vorbild das Absterben von der Sünde und das Auferstehen für Gott herbeizuführen. (Vgl. Phil. 3, 7—12.) Was Gottes Liebe für uns beabsichtigt, hat Gott in der Auferweckung Jesu gezeigt. (Col. 2, 12—15; 3, 1—4. 1 Thess. 1, 10; 3, 13; 5, 9—10; 2 Thess. 2, 13.)

Die vierte großartige Ausführung gibt Paulus in Rom. 8. Gottes Ursächlichkeit hinsichtlich der Heilsordnung erschöpft sich nicht (wie der Pharisäismus annimmt) in der verpflichtenden Gesetzgebung, sondern die Hilfe und Gnade jeglicher Art gehört wesentlich dazu. Alle Veranstaltungen, die irgendwie zum Heile dienen, sind Gottes Ratschluß und Werk. Das Gesetz des Geistes ist Gnadenkraft mit dem Gesetz, darum das Leben. Das Gesetz allein würde verurteilen. Allein der Geist Gottes, seine Gesinnung und sein innerstes Wesen ist die Bürgschaft für die Auferstehung und Vollendung in Gott, ebenso wie die Auferstehung Jesu wegen des in ihm und in uns wohnenden Gottesgeistes. (Vgl. 1 Cor. 15.) Dieser Gottesgeist wirkt seinem Ursprung entsprechend in den Seelen als Geist der freien, hochherzigen, vertrauensvollen Hingabe und Gotteskindschaft. Wenn Gottes Gesinnung Vatergüte ist, dann ergibt sich als die innere Folge der Geist der Kindschaft, als äußere Folge die Erbschaft Gottes und Miterbschaft Christi. Der Apostel führt die Gedankenreihe auf den Höhepunkt, indem er aus der Liebe Gottes, die sich in der Hingabe des Sohnes und der Einpflanzung seines Geistes in die sündige Schöpfung geoffenbart hat, die Gewißheit ableitet, daß alle Übel und Schwierigkeiten nicht imstande seien, das Heilswerk in Frage zu stellen. »Wenn Gott mit uns ist, wer ist dann wider uns?« (Rom. 8. 1 Thess. 5, 24.)

Die Liebe und Erbarmung Gottes ist also durch den Opfertod Christi nicht bewirkt worden, sondern hat sich selber am großartigsten dadurch betätigt, daß Gott seinen Sohn zum Vollzug der stellvertretenden Genugtuung bestimmte und in die Welt sandte. Es kann kein Zweifel sein, daß Paulus über alle pharisäische Einschränkung der Güte Gottes hocherhaben ist und daß er gerade zum Apostel der unbedingten und allesumfassenden Gnadenerbarmung Gottes geworden ist.

Das Kreuz und der an ihm erfüllte Heilsplan ist das Werk der ewigen Liebe: es ist nach 1 Cor. 1, 24 Weisheit und Kraft von Gott. Der Heilsplan der stellvertretenden Genugtuung ist die Erfindung der Weisheit des ewigen Gottes und der Beweis für die Kraft Gottes. Gottes Güte ist es, durch welche die Sünder in Christus Jesus begnadigt werden, »der uns Weisheit von Gott, Gerechtigkeit, Heiligung und Erlösung geworden ist, damit, wie geschrieben steht, wer sich rühmen will, sich im Herrn rühme«. (1 Cor. 1, 30. 31.) »Alles ist euer; ihr aber seid Christi; Christus aber ist Gottes.« (1 Cor. 3, 23.) »Gott hat den Herrn auferweckt: so wird er auch uns auferwecken durch seine Kraft.« (1 Cor. 6, 14—20.) Der hohe Erlösungspreis und die Einwohnung des Hl. Geistes soll Beweggrund zur sittlichen Heiligung sein, als Offenbarung der Liebe Gottes. — Wenn von Gott so Großes für die Seelen geschah, soll nichts Kleines menschlicherseits das Reich Gottes hemmen. Was liegt an Speisevorschriften? (1 Cor. 6. 8. 10.)

Auch im Erlösungswerk gilt: Alles ist aus Gott dem Dreieinigen durch den Herrn Jesum Christum, als Gottmenschen. (Rom. 11, 36. 1 Cor. 8, 6; 12.) »Alles ist aus Gott, der uns mit sich versöhnt hat durch Christus und uns das Amt der Versöhnung gegeben hat. Denn Gott war es, der in Christus die Welt mit sich selber versöhnt.« (2 Cor. 5, 18. 19.) Idee und Geist der Erlösung durch stellvertretende Genugtuung ist die Liebe, welche die Selbstsucht überwinden soll: »Wenn Christus für alle gestorben ist, so sollen auch die, welche leben, nicht mehr für sich leben, sondern für den, der für sie gestorben und auferstanden ist.« (2 Cor. 5, 15.) Die Selbstentäußerung Christi soll beweisen, daß die Menschen zum Bewußtsein ihrer Armut und zum Reichtum in Gott gelangen. (2 Cor. 8, 9. Phil. 2, 5—11.) Es geschah »nach dem Willen unseres Gottes und Vaters, daß Jesus Christus sich selbst für unsere Sünden dahingab, um uns von der gegenwärtigen bösen Welt zu erretten«. (Gal. 1, 4.)

Der Gegensatz der Rechtfertigung durch den Glauben zur (pharisäischen Lehre von der) Rechtfertigung durch die Werke des Gesetzes, von dem Gal. 2—4 spricht, liegt darin, daß die Werke des Gesetzes vom Pharisäismus als eigenes Verdienst angesehen wurden, welche einen Rechtsanspruch Gott gegenüber begründen. Demgegenüber lehrt Paulus, daß Gottes Gnade in der Sendung und Selbstaufopferung Christi das Heil bewirkt hat, und daß die guten Werke erst dann verdienstvoll sind, wenn sie vom Glauben an die alles erlösende und belebende Gnade Gottes beseelt sind. Das Verdienst der guten Werke bleibt trotz der Gnade Gottes: aber diese muß im Glauben als der Quellgrund alles Guten, also auch aller guten Werke und ihres Verdienstes, sowie der ganzen Heilsordnung erkannt werden. Das Verdienst Christi ist ebenso ein wahrhaftes und wirkliches Verdienst: allein vermöge des göttlichen Heilsratschlusses, der es in seiner ewigen Güte so gewollt und angeordnet hat.

Der Gegensatz Pauli zur Werkgerechtigkeit und zum Gesetz ist nur verständlich von der Voraussetzung aus, daß dieselbe als Leistung und Verdienst Gott gegenüber geltend gemacht wurde. Paulus weist dies mit allem Eifer ab, weil alles Gute von Gott kommt und niemand sich in etwas anderem rühmen darf außer in Gott: »denn was hast du, was du nicht empfangen hast?« Darum ist die gläubige Erkenntnis der Güte und Gnade Gottes das erste. Sie hat sich in Christus, in seiner Sendung, seinem Tod und Opferleiden, aber ebenso in seiner Auferweckung am herrlichsten und herzergreifendsten gezeigt. (Rom. 4. 8. Eph. 1, 20.) Der Werkgerechtigkeit stellt Paulus die Rechtfertigung durch den Glauben an Gottes erbarmende Gnade in Christus entgegen. Hieraus ergibt sich zugleich, wie der Galaterbrief selber beweist, daß die guten Werke von Paulus nicht entwertet, sondern geradezu als Früchte des Glaubens und des Hl. Geistes gefordert werden. (Gal. 2—5.)

Was sich im Opfer Christi geoffenbart hat, ist nach Gal. 4 die Vatergüte Gottes: darum ist der Geist der Kindschaft die Frucht des Kreuzes. Der Dank und die Liebe für die Erlösung gehört darum in erster Linie Gott, dem Vater unseres Herrn Jesu Christi. (Eph. 1, 3—23.) Der Ratschluß der

Versöhnung im Sühnopfertod Christi hat zum Zweck und Beweggrund die Betätigung der barmherzigen Güte Gottes, wie Paulus nicht müde wird, einzuschärfen. (Eph. 1, 5. 6. 7. 9. 11. 12. 19.) »Gott, der reich ist an Erbarmung, hat nach der übergroßen Liebe, womit er uns geliebt hat, uns, die wir tot waren in Sünden, mitbelebt in Christus . . . um den überschwenglichen Reichtum seiner Gnade darzutun, gemäß der Barmherzigkeit gegen uns in Christo Jesu. Denn aus Gnade seid ihr beseligt worden durch den Glauben, und das nicht aus euch, sondern Gottes Gabe ist es, aus den Werken, damit nicht jemand sich rühme. Denn seine (Gottes) Schöpfung sind wir, geschaffen in Christo Jesu, zu guten Werken, die Gott vorbereitet hat, damit wir in ihnen wandeln.« (Eph. 2, 4—10.) Sowenig die Notwendigkeit und das Verdienst der guten Werke dadurch beeinträchtigt wird, ebensowenig wird die gottgesetzte Notwendigkeit, Sühnekraft und Verdienstursächlichkeit des Opfertodes Christi dadurch verdunkelt, daß Gottes alles bedingende und alles umfassende Erstursächlichkeit im Ratschluß wie im Vollzug des Heilsplanes vom Apostel hervorgehoben wird. (Eph. 2. 2 Tim. 1, 8—11.)

Die Wirkung des Opfertodes Jesu besteht dem Apostel zufolge in der Aufhebung eines Gegensatzes; dieser Gegensatz stammt aus der Sünde und bedeutet die Herrschaft von Tod und Verderben. Durch diesen Gegensatz ist die Geisterwelt und Menschheit in Feindschaft geraten: erst im Tode Jesu wurde dieser Gegensatz überwunden. »Denn nach dem Geheimnis des göttlichen Ratschlusses hat es Gott gefallen, in der Fülle der Zeiten alles, was im Himmel und was auf Erden ist, in Christus zu vereinen.« (Eph. 1, 10.) »Es gefiel Gott, in Christo die ganze Fülle wohnen zu lassen und durch ihn alles zu ihm zu versöhnen, indem er durch das Blut seines Kreuzes Frieden stiftete, durch ihn, sowohl was auf Erden als was im Himmel ist.« (Col. 1, 20.) Vgl. Henle (Bischof von Regensburg), Kolossä. 1887. S. 43 sq. Der Epheserbrief. 1890. Der Gegensatz trennte auch Heiden und Juden; denn das Gesetz begründete eine Sonderstellung Israels und schloß dadurch die Heidenvölker aus. »Damals waret ihr ohne Christus, getrennt von der Gemeinschaft Israels, fern von den Bündnissen der Verheißung, ohne Hoffnung und ohne Gott in der Welt. Nun aber in Christo Jesu seid ihr, der ihr einst fern waret, nahe geworden im Blute Christi. Denn er ist unser Friede, der aus beiden eins gemacht hat und die trennende Scheidewand wegnahm, die Feindschaft in seinem Fleische, das Gesetz der Gebote in Vorschriften entkräftete und die beiden in einem Körper mit Gott durch das Kreuz versöhnte, indem er die Feindschaft in sich tötete. Kommend verkündigte er den Frieden euch, den Fernen wie den Nahen, denn durch ihn haben wir beide in einem Geiste Zutritt zum Vater.« (Eph. 2, 14—18. Ebenso 19—22.)

Das große Geheimnis, welches die Offenbarung Gottes im Hl. Geist durch die hl. Apostel enthüllt hat, besteht in der Erkenntnis, »daß die Heidenvölker Miterben, Mitglieder, Mitteilnehmer seien von Gottes Verheißung in Christus durch das Evangelium«. (Eph. 3, 1—6.) Den früheren Zeiten und sogar den himmlischen Geistern war dieser Ratschluß der Gnade bisher verborgen gewesen. »Dieses Geheimnis war von Ewigkeit her in Gott dem Schöpfer von allem verborgen, auf daß den Fürstentümern und Mächten durch die Kirche die mannigfache Weisheit Gottes kund werde, nach der ewigen Vorherbestimmung, die er nun ausgeführt hat in Christo Jesu, unserem Herrn, durch den wir Zutrauen und Zutritt haben in Zuversicht.« (Eph. 3, 9—12.) Auch diese Ausführung gipfelt in der Verherrlichung der erbarmungsvollen Vatergüte, von der alle Vaterschaft im Himmel und auf Erden abgeleitet ist, in deren Höhe und Tiefe sich hineinzuleben die Aufgabe der Erlösten ist, deren Liebe alles besser meint und vollbringt, als es geschöpfliches Sinnen und Streben ahnt. (Eph. 3, 14—21. Rom. 8, 26—32.)

Der Beweggrund, aus dem Jesus sein Opfer stellvertretender Genugtuung vollbrachte, wird von Paulus sowohl als Liebe wie als Gehorsam bezeichnet. »Er ist gehorsam geworden bis zum Tode, ja bis zum Tode des Kreuzes.« (Phil. 2, 8.) Es entspricht dies dem Evangelium, wonach Jesus sich vom göttlichen Auftrag gesandt und verpflichtet wußte, das messianische Werk durch das schmerzliche Opfer der Verurteilung und Kreuzigung zu vollbringen. Das schließt nicht aus, daß dieser Opferwille von Liebe zu Gott und den Seelen entzündet und im höchsten Maße freiwillige Hingabe war. Denn das göttliche Gebot verlangt selber die freie Erfüllung des schweren Auftrages aus eigener Liebe und Hingabe. Allein das wird unzweifelhaft bekundet, daß Gott durch die Sendung und Salbung des Messias das als höchste Güte und Heilsursache gewollt und bewirkt hat, was der Messias als Mittler und Versöhner zu leisten hatte. »Christus hat durch den Hl. Geist sich selbst Gott als unbeflecktes Opfer dargebracht, um unsere Gewissen von toten Werken zum Dienst des lebendigen Gottes zu reinigen.« (Hebr. 9, 14.)

Die Verherrlichung Jesu ist der Lohn für die gehorsame Erfüllung des göttlichen Heilsratschlusses. (Phil. 2, 8—11.) Die Liebe des ewigen Gottes und Vaters ist es, welcher aller Dank der Erlösten in erster Linie gebührt: »Gott der Vater hat uns fähig gemacht für den Anteil am Erbe der Heiligen im Lichte; er hat uns errettet aus der Gewalt der Finsternis und uns versetzt ins Reich des Sohnes seiner Liebe, in dem wir die Erlösung haben durch sein Blut, die Vergebung der Sünden.« (Col. 1, 12—14.) Gott ist der Heiland; Gott hat Jesum zum Mittler und Versöhner verordnet zwischen Gott und den Menschen, indem er in Wort und Tat das Geheimnis der göttlichen Liebe offenbar machte und tatkräftig bewies. (1 Tim. 2, 3—7; 3, 16; 2 Tim. 1, 8—11. Tit. 2, 11—14; 3, 4—7. Hebr. 5. 7—10.) »Im Geheimnis Gottes (des Vaters und Christi) sind alle Schätze der Weisheit und Wissenschaft verborgen.« (Col. 2, 2. 3. 2 Thess. 2, 15.) Gott ist es, der uns zur Auferstehung rechtfertigt »durch den Glauben an die Kraft Gottes, welche Jesum von Toten auferweckt hat. Auch euch, die ihr tot waret in euren Sünden und eurer Unbeschnittenheit, hat er mit ihm (mit Jesus) lebendig gemacht, indem er euch alle Sünden vergab und die uns durch Anordnungen entgegenstehende Schuldschrift tilgte, und nahm sie hinweg, dadurch, daß er sie ans Kreuz heftete, und entwaffnete alle Fürstentümer und Mächte.« (Col. 2, 12—15.) Diese Geistermächte herrschten und stifteten Gegensatz durch jene Gebote äußerer Gebräuche, »durch welche der Mensch nicht lebt«, welche dem Volke Israel zur Strafe auferlegt wurden. (Col. 2, 15—23. Gal. 3, 19—29; 4, 3—11. Eph. 2, 15. Jer. 7, 21—23. Ezech. 20, 11—26.)

Das Gesetz der zehn Gebote ist ein Wort des Lebens: diese Pflichten schärft Paulus im strengsten Sinne ein (Act. 7, 38): denn dadurch wird die Gottebenbildlichkeit erstrebt, welche das Ziel der wahren Religion ist, anstatt jener knechtlichen Furcht vor äußeren Befleckungen. (Col. 2, 20—3, 25.)

Dies sind sämtliche Worte, in welchen Paulus die Erlösung durch Christus dargelegt hat. Alle stimmen darin überein, und das war dem Apostel am meisten am Herzen gelegen, daß die Erlösung durch Christus die großartigste Offenbarung der erbarmenden Liebe Gottes und der gerecht- und lebendig- machenden Gerechtigkeit Gottes, seiner Weisheit und Kraft sei. Stufler S. J. schreibt mit Recht:

»Es ist anzuerkennen, daß die Liebe, welche Gott bewog, seinen ein- gebornen Sohn für uns hinzugeben, nicht eine Folge des Opfertodes Christi, sondern vielmehr dessen Ursache ist.« (S. 375.) »Wahr ist, daß Gott nicht erst durch irgend etwas außer ihm bewogen werden mußte, der Welt einen Erlöser zu geben. Die Sendung seines Sohnes ist eine Tat seiner reinen, freien Liebe.« (Die Heiligkeit Gottes und der ewige Tod. S. 383.)

Leider hebt Stufler diese Grundsätze, mit denen der Glaube an den per- sönlichen Gott und Schöpfer steht und fällt, durch seine eigenen Ausführungen wieder auf. Ja, er behauptet sogar selber, durch die Geltendmachung dieser grundsätzlichen Wahrheiten (d. h. des Monotheismus) würden »die Grundpfeiler des katholischen Erlösungsdogmas umgestürzt«. (S. 378. Ähnlich 374. 375. 376. 381.) Nach S. 388 setzt die Wahrheit des Erlösungs- und Genugtuungs- verdienstes Christi voraus, daß Gott nicht ohnehin gut und bereit war, den Sündern die Gnade der Bekehrung zu geben. Freilich: wenn Gott die Er- lösung durch das Verdienst und die stellvertretende Genugtuung eines Mittlers bewirken und geben wollte, dann wollte er sie nicht ohne diese Vermittlung geben: allein die barmherzige Güte ist ja noch größer und offenbart sich ja noch herrlicher, weil Gott allein und aus sich das ganze Erlösungswerk mit allen seinen Verdiensten und Vermittlungen geplant und ins Werk gesetzt hat. Dem Ewigen, der in Jes. 53 seinen Erlösungsplan offenbarte, war es nicht etwa zweifelhaft, ob der zum Leidensopfer der stellvertretenden Genugtuung berufene Gottesknecht den göttlichen Auftrag annehmen und erfüllen werde. Denn Gott gibt ihm durch die Sendung das verpflichtende Gebot, durch die Salbung die Kraft, das Wollen und Vollbringen.

Stuflers Ausführungen leiden vor allem an zwei Mängeln. Er ver- wechselt die Ausführung des Heilswerkes in seiner Zusammenordnung von Bedingungen und Folgen, Ursachen und Wirkungen, Verdienst und Errungen- schaft mit dem Beweggrund des Ratschlusses, durch welchen die ganze Heilsordnung von Gott geplant und beschlossen wurde. Beides ist streng zu unterscheiden. Der Beweggrund des göttlichen Ratschlusses und seiner Ausführung im ganzen ist reine freie Güte, die weder einer moralischen Bewegursache von außen her zugänglich ist noch bedarf, weil die höchste Ursache über alle Bewegursachen, Einwirkungen, Verdienst- und Rechts- ansprüche unendlich erhaben ist. Allein deshalb ist das Werk der Schöpfung wie das Werk der Erlösung trotzdem in der mannigfaltigsten Weise vermittelt sowohl durch Naturgesetze, Naturkräfte, Bedingungen und Entwicklungen,

wie in der geistigen Welt durch die verschiedenen Formen der geistigen
Lebensbetätigung, durch Sittengesetz, Verpflichtung, Verheißung und Drohung,
Verdienst und Schuld. Allein all das hat nicht eine ursächliche Bedeutung
Gott gegenüber, sondern nur als ein Bestandteil des von Gott in höchster
Freiheit geplanten und beschlossenen Schöpfungs- und Erlösungswerkes.
Was im Schöpfungs- und Erlösungswerk Wirkursache, Bedingung, Verdienstursache, Rechtsanspruch ist, darf deswegen nicht als bedingende Ursache für
den Schöpfungs- und Erlösungs-Willen Gottes selber angesehen werden.
Dieser Gotteswille gibt alle Verdienstursächlichkeit und durch sie alle Ver-
dienstansprüche und durch diese allen Lohn und alle Frucht geradeso aus
freier Güte, wie er als Schöpferwille alle Wirkursächlichkeit als Wesensanlage
und als Naturordnung begründet und durch diese alle Wirkungen und Erzeugnisse hervorbringt.

Es ist ein fundamentaler Irrtum, wenn Stufler sagt: »Verdient ist nur
dasjenige, was nicht aus reiner Güte und Barmherzigkeit geschenkt, sondern
auf einen durch irgend welche Leistung erworbenen Rechtsanspruch hin
gegeben wird.« (S. 378.) Das ewige Leben wird von den Gerechten im
eigentlichen Sinne verdient und ihnen als Lohn von dem gerechten Vergelter zuerkannt: allein deshalb bleibt es doch reine und freie Güte Gottes.
Und zwar aus dem Grunde, weil die verdienstlichen Werke der Gerechten
weder die Bewegursache für den göttlichen Gnadenwillen hinsichtlich der
einzelnen Seelen waren noch sein konnten, sondern die Wirkung desselben
und ein wichtiger Bestandteil in der von ihm beschlossenen Gnadenerziehung
und Lebensentwicklung. Gott ist im höchsten Maße gut und gibt darum die
Seligkeit als Lohn für Verdienste, welche er selber aus freier Güte gibt.
Gottes Güte schafft den Baum samt den Früchten wie samt der Wurzel, samt
dem Artzusammenhang und den Wachstumsgesetzen selber. Wie in der Natur,
so in der Gnade. Gott gibt denen, die er liebt, die höchsten Aufgaben und
damit die höchsten Verdienstquellen, er gibt die Sendung, den Willen und die
Kraft dazu oder die Salbung und dadurch die größte Vollkommenheit und
durch all das die reichste Herrlichkeit und Seligkeit. Aber dadurch wird Gott
selbst nicht von den Werken und Verdiensten seiner Auserwählten abhängig
oder beeinflußt.

Es ist dies eine Wahrheit, mit welcher der sittliche Monotheismus steht
und fällt. Der Apostel Paulus ist in besonderem Sinne ihr Apostel geworden:
denn seine Bekehrung vollzog sich von dem Gottesbegriff des Pharisäismus,
wonach es Verdienste und Rechte geben kann, die Gott gegenüber geltend
gemacht werden können, zu dem Gott, von dem er ausruft: »Wer hat ihm
etwa zuerst etwas gegeben, so daß ihm wiedervergolten werden müßte? Aus
ihm und durch ihn und zu ihm ist alles. Ihm sei Ehre in Ewigkeit.« (Rom.
11, 35. 36.) Die Verdienstursächlichkeit des Todes Christi, die stellvertretende
Genugtuung Christi für die ganze Menschheit, die Versöhnung der Menschen
mit Gott: all das tut der grundlegenden Wahrheit nicht im geringsten irgend
welchen Eintrag: denn Gott hat aus Liebe und Güte, aus Weisheit und Gerechtigkeit gewollt, daß die Erlösung so geschehen solle, und hat selbst den
Messias hierzu berufen, dem Messias den verpflichtenden Auftrag dazu gegeben

und ihn mit dem Hl. Geiste gesalbt, damit er das gottgewollte Erlösungswerk in gottgewollter Vollkommenheit und Verdienstlichkeit vollbringe: als Werk der Liebe und des Gehorsams.

Die Gerechtigkeit Gottes sollte versöhnt und dadurch in ihrer erhabenen Majestät geoffenbart werden: dieser Beweggrund ist der paulinischen Erlösungslehre nicht fremd; allein er wird nicht so ausdrücklich geltend gemacht wie der Beweggrund der göttlichen Liebe. Wenn Paulus die Gerechtigkeit hervorhebt, so ist es nicht diejenige, welche Vergeltung übt, sondern welche gerecht macht. Dadurch zeigt Paulus, daß die Gerechtigkeit des Schöpfers etwas wesentlich Höheres ist als die Gerechtigkeit des Menschen, welcher das Böse vor allem durch äußere Vergeltung überwinden zu müssen glaubt, weil er oft nicht mehr vermag.

Die Güte und Liebe Gottes wird auch vielfach mißverstanden. Alle Maßnahmen, durch welche Gott das Böse überwinden und das Gute bewirken will, sind ein Ausfluß seiner Güte: denn die Güte des Schöpfers wirkt die Vollkommenheit. Auch die Strafvergeltung und die Forderung einer hinreichenden Genugtuung ist eine Bekundung der göttlichen Güte. Denn die Güte fordert, daß die sündige Gesinnung und Tat die entsprechende Wirkung auch an sich und in sich erfahre, durch die ihr eigenes Wesen dem Sünder offenbar wird. Die Güte des heiligen Gottes fordert, daß das Böse mit solchen Wirkungen und Folgen verknüpft werde, daß Vernunft und Wille trotz allen trügerischen Scheines von der gemeinen und verderblichen Natur des Bösen überzeugt werden. Darum hat die Güte Gottes eine stellvertretende Sühne für die Sünden der Welt gefordert und selber veranstaltet durch die Sendung und Salbung des Mittlers.

5. Die Reden der Apostelgeschichte sind von größter Bedeutung, um die Gedankenwelt und Denkweise der Urapostel in der ältesten Zeit des Christentums zu erfassen.

Loisy macht geltend, daß das Wort und der Begriff von stellvertretender Genugtuung und vom Sühnopfer in den Apostelreden gar nicht vorkomme. Jesus werde der Knecht Gottes genannt, puer Dei, $\pi\alpha\tilde{\iota}\varsigma$ $\vartheta\varepsilon o\tilde{\upsilon}$, und in diesem Sinne der Sohn Gottes. Die Heilsbedeutung Jesu liege darin, daß durch seinen Namen und seine Vermittlung dem Volke Israel (und den Bußfertigen überhaupt) Sündenvergebung und Geistestaufe gewährt werde. Das Gebet Jesu im Himmel werde in der Pfingstrede Petri als das genannt, dem die Sendung des Hl. Geistes zu verdanken sei. Allein es handle sich dabei um die Erfüllung der gottgegebenen Verheißung, nicht um eine Vermittlung, welche durch Genugtuung und Opferverdienst einen Rechtsanspruch bei Gott gewinne und einen Einfluß auf Gott ausübe. Vielmehr sei die Mittlerschaft des Messias ganz und gar von Gott gewollt, um die große prophetische Weissagung zu erfüllen und den Ratschluß des Heiles durch sein Leben und Sterben auszuführen. Als Erklärung, warum Jesus verurteilt und gekreuzigt wurde, werde immer nur der göttliche Ratschluß angegeben, nicht die Notwendigkeit einer stellvertretenden Genugtuung. Und doch hätte die Erklärung für die an blutige

Opfer gewohnten Jünger und Gegner Jesu den Anstoß weggenommen, der unmittelbar nach den Ereignissen selbst am stärksten wirksam war.

Das Wort »Erlösung« und »Sühnopfer zur stellvertretenden Genugtuung« kommt in der Apostelgeschichte allerdings nicht vor. Aber die Apostelreden verkünden als die Frohbotschaft des Heiles: Jesus sei der Urheber des Lebens, der Sohn und Knecht Gottes, er sei von Gott von den Toten auferweckt und zur Rechten Gottes erhöht, zum Herrn und Gesalbten gemacht worden. Im Namen Jesu werde von Gott Sündenvergebung und Geistesgnade den Bußfertigen gewährt. »Kein anderer Name unter dem Himmel ist den Menschen gewährt, in dem es möglich wäre, das Heil zu erlangen.« (Act. 4, 12.) Ausdrücklich wird gesagt: »unter dem Himmel«, um den Namen Gottes als den höchsten Quellgrund der Gnade in seiner ewigen Herrlichkeit zu wahren. »Wer immer den Namen des Herrn anruft, wird gerettet.« (Joel 3, 5. Act. 2, 21. Rom. 10, 13.)

Die Anordnung dieser Vermittlung durch die Sendung und Salbung Jesu wird indes mit aller Schärfe als der freie Liebesratschluß Gottes geschildert, nicht etwa als ein Zugeständnis, das dem Ewigen erst infolge der Vermittlung abgerungen worden wäre. Wenn dieser Gedanke in dem Glaubenssatz von der stellvertretenden Genugtuung enthalten wäre, dann wäre allerdings in den Reden der Apostelgeschichte ebensowenig etwas davon enthalten, wie in den drei synoptischen Evangelien. Selbst das Wort Pauli (Act. 20, 28) sagt, daß Gott sich seine Kirche durch sein Blut erworben habe. Der erhöhte Jesus hat vom Vater die Verheißung des Hl. Geistes erlangt (Act. 2, 33. 38. Joh. 14, 16); aber der Vater gibt den Hl. Geist aus Liebe. (Act. 3, 13—26; 4, 10—12; 24—30; 5, 31. 32; 8, 30—35; 10, 34—43; 11, 16. 17; 13, 23—41.) Das ist die Verherrlichung Jesu.

Der von der Kritik behauptete Widerspruch besteht nicht, wenn die höchste Gnadenursächlichkeit und freie Vatergüte Gottes so gewahrt wird, wie es der Schöpfungsbegriff des Monotheismus überhaupt fordert, wie es Paulus in voller Übereinstimmung mit dem Evangelium und den Uraposteln immer hervorhebt. Der Widerspruch entsteht erst dann, wenn allen neu- und alttestamentlichen Zeugnissen entgegen die Erlösung nicht als die Veranstaltung der göttlichen Liebe betrachtet wird, sondern als eine

Gott gegenüber vollzogene Tat, welche ihn kraft eigentlichen Rechtsanspruches verpflichtete, nunmehr die Sündenvergebung und Geistesgnade zu gewähren.

»Jesus von Nazareth war ein Mann von Gott bewährt durch machtvolle Taten, Wunder und Zeichen, die Gott mitten unter euch durch ihn getan hat, wie ihr selbst wisset. Diesen, der durch Gottes Ratschluß und Vorsehung war überliefert worden, habt ihr durch die Hände der Ungerechten gekreuzigt und getötet. . . . Diesen Jesum hat Gott auferweckt: des sind wir alle Zeugen. Er nun, durch die Rechte Gottes erhöht, hat vom Vater die Verheißung des Hl. Geistes empfangen und hat ihn nun ausgegossen, wie ihr sehet und höret. . . . So wisse denn das ganze Haus Israel, daß Gott diesen Jesum, den ihr gekreuzigt habt, zum Herrn und Gesalbten gemacht hat. . . . Tuet Buße und lasset euch im Namen Jesu Christi zur Nachlassung eurer Sünden taufen und ihr werdet die Gabe des Hl. Geistes empfangen. Denn euer ist die Verheißung, sowie eurer Kinder und aller, die ferne sind, so viele ihrer der Herr unser Gott berufen wird.« (Act. 2, 22—39.)

»So hat Gott erfüllt, was er durch den Mund aller Propheten vorher verkündigt hat, daß sein Christus leiden solle.« (Act. 3, 18.) Jesus sei im Himmel geborgen, bis die Zeit der Wiederherstellung aller Dinge komme. Jesus sei der Prophet, den Moses verheißen und den zu hören Moses geboten habe. . . . »Euch zuvörderst hat Gott seinen Knecht Jesus (τὸν παῖδα αὐτοῦ cf. 4, 25 von David), den er auferweckt hat, gesandt, um euch zu segnen, damit jeder sich von seiner Bosheit bekehre.« (Act. 3, 19—26. cf. 4, 8—14; 24—30.) »Dieser ist der Stein, den ihr Bauleute verworfen habt, der aber zum Eckstein geworden ist. Und in keinem anderen ist Heil. Kein anderer Name ist unter dem Himmel den Menschen gegeben, in dem das Heil erlangt werden soll.« (4, 11. 12.) Die Fürsten sind wahrhaftig gegen deinen heiligen Knecht Jesus, den du gesalbt hast, zusammengekommen . . . um zu tun, was deine Hand und dein Ratschluß zu vollbringen beschlossen hatte.« (4, 27. 28.)

Der Vorwurf des Hohepriesters gegen die Apostel ging dahin, daß »ihr das Blut dieses Menschen auf uns laden wollet«. Die Apostel erwiderten darauf: »Man muß Gott mehr gehorchen als den Menschen. Der Gott unserer Väter hat Jesum, den ihr ans Holz gehängt und getötet habt, auferweckt. Diesen hat Gott durch seine Rechte zum Oberhaupt und Heiland erhöht, um Israel Buße und Sündenvergebung zu verleihen. Zeugen hierfür sind wir und der Hl. Geist, den Gott denen gegeben hat, die ihm gehorchen.« (Act. 5, 27—32.) (Anführer des Lebens vgl. 3, 15. Col. 1, 18.)

Die Anklage gegen Stephanus lautete: »Dieser Mensch hört nicht auf zu reden wider die hl. Stätte und das Gesetz. Wir haben ihn sagen hören: Jesus von Nazareth werde diese Stätte zerstören und die Satzungen ändern, die uns Moses gegeben hat.« (Act. 6, 13. 14.) Stephanus läßt in seiner Rede allerdings hervortreten, daß der äußere Opferdienst und die Auffassung des Tempels als Wohnung Gottes nicht zum Wort des Lebens gehörte, sondern eher zum Widerstand gegen den Hl. Geist, gegen die Propheten und darum auch gegen Jesus. »Welchen der Propheten haben eure Väter nicht verfolgt!

Sie haben die getötet, welche von der Ankunft des Gerechten weissagten, dessen Überlieferer und Mörder ihr geworden seid. Die ihr das Gesetz bei der Engel Schar empfangen habt und habt es nicht gehalten!« »Siehe, ich sehe die Himmel offen und den Menschensohn stehend zur Rechten Gottes.« (Act. 7. Amos 5. Mich. 6, 6—8. Jes. 1. Jer. 7, 21—28.)

Die Frage des frommen Äthiopiers an Philippus inbezug auf Jes. 53 ging darauf, ob der Prophet das von sich oder von einem anderen sage. Philippus bezog die Weissagung auf Jesus als den Messias. (Act. 8.)

Das Trostbuch des Propheten Jesajas ist für das Verständnis des Erlösungswerkes mit Recht grundlegend geworden. Dieses erhabene Buch entwickelt seine eigene Erlösungslehre in drei Grundgedanken: Gott ist die höchste voraussetzungslose Ursache und Macht, die auch von keinem äußeren Beweggrund bestimmt werden kann noch beeinflußt zu werden braucht. Gott ist in jeder Hinsicht die Allmacht, welche in erster und höchster Hinsicht allein entscheidet, nicht nur als Wirkursache, sondern auch als Zweckursache und als Beweggrund. Zweitens: Gott ist die voraussetzungslose, allumfassende Güte, welche aus sich allein und um ihrer eigenen Güte willen das Gute gibt und das Böse vergibt. Drittens: Gott ist die heilige Gerechtigkeit, die unendliche Heiligkeit, welche Vollkommenheit will, wirkt und fordert, die mit nichts anderem als mit der rückhaltlosen Hingabe der ganzen Persönlichkeit, mit vollkommener Tugend und Frömmigkeit, Gehorsam und Liebe zufrieden ist.

Weil Gott die Liebe ist, darum fordert er von denen, die er liebt, die größte Vollkommenheit und beruft sie zu den schwierigsten und darum verdienstreichsten Aufgaben. Weil Gott die Liebe ist, darum läßt er die Welt im möglichst hohen Maße an seiner Ursächlichkeit teilnehmen und macht seine eigenen Gnadengaben zur Frucht einer möglichst vielfältigen Heilsvermittlung. Darum macht er seinen Auserwählten im einzigartigen Sinne, den Jeschurun, den Messias, zum kampf- und leiderprobten Gottesknecht und Schmerzensmanne, darum prüft er ihn durch Widerspruch, Undank und Mißerfolge. Wenn nämlich die geistig-sittliche Tüchtigkeit und Bewährung in Schwierigkeit und Schmerz der höchste Adel und Vorzug ist, so besteht die höchste Liebe darin, den Auserwählten zu möglichst schweren Aufgaben und Opfern zu berufen und zu verpflichten: natürlich mit der erforderlichen Ausrüstung oder Salbung. Als Lohn der inneren und äußeren Aufopferung gibt ihm Gott als Frucht die Fülle der Seelen, welche durch sein Wirken und Leiden gerettet und gefördert werden sollen. Gott belohnt und verherrlicht den Baum durch die Frucht und die Fruchtbarkeit und gibt der Frucht den Adel und die Kraft des Lebens durch ihr Wachstum am Baume.

Das Wort Christi sagt uns, daß der Vater ihm, dem Erlöser und Mittler, die Seelen gegeben hat, damit alle durch ihn erlöst würden und keine verloren gehe. (Joh. 6, 39. 40; 10, 29. 30; 17, 2. 12.) Derselbe Gedanke ist In Jes. 53, 10—22 ausgesprochen. Ebenso in dem messianischen Leidenspsalm (21, 23—32).

Die Heilsordnung, wie sie Petrus auf Grund der göttlichen Belehrung bei dem Römer Cornelius verkündigte, lautet also: »In Wahrheit erkenne ich, daß Gott kein Ansehen der Person kennt, sondern in jedem Volke ist ihm wohlgefällig, wer ihn fürchtet und Gerechtigkeit übt. Gott hat den Kindern Israels das Wort gesandt, indem er ihnen den Frieden durch Jesum Christum verkündigte, welcher aller Herr ist. Ihr wißt, wie die Rede durch ganz Judäa hindurchging, indem Jesus nach der Taufe, die Johannes predigte, von Galiläa anfing, wie Gott ihn mit dem Hl. Geiste und mit Kraft gesalbt, wie er umherging wohltuend und alle heilend, die vom Teufel überwältigt waren: denn Gott war mit ihm. Wir sind Zeugen von all dem, was er im Lande der Juden und in Jerusalem getan, er, den sie ans Holz geheftet und getötet haben. Diesen hat Gott am dritten Tage auferweckt und erscheinen lassen, nicht dem ganzen Volke, sondern uns, den von Gott verordneten Zeugen, die wir mit ihm gegessen und getrunken haben, nachdem er von den Toten auferstanden war. Er hat uns geboten, dem Volke zu verkünden und zu bezeugen, daß er es ist, der von Gott verordnet worden zum Richter der Lebendigen und der Toten. Von ihm zeugen alle Propheten, daß durch seinen Namen jeder, der an ihn glaubt, Sündenvergebung erlange.« (Act. 10, 34—48.) Die Gabe Gottes durch Jesum ist der Hl. Geist — und zwar für Juden und Heiden. (Act. 11, 16—18.) Darin besteht die Verherrlichung Jesu.

Paulus begann nach seiner Bekehrung den Juden zu beweisen, daß Jesus der Messias sei. (Act. 9, 22.) Die erste Darlegung der frohen Botschaft im Sinne Pauli berichtet Act. 13, 16—41. Gott habe die alte Verheißung erfüllt und aus Davids Stamm Jesus als Heiland erweckt. Johannes habe ihm Zeugnis gegeben (Act. 19, 4). Allein »die Einwohner und Häupter Jerusalems haben, indem sie weder Jesum noch die Stimmen der Propheten verstanden, diese erfüllt, indem sie Jesum verurteilten. . . . Als sie nun alles vollbracht hatten, was von ihm geschrieben steht, nahmen sie ihn vom Holze und legten ihn ins Grab. Gott aber erweckte ihn von den Toten am dritten Tage, und er erschien mehrere Tage hindurch denen, welche mit ihm aus Galiläa nach Jerusalem gezogen waren: und diese sind nun seine Zeugen beim Volke. Und wir verkündigen euch die Verheißung, welche unseren Vätern gegeben worden ist. Denn Gott hat sie uns, ihren Kindern, erfüllt, indem er Jesum erweckt hat, wie im zweiten Psalm geschrieben steht: »Mein Sohn bist du: heute habe ich dich gezeugt.« . . . So sei euch denn kund, daß euch durch diesen die Nachlassung von Sünden verkündigt wird. Und in ihm wird jeder von allem gerechtfertigt, wovon ihr im Gesetz Mosis nicht konntet gerechtfertigt werden.«

In Thessalonich führte Paulus den zweifachen Beweis: Der Gesalbte müßte leiden und von Toten auferstehen. Und: dieser Jesus, den ich euch verkündige, ist der Gesalbte. (Act. 17, 3; in Korinth 18, 5. 28.) Die Mißdeutung, welche die Juden zum Zwecke der Anklage vollzogen, lautete dahin, Paulus wolle gegen den Kaiser einen anderen als König verkündigen. (17, 7.) In Korinth: Paulus wolle eine andere Gottverehrung als im Gesetze Mosis. (18, 13; 21, 28; 23, 6; 24, 5. 6. 21; 25, 8.) Paulus behaupte von einem verstorbenen Jesus, daß er lebe. (25, 19.) In Athen bestimmt Paulus das Christentum als den Gottesruf zur Buße: denn Gott hat einen Tag festgesetzt, an dem er den Erdkreis richten wird durch einen Mann, den er bestimmt

und beglaubigt hat, indem er ihn von den Toten auferweckte.« (17, 31; 20, 21.)
Jesus ist der Gerechte, in dessen Namen die Sündenvergebung gewonnen wird.
(22, 14—16.)

Die große Verheißung, auf welche Israel hoffe, sei durch die Auferweckung Jesu verbürgt. (Act. 26, 6—8.) Moses und die Propheten haben das Leiden des Messias geweissagt; der Messias als der erste aus der Auferstehung der Toten sollte dem Volke und den Heiden das Licht verkündigen. (Act. 26, 23. 18.)

Der Hebräerbrief wahrt den paulinischen Gedanken mit aller Strenge, daß das Versöhnungsopfer des Neuen Bundes von Gottes Güte veranstaltet und durch das alttestamentliche Opfergesetz vorbereitet und vorgebildet worden sei. (Hebr. 1, 3; 13, 20.) Christus sollte in seiner menschlichen Seele durch die Leidenskämpfe und Versuchungen das Mitleid mit den Sündern lernen. Die eigene Sündenlosigkeit kann nämlich den endlichen Geist leicht verleiten, allzu streng über den Sünder zu urteilen, weil er von außen, nicht (wie der Schöpfer) von innen her beurteilt. (Hebr. 2, 17. 18; 4, 15.) Gott ist es, der das Priestertum und den Opferdienst anordnet — als das Werkzeug seines Gnadenwillens und seiner Heilsordnung. (Hebr. 5.) Daher ist die Gesinnung des Erlösers, in der er sein Sühnopfer vollbracht hat, Gehorsam gegen Gottes Auftrag (Hebr. 5, 5—10.) Durch diese Willensgesinnung, welche der Hl. Geist dem Messias einflößte (9, 14), ist die Erlösung vollbracht und die Reinigung der sündigen Gewissen von toten Werken bewirkt worden. (Hebr. 10, 4—10.) Da die Willenshingabe der ganzen Seele an Gott in Gehorsam und Liebe das einzige eigentliche Opfer ist, darum ist das Opfer Christi ein für allemal gültig und keiner Wiederholung bedürftig wie die Opfer des Alten Bundes, welche als sachliche Hingabe nur Sinnbilder der persönlichen Selbsthingabe des Geistes sind. (Hebr. 10, 14; 9, 8—14.) Die Erfüllung des vollkommenen Bundes durch die Aufnahme des göttlichen Willens in das Herz Jesu ist die Erfüllung aller Gerechtigkeit nach Dan. 9, 24. Hebr. 10, 14—23.

Der 1. Petrusbrief hebt die höchste und freie Erstursächlichkeit der Liebe Gottes ausdrücklich hervor. Diese Liebe waltete in der Vorbereitung und Weissagung, bis sie das Vorbild aller sittlichen Heiligkeit im opferbereiten Gotteslamm der Welt gegeben und den notwendigen Zusammenhang zwischen Leidenskampf und Vollendung an ihm der Menschheit gezeigt hat. (1 Petr. 1, 3—21; 2, 21—25; 4, 1. 14.)

6. Die Annahme der Kritik, die Verklärung des Todes Christi zum Sühnopfer stellvertretender Genugtuung sei erst durch Paulus erfolgt und eine Wirkung seiner pharisäischen Theologie gewesen, hat natürlich zur Voraussetzung, Jesus selbst habe sein Leiden weder als Erlösungsopfer noch als stellvertretende Genugtuung aufgefaßt. Soweit das Evangelium hierfür inbetracht kommt, wird einmal die geringe Zahl von Stellen hervorgehoben, welche den Erlösungszweck überhaupt erwähnen, sodann der Grundgedanke der Lehre Jesu, Gott sei als unendliche Vatergüte zur Sünden-

vergebung ohne weitere Bedingung als die Bekehrung des Sünders selber bereit. (Lc. 17, 3. 4.) Beide Schwierigkeiten bestehen für den kirchlichen Erlösungsglauben nur dann, wenn derselbe im Sinne eines Einflusses verstanden wird, der auf Gott ausgeübt werden soll, oder einer Bedingung, welche Gott gegenüber erfüllt werden soll und erfüllt worden ist. Allein die seitherigen Darlegungen der paulinischen Lehre haben gezeigt, daß Paulus nur ein Erlösungsopfer kennt, welches von Gott ebenso als Mittel zum Heile geplant, gewollt und zum Vollzug gebracht worden ist, wie Gott selbst aus freier ewiger Liebe den Ratschluß der Menschwerdung gefaßt und so der sündigen Welt den Gott-menschen als Mittler geschenkt hat.

Die messianische Erlösungsaufgabe Jesu ist in vollem Sinne ein Werk, welches die göttliche Liebe dem Messias auferlegt hat. Christus ist Vollstrecker des göttlichen Ratschlusses und auch als Erlöser und versöhnender Mittler der Gesandte und Gesalbte Gottes. Sobald die volle Erstursächlichkeit Gottes im Ratschluß der Erlösung so zur Geltung gebracht wird wie in den Briefen Pauli, verschwindet der angebliche Widerspruch zwischen der Frohbotschaft Jesu von dem erbarmenden Versöhnungswillen und der Vatergüte Gottes einerseits und der paulinischen Lehre von der Erlösung durch das Sühnopfer des Blutes und des Todes Jesu. Dann ist der Erlösungsratschluß gerade die großartigste Offenbarung der Vatergüte Gottes: »So sehr hat Gott die Welt geliebt, daß er seinen eingebornen Sohn für sie dahingab.« (Joh. 3, 16. 17.)

Dann sind es nicht bloß zwei Worte, in denen von Jesus die Notwendigkeit seines Leidens als Sühnopfer ausgesprochen wird. Dann ergibt sich vielmehr die Erfüllung des Liebesrat-schlusses Gottes als der Grundgedanke des ganzen Lebens Jesu, sowohl im Sinne der eindringlichen Offenbarung der ewigen Liebe, wie der tatkräftigen Aufopferung in ihrem Auftrage und Dienste, und zwar sowohl aus Gehorsam, wie aus eigener Liebe. Das Kreuz und seine Herrlichkeit als Sühnopfer des Mittlers zwischen Gott und den Menschen schließt sich dann mit dem Evangelium der Bergpredigt und der Gleichnisse zur innigsten Einheit zu-sammen: denn Gott hat aus Liebe diese Vermittlung des Heiles festgesetzt, den Gottmenschen dazu gesandt und gesalbt.

Das Evangelium Jesu ist unzweifelhaft die eindringliche Offenbarung, daß Gott die vollkommene Vatergüte sei. Allein diese
Vollkommenheit der unendlichen Liebe wäre keineswegs gegeben,
wenn Gott ohne die Forderung ernster Sühne oder Genugtuung
die Sünden vergeben wollte. Die Barmherzigkeit feiert ihren
höchsten und wahren Triumph nicht in einer Heilsordnung, welche
auf eigentliche Genugtuung verzichtet und die Nachlassung der
Sünden möglichst leicht macht, sondern dadurch, daß sie das
Böse im Willen selbst durch Überzeugung, Reue und Buße entkräftet. Die Forderung der Sühne ist in erster Linie geeignet,
das verderbliche und verkehrte Wesen der Sünde zu enthüllen
und dadurch den Zusammenhang mit dem Willen zu lockern.
Denn das Böse ist nur unter dem Scheine des Guten wirksam;
die Zerstörung des trügerischen Scheines ist seine Widerlegung.
Dazu dient die Sühne: denn sie muß in Werken erfolgen, welche
der zu sühnenden Schuld entgegengesetzt sind. Die Strafvergeltung
hat ihren tiefsten Grund in der Preisgabe des Sünders an die
Folgen und Wirkungen seiner eigenen in der Sünde betätigten
Grundsätze und Gesinnung. Auch die Strafe offenbart das Wesen
der Sünde und ist darum eine Forderung jener Güte und Barmherzigkeit, welche nicht den Tod des Sünders will, sondern daß
er sich bekehre und lebe.

Es ist also ein Irrtum, wenn man die Güte und Gerechtigkeit als solche Eigenschaften betrachtet, welche einander entgegen-
wirken und es notwendig machen, daß Gott durch Ausgleich oder
durch Wahl von Fall zu Fall dem Widerstreit entgehe. Die Güte
wäre nicht göttlich, wenn sie durch Nachsicht dem Bösen erlaubte,
in der Seele zurückzubleiben und weiter zu wuchern. Nur jene
Barmherzigkeit ist wirkliche und göttliche Barmherzigkeit, welche
durch ihre Maßnahmen geeignet ist, das ewige Heil gegen die
verschiedenen Gefährdungen möglichst sicherzustellen, immer
natürlich unter Wahrung der Willensfreiheit und ihrer sittlichen
Selbstbestimmung. Nicht das Interesse des flüchtigen Augenblickes
entscheidet darüber, was für den Sünder gut ist, sondern das Endergebnis mit seinen ewigen Folgen. Für den Augenblick mag
der Strafnachlaß das Angenehmste sein, aber für die innere Vervollkommnung und für das ganze Lebensschicksal wäre der Verzicht Gottes auf Sühne und Genugtuung im allgemeinen höchst

verhängnisvoll und darum geradezu unbarmherzig. Nicht alle
sind wie Maria Magdalena oder die Ehebrecherin. Im allgemeinen
gilt: »Wen Gott lieb hat, den züchtigt er.« Die Barmherzigkeit
fordert demnach eine solche Strafgerechtigkeit, welche geeignet
ist, das Böse in den Seelen wirksam zu entkräften und die unverletzliche Majestät der sittlichen Ordnung zu offenbaren.

Das Reich Gottes fordert Gewalt: trotz seiner Übermenschlichkeit, trotz
der engen Pforte und des schmalen Pfades wird es den Jüngern als die verpflichtende Aufgabe und das Ziel ihres Ringens und Wirkens, als das eine
Notwendige vorgestellt. (Mt. 7; 10, 28—42; 11, 12.) Man muß bitten, suchen,
anklopfen — ohne zu ermüden. (Lc. 9, 5—13; 18, 1 —8.) Die Barmherzigkeit
Gottes findet Jesus darin, daß Gottes Ruf vor allem an die sündigen und
kranken Seelen ergeht, wo dem Gottesreich die Macht des Bösen und der
Verwahrlosung entgegensteht. (Mt. 9, 13; 11, 5; 12, 33.) Tod, Sünde und
Verderben müssen natürlich überwunden werden. Wie der Messias den Bösen
und das Böse in seiner mächtigsten Wirksamkeit überwinden muß, so auch
die Jünger. (Mt. 12, 29.) Der böse Baum muß durch die Bekehrung in einen
guten Baum umgewandelt werden. (Mt. 7, 16—23; 12, 33—37; 15, 10 —20.)
Dem unbedingten Vertrauen auf Gottes Güte entspricht auch die unendliche
Größe des Guten, zu dem wir verpflichtet und gerufen werden. (Mt. 16, 26;
18, 3 —14; [inbezug auf die Ehe] 19, 3—12; 19, 19—26.) »Bei Menschen
ist (das Seligwerden) unmöglich; aber bei Gott sind alle Dinge möglich.«
(20, 22:) »Getrauet ihr euch den Kelch zu trinken, den ich trinken werde?
. . . Wer unter euch groß werden will, sei aller Knecht! Auch der Menschensohn ist nicht gekommen, um sich bedienen zu lassen, sondern um zu dienen
und sein Leben als Lösegeld für viele hinzugeben.« Er kam, weil Gott Barmherzigkeit will und nicht die Opfer äußerer Darbringungen (Mt. 9, 13; 12, 7;
15, 8), als ob Gott etwas bedürfte und als ob nicht die Gottverähnlichung
der ganze Zweck des Kultus wäre. (Mt. 20.)

Die Erlöseraufgabe ist nicht nur negativ, Aufhebung der
Sündenschuld und Sündenstrafe, sondern zugleich positiv, Verwirklichung des Heiles, der höchsten sittlich-religiösen Gerechtigkeit im Gottesreiche. Dieser positive Erlösungszweck, die Taufe
mit dem Hl. Geiste, schließt die Nachlassung der Sünden in sich
ein. Ebenso kann die Nachlassung der Sünden nur im lebendigen
Zusammenhang mit der vollen Wiedergeburt und Geistessalbung
gewonnen werden, jedenfalls nicht losgelöst von dem Willen, das
Gebot Gottes auch positiv zu erfüllen. Das Grundgebot des Alten
wie des Neuen Bundes ist wesentlich positiv und wird nicht
dadurch erfüllt, daß man nichts gegen die Liebe Gottes und
des Nächsten tut. Das Gebot der Liebe wird nur durch positive

Hingabe des Geistes und Lebens an Gott und das Gottesreich erfüllt. Der Erlösungszweck der Sendung Jesu ist demnach in der Geistestaufe (Mc. 1, 8—15) mitausgesprochen. Darum muß der Messias selbst der Geistgesalbte im höchsten Sinne sein. (Lc. 4, 17—21.) Das ganze Wirken Jesu war dem Kampfe gegen die Sünde und der Wiedergeburt der sündigen Menschheit aus dem Geiste Gottes gewidmet. Wie die Sünde den Geist arm, blind, taub, krank, lahm, gebunden, unfrei, tot macht, so besteht das Gottesreich Jesu darin, daß diese Gebrechen in der Lebenskraft der Kindschaft Gottes aufgehoben werden. Für die Seele gilt es unvergängliche Güter zu sammeln und reich zu werden bei Gott. (Lc. 7, 22; 12, 15—21.)

Sündenvergebung, Krankenheilung, Austreibung der bösen Geister, Naturbeherrschung, Aufopferung für die Sünder im Kampfe, Leiden und Tod, stellvertretende Sühne, Gebet und Arbeit um die Nachlassung der Sünden und um die Gnade des Hl. Geistes für die Menschheit: das alles sind nur die einzelnen besonderen Formen, in denen die Erlösungsaufgabe vollbracht wird. (Lc. 10; 15, 1—10. 32; 18, 10.) »Der Menschensohn ist gekommen, um zu suchen und zu retten, was verdorben war.« Die erste Forderung des Erlösungsplanes bestand allerdings darin, der Menschheit zur Überzeugung zu verhelfen, daß die Allmacht in ihrem Wirken von keinem anderen Beweggrund bestimmt sei, als von der reinen Vatergüte. Wenn sich dieselbe bei den Geschöpfen zeigt, die keinen Zweck im Leben verfolgen, um wieviel mehr bei den vernünftigen Geschöpfen, welche um eines Zweckes willen leben sollen und dadurch Glück oder Unglück in Zeit und Ewigkeit in Aussicht haben? (Lc. 12, 22—32.) Diese Zuversicht ist so groß, daß man Jesus sogar vielfach den Vorwurf machte, die Pflicht der eigenen Sorge und Berufsarbeit erschlaffe unter dem Einfluß seiner Bergpredigt.

Die Notwendigkeit der Buße wird von Jesus als eine allgemeine erklärt, also auch die Erlösungsbedürftigkeit. (Lc. 13, 3. 5; 16, 15.) Folglich ist die Unterscheidung von Gerechten und Sündern, von Gesunden und Kranken im Munde Jesu nicht so gemeint, als ob es wirklich einige gebe, welche der Buße und Erlösung nicht bedürften. (Lc. 15, 7; 16, 15; 18, 9—14.) Die Gleichnisse des Lukasevangeliums bekunden, daß es eine ernste Aufgabe ist, um seine Seele für das ewige Leben zu retten. (Lc. 16; 18, 24—27; 19.) Das Gebet um Sündenvergebung ist darum in der Tat der Opfergeist des lebenden und sterbenden Messias. (Lc. 23, 34.)

Bei Johannes tritt der Erlöserberuf des Messias sehr bestimmt hervor: aber ebenso bestimmt die Zurückführung der ganzen Heilsveranstaltung auf die freie Vatergüte Gottes.

Einerseits lehrt uns Johannes: »Aus der Fülle des menschgewordenen Wortes empfangen wir alle: Wie das Gesetz durch Moses, so ist uns Gnade und Wahrheit durch Jesum Christum zuteil geworden.« (1, 16. 17.) »Siehe das Lamm Gottes, welches hinwegnimmt die Sünden der Welt.« (1, 29.) Dazu kam der Geist Gottes auf ihn herab ohne Maß und um in ihm zu bleiben. (1, 32. 33; 3, 34; 3, 14—19—36; 4, 42.) »Das Brot, das ich geben werde, ist mein Fleisch für das Leben der Welt.« (6, 32.) Jesus ist der Mittler der Geistesgnade. (5, 37—39.) Der Sohn befreit zur wahren Freiheit durch den Geist der Kindschaft. (8, 36.) Der gute Hirt rettet die Seelen durch seine Selbsthingabe: aus freier Liebe wie aus Gehorsam. (10, 9—18; 11, 50—52; 12, 23—32.) 17, 19: »Ich heilige mich für sie, damit sie geheiligt seien in der Wahrheit.«

Aber Johannes versichert uns auch, daß die Liebe Gottes der höchste Quellgrund des gottmenschlichen Opfers ist: »So sehr hat Gott die Welt geliebt, daß er seinen eingebornen Sohn dahingab. . . . Denn Gott hat seinen Sohn nicht in die Welt gesandt, damit er die Welt richte, sondern daß die Welt durch ihn gerettet werde.« (3, 16. 17; 4, 34.) Die vom Tode auferweckende und belebende Wirksamkeit geht vom Vater aus und vollbringt ihre Liebe durch den Sohn. (5, 17—30.) Der Heiland kommt im Namen seines Vaters (5, 43): denn der Vater gibt der Welt das wahre Lebensbrot. (6, 32.) Gott gibt dem Gottmenschen die Seelen, damit er sie rette und keine davon verliere. (6, 37—40.) Alles Heil geht vom Vater aus, im äußeren wie im inneren Heilszweck. (6, 44—46. 58; 8, 28. 29. 38. 42; 10, 14—18; 25—30; 38.) Jesus will den Vater verherrlichen, indem er als Gottesgesandter den Auftrag der dreieinigen Liebe vollbringt. (8, 49; 12, 44—50.) Gerade in der Liebe, welche die Welt durch die Selbstaufopferung des guten Hirten rettet, sind Gott und Gottmensch eins. (10.) Die Liebe ist Gottes Wesen und darum die Salbung des Menschensohnes, um mit dem Verdienst des Gehorsams auch das Verdienst der freien Selbstaufopferung zu verbinden. Gehorsam und Liebe sind es, welche auch die Seelen in Gottes Reich zusammenführen sollen: darum sollte Jesus als guter Hirt »für das Volk sterben, und nicht nur für das Volk, sondern um die Kinder Gottes aus der Zerstreuung wieder in eines zu sammeln.« (11, 49—52.) Darum ist er die Auferstehung und das Leben. (11, 25.) Die Kraft der bekehrenden Wirksamkeit und die höchste Verherrlichung wird dem Gottmenschen zuteil in dieser Selbstaufopferung in Gehorsam und Liebe. (12, 23—32): »Wenn ich von der Erde erhöht worden bin, werde ich alles an mich ziehen.« (13, 31. 32; 14, 13.) »Der Vater, der mich gesandt hat, hat mir die Vorschrift gegeben, was ich lehren und reden soll. Und ich weiß: seine Vorschrift ist ewiges Leben.« (12, 49. 50.) »Ich heilige mich selbst für sie, damit sie in Wahrheit geheiligt seien. . . . Vater, verherrliche deinen Sohn, damit dein Sohn auch dich verherrliche. Denn du hast ihm die Macht über alles Fleisch gegeben, damit er allen, die du ihm übergeben hast, das ewige Leben gebe.« (17.) »Die Liebe Gottes hat sich darin gezeigt, daß Gott seinen eingebornen Sohn in die Welt gesandt hat, damit wir durch ihn leben. Darin zeigte sich diese Liebe, nicht als ob wir Gott geliebt, sondern daß er uns geliebt und seinen Sohn zur Versöhnung für unsere Sünden gesandt hat.« (1 Joh. 4, 9. 10.)

7. Erster Einwand.

Die radikale Kritik bestreitet die sittliche Vollkommenheit und Mustergültigkeit Jesu vor allem deshalb, weil Jesus in seinen Forderungen und Handlungen eine mit dem sittlichen Gesetz der Gerechtigkeit und Selbstbeherrschung unvereinbare Schroffheit, Maßlosigkeit und Rücksichtslosigkeit bekundet habe. Ungemessene Selbstsucht und Gewalttätigkeit sei ein Grundzug im Charakter Jesu.

Zum Beweis werden geltend gemacht die Forderungen des Hasses gegen die Eltern und Angehörigen um der Nachfolge Jesu willen, die harte Beurteilung der Pharisäer, als ob dieselben Erbschleicher, Betrüger und Heuchler gewesen seien. Derselbe Fehler zeige sich in anderer Form und Richtung in der Forderung maßlosen Vergebens, sowie in dem Grundsatz: Widerstehe nicht dem Bösen! (Mt. 5, 39.) Ebenso sei die Gleichgültigkeit gegen Arbeit, Berufspflicht, Familienpflicht zu beurteilen. Die »Lazzaronimoral« der Bergpredigt werde von der kirchlichen Moral selber nicht zur Geltung gebracht, weil sie mit den unentbehrlichen Forderungen der Kultur und des Gesellschaftslebens im Widerspruch stehe.

Diese Schwierigkeiten und Einwände finden ihre Lösung, wenn die folgenden Gesichtspunkte beachtet werden.

Die Sittlichkeit ist Nächstenliebe: das Evangelium Jesu hat selber die Nächstenliebe in den Mittelpunkt der Sittlichkeit gestellt. Allein es gilt von dieser Nächstenliebe im Sinne Jesu, was von der Liebe Gottes zu seinen Geschöpfen gilt: sie ist nicht zärtliche Nachgiebigkeit gegen alle Ansprüche und Wünsche des Nächsten, auch nicht weichliche Rücksichtnahme auf das, was ihm im Augenblick angenehm oder unangenehm ist, sondern der entschlossene Wille, dem Nächsten zur höchsten Vollkommenheit oder zum Reiche Gottes zu verhelfen. Diese Gesinnung hindert nicht nur jene starken Kundgebungen der geistigen Fürsorge nicht, welche die Kritik beanstandet, sondern läßt sie sogar als Pflicht und Wohltat erkennen.

Dazu kommt ein zweites. Die Ansprüche würden allerdings sehr befremden, wenn Jesus im gleichen Sinne wie jeder andere ein Mensch unter den zahllos vielen wäre. Denn keiner, auch der Hervorragendste nicht, dürfte eine so unbedingte Hingabe fordern, wie sie Jesus forderte. Ganz anders, wenn Jesus aus dem Bewußtsein heraus lebte und wirkte, nicht nur ein Gottesgesandter, sondern der Gottesgesandte und Gottesgesalbte selber zu sein, der Gottessohn und Vollbringer des Himmelreiches auf Erden.

Der messianische Beruf Jesu ging dahin, die unendliche Güte Gottes, den unersetzlichen Wert des einen Notwendigen und die unbedingte Verpflichtung für Gott als das ewige Lebensziel des Menschen wirksam zur Offenbarung zu bringen. Dies konnte nicht anders geschehen als durch die schroffste Rücksichtslosigkeit, mit der Jesus die große Wahrheit und Pflicht der Hingabe an Gott verkündigte. Es war die Aufgabe des Messias, durch die Kraft seines Wortes das Übergewicht auszugleichen, welches die sichtbare Welt im Vergleich zu dem unsichtbaren Gott in dem Einfluß auf Gemüt und Willen hat. Denn die irdischen Lebensgüter und Kulturaufgaben machen sich mit der Kraft unmittelbarer Empfindung auf die Seele geltend. Ebenso wirken die natürlichen Neigungen der irdischen Natur mit der elementaren Gewalt inneren Dranges.

Die Rücksichtslosigkeit in den Worten und Handlungen Jesu geht nur so weit, als die Verkündigung der höchsten Wahrheit und Pflicht es notwendig macht. Was Jesus verbietet, ist nur jene Familien-, Berufs- und Arbeitspflicht, welche die ewige Lebensaufgabe und die eine große Pflicht gefährdet, durch welche der Mensch in erster Linie und mit unbedingter Kraft seinem Schöpfer wesenseigen ist.

Jesus hat auch den Haß gegen die eigene Seele gefordert: nicht anders ist der Haß gegen Eltern und Geschwister zu verstehen. Der Haß gegen sich selber bedeutet den Haß gegen die Triebkräfte des Verderbens im eigenen Wesen und die entschlossene Unterordnung derselben unter die ewige Lebensaufgabe. Niemand wird diese Worte Jesu so deuten, als ob er seinen Jüngern zumute, sich selber zu hassen: vielmehr sollen sie ihr Selbst und ihre Seele im höheren Sinne dadurch gewinnen, daß sie dem vergänglichen Lebensinteresse die Oberherrschaft entziehen. Dasselbe gilt von allen Nebenmenschen, sowie von allen irdischen Kulturgütern und Berufsaufgaben. Sie dürfen nicht zum höchsten Lebenszweck werden, wie dies gewöhnlich infolge der Naturtriebe und des Mangels an innerer Widerstandsfähigkeit geschieht. Vielmehr soll man Personen und Sachen als höchsten Lebenszweck verleugnen, um sie für den wahrhaft höchsten Lebenszweck aller Menschen und Kulturaufgaben zu gewinnen.

8. Zweiter Einwand.

Von altersher hat die philosophische Kritik gegen die sittliche Vollkommenheit Jesu den Einwand erhoben, sein Wille zeige den Gleichmut und die gefestigte Unzugänglichkeit für die Erschütterungen des Gefühllebens nicht, den die Stoa als den wesentlichen Vorzug des Weisen erkenne, und zwar in Übereinstimmung mit der Scholastik des Mittelalters und der Kantischen Ethik der Gegenwart. Die Ethik dieser Schulen fordere trotz der sonstigen Gegensätze gemeinsam die Unterdrückung der Gefühlseindrücke und Gemütsstimmungen durch den starken Willen, die volle Ataraxie des Charakters, der sich über alle Schwankungen,

Anfeindungen und Schicksalsschläge, über Schmerzen und Tod, über alle heftigen und weichen Gemütserregungen mit Verachtung und Geringschätzung alles Äußeren, Sinnlichen und Naturhaften erheben müsse. Stahlharte Festigkeit ohne Heftigkeit und Verzagtheit sei der sittliche Vorzug des selbstbestimmten Willens.

Die Kritik findet nun, daß das Charakterbild Jesu mit dieser Forderung keineswegs übereinstimme. Manche nehmen schon an den Versuchungen Anstoß, noch mehr an der Vorherrschaft des Gemütes und der Gefühlsstimmungen, welche bei Jesus die Liebe und den Haß bestimme und beseele. Man erinnert an die Vorliebe für die »Sünder«, für die zerknirschte Maria Magdalena, für die Ehebrecherin, an die Bevorzugung der Krüppel und Elenden in dem Gastmahlsgleichnis, sowie an die vier Seligpreisungen und Weherufe bei Lukas. Der entartete Sohn, der arme Lazarus, der ungerechte Verwalter sollen die Willkür der Vorliebe Jesu kennzeichnen. Den Pharisäern, auch wenn sie es offenbar gut meinten, sei Jesus mit dem unverkennbaren Gefühl der Abstoßung gegenübergetreten, was ebenso verletzend wirken mußte, wie die vier Wehe über die Reichen und Glücklichen. Den reichen Pharisäerobern habe Jesus dadurch abgeschreckt, daß er ihm ohne nähere Begründung eine ganz ungewohnte und ungeheuerliche Zumutung machte. Die Verzagtheit im Ölgarten Gethsemane und der Angstschrei der Gottverlassenheit am Kreuze wird seit Celsus als großer Mangel der sittlichen Seelenstärke beurteilt, zumal im Hinblick auf die Unzahl derjenigen, welche in den grausamen Gewohnheiten des Altertums und des Mittelalters die Überlegenheit des Geistes über alle Qualen und äußeren Unbilden bekundet hätten Und doch sei es um so schwerer, diese Überlegenheit zu behaupten, je weniger höheren Lebensinhalt ein Mensch gewonnen habe.

Lösung.

Die Schwierigkeit darf nicht etwa in ihrer Schärfe gemildert werden, weil sie vom sittlichen Standpunkt ausgeht und darum um so stärkeres Ärgernis erregt. Denn gerade diese Schwierigkeit dient als Nötigung, den eigentümlich übernatürlichen Vorzug des christlichen Gottesbegriffs, dessen Offenbarung Christus ist, darzutun.

Die Heiligkeit ist nicht nur nach dem Inhalt und der Tatsächlichkeit des Willensvollzuges zu bemessen, sondern ebenso nach der Innerlichkeit und Kraft der Hingabe an diesen Inhalt und Vollzug. Das Geistige liegt gerade in der innerlichen Teilnahme und Ergriffenheit vom Guten, das als Inhalt und Tatsache inbetracht kommt. Wie die Vorstellung, die Abbildung und innerliche Vergegenwärtigung zur Vollkommenheit der Erkenntnis gehört, so auch die Ergriffenheit des Gefühls zur Vollkommenheit des Willens. Liebe und Seligkeit sind deshalb nicht nur auf Gott zu übertragen, sondern die Liebe wird wie keine andere Geistesbetätigung im Neuen Testament geradezu als das eigenste Wesen Gottes bezeichnet. (1 Joh. 4, 8. 16.) Die Offenbarung Gottes als des Vaters durch Jesus hat denselben Sinn. Wie alles Sinnliche und Bedingte von der Vergegenwärtigung der Wahrheit im göttlichen Bewußtsein auszuschließen ist, so ist es auch von der Gesinnung Gottes auszuschließen. Alle Gefühlsstimmungen, welche von Gott ausgesagt werden, sind schlechthin frei von allem Sinnlichen, Leidenschaftlichen und Weichlichen zu denken, ebenso von aller Abhängigkeit, aller Veränderung und allem Wechsel. Sie sind, ob Liebe, Barmherzigkeit, Langmut, ob Zorn, Reue, Abscheu, ob Eifer und lodernde Feuerglut, rein geistige Gesinnung, aber nicht begrifflich-kalte Tatsächlichkeit der vollkommenen Willensbetätigung, sondern in Innigkeit und Tatkraft unendlich lebendige Hingabe und Teilnahme für den Gegenstand ihres ewigen Wollens und Liebens oder für die ewige Willenstat der heiligen Vollkommenheit.

Das Gefühl bedeutet nicht etwa bloß etwas Sinnliches oder eine passiv erregte Seelenstimmung, wie es die Ausdrücke $\pi\acute{\alpha}\vartheta o\varsigma$, affectus et passio, Leidenschaft nahelegen. Die Ausdrücke sind vom Menschlichen hergenommen und müssen daher von allem menschlich Bedingten und Unvollkommenen gereinigt werden, ehe man sie auf Gott überträgt. Dies ist auch bei dem Vorstellungsbilde notwendig, das bei uns als sinnliches Empfindungsbild und als Wirkung der Außenwelt die Grundlage des ganzen Erkenntnislebens bildet. Trotzdem ist in Gott nicht bloß eine Abbildung der Wahrheit, sondern dieses Bild ist der Offenbarung zufolge sogar wesenhaftes und persönliches Bild in Gott. Ebenso ist die Innigkeit der wertschätzenden Würdigung und die Lebhaftigkeit der Gesinnung und Teilnahme, mit welcher der Wille seinen Lebensinhalt bezw. die Vollkommenheit umfaßt und vollbringt, das rein geistige Wesen des Gefühls. Darum ist es in diesem Sinne von der Offenbarung auf Gott übertragen, wenn sie Gott als den lebendigen und eifernden Gott bezeichnet und unter dem Bilde des brennenden Feuers, des gewaltigen Sturmes einerseits, der innigen Erbarmung und schonenden Milde anderseits im sanften Wehen der Luft und im ruhigen Himmelslicht kennzeichnet.

Die Persönlichkeit des Offenbarungsgottes tritt gerade in den biblischen Darstellungen hervor, welche ihn als den lebendigen und eifernden Gott voll Liebe und Innigkeit wie voll Glut, Ernst und heiliger Strenge schildern. Mit der grundsätzlichen Wertschätzung der Persönlichkeit als der eigensten Grundform des Geistes hängt es darum auch zusammen, daß die höchste Güte und Forderung, das allumfassende Grundgebot der Liebe Gottes, aus allen Kräften und aus dem ganzen Gemüt erfüllt werden soll. Der freie Wille ist nicht gleichermaßen über alle Formen des Seelenlebens Herr; aber er soll bemüht sein, aus allen Kräften, also auch aus der Tiefe des Gemütes heraus, die Liebe Gottes zu erfüllen.

Da der Messias für die sittliche Gottverähnlichung das höchste Vorbild ist, so mußte er selbst in vollkommenster Weise das große Gebot der Gottesliebe mit allen Kräften der menschlichen Seele erfüllen. Zudem war die Hingabe an Gott, den Allein-Guten, wie an Gottes Willen und Auftrag aus allen Seelenkräften für den Messias notwendig, weil sein Verdienst ja der Quellgrund der Versöhnungs- und Heiligungsgnade sein sollte. Das Verdienst wächst aber mit der Vollkommenheit der sittlichen Gesinnung und Handlung.

Die Vorbildlichkeit wie die Verdienstlichkeit der Heiligkeit Jesu gewinnt ihre Kraft zu einem großen Teile daraus, daß diese Heiligkeit ein eigentliches Brandopfer der Liebe und des Gehorsams ist. Das Opfer liegt darin, daß Jesus alle Schwierigkeiten des ihm auferlegten göttlichen Auftrages im vollsten Maße fühlte und denselben in unentwegter Sicherheit erfüllte, innerlich der Gesinnung nach wie durch die Tat selber. Hierauf weist der Hebräerbrief (2, 17. 18; 4, 15. 16; 5, 5—10) hin, gerade im Hinblick auf die Todesangst im Ölgarten und die Klage der Gottverlassenheit am Kreuze. Das Leben des Messias sollte offenbaren, daß auch der Gottmensch das Schwierigste innerlich zu überwinden, alle Kämpfe durchzukämpfen, alle Selbstverleugnung zu üben hatte, um so das Opfer der ganzen Persönlichkeit zu vollbringen. Denn Gott will nicht etwa nur die sachlichen Leistungen der Liebe und des Gehorsams, sondern vor allem die lebendige Persönlichkeit selber. Darum genügt das stoisch-kantische Sittlichkeitsideal für die Vollkommenheit der christlichen Gottesliebe nicht. Darum ist das stoisch-kantische Sittlichkeitsgesetz kein genügender Maßstab für die sittliche Beurteilung Jesu und seiner Heiligkeit. Es ist keine Unvollkommenheit, sondern gerade der höchste Vorzug und die tiefste Lebendigkeit des sittlichen Charakters Jesu, daß er die Reinheit und die Kraft des entschlossenen und vollbringenden Wollens mit der größten Innigkeit und Ergriffenheit des Gemütes vereint.

Der Wille und seine geistige Vollkommenheit ist nicht gewahrt, wenn man die Innigkeit und Lebhaftigkeit der gefühlsmäßigen

Wertung des Guten ausschließt. Der menschliche Geist hat dem Guten gegenüber nicht die volle Pflicht erfüllt, wenn er ohne innere Ergriffenheit vom Werte des Guten und ohne eigentliches Erleben der äußeren Schwierigkeiten wie der inneren Widerstände gegen dessen Geltung und Vollzug nichts anderes leistete als die möglichst gefühlsfreie Erfüllung des Seinsollenden, des kategorischen Imperativs. Der Geist schuldet dem Guten auch die innere Ergriffenheit von seinem Werte und von dem Verdienstwert seines freien Vollzuges; er schuldet ihm ebenso die innere Anmutung von dem Aufgebot der Geisteskräfte, dessen es bedarf, um die niederen Naturneigungen und die entgegenwirkenden Mächte zu überwinden. Das Gute ist erst dann in gebührendem Maße vom menschlichen Willen geachtet, wenn der Wille das Opfer der Selbstverleugnung für dasselbe gebracht hat. Die freie und reine Selbstbestimmung ist die dem Guten allein ebenbürtige Art der Betätigung: also nicht getragen von naturhaft oder unmittelbar wirksamen Triebkräften, nicht passiv, sondern aktiv. Bei der menschlichen Natur bedeutet diese reine Selbstbestimmung und Pflichterfüllung grundsätzlich eine Selbstüberwindung der niederen, sinnlich-selbstsüchtigen Natur. Das Gesetz der sinnlichen Natur ist nämlich nicht aus Willkür des Schöpfers der Naturdrang der Selbstsucht, sondern aus innerer Angemessenheit. Ebenso ist das Gesetz des geistigen Wollens und der sittlichen Ordnung die Erhebung über die naturhafte Lust, Leidenschaft und Selbstsucht. Das Gesetz des Materials ist naturgemäß anders als das Gesetz der Kraft, welche an diesem Material ihre höhere Vollkommenheit gewinnen soll.

Das Gefühlsleben mit seinen verschiedenartigen Anmutungen und Aufregungen sowohl zarter wie heftiger Natur (vgl. Harnacks Unterscheidung des Beruhigenden und des Zündenden oder Aufregenden in Jesu Lehre) ist demnach nicht eine fremdartige oder entbehrliche Zutat zum geistigen Willensleben, sondern ein wesentlicher Bestandteil seiner Vollkommenheit.

Nur dann und insoweit wird das Gefühlsleben zur sittlichen Vollkommenheit, wenn es die Festigkeit des Willens, die Reinheit der Beweggründe, die Klarheit der Grundsätze nicht beeinträchtigt. Das Gefühl selber ist die innere Vollendung des geistigen Lebens. Es ist die innere Auswirkung der Wahrnehmungen, Erlebnisse

und Forderungen, welche an die Seele herantreten. Je tiefer die
Denk- und Willensbetätigung, desto stärker die Gefühlserregung.
Das Gefühl ist der Widerhall der im Bewußtsein vergegenwärtigten
Wahrheiten, Tatsachen, Notwendigkeiten im lebendigen Geiste.
Die Erregungen, Erschütterungen und Spannungen gehören zur
geistigen Tiefe und Kraft des Denkens und Wollens selber. Das
Gefühl ist die Offenbarung der lebendigen Persönlichkeit
als solcher, insofern sie zur Aufnahme, Wertung und Vertretung
alles Wahren und Guten in seiner ganzen Fülle und Reinheit
berufen ist.

Sachlich ist zum Verständnis des Charakters Jesu und zur
Lösung der sittlichen Schwierigkeiten zu sagen: Das verschiedene
Verhalten Jesu gegenüber den Sündern und den »Gerechten« ist
nicht eine Wirkung seiner Gefühlszuneigung oder Abneigung: denn
die Innigkeit wie die Schroffheit tritt auch ein und derselben
Person gegenüber hervor, wie beim reichen Jüngling. Vielmehr
ist diese Art des Verhaltens durch den Hauptzweck der Lehr-
wirksamkeit Jesu gefordert, der heilsbedürftigen Menschheit die
unbedingte Vatergüte Gottes nahe zu bringen, damit sie ungehindert durch irgend welche Furcht oder Vorurteile bei Gott
Sündenvergebung und Gnadenkraft, das Licht und den Trost des
guten Geistes, den Geist der Wiedergeburt und Kindschaft zu
erlangen suchen.

Wo das Bedürfnis nach Rettung empfunden wurde, wo das
Übel erkannt wurde, das in der Seele wie der Welt herrscht, da
sollte auch der Allein-Gute in seiner Vatergüte und Hilfsbereit-
schaft offenbar werden. Darum ging die Sendung Jesu und seine
frohe Botschaft von Gott dem Vater, seiner Liebe und seinem
Reiche, von dem Gastmahl der Gottesgemeinschaft, zu dem alle
geladen sind, zunächst an die Gottes Bedürftigen, von der Welt
Enttäuschten, mit sich selbst Unzufriedenen, an die Mühseligen
und Beladenen, kurz an die Seelen, von denen die Seligpreisungen
Jesu gelten. Diese sind die Bettler und Krüppel im Gastmahlsgleichnis, die erst nachträglich, aber erfolgreich geladen wurden.
Allein die »Gerechten«, Reichen, Glücklichen sind nicht ausgeschlossen von der frohen Botschaft und der Sendung Jesu: denn
sie sind ja die zuerst Geladenen. Der Sinn kann demnach nur
der sein, daß eben die Form der Einladung für diejenigen eine

andere ist, welche das Bedürfnis nach etwas Neuem in der Religion, d. h. nach dem Gottesreich nicht empfinden und weder
mit sich selbst noch mit der Welt unzufrieden sind. Diese werden
gerade dadurch von Jesus zum Reiche gerufen, daß sie (ihrem
eigenen Meinen entsprechend) als solche bezeichnet werden, auf
welche die göttliche Heimsuchung nicht abziele, weil sie derselben nicht bedürften. Dieser Gedanke brauchte nur unverhüllt
ausgesprochen zu werden, und man empfand sofort die innere
Unwahrheit der selbstgerechten Einbildung. Wer wollte denn in
der Tat dabei ruhig bleiben, daß die frohe Botschaft des Gottesreiches ihm nicht gelte, weil er desselben nicht bedürftig sei?
(Lc. 18, 9—14.)

Die scheinbare Rücksichtslosigkeit, mit welcher das eine
Notwendige von Jesus enthüllt und zur Geltung gebracht wurde,
war die bestmögliche Rücksichtnahme des Heiland-Messias auf die
innere Beschaffenheit und äußere Lebenslage des Menschen. Darum
ist sie von ihm ohne Ansehen der Person betätigt worden, auch
seinen vertrautesten Jüngern gegenüber. So bei Petrus Mc. 8, 33;
bei den Jüngern Lc. 9, 57—62 (auch Lc. 16, 31); bei den klagenden
Frauen Jerusalems Lc. 23, 27—30; bei Martha Lc. 10, 41. Daraus
ergibt sich, daß es nicht die Gefühlsneigung des Augenblickes
und des jeweiligen Eindruckes war, was Jesu Verhalten bestimmte,
sondern der unendliche Ernst der dem Messias obliegenden Sorge,
daß er keine der Seelen verliere, die ihm der Vater übergeben,
damit er sie rette. (Joh. 6, 39. Mt. 18, 10—14. Mc. 9, 32. 33.)

Die Wertschätzung von hoch und niedrig, gerecht und er-
lösungsbedürftig, gesund und krank, lebendig und totverfallen
richtet sich nach dem Zielgut des Lebens, das man als Maßstab
an sich selber, seinen Lebenswert und Lebensinhalt anlegt. Der
tatsächliche vorhandene Besitz von Gutem braucht nicht übersehen
zu werden: die Hauptsache ist, daß man sich nicht bei einem
geringen Besitz von geistig und sittlich Wertvollem für reich,
weise und gerecht hält und sich mit dem nach Art oder Umfang
Ungenügenden begnügt. Die Verdienste des berufstreuen Sohnes
wurden nicht geleugnet; ebensowenig die Verdienste des werk-
eifrigen Pharisäers. Allein die »Gerechten« sollen nicht der Vatergüte Gottes verwehren, daß sie sich der Sünder erbarmend annehme und das geknickte Rohr wieder zu neuem Leben aufrichte.

Die »Gerechten« und »Gesunden« sollen nicht neidisch sein, weil Gott gut ist. Sie sollen nicht richten und von der Gnade Gottes ausschließen wollen, damit sie nicht selbst gerichtet werden: denn die Nächstenliebe ist die Probe der Gottesliebe.

Das Verhalten Jesu ist demnach nicht von zufälligen Gefühlseindrücken und individuellen Gefühlserregungen bestimmt, sondern von einem hochwichtigen Endzweck seines messianischen Berufes, den er als göttlichen Grundsatz mit der ganzen Tiefe und Glut seiner Seele offenbar zu machen hatte.

Was den reichen Jüngling betrifft, so ist der Wunsch naheliegend, es möchte die Annäherung desselben an Jesus zu einer dauernden Gemeinschaft mit ihm geführt haben. Weniger der Gesetzeseifer als der hochsinnige Geist dieses Jünglings macht ihn liebenswürdig: er will das Höchste. — Jesus hat ihm den Guten und das Gute im höchsten Sinne gezeigt. Allein der Jüngling hatte für den hohen Ruf keine Neigung. Man darf sich nur selbst in seine Lage versetzen, und man wird kaum annehmen, der reiche Jüngling hätte für den Ruf Jesu mehr Bereitwilligkeit gezeigt, wenn ihm Jesus einige weitere Erklärungen gegeben hätte. Das Ideal des Jünglings lag eben in ganz anderer Richtung. Übrigens ist in dem Folgenden über dessen weitere Lebensentwicklung und spätere Stellung zum Christentum nichts gesagt. Das Wort Christi würde es durchaus erlauben, mit Resch in dem reichen jungen Pharisäer den späteren Apostel Paulus zu vermuten. (Der Paulinismus und die Logia Jesu. 1904.) Resch nimmt an, der reiche Jüngling habe doch noch die Aufforderung Jesu befolgt, seinen Reichtum verteilt und das Zeltweberhandwerk erlernt. (S. 314.) — Was gegen diese Vermutung spricht, ist das Wort Pauli, wonach er mit Jesus überhaupt nicht persönlich zusammengekommen war, noch weniger als Verehrer desselben. Psychologisch erscheint es auch undenkbar, daß der Jüngling kurze Zeit nachher ein fanatischer Feind des Namens Jesu und Christenverfolger geworden sein solle. Der Apostel würde es auch nicht unterlassen, sich dessen anzuklagen, daß er den Ruf Jesu einstens abgelehnt habe.

Die voraussetzungslose Vatergüte Gottes mußte von Jesus anderseits so geoffenbart werden, daß der sittliche Ernst der Verantwortlichkeit, die unendliche Tragweite der persönlichen Freiheitsentscheidung, die Pflicht und Schwierigkeit einer gründlichen Wiedergeburt und Sinnesumänderung nicht verdunkelt wurde. Sonst konnte mit der frohen Botschaft der erbarmenden Vatergüte leicht Mißbrauch getrieben werden. Gottes Güte ist unendlich an Innigkeit und Umfang: aber sie duldet nicht, daß sie vom Geschöpf mißbraucht werde, um sich der sittlichen Vollkommenheitsaufgabe und der ewigen Verantwortlichkeit irgendwie zu entziehen.

Die Heiligkeit Jesu wird durch die Versuchungen in der Wüste in keiner Weise in Frage gestellt, auch nicht hinsichtlich der Sicherheit und Entschlossenheit des gotterfüllten Willens. Die Versuchungen betrafen nicht die Frage, ob Jesus dem Gebot und Vorbild Gottes entsprechen solle oder nicht? Die Versuchungen scheinen nämlich die sittliche Vollkommenheit deshalb in Frage zu stellen, weil sie bekunden, daß die Seele eine gewisse Empfänglichkeit für die betreffende Sache empfinde, etwa für sinnliche Lust oder Geldgewinn, wenn auch durch Betrug. Dafür innerlich auch nur eine leise Empfänglichkeit zu haben, ist jedenfalls kein Zeichen der Vollkommenheit. Allein bei den Versuchungen Jesu handelte es sich nicht um Gesinnungen und Handlungen, welche nach Vernunft und Offenbarung als unvereinbar mit Gottes Vorbild und Gebot zu erkennen waren. Die Frage bezog sich vielmehr auf eine Sache, welche nur den Messias und den Plan des messianischen Wirkens betraf und darum noch gar nicht in dem Sinne gelöst war, wie die Frage nach Gut und Bös im menschlichen Tun und Lassen überhaupt. Die Versuchungen bezogen sich darauf, welches die dem göttlichen Vorbild und Willen entsprechende Art sei, um die messianische Heilsaufgabe zu erfüllen. Darum berief sich der Versucher immer auf Gottesworte der Hl. Schrift, um darzutun, daß die von ihm angeratene Art des messianischen Wirkens vom Worte Gottes selber vorgeschrieben sei.

Nur die dritte Versuchung scheint eine an sich schlechte Sache zu betreffen, die Anbetung des bösen Geistes. Indes nur dann, wenn man die geforderte Anbetung als äußere Huldigung auffaßt und die Gottwidrigkeit des Versuchers und der Versuchung als offenkundig annimmt, nämlich die Annahme der Weltherrschaft aus der Hand des Fürsten dieser Welt. Allein die Versuchung macht ja gerade geltend, daß Gott selbst die Herrschaft in der Welt dem Geiste der Selbstsucht und Gewalt gegeben habe, mit dem Rechte, an derselben teilnehmen zu lassen, wer immer sich in den Dienst dieses Geistes stelle. Es handelt sich ja dabei nicht um zufällige Personen, sondern um die von ihnen vertretenen Grundsätze und Endzwecke. (Lc. 3, 6—8.) Die in der Natur und Menschheitsgeschichte bis auf Christus herrschende Macht war in der Tat der Geist der Selbstsucht und der Zwangsgewalt. Also konnte der Gedanke entstehen, so fordere es die Anordnung des Schöpfers, und darum sei auch das Heilswerk in dieser Weise durchzuführen. Die Versuchung stellt die Seele nicht von vornherein vor das Böse als Böses: vielmehr ist jede Versuchung eine Darstellung des Bösen im Lichtgewand des Guten. Die Aufgabe, welche die Versuchung der Seele stellt, besteht ja gerade darin, daß sie trotz des verführerischen Scheines den versuchenden Gedanken und Geist in seiner Gottwidrigkeit und Bosheit erkennt.

Die Kritik legt auch Gewicht darauf, daß der Satan nur auf eine Zeitlang von Jesus gewichen sei. Allein das beeinträchtigt Jesu unerschütterliche Heiligkeit und Gottergebenheit nicht; denn diese stand fest, wenn auch im Laufe des messianischen Wirkens Lagen eintraten, welche den Gedanken von neuem nahelegten, ob nicht in der Tat auf dem Wege der offenbaren und zwingenden Herrlichkeits- und Machtoffenbarung Gottes Ehre und der Menschheit Heil sowie des Messias Königtum herbeizuführen sei.

9. Dritter Einwand.

Die Kritik der sittlichen Vollkommenheit Jesu macht geltend, Jesus habe es selbst und ausdrücklich abgelehnt, als Vorbild der Sittlichkeit zu gelten. »Was nennst du mich gut? Einer ist gut, Gott allein.« Die Nachfolge, zu welcher Jesus aufforderte, beziehe sich auf den Anschluß an ihn und sein Werk. Höchstens, sagt Eduard von Hartmann, habe Jesus in der Demut und Sanftmut als vorbildlich gelten wollen: wenn auch teilweise mit Unrecht.

Überhaupt gebe es keine mustergültige Sittlichkeit, welche man einfach von einer geschichtlichen Persönlichkeit als Maßstab für seine eigene Sittlichkeit hinnehmen könne. Jede Zeit und Kultur müsse den sittlichen Maßstab in sich selber suchen und tragen. Diese Autonomie des Gewissensurteils sei unerläßlich. Das Sinnen und Trachten Jesu sei tatsächlich in vielen wesentlichen Hinsichten ungeeignet, um als Maßstab und Vorbild für die moderne Charakterbildung zu dienen. Sowohl die leidenschaftliche Heftigkeit, mit der er gegen die Familie, den Besitz und die Arbeit kämpfte, wie dieser Gegensatz selber zerstöre die sittliche Vorbildlichkeit Jesu — für die Gegenwart wie für seine Zeit.

Diese Einwände sind trotz allem nicht stichhaltig. Vor allem ist hervorzuheben: die sittliche Vorbildlichkeit darf nicht mechanisch verstanden werden, als ob einfache gedankenlose Nachahmung Jesu in allen Formen seiner inneren und äußeren Betätigung der Weg zur Heiligkeit wäre. Der Grundsatz der Bergpredigt kann gewiß nicht beanstandet werden: »Seid vollkommen, wie euer Vater im Himmel vollkommen ist!« (Mt. 5, 48. Mc. 10, 18; 11, 25. 26; 12, 29—32.) Nicht einmal die Barmherzigkeit Gottes kann unmittelbar in jeder ihrer Formen für uns vorbildlich sein. (Lc. 6, 27—36.) Ebensowenig der Messias. Was vom Schöpfer gilt, was vom Messias und Begründer des Gottesreiches gilt, kann nicht unmittelbar von jedem als vorbildlich für sich aufgefaßt werden. Die Vollkommenheit des sittlichen Tuns fordert beim König anderes als beim Privatmann; im Krieg anderes als im Frieden, für die

Frau anderes als für den Mann, für die Jugend anderes als für das reife Alter.

Wohl aber ist die Grundgesinnung mustergültig für alle, so verschiedenartig auch ihre äußere Lebenslage und Berufsaufgabe sein mag; denn sie ist es, welche allem seinen sittlichen Wert gibt. Diese Grundgesinnung ist die Gottes- und Nächstenliebe, oder die demütige Gottergebenheit und die sanftmütige Förderung des Heiles für alle und jeden. Die Unbedingtheit der Hingabe an den Alleinguten und Höchsten in Nachahmung und Gehorsam ist durch die Demut des Gottesknechtes ausgesprochen. Die von keiner Sünde und Not abschreckende Entschlossenheit, jedem nach Möglichkeit zum Guten zu verhelfen, keinem Böses zu wünschen und zu tun, vielmehr allen dasselbe eine Gut zu wollen, welches man für sich selber wünscht: das ist die Sanftmut, welche die Menschen aller Zeiten und Zonen von Jesus lernen können und sollen.

Der Fehler stammt daher, daß man unter Sanftmut und Liebe die widerstandslose Anbequemung an den Nächsten versteht, sowie die Unterordnung unter seine Wünsche und Neigungen. Allein im Sinne des Evangeliums ist nur jene Gesinnung Liebe, welche dem Nächsten zu dem einen Notwendigen verhelfen will. Der Verzicht auf schroffen und schmerzlichen Widerspruch und Widerstand gegen die Neigungen des Nächsten ist nach Jesu Urteil unter Umständen nicht Liebe, sondern Haß, wie auch derjenige seine eigene Seele haßt und nicht liebt, der den naturhaften Neigungen derselben nachgibt und sich scheut, Gewalt gegen sich selber zu brauchen, um das Reich Gottes an sich zu bringen.

Es ist befremdlich, daß die Kritik, welche die Autonomie der Sittlichkeit mit solchem Nachdruck betont und dem Christentum die Heteronomie und passive Unselbständigkeit des sittlichen Urteils vorwirft, von dem sittlichen Vorbild fordert, es solle ohne weiteres in allen seinen Zügen und Formen für alle gelten. Gerade in der Übersetzung des göttlichen Vorbildes und der Grundgesinnung Jesu in das eigene Berufsleben und die wechselnde Kulturform liegt die Aufgabe selbständiger Aneignung des ewigen Vollkommenheitsgesetzes. Wie der Schöpfer einer ist und in unzähligen Geschöpfen seine Vollkommenheit nachbildet, so ist das eine Gesetz des Guten die schöpferisch-fruchtbare Triebkraft der eigenartig-selbständigen Ausprägung des sittlichen Geistes in den mannigfaltigsten Charakterbildern. Hier ist ein Gebiet geistig-sittlicher Autonomie in der theonomen Sittlichkeit und Nachfolge des **einen Christus**.

Die Selbstbetätigung ist unzweifelhaft für die sittliche Lebensaufgabe sehr wichtig, und zwar nicht bloß als innere Arbeit und Selbstverleugnung des Willens, sondern auch als Anstrengung des Denkens, um das sittliche Vollkommenheitsideal überhaupt und das Vorbild Christi in die eigenpersönliche Lebenslage und Lebensaufgabe zu übersetzen. Denn daran kann trotz aller Kritik im einzelnen ernstlich doch nicht gezweifelt werden, daß Jesus eine einzigartige und übermenschliche Hoheit des sittlichen Vollkommenheitswillens in Gesinnung und Tat offenbart. Die sittlichen Beanstandungen seines Charakters sind nur die Folge davon, daß man an seinem messianischen Gottessohnbewußtsein und seinem Erlöserberuf aus metaphysisch-dogmatischen Gründen Anstoß nimmt und darum der Denk- und Handlungsweise Jesu nicht aus ihm selber heraus gerecht wird. Dazu kommt, daß man sich in das sittliche Vollkommenheitsideal der Jahwereligion und des Gottesreiches nicht so liebevoll hinein- oder hinaufarbeitet, wie es zum unbefangenen Verständnis seines wahrhaft göttlichen Heiligkeitswertes notwendig ist.

Die Würdigung des sittlichreligiösen Vollkommenheitsbegriffes der Propheten ist unentbehrliche Voraussetzung. Um indes dieser Aufgabe gerecht zu werden, muß der Anstoß überwunden werden, den die zeitgeschichtlichen Formen der prophetischen Verkündigung für das moderne Empfinden erregen. Dies geschieht indes nicht, wenn das kritische Denken von dem Dogma der religiösen Entwicklung vom Animismus und Fetischismus, vom Ungeistigen zum Geistigen befangen ist.

Für die einzelnen Einwendungen gegen die sittliche Vollkommenheit Jesu, wie sie Dulk und neuestens Ed. von Hartmann geltend machen, sei auf Karl Hennemanns »Die Heiligkeit Jesu«, Würzburg, Göbel 1898, verwiesen.

§ 4. Die messianische Lehrweisheit Jesu.

1. Der Logos, das Wahrheitswort Gottes, kann als der göttliche Inhaber und Träger des geschichtlichen Menschenlebens Jesu, als die in dem Menschensohne Jesus verborgene göttliche

Persönlichkeit durch keinen Vorzug so wirksam dargetan und begründet oder glaubhaft gemacht werden wie durch die Weisheit, vermöge deren Jesus unter allen Weisen des Menschengeschlechtes unerreicht hervorragt. Der besondere Charakter der Weiskeit Jesu wird durch die messianische Aufgabe bestimmt, die religiöse Offenbarung zur endgültigen Vollendung zu bringen. Die Weisheit Jesu ist religiöse Weisheit und muß als solche beurteilt werden. Sie ist Weisheit von Gott und entspricht also auch ihrem Gegenstand zufolge der Weisheit des göttlichen Wortes und Gottesgesandten. Sie bezieht sich auf Gott und stammt von Gott.

Zu diesem inneren Grund, warum der Beweis aus der Weisheit für den kirchlichen Glauben an Jesus als die menschgewordene Weisheit Gottes besonders wichtig ist, kommt ein zeitgeschichtlicher Umstand, der diese Untersuchung gerade für die Gegenwart besonders notwendig macht. Die kritische Forderung der (außerkirchlichen) Theologen wie der Religionsphilosophen sowie das lebendige Interesse der Öffentlichkeit ist in erster Linie dem Problem Christi zugewandt. Die Gegenwart rühmt sich, die Entdeckung des geschichtlichen Jesus in seiner natürlichen Eigenart sei ihre Errungenschaft. Die persönliche Lehrweisheit Jesu im Unterschied vom Alten Testament und dessen letzten Geistesrichtungen, besonders von Hillel, dem ältesten Talmudismus und edleren Pharisäismus, vom Essenertum, von Johannes dem Täufer, sodann von den messianischen Erwartungen seiner Zeit, auch von den religiösen Ideen der großen Kulturreligionen des Ostens, sowie des Hellenismus, endlich von dem Lehrbegriff des Apostels Paulus, des apostolischen Christentums und des kirchlichen Glaubens wird gerade jetzt mit allem Aufwand kritischer Forschung und allem Eifer der religiösen wie wissenschaftlichen Teilnahme im Sinne bewundernder Verehrung wie gegnerischer Ablehnung untersucht. Es ist darum ein Gebot der Zeitlage, auch vom katholischen Standpunkt aus in diese tiefbewegende Frage einzutreten, was das große Neue war und ob es wirklich etwas göttlich Großes und Neues war, was Jesus der Welt zu sagen hatte.

2. Die Weisheit Jesu hat den Vorzug übermenschlicher Selbständigkeit und Ursprünglichkeit. Es ist nicht möglich, Jesus als den Jünger irgend einer Schule oder irgend eines Meisters darzutun.

Auch der Hl. Schrift gegenüber erscheint Jesus nicht als Schüler und gebundener Schriftgelehrter, sondern trotz aller Verehrung als Herr und Befreier vom Buchstabendienst. Weder Hillel noch der Essenismus noch eine zeitgeschichtliche Religionsphilosophie eignet sich als Schule, aus der Jesus hervorgegangen wäre. Daß Jesus im engeren Sinne nicht in einer Gesetzesschule herangebildet wurde, ist ausdrücklich bezeugt und leuchtet aus seiner ganzen Denk- und Lehrweise hervor. Diese Unabhängigkeit von Lehrern und Lehrmitteln blieb ein Grundzug seines ganzen Wirkens: Jesus ist durchaus Lehrer, er war niemals Jünger. Unseren Urkunden zufolge ist Jesus auch nicht durch eine Entwicklung allmählicher Überwindung des Alten und Ausgestaltung des Neuen hindurchgegangen. Jesus erscheint in allen Evangelien hinsichtlich seiner Sendung und Lehre erhaben über alles menschliche Suchen und Fragen, Forschen und Ringen. Er war stets im Lichte der vollen Wahrheit; er erhob sich nicht erst aus der Finsternis zum Licht. Er besitzt die Wahrheit seiner Frohbotschaft durch das einfache Bewußtsein derselben und vermöge der Salbung mit dem Geiste Gottes. Während die übernatürliche Erleuchtung bei den Propheten in der deutlich erkennbaren Stufenfolge von Visionen, Ekstasen und Gottesworten erfolgt, ist bei Jesus von all dem nichts nachweisbar. Die Taufepiphanie, Versuchung und Verklärung lassen sich nicht in dieselbe Linie wie die den Propheten zuteil gewordenen Gesichte und Gottesreden stellen. Auch Moses war nicht über die Notwendigkeit aufeinanderfolgender Belehrungen erhaben; auch ihm wurde die höhere Erkenntnis stufenweise zuteil: Jesus erscheint im Besitz der Offenbarung.

3. Inbezug auf Inhalt und Art ist die Weisheit Jesu durchaus als religiöse Weisheit zu kennzeichnen, als die vollkommene und reine Lehre der Gotteserkenntnis, Gottverähnlichung und Gottgemeinschaft, als der Weg, die Wahrheit und das Leben hinsichtlich der göttlichen und ewigen Fragen und Aufgaben, als die vollkommene und klare Einsicht in Gottes Wesen, Willen und Ratschluß, in die sittliche Weltordnung, ihre Grundlagen und Endziele, in die Natur der Menschenseele, ihre Leiden und Bedürfnisse, Anlagen und Kräfte. Die Weisheit Jesu erscheint als ein Wissen voll einsichtiger Ruhe und Sicherheit, erhaben über begriffliche Formen und Schranken.

Als Weisheit der Welt- und Lebensauffassung ist Jesu Lehre in einer zweitausendjährigen Entwicklung als unerschöpflich tief und reich erprobt worden, was gerade unsere forschende Gegenwart bezeugt. Weder die Geistesarbeit der Kirche noch des freien Gedankens hat das Evangelium in seiner Tiefe und Fülle zu erschöpfen vermocht. — Als praktische Kunst hat sich Jesu Weisheit in der Stiftung seiner Kirche bewährt. Er hat ihr durch das, was er zu ihrer Grundlegung getan und zu ihrer Einrichtung verordnet hat, so viel Festigkeit und Unveränderlichkeit, göttliche Berechtigung und Gebundenheit gegeben, als zur Unüberwindlichkeit der steten Fortdauer notwendig ist, aber zugleich so viel Selbständigkeit, als zur lebendigen Entwicklung und zur Anpassung an alle Zeiten und Kulturen notwendig ist.

Als Weissagung hat sich die Weisheit Jesu bewährt durch den tatsächlichen Verlauf seines messianischen Lehr- und Lebenswerkes, der apostolischen Jüngertätigkeit zum Ausbau des Urchristentums und der Kirchengeschichte überhaupt.

4. Die einzigartige Weisheit Jesu tritt auch in der Mitteilung seiner Lehrgedanken an die Jünger und das Volk hervor, wie in der Vertretung seiner Gesichtspunkte gegenüber den Gegnern. Natürlich muß der ganze Plan des messianischen Berufes nach Ziel und Weg dafür gewürdigt und als Maßstab genommen werden. Es ist hierin noch manche Arbeit zu leisten. Allein das konnte allezeit anerkannt werden, daß die Lehrweise Jesu durch unvergleichliche Würde, gedrungene Kürze, maßvolle Klugheit, ergreifenden Ernst, lebendige Anschaulichkeit, herausfordernde Kraft und zündende Glut ausgezeichnet sei. Auch heute noch bewährt sich das Evangelium, gerade insofern Jesus in ihm lehrt, durch unerreichbare Angemessenheit für das Geistesbedürfnis der menschlichen Natur vom Kindesalter bis zur Mannesreife. Was die Kritik dagegen geltend macht, hat zur Voraussetzung eine völlig unebenbürtige Auffassung, welche sich für vorurteilslose Unbefangenheit hält, aber tatsächlich von vornherein an der Schwierigkeit scheitert, daß die gewöhnlichen Maßstäbe und Begriffsformen für die wissenschaftliche Wiedergabe und Wesensbestimmung Jesu nicht ausreichen. Infolgedessen besteht immer die Gefahr, daß die Gedankenwelt Jesu in wesentlicher Hinsicht verzerrt, entstellt, verflacht und mißdeutet wird. Sie stellt durch ihre Eigenart zu viele Anforderungen an

die Geistesarbeit derer, welche es unternehmen, sie in der Sprache der Wissenschaft vollständig wiederzugeben.

Jesus bietet im Evangelium die religiöse Wahrheit immer unter den höchsten Gesichtspunkten der Erkenntnis und des Lebens zugleich. Sie wird niemals als bloße Glaubenslehre oder als sittliches Gesetz oder als Heilsordnung und Gnadenmittel dargeboten, sondern stets in der dreieinigen Wechselwirkung der Wahrheit, der verpflichtenden Güte und der belebenden Kraft, der erlösenden Gnade und der beseligenden Fülle. Was von der Hl. Schrift im Ganzen gilt, ist von der Lehrweise Jesu im höchsten Grade wahr: sie zeigt die Kraft und Schönheit des schöpferisch wirkenden Lebens im Gegensatz zur menschlichen Notwendigkeit, das Lebendige in Knochengerüste und Einzelsysteme aufzulösen sowie das, was nur im Zusammenhang besteht, wie ein Bruchstück ins Auge zu fassen, um Klarheit und Treue der Erkenntnis zu erzielen. Was Ewald vom hohenpriesterlichen Gebete Jesu (Joh. 17) sagt, gilt von der Lehrweise Jesu überhaupt: Niemals habe die menschliche Sprache Erhabeneres und zugleich ewig Wahreres schaffen können; das Bhagawadgita und Platons Phädon kämen einigermaßen in Vergleich. Allein auch diese treten vor dem göttlichen Licht in den Schatten des Menschlichen. (Theologie der Hl. Schrift 3, 377.)

Die Bergpredigt, die Gleichnisse, die Streitreden, die Lehrsprüche und Lehrtaten, die Gebete und Bekenntnisse, die Offenbarungen des Herzens und der messianischen Berufspflicht sind alle inbetracht zu ziehen, wenn die einzigartige Weisheit der Wahrheitsmitteilung Jesu gewürdigt werden soll.

§ 5. Das Evangelium von Gottes Vatergüte und der Geistestaufe.

1. Das Evangelium Jesu ist die Offenbarung der einen großen Wahrheit, der erlösenden und lebendigmachenden Wahrheit, daß Gott Vatergüte ist und daß die Vatergüte der allmächtige Schöpfer und Herr der ganzen Wirklichkeit ist. Das Evangelium will nicht bloß Wahrheit bieten, sondern die Wahrheit. Und diese eine Wahrheit aller Wahrheit lautet: Gott ist Vater; die Allmacht ist Vatergüte; die allumfassende, weltregierende Macht ist Vaterliebe. Der höchste und einzige Herr,

ist seiner Gesinnung nach Vater, der allein gute Gott. (Mc. 10, 18.) Diese Vatergüte als der allmächtige Alleinherrscher und Urgrund der Welt gibt der Botschaft Jesu den auszeichnenden Charakter der frohen Botschaft.

Jesus preist alles das selig, was die Freiheit von der Welt befördert und für Gott empfänglich macht: denn Gott allein ist gut. Der Wille zur Vollkommenheit muß nach allen Richtungen die innerste Gesinnung sein: denn die Vollkommenheit ist Gott. Die gute Gesinnung, welche dazu beseelt, das Gute für alle und in allen zu schaffen, darf sich von keiner Schranke oder Bosheit hemmen lassen: denn Gottes Güte läßt sich weder im Geben des Guten noch im Heilen des Bösen von irgend einer Macht oder Rücksicht einschränken. — Kein anderer Lohn darf bei den guten Werken erstrebt werden als jener, welcher vom Vater erhofft wird, das ist Gott selbst. Nächstenliebe, Gebet, Fasten: alles soll den allein guten Gott als Lohn erstreben. Das Gebet darf nicht von der Meinung beseelt sein, der Mensch müsse Gott erst auf seine Bedürfnisse aufmerksam oder zu deren Abhilfe geneigt machen: die Vatergüte Gottes macht all das entbehrlich. Das Gebet hat nur den Zweck, die Seele zu Gott zu erheben und das Verlangen nach dem Gottesreich anzufachen. Darum soll auch das Fasten ein Ausdruck der frohen und starken Gemeinschaft mit Gott sein. Ängstliche und aufreibende Sorge um die Notwendigkeiten des Lebens ist unbegründet: denn Gottes Vatergüte weiß und besorgt alles, und unser Wirken soll sich nur als ihr Mittel und Werkzeug fühlen. Nicht mit der Gesinnung des Verurteilens, sondern der vollen Interessengemeinschaft soll der Mensch dem Menchen gegenüberstehen: »Alles, was ihr wollet, daß euch die Menschen tun, das tut ihr ihnen. Denn dies ist das Gesetz und die Propheten.« (Mt. 7, 12.) Dieses Wort besagt unendlich viel mehr und Höheres als die vielfach übliche negative Fassung. Die Vollkommenheit und Barmherzigkeit, welche das Vorbild Gottes vorschreibt, sind die zwei Seiten des Vollkommenheitswillens, wenn er in seiner göttlichen Art als Wollen des Guten für die Persönlichkeit, nicht nur für ein Ich, sondern für ein Du begriffen wird. Darum ist Vatergüte die wahre Güte. Wo Übel und Verderben durch die Liebe überwunden und vergeben werden, wo Kräfte und Güter des Lebens geweckt und mitgeteilt werden, da ist Gottes Reich. Es ist da, weil Gottes Güte und Kraft überall ist und wirkt: es bedarf nicht, daß irgendwie auf seiten Gottes das Wissen von den Bedürfnissen und der Wille der Abhilfe angeregt oder ergänzt werde: es bedarf nur dessen, daß der Mensch die Augen und den Sinn öffne und die Vatergüte erkenne, die alles fürsorgend durchdringt, und daraus die große Verpflichtung derselben Gesinnung in sich aufnehme und im Geiste dieser Vatergüte wirksam und lebendig werde. Dadurch ist das Reich Gottes da. Wegen dieser unvergleichlichen Bedeutung der Vatergüte Gottes will Jesus, daß sie in ihrer Einzigkeit nicht verdunkelt werde. »Ihr sollt keinen unter euch auf Erden Vater nennen: denn einer ist euer Vater, der im Himmel ist.« Darum ist auch der eine allein Lehrer, der diesen Vater geoffenbart hat. (Mt. 23.) Darum erfolgt das Gericht nach dem Maßstab, ob der Geist dieses Gottes zur Seele der Seele geworden ist. (Mt. 25, 31—46.)

Die Zahl und Ausführlichkeit der Worte, in denen die Vaterschaft Gottes von Jesus gelehrt wird, ist nicht groß. Und doch ist es eine allgemein anerkannte Tatsache, daß der Grundgedanke des Evangeliums darin liege. Es ist gut, sich dies auch in anderer Hinsicht vor Augen zu halten.

Bei Markus wird Gottes Vaterschaft inbezug auf den Messias Jesus erwähnt (mittelbar) bei der Taufe und Verklärung, bei der Ankündigung der messianischen Wiederkunft in Herrlichkeit und im Gebet der Todesangst. (Mc. 1, 11; 8, 38; 9, 6; 13, 32; 14, 36.) Als Vater der Menschen wird Gott bei Markus nur in dem Wort von der Sündenvergebung bezeichnet. (Mc. 11, 25. 26.) Allein dieses eine Wort genügt vollkommen und macht die ganze Lehrentwicklung der fünf Gegensätze des Neuen zum Alten zu einer Offenbarung des Gottesbegriffs der Vatergüte und der Wiedergeburt zur Gotteskindschaft aus dem Geiste Gottes. Es genügt, wenn Jesus den Widerstand gegen seine Frohbotschaft (wegen ihres Gottesbegriffs) als die Sünde wider den Hl. Geist brandmarkt. (Mc. 3, 29; 13, 11.) Die Reden Mc. 7. 10. 12 bieten die eigentliche Wesensbestimmung der von ihm gebrachten Geistestaufe. Das Vorbild dafür ist Jesus selbst als der Geistesgesalbte. (Mc. 1, 8—12; 3, 29.)

Auch bei Matthäus und Lukas ist (abgesehen von der Bergpredigt) die Bezeichnung Gottes als des Vaters der Menschen nicht so häufig, wie man voraussetzt. (Mt. 5, 16. 45. 48; 6, 1. 4. 6. 8. 9. 14. 15. 18. 26. 32; 7, 11; 10, 29; 18, 14. 35; 23, 9; 28, 19. Lc. 6, 36; 11, 2. 13; 12, 30. 32. [Joh. 4, 21. 23; 6, 45; 8, 41. 42; 14, 8. 26; 16, 27; 17, 11. 26; 20, 17.]) Aber fast alle Lehrworte und Gleichnisse und Streitreden entwickeln den Gottesbegriff der Vatergüte und der Geistesgnade. (Mt. 9. 10. 11. 12. 13. 15. 18. 20. 23. 25. Lc. 4.)

In allen Evangelien überwiegt bei weitem die Beziehung der Vaterschaft Gottes auf Jesus als den Messias-Sohn im einzigartigen Sinne. Aber
die Offenbarung hat zum Zweck, was Jesus im hohenpriesterlichen Gebete
sagt, daß das heilige Wesen der Vatergüte Gottes für die Schöpfung in dem
Vaternamen offenkundig werde. (Joh. 17, 6.)

Wenn in dem Anfang des Trostbuches Jes. 40 die Allmacht und Weisheit als die Vollkommenheit der ewigen Liebe erscheinen, so noch inniger
in der Frohbotschaft Jesu. Die Offenbarung dieser befreienden und erhebenden
Wahrheit erfolgt durch den Sohn, in dem die Vatergüte Gottes ihren persönlichen und wesenhaften Ausdruck hat. Die Erscheinung des großen Gottesgesandten, des Engels des Bundes, des Messias hat die Offenbarung der Vatergüte zur Aufgabe. Wie dieselbe die Grundbestimmung des göttlichen Wesens
ist, wie sie in anderer Hinsicht der Urgrund des göttlichen Personlebens ist,
so ist sie der eigentliche Inhalt der messianischen Offenbarung im Unterschied
von der prophetischen. Die voraussetzungslose und nur von sich selbst bestimmte Güte ist die Erfüllung des Jahwe-Gottesbegriffs, der selbstwirklichen
Tatkraft aller Vollkommenheit und Güte.

Die Erkenntnis, daß die Vatergüte der erste, allumfassende
Urgrund und alleinige Herr der Allwirklichkeit ist, wird von Jesus
selbst als übermenschliche Weisheit erklärt. (Mt. 11, 25—30;
Lc. 10, 21. 22.) Der Grund hierfür liegt in der gewaltigen
Macht, welche das Übel und das Sittlich-Böse in der Welt ausüben, sowie in der Notwendigkeit, die volle Verantwortlichkeit
des freien Willens für sein sittliches Verhalten zu wahren. Im
Hinblick auf die ungeheure Tatsache des Bösen und dessen ver-
führende wie verderbende Wirkung wird das menschliche Denken
zumeist gehindert, überhaupt an einen überweltlichen und persönlichen Gott voll Allmacht und Güte zu glauben; es scheint ent-
sprechender, einen der Welt innewohnenden Weltgrund ohne
bestimmte sittliche Gesinnung anzunehmen.

Der Eindruck, den die Tatsache des Bösen und seiner erfahrungsmäßigen Herrschaft in der Welt macht, führt auch im
Monotheismus dazu, daß man irgend eine Beschränkung oder
Behinderung der göttlichen Güte ausdrücklich oder stillschweigend
annimmt. Nicht immer will man dadurch die allursächliche Alleinherrschaft des göttlichen Weltplanes beeinträchtigen: man glaubt
dieselbe durch eine ausdrückliche Erklärung als Postulat hinreichend
wahren zu können. Dazu hilft die instinktive Neigung, den
Schöpfer nur für den Urheber der Welt in ihrem zeitlichen Anfang
und ihrer Anfangsbeschaffenheit zu halten und die Allwissenheit
außeracht zu lassen.

Die Enge und Bedingtheit der geschöpflichen Geistesart macht es auch von innen her außerordentlich schwer, die Vatergüte als die Grundbestimmung in der schöpferischen Allmacht und ihrem Schicksalsratschluß anzunehmen oder, wenn dies (als Ausdrucksweise) durch die Glaubensüberlieferung von vornherein schon außer Frage steht, folgestreng und allseitig durchzuführen. Darum wird die Erkenntnis der Vatergüte Gottes im Sinne wahrer Überzeugung und inniger Hingabe voll Zuversicht und Vertrauen als die Gnadengabe des Hl. Geistes bezeichnet. Gott wird als Vater geoffenbart durch den Sohn und in der Seele innerlich erkannt und aufgenommen durch den Geist Gottes, der darum der Geist der Gotteskindschaft ist, in dem wir rufen: Abba, Vater!

2. Als das große Neue der messianischen Zeit war die Erkenntnis der Vatergüte von dem Propheten verheißen. (Jer. 3, 19. Hos. 2, 1. Jes. 53, 11.) Der Messias bringt diese erlösende Erkenntnis durch den Gottesgeist, der die alte Wahrheit mit den Tiefen des Herzens erfassen und in Leben umsetzen lehrt. (Jer. 31, 33. 34; 32, 38—40. Ezech. 36, 25—28.)

War die Erkenntnis der Vatergüte Gottes wirklich das große Neue? War nicht der Psalmist, Jesus Sirach, das Weisheitsbuch, Hillel und sein geläuterter, milder Gottesbegriff bahnbrechend vorangegangen? Wurde nicht Gott als Vater von der Gesetzesreligion und dem Pharisäismus angerufen, wie das Evangelium selbst bezeugt? (Joh. 8.)

Daß diese Erkenntnis in der Verkündigung Jesu wirklich das große Neue und die Kraft der Wiedergeburt zur wahren Gotteskindschaft war, ist durch die große Neuerung bewiesen, welche das Christentum als weltgeschichtliche Tatsache darstellt, und durch den großen Gegensatz, der sich in der Verurteilung Jesu zum Tode und schließlich in der vollen Trennung des Christentums von der Gesetzesreligion aussprach.

Nicht der Gebrauch von Worten oder Namen ist entscheidend, sondern der Sinn und die Kraft, mit der der Name Vater als die innerste Wesensoffenbarung Gottes erfaßt und durchgeführt wird. Weder die Häufigkeit und Innigkeit der religiösen Anrede an Gott als Vater, noch die Milde und Humanität Hillels hob den eigentlichen Gottesbegriff auf, welcher die Gesetzesreligion beherrschte.

Es ist ein großer Unterschied, ob man wie Hillel im Gottesbegriff die Milde und Güte mehr betont und den Partikularismus der Heilsgemeinschaft nicht mit schroffer Härte und Unerbittlichkeit behauptet, oder ob man mit Jesus die Vatergüte als die innerste Grundbestimmung des allmächtigen Gottes offenbart und grundsätzlich alle Einschränkungen seiner Liebe ausschließt.

Immerhin könnte sich doch in Würdigung jener beachtenswerten Zeugnisse für die fortschreitende Innigkeit des Gottesbewußtseins der Zweifel behaupten, ob denn Jesus wirklich die Gottesoffenbarung so wesentlich vervollkommnet habe, daß dadurch ein neuer Bund der Gottesgemeinschaft gegründet worden sei?

Glücklicherweise läßt sich der Fortgang vom Alten zum Neuen an einer gewaltigen Persönlichkeit verfolgen, welche das Beste des Alten in sich mit aller Gewissenhaftigkeit aufgenommen hatte und trotzdem den Gottesbegriff Jesu wie ein gewaltiges »Es werde Licht!« empfand. Der vom Pharisäismus und der Schule des edlen Gamaliel zum Christusjünger und Apostel des Evangeliums von Gott dem Vater und Heiland für alle bekehrte Paulus ist ein entscheidender und klarer Beweis dafür, daß das Evangelium Jesu von Gott dem Vater wirklich das große Neue und die Vollendung der Jahweoffenbarung war. Paulus ist der lebendige Tatsachenbeweis, welch ungeheure Kluft die Gottesidee eines Hillel und Gamaliel von dem Gottesbegriff Jesu trennt. Es bedurfte dazu einer so gründlichen Bekehrung, wie sie Paulus erlebt hat. Es ist vom größten Vorteil für die religionsgeschichtliche Würdigung, daß uns in den Briefen des Apostels dieser Gegensatz zwischen dem Gottesbegriff der edelsten Gesetzesreligion und dem Gottesbegriff des Evangeliums genau ausgeprägt entgegentritt. Was der Apostel in seinen Briefen bekämpft, das ist der Gottesbegriff, für den er selbst in uneigennütziger Begeisterung geeifert hatte. Was den Apostel mit unbeschreiblicher Seligkeit und Kraft durchdringt, ist die Gotteserkenntnis, die ihm im Antlitz Jesu Christi wie das Licht des ersten Schöpfungstages aus tiefer Finsternis aufgestrahlt ist. (2 Cor. 4.) Er wußte wohl, daß er selbst Gott als Vater angerufen hatte: aber trotzdem im Geist der Knechtschaft, nicht der Kindschaft, nicht der Freiheit und der hochherzigen Hoffnung und Liebe. Paulus hatte es ja selbst erlebt, daß Namen an sich nur Buchstaben und Stückwerk, nicht Geist und Leben sind.

Im Evangelium Jesu ist dem großen Gottsucher Paulus die Erkenntnis aufgegangen, daß in der seitherigen Religion, so wie sie im Tempel und der Synagoge wirklich lebte, Gott trotz des Vaternamens immer nur im Gegensatz zum Menschen erschien: als Gesetzgeber, als überwachender Herr und als strenger Vergelter. So war es in einer Hinsicht auch in der Bußpredigt Johannes des Täufers. Nicht als ob irgend eine Eigenschaft Gottes, etwa die Güte und Barmherzigkeit zurückgedrängt oder nicht gewahrt worden wäre. Allein man kann die unendliche Güte hervorheben und doch bloß im Gegensatz zum Geschöpf geltend machen. Aber Johannes erkannte das Bedürfnis, daß Gott in einem wesentlich

anderen und innigeren Verhältnis zum Menschen erscheine: daher
weissagte er, der Messias werde nicht mehr bloß wie er mit Wasser
zur Buße, sondern mit Gott selber taufen und die Seelen mit
Gottes Geist und Kraft durchdringen. (Mc. 1, 8.)

Im Evangelium Jesu wurde diese Weissagung erfüllt: da stand
Gott offenbar auf der Seite des Menschen. Gottes Vorsehung und
Fürsorge umschließt als höchster Schutzherr, als Vater, Schöpfer und
Sachwalter den wahren und ernsten Interessenkreis des Menschen.
Nirgends ist das Lebens- und Heilinteresse des Menschen inniger
und ernster gewahrt und besser aufgehoben als im Herzen des
Schöpfers. Der Schöpfer steht auf seiten des Geschöpfes, weil
dieses ganz und gar aus nichts erschaffen, d. h. ganz und gar
aus Gottes gestaltendem Gedanken hervorgegangen und durch
Gottes liebevolles Wohlwollen zum Dasein gerufen ist.

Das war die neue Gotteserkenntnis, die nicht durch die
Offenbarung einer neuen Eigenschaft entstand, sondern durch die
Offenbarung, daß der Schöpfer der ewige Sachwalter seiner Geschöpfe ist und nicht im Interessengegensatz zu ihnen steht,
sondern in Interessengemeinschaft. Darum ist Gott von Grund
aus Vater: aus Vatergüte hat er die Geschöpfe ins Dasein gerufen
und mit Vatergüte wahrt er von der höchsten Warte der schicksal-
lenkenden Vorsehung und Allursächlichkeit das Lebensinteresse
derselben. Diese Grundgesinnung der Vatergüte prägt sich in
dem eingebornen Gotteswort dahin aus, daß er in der Welt- und
Heilsgeschichte als Gott wie als Mensch der Vollbringer der väter-
lichen Liebe und der Mittler ihrer Gnadenratschlüsse ist: der
hohepriesterliche Stellvertreter der Menschheit, ihr Haupt und
Vorbild, der große Engel des Bundes. In dieser Form steht der
Logos als Gottsohn wie als Gottmensch auf seiten der Menschheit.
(1 Joh. 2, 1.)

Weil Gott als Schöpfer nicht im Gegensatz, sondern in innigster
Interessengemeinschaft auf seiten seines Geschöpfes steht, darum
will er selber die innerste Lebenskraft der Seelen sein. Gott will
die Menschheit mit seinem eigenen Geiste taufen, mit seiner
eigenen Gesinnung durchdringen, mit seiner eigenen Heiligkeit
und Liebe befruchten und zu tatkräftiger Gottverähnlichung aufrichten. Die große Frohbotschaft lautet: der Messias tauft die
Welt und die Seele mit dem Geiste Gottes selber. — Wenn

nun im Johannesevangelium der Geist der Heiligkeit von Jesus
geradezu Paraklet, Anwalt oder Sachwalter genannt wird, so
ist dies nur ein anderer Ausdruck für die Wahrheit, daß der
Hl. Geist es sei, der die Menschheit als schöpferische Lebensquelle
von innen taufe und in ihr die Gotteskindschaft wirke und in
Leben umsetze. Der Hl. Geist ist die Kraft und Liebe (Mc. 1, 8;
3, 29; 13, 11. Mt. 10, 20; 12, 28. Lc. 4, 18; 11, 13; 24, 49.
Act. 1, 6—8), mit welcher Gott von innen her die Seele durchdringt und sie mittelst ihrer Gebete und Sehnsucht, wie aller ihrer
Selbstbetätigungen in alle dargebotene Wahrheit und Gnade sowie
in alle vorgeschriebene Pflichterfüllung einführt. Paulus hat den
Gottesbegriff des Parakleten sogar dahin ausgelegt, daß der
Hl. Geist in uns selber mit unaussprechlichen Anmutungen bete
und unser eigenes Interesse besser geltend mache, als wir es vermögen. (Rom. 8. 1 Cor. 12.)

Paulus übersetzt den Gottesbegriff des Parakleten auch in
anderer Hinsicht als Bürgschaft und Unterpfand, dafür nämlich, daß Gott unser Interesse wahre und unser Gutes wolle.

So kam der Apostel zu dem herrlichen Worte: »Wenn Gott
für uns ist, wer vermag dann etwas wider uns?« »Der Geist
gibt darum Zeugnis unserem Geiste, daß wir Kinder Gottes sind.«
(Rom. 8, 16. Gal. 4, 4—6.)

Der dankbare Jubel des von Jesus zur Gotteskindschaft bekehrten Paulus steigt darum immer und immer wieder zu Gott
dem Vater hinauf, der ihm in Christus offenbar geworden ist
und der durch seinen Geist, den Geist der Vater- wie der Sohnes-
liebe, von seinem Erkennen und Wollen, Denken und Fühlen
Besitz genommen hat.

Es ist vom höchsten Wert, daß Paulus ebenso der Apostel des Evangeliums von Gottes Vatergüte wie von des Sohnes Erlöserliebe und des
Geistes gnadenvoller Wirksamkeit und Einwohnung in den Seelen ist. Derselbe Zeuge verkündigt die unergründliche Erbarmung der Vaterliebe Gottes
und die Erlösung durch den Opfertod des Gottmenschen. Damit ist von vornherein die Befürchtung ausgeschlossen, es könnte die Vatergüte Gottes in
Widerspruch stehen mit der Vermittlung des Heiles durch die Versöhnungstat
Christi. Eine Vermittlung der göttlichen Gnade ist nämlich mit dem Gottesbegriff Jesu nicht vereinbar, wenn sie eine Beeinflussung und Ergänzung des
göttlichen Gnadenwillens bedeuten soll. Wohl aber ist die Mittlerschaft
damit vereinbar, wenn sie selber ein Ausfluß der göttlichen Vatergüte ist, ja
das Gebot und der Auftrag ihrer Sendung und das Werk ihrer Salbung mit

dem Geiste ihrer eigenen Liebe. Die Mittlerschaft ist ferner mit der unbedingten Vatergüte Gottes vereinbar, wenn sie nicht den Gnaden will en
Gottes selber, sondern die Gnadengaben Gottes zu vermitteln und zu verdienen
hat. So ist das Mittlertum des Gottmenschen gerade zur Erfüllung der heiligsten Forderungen und segensreichsten Absichten der Güte Gottes bestimmt,
sowohl für den Mittler selber wie für die zu erlösende Menschheit. Das
Mittlertum des Gottmenschen ist darum keine Beeinträchtigung der unbedingten Vatergüte Gottes, sondern gerade die herrlichste Offenbarung derselben. Das Evangelium Pauli ist der Widerhall und die Bestätigung für
das Evangelium Jesu, nicht dessen Verdunklung.

Mit der Gottesoffenbarung Jesu war Gott für den Menschen
gewonnen als Kraftquell, als Lebendigmacher, als innere Hilfe:
»Habet Glauben an Gott.« (Mc. 11, 22—26.) »Bei den Menschen
ist es unmöglich, aber nicht bei Gott: in Gott wird alles möglich.«
(Mc. 10, 27; 9, 22.) Durch diese eine Überzeugung stand der
Mensch der Welt und dem Schicksal, den Pflichten und Aufgaben,
den Übeln und Gefahren mit ganz anderer Stimmung gegenüber:
Gott war seine Kraft geworden, und mit dieser Kraft mußte
sich der Mensch allem gegenüber überlegen fühlen. Darin liegt
die unvergleichliche Lebenskraft und die unsagbare Hebung des
Lebensmutes, mit welcher Jesus in seinem persönlichen Wirken,
wie durch sein Evangelium die Menschheit verjüngte und über
alle Welt hinaushob. Die Verkündigung Jesu wirkte durch das
Gottesbewußtsein, zu welchem sie anregte, bereits als die messianische Geistestaufe, als Erfüllung und Durchdringung des Menschen
mit der heiligen Kraft Gottes, als Beseelung der ganzen Gesinnung
und Lebensbetätigung mit dem Geiste Gottes. Die Überzeugung,
daß Gott als Vater mit dem Menschen ist und auf seiner Seite
steht, bewirkt sofort, daß Gott als Licht und Leben, als Kraft und
Hilfe, in dem Menschen offenbar wird, wie ebenso als die Macht
und das Vorbild, das ihn innerlich im Gewissen verpflichtet, als
Wahrheit überzeugt, als alleiniges Gut an sich zieht.

Der Gott-Vaterbegriff der Synoptiker und die Einwohnung
des Dreieinigen in der Seele, von der das Pfingstevangelium
spricht (Joh. 14), bringen dieselbe Wahrheit zur Geltung.

Die Offenbarung, daß Gott in seiner innersten Gesinnung
Vatergüte ist, bringt sofort die Offenbarung Gottes, wie er im
Innern der Seele als lebendigmachender Geist und als Taufe zur
Wiedergeburt wirksam und gegenwärtig ist, mit sich. Ebenso

bringt sie die Erkenntnis mit sich, daß auch die in der geschichtlichen Überlieferung und in der äußeren Weltordnung hervortretende Wahrheit und sittliche Verpflichtung nicht eine Last und
Fessel unseres Geistes, sondern Lebensbrot und Lebensinhalt für
unsere Seele ist. Auch hier wird offenbar: Gott als Wahrheit
und Gesetz, wie er unseren Glauben und unser Gewissen binden
will, ist nicht gegen uns, sondern für uns.

Allerdings fordert diese Erkenntnis, daß der Mensch eben
Gottes heilige Offenbarung und Vorschrift, sein heiliges Wesen
in sich aufnehme und in sich durchführe; allein das große Urbild
hiefür ist die göttliche Weisheit selber, in welche der göttliche
Urgrund vermöge seiner Vatergesinnung seine ganze unendliche
Wahrheits- und Vollkommenheitsfülle niederlegt.

Vermöge dieser Einheit und vollen Gemeinschaft des Wesens geht die
Weisheit des Wortes nicht in der Persönlichkeit des Vaters auf, sondern steht
als eigene Persönlichkeit vor ihm, als sein persönliches Ebenbild und als sein
eingeborner Sohn. Das gleiche gilt von der Selbstmitteilung Gottes in der
Form des Willenslebens. Hingabe und Hinnahme des Göttlichen, des unbedingt Wertvollen, des Wahren und Guten, des Lebenquellenden ist nicht
eine Hemmung und Vergewaltigung des geistigen Wesens, sondern dessen
eigenstes Lebensinteresse, dessen Fülle und Kraft, wie von außen so von
innen. Gott steht nicht im Gegensatz zu seiner Schöpfung und insbesondere
nicht zur Seele, sondern auf ihrer Seite — als ihr Vater, Vorbild und Lebensgesetz, als ihre innere Kraft und Vollendung.

3. Es ist in neuester Zeit der Gedanke ausgesprochen worden,
der Vaterbegriff Gottes im Evangelium Jesu bedeute trotz aller
Erhabenheit und Innigkeit eine Anthropopathie. Der tiefste Sinn
dieser Beanstandung weist auf eine in gläubigen Kreisen vielfach
herrschende Meinung, der Vaterbegriff Gottes erlaube oder
begünstige eine Herabstimmung des religiös-sittlichen Ernstes, weil
er die Nachsicht und Nachgiebigkeit gegen die Schwächen und
Sünden der Menschen nahelege. Er bedürfe daher der Ergänzung
und Sicherstellung und zwar durch die Unterordnung unter die
unerbittliche Gerechtigkeit und unverletzliche Heiligkeit Gottes.

Von diesem Standpunkt aus müßten eigentlich die beiden Gottesbegriffe,
welche Paulus als Gesetz und Gnade in Gegensatz zueinander stellt, zur
Einheit verschmolzen werden, vielleicht sogar mit Überordnung der heiligen
Majestät über die nachsichtige Erbarmung. Allein diese Verschmelzung war
nicht nur für Paulus unmöglich; sie ist es wegen der inneren Unvereinbarkeit
der beiden Begriffe, der absoluten Willkür und des absoluten Vollkommenheitswillens als Grundbestimmungen der Gottheit. Der eigentliche Fehler im

Gottesbegriff der einseitigen Transzendenz liegt darin, daß Gottes Macht und Ursächlichkeit nach Art der geschöpflichen Ursachen vorgestellt wird, nämlich als (bloß) äußere Ursächlichkeit und infolgedessen wie eine Einzelursache, die ein selbständiges Wirken voraussetzen muß, darum selber nicht unbedingt, allumfassend und schöpferisch ist. Die Gewalt, mit der das Selbständige dem Selbständigen von außen gegenübertritt, erregt den Schein einer gewissen Strenge im Vergleich zu jenem Wirken, welches verständnisvoll und teilnehmend auf die innere Beschaffenheit des anderen eingeht. Noch mehr, wenn das Wirken überhaupt von innen her erfolgt und sich gerade durch die Gesamtheit aller zusammenwirkenden Einzelfaktoren vollzieht.

Anderseits ist es nicht zweifelhaft: Die Hervorhebung der unbedingten Vatergüte Gottes war es, was die Lehrverkündigung Jesu zu einer wahren Frohbotschaft gemacht und wodurch sie ihre unvergleichliche Anziehungskraft auf das Volk und alle, die sich mühselig und belastet fühlen, ausgeübt hat. Die Vatergüte Gottes war es, wodurch es von Jesu Wort wie heller Sonnenschein über die Finsternisse strahlte, wodurch es wie belebende Sonnenglut in die erschlafften und kranken Menschenherzen drang.

Sollte die Anziehungskraft der Lehre Jesu wirklich in einer anthropopathischen und darum unhaltbaren Auffassung der Gottheit gründen? Sollte sich das, was das Evangelium Jesu zu einer wirklich frohen Botschaft machte, als eine naive und gemütvolle Denkweise, aber immerhin als eine unberechtigte Herabstimmung der göttlichen Heiligkeit zur menschlichen Schwäche erweisen? und zwar als Herabstimmung im Inhalt wie in der Form? Denn die Vatergüte würde der Sache nach wohlwollende Nachsicht inbezug auf die sittliche Schwäche des Menschen bedeuten. Der Form nach würde sie ein menschliches Verhältnis, die dadurch begründete Vorliebe und Zugänglichkeit für Einflüsse und Rücksichten zugunsten der eigenen Kinder auf Gott und das religiöse Gemeinschaftsverhältnis übertragen. — Wenn angenommen wird, Jesus selbst habe die Korrektur durch seine späteren Aussprüche vollzogen, so fragt es sich eben, ob er damit nicht selber den eigentümlichen Gottesbegriff preisgegeben habe, durch den er im Anfang seine großen Erfolge erzielt hatte?

Die Erkenntnis Gottes im Sinne Jesu bedeutet die Erkenntnis Gottes als der ewigen Vatergüte, als des Guten im alleinigen und unbedingten Sinne, als der voraussetzungslosen Liebe, also der persönlichen Güte, und als des Inbegriffs aller Güter, also der unendlichen Vollkommenheit im Sinne des höchsten Gutes. »Gott ist Vater« bedeutet: Gott ist der Allein-Gute und das höchste Gut, die persönliche Gesinnung, welche von keinem Beweggrund und Bedürfnis abhängt, von keinem Einfluß bestimmt werden kann und bestimmt zu werden braucht. Gott ist die Güte

aus sich selbst, einzig und im höchsten, allseitigsten und reinsten
Sinne. Gott ist der Allein-Gute als Schöpfer der Welt, als verpflichtender Gesetzgeber und Vergelter des Guten, als Richter
und Verurteiler des Bösen, als Hilfe und Kraftquell für alle Vervollkommnung, als Endzweck und Lohn allen Vollkommenheits-
strebens, als belebender und beseligender Lebensinhalt der vollendeten Geisterwelt.

Die Güte und Vatergesinnung ist nicht etwa als die Gesinnung
zu verstehen, welche das Wohl des Geschöpfes im gewöhnlichen
Sinne als augenblickliche Befriedigung seines Wünschens und
Empfindens sowie als ungestörten Lebensgenuß bezweckt. Vielmehr ist es der reine und starke Wille der allseitigen und tatkräftigen Vervollkommnung des geistigen Lebens, was die Vatergüte
dem Geschöpfe zugedacht hat. Die unbedingte Voraussetzungslosigkeit dieser Liebe bedeutet auch, daß Gott durch keine Rücksichten auf irgend welche Schmerzen und Spannungen, auf schwere
Seelenkämpfe und Leiden, auf Zweifel, Verzagtheit und Gottverlassenheit der Geschöpfe, kurz auf die Schwierigkeiten, die
ihnen die mannigfaltigen Schicksale und Übel bereiten, beeinflußt
wird. Die Vatergüte Gottes besteht gerade darin, daß Gott seine
Geschöpfe trotz allen Zagens und Klagens nicht vor Kampf und
Not bewahrt, und zwar deshalb nicht, weil die sittliche Vollkommenheit das wertvollste Gut ist und weil gerade die Übel
und Schwierigkeiten das geeignetste Material für die geistige Kraftbetätigung und Selbstbestimmung sind und darum einen großen,
wenn nicht unersetzlichen Wert haben. Vielmehr tauft Gott seine
Auserwählten in seiner Vatergüte durch seinen eigenen Geist,
in dem er selber als die ewige Vollkommenheit und als heiliger
Vollkommenheitswille lebt und heilig ist. Größeres kann Gott
nicht geben, in innigerer Weise kann er seine Gabe nicht geben
und zu höherem Zwecke kann er sie nicht geben. Weil Gott
Vatergüte ist, darum tauft er sein Geschöpf mit seinem eigenen
Geiste, damit es in freier Tatkraft zum Miterben der Gottähnlichkeit und Gottgemeinschaft des Messias-Sohnes werde.

Die Wirklichkeit mit ihren großen Gegensätzen und Katastrophen steht allerdings dem Evangelium der Vatergüte als stets
neuauflebender Einwand gegenüber: denn diese Katastrophen lassen
in der Welt nichts weniger als die Schöpfung einer allmächtigen

Liebe vermuten, deren Absicht der behaglich gesättigte Lebensgenuß ihrer Geschöpfe wäre.

Das Evangelium macht seinerseits nicht den geringsten Versuch, um die brutale Tatsächlichkeit des Übels zu verschleiern: es behauptet sogar die Weltherrschaft des Bösen in der gegenwärtigen Welt. Es schärft die Empfindung für das Unwürdige des Übels wie für die Schuld des Bösen: aber es ist doch Frohbotschaft, weil es in dieser Weltherrschaft des Bösen das Material zeigt, durch dessen Überwindung die Bürger des zukünftigen und unvergänglichen Gottesreiches ihre Tüchtigkeit gewinnen und ihr Bürgerrecht für das Himmelreich erkämpfen sollen.

Die Vaterliebe und Barmherzigkeit ist nicht Nachsicht und Verzichtleistung hinsichtlich der sittlichen Ziele und Pflichten, hinsichtlich der Lebensaufgabe und geistigen Vollkommenheit. Vielmehr besteht sie gerade im Willen zur höchsten Vollkommenheit, dem Inhalt wie der Form nach, und darum in der Verpflichtung und Berufung zur Überwindung und Verwertung der in voller Schärfe erkannten Übel. Weil Gott im göttlichen, d. h. unendlichen Sinne gütig ist, darum beruft er die Seinen zu den schwierigsten Aufgaben, zu den höchsten Leistungen, damit sie eine möglichst kraftvolle und fruchtbare Ursächlichkeit betätigen und sich zu eigentlicher Gottebenbildlichkeit ausbilden.

Es wäre nicht wahrhaft barmherzig, wenn Gott die Sünden ohne weiteres nachlassen und keine Genugtuung fordern würde. Was Jesus verkündigte, war eben die Wahrheit, daß Gott durchaus und von Grund aus die Bekämpfung des Bösen und die Vollzugskraft des Guten sei. Es ist deshalb eine ganz ebenbürtige Wiedergabe, wenn Matthäus die Bergpredigt in dem Gebote zusammenfaßt: »Seid vollkommen, wie euer Vater im Himmel vollkommen ist!« (Mt. 5, 48) und Lukas in dem Worte: »Seid barmherzig, wie Gott barmherzig ist!« (Lc. 6, 27—36.) Die Barmherzigkeit macht, daß der göttliche Wille dem Bösen niemals gleichgültig gegenübersteht, und daß Gott den Seinen die größten Aufgaben stellt und ihnen damit unerschöpfliche Verdienst- und Lebensquellen eröffnet. Allerdings möchte sich der geschöpfliche Geist vor der Größe der Aufgaben und Schwierigkeiten erschreckt abwenden und der unendlichen Verantwortung entziehen. In vermeintlicher Demut würde

27*

der Mensch lieber der göttlichen Gnade die ganze Erlösung, Rechtfertigung und Seligkeit als bloßes Gnadengeschenk verdanken.

Allein das hindert die göttliche Liebe nicht, in ihrer anspruchsvollen oder vielmehr unendlich freigebigen Weise barmherzig zu
sein. Es bleibt deswegen doch alles ihr Gnadengeschenk, mag die
Selbstbetätigung der Geschöpfe noch so groß und angestrengt sein.

Weil das höchste Gut das reichste Leben und die verdienst-
vollste Geistesbetätigung ist, darum ist der Messias, der Jeschurun,
der Auserwählte Gottes, zur allergrößten und schwersten Lebensaufgabe als leidender Gottesknecht berufen worden. (Jes. 42; 44;
49; 50, 4—11; 52, 13—53.)

Es war die größte Liebe, als Gott den Schmerzensschrei des
bis zum Tod geängstigten Gottmenschen nicht erhörte und den
bittern Kelch nicht an ihm vorübergehen ließ. Gottes Liebe
verschont die Ihrigen nicht mit anspruchsvollen Forderungen,
sondern nötigt sie gerade dazu trotz allen Zagens, Flehens und
Fliehens: sie gibt ihnen nur den Trost, daß sie die Not des Kampfes
und der Prüfung schon werden aushalten können. (Mc. 10, 27.)
»Ich bat den Herrn dreimal, daß er (den Stachel des Fleisches)
von mir nähme: allein er sprach zu mir: Meine Gnade genügt
dir. In der Schwäche wird die Tüchtigkeit vollendet.« (2 Cor. 12,
7—9. Lc. 9, 56—62; 10.)

Die Seligpreisungen der Bergpredigt zeigen, daß die
Offenbarung der Vatergüte die Verpflichtung zum vollen Einsatz
der ganzen Seele mit allen Kräften gesteigert hat, zur inneren
Überwindung alles Bösen und zur Erfassung des Guten im Sinn
des höchsten Vorbildes. »Wenn eure Gerechtigkeit nicht größer
sein wird als die der Schriftgelehrten und Pharisäer, werdet ihr
nicht in das Himmelreich eingehen.« (Mt. 5, 20.) Jesus hat die
äußeren Übungen, welche vielfach als Ersatz für den inneren Gottesdienst der sittlich-religiösen Gottebenbildlichkeit angesehen werden,
der Hauptforderung des Gesetzes: Gotteserkenntnis, Recht und
Liebe, untergeordnet und eingegliedert. Die unendliche Vatergüte, wie Jesus sie offenbarte, machte sich sofort in der Verpflichtung geltend: »Liebet eure Feinde! tut Gutes denen, die
euch hassen, und betet für eure Verfolger und Verleumder, damit
ihr Kinder eures Vaters im Himmel seid, der seine Sonne aufgehen läßt über Gute und Böse.« (Mt. 5, 44. 46.) »Wenn ihr

den Menschen nicht verzeiht, so wird der himmlische Vater auch euch nicht verzeihen.« (Mt. 6, 15; 18, 35.)

Die Barmherzigkeit Gottes besteht nur darin, daß er bei der Beurteilung des geschöpflichen Willens alle Verhältnisse mit vollkommener Wahrheit und Gerechtigkeit würdigt. Gottes Beurteilung ist weder strenger noch milder, als die Sache selbst es begründet. Ebensowenig ist es denkbar, daß infolge irgend welcher Vermittlung seitens Gottes eine mildere Beurteilung oder ein Verzicht auf sittliche Forderungen stattfände. Die Vatergüte Gottes läßt sich überhaupt nicht beeinflussen, weder unmittelbar durch persönliche Rücksichten, noch durch Vermittlungen. Sie ist der reine Wille der Vollkommenheit, sowohl als Forderung wie als Ausstattung, Erziehung und Kraftmitteilung. Großes zu fordern, zu Großem zu berufen und zu verpflichten, zu Großem zu befähigen und zu erwecken, Lust, Antrieb, Ausdauer, Heldenmut zu geben: das ist Gottes Vatergüte, wie er sie gegen Jesus im Todeskampf und gegen Paulus in seiner Gewissensnot bekundet hat. (Mc. 10, 38—40. Lc. 22, 28.) Gott ist nicht dadurch nachsichtig, daß er von seinen Anforderungen nachläßt, sondern daß er trotz aller Schwierigkeiten und Klagen fordert und hilft, damit die Seele nicht ermatte und verzage, sondern immer wieder in neuem Anlauf das Höchste wage. Mag die Anforderung, welche Gesetz oder Vorsehung an den Menschen stellt, noch so gewaltig sein: er kann und wird es schon aushalten: denn wenn Gottes Forderung groß ist, bleibt Gott auch nicht als Quellgrund allen guten Wollens und Vollbringens mit der inneren und äußeren Hilfe zurück: allerdings zumeist in ganz anderer Weise, als es der im Lebenskampf Stehende meint. (Jes. 40.)

Die göttliche Fülle der Vaterliebe ist demnach an der Schwere der Anforderungen und Aufgaben zu messen, zu denen er die einzelnen schafft, beruft und sendet. Die Sendungsaufgabe tritt für jeden mehr oder minder in das Gesichtsfeld und ist darum zum Maßstab geeigneter als die andere Gattung von Gaben und Wirkungen der göttlichen Vatergüte, nämlich die innere und äußere Ausstattung mit Kraft und Lust, die Salbung mit dem lebendigmachenden Geiste. Allein das ist gewiß, daß die Salbung niemals hinter der Anforderung zurückbleibt, welche die Sendung stellt, wenn auch in ganz ungeahnter Form.

Diese Apologie der Vatergüte und des Gottesbegriffes Jesu hat zur Voraussetzung, daß die Tätigkeit und Kraftentfaltung nicht als Last und Not betrachtet wird, sondern als der wahre Sinn und Zweck des Lebens. Die Tätigkeit darf auch nicht als bloßes Mittel zum Zweck seligen Lebensgenusses in untätiger Ruhe betrachtet werden, sondern als der Inhalt und Adel der Unsterblichkeit, als die Hoffnung der wahren Wesensvollendung zu ungehemmter Entfaltung und Verwertung aller Kräfte. Natürlich muß dann auch Gott selbst entsprechend gedacht werden: als die wesenhafte Denk- und Willenstat aller Wahrheit und Vollkommenheit, als Jahwe, der alles, was er ist, von Ewigkeit durch seine unendliche Selbsttat ist: »Ich bin, der Ich bin.« Darum schließen sich Jahwe und Vatergüte in einem und demselben Grundbegriff zur Einheit der höchsten Gottesoffenbarung zusammen: der ewige und unendliche, selbstwirkliche, unbedingte und voraussetzungslose Vollkommenheitswille: als ewiger Gott wie als freier Schöpfungsratschluß der Welt, samt Menschwerdung und Erlösung, Heiligung und Vollendung.

Damit erledigt sich auch die von freidenkerischer Seite bekundete Ansicht: im Vaterbegriff Gottes und im Kindschaftsverhältnis des Menschen komme nicht die ganze geheimnisvolle Tiefe des Urgrundes und die ganze Fülle der religiösen Gesinnung zum Ausdruck.

Der Mangel der Anthropopathie, d. h. einer schwach-menschlichen Vorstellungsweise von dem Unendlich-Erhabenen wird auch darin gefunden, daß das Verhältnis zwischen Gott und Mensch nach Art von Vater und Kind zu äußerlich, als Beziehung von Einzelwesen zu Einzelwesen gedacht werde, also bestenfalls in einseitiger Transzendenz oder Weltverschiedenheit mit bloß äußeren Einwirkungen. Damit verbindet sich die Befürchtung, der religiöse Sinn werde zu einer allzu leichten und flachen Auffassung von Gott und seiner Bedeutung für Wirklichkeit und Leben verleitet.

Alle diese Befürchtungen bestehen nur, wenn man die bei keinem Gottesnamen und Gottesbegriff entbehrliche Aufgabe außeracht läßt, alle menschliche Bedingtheit und Beschränktheit abzustreifen und den wesentlichen Gedanken des sinnbildlichen Ausdrucks ins Unendliche, Ewige und Selbstwirkliche zu übersetzen.

Jesus hat die allmächtige, bewußte und liebende Immanenz der schöpferisch wirkenden Vatergüte in der Natur und Geisteswelt so tief und innig zur Darstellung gebracht wie kaum irgend eine Darlegung der von innen heraus wirkenden Geistesursächlichkeit und befruchtenden Welterfüllung Gottes. Die Liebe und Kunst, welche die Lilien des Feldes kleidet und die Vögel ernährt, kann gar nicht als von außen wirkende Ursächlichkeit gedacht werden: sie ist dafür zu schöpferisch, natur- und lebenbegründend, durch lebendigmachende

Anlage und Anregung von innen her gestaltend, Triebe und Bedürfnisse wie Kräfte und Sinne samt ihren Organen und Gliedern entwickelnd, von innen her kleidend wie gestaltend, den Nahrungstrieb weckend und erfüllend. Ps. 103/4. Der Psalmist ist doch wohl erhaben über den Verdacht, als ob Gott seine Hand öffnen müsse, um allem Nahrung zu geben, wie etwa der menschliche Ernährer. (Job 38—41. Sap. 1, 7; 12, 1:) »Der Geist des Herrn erfüllt den Weltkreis: o wie sanft und wie gut waltet dein Geist, o Herr, in allen Dingen!« »Gott ist in allem.« (Sir. 43, 29.) »In ihm leben wir, bewegen wir uns und sind wir.« (Act. 17, 28.)

Die Seligpreisungen der Bergpredigt haben ihre innere Berechtigung eben darin, daß sie Gottes stärkende, erhaltende, reinigende Gegenwart auch in den Schicksalen aufzeigen, welche der gewöhnliche Sinn als Zeichen der Gottesferne oder als Wirkungen übelgesinnter Gewalten auffaßt.

Andere fanden deshalb in dem Gottesbegriff der Vatergüte einen Beweis für die monistische Denkweise Jesu. Der Allvater bedeute Gott als das bewußte Geistesleben, welches in der Allnatur walte und dem sich der Mensch in rückhaltloser Hingabe aufschließen solle unter Preisgabe alles Dualismus im Denken und aller Selbstsucht im Wollen. — Allein der Vaterbegriff sagt gerade, daß die ewige Liebe sich nicht in der Welt erschöpft und darum ihr Ebenbild, den Menschen, zu sich selbst über die Welt hinaufruft. Die Weltverleugnung, so schmerzlich sie ist, ist eben notwendig, weil das wahre Gut nicht in der Welt ist, sondern der Schöpfer der Welt, also über der Welt, wenn auch als Schöpfer die Welt durchdringend, belebend und erfüllend.

Der Vaterbegriff Gottes gewinnt eine volle Welterhabenheit und Weltinnigkeit erst in der Wechseldurchdringung beider Vorzüge. Die Vatergüte Gottes wird in der Lehre Jesu immer als ursprüngliche Vaterschaft für seinen Sohn dargestellt. Dann erst und auf Grund dieser Vaterschaft ruft Gott sein geschöpfliches Ebenbild in die Innigkeit derselben Lebensgemeinschaft und flößt ihm zu diesem Zweck den Geist seiner eigenen Vaterliebe und seines eingebornen Sohnes ein, damit sich die Seele in dieses Geheimnis göttlicher Erbarmung hineindenke und hineinlebe.

Auf dem Standpunkt des Monismus kann man das bewußte Geistesleben, welches in allem Werden ursächlich waltet, nur dann Vater nennen, wenn man in mythologische Denk- und Redeweise zurückfällt und den Grundgedanken des Monismus damit stillschweigend preisgibt. Der Weltgrund kann ebensowenig als der Vater der Schöpfung betrachtet werden, wenn er sich in ihr als geistiger Wesens- und Lebensgrund erschöpft, wie die Seele nicht als der Vater ihres Leibes bezeichnet wird. Auch dem Einzelmenschen gegenüber ist dies ebensowenig möglich, wie die Seele nicht als der Vater der einzelnen Glieder ihres Leibes gelten kann. Die Vatergüte bedeutet das innigste Wohlwollen des Vollkommenheitswillens für die Schöpfung, aber auf Grund der Welterhabenheit dieses Vollkommenheitswillens, der für sich selber in der Unendlichkeit lebt und den Sohn seiner Liebe im Geiste ewiger Vaterliebe erzeugt, wie dieser hinwiederum in demselben Geiste der ewigen Zugehörigkeit vom Vater ausgeht und im Vater bleibt.

4. Im Hinblick auf das kirchliche Dogma von der Dreieinigkeit Gottes und der persönlichen Vaterschaft in Gott entsteht die Frage, ob Jesus im synoptischen Evangelium von Gott dem Vater bloß im Sinne eines mildgesinnten Gottesglaubens oder im Sinne der göttlichen Dreieinigkeit gesprochen habe? — Die Kritik wird von vornherein letzteren Gedanken als die Folge dogmatischer Voreingenommenheit ablehnen. Allein trotzdem ist die Frage sehr dringend und ernst. Es ist unzweifelhaft, daß die Gedankenwelt der alttestamentlichen Offenbarung die tieferen Geister immer vertrauter machte mit dem Gedanken, daß Gott wahres und reichstes Geistesleben in sich selber sei, nicht bloß als ewige Tatsächlichkeit, und daß Gott diese Lebensfülle betätige durch den Hervorgang der ewigen Weisheit aus dem Munde Jahwes, sowie damit, daß dieser Hervorgang im Geiste der Vaterliebe und der Sohnschaft stattfinde oder von einem zweiten Hervorgang begleitet und durchdrungen sei, dem Hervorgang des Geistes von Jahwe und seiner Weisheit.

Unzweifelhaft ist in der ganzen Entwicklung der Religion wie der Philosophie nie ein Gottesbegriff oder eine Idee vom Urgrund ausgebildet worden, welche an Tiefe und Fülle ihres Wahrheitsgehaltes und ergreifender Innigkeit dem Gottesbegriff des christlichen Dreieinigkeitsglaubens nahe käme. Es erscheint vom religionsgeschichtlichen Standpunkt aus undenkbar, daß Jesus seine Gotteserkenntnis als die höchste und reichste bezeichnet haben sollte, wenn er die Vaterschaft Gottes nur im sittlichreligiösen und im theokratisch-messianischen Sinne gedacht hätte, also als die Vatergesinnung des Schöpfers gegenüber dem Geschöpf und die besondere Auserwählung, Sendung und Salbung des Messias als bloßen Menschensohnes.

Unmöglich stünde die Gotteslehre Jesu dann an Gedankentiefe, Wahrheitsfülle, an Innigkeit und Hoheit auf gleicher Linie wie der Gottesbegriff des Trostbuches Jes. 40, wie der Gott-Vaterbegriff der Weisheitsbücher. (Prov. 8. 9. Sir. 1. 24. Sap. 1, 6—10.) Die Innigkeit und Allseitigkeit der religiösen Bedeutung des dreieinigen Gottesbegriffs für das innere Leben wird da mit voller Lebendigkeit und psychologischer Wahrheit ausgeführt. Als die Offenbarung des mit der Wahrheit und Güte beschäftigten Geisteslebens von unendlichem Reichtum und unvergleichlicher Innigkeit, Einsicht und Heiligkeit ist das dreieinige Gottesleben zugleich Vorbild und Gesetz für die Menschenseele: aber dieses Vorbild und Gesetz wird unbeschadet der freien Selbstbetätigung nur erfüllt, indem die vom Vater ausstrahlende Weisheit mit der

Innigkeit und Kraft ihres Geistes in die Menschenseele Einkehr nimmt. Das Reich Gottes ist also die Fortsetzung des göttlichen Innenlebens und seiner Dreieinigkeit in die Menschenseele hinein.

Wenn der Gottesbegriff Jesu, wie er in den synoptischen Evangelien ausgeführt ist, nicht im Sinne des kirchlichen Dreieinigkeitsglaubens und der alttestamentlichen Offenbarung von den göttlichen Hervorgängen betrachtet wird, dann ist es sehr fraglich, ob ihm nicht der paulinische Gottesbegriff an Fülle und Reichtum der psychologischen Beziehungen, wie an Kraft und Innigkeit der religiösen Verwertung wesentlich überlegen sei. In der Tat sind derartige Urteile hinreichend laut geworden: sie wären noch häufiger; allein die sprachliche Form und Vollendung der Lehrsprüche und Gleichnisse Jesu im Vergleich zu dem Briefstil Pauli sichert von anderer Seite her die Überlegenheit des Evangeliums. An und für sich wäre es möglich, daß die ergreifende Macht der Gottesverkündigung Jesu gerade in der schlichten Einfachheit begründet gewesen wäre, mit welcher in seiner Lehre die Bedeutung Gottes für die Seele frei von allen Zutaten hervortrat. Allein das Evangelium beginnt ja gerade mit der Ankündigung, daß die Taufe mit dem Hl. Geiste unmittelbar bevorstehe, daß darin das Werk des Messias und die Liebe des Vaters bestehe. Wie das Alte Testament sofort mit der Offenbarung beginnt, wie der Geist Gottes die Schöpfung durchdrang und zur Vollbringung der göttlichen Schöpfungsworte befruchtete, so auch das Evangelium mit der Offenbarung der Geistestaufe: dadurch soll jetzt das Reich Gottes vollbracht werden, wie einstens die Schöpfung. Den Schöpfungsworten von Gen. 1. entsprechen die Seligpreisungen der Bergpredigt: in ihnen spricht sich die schaffende Liebe des Vaters aus. Das Evangelium spricht von Gott dem Vater in dem ganz bestimmten Sinne, daß er in seinem Sohne die Welt heimsuche, um sie mit seinem eigenen Geiste zu taufen. Sodann hat Paulus, dem die Verwertung der Vatergüte Gottes und der edleren wie freieren Auffassung von Religion und Sittlichkeit in den Schulen Israels vertraut war, durch den Gottesbegriff Jesu einen so gewaltigen Eindruck empfangen, daß ihm der frühere Gottesbegriff und die von ihm bestimmte Heilsauffassung als ganz unzureichend erschien.

Der Gottesbegriff, der den Pharisäer Saul in einen Jünger Jesu umwandelt, war der Gottesbegriff der Gnade im Gegensatz zu dem des bloßen Gesetzgebers und Vergelters, d. h. der Gottesbegriff der wesenhaften Güte, welche selber Urbild, Beweggrund, Zielgrund und Kraftquell für die Erfüllung des Gesetzes ist. Gott ist Gnade als wesenhafte Heiligkeit und Güte, als wesenhafter Vollkommenheitswille, der wegen des Inhaltes unendliche Vollkommenheit, wegen der selbstwirklichen Tatkraft und des selbstbestimmten Vollzugs Heiligkeit und wegen der Hinordnung auf eine unterschiedene Persönlichkeit (cui bonum vult et communicat) eigentliche Güte und Liebe ist. Dieses eigentliche Wesen der Güte und Liebe, welches für die Gnade urbildlich ist, kommt in Gott nur dann zur Geltung, wenn er in seiner welterhabenen Ewigkeit Vater und Ursprung göttlicher Personen ist, denen er die eigene Wesens- und Lebensfülle mitteilt. Da sein eigenes Leben in dieser Hingabe seiner ganzen Gottheit an sein Wort und seinen Geist aufgeht, wie auch umgekehrt, so ist Gott wesentlich Güte, Wechselbeziehung der vollkommenen Hingabe in allen Formen des geistigen Lebens, der Erkenntnis- und Willensbetätigung.

Gott ist Vollkommenheitswille: aber der alleingute Wille, der die Vollkommenheit nicht nur als Gegenstand und Inhalt, sondern in der vollkommensten Form und Weise will: darum als selbstbestimmte Vollkommenheit oder als selbständiges Fürsichsein, aber auch als die Güte des Gebens und als die Güte des bewußten Hervorgangs aus der Einsicht und Liebe der erkannten und gewürdigten Notwendigkeit. Die höchste Vollkommenheit ist jener Vollkommenheitswille, der die Vollkommenheit in der Form der selbstbewußten und selbstbestimmten Persönlichkeit will, der sie um ihrer selbst willen und darum uneigennützig, also nicht nur für die eigene, sondern ebenso für die andere Persönlichkeit will.

Die höchste Vollkommenheit ist der Wille, der die Vollkommenheit in jeder vollkommenen Weise will, immer die ganze, ewige und unendliche Vollkommenheit, aber in jeder vollkommenen Weise ihres ewigen und geistigen Vollzugs. Aus diesem Grund ist die höchste Vollkommenheit als die wesenhafte Selbstmitteilung und darum als Vatergüte zu erkennen und als solche in der Offenbarung dargetan. Der selbstwirkliche Vollkommenheitswille Jahwes bleibt nicht in der eigenen Persönlichkeit beschlossen, sondern erfüllt seine Vollkommenheit auch durch wesenhafte Mitteilung derselben zu persönlichem Besitz und Vollzug und zwar mit voller Einsicht und Liebe für deren unendlichen Wert.

Darum bringt Paulus ebenso den Vaterbegriff zur Geltung wie den Gottesbegriff der Gnade; beide hängen innerlich zusammen. Die Vaterschaft Gottes, durch welche Gott ewig seinen Sohn als Ebenbild und Inbegriff aller seiner Vollkommenheit im Geist der Liebe erzeugt und umfangen hält, ist das Urbild aller anderen Vaterschaft und aller gnadenvollen Mitteilung Gottes an die Schöpfung. Gott ist als ewiger Vater der Vater aller Gnade und Erbarmung. Die Güte wird dem Geschöpf gegenüber zur Gnade, weil sie durchaus frei und ungeschuldet ist, weil sie nicht zu der naturnotwendigen Ausbildung der geschöpflichen Geistesanlage gehört und endlich, weil die Menschheit wegen der Sünde durch innere Unwürdigkeit von der unmittelbaren Lebensgemeinschaft mit Gott geradezu ausgeschlossen war. Auch der Sache nach hat die Gnade des Gottesreiches im Gottesbegriff der Dreieinigkeit ihr Urbild: denn sie besteht darin, daß der geschöpfliche Geist in die unmittelbare Lebensgemeinschaft mit Gott berufen und erhoben wird, in der sich kraft notwendiger Betätigung der unendlichen Güte (durch Hervorbringen und Hervorgehen) der eingeborne Sohn und der Hl. Geist mit dem Vater ewig durchdringen. Aus diesem Grunde führt Paulus die sittlich-religiöse Vorbildlichkeit des dreieinigen Lebens der Gottheit in immer neuen Wendungen für das Gottesreich der Gnade aus.

Der Gottesbegriff Jesu könnte dem gesetzeseifrigen Pharisäer unmöglich mit der Überlegenheit einer ganz neuen und durchgreifenden Gottesoffenbarung gegenübergetreten sein, wenn er nicht die ewige Vaterschaft und damit den tatkräftigen, vorbildlichen Vollzug der höchsten Vollkommenheit in jedem Sinn, auch dem der sowohl Lebensfülle wie Lebenskraft mitteilenden Güte in dem Evangelium Jesu vorgefunden hätte. Die Mitteilung ist das Wesen der Güte; die Mitteilung des einen und alleinigen Guten ist Selbstmitteilung. Der Gegenstand der Mitteilung kann nur die Vollkommenheit selber sein. Die Vollkommenheit bedeutet einerseits die Fülle der Vorzüge, anderseits aber auch die Kraft der Vorzüge. Das Gesetz des Guten gehört zur Mitteilung der Vorzüge und ihrer Fülle: denn es ist die Vorstellung und die Verpflichtung dazu. Das Gesetz ist also der erste Schritt in der Mitteilung der Güte oder Gottähnlichkeit, insofern sie Besitz einzelner oder die Fülle aller Vorzüge ist. Die Gesetzgebung ist darum ein Ausfluß der Güte, weil sie der Anfang ihrer Selbstmitteilung ist. Während die Furchtreligion in dem Gesetz eine von Gott auferlegte Last sieht, erscheint das Gesetz im Lichte der ewigen Vaterschaft als der Ausdruck des göttlichen Wesens selber und die Gesetzgebung als der Anfang der gütigen Selbstmitteilung Gottes. Die Verpflichtung zum Gesetz ist die Energie der Liebe, welche uns zu unserem eigenen Besten verpflichtet. Aber die Selbstmitteilung bezieht sich auch auf die Kraft, Liebe und Ausdauer, mit welcher das Gesetz der Gottverähnlichung erfüllt, und die Vorzüge derselben im einzelnen und im ganzen erworben und betätigt werden. Geistige Vorzüge kann man ohnedies nur dadurch besitzen, daß man sie betätigt. Die Kraft ist notwendig zum inneren wie zum äußeren Vollzug der Gottebenbildlichkeit, in der Gesinnung wie im Werk. Diese Selbstmitteilung Gottes, insofern er selbst in seinem eigenen Wesen und in der Ewigkeit die Liebe, Tatkraft und Willenshingabe für die unendliche Vollkommenheit und ihre allseitige Betätigung ist, hat im

Hervorgang des Hl. Geistes ihr ewiges Urbild und damit ihren Quellgrund in den Tiefen der Gottheit selbst.

Da die Güte vor allem in der Vollendung der einzelnen Güter zu einem vollen und dauernden Ganzen sich kundgibt, indem das Übel im Mangel besteht, und die Berufung zur Gottverähnlichung erst dadurch zum wahren Heilsgute wird, daß Gott nicht nur durch das Gesetz des Guten, sondern auch durch die Kraft seines inneren und äußeren Vollzugs seine Güte mitteilt, so ist es begreiflich, daß Paulus die Gnade mehr in der Befähigung zur Erfüllung des Gesetzes als in der Verpflichtung zum Guten sieht. Und doch gibt Gott das Gesetz nicht, um zu richten, sondern um die Grundlage zur Vollendung zu legen. Das Gesetz der Gottebenbildlichkeit und die Verpflichtung dazu ist der Anfang der Gotteskindschaft und -sohnschaft des Menschen. Denn der Messias-Gottessohn hat ganz und gar das Bewußtsein seiner Sendung vom Vater, das Bewußtsein des göttlichen Auftrags und Vollkommenheitswillens. Im Evangelium wird es von Jesus ebenso nachdrücklich als Gottes Vatergüte hervorgehoben, daß er den guten Geist zur Erfüllung seines verpflichtenden Vorbildes denen gebe, die ihn darum ernstlich bitten. (Luc. 11.) »Was bei den Menschen unmöglich ist, wird möglich durch Gott!«

Der Glaube an Gottes innere Hilfe zum Vollzug des einen Notwendigen, des Gottesreiches in der eigenen Seele soll unbeschränkt sein, weil Gottes Vatergüte und Vollkommenheitswille unbedingt ist. Gott ist nicht gut in dem Sinne, als ob er auf seine Forderung verzichtete, sondern deshalb, weil er die Kraft zur Erfüllung der unbegrenzten Verpflichtung gibt.

Die höchste Vollkommenheit kann nicht durch einfache Übertragung einer fertigen Wirklichkeit mitgeteilt werden; soweit dies möglich ist, würde die innere Vollkommenheit der Gabe dadurch wesentlich beeinträchtigt. Das Leben und vor allem das geistige Leben kann nur als Same zu eigenem Wachstum, als Gesetz und Zielstrebigkeit eigener Selbstbetätigung, als Grund und Antrieb zu eigenem Denken und Wollen mitgeteilt werden. Darum ist das Gottesreich, diese höchste Gabe, dieses eine Wertvolle, diese Gabe aller Gaben, nicht ein fertiger Geistesbesitz, nicht eine mechanische Entgegennahme des Gotteswortes und Gottesreiches, sondern ein Same und Keim zur selbsttätigen Entwicklung in der Seele, in der Kirche, in der diesseitigen Lebensaufgabe, in der Gesamtheit der Menschen, in dem ganzen Schöpfungszusammenhang von Natur und Geist.

Daher schloß Jesus an die Verkündigung des Gottesreiches in der Erkenntnis Gottes als des Vaters und der großen Verpflichtung zur Ausbildung der Gottebenbildlichkeit in den Gottesreich-Gleichnissen die frohe Botschaft an, wie Gottes Güte sich in seinem Geben offenbare. Nicht so wie menschliche Trägheit,

Äußerlichkeit, Engherzigkeit und Schroffheit es erwartet: sondern als das beste Geben, welches das eigene, selbsttätige Leben und die Ausbildung zur Eigenpersönlichkeit beabsichtigt und sich darum in eine Fülle von Gaben zerteilt, aus denen durch eigenes Wachstum das Reich Gottes in den Seelen, in der Kirche, in der Welt und in der Vollendung hervorwächst. Das beste Geben ist nicht das Geben, welches von dem Beschenkten bloß Bereitwilligkeit und Entgegennahme erwartet und fordert, sondern jenes Geben, das mit der fertigen Gabe zurückhält, um so dem Beschenkten eigenes Leben und selbsttätige Vollkommenheit zu verbürgen. Auch hierfür ist die göttliche Vatergüte Vorbild und Unterpfand: Gott gibt sein unendliches Wesen und dessen Lebensfülle seinem Sohne und Geiste so, daß er ihnen damit zugleich die eigene selbständige Persönlichkeit und Selbstwirklichkeit gibt. Sohn und Geist werden vom Vater hervorgebracht, aber in so vollkommener Güte, daß sie mit voller Selbstbestimmtheit ewig von ihrem Ursprung hervorgehen. Ob man im Sohne mehr den Gedanken oder die Wahrheit ins Auge faßt, sowie im Geiste mehr die Liebe oder die Heiligkeit: Gott ist der Alleingute und Höchstgute. Denn er will, daß Gedanke und Wahrheit selber mit voller Eigenpersönlichkeit Weisheit und Wahrheit seien, also wahrhaft und mit lebendiger Tatkraft. Gott will, daß Liebe und Vollkommenheit selber mit vollem Selbstbewußtsein und eigenem Willen das seien, was sie im ewigen Geistesleben sind — Inhalt und Form des Erkennens und Wollens. Daß Gott dasjenige, was er in sich hervorbringt, zu voller und ewiger Persönlichkeit hervorbringt, als seinen Sohn erzeugt und als lebendigen und lebendigmachenden Geist hervorgehen läßt, das ist das Urbild seiner ewigen Vatergüte. Dieses Urbild wesenhafter Vatergüte, wodurch Gott nicht nur Urheber von Gütern, Ideen und Sachen ist, sondern von Personen, nicht ein Gott der Toten, sondern der Lebendigen, steht im Hintergrund der Reich-Gottes-Gleichnisse und ist der Schlüssel zum Verständnis des Geheimnisses, das mit dem Reich Gottes, wie es Jesus brachte, verbunden ist.

Auch hier zeigt sich Paulus als ein echter Jünger Jesu, der das Geheimnis im Evangelium Jesu richtig erfaßt und aufgeschlossen hat. Weil Gott wesenhafte Vatergüte ist, darum besteht die Gnade seines Reiches darin, daß er den Menschen in der Wiedergeburt zu seinem Kinde erzeugt und ihn nur kraft dieser Kindschaft zur Erbschaft seiner unendlichen Lebensfülle führt. Gottes Gnade besteht darin, daß sie Gottes Erbschaft nur durch die Gotteskindschaft gibt. Aber die Kindschaft muß im Geiste des lebendigmachenden Gottes zur Mannhaftigkeit und zum Vollalter Christi heranreifen und so innerlich und tatkräftig der Erbschaft Gottes entgegenreifen. Gottes Güte offenbart sich darin, daß sie die Frucht der Vollendung nur durch den Samen des übernatürlichen Lebens gibt, durch das Leben selbst, das aus dem Innersten der Seele wie ein Quellwasser hervorströmt und fortströmt ins ewige Leben. So gibt Gott seinen Geist — daß er zugleich aus der unendlichen Höhe der Gottheit und aus dem Innersten der begnadigten Seele hervorgeht. (Joh. 7, 38. 39.) Was das Johannesevangelium in seiner Sprache und aus dem Gottesbegriff heraus verkündet, genau dasselbe lehren die Himmelreichsgleichnisse in Mc. 4. und Mt. 13.

Gott gibt durch seine Gaben die höchsten Güter: wahres Leben, geistige Selbstbetätigung, vollkommene Persönlichkeit. Auch im Höchsten, dem Reich der Gnade, wirken Gottes Gaben erhebend und vergöttlichend: sie entzünden das eigene Leben, aber ersetzen es nicht. Gottes Vatergüte erzeugt durch den Geist seiner Gnade nicht Almosenempfänger und Knechtseelen, sondern Ebenbilder seines Sohnes, Träger und Erben seines Geistes.

Im Reich Gottes ist alles Pflicht und Lohn, weil alles Same und Frucht sein soll. Alles soll Same und Frucht, Pflicht und Lohn sein, weil alles Geist und Leben sein soll — und eine Nachbildung der unendlichen Güte, des lebendigsten Lebens, der geistigsten Geistigkeit im Erkennen des Wahren und Vollbringen der Vollkommenheit. All das bedeutet der dreieinige Gottesbegriff und der Vaterbegriff im Evangelium Jesu.

Darum erfolgt die frohe Botschaft von der allgemeinen Vaterschaft Gottes für die Menschen in allen vier Evangelien aus dem Bewußtsein des Messias-Gottessohnes heraus, daß er in einem ganz einzigartigen Sinne Gott zum Vater hat, und daß seine Sohnschaft das Urbild jener Gotteskindschaft ist, welche er der Menschheit bringt. Aus diesem Grunde überwiegen in allen vier Evangelien die Lehrworte, welche Gott als den Vater Jesu und als den Geistgesalbten offenbaren. »Vater! Ich habe deinen Namen den Menschen geoffenbart, die du mir gegeben hast . . . Heiliger

Vater! erhalte sie in deinem Namen, . . . damit sie Eins seien, wie wir Eins sind . . . Gerechter Vater! die Welt kennt dich nicht: aber ich kenne dich, und nun haben auch diese erkannt, daß du mich gesandt hast. Ich habe ihnen deinen Namen bekannt gemacht und werde ihn bekannt machen, damit die Liebe, womit du mich geliebt hast, in ihnen sei und ich in ihnen.« (Joh. 17.)

§ 6. Das Gesetz der vollkommenen Gerechtigkeit und Liebe.

1. Das Evangelium Jesu ist auch in sittlicher Hinsicht als einzigartige Weisheit ausgezeichnet. Die vollkommene Gerechtigkeit ist nämlich der zweite große Grundgedanke des Evangeliums. Das Evangelium Jesu ist das Gesetz der vollkommenen Gerechtigkeit und Liebe, geoffenbart im Wort und Vorbild des Sohnes. Der Sohn wurde von Gott gesandt und verpflichtet, um in Lehre, Leben und Opferverdienst der Urheber der vollkommenen Gottverähnlichung für die Menschheit zu werden. Das Evangelium Jesu besteht darum in der einen großen Verpflichtung zur sittlichen Vollkommenheit und Gottverähnlichung, sowie der Erfüllung dieser Aufgabe durch Jesus als den Messias-Gottessohn und neuen Stammvater der Menschheit.

Als Gottesknecht und Gottesgesandter ist Jesus in seinem Erdenleben das Vorbild und der Verdiensturheber der vollkommenen Gottverähnlichung. In seiner Verherrlichung ist er das verklärte Abbild des Vaters und der Erstgeborne aus der Todeswelt, welche selbst durch die sittliche Gottverähnlichung zum dienstbaren Werkzeug vollkommenen Geisteslebens in und bei Gott verklärt werden soll. Der Gottesknecht und Gottesgesandte im Erdenkampf entspricht dem Herrn, Anführer und Urheber des Lebens in der Auferstehung und Himmelfahrt. Die Verherrlichung, welche dem Messias nach vollbrachtem Heilswerk zuteil wurde, ist vor allem die Ausgießung und Wirksamkeit des Hl. Geistes, der durch Jesus, sein Leben und Lehren, Vorbild und Opfer seinen Jüngern und der Menschheit überhaupt zuteil geworden ist und immerfort zuteil wird. Der lebendigmachende Geist ist der große Beweis der Wahrheit und Göttlichkeit. Nicht äußerer Glanz und Triumph, sondern des heiligenden Geistes Licht und Kraft ist die Herrlichkeit, mit der Gott seinen Gesalbten vor aller Welt ausgezeichnet hat.

2. Das Gesetz der Vollkommenheit im Sinne des Evangeliums Jesu ist seinem Umfange nach so weit, wie der Endzweck aller sittlichen Verpflichtung durch Gott: die volle Gottverähnlichung, durch volle Kraftentfaltung des einzelnen und aller Gemeinschaftsformen sowie durch vollen Anteil an der Fülle der göttlichen

Lebensgüter. Nicht Gehorsamsprobe und Unterwürfigkeit ist der Lehre Jesu zufolge der Zweck der Verpflichtung, sondern das eigene Heil, die Vollendung des Menschenwesens, die Ausbildung der Persönlichkeit zum eigenartigen Ebenbilde Gottes. Jesus hat der Menschheit in sittlicher Hinsicht einen wahren Zweck für alles sittliche Streben gegeben und dadurch dieses selber in jeder Richtung zur vollen Kraft und Entfaltung gebracht.

Die Gottverähnlichung und Wesensvollendung in dem Zusammenschluß mit Gott soll vor allem in der eigenen Seele, in der Überzeugung des Glaubens und der Hingabe an das Göttliche in jeder seiner Formen vollzogen werden. Diese Sittlichkeit der innerlichen Willenshingabe an das wahre Gut ist im engeren Sinn die religiöse Sittlichkeit, wie sie im Markusevangelium als die große Verpflichtung hervortritt. Mit ihr beginnt die Gotteskindschaft, die unbedingte hochherzige Hingabe der ganzen Seele an Gott mit kindlichem Vertrauen. Sie beginnt im Innersten der Seele und fordert deshalb die Reinheit und Wahrhaftigkeit der gottverpflichteten Gesinnung.

Jesus stellt daher die Kinder als Vorbild auf: das ungeteilte, unbefangene Vertrauen, die Herzenseinfalt und rückhaltlose Hingabe, welche durch keine kluge Vorsicht und keine geheime Furcht geschwächt wird, ist dem Allein-Guten gegenüber vollberechtigt und alleinberechtigt. Mit diesem Grundsatz trat Jesus allen Geistesrichtungen entgegen, welche (wie die Pharisäer) dem großen Gebot der Gottesliebe gegenüber einen Vorbehalt machen wollen, als ob nicht alle berechtigten Interessen ihre wirksamste Wahrung gerade im Gottesreiche fänden, wenn es nur richtig verstanden wird. Das innere Verständnis und die geistige Überzeugung von der großen Grundpflicht der Gottgehörigkeit ist allerdings notwendig, wenn die Religion und Sittlichkeit eine Sache der innersten Gesinnung sein sollen. Denn gerade das Unverstandene und bloß positiv Hingenommene wird leicht zur rein äußerlichen Übung. Der Mangel an innerem Verständnis, warum die einzelnen religiös-sittlichen Gebote gelten und dieses gut, jenes schlecht nennen, führt zur Zersplitterung der einen großen Verpflichtung in zahllose Einzelgebote. Für die große Wahrheit, daß das Gebot Gottes sich in erster Linie an die innerste Gesinnung und Überzeugung wende, ist Mc. 7 im Zusammenhang mit Mc. 12, 28—34 und Joh. 16, 8—14 die ewige Urkunde.

Das Gesetz, welches die innere Hingabe der Persönlichkeit und das Opfer der Gesinnung fordert, bedeutet darum die Überordnung des Persönlichen über alle sachlichen Leistungen. Sie werden durchaus nicht ganz entwertet: denn sie dienen als Material für das Opfer der Persönlichkeit. Die Gesinnung bekundet sich in tatkräftigem Wirken.

Das Gute besteht ferner in der tatkräftigen Erhebung über alles Endliche und Vergängliche, in der Befreiung und Reinigung von allem, was des gottebenbildlichen Geistes unwert ist und unfähig, ihn als Lebensinhalt auszufüllen, also in der Weltverleugnung und Selbstüberwindung, in der Erhebung über die Sorgen und Gelüste dieser niederen Welt. Es ist dies die aszetische Sittlichkeit, wie sie im Matthäusevangelium besonders hervortritt. Die Gotteskindschaft soll von der schlichten Einfachheit grundsätzlicher Hingabe in Glauben und Liebe zur starken Mannhaftigkeit und Reife heranwachsen. Die heroische Tugend ist der Zweck der (christlichen) Aszese, der sie von der pessimistischen Weltflucht unterscheidet. Die Weltverleugnung im Sinne Jesu hat den Zweck, die Kraft der Persönlichkeit bis zum Heldentum der freien Selbstbestimmung auch in den schwierigsten Lagen auszureifen. Alle christliche Aszese dient dem Ideal der Kraft, der vollen Selbstbeherrschung, des reinen und starken Willens, der heroischen Persönlichkeit.

Die Sittlichkeit ist ihrer Forderung nach auch Überwindung der Selbstsucht. Sie fordert Gemeinschaftspflege und Dienst des Nächsten, sowohl um seiner Not abzuhelfen wie um ihm zur Vollkommenheit und zu Gott zu verhelfen. Die Nächstenliebe ist das Apostolat zur Überwindung alles Verderbens und zur Entwicklung alles Guten in der Menschheit. Wo Not und Verderben, da ist der Beruf der Liebe. Die Propaganda des Glaubens, Hoffens und Liebens ist die geistliche Nächstenliebe; aber sie zeigt ihren Ernst und ihre Opferkraft auf Erden gerade durch die Werke der leiblichen Barmherzigkeit, der solidarischen Verpflichtung, der planmäßigen Abhilfe und der vorbeugenden Fürsorge. Ihr Ziel ist die Ermöglichung menschenwürdiger Lebensverhältnisse für die Gesamtheit, damit sich alle zu persönlicher Selbständigkeit emporarbeiten können. Gemeinschaft im geistigen Leben ist nämlich nur möglich und wertvoll zwischen solchen Personen, welche geistige Selbständigkeit besitzen.

Jesus hat die Schranken, in welche nicht etwa das göttliche Gesetz, sondern menschliche Engherzigkeit und Herzenshärte den Altruismus der sozialen und charitativen Sittlichkeit einschließen wollte, ohne Rücksicht auf deren nationale und religiöse Einkleidung niedergerissen. Das Evangelium Lukas verkündigt darum zugleich das Gesetz der Vollkommenheit als solidarische Verpflichtung zur Nächstenliebe, als Universalismus der geistlichen und leiblichen Barmherzigkeit und als besondere Fürsorge für die Sünder und Verwahrlosten.

Die sittliche Pflicht als Gottverähnlichung zielt auf die Vollkommenheit des geistigen Lebens im tiefsten und höchsten Sinne. Dieselbe fordert die Vollkommenheit der geistigen Persönlichkeit und dann die Erfüllung der geistigen Wesensanlage mit der Wahrheit und dem Guten selber, endlich die ungehemmte Entfaltung aller Geisteskräfte und zwar inbezug auf die Fülle alles Wahren und Guten als den allein genügenden Lebensinhalt. Diese Pflege des reinen Wahrheitsdienstes und aller Ideale ist der Kultus des göttlichen Logos, dieses Inbegriffes und Ausdruckes der unendlichen Weisheit und ewigen Kunst. Indem das Johannesevangelium die große Pflicht der Nachfolge Christi als die Hingabe der Seele an die Quellkraft und Fülle aller Wahrheit und Gnade auslegt, als die Aneignung eines höheren Lebens, welches über den Tod hinaus fortströmt in ewige Lebensbetätigung ohne Grenze und Erschöpfung, wird von ihm, dem Gesetz des Evangeliums zugleich alle reinspekulative Geisteskultur, Wissenschaft und Kunst als Dienst des Logos und als Weg zum Vater im Geiste der Wahrheit dargetan. Das Gesetz der Sittlichkeit im Sinne Jesu umfaßt alles, was die Menschheit zum Ebenbild Gottes macht, darum im höchsten Maße auch jene Geistesbildung, welche nicht dem Zwange irdischer Not entspringt, auch nicht dem praktischen Interesse fortschreitender Naturverwertung, sondern dem reinen Pflichtgefühl für Wahrheit und Vollkommenheit.

3. Das Sittlichkeitsideal ist Dienst des Geistes, Gottesanbetung im Geiste, indem für die Wahrheit und Vollkommenheit die lebendige Persönlichkeit als der Sachwalter und Träger, als die verpflichtete Vollzugskraft zur Ausbildung gebracht wird. Darin besteht der Kultus des Geistes. Darin liegt das Persönlichkeitsideal des Evangeliums. Die Wahrheit und Vollkommenheit, das Gute und Göttliche fordert die Aufnahme in einer bewußten und freien Persönlichkeit, die allein der Verpflichtung, der Liebe, der Überzeugung, der Freiheit und Pflichterfüllung fähig ist. Nur die lebendige Persönlichkeit mit ihrer Gedanken- und Willenskraft, mit ihrer Begeisterung und Liebe, mit ihrem Pflichtbewußtsein

und ihrem Freiheitssinn zugleich ist das ebenbürtige Heiligtum für die heilige Majestät des Wahren und Guten. Darum birgt die Vollkommenheit im Sinne Jesu die Forderung in sich, daß die geistige Persönlichkeit zum würdigen Träger und Sachwalter der göttlichen Wahrheit und Güte ausgebildet werde.

Die Vollkommenheit ist Gottesdienst im Geiste und in der Wahrheit, d. h. Pflege und Vollendung der geistigen Persönlichkeit. Das Vollkommenheitsideal im Sinne des Evangeliums hat daher den Grundzug der Liebe. Wie Gott die Liebe ist, so auch sein Dienst. Die Liebe ist die große Pflicht, das Gesetz Gottes selber. Alle Vollkommenheit soll und muß von der lebendigen Persönlichkeit vollbracht und für die lebendige Persönlichkeit begehrt werden: ihr Dienst soll also in zweifachem Sinne Liebe sein. Liebe, indem man die eigene Persönlichkeit mit Begeisterung und Freiheit, aus Pflichtbewußtsein und Treue in den Dienst der Wahrheit und des Guten stellt; Liebe, indem man sie zum Besitz und Erbteil, Lebensgesetz und Lebensberuf der anderen Persönlichkeiten und der Gesamtheit aller zu machen bemüht ist; Liebe, indem man der Wahrheit und dem Guten aus voller Überzeugung und Empfindung dessen, was man ihr schuldet, in Treue ergeben ist.

Der Grundcharakter der Liebe kommt im christlichen Vollkommenheitsideal natürlich zuerst als Nächstenliebe zur Offenbarung, dann erst als Selbstliebe. Denn die Erfüllung der sittlichen Lebensaufgabe inbezug auf sich selber, insoweit sie zur positiven Steigerung und Bereicherung des eigenen Wesens führt, scheint in derselben Richtung zu liegen, in welche der Naturtrieb der Selbstsucht weist und drängt. Die Erfüllung des Wahrheits- und Vollkommenheitsdienstes inbezug auf das eigene Selbst steht in einem gewissen Naturzusammenhang mit der selbstsüchtigen Begierde nach Befriedigung der sinnlichen Naturbedürfnisse, wenn auch auf Kosten der Wohlfahrt anderer.

Darum erscheint die Selbstliebe nicht so vom Adel der Sittlichkeit umstrahlt wie die Nächstenliebe. Aber mit Unrecht. Denn wir können dem Nächsten nur damit nützen, was den geistigen Reichtum an Kraft und Besitz für unsere eigene Persönlichkeit bildet. Sodann hat die aszetische Verzichtleistung auf die vergänglichen Güter nur deshalb sittlichen Wert, weil die eigene Persönlichkeit dadurch für die wahren Güter freigemacht wird. Nur deshalb, weil unser Geistesleben der Naturgrundlage bedarf, um in ursächlichem Zusammenhang mit der Gesamtwelt zu stehen, steht in uns die naturhafte Selbstsucht als Grundtrieb mit der Pflicht der Selbstliebe in einem gewissen Zusammenhang. Allein die Erfüllung der Selbstliebe und die Aneignung aller geistigen Güter und göttlichen Kräfte entzieht dieselben dem Nächsten und der Gesamtheit nicht, wie dies die maßlose Befriedigung der naturhaften Selbstsucht tun würde. Im Naturbereich und in dem Herrschaftsgebiet der Selbstsucht ist der Gewinn des einen durch den Verlust des anderen bedingt: im Reiche Gottes und im Herrschaftsgebiet der gottverpflichteten Selbstliebe ist der Gewinn eines jeden einzelnen der Gewinn aller anderen und der ganzen Gemeinschaft. Das Reich Gottes will die unendliche Bereicherung eines jeden, um den Reichtum aller in die höchste Unendlichkeit zu steigern. Das ist das Geheimnis der Liebe. Das Gesetz des Evangeliums ist darum das Gesetz der Liebe und damit die frohe Botschaft des Reiches Gottes; denn das Reich Gottes ist das Reich der Liebe.

4. Das Eigenartige der Lehrweisheit Jesu in der Auffassung und Einschärfung des Guten und der vollkommenen Sittlichkeit liegt in folgenden Grundsätzen. Die sittliche Vollkommenheit soll als religiöse Pflicht und Aufgabe, als Gesetz Gottes und insofern als das Gesetz des Allmächtigen erfaßt werden, als eine Verpflichtung, welche ebenso durch ihre innere Berechtigung wie durch die unendliche Herrschergewalt das Gewissen bindet. Die Heteronomie hat indes nichts Erniedrigendes, weil die unendliche Gewalt eben nichts anderes als die Gewalt des Allein-Guten ist. Wenn der wesensverschiedene, andere, höhere Gesetzgeber Gott ist, so ist alles Bedenkliche der Heteronomie aufgehoben. Allein Heteronomie bleibt sie doch, wenn der höhere Gesetzgeber des Guten nicht in dem einzelpersönlichen Menschen und seinem Bewußtsein aufgeht.

Die erste Quelle des sittlichen Adels ist und bleibt der formale Pflicht- und Gesetzescharakter, mit dem uns das »Du sollst« als kategorischer Imperativ der allerhöchsten Macht gegenübertritt. Gut ist, was als Pflicht und Gesetz empfunden und darum erfüllt wird. Jesus hat den eigentlichen Pflicht- und Gesetzcharakter im Unterschied von Neigung und Naturdrang deutlicher als irgend eine Ethik, auch die Kants, geltend gemacht. Damit ist zugleich die Gesinnung als die eigentliche Sittlichkeit erklärt im Unterschied von der bloßen Gesetzlichkeit des äußeren Handelns. (Markus.)

Allein über dem formalen Pflichtcharakter als Quellgrund des sittlichen Adels übersieht das Evangelium nicht die Notwendigkeit eines solchen Inhaltes und Gegenstandes für das gebietende »Du sollst«, welcher die unbedingt gebietende Verpflichtung rechtfertigt und einen zweiten Quellgrund der sittlichen

Güte für Gesinnung und Handlung darstellt. »Seid vollkommen, wie euer Vater im Himmel vollkommen ist.« Gottverähnlichung ist der große Inhalt des kategorischen Imperativs oder der Gewissenspflicht. In dem sittlichen Pflichtgefühl macht sich als verpflichtende Güte Gott selber, der Gute und die Güte geltend. Im Guten und seiner verpflichtenden Bindegewalt macht sich Gott selbst der Seele offenbar und zwar als persönliche Willensmacht, als eine Gewalt, die sagen kann: »Ich bin der Herr dein Gott!« Ich allein: denn niemand ist gut, außer der von innen verpflichtet; nicht nur weil er verpflichten kann, sondern auch weil er durch innere Überzeugung von der inneren Güte des Guten verpflichtet.

An der inneren Güte dessen, wozu uns das innere Pflichtgefühl selber verpflichtet, ist es unmöglich zu zweifeln. Die Zweifel beziehen sich nur darauf, ob das von anderen als pflichtmäßig Behauptete wirklich gut sei, nämlich in dem Sinne, wie das, wozu wir uns innerlich verpflichtet fühlen. Die nähere Bestimmung, was gut sei, kann sich naturgemäß nur ergeben aus der Vergleichung der einzelnen Gesinnungs- und Handlungsweisen, wie sie unsere Wesensanlage und unsere Lebensentwicklung mit sich bringen, mit dem, was unser unmittelbares Pflichtgefühl erregt.

Geistige Wesensbildung ist objektiv der Inhalt und Gegenstand des Sittlich-Guten und Unbedingt-Wertvollen. Die Entfaltung und Erfüllung aller geistigen Wesensanlagen ist das Unbedingt-Wertvolle. Die ebenbürtige Form dafür ist die Selbstbestimmung und Selbsterziehung der geistigen Persönlichkeit. Das ist die subjektive Vollkommenheit des Guten. Die sittliche Persönlichkeit als solche mit ihrer vollkommenen Selbstbestimmung und Selbstbeherrschung ist das unbedingt-wertvolle Gut und darum das verpflichtende Gesetz der Gottverähnlichung. (Matthäus.)

Die Vollkommenheit des geistigen Wesens wie der geistigen Persönlichkeit kann nur durch eine Vielheit von Tugenden entsprechend der Verschiedenheit der geistigen Anlagen und Kräfte sowie der persönlichen Betätigungsformen und Entwicklungsstufen durchgeführt und zur einen Tüchtigkeit des ganzen Menschenwesens und der geistigen Persönlichkeit überhaupt vollendet werden. Die Tüchtigkeit des Menschen in seiner Natur wie Persönlichkeit ist die eine Tugend der Sittlichkeit; sie schließt den inneren Wert der verschiedenen Tugenden des höchsten

Geisteslebens bis zur richtigen Verwertung der leiblichen Kräfte und der äußeren Güter und Schicksale ein. Die Werkheiligkeit im wahren Sinne bedeutet den inneren sittlichen Wert jeder einzelnen Tugend. Das Evangelium findet in jeder einzelnen Tugend einen eigentlich-sittlichen Wert, weil die Tüchtigkeit und Gottverähnlichung des Ganzen nur durch die gewissenhafte Auslegung jeder einzelnen Anlage und Entwicklungsstufe erzielt werden kann. Es ist nicht berechtigt, den sittlichen Wert der einzelnen Tugenden und den objektiven Wert der Tüchtigkeit überhaupt (nach Natur wie Persönlichkeit) als Werkheiligkeit zu beanstanden, weil damit die Gefahr (aber nicht das Recht) zur Zersplitterung verbunden ist. Jeder Vorzug bringt die Gefahr einer Übertreibung mit sich, aber nicht minder der Vernachlässigung. Das Evangelium hat die innere Einheit und göttliche Würde der sittlichen Vervollkommnung gewahrt: aber es läßt deshalb den Eigenwert der einzelnen Tugenden nicht in der Einheit untergehen. Ebensowenig darf der innere sachliche Wert der vielfältigen Wesenstüchtigkeit in dem formellen Werte der sittlichen Persönlichkeit untergehen. Die einzelnen Tugenden und die Tüchtigkeit des Menschenwesens sind wohl das Material, an dem sich die Persönlichkeit zur vollen Selbstbeherrschung und sittlichen Freiheit emporarbeitet: allein es ist doch nicht bloß Material, sondern zugleich Mittel und Zweck. Die Persönlichkeit ist die Form und Vollzugskraft der geistigen Wesensanlage; beide: Wesen und Persönlichkeit, Ausbildung des Wesens und der Persönlichkeit gehören zusammen. Die Ausbildung des Wesens begründet den Inhalt und Reichtum des geistigen Lebens; die sittliche Persönlichkeit dessen Reinheit und Kraft. Persönlichkeit ohne Wesenstüchtigkeit wäre leer; die Entwicklung der Wesensanlagen ohne die Reife der Persönlichkeit würde der Tatkraft, Tiefe und Geschlossenheit entbehren. So werden verschiedene Eigentümlichkeiten der Vollkommenheitslehre Jesu verständlich: es sind nicht etwa Schwankungen und Trübungen, noch weniger Widersprüche.

Im Lukasevangelium tritt mit besonderer Deutlichkeit hervor, daß ein selbständiger Quellgrund des sittlichen Wertes in der erbarmenden Nächstenliebe einerseits und in der Hingabe an das Gemeinwohl anderseits, im Kampf gegen Selbstsucht und

Eigennutz, Not, Übel und Verderben jeglicher Art verborgen ist. Die Begründung der Ethik wird tatsächlich von einzelnen höheren Religionen und Philosophien ausschließlich im Altruismus gesucht, von anderen in der objektiven Förderung der Wohlfahrt, in der sozialen Besserung der äußeren Lebensverhältnisse. Der altruistische und sozialistische Geist des Lukasevangeliums wird von diesen Richtungen gern und schroff hervorgehoben.

Mit dem Sittlichkeitprinzip der geistigen Wesensbildung und der selbstmächtigen Persönlichkeit, der objektiven und subjektiven Tüchtigkeit, Gerechtigkeit und Vollkommenheit ist allerdings nicht geleugnet, daß vor allem die Gesellschaft und Gesamtheit, die nationale und menschliche Gemeinschaft, das geistige Gemeinschaftsleben eine selbständige Bedeutung für das sittliche Werturteil habe. Damit wird auch die Gesamtheit der äußeren Lebensbedingungen und Lebensverhältnisse als sittlich wertvoll oder verhängnisvoll dargetan. Der Sittlichkeitswert scheint sogar, wie einseitige Geistesrichtungen meinen, gerade in der Überwindung der Eigenpersönlichkeit und in der Nivellierung der gesellschaftlichen und kulturellen Unterschiede zu liegen.

Allein die Gesamtheit kann kein unbedingt wertvolles Gut sein, die Gemeinschaft kann nicht als sittlicher Endzweck gelten, wenn nicht die Einzelpersönlichkeit in erster Linie die Würde des Selbstzweckes hat. Ohnedies kann eine wahre Gemeinschaft geistigen Lebens nur von Persönlichkeiten betätigt werden, welche innere Selbständigkeit erzielt haben oder ernstlich erstreben. Anderseits wäre es wahnwitzig, zu leugnen, daß die einzelne Persönlichkeit nur in der Gemeinschaft zur gedeihlichen Entwicklung gelangen kann. Die einzelnen sind nicht Einsiedlermonaden, sondern Glieder einer durchgreifenden Lebensgemeinschaft. Wenn ferner die geistige Wesensvollendung und die freie Persönlichkeit sittlicher Selbstzweck und das unbedingt wertvolle Gut sind, so darf diese Wertschätzung nicht auf das eigene Ich und seine eigenpersönliche Vervollkommnung eingeschränkt werden. Die sinnliche Selbstsucht ist in den Schranken der natürlichen Individualität und ihrer raumzeitlichen Bedingtheit befangen: aber das geistige Denken und Wollen vermag sich trotz aller selbstsüchtigen Naturneigung über diese Schranken zu erheben. Daher führt gerade das Vollkommenheitsideal der geistigen Persönlichkeit und Wesensbildung folgerichtig dazu, daß dasselbe ebenso im Nächsten und in der Gesamtheit geachtet und als sittliche Aufgabe für das eigene Gewissen und Handeln gewürdigt werde.

Wenn der sittliche Wert der Persönlichkeit als solcher gewürdigt wird, so erprobt sich die sittliche Gesinnung besonders in der Achtung und Pflege der Elenden und Verwahrlosten, bei denen wirklich nichts Liebenswürdiges zu finden ist als die in der Verkümmerung verborgene gottebenbildliche Wesensanlage zu sittlicher Würde und Persönlichkeit. Der weitreichende und verhängnisvolle Einfluß, den die äußeren Schicksalsverhältnisse auf die sittliche Entwicklung der menschlichen Persönlichkeit ausüben, gibt ihnen jene Wichtigkeit, welche in den Wehrufen wie Seligpreisungen, Drohungen und Hoffnungen des Lukasevangeliums so charakteristisch hervortritt.

In der Sittlichkeitsphilosophie wird gewöhnlich übersehen, daß die Persönlichkeit als solche, weder als einzelne noch als Gemeinschaft, nicht den letzten und höchsten Gesichtspunkt darbietet, unter dem das Gute einen unbedingten und verpflichtenden Wert hat. Die Frage läßt sich nicht unterdrücken: Wozu sollen wir in uns selber und im Nebenmenschen, in den einzelnen und in der Gesamtheit echte Persönlichkeiten von wahrer sittlicher Kraft und Würde um jeden Preis herzustellen trachten?

Soll es uns genügen, daß diese sittlichen Persönlichkeiten sich in den gegebenen Lebensverhältnissen und für die Förderung derselben eine kürzere oder längere Zeit hindurch abgearbeitet und einen Lebensinhalt gesucht haben? Es ist ja offenkundig, daß zwischen der geistigen Persönlichkeit und ihrem sittlichen Werte einerseits und dem gegenwärtigen Weltbestand anderseits ein großes Mißverhältnis obwaltet. Wert und Schicksal befindet sich in peinlichstem Gegensatz, in tragischem Konflikt. Es gibt sogar Weltanschauungen, welche deshalb das Tragische selbst zum Weltgrund erheben.

Wenn die Ausbildung zur wahrhaft sittlichen Persönlichkeit und Geistigkeit ein Zweck von unbedingt verpflichtender Hoheit und ein Gut von unvergleichlichem Werte ist, so muß die ausgebildete Persönlichkeit im einzelnen wie in der Gesamtheit aller für einen ihrem Werte und ihrer Anlage entsprechenden Lebensinhalt bestimmt und berufen sein: nicht als Mittel für einen fremden Zweck, sondern als Kraft und Vollzug für einen unendlich wertvollen und anspruchsvollen Lebensinhalt. Das ist die Wahrheit und Vollkommenheit des Schöpfers selber, deren Unendlichkeit sich nicht in Raum und Zeit verliert, deren geistige Kraftfülle und Erhabenheit sich nicht unter dem Gerüst der geschöpflichen Daseins- und Entwicklungsbedingungen dem Erkennen und Fühlen verbirgt. Erst in der unmittelbaren Beschäftigung mit der ursächlichen Wahrheit und Vollkommenheit selber, also in der Lebensgemeinschaft mit Gott selber, findet die geistig-sittliche Persönlichkeit ihren vollen Sinn und Zweck, sowie die vollkommene innere Begründung, warum sie ein Gut von unbedingtem Werte, eine Aufgabe von unnachsichtlicher Strenge der Verpflichtung und von hingebender Fürsorge für den Nächsten und die Gesamtheit ist.

Zwar wird Gott und die Verpflichtung für ihn schon von Anfang an als das Prinzip der sittlichen Güte, Verpflichtung und Würde gelehrt: allein dabei kommt Gott mehr als der Urheber des sittlichen Sollens und Könnens, wie des ganzen sittlichen Wesens inbetracht. Darum entspricht diesem Gesichtspunkt die unbedingte Hingabe des Glaubens, Hoffens und Liebens als grundsätzliche Gottangehörigkeit, wenngleich in kindlicher Einfachheit und Schlichtheit. Vom Standpunkt der voll ausgebildeten geistigen Wesensanlage und Einzelpersönlichkeit, sowie besonders der unabsehbar mannigfaltigen und eigenartigen Gesamtheit der sittlich ausgereiften Geister muß die Wahrheit und Vollkommenheit Gottes in ihrer Fülle und anspruchsvollen Unendlichkeit, als Quellgrund und Quellkraft des ewigen Lebens für vollendete Geister erkannt und auch als höchstes Prinzip des Sittlichkeitswertes zur Geltung gebracht werden. Der unendliche Reichtum der in Gott dem Geiste dargebotenen Lebensaufgabe, die unerschöpfliche Erbschaft von geistigem Leben, Denken und Lieben ist der höchste Quellgrund des unbedingten Wertes, des unendlichen Adels und der unverletzlichen Verpflichtung im Sittlich-Guten.

5. Die Verpflichtung zur Vollkommenheit und Gottverähnlichung im Sinne Jesu hat den eigentlichen Charakter des Gesetzes und zwar des theonomen (gottgegebenen) Gesetzes. Dies ist für die moderne Religionsphilosophie der Anlaß, um das Sittlichkeitsideal Jesu als minderwertig und ungenügend für die Gegenwart zu beurteilen. Eine untersittliche Gesetzlichkeit oder Pseudomoral sei damit gegeben, wenn die Pflicht als heteronomes Gebot einer Autorität begründet werde und wenn die Vergeltung durch Lohn und Strafe (d. h. der Eudämonismus) als Beweggrund des sittlichen Wollens wirken solle. Für diejenigen, welche in Jesus den Lehrer einer vollkommenen Sittlichkeit verehren wollen, obgleich sie mit der modernen Ethik die Heteronomie und den Eudämonismus als untersittlich ablehnen, ergeben sich naturgemäß große Schwierigkeiten. Denn Jesus hat unzweifelhaft die heteronome Autorität der sittlichen Gesetzgebung durch Gott vertreten und die Vergeltung im Sinne von Lohn und Strafe, im Diesseits und Jenseits sehr eindringlich als entscheidenden Beweggrund geltend gemacht.

Ed. v. Hartmann hält darum die Sittenlehre Jesu für untersittlich. Der Gegenwart könne sie nicht mehr genügen. Allerdings sei Jesus erst durch den Mißerfolg dazu bewogen worden, der Forderung des Guten durch Furcht und Eigennutz Nachdruck zu geben: im Anfang habe er geglaubt, die frohe Botschaft des Gottesreiches werde durch sich allein genug Anziehungskraft entwickeln. Darum sei seine Botschaft im Anfang wirklich eine Frohbotschaft gewesen. (Christentum des Neuen Testamentes. Sachsa 1905.)

Die große Pflicht, welche Jesus verkündigte, nimmt den ganzen Menschen für Gott und Gottes Reich in Anspruch. Es ist nicht irgend welche unbestimmte Sittlichkeit, sondern nur diese, scharf umschrieben und stets festgehalten: »Die Zeit ist erfüllt, das Reich Gottes will kommen.« »Tuet Buße und glaubet an die frohe Botschaft!« (Mc. 1, 15; 12, 28—34.) »Suchet vor allem das Reich Gottes und seine Gerechtigkeit!« (Mt. 6, 33.) »Eines ist notwendig: Gott allein ist gut!« (Lc. 10, 41; 18, 19.) »Das ist das ewige Leben, daß sie dich erkennen, den allein wahren Gott, und den du gesandt hast, Jesum Christum.« (Joh. 17, 3.)

Die Pflicht hat also Gott zum Inhalt und zum Urheber. Darum ist sie nicht nur die Forderung einer höheren und überlegenen Macht, einer herrschgewaltigen Persönlichkeit, welche unbedingten Gehorsam und Unterwürfigkeit fordern kann, welche verpflichten, belohnen und bestrafen kann, sondern die Forderung, welche durch ihre innere Güte und Berechtigung sofort innerlich einleuchtet. Denn sie bedeutet die Hingabe des Geschöpfes an den Schöpfer, der es aus Liebe und für seine Liebesgemeinschaft geschaffen hat, die Inanspruchnahme der Wahrheitsanlage für die Wahrheit selber, der Vollkommenheitsanlage für das Gute selber, der Vernunft und Freiheit für ihre ungehemmte, vollgesättigte Lebensbetätigung. Wie das Wort und Gebot des Schöpfers die Wesen ins Dasein ruft, so ruft das verpflichtende Gebot des Guten dieselben zur vollkommensten und ihrer Anlage entsprechendsten Vollendung — durch freie Selbstbestimmung und durch freien Gehorsam und Liebe.

Es ist ja keine andere Zielbestimmung für die vernünftigen Geschöpfe möglich, wenn Gott Vatergüte ist, als ihre Vollendung im höchsten Gute durch Selbstbestimmung. Aus allen diesen Gründen ist die große Verpflichtung, welche das Wesen der Sittlichkeit bildet, durch innere Überzeugung und Liebenswürdigkeit wirksam, nicht nur durch die Autorität des Gesetzgebers. Sie ist die Pflicht, nicht eine Pflicht; sie ist innerlich notwendig. Allein gleichwohl bleibt die unendliche Erhabenheit des verpflichtenden Gutes und Willens in voller Kraft bestehen und darum als Beweggrund wirksam. Wenn der reine starke Wille und die selbstbestimmte Persönlichkeit das einzig wahre Gut ist, wie Kant urteilt, so muß das höchste Gut der wesenhafte Wille, die unbedingte Persönlichkeit sein. Folglich muß der kategorische Imperativ der großen Verpflichtung sowohl heteronom wie autonom sein: heteronom, weil das verpflichtende Gut und der verpflichtende Endzweck unendlich über den Menschen erhaben ist; autonom, weil die Verpflichtung der Vernunft einleuchtet und die Liebe im menschlichen Willen erweckt, weil der Mensch nach Pauli Wort göttlichen Geschlechtes, Geist vom Geiste ist. Die richtig verstandene Autonomie und Heteronomie schließen sich nicht aus und schwächen sich nicht, sondern sind in der Theonomie zusammengehörig wie Planet und Sonne.

Jesus selbst hat darum die große Pflicht der messianischen Berufssendung sowohl aus Gehorsam wie aus Einsicht, Liebe und Freiheit erfüllt. Seine Forderung der großen P f l i c h t wird darum von ihm zwar im strengsten Sinne als G e s e t z geltend gemacht: denn Gott ist und bleibt größer als der Mensch. Auch in diesem Sinne gilt Jesu Wort: »Ich bin nicht gekommen, das Gesetz aufzulösen, sondern zu erfüllen.« Allein diese Überordnung des G e s e t z e s nach Inhalt und Form ist ebensowenig eine Herabwürdigung des sittlichen Wollens, wie die Überordnung der Wahrheit über unsere Vernunft unsere Erkenntnis verdunkelt und untergeistig macht. Es wäre dies nur dann der Fall, wenn wir trotz allen Nachdenkens nicht verstehen könnten, warum das Gesetz verpflichte und die Wahrheit Anerkennung fordere? Wenn uns das Wahre und Gute mit der bloß formalen Forderung der Annahme und Hingabe gegenüberstehen würden, dann wäre die Heteronomie des Geistes auf die Dauer unwürdig. Wenn uns Gesetz und Gesetzgeber nur zu dem Zwecke verpflichten würden, um uns zu verpflichten oder um uns in der Unterwürfigkeit zu halten oder sich an unserem unbedingten Gehorsam und dem unentrinnbaren Zwange dazu zu freuen, dann wäre die Sittlichkeit Knechtung des Geistes. Sie wäre dies auch dann, wenn das

Gesetz nicht als persönlicher Gott, sondern als ein unpersönlicher Imperativ zu denken wäre. Der bloße Imperativ hat die Härte der Heteronomie; allein der Inhalt des großen »Du sollst« adelt die Heteronomie zur Verpflichtung der Wahrheitsanlage für die Wahrheit, der Vollkommenheits- und Ewigkeitsanlage für diese, der Menschenseele für ihren Gott und Vollender. Für das große Grundgebot des Dekalogs und der Gottesliebe ist die Befürchtung hinfällig, die Heteronomie sei untersittlich. Im Grundgebot der Gottesliebe werden alle anderen Gebote geadelt.

Dazu kommt, daß Gott als Urheber der großen Verpflichtung will, daß das Gesetz nicht Autoritätsgebot bleibe, sondern in das innere Verständnis und die eigene Überzeugung eingehe. Was Gott durch sein Wort als verpflichtendes Gesetz verkündigt, führt er durch seinen Geist in die Einsicht und Liebe des Verpflichteten ein. Das war die große Verheißung der messianischen Zeit: das ins Herz geschriebene Gesetz. Wie sich im Messias der Gottesknecht und Gottessohn nicht ausschließen, so auch nicht Gehorsam und Liebe in der religiös-sittlichen Gesinnung der Gesetzeserfüllung durch die Kinder und Knechte Gottes. (Lc. 12, 5; 17, 7—10.)

Es wird als das Verdienst Jesu in sittlicher Hinsicht gerühmt, daß er die Vielheit der (613) Einzelgebote in der lebendigen Einheit der einen großen Gottespflicht aufgehoben habe, zweitens, daß er die reine Gesinnung in erster Linie als die Seele der Tathandlung forderte, und daß er das Sittliche dem Ritualkultus überordnete. Die Gesinnung ist es, welche die Heteronomie durch die innere Würdigung des Gesetzes nach Inhalt, Ursprung und Zweck im guten Sinne zu einer freien oder autonomen Gesetzeserfüllung macht. Das Gesetz der Verpflichtung wird so zum Geiste der Freiheit, der Kindschaft und der Liebe. Allein die unendliche Erhabenheit behauptet es doch: Jesus hat beides vereint.

Die Überordnung des Sittlichen über das Rituelle darf nicht etwa als Überordnung über das Religiöse aufgefaßt werden. In ihr kommt vielmehr die Überordnung des sittlich-religiösen Lebenszweckes über alle Mittel jeder Ordnung zum Ausdruck. Die Nächstenliebe soll Christusliebe und der Gottesliebe eingeordnet sein. Damit ist die innere Begründung der großen Verpflichtung und ihre wahre Autonomie im Sinne des innerlich angeeigneten Gesetzes ausgedrückt.

Das Gesetz des Guten ist Gottes Gesetz: so lautet Jesu Grundgedanke. Will Jesus ebenso deutlich damit sagen: Das Gesetz des Guten ist mein eigenes Gesetz? Ist es das Gesetz, dessen Gesetzgeber die eigene Vernunft des Menschen ist? — Eine Vergleichung der Lehrworte Jesu wird unzweifelhaft zu dem

Ergebnis führen, daß er stets den übermenschlichen Ursprung der Verpflichtung mit aller Schärfe betont hat. Sogar die dem Messias auferlegte Verpflichtung hat im Selbstbewußtsein Jesu mehr heteronomen als autonomen Charakter. — Gewiß: das Gesetz Gottes ist unser Gesetz, weil es unser eigenes Bestes will und wirkt; weil es die Anerkennung unserer eigenen Vernunft findet, sobald diese ihre Denkaufgabe mit der gebührenden Gründlichkeit erfüllt hat und sobald sie zu einer vollständigen Übersicht über die Ziele und Wege der Vorsehung gelangt ist.

Aus dem Evangelium läßt sich nicht entnehmen, daß der Mensch in jeder Lage die ihm von der Vorsehung auferlegte Verpflichtung innerlich verstehen und in diesem Sinne als sein eigenes Gesetz aussprechen und geltend machen könne. Es wird oft bei der Zuversicht bleiben, daß die von der Vorsehung auferlegte Notwendigkeit des Verzichtens oder Leidens sich schließlich als innerlich bestbegründet erweisen werde.

Die protestantische Ethik kann sich demnach nicht auf das Evangelium berufen, wenn sie gegen die katholische Kirche den Vorwurf erhebt, sie vernichte die sittliche Gesinnung, weil sie ein Hinnehmen von Lehren und Geboten als göttlich fordere, obgleich diese Lehren und Gebote (noch) nicht der Ausdruck unseres eigenen Denkens und Wollens sind. (Vgl. Herrmann, Röm. und evang. Sittlichkeit. 3. Aufl. Marburg 1903. S. 3. 5. 9. 15. 16.)

Vor allem ist es unrichtig, daß die katholische Kirche den Grundsatz vertrete: »Das sittliche Gesetz ist Gottes Gesetz bedeutet, daß es ebendeshalb nicht unser Gesetz ist.« Die katholische Auffassung sagt nur: Das Gesetz des Guten ist nicht in höchster Instanz unser Gesetz; es hat die Vernunft des Menschen nicht zum ersten und obersten Gesetzgeber. Vielmehr spricht durch Vernunft und Gewissen der Menschen die übermenschliche Vernunft und Heiligkeit Gottes.

Ferner bedeutet der katholische Standpunkt die Forderung, daß der Mensch sich allen Ernstes bemühen müsse, um das Wahrheitsrecht in Lehren und Geboten zu erfassen, die ihm mit hinreichender äußerer Beglaubigung gegenübertreten. Es ist auf keinem Gebiet des geistigen Lebens ratsam, den Grundsatz zu verkünden: Jeder müsse, um wahrhaftig zu sein und den Vorwurf der Heuchelei zu vermeiden, so lange fremde Gedanken als unwahr und unverbindlich ablehnen, als sie ihm nicht ohne weiteres als seine eigene Herzensmeinung gelten können. Und zwar, obgleich die Autorität, welche sie vertritt, ihm selber als verehrungswürdig gilt. — Der Fragepunkt der Kontroverse darf nicht verschoben werden. Man kann wohl zugeben, daß eine Lehre und Vorschrift erst dann im eigentlichen Sinne zum religiösen Besitztum der Seele geworden ist, wenn die Seele einigermaßen in deren Verständnis eingedrungen und dieselben zu ihrem eigenen Gedanken gemacht hat. Allein deshalb ist der Grundsatz weder theoretisch noch praktisch berechtigt: »Man muß den Gottesglauben an den persönlichen und überweltlichen Schöpfer oder an die Allmacht des Guten von sich abweisen, solange man sagen muß: Meine eigene Seele erzeugt denselben nicht.« — Ein Überblick über die geistige Stellung-nahme der Gebildeten wie der sozialdemokratischen Arbeiter zum Gottes-glauben und zur Person Christi bekundet doch ohne weiteres: Die meisten lehnen den Glauben an Gott und an Jesus als »den Weg zu Gott« ab, weil die Gedanken des Gottesglaubens und des Christusglaubens nicht ihre eigenen Gedanken sind. Die Gründe, warum dies der Fall ist, sind sehr verschieden. Sehr oft sind sie so, daß ihre Vertreter nicht einmal selbst den Mut hätten, daraus die Folgerung zu ziehen, sie dürften deshalb den Gottes- und Christus-glauben nicht für wahr halten und ernst nehmen. Soll man diese leicht-fertigen Freidenker nicht sehr eindringlich an die Pflicht erinnern, der Mensch müsse grundsätzlich sehr mißtrauisch gegen die ersten oder oberfläch-lichen Eindrücke sein, welche fremde Gedanken in ihm hervorrufen? Und zwar deshalb, weil es sehr schwer ist, ungewohnten Anschauungen gerecht zu werden, am allerschwersten aber dann, wenn man von ihnen weitgehende Verpflichtungen fürchtet. Wahrlich, dem Menschen, wie er ist, wird viel besser gedient, wenn man ihm mit der katholischen Kirche sagt, er solle in Sachen der höheren Wahrheit und Verpflichtung gegen die unwillkürlichen Eindrücke seines eigenen Innern sehr argwöhnisch sein, ob sie nicht an Oberflächlichkeit und Vorurteilen leiden. Das gilt allen Religionen und Weltanschauungen gegenüber, wenn man ihnen gerecht werden will; insbesondere aber je tief-sinniger und idealer sie sind. »Meine Gedanken sind nicht eure Gedanken, spricht Jahwe, und meine Wege sind nicht eure Wege: vielmehr wie der Himmel erhaben ist über die Erde, so meine Gedanken über eure Gedanken!« (Jes. 55, 8. 9.)

Die Überlegenheit der gesetzgebenden Persönlichkeit kann un-möglich ein Grund für eine Herabstimmung der Gesetzeserfüllung unter die Linie der wahren Sittlichkeit sein. Sie verbürgt eher die bessere Begründung. Allerdings, soweit geschöpfliche Per-sonen inbetracht kommen, ist diese Bürgschaft unsicher, und zwar deshalb, weil die endliche Persönlichkeit bei ihren Geboten von selbstsüchtigen Beweggründen, ja sogar von der Absicht geleitet sein kann, Schwächere zu unterdrücken, zu verderben, unter Vor-mundschaft zu halten und zum Werkzeug der eigenen Herrsch-sucht und Laune zu machen. Allein diese Befürchtung ist inbezug auf den Schöpfer vollkommen ausgeschlossen, weil er die Vater-güte selber ist.

Die in der Natur und Menschheit bestehenden Gesetze des Geschehens erscheinen dem Monismus vielfach als unsittliche Ausbeutung des Schwächeren durch den Stärkeren: und doch betrachtet er sie als unpersönliche Notwendig-keiten und als Wesensoffenbarungen des Weltgrundes selber. Der Monismus fordert damit, daß wir uns mit Ergebenheit und Verzichtleistung auf unsere Ideale der ewigen Notwendigkeit unterwerfen, kraft deren der sittliche Geist dem Zwange der Vergänglichkeit und des unheiligen Schicksalsgesetzes unterliegt.

Verstehen können wir die innere Berechtigung dieser Gesetze nicht: sie lösen sich also nicht in Autonomie auf. Und doch fordert die monistische Ethik, daß wir uns willig unter die Gewalt des Schicksals beugen.

Nicht die Überlegenheit und Persönlichkeit des Gesetzgebers ist demnach der Grund, um dessentwillen die Heteronomie unter-sittlich werden kann, sondern die Möglichkeit des Mißbrauches der überlegenen Geistes- und Willensmacht. Bei Gott ist ein solcher Mißbrauch vollkommen unmöglich, weil Gott die wesen-hafte Güte in persönlicher Selbstmacht ist. So lehrt das Evan-gelium Jesu. Folglich ist die von Gott ausgehende Verpflichtung immer lebendigmachend und zum Besten der Geschöpfe. Gott ist eben nicht die Allmacht und Freiheit der unbeschränkten Willkür, sondern die Allmacht der Güte. Gott ist ausschließlich Gesetz-geber des Guten nicht etwa deshalb, weil er keinen Oberen über sich hat, der ihm seinen Willen als maßgebendes Gesetz von Gut und Bös auferlegt, so daß aus diesem äußeren Grunde alles gut wäre, was Gott gebietet, sondern Gott ist die Allmacht des Guten selber und gebietet darum nur das Gute, weil er nur die Vollendung seiner Geschöpfe, nicht deren Hemmung und Ver-derbnis will. Nur das Gute oder Wesenfördernde entspricht der wesenhaften Güte Gottes, seiner mitteilenden Ursächlichkeit und geistigen Fruchtbarkeit. Nur das Heilfördernde ist heilig, nicht das Verderbenwirkende.

Vom Standpunkt des Evangeliums aus ist es immerhin möglich, die sittliche Verpflichtung in gewissem Sinne als autonom zu kennzeichnen. Denn Gott verpflichtet durch innere Überzeugung und durch die innere Güte dessen, wozu er verpflichtet. Seine Gebote sind für das ernste Denken des vollendeten Geistes ohne Dunkel und ohne Willkür. Allein trotzdem ist die Theonomie nicht schlechtweg als Autonomie zu bezeichnen, sondern auch als Heteronomie.

Die protestantische Ethik will zwar die Autonomie als Grundforderung der sittlichen Verpflichtung im Sinne des Evangeliums behaupten, weil das verpflichtende Gute die im Gewissen und der Offenbarung wirkende Gottheit selber sei. Das ist richtig. Allein diese Erkenntnis ist nicht allgemein und nicht ohne weiteres mit der Anerkennung der Pflicht und des unbedingten Wertes des Guten gegeben. Gerade die philosophische Ethik, welche von Kant ausgeht, lehnt die Schlußfolgerung des sittlichen Gottesbeweises ab und will nicht anerkennen, daß es eine persönliche, überweltliche Willensmacht sei, welche sich in der Verpflichtung zum Guten geltend macht. Die Autonomie, wie sie von der philosophischen Ethik verstanden wird, bedeutet die Ablehnung des persönlichen Gottes. Darum wäre es sehr mißverständlich, wenn die christliche Theologie die Heteronomie der Verpflichtung ganz verneinen und deren Autonomie ohne Vorbehalt behaupten wollte. Das Gesetz ist theonom, weil es von Gott ausgeht; aber es verpflichtet in seinem eigenen Namen, weil sein Inhalt und Urbild Gott ist. Es wäre von größter Wichtigkeit, diesen übermenschlichen Ursprung der sittlichen Verpflichtung durch die Bezeichnung hervorzuheben.

Der Lohngedanke ist in der Lehre Jesu sehr eindringlich zur Geltung gebracht: aber nicht in dem Sinne, in dem die Begierde nach Lohn die Uneigennützigkeit der Religion und Sittlichkeit beeinträchtigt. Denn der Lohn, von dem Jesus spricht, ist deutlich als das eine unvergleichliche Heilsgut erkennbar, Gott selber, der Allein-Gute. Darum ist der Lohn für alle im vollendeten Gottesreich gleich, derselbe Gott. Womit sollte denn auch die Liebe Gottes vergolten werden, außer durch die Erfüllung ihres Verlangens nach Gott? (Mt. 20, 6.) Jesus hat den Grundsatz sachlicher Gegenleistung und rechtlichen Lohnanspruches oder juristischen Verdienstes ausdrücklich verworfen: die Verpflichtung gegen Gott ist allumfassend und erlaubt keinen Rechtsanspruch gegen ihn. Wie (nach der Ansicht des Altertums) der Sklave seinem Herrn, so gehört der ganze Mensch seinem Gott; nur mit dem Unterschied, daß diese volle Leibeigenschaft keine Entwürdigung darstellt, weil wir dadurch dem Quellgrund unseres Lebens gehören. (Lc. 17, 7—10.) Wie Jesus den Lohn auffaßt, erhellt aus Lc. 12, 37: Gott ehrt seine Knechte, indem er sie selber im Gastmahl des ewigen Lebens bedient. Gott ist ja die Nahrung des Lebens. Alle Schöpfung lebt von der Selbsthingabe Gottes; das war die uralte Opferidee, die im Opfermahl zum Ausdruck kam und in dem eucharistischen Opfermahl ihren höchsten Ausdruck gewann. Der Lohn im Sinne Jesu ist also nicht Rechtsanspruch, wie die Gesetzesreligion meinte, sondern eine Einrichtung der Heilsordnung und wie die ganze Heilsordnung Gnade Gottes. Der Lohn besteht darin, daß der Same zur Frucht und Reife gelangt, daß, wer treu im Kleinen war, über vieles und Großes gesetzt wird. (Mt. 25, 21.) Die Pflichttreue wird dadurch belohnt, daß ihr noch größere und verantwortungsvollere Aufgaben anvertraut werden.

Im Licht der von Jesus verkündigten Gotteserkenntnis, daß Gott die Vatergüte und das Gesetz Gottes der Wille der Vollkommenheit sei und zwar in der vollkommensten Weise, nämlich durch eigene Errungenschaft, verlor der Lohngedanke alles Unedle. Es bedurfte darum keiner Polemik gegen denselben; die Religion war ja durch den Gottesbegriff von der Stufe sachlicher Leistungen und Rechtsansprüche auf die Stufe der persönlichen Verpflichtung zur eigenen Vollendung in Gott selber hinaufgehoben. Lohn bedeutet da nur die vollkommenste Form der Gnadenmitteilung: Gottes Güte gibt nicht die fertige Frucht ohne unser Zutun, sondern als die Errungenschaft unserer eigenen freien Anstrengung. (Mc. 4. Mt. 13.) »In ihm leben wir, bewegen wir uns und sind wir.« (Act. 17. Rom. 9.) Gott gibt die Saat, das Gedeihen und Wachsen, die Frucht und Reife und zugleich die Würdigkeit und Fähigkeit für den Genuß der Früchte. (1 Cor. 3, 6—9.)

Freilich muß der Grundsatz der Addition und Vergeistigung als richtig anerkannt werden: sonst ist der Widerspruch in den Worten Jesu unvermeidlich, auch in einem Gebiet, wo Weinel nicht geneigt ist, anzunehmen, die Lehre Jesu sei schwankend oder mangelhaft und untersittlich im Vergleich zum uneigennützigen Sittlichkeitsideal der Gegenwart. Folglich müssen die Worte der Bergpredigt, welche die Begierde nach Lohn geradezu reizen, im Sinne der Addition und Vergeistigung aufgefaßt werden. (Mt. 5, 46; 6, 1—20; 19, 21. 27—30.)

§ 7. Das Evangelium vom Gottesreiche.

Das Gottesreich ist der dritte große Gedanke in der Lehrweisheit Jesu. Wie es die große Verheißung der prophetischen Jahwereligion war, so ist es die große Erfüllung, welche die Lehrverkündigung Jesu zur frohen Botschaft macht. Die Erfüllung der alten Weissagungen ist um so mehr eine frohe Botschaft, weil sie nicht eine fertige, ein- für allemal vollbrachte Erfüllung der großen Hoffnung war, die uns zur müßigen Ruhe und untätigen Entgegennahme des Heilsgutes verurteilen würde. Vielmehr ist sie zugleich eine frohe Botschaft des tatkräftigen Lebens und Wirkens: in der gottgewährten Erfüllung dauert die Hoffnung fort, in dem Erbgut wirkt die Freude ernster Mitarbeit der Glieder mit dem Haupte fort. So arbeiten alle Geschlechter an der Verwirklichung des Himmelreiches, obgleich es allen als Gnadengabe Gottes und als Erbteil Jesu zuteil wird.

Das Gottesreich im Sinne Jesu ist die Verwirklichung der Vatergüte Gottes im geistigen Leben der Menschheit durch die Vermittlung des Sohnes und die Gnadenwirksamkeit des Heil. Geistes. Auch die Frohbotschaft des Himmelreiches war eine Offenbarung des dreieinigen Gottes durch Jesus: aber nicht in abstrakten Begriffsformen, sondern in der lebendigen Wechseldurchdringung der höchsten und wichtigsten Gesichtspunkte, Werte und Kräfte.

Wenn von der dreieinigen Gottesgemeinschaft im Gottesreiche Jesu abgesehen werden könnte, wie die theologische Evangelienforschung vielfach behauptet, dann wäre das ethische Judentum der Gegenwart, aber auch überhaupt in seiner Ausgestaltung nach dem Zusammenbruch des Tempels und des Tempelkultus am meisten berechtigt, sich als die Erfüllung des Christentums Jesu und seines Gottesreiches zu erklären. So hat es in der Tat Perles im Namen des Judentums gegen Harnack erwiesen.

Die Meinungsverschiedenheit der Forscher ist außerordentlich groß, wenn es sich um die Beantwortung der Frage handelt, in welchem Sinn Jesus das Gottes- oder Himmelreich verstanden habe.

Nur darüber herrscht Einverständnis, daß das Himmelreich des Matthäusevangeliums nichts anderes bedeutet, als das Gottesreich der anderen Evangelien. Der »Himmel« war seit den Zeiten der ängstlichen Scheu vor dem lebendigen Gebrauch des Gottesnamens als Ersatz für die unmittelbare Bezeichnung Gottes selber zum Gottesnamen geworden. Die einseitige Transzendenz im Denken führte zu einer starken Immanenz oder Verknüpfung des Göttlichen und Geschöpflichen in der sprachlichen Ausdrucksweise.

Die Gründe, mit denen die verschiedenen Parteien ihre Auffassung rechtfertigen, würden aus sich dazu nötigen, die Zusammengehörigkeit der verschiedenen Reich-Gottes-Begriffe im Evangelium zu vermuten. Allein der entscheidende Grund dafür ist in den Lehrreden Jesu selber gelegen, welche deutlich über die gewöhnlichen Auffassungen vom Gottesreich hinaufweisen und eine Gottesgemeinschaft im Auge haben, die in jeder Hinsicht vollkommen ist und alle dafür geeigneten Kräfte in Anspruch nimmt: die Seele, die Kirche, die Gesamtheit in der diesseitigen Heilsentwicklung und ebenso in der jenseitigen Heilsvollendung. Das Gottesreich ist in der Menschenseele, in der Kirche als Heils-

anstalt, in der Menschheit und ihrer Kulturaufgabe, in der ewigen
Gemeinschaft aller Heiligen zu vollbringen. Das Gottesreich ist
für alle diese Vollzugsorgane ein gottgegebenes Gut, eine Kraft,
eine Pflicht und Aufgabe, aber auch die innere und äußere Erfüllung ihrer Anlagen. Weil Gott, Gottesgemeinschaft und Mensch
von Jesus im vollsten und allseitigsten Sinne verstanden werden,
nicht flach, eng und teilweis, wie gewöhnlich, darum gewinnt
sein Begriff vom Gottesreich eine Tiefe, Fülle und Kraft, welche
in keiner der einzelnen Auffassungsformen aufgeht, sondern alle
in sich vereinigt, reinigt, verklärt und zur Vollendung steigert.

1. Das Reich Gottes, wie es Jesus verkündigte, war in erster
Linie eine Gabe Gottes für die Seelen und zugleich eine Aufgabe,
welche jede Seele durch Buße, Glauben und innerste Hingabe an
Gottes Vatergüte und heiligen Willen zu erfüllen hat. So leuchtet
es schon aus der Verheißung des Täufers Johannes und der ersten
Lehrverkündigung Jesu hervor. »Die Zeit ist erfüllt, das Gottesreich hat sich genahet, tut Buße und glaubet an die frohe Botschaft.« (Mc. 1, 15.) Diese Botschaft ist freudig, weil sie dadurch erfüllt wird, daß man sie aufnimmt. Darin besteht das
große Neue (Mc. 2, 21. 22) und die Geistestaufe, welche Jesus
im Unterschied von Johannes spendet. Die Vergegenwärtigung
der Gottheit und ihres Heilswerkes erfolgte bei dem strengen
Bußprediger unter dem Gesichtspunkt des Gottes, der verpflichtet,
verheißt und richtet. Bei Jesus steht Gott im Vordergrund der
Verkündigung als das Heilsgut selbst, das er verheißt, als die
Vollkommenheit, zu deren Nachahmung er verpflichtet, als die
Liebe, Gnade und Kraft, welche bewirkt, daß man im Gerichte
besteht. Damit war die Gottesherrschaft in den Seelen gegenwärtig, welche in Gott das Heilsgut selbst erkannten und auf-
nahmen, nicht nur den allmächtigen Geber eines von ihm selber
verschiedenen Gutes, wie es vor allem das in weltlicher Macht
gedachte Gottesreich war.

Sündenvergebung ist seine erste Gabe (Mc. 2, 1—12),
nach der man begehren muß: daher ist die Erkenntnis der eigenen
Sündhaftigkeit die erste Bedingung des Gottesreiches. Nur deshalb sind die »Gerechten« und »Gesunden« nicht in Gottes Reich
berufen. (Mc. 2, 17.) Daher war das Gottesreich in Jesus selber
gegenwärtig, obgleich er nicht in Königsmacht auftrat: denn

der innere Besitz Gottes ist das Entscheidende. Darum ist Jesus der Bräutigam der Seelen: in ihm sind sie Gottes teilhaftig. (Mc. 2, 18—19.) Alle Kultusgebräuche haben nur Wert und verpflichtende Kraft, insofern sie dem Menschen als Mittel zur Gottesgemeinschaft dienen. (Mc. 2, 23—3, 6.)

In der Reichsverkündigung Jesu ist die Gabe von oben mit der Aufgabe von innen verbunden: darum auch die Gegenwart mit der Zukunft. Das Reich Gottes ist da, weil Gott als Heilsgut verkündigt und angeboten wird; das Reich Gottes kommt in die Seele, weil es nicht in untätiger Ruhe, sondern durch stürmende Gewalt und innerliche Tatkraft errungen werden muß.

Mit der Innerlichkeit des Gottesreiches in der Seele ist der auffällige Unterschied Jesu von den zeitgenössischen Reichserwartungen verständlich. Die letzteren denken sich das Gottesreich als eine ausschließliche Machtwirkung Gottes, bei der weder der Messias noch das Gottesvolk durch eigene innere Anstrengung beteiligt ist. Jesus lehrt das Gottesreich als Gabe Gottes, aber zugleich als mühevolle Arbeit und Opferfrucht des Gottesknechtes und jeder Seele.

Das Gottesreich besteht in der Überwindung der bösen und verderbenden Mächte durch den Heiligen Geist, der im Gottgesalbten wirkt. Deshalb ist Jesus die Gegenwart des Gottesreiches, nicht nur als Vorbild, sondern auch in seinem Wirken als Heiland. (Mc. 3; vgl. Mt. 11, 4—15.)

Wenn seine Gegner dieses Wirken auf den bösen Geist zurückführen, so können sie das nur, weil sie Gott nicht als wesenhafte Vatergüte erkennen. Darum ist Matthäus berechtigt, das Wort Jesu einzufügen: »Wenn ich durch Beelzebub die Teufel austreibe, durch wen treiben denn eure Söhne die Teufel aus? Diese werden also eure Richter sein. Wenn ich nun durch den Geist Gottes die Teufel austreibe, so ist doch wohl Gottes Reich zu euch gekommen.« (Mt. 12, 27. 28.)

Pfleiderer sieht darin einen Widerspruch und ein späteres Einschiebsel, weil die Folgerichtigkeit fordere, daß das Reich Gottes dann auch bereits durch die erfolgreiche Vertreibung der bösen Geister gekommen sei, welche die Pharisäer selbst vollbrachten. Die Pharisäer erkannten eben nicht, daß jede Überwindung eines Verderbens und jede Förderung der Vollkommenheit eine Wirkung und Gegenwart des göttlichen Heilsgutes selber sei. Darum war die Vertreibung der bösen Geister durch die Pharisäer keine Offenbarung, daß Gottes Reich bereits gegenwärtig sei. Sie erkannten diesen Zusammenhang selber nicht; darum konnten sie ihn auch nicht offenbaren. Der Pharisäismus würdigte nicht den Menschen selbst in seiner geistigen, gottebenbildlichen Natur (Mc. 2, 27), sondern betrachtete ihn als das Material, an dem eben die Heilsordnung, die Offenbarung der Barmherzigkeit oder der vergeltenden Gerechtigkeit zu vollziehen sei, nicht als den Zweck der Heilsordnung selbst. Aus diesem Grundunterschied ergab sich eine wesentlich andere Auffassung über das Verhältnis von Gott und Mensch, von Heilsordnung und Menschentum.

Die Erkenntnis Gottes, welche Jesus verkündigte, war im vollen Sinne eine frohe Botschaft: sie schloß Gott und den Menschen zusammen, entkräftete alle Schranken als widergöttlich und offenbarte die Liebesgesinnung des Schöpfers für sein Ebenbild, den Heilswillen Gottes für den Menschen als solchen. Das ganze Wirken müsse ins Auge gefaßt werden, fordert Jesus; die einzelnen Werke beweisen nur im Zusammenhang mit dem Baum, dessen Früchte sie sind. (Mt. 12, 33—35.)

Die Befreiung des Menschen vom bösen Geiste beginnt in der Seele, aber vollendet sich im Leibe: darum ist sie ein Beweis für das Gottesreich, das in den Seelen seinen Anfang genommen hat. Das Gottesreich muß in denselben gegen die bösen Einflüsse gewahrt werden: es ist also eine Aufgabe und fordert Wachsamkeit und Tatkraft. Es ist Gabe und Aufgabe: darum im Wachstum bedingt durch die freie Willensbetätigung der Seele, in welche das Gottesreich als Same eingepflanzt wird.

Nicht nur entgegengesetzter Weltsinn, sondern auch Flachheit und Unentschiedenheit gefährden das Gottesreich. »Wer hat, dem wird gegeben; wer aber nicht hat, dem wird auch das, was er nicht hat, genommen.« (Mc. 4, 25.) Dieser Grundsatz wird von Jesus auf das Gottesreich angewandt. Die philosophische Kritik macht ihm das zum schweren Vorwurf. Allein die Schuld liegt nur an der falschen Voraussetzung, daß Jesus unter dem Gottesreich nur die endzeitliche Machtoffenbarung oder nur eine äußere Wirkung Gottes verstehe. Dann wäre jener Grundsatz unverständlich: aber in dem Geistesleben gilt er. Darum ist er auch vollberechtigt, wenn das Gottesreich in erster Hinsicht die Seele angeht. Die Wahrheit wird um so bereitwilliger aufgenommen, je mehr Wahrheit bereits in der Erkenntnis lebendig vorhanden ist: denn jede gewonnene Erkenntnis wird zum Auge, das nach neuer Erkenntnis ausschaut, zur Frage, die mit neuem Erkenntnisverlangen Aufklärung fordert. Keine Seele ist der Wahrheit bar: denn in jeder lebt als Grunderkenntnis die unmittelbare Einsicht, daß alles einer hinreichenden Begründung bedürfe, und daß wir demgemäß berechtigt seien, jede Einzelerkenntnis ursächlich zu ergänzen. Allein die verkehrte Lebensrichtung kann auch das Licht der grundlegenden Erkenntnis verdunkeln und den Sinn für die Wahrheit abstumpfen. Mit jeder lebendig verwerteten Erkenntnis und jeder geistigen Errungenschaft wächst das Interesse und das Verständnis für das dargebotene Neue. Darum gilt dieser Grundsatz auch vom Reiche Gottes, wenn dasselbe in der Seele seine Verwirklichung finden soll.

Die Versuchungen, welche an Jesus nach der Taufe herangetreten waren, bezogen sich naturgemäß auf das Wesen des Gottesreiches. Das Gottesreich besteht in der Aneignung der in Gott gebotenen Wahrheit, so daß die Seele davon wie von ihrer Lebensnahrung lebt; sodann in der ausschließlichen Hingabe an die geistige Allmacht, welche die höchste Wahrheit und Güte im Denken und Wollen durch die Folgestrenge ihrer Anwendung ausüben soll mit Ablehnung aller äußeren Mittel, um die Geister durch etwas, was nicht selbst göttlich ist, für die Gottesherrschaft zu überwältigen. Ebenso Mt. 7, 21—23.

Das Gottesreich muß, wie die Ablehnung der triumphierenden Weltherrschaft bekundet, zuerst in der eigenen Seele durchgeführt werden: es ist nicht Herrschaft über andere, sondern über sich selbst — im Geiste Gottes und im Sinn der höchsten Lebensziele.

Die Bergpredigt eröffnet den Gedankenkreis der Lehre Jesu mit einer Wesensschilderung des Gottesreiches. Es beruht auf der Erkenntnis, daß die Welt und die in ihr regierende Leidenschaft und Selbstsucht die Seele nicht befriedigen kann, weder im Sinne der inneren Vollendung noch der Beseligung. Das Gottesreich ist vielmehr Gottesgemeinschaft, Gotteserkenntnis und Gotteskindschaft und wird erreicht durch Gerechtigkeit, Barmherzigkeit und Reinheit, durch Starkmut und Friedensarbeit, Ausdauer im Arbeiten und Leiden.

Die Seligpreisungen gelten dem Gottesreich in der Seele selber: darum sind sie als Seligpreisungen vorausgesandt. »Gerechtigkeit, Friede und Freude im Heiligen Geiste«, lautet die Übersetzung, welche Paulus davon gibt. (Rom. 14, 17. 1 Cor. 13. Gal. 5, 14—26; 6, 8.)

Jesus spricht dieselbe Frohbotschaft und damit das Wesen des Gottesreiches in dem erhabenen Gebetswort Mt. 11, 25—30 mit ähnlicher Feierlichkeit aus. Es ist die Ruhe der Seele in Gott, den sie als Vater erkennt, und in der Nachfolge Jesu.

Das Reich Gottes ist Wachstum und Tempelbau im Hl. Geiste für Gott auf dem in Jesus gelegten Grund, der uns zur Weisheit, Gerechtigkeit, Heiligung und Erlösung geworden ist. (1 Cor. 1, 30; 3. Mt. 7, 17.)

Von der Wesensschilderung des Gottesreiches geht die Bergpredigt zum Gesetz der Vollkommenheit über, dessen Erfüllung die Arbeitspflicht im Gottesreich und zugleich die Durchführung des höchsten Gottesbegriffes von der Vatergüte im Sinnen und Wirken der Menschen auf Erden ist. Darin besteht das Gottesreich. Weil diese Vorstellung der herrschenden Religionsauffassung sehr widerstrebte, darum stellt Jesus die eigentliche Forderung auf: »Suchet zuerst nach dem Reich Gottes und seiner Gerechtigkeit.« (Mt. 6, 33.) Einer Aufforderung, nach dem Gottesreich im religiös-politischen und eschatologischen Sinn zu suchen, bedurfte es nicht. Vielmehr war in Galiläa wie Judäa das Verlangen mit gespannter Leidenschaft darauf gerichtet.

Das Gottesreich der Bergpredigt ist das Gottesreich in der Seele. Sie schildert es allerdings mehr als eine gewaltige Aufgabe, die dem Menschen gestellt ist, als eine Erhebung des ganzen Denkens, Liebens und Sorgens in eine höhere Welt, als das Ziel hochherziger Tatkraft. Die Bergpredigt lenkt den heroischen Sinn, der sich in Tatkraft und Tüchtigkeit erproben will, auf das im eigenen Innern zu vollbringende Gottesreich. Hier gilt es große Hemmnisse zu überwinden, in die verschlossene Burg den Eingang zu schaffen, den Pfad im Ungebahnten zum Höchsten zu bahnen, aus dem schlechten einen guten Baum zu machen und dadurch das wahre Wunder zu wirken und den ewigen Tempelbau aufzuführen — nicht aus menschlicher Kraft, sondern im Geiste und in der Kraft des Vaters, auf dem Felsengrund der Lehre und Nachfolge Jesu.

Mt. 7; 10, 19. 20: Wer sich im Sinne der Seligpreisungen ganz an Gott als seinen Lebensinhalt und sein Lebensgesetz hingibt, braucht nicht zu zagen, ob sein Können für die Verwirklichung des Gottesreiches ausreiche; »der Geist eures Vaters ist es, der in euch redet.« »Wenn ihr, die ihr böse seid, euren Kindern gute Gaben zu geben wißt, um wieviel mehr wird euer Vater im Himmel den guten Geist denen geben, die ihn darum bitten?« (Lc. 11, 13.) Das Himmelreich ist eine Aufgabe, die das Bitten, Suchen und Bemühen in Geduld, Kraft und Ausdauer fordert. (Mt. 7, 7. 8. Lc. 11, 9. 10; 12, 23—30.)

Die Kritik will das Gleichnis vom Säemann nicht vom Reiche Gottes verstehen, sondern vom Worte des Evangeliums. Allein das Reich kommt im Worte der frohen Botschaft. Jesus sagt ausdrücklich, daß es sich im Gleichnis um das Geheimnis des Gottesreiches handle. (Mc. 4, 11. Mt. 13, 11. Lc. 8, 10.) Damit sagt Jesus auch, daß er unter dem Gottesreich etwas anderes verstehe als die herrschende Anschauung. Darum bleibt das Wesen des Gottesreiches denen verschlossen, welche sich von der herrschenden Denkweise nicht befreien wollen, also auch

dem Volke. Das ist der Sinn des rätselhaften und anstößigen
Wortes Mc. 4, 11. 12, welches eine fatalistische Verblendung des
Volkes durch höhere Gewalt anzuzeigen scheint. Mit Unrecht.
Die Verblendung kommt von dem weltlichen Messias- und Gottes-
reichsbegriff, sowie von der äußerlich-weltlichen Lebensrichtung
und Denkweise, die immerfort auf die religiösen Dinge und die
Verheißung Gottes übertragen wird. Der Buchstabe ist die ver-
blendende Macht, nicht Gott; die weltlich-äußerliche Auffassung
macht unfähig, die dargebotene Wahrheit zu erfassen, wenigstens
solange jene äußerlich-mechanistische Sinnesart festgehalten und
nicht durch eine eigentliche Wiedergeburt überwunden wird. (Vgl.
Mc. 12, 1—12.) Die Jünger hatten wenigstens den Anfang gemacht, indem sie dem Gottesreich zuliebe ihren irdischen Beruf
und Erwerb verlassen hatten. So konnte in ihren Seelen das
Reich Gottes mit jener Kraft inneren Wachstums seine Entwicklung beginnen, und in der Hingabe an Jesu Person und Nachfolge betätigen, bis ihnen am Pfingsttag die große Erkenntnis von
dem geistig-innerlichen Gottesreich und dem göttlichen Heilsgut
endgültig aufging. (Mc. 8, 39.)

Das Gleichnis vom selbstwachsenden Samen gilt in erster Linie
vom Gottesreich in der Seele und lehrt außerdem, daß es in einer folgerich-
tigen Geistesentwicklung besteht, durch welche die Grundwahrheit, daß Gott
Vatergüte oder der Allein-Gute und heiliger Wille der Vollkommenheit ist, sich
immer mehr in Gesinnung und Leben auswirkt. (Mc. 4, 26—29.)

Als Triebkraft der Entwicklung zum Vollkommenen wird es auch in dem
dritten Gleichnis vom Senfkorn gekennzeichnet: das Reich Gottes ist also
Leben, Entfaltung der Keimkraft nach innerem Gesetz durch fortgesetzte Verwertung alles anderen. (Mc. 4, 30—33.)

Der Mensch und seine Vollendung, die Seele und ihre Erfüllung mit unendlichem Leben ist der Sinn des göttlichen Gesetzes: danach sollen alle Ritualgebote und Kultusgebräuche beurteilt und geübt werden. Darum ist das Innere des Menschen
die Hauptsache, weil dort das Reich Gottes entweder Aufnahme
gewinnt oder nicht. Alles andere, selbst die Übung des Ritualgesetzes, kann dafür keinen Ersatz bieten. Die Schärfe des Gegensatzes, der die Rede Jesu über das Reinigkeitsgesetz kennzeichnet, liegt darin, daß für Jesus das Wesen der Religion in der
Aufnahme Gottes als des alleinigen Heilsgutes in die Seele gelegen ist, für die geistlichen Führer Israels hingegen in der Übung
der positiven Satzungen.

Von diesem Gesichtspunkt aus ruft Jesus den Grundsatz in das Volk hinaus: »Nichts, was von außen in den Menschen hineinkommt, kann ihn verunreinigen, sondern nur, was aus seinem Innern hervorgeht.« (Mc. 7, 15. Mt. 15.) »Was hülfe es dem Menschen, wenn er die ganze Welt gewänne, aber an seiner Seele Schaden litte? Oder was kann der Mensch geben als Lösepreis für seine Seele?« (Mc. 8, 36. 37.) Die Seele und ihre Erfüllung mit Gottes Gemeinschaft ist alles: das ist die große Pflicht, in der die Nächstenliebe, Gottes- und Selbstliebe ihre gemeinsame Wurzel haben. Das ist das Reich Gottes in der Seele. (Mc. 9, 33—49.) Von keinem anderen Gottesreich als dieser rückhaltlosen, unbefangenen Hingabe an Gott und seine Vatergüte kann das Wort Jesu gelten: »Wer das Reich Gottes nicht aufnimmt wie ein Kind, kommt nicht hinein. Denn für solche ist das göttliche Reich.« (Mc. 10, 14. 15. Mt. 18, 1—14; 19, 13. 15. Lc. 9, 48; 18, 15—17.) Der reiche Jüngling bekundete diese rückhaltlose Hingabe nicht: sonst wäre ihm das göttliche Reich zuteil geworden. (Mc. 10, 17—31.)

Das Gottesreich, wie es Jesus verkündigte, wurde unmittelbar durch seine Verkündigung begründet: dadurch unterschied sich Jesus von Johannes. Der Vorläufer zeigte den Gegensatz zwischen dem anspruchsvollen Ideal und der tatsächlichen Unwürdigkeit; Jesus wirkte unmittelbar Licht und Leben, Hilfe und Befreiung. Darum wies Jesus die Sendboten der gefangenen Propheten auf die Werke seiner Heilandsliebe hin: in ihnen nahm das Reich Gottes selber seinen Anfang. So sollten es auch seine Jünger tun. (Mt. 10, 7. 8; 11, 4—6. Lc. 7, 22.) Darum sagte Jesus: »Seit der Zeit Johannes' des Täufers wird für das Reich Gottes Gewalt gebraucht, und die Gewalt brauchen, reißen es an sich. Hingegen haben es alle Propheten bis auf Johannes angekündigt.« (Mt. 11, 12. 13. Lc. 16, 16.)

Das Wort Jesu bezieht sich auf sein seitheriges Wirken: also auf das Reich Gottes in den Seelen (vgl. Mt. 11, 25—30); denn ein anderes war noch nicht in Vollzug gebracht. Dieses Himmelreich meint Jesus mit dem Schatz im Acker und mit der echten Perle. (Mt. 13, 44—46.) Die geistlichen Führer Israels verschließen den Menschen das Himmelreich; sie gehen selbst nicht hinein, und die hinein wollen, lassen sie nicht hinein. So Mt. 23, 13. Lc. 11, 52. Hier kann nur vom Himmelreich in der Seele die Rede sein. Die Herabstimmung und Zurückdrängung des Gottesbegriffs in der Religionsauffassung machte den Schlüssel des Himmelreichs unbrauchbar; denn die Erkenntnis, daß Gott der Allein-Gute ist, bewirkt die Liebe Gottes und dadurch die

Gottesgemeinschaft. »Die Gerechtigkeit und die Liebe zu Gott übergehet ihr!« (Lc. 11, 42.)

Wenn die Seele für Gott und sein Reich bestimmt ist, so ist sie von unendlicher Würde, auch im Schwachen und Geringen. Daher ergab sich für die Ehe die Ablehnung der Ehescheidung, wenigstens grundsätzlich.

Bei dieser Auffassung besteht kein Widerspruch zwischen Mc. 10, 1—12. Lc. 16, 18 und Mt. 5, 32; 19, 9. Auf Grund des Matthäustextes vertritt das orientalische und protestantische Christentum die Ehescheidung wegen des Ehebruchs: weil der Ehebruch die an sich unauflösliche Gemeinschaft wenigstens für die sittliche Empfindung vieler unmöglich mache. Die beiden Evangelien sind in voller Übereinstimmung, wenn in Mc. 10 nur die grundsätzliche Unauflöslichkeit der Ehe gefordert wird, wie es die orientalische Tradition und auch die Praxis der römischen Kirche voraussetzen. Damit kann ganz gut das Recht bestehen, im scheinbaren Gegensatz zu Mt. 5. und 19. das Ideal der unbedingten Unauflöslichkeit auch im Falle des Ehebruchs zu vertreten, weil es ein hohes sittliches Ideal des Evangeliums ist.

Der unendliche Wert der Seele und die grundwesentliche Bedeutung der Liebe für die sittlichen Pflichten überhaupt haben in der Ehe die Folge, daß der Bund trotz arger Schwierigkeiten aufrechterhalten werden soll. Wenn die Liebe jeden verpflichtet, dem Nächsten in der Not die mögliche Hilfe zu leisten, dann verpflichtet sie den Gatten am allermeisten, insbesondere den Mann gegenüber der Frau als dem schwächeren Geschlecht. Mit der Würde der Persönlichkeit wurde so von Jesus die Würde der Frau und des Ehebundes grundsätzlich ausgesprochen und geschützt. Die Offenbarung Gottes habe dies von Anfang an getan, lehrt Jesus mit dem Hinweis auf das Gotteswort Gen. 2, 44; die Erlaubnis der Ehescheidung sei nicht eine Anordnung Gottes, sondern des Moses.

Der unendliche Wert der Menschenseele wird von Jesus auch dadurch ausgesprochen, daß er die Kinder als besonderen Gegenstand der göttlichen Vaterliebe und als den besonderen Endzweck des Gottesreiches hervorhebt. Die Rücksicht auf die Kindesseele ist darum eine strenge Gewissenspflicht. Die Seele darf um keinen Preis in Gefahr gebracht werden; denn das Gottesreich hat in der Seele seinen eigentlichen und erstberufenen Träger. (Mc. 9, 34—36; 10, 13—16.)

Dem Messias selber sind die Kinder ganz besonders als Gegenstand der messianischen Fürsorge vom Vater anvertraut, daß keines derselben verloren gehe. Mt. 18, 14. Lc. 9, 56: »Der Menschensohn ist nicht gekommen, um Seelen zu verderben, sondern um sie zu erretten.«

Weil die Seele als solche unendlichen Wert hat, darum ist die Rettung jedes einzelnen Sünders die Freude des Himmels und die Herzensangelegenheit

Jesu. (Lc. 15, 1—10.) Darum wird der verwahrloste Sohn nicht nur mit bereitwilliger, sondern begeisterter Liebe vom Vater aufgenommen, obgleich der pflichttreue Sohn dies als Zurücksetzung empfindet. (Lc. 15, 10—32.)

Der reiche Jüngling ist ein Beweis dafür, wie die Persönlichkeit auch bei edler Sinnesart im entscheidenden Augenblick vom Reichtum in der Freiheit und in der hochherzigen Hingabe an das Höchste gehemmt wird. Ihm wurde sein Reichtum zum Schwergewicht, von dem belastet er den Aufstieg zum Messias nicht über sich brachte. Das Reich Gottes ist für die freie Persönlichkeit bestimmt, für die Seele als solche. (Mc. 10, 17—31.) Das Reich Gottes ist demnach Sache der Liebe, weil es die Sache der Seele ist: Liebe zu Gott, dem Allein-Guten, und Liebe des Nächsten, weil jeder Gottes Ebenbild und Erbe des Gottesreiches sein soll.

Wer Jesu Grundgedanken verständnisvoll aufnimmt, wie der Schriftgelehrte, und im Gebot der Liebe den Zweck des ganzen Gesetzes erkennt, ist nicht fern vom Reiche Gottes. Also ist das Reich Gottes die volle Durchführung dieses Gedankens in Überzeugung und Leben. (Mc. 12, 28—34.) Dieses Gottes Reich fordert keine Revolution gegen den Kaiser: vielmehr gebietet es: »Gebet dem Kaiser, was des Kaisers ist, und Gott, was Gottes ist.« (Mc. 12, 17.) Dieses Gottesreich erhebt über die geschlechtliche Natur und über alle Vergänglichkeit: denn »Gott ist kein Gott der Toten, sondern der Lebendigen«. (Mc. 12, 27.)

Das Gottesreich ist Gott selber, wie er der Seele als der gleiche Lohn zuteil wird, wenn auch die Mühsal, Dauer und Leistung des irdischen Tagewerkes sehr verschieden war. Der Lohn ist ja im Reiche Gottes nicht die Vergeltung sachlicher Dienstleistungen, sondern die Vollendung der persönlichen Hingabe.

Die Erkenntnis der Vatergüte Gottes ist die Salbung mit dem Geist der Vaterliebe und der Geist, der Jesum zum Messias weiht und befähigt. Das Reich Gottes ist der barmherzige Samaritan: Heilung der Herzen, Licht der Seelen, Befreiung der Gewissen: Botschaft der Gnade. (Lc. 4, 17—21; 10, 21—24.)

Das Reich Gottes ist in Jesus selber erschienen, weil er der Heiland der Seelen ist. Auch das berühmte Wort Lc. 17, 20—23 bezieht sich hierauf: »Das Reich Gottes kommt nicht mit äußerem Aufsehen. Man kann nicht sagen: Hier ist es, oder dort ist es. Denn das Reich Gottes ist mitten unter euch. Zu seinen Jüngern aber sagte er: Es wird eine Zeit kommen, wo ihr verlangen werdet, einen Tag des Menschensohnes zu sehen, aber ihn nicht sehen werdet.«

In dem Messias wird die Liebe, welche aus der Erkenntnis des Vaters hervorgeht, zur wirkenden Persönlichkeit: darum ist in Jesus das Reich Gottes da. (Lc. 4, 17—21; 10, 21—25. 11,

29—36.) Es fordert Verbreitung und Nachahmung. (10, 26—37.)
Es ist das eine Notwendige, das allein den Seelen ewig bleibt.
Man kann das Gottesreich schon jetzt gewinnen, wenn man mit
Maria den ganzen Sinn auf das eine Notwendige richtet. (Lc. 10,
38—42; 11, 28.)

Der Mensch ist das Gottesreich: der Mensch muß sich selber
als Selbstzweck zurückgegeben werden. Das ist die Aufgabe der
Jünger als Menschenfischer. (Lc. 5, 10.) Sie dienen als Kirche
dem Gottesreich in der Seele: dieses ist doch das höchste Gut.
(Lc. 10, 20. 41. 42.)

Die vier Seligpreisungen und Wehe des Evangeliums Lukas
zielen auch auf das Gottesreich in den Seelen. Sie dürfen nicht
als eine Erlaubnis zum Klassenhaß verstanden und als Ausblick
auf eine soziale Umwälzung von oben her betrachtet werden,
welche den Enterbten der Gegenwart den Genuß berechtigter
Schadenfreude verspricht. Eine solche Auffassung würde geradezu
im unvereinbaren Widerspruch mit der folgenden Verpflichtung
zur Feindesliebe und zur Barmherzigkeit stehen. (Lc. 6, 20—42.)
Jesus meint die Menschen, welche sich in den Gütern der Welt
reich, satt, glücklich und menschenwürdig fühlen. Ferner solche
Menschen, welche die irdischen Güter als Mittel betrachten, um
ein Leben untätigen Genußlebens zu führen. Alles ist dem Menschen zur wuchernden Verwertung geliehen. (Lc. 12, 19. 48.)

Wer das Reich Gottes in solche Güter verlegt, wie die herrschende Messiaserwartung, mußte naturnotwendig seine Begierde
auf irdische Güter richten und im Gottesreich ein Leben untätigen
Genusses ersehnen. Die Bevorzugten der Zukunft hätten für Gott
und für das, was Gott bedeutet, in ihren Herzen nicht mehr Platz
als die Bevorzugten der Gegenwart, wenn sie damit ihren Anspruch auf Besitz und Lebensinhalt, auf Glück und Ehre für wahrhaft befriedigt halten. Lukas wußte wohl, daß die Begierde nach
gewissen Gütern die Seele nicht minder erfüllt als die Befriedigung in ihrem Besitz. Habsucht und Geiz sind derselbe Mam-
monsdienst.

Jesus fordert von den Reichen, daß sie im Geben seliger sein sollen als
im Empfangen: dem himmlischen Vater nacheifernd. (Lc. 6, 30—36.) Vgl.
die Anwendung Lc. 9, 52—56. Jesus fordert von den Armen, daß sie die
Begierde nach irdischen Erbschaften bändigen. (Lc. 12, 13—21.) Alle sollen

Schätze sammeln bei Gott und im Reiche der unvergänglichen Güter. (Lc. 12, 33.)

Hat Jesus den Reichtum und die Güter dieser Welt als solche bekämpft und eine weltfeindliche Gesinnung gefordert? Ist dies wenigstens im zweiten Abschnitt seines Wirkens und unter dem Einfluß der apokalyptisch-messianischen Erwartung des baldigen Zusammenbruchs der jetzigen Weltordnung der Fall gewesen? Ist dies etwa die Ansicht Jesu im Lukasevangelium?

Für die Beurteilung des Reichtums im Evangelium Jesu muß die ganze Bedeutung, welche Reichtum und Weltgüter für das Altertum hatten, inbetracht gezogen werden. Die Persönlichkeit des Menschen als solche hat erst durch Jesus jene unendliche Würde als Selbstzweck erlangt, welche unserer Gegenwart, ob gläubig oder ungläubig, als selbstverständlich erscheint. Allein das Altertum hatte dieses Verständnis für den unendlichen Wert der Persönlichkeit n i c h t. Darum lag der Wert des Menschen in dem, was er an Besitz oder sonstigen Gütern hatte, nicht in dem, was er innerlich war. Darum lag die Bedeutung des Reichtums und der Macht für das Altertum allein darin, daß sie ihrem Besitzer behaglichen Lebensgenuß und ungehemmte Befriedigung seiner Leidenschaften ermöglichten.

Die Selbstsucht, zu der das Glück und der Reichtum ohnedies geneigt machen, war ungehemmt; denn die Rücksicht auf die P e r s ö n l i c h k e i t des Schwachen konnte erst wirksam werden, als der unendliche Wert der Seele als solcher, also auch im Schwächsten, Unmündigen, Elendesten dargetan war. Gegen d i e s e n Reichtum, welcher die Persönlichkeit herabwürdigte und dem Evangelium von dem unendlichen Wert der Menschenseele hemmend in den Weg trat, sind die Weherufe Jesu gerichtet. Seine Seligpreisungen gelten eigentlich der Persönlichkeit und Menschenwürde als solcher, wie sie auch im Armen, Elenden, Unterdrückten und Verachteten vorhanden ist, und Anerkennung, Fürsorge und Liebe fordert. Gerade im Verwahrlosten ist es die M e n s c h e n w ü r d e d e r P e r s ö n l i c h k e i t allein, die als Vorrang hervortritt; darum ist s i e es, der die S e l i g p r e i s u n g J e s u gilt; denn d i e s e n Vorzug wollte er zur Geltung bringen.

Mit der Würde der freien Persönlichkeit bekam der Reichtum und alle weltlichen Güter einen neuen Wert. Aus einem Mittel des untätigen Genusses, der Selbstsucht und Herrschgier wurde er zu einem Mittel der f r e i e n, der gemeinnützigen Arbeit. Die Arbeit als solche wurde mit der Persönlichkeit zur Würde des Selbstzweckes erhoben: vorher war sie entweder Not oder Mittel der Ausbeutung. Jetzt dient sie und mit ihr der Reichtum der Vervollkommnung und dem Gesamtwohl. Der Reichtum soll der Persönlichkeit als Mittel zur freien sittlichen Entfaltung und besonders zur planmäßigen Liebesbetätigung und sozialen Förderung dienen. Indem Jesus die Persönlichkeit zur Würde des Selbstzweckes erhob, wurde alles andere zum Mittel und Werkzeug, welches diesem Selbstzweck zur freien Entfaltung seiner Kräfte und Anlagen dient. Mit dem Talent soll der Verwalter wuchern: der große Hausvater teilt allen Gutes und Übles zu, damit es ihnen als Material für ihre persönliche Tüchtigkeit diene.

Hieraus ergiebt sich, daß es kein Widerspruch ist, wenn das Evangelium Lukas den Grundsatz der nutzbaren Verwertung aller Güter stärker als alle anderen in den Vordergrund stellt, obgleich es alle diese Güter als widergöttlich zu brandmarken scheint.

Jesus hat durch die scharfen Weherufe bei Lukas über jene weltliche Selbstsucht das Verwerfungsurteil gesprochen, welche alles für käuflich hält, auch den Menschen und die menschliche Persönlichkeit, wenigstens wenn sie sich notgezwungen selber zum Werkzeug fremder Selbstsucht kaufen und herabwürdigen läßt. Die Offenbarung hatte von Anfang an die Würde der Persönlichkeit in zweifacher Hinsicht durch die zwei Schlußgebote des Dekalogs in Schutz genommen. Jesus hat das Gesetz auch in dieser Hinsicht durch das Evangelium der Seligpreisungen erfüllt.

Jesus hat diese selbe Grundpflicht indes auch dem pharisäisch-jüdischen Geiste gegenüber zur Geltung gebracht. Denn das Jüdische in der Ausartung der Gesetzesreligion lag darin, daß der Mensch fast nur mehr als das Material galt, an dem das Gesetz und die Heilsordnung ihre Erfüllung finden sollten. Der Mensch schien um des Gesetzes, um des Sabbats, um des Kultus und des Tempels, um der Hierarchie willen da zu sein. Auch von dieser Herabwürdigung befreite Jesus die Menschenseele, insbesondere jene, die nichts für sich hatte als die gottebenbildliche Anlage für Gott und die Ewigkeit.

Die Seligpreisungen bei Lukas gelten der Würde der Menschenseele als solcher: die Weherufe gelten allen jenen, welche ihr die Würde des Selbstzwecks vorenthalten und sie zu einem bloßen Mittel und zu einem bloßen Material für anderes, seien es Personen oder Ordnungen, herabdrücken wollen.

Das schöne Bild des Gottesreiches in der Seele ist die auf Gottes Wort mit ganzer Kraft lauschende Maria, welche Jesus gegenüber dem Eifer, welcher sich dem Messias durch notwendige Dienstleistungen widmete, mit dem hohen Worte in Schutz nahm: »Martha, Martha, du machst dir um vielerlei Sorge und Unruhe. Nur eines ist notwendig. Maria hat den besten Teil erwählt, der soll ihr nicht genommen werden.« (Lc. 10, 38—42.) Das Kommen des Reiches, welches der Gegenstand der angelegentlichsten und andauerndsten Gebete sein soll, kann nur die Gottesherrschaft in der Seele sein. Eine andere Auffassung hätte im ganzen Zusammenhang von Lc. 11 keinen Sinn, auch wenn ausdrücklich gesagt wäre, daß die eine Gabe Gottes, auf die alles abzielt, der Hl. Geist und seine Einkehr in der Seele sei, also das Reich Gottes in der Seele. (Lc. 11, 13; 24, 46—49.) Dieses Wort Jesu hat für den innerlich geistigen Charakter seines Gottesreiches volle Beweiskraft. »Wenn ihr, die ihr böse seid, euern Kindern gute Gaben zu geben wißt, um wieviel mehr wird euer himmlischer Vater den Hl. Geist (vulgata: den guten Geist) denen geben, die ihn darum bitten?«

Wenn der Lukastext im Vaterunser als zweite Bitte angab, wie einzelne Textformen, auch Marcion, beurkunden: »Es komme dein Hl. Geist auf uns und reinige uns,« dann wäre dadurch das innerlich geistige Wesen des Gottesreiches auch im Vaterunser ausgesprochen. Diese Auffassung, für welche Spitta, Paslack (Exegetische Bemerkungen zu Mt. 6, 9—13 und Lc. 11, 2—4. Straßburg, Heitz, 1905) eintreten, wird von anderen, wie Schürer und Harnack, deshalb abgelehnt, weil der Hl. Geist in der Predigt Jesu nicht als religiöses Heilsgut erscheine. Erst Paulus habe ihm diese Bedeutung zuerkannt. — Das wäre eine andere Form, um Paulus als denjenigen zu bezeichnen, der das Christentum aus einer apokalyptischen Hoffnung in eine Religion umgewandelt hätte. Wenn Jesus unter dem Zeichen der hohen Wahrheit den Messiasberuf übernommen und begonnen hat, der Messias habe als eigentlichste Aufgabe die Menschheit mit dem Hl. Geiste zu taufen, so folgt daraus, daß für Jesus der Hl. Geist nicht bloß ein religiöses Heilsgut, sondern das religiöse Heilsgut war.

Von dem Gottesreich in der Seele und der Berufung dazu sprach Jesus im Hause des vornehmen Pharisäers, als ein Gast ausrief: »Selig, wer das Brot im Reiche Gottes genießt!« Jesus schildert, wie das Gastmahl des Gottesreiches schon bereit sei und die Einladung erfolge, aber aus Mangel an Verständnis und aus Weltsinn von den Erstgeladenen abgelehnt werde. . (Lc. 14.) Die Gleichnisse vom verlornen Sohne, vom verlornen Schafe und Groschen, vom klugen Verwalter und vom reichen Prasser beziehen sich auf das Gottesreich in der Seele. (Lc. 15. 16.) Die Seligpreisung des Zöllners Zachäus gilt dem Gottesreiche, das in seiner Seele Einkehr genommen.

2. Das Gottesreich wurde von Jesu auch als die Kirche Gottes auf Erden gedacht und begründet, als die Heilsanstalt, welche kraft höherer Sendung den amtlichen Beruf und kraft göttlicher Ausrüstung die Fähigkeit hat, die Güter und Kräfte des Gottesreiches zu bewahren, zu pflegen und allen Zeiten und Völkern zu übermitteln. Jene Wahrheiten und Gebote, Güter und Kräfte, mit denen das Gottesreich in jeder Seele verwirklicht werden soll, sind für die Gesamtheit im Gottesreich der Kirche niedergelegt und bereitgehalten. So war es die Anordnung Jesu selbst, die nicht willkürlich und rein positiv, sondern in der Natur der Sache selbst, wie auch im Auftrag Gottes begründet ist.

Die Kirche als Heilsanstalt zur Verwirklichung des Gottesreiches auf Erden ist im Evangelium Matthäus mit besonderer Feierlichkeit auf die Stiftung Jesu zurückgeführt. Es geschah dies in entscheidender Weise nach dem Messiasbekenntnis Petri. Jesus lehnte zwar das politische Messiaskönigtum ab, allein er übte sein

religiöses Königtum bei dieser seiner ersten ausdrücklichen Messias-
offenbarung dadurch aus, daß er auf Petrus als den Felsengrund
seine Kirche gründete und dem Petrus die Schlüsselgewalt und
das Gesetzgebungsrecht in der Kirche übertrug und damit die
Verheißung der Unüberwindlichkeit verband. (Mt. 16, 17—19.)

Die Kritik versucht den Nachweis, daß dieses Wort Jesu in den Zusammenhang des Evangeliums ebensowenig hineinpasse, wie in die Tatsachen
der Apostelgeschichte und das Zeugnis der Briefe Pauli.   Allein die Kritik gesteht zu, daß das Wort Jesu, wie es Mt. 16, 17—19 berichtet ist, die Stiftung
der Kirche im katholischen Sinne vollkräftig beweisen würde.   Natürlich
unter voller Wahrung der gerade im Matthäusevangelium ausgesprochenen
Grundsätze Jesu inbezug auf das Gottesreich, wie Mt. 18, 23.   Denn wie
Markus zugleich das Evangelium der innerlichen Religion und der Wunder ist,
so ist Matthäus zugleich das Evangelium der Autorität und der Freiheit. —
Die eingehende Darlegung, daß Jesus die Kirchengründung beabsichtigt habe,
muß dem dritten Bande dieser Apologie: »Kirche und Katholizismus« vor-
behalten bleiben.

Jesus bekundete seine Absicht, eine Heilsanstalt mit heiligen Ämtern
und Gewalten zu stiften, durch das Wort, das er bald nacher an alle zwölf
Jünger richtete: »Wahrlich, ich sage euch: was ihr auf Erden binden werdet,
wird auch im Himmel gebunden sein; was ihr auf Erden lösen werdet, wird
auch im Himmel gelöset sein.« (Mt. 18, 18.) — Mit gesteigerter Feierlichkeit
wird dieselbe Königstat der Kirchengründung von dem Auferstandenen wiederholt und neu vollzogen: »Mir ist alle Gewalt gegeben im Himmel und auf
Erden.   Gehet hin und lehret alle Völker und taufet sie im N. d. V., d. S. u.
d. Hl. G., und lehret sie alles halten, was ich euch geboten habe.   Siehe,
ich bin bei euch alle Tage bis ans Ende der Zeiten.« (Mt. 28, 18—20. Lc. 24,
46—49. Act. 1, 6—8. Joh. 20, 21—23.)

Die Absicht der einstigen Sendung spricht schon aus dem Wort der
Bergpredigt an seine Jünger: »Ihr seid das Salz der Erde, ihr seid das Licht
der Welt.« (Mt. 5, 13. 14.)

Die Seligpreisungen der Bergpredigt gehen zunächst auf die Jünger,
wie Lc. 6, 20 ausdrücklich versichert.   Die Seligpreisung folgt nach Lc. 6,
13—23 auf die Jüngerwahl und ist die Anerkennung für die Bereitwilligkeit
der ersten, die sich als Kirche in den Dienst des Gottesreiches stellen.   Die
Jüngerwahl ist ausdrücklich begründet durch die Teilnahme an dem messianischen Amte Jesu. (Mt. 9, 35—10, 42.)   In der Sendungsrede führt Jesus die
Amtsgewalt auf den höchsten Ursprung aller Autorität zurück, auf den Vater.
»Wer euch aufnimmt, nimmt mich auf; wer mich aufnimmt, nimmt den auf,
der mich gesandt hat.« (Mt. 10, 40. Lc. 9, 1—6; 10, 1—16—20; 11, 49;
12, 32; 21, 10—19; 22, 24—32.)   Hier gibt das Reich Gottes in der Heilsanstalt der Kirche dem Worte Jesu seinen Charakter; bei Mc. 9, 36 ist es das
Reich Gottes in den Seelen.   Darum ist Chamberlains kritische Beanstandung
hinfällig.

Die Jüngerschaft hat die Aufgabe, das Werk Jesu fortzusetzen: während seines Erdenlebens innerhalb der ihm selber gezogenen Schranken (Israel); nach demselben durch alle Zeiten und für die ganze Menschheit. Das Ungeheure dieser Aufgabe war wohl erkannt: darum wird den Jüngern der Beistand des Hl. Geistes als die Kraft ihrer Salbung verheißen (Mt. 10, 20. Mc. 13, 11. Lc. 12, 12; 21, 15; 24, 46—49. Act. 1, 8), wie ihnen die Sendung des Vaters durch den Messias das Recht und die Pflicht zum Apostolate gibt.

Wenn die Notwendigkeit einer berufsmäßigen Mitarbeiterschaft schon zu Lebzeiten Jesu, sowie für das kleine Israel und das in der strengen Schule des Gesetzes erzogene Volk der Offenbarung bestand, so ist es unmöglich, daß Jesus im Hinblick auf die Menschheit überhaupt gemeint hätte, das Evangelium vom Himmelreich werde in genügender Stärke und ungefährdeter Reinheit bei den anderen Völkern und durch die Zeiten hindurch fortwirken, auch ohne die Organisation eines Apostolates und damit einer Kirche. Mc. 13, 9—11: »Unter allen Völkern muß zuvor das Evangelium verkündet werden.« (Vgl. Harnack, Wesen d. Chr. 172.) Für das kleine und in der Zucht der Gesetzesreligion geschulte Israel und zu seinen Lebzeiten hat Jesus diese Anschauung nicht bestätigt, sondern ein Apostolat organisiert und hinausgesandt. Wie sollte er diese Fürsorge für die Völkerwelt und die ganze Zukunft als überflüssig oder sogar hemmend außeracht gelassen haben?

Die Gleichnisse wollen, wie Jesus selber sagt, das Wesen des Gottesreiches unter den verschiedenen Gesichtspunkten darlegen. Auf das Gottesreich als Kirche und Heilsanstalt beziehen sich die Gleichnisse vom Acker und Unkraut: es bedarf der Knechte, die im Dienste des Hausvaters stehen und die ihre Besorgnisse kundgeben. (Mt. 13, 24—30.) Es bedarf der Lehrer, die aus ihrem Schatze Neues und Altes hervorbringen. (13, 52.) Es bedarf der Hirten, die dem Volke die geistige Nahrung bereiten und bringen. (14, 16; 15, 36. Mc. 6, 41.) Auch die Gleichnisse vom Senfkorn und vom Sauerteig erklären das Gottesreich: die Frau, welche den Sauerteig mit dem Mehl zu vermengen hat, ist die Kirche. Der Sauerteig wird nicht sich selbst überlassen: es bedarf der planmäßigen Arbeit. Das Reich Gottes fordert eine zielbewußte, organische Tätigkeit: das ist die Kirche. (Mt. 13, 31—43.) Sie ist die Menschenfischerin. (13, 47—50. Die Jünger als Menschenfischer Lc. 5, 10.) Sie ist es, durch welche der König zum Gastmahl seines Reiches einlädt. (Mt. 22, 1—14. Lc. 14, 15—35.) Die Jünger, welche das Amt des Gottesreiches verwalten, sind die Knechte, welche mit dem anvertrauten Talente wuchern sollen. (Mt. 25, 14—30.)

Der Geist, in dem die Kirche ihr dreifaches Amt verwalten soll, ist in allen Evangelien, auch in dem Evangelium der Kirche selber, in unzweifelhafter Bestimmtheit gekennzeichnet. Es ist der Geist der dienenden und vergebenden Liebe, welcher das Amt nicht als Mittel für den Genuß und Gebrauch der eigenen Über- legenheit und der Herrschaft über das in geistiger Unebenbürtigkeit und Unselbständigkeit zurückgehaltene Volk betrachtet, sondern als Mittel, um alle, soweit möglich, zur unmittelbaren Gottes- gemeinschaft emporzuheben. Die große Rede Mt. 18. mit dem Gleichnis von dem unbarmherzigen Knechte sichert das Wort Jesu 18, 18, wie 16, 17—19 gegen Mißbrauch. Mt. 20, 25—28. Mc. 9, 34—36; 10, 42—45 in Übereinstimmung mit der Abendmahlsrede Lc. 22, 24—27 sind in geistiger Hinsicht die Grundverfassung der Kirche Jesu.

Durch den Geist der dienenden, mitteilenden und sich auf- opfernden Liebe, welche die Seelen zum Vollbürgertum des Gottes- reiches erziehen will, soll sich die Kirche von dem weltlichen Staate unterscheiden, insofern der letztere auf Zwang und Gewalt beruht und in jeder Staatsform dieses Prinzip zum Ausdruck bringt. Die gewaltige Rede Mt. 23. anerkennt die heilige Autorität der Hierarchie des Lehrstuhles Mosis (23, 2. 3), aber offenbar nicht im Widerspruch mit Mt. 15; 16, 6. 12: also nicht mit Preisgabe von Überzeugung, Gewissen und eigenem Urteil.

Die Kräfte und Schlüssel, Talente und Güter des Himmel- reiches dürfen von den Verwaltern desselben jedenfalls nicht ver- graben oder der ungehemmten Verwertung vorenthalten werden. (Lc. 16, 1—13; 19, 11—27.)

Jesus will, daß durch die Autorität die Wahrheit, Verpflich- tung und Gnadenkraft zum inneren Geistesbesitz womöglich aller werde, so daß die Gläubigen aus dem Inhalt des Glaubens heraus zu urteilen und zu entscheiden lernen.

Das Evangelium Matthäus ist wie in allem, so auch hin- sichtlich der Kirche der Anwalt des göttlichen Rechtes für das Gottesreich in der Kirche wie in den Seelen.

3. Das Gottesreich im Evangelium Jesu bedeutet drittens die Friedens- und Segensfülle der fortschreitenden Messiasherrschaft

in der christlichen Welt und in der diesseitigen Menschheitsentwicklung. Es ist das Gottesreich der messianischen Erneuerung
aller menschlichen Lebensordnungen, das Friedensreich der christ-
lich gewordenen Kultur. Es ist das Gottesreich der siegreichen
Herrschermacht und befruchtenden Lebenskraft, welche von den
Ideen des Evangeliums und der ganzen Offenbarung immerfort
ausgeht und unmittelbar wirksam ist, nicht nur im kirchlichen
und im religiös-sittlichen Leben, sondern in der Beurteilung und
Behandlung aller sozialen und politischen Kulturaufgaben. Nicht
die Kirche und ihre Hierarchie ist der Träger dieser messianischen
Welteroberung und kommenden Weltherrschaft: ihre Aufgabe ist
das dreifache Amt als Verwaltung der übernatürlichen Heilsanstalt.
Aber da Gott und seine Offenbarung, da Christus und sein Evangelium als geistige Tatsachen und wirkende Mächte in der Weltgeschichte überhaupt vorhanden sind und durch den geistigen
Wahrheitsgehalt und die sittlichen Ideen unmittelbar auf alle
wirksam werden, auch wenn sie außerhalb der Kirche sind und
derselben sogar feindlich oder mißtrauisch gegenüberstehen, so
wird das ganze Denken und Wollen der Menschheit unwillkürlich
von der Gedankenwelt der Offenbarung selber befruchtet. Dies
gilt von jener Gedankenwelt, welche im Dogma und Sittengesetz
der Kirche ausdrücklich verkörpert ist, aber auch von allem, was
in der Hl. Schrift enthalten ist, auch insoweit es nicht in dem
ausdrücklichen dogmatischen Lehrbegriff und Sittengesetz der
Kirche enthalten ist. Die Ideenfülle und sittliche Kraft der Offenbarung kommt so nicht nur der kirchlichen Gemeinschaft zugute,
sondern der ganzen gebildeten Menschheit innerhalb wie außerhalb des christlichen Kulturgebietes, insofern sie von ihr Kenntnis
gewinnt und Einfluß erfährt.

Unzweifelhaft will das Gottesreich der prophetischen Schilderung wie dem Evangelium Jesu zufolge eine über das geistliche
Gebiet der kirchlichen Heilsanstalt hinausgreifende Gottesherrschaft herbeiführen, welche nicht in einer amtlichen Organisation
und dem Vollzug ihrer amtlichen Funktionen aufgeht. Vielmehr
ist die von der himmlischen Gedankenwelt ergriffene und ver-
edelte Völkerwelt selber der verpflichtete Träger und berufene
Vollbringer dieser Gottesherrschaft, der Bahnbrecher des messianischen Friedens- und Segensreiches.

Man kann der Kirche nicht, wie es zumeist geschieht, die Pflicht auferlegen, daß sie selbst die gesellschaftliche Ordnung und die Einrichtungen der Kultur in fortschreitendem Maße mit dem christlichen Geiste durchdringe und dem Evangelium entsprechend umgestalte, neuschaffe und zur Herrschaft bringe. Papst Pius X. hat ausdrücklich erklärt, daß die Kirche die Verantwortung für die Aufgaben der christlichen Gesellschaft im öffentlichen Leben nicht übernehmen könne. Die Aufgabe der Kirche ist und bleibt die Verkündigung der Offenbarungslehren und die Spendung der Heilsgnaden. Auch nach der Verbreitung des Christentums über die ganze Menschheit erschöpft sich die Pflicht der Kirche in der Verwaltung der heiligen Offenbarungswahrheit und der heiligen Erbgüter und Gnadenkräfte überhaupt, sowie in der Anregung zu deren Verwertung im religiös-sittlichen Leben mit den Mitteln der Überzeugung und des geistlichen Hirtenamtes.

Der Staat soll wohl aus dem Rechtsstaat immer mehr zum sozialen Kulturstaat werden: allein er darf niemals die Initiative der Personen und Stände beeinträchtigen, weil sonst die Kultur selber in ihrer Wurzel und Krone bedroht wäre. Der Unterschied von Staat und Gesellschaft muß darum auf dem Gebiet der weltlichen Kultur immer bestehen bleiben; der Staat kann und darf nicht der ausschließliche Träger der weltlichen Kulturaufgaben werden. Das gleiche gilt auf dem Gebiet der sittlich-religiösen Kultur: der Unterschied von Kirche und christlicher Gesellschaft bleibt immerfort bestehen und kommt in dem Unterschied des Gottesreiches als kirchlicher Heilsanstalt und als christlichen Kulturfortschrittes zum Ausdruck.

Hieraus ergibt sich in kirchenpolitischer Hinsicht eine Folgerung von größter Bedeutung. Nicht die Weltherrschaft der Kirche und des Papsttums, sondern die Weltherrschaft Christi und des Evangeliums soll die Folge der Ausbreitung des Christentums über die ganze Menschheit sein. Es ist weder notwendig noch wünschenswert, daß die Souveränität der Staatsgewalt irgendwie zugunsten einer päpstlichen Oberhoheit in weltlichen Dingen gemindert werde. Vielmehr ist die Gesamtheit aller Stände und Geisteskräfte, wie sie jeder Beruf eigentümlich ausbildet, dazu berufen, die Ideen des Evangeliums in seinem Gebiet immer verständnisvoller zu erfassen und zu verwerten. Hier ist das Gebiet der Initiative, der Freiheit, des Fortschrittes, um auf dem Gebiet der menschlichen Kultur überhaupt die Fruchtbarkeit des christlichen Gedankens zu erproben: in Gesellschaft, Schule, Erziehung, Kranken- und Altersversorgung, Volkswohlfahrt, Volksbildung, Körperpflege, Frauenfrage, in Industrie und Maschinenbetrieb, in Gesetzgebung und Verwaltung, in Strafrecht und Sicherheitspflege, in der Entwicklung der Staats- und Völkergemeinschaft überhaupt, im Verkehrswesen, in den internationalen Friedensbestrebungen, in der Abschaffung alles Menschenunwürdigen und in dem Ersatz der Vorteile, welche z. B. der Krieg für das Gemeinwohl und das öffentliche Leben hat, durch andere Einrichtungen höherer und edlerer Art, in Wissenschaft und Kunst.

Man macht es der Kirche vielfach zum Vorwurf, daß sie nicht sofort die Sklaverei abgeschafft, die Staats- und Rechtsverhältnisse gebessert, das Schul- und Bildungswesen gehoben, die Strafrechtspflege veredelt und von der furchtbaren Grausamkeit der Strafen wie der Unvernunft der Folter als Untersuchungsmittel gereinigt habe. Allein die Kirche ist weder dazu verpflichtet noch berechtigt, noch mit der entsprechenden Gewalt ausgestattet. Die Kirche kann z. B. den Krieg nicht abschaffen, weder durch Verbot, noch durch bestimmenden Einfluß. Und doch ist die allgemeine Friedensherrschaft und die schiedsgerichtliche Erledigung der Völkerstreitigkeiten ebenso eine Forderung des Gottesreiches, wie die Abschaffung der Sklaverei, des Eides, der Prostitution, wie die Verwirklichung der Bergpredigt überhaupt. Aber die Kirche darf deshalb nicht alles zur Pflicht machen, was in der Bergpredigt als Ziel und Aufgabe vorgestellt wird und im Zeitenlaufe auch noch zur freien Geltung auf Erden kommt.

Wer der Kirche in dieser Hinsicht für die Vergangenheit Vorwürfe macht, erkennt ihr damit überhaupt tatsächlich die höchste Souveränität auch in Sachen der weltlichen Kultur zu. Wären jene Vorwürfe für die Vergangenheit berechtigt, so wäre die Kirche berechtigt, für die Zukunft nach der Oberhoheit über die Staaten und Völker, über alle Kulturgebiete und Geistesmächte zu streben. Die Christenheit ist es, welche zur Durchführung der christlichen Ideen in allen Kulturgebieten berufen und verpflichtet ist. Darin besteht ein wichtiger Teil des allgemeinen Priestertums.

Nur auf diese Weise ist es möglich, die beiden Ideale miteinander ohne gegenseitige Beeinträchtigung zu vereinbaren: erstens, daß das Christentum nicht auf das religiös-sittliche Gebiet im eigentlichen Sinne eingeschränkt werden kann und darf, sondern als Weisheit und Kraft von Gott alle Lebensverhältnisse der Staaten und Völker durchdringen soll und will. Zweitens, daß dadurch die Selbständigkeit der Staaten und Nationen, der Wissenschaften und Kulturbestrebungen nicht beeinträchtigt und nicht der Oberherrschaft der Kirche und des Papsttums zum Opfer gebracht werden darf. Es darf dies nicht geschehen, weil die Kirche nicht zur Gewaltherrschaft nach Art des Staates berufen ist; aber auch nicht im Interesse der Freiheit und Mannigfaltigkeit, Ursprünglichkeit und Eigenart des Kulturlebens.

Die Ausbreitung des Christentums über die ganze Menschheit ist vielleicht nähergerückt, als es den Anschein hat; vielleicht auch die Verständigung der christlichen Konfessionen unter sich. Damit ist die Frage nähergerückt, ob nicht die allgemeine Anerkennung der Kirche und des Papsttums als der gesetzgebenden Macht in Sachen des Glaubens, der Sittlichkeit und Religion seitens aller Völker folgerichtig dazu führen müsse, daß auch alle weltlichen Kulturgebiete von selbst der Oberleitung der Kirche unterstellt werden. Wird nicht die Kirche mit Erfolg diesen Anspruch erheben, und werden nicht die Gläubigen demselben bereitwillig für sich und die öffentlichen Angelegenheiten Folge leisten? Der vermittelnde Grundsatz wäre, daß jede Betätigung der Freiheit sittlichen Charakter habe und von Bedeutung für Religion und Seelenheil sei. Wäre die letztere Folgerung zu bejahen, so würde schon um dessentwillen und um die Erstarrung des Geisteslebens in einem allumspannenden Kirchenstaat zu verhindern, von wichtigen Kulturmächten der Fortschritt des Christentums in der geistigen Welteroberung grundsätzlich gehemmt und die Widerstandsbezw. Anziehungskraft der anderen Weltreligionen zielbewußt gesteigert werden. Die Herrschaft einer einzigen Großmacht über die ganze Menschheit erscheint in weltlicher Hinsicht nicht als wünschenswertes Ziel; auf religiös-sittlichem Gebiet wird sie noch viel mehr als verhängnisvoll betrachtet.

Die Klarstellung dieser Frage aus dem Evangelium ist auch um dessentwillen wichtig, weil die Anerkennung eines jeden Gottesreichsideals im Sinne Jesu das Wahrheitsrecht der anderen Gottesreichsideale offenkundiger hervortreten läßt. Es sind auch Gottesreichsschilderungen im Evangelium, welche unzweideutig auf das Diesseits gehen und sich weder auf die Kirche noch auf das Gottesreich in der Seele beziehen lassen. Diese wichtigen Worte, die durch den Zusammenhang mit den Propheten und der apokalyptischen Messiashoffnung noch an Bedeutung wachsen, erscheinen entweder als ein dunkler und unerklärlicher Rest, oder sie dienen der radikalen Kritik als Beweis für ihre Behauptung, die einzig nachweisbare Weissagung Jesu, von dem baldigen Triumph des Messiasreiches auf Erden, sei durch die Tatsachen widerlegt worden und als unerfüllte falsche Weissagung dargetan.

Schon die begeisterten Dankgebete der Mutter Jesu und des Priesters Zacharias schildern das Gottesreich des Messias als eine Zeit, in der nur Gerechtigkeit und Friede auf Erden herrscht und damit der Messias, dessen Königtum eben die Herrschaft von Gerechtigkeit und Frieden ist. Diese Aussicht hatte der Engel in der Verkündigung eröffnet und deshalb den Messias als den Erben des Davidischen Thrones bezeichnet. Nicht das politisch-weltliche Königtum im gewöhnlichen Sinne ist das Wesentliche: das ist gerade im Lukasevangelium am bestimmtesten abgelehnt; aber die Segenswirkung des Evangeliums Jesu auf das ganze Gebiet des Kultur- und Menschenlebens. Es ist die Erfüllung des Weltlichen durch die göttlichen Segenskräfte, die in der Heilsanstalt der Kirche von dem dreifachen Amte derselben zunächst nur für das religiöse und sittliche Leben wirksam gemacht werden. Aber sie wirken von selber weiter und durchdringen allmählich alle Gebiete des Kulturlebens mit den Gesichtspunkten, Grundsätzen und Endzielen des Evangeliums. Dann herrscht Jesus durch seine Grundsätze und durch sein Vorbild als König der Gerechtigkeit und des Friedens. Das ist die Bedeutung der Zukunftsbilder von Lc. 1, 32—33. 46—55. 68—80.

Der Evangelist hat das Magnifikat und Benediktus ausdrücklich als Weissagungen bezeichnet. Sicher nicht als Weissagungen, welche in der Zeit der unmittelbaren Jünger Jesu zur vollen Erfüllung kommen sollten, sondern als die Hoffnung der Christenheit. Folglich hat Lukas in diesen Weissagungen nicht eine Verlegenheit empfunden, weil sie nicht in der bereits dahingegangenen Generation durch apokalyptische Wundermacht von oben zur Erfüllung gebracht worden waren.

Das Wesentliche dieser wie der alttestamentlichen Zukunftsbilder vom messianischen Segensreich liegt auch nicht darin, daß dieser glückliche Zustand plötzlich und wie durch eine reine Allmachtstat von Gott bewirkt wird. Die biblischen Schriftsteller schildern auch das Vergangene und Gegenwärtige als unmittelbare Gottestat. Sowenig sie damit die geschöpfliche Selbsttätigkeit und die gesetzmäßige Entwicklung übersehen oder leugnen, ebensowenig darf man ihre Zukunftsbilder so auffassen. Die

Entwicklung der christlichen Kultur verläuft im großen so, daß die Ideale des Magnifikat und des Benediktus, der allgemeinen Herrschaft der Gerechtigkeit und des Friedens intensiv und extensiv immer mehr zur Wirklichkeit werden. Durch diese Gebetsweissagungen sind die messianischen Zukunftsbilder der Propheten und Psalmen gewissermaßen ins Evangelium aufgenommen.

Der religiöse Geist betrachtet alles Geschehen und Sollen im unmittelbaren Zusammenhang mit dem höchsten Urgrund, Gesetz und Endzweck: alles ist der vollbewußte Plan und Ratschluß der höchsten Ursache; alles, was den Menschen verpflichtet, ist die von dem höchsten Gesetzgeber ausgehende Verpflichtung; alle Kraft und Hilfe, alle Erhebung und Erleuchtung ist Gottes unmittelbare Tat. Damit wird die reale Vermittlung und die ernste Bedeutung der Naturursachen, der Freiheit, der geschichtlichen Zusammenhänge nicht geleugnet; ebensowenig wird gesagt, daß das göttliche Wirken im Unterschied von dem durch den Weltzusammenhang und die geschichtliche Entwicklung vermittelten Werdegang durch plötzliches, sofortiges und auf einmal fertiges Eintreten der ganzen Wirkung und Vollbringen der ganzen Absicht gekennzeichnet sei.

Die religiöse Denkweise und biblische Redeweise ist nicht bloß zulässig, sondern unter dem Gesichtspunkt der Wahrheit vollberechtigt: denn die Unmittelbarkeit jeder Wirkung, auch der geringsten, welche vom Schöpfungsratschluß umspannt wird, wird durch die Vermittlung des Natur- und Geschichtszusammenhanges nicht im geringsten beeinträchtigt. Alles ist unmittelbar Gottes Wirkung, obgleich es im Weltzusammenhang und dessen Netz von Gesetzen, Ursachen und Bedingungen eingegliedert ist: denn dieser Zusammenhang ist wie jedes Glied desselben der vollbewußte und eigentlich gewollte Gegenstand der göttlichen Ursächlichkeit.

Die Allmählichkeit des Werdens lockert ebensowenig die unmittelbare Abhängigkeit jeden Geschehens von der höchsten Ursache: denn diese will ja gerade den eigentümlichen Werdegang und die naturgemäße Entwicklung, welche sich zeitlich in der Allmählichkeit ausspricht. Die Zukunft entfernt sich nicht von der Ewigkeit: alles Zeitliche ist dem Ewigen gleich nahe. Unter diesem Gesichtspunkt ist die Art und die Zeit aufzufassen, wie das Kommen der messianischen Friedensherrschaft in den Bildern und Reden der Propheten und des Evangeliums geschildert wird. Diese Schilderungen gelten nicht vom Gottesreich der Seele: denn sie verkünden die Gottesherrschaft in der äußeren Welt. Sie gelten nicht von der Kirche: denn sie ist Heilsanstalt für die Seelen, aber nicht die Nachfolgerin des Königs David in seinem Königtum. Sie gelten auch nicht vom Jenseits: denn sie beziehen sich ausdrücklich auf das Diesseits. Folglich sind sie von der messianischen Gottesherrschaft zu verstehen, welche auf Grund der fortgesetzten Wirksamkeit der Kirche nicht nur von den kirchlichen Ämtern in geistlichen Sachen ausgeübt wird, sondern von den Ideen des Evangeliums selber und von allen, welche als Christophoroi deren überzeugte Träger und Vertreter geworden sind, und zwar in allen Gebieten des gesamten Kulturlebens. Damit ist das Recht und die Notwendigkeit dargetan im Sinne Jesu das Gottesreich auch als die fortschreitende Herrschaft des Evangeliums in allen Gebieten des Kulturlebens zu verstehen, als die messianische Segensherrschaft der Gerechtigkeit und des Friedens. Wie weit durch den geistigen und sittlichen Fortschritt auch eine wesentlich vollkommenere Naturverklärung durch die wirksame Verwertung ihrer guten Kräfte und die Hemmung ihrer verderblichen Wirkungen erzielt wird, entzieht sich dem Urteil der heutigen Gegenwart. Allein in dieser Richtung ist das messianische Segensreich auch wirksam zu denken: so fordern es die Bilder der prophetischen Weissagung im Alten und Neuen Bunde.

Die messianische Wirksamkeit, wie sie Jesus im Hinblick auf das Prophetenwort Jes. 61. entfaltete, greift über die in der kirchlichen Heilsanstalt sich fortsetzende Lehre der Wahrheit, Spendung der Gnadenkraft und Seelenführung weit hinaus und hat die Überwindung der Übel, welche aus der Trennung des Geistes von Gott stammen und den von Gott getrennten Menschen verderben, durch die Aufhebung dieser Trennung zum Ziele. (Lc. 4, 18—21; 7, 22. Mt. 5; 6, 33; 8, 16. 17; 9, 35; 11, 5; 12, 15—21; 15, 29—39.) Die Apostel sind ebenso zu Teilnehmern dieser übernatürlichen Wirksamkeit berufen (Lc. 9, 1—6; 10, 9. 17—20. Mt. 10, 1—8. Mc. 6, 7—13) und darum auch zur Teilnahme an der messianischen Königsherrlichkeit Jesu auf Erden. (Lc. 18, 29. 30; 22, 28—30. Mc. 10, 28—31. Mt. 19, 27—30.) Die Jünger sind dann nicht als die ersten Träger der kirchlichen Amtsgewalten gemeint, sondern als die persönlichen Freunde und Lebensgefährten des Messias (Lc. 5, 34; 22, 28—30), sowie als Offenbarungsorgane, und zwar als jene, in denen die Offenbarung ihren Abschluß findet. Daher sind sie auch Teilnehmer an dem messianischen Triumph in der einstigen Friedensherrschaft Gottes auf Erden. (Lc. 21, 27. 28. 31.)

Das Reich Gottes, das unmittelbar von der Kirche übermittelt und von den Seelen gesucht werden soll, ist das religiös-sittliche Heilsgut. (Mt. 6, 33. Lc. 12, 31; 11: der Hl. Geist als Bitte des Vaterunser in der Fassung der Lukasüberlieferung.) Aber die Fülle von Segenskraft in politisch-sozialer und leiblicher Hinsicht ist die Beigabe, welche Gott durch die unsichtbare Wirksamkeit des Messias hinzufügt. Sie ist durch seine Wundermacht über Krankheit, Tod und Elemente verbürgt und vorausbetätigt. Diese Macht wird auch in der äußeren Weltordnung siegreich, wenn der Sauerteig des Evangeliums die Menschheit in ihrem sittlichen Wesen und als Ganzes durchdrungen haben wird. (Mt. 13, 33. Mc. 4, 26—32.) Sie ist nicht minder Wirkung des Heil. Geistes, weil der Messias von ihm gesalbt ist, um die vom Bösen verdorbene Schöpfung nach allen Richtungen zu heilen und zur Vollendung zu führen.

4. Das Gottesreich wird von Jesus als die Gottesgemeinschaft gelehrt, begründet und verheißen, welche in der unmittelbaren, ungehemmten und seligen Lebensbetätigung der Seele mit Gott selber besteht und im Jenseits zur eigentlichen Erfüllung und Vollendung kommt. Allein hienieden ist es bereits Wirklichkeit und Leben, wenn auch verhüllt und wie im Keime verborgen.

(Col. 3, 1—4. 1 Joh. 3, 2.) Der Nachdruck liegt in allen Evangelien darauf, daß es ein und dasselbe Leben der Gottesgemeinschaft ist, das hier durch die Wiedergeburt aus dem Geiste Gottes
und den Eintritt in die Gotteskindschaft beginnt, aber erst im
Jenseits zur Entfaltung kommt. Es ist das Leben in der Anschauung Gottes, das den reinen Seelen verheißen wird. (Mt. 5.)
Die Innigkeit, mit der die Seele in Gottes Gegenwart und Vaterliebe lebt, ist zwar im Vergleich zu dem Gegensatz, in dem die
jüdische Gottesidee Gott zum Menschen stellte, gewissermaßen
ein Leben im Lichte Gottes: aber die wesenhafte Anschauung
Gottes ist erst den vollkommen Gereinigten und Geheiligten zugänglich. In jenem Lichte wird dann die Fülle aller geistigen Kräfte
und Anlagen zur höchsten Lebensbetätigung erwachen. Dann wird
die Menschheit ebenso in Gott ihre Heimat und Umgebung haben,
wie sie jetzt in der Welt des Endlichen und Vergänglichen ein-
gebürgert ist. Allein auch der Leib, der zur Einheit des gottebenbildlichen Menschenwesens als Werkzeug und Ausdruck des Geistes
gehört, gewinnt dann jene Verklärung, welche ihn zu einem
willfährigen Werkzeug des Geisteslebens macht, nachdem er
hienieden eben dieses Geistesleben durch die Sorge für die Befriedigung der körperlichen Bedürfnisse und durch die Naturmacht
ihrer Lust und Triebe, ihrer Schmerzen und Schwächen mehr
gehemmt als gefördert hat. Ein Anfang dieser Befreiung und die
Keimkraft dazu liegt in der Mahnung der Bergpredigt, sich über
die Sorgen des Erdenlebens zu erheben, sowie in der Forderung
an die Jünger, alles Erdengut um des Gottesreiches willen preiszugeben und dadurch die Überzeugung tatkräftig in ihr Inneres
einzupflanzen, daß Gott selbst, der Allein-Gute, der einzige
wahre Lebensinhalt des Menschen ist, sein Lebensbrot und seine
unerschöpfliche Seligkeit. In dieser Form drücken die älteren
Evangelien die johanneische Idee aus, daß das ewige Leben schon
jetzt in der Seele beginne und vom Tode nicht berührt werde.
1 Joh. 3, 2: »Schon jetzt sind wir Gottes Kinder; aber es ist noch
nicht offenbar, was wir dann sein werden.«

Das Wesen des jenseitigen Gottesreiches ist darin gelegen,
daß sich der Geist in allen seinen Kräften unmittelbar mit Gott
als dem Wahren und Guten selber beschäftigt und mit der Welt
im ganzen und einzelnen immer unter den höchsten und wich-

tigsten Gesichtspunkten, d. h. mit Bezug auf die tiefste Begründung
und Zweckbedeutung. In diesem Sinne beginnt allerdings das
ewige Leben, wie Johannes das Gottesreich nennt, schon
hienieden in den Seelen, welche wie Maria an der Wahrheitserkenntnis und Wahrheitsverwertung ihr innigstes Interesse finden.
Es zeigt sich unter diesem Gesichtspunkt, daß das Gottesreich
eine Erhebung fordert — aus dem Leben, welches von der Not
und Sorge des Daseinskampfes und von den blinden Trieben der
Selbstsucht beherrscht ist, sowie von den Eindrücken, welche die
Umgebung ausübt, in ein Leben, welches nicht die einzelne und
darum selbstsüchtige Daseinsbedingtheit, sondern die Wahrheit
und Vollkommenheit als solche zum Lebensinhalt hat und damit
das, was alle brauchen. Dieser Lebensinhalt wird nicht dadurch
gewonnen, daß er von dem einen dem anderen entzogen wird,
und kann keinem ohne eigenes Wollen durch Gewalt oder List
geraubt werden. Das Leben der Erkenntnis und Vollkommenheit
aus freiem Interesse für alles, was in sich selber wertvoll ist, ist
das Gottesreich der Wesensvollendung in Gott. Diese fordert eine
zweifache Umwandlung: eine subjektive, indem die Sorge für den
leiblichen Wesensbestand in Wegfall kommt und die Kraft für
die Wahrheits- und Vollkommenheitspflege freigibt. Sodann eine
objektive, indem Gott selbst dem Geiste unmittelbar wahrnehmbar
wird. Beide Ausblicke eröffnet das Evangelium Jesu sowohl in
der Bergpredigt wie in dem Worte über die Auferstehung.

Jesus forderte die Sadduzäer auf, inbezug auf eine Ablehnung der persönlichen Unsterblichkeit und Auferstehung mit ihm die Frage zu stellen:
»Irret ihr nicht deshalb, weil ihr weder die Schrift noch die Kraft Gottes
versteht? Denn wenn sie von den Toten auferstehen, so heiraten sie nicht
mehr, sondern sind wie die Engel im Himmel. . . . Gott ist kein Gott der
Toten, sondern der Lebendigen.« (Mc. 12, 24—27.) Lukas fügt hinzu: »Denn
ihm leben alle.« Er hat »die Kraft Gottes« dem Inhalt nach ausgelegt:
»Jene, welche der zukünftigen Welt würdig erachtet werden, heiraten nicht
mehr, denn sie können auch nicht mehr sterben. Denn sie sind den Engeln
gleich und sind Söhne Gottes, weil Söhne der Auferstehung.« (Lc. 20, 34—38;
14, 14.) Der Tod und die Auferstehung sind demnach der Übergang in das
wahre Geistesleben, welches der Lebensinhalt der Gottessöhne ist. »Die Engel
schauen allezeit das Angesicht meines Vaters, der im Himmel ist.« (Mt. 18, 10;
13, 43.)

Diese Erhebung erfolgt nicht durch Befreiung vom Leibe und der Natur
überhaupt, sondern durch die Vergeistigung der subjektiven und objektiven Sinnlichkeit. Diese Vergeistigung liegt in der Linie der vom Gottesreich erweckten

sittlichen Anstrengungen, aber kann doch nur durch göttliche Machtwirkung erfolgen, wenn auch im Anschluß an die selbsttätige Arbeit der Geschöpfe. Die objektive Verklärung ist vollkommen, wenn die Wirklichkeit ganz und gar als Offenbarung Gottes und Ausdruck seiner Gedanken und Ziele verständlich ist.

Die Aussicht auf das Gottesreich in der unmittelbaren Sättigung durch Gott wird von Jesus eröffnet mit dem Worte vom großen Himmelsmahl, das die Völker vom Osten und Westen vereinigt. (Mt. 8, 11. 12; 13, 27—29. Lc. 13, 23—30.)

In dem Gleichnis vom Säemann weist die hundertfältige Frucht in die jenseitige Vollendung hinein; ebenso die Ernte im Gleichnis vom Unkraut auf die geistige Herrlichkeit, daß »die Gerechten leuchten werden wie die Sonne in des Vaters Reich«: vermöge der Anschauung Gottes. (Mt. 13, 43.) Die Antwort Jesu auf die vorsichtige Sicherstellung des Petrus verheißt eine doppelte Ernte hundertfältiger Frucht im messianischen Gottesreich auf Erden in geschöpflicher Segensfülle, sodann im Jenseits das ewige Leben in Gott. (Mc. 10, 28—30. Lc. 18, 28—30.) Das ist das wahre Glück (Lc. 10, 20) und der wahre Reichtum (Lc. 10, 21). Zum Leben in Gott kann natürlich nur kommen, wer als Gottes würdig vor dem Gerichte Gottes erklärt werden kann. (Mt. 10, 28—33.) Als Leben ist es gekennzeichnet gegenüber dem höllischen Feuer und der äußeren Finsternis. (Mt. 18, 8; 19, 6—29; 25, 30. 41. 46. Mc. 9, 42—49.)

Das Evangelium gibt darum gar keinen Anlaß für den modernen Einwand, durch die kopernikanische Weltanschauung sei dem Himmel und dem Leben bei Gott die örtliche Grundlage entzogen worden. Diesen Einwand kann man gegen jene Auffassungen geltend machen, welche bei der Begründung des Unsterblichkeitsglaubens mehr von einem räumlichen Gegensatz, von einer örtlichen und zeitlichen Veränderung, von einer materiellen Umwandlung ausgehen, als von dem Lebensinhalt und Lebenszweck des Geistes selbst und von den brennenden Lebensinteressen des Denkens und Liebens.

Das Jenseits tritt weder in dem Alten noch im Neuen Testament, weder im synoptischen, noch johanneischen Evangelium in so ausgeprägter Gegensätzlichkeit zum Diesseits auf wie in den großen Kulturreligionen des Monismus. Daher gilt das Alte Testament sogar als reine Diesseitsreligion; erst der persische Einfluß habe die Jenseitsgeheimnisse dem Judentum übermittelt. Diese Auffassung ist scheinbar, aber nicht richtig.

Im Alten wie Neuen Testament liegt der Nachdruck auf der ursächlichen Einheit und dem inneren Zusammenhang des Diesseits und Jenseits, des Äußerlichen und Innerlichen, von Stoff und Geist. Die Wiedergeburt zu gotterfülltem Leben ist die Wurzel der Auferstehung fürs Jenseits. Das Gottesreich des Jenseits ist nicht der Ersatz für die mangelhafte Welt des Diesseits, sondern die Frucht, welche am Lebensbaum des diesseitigen Gottesreiches

und darum aus dem Material der diesseitigen Welt durch gott-
beseeltes Wachstum zur Reife kommt. Was zum Material und
Werkzeug werden kann, ist naturgemäß zuerst Hindernis und
Gegensatz; was zum bedeutsamen Sinnbild geeignet ist, muß
zuerst Bild und Schein, berückender Eindruck, irreführende
Empfindung sein.

Das ist einer der Grundgedanken des Johannesevangeliums. Das Gottesreich und die Welt sind weder dem Ursprung noch dem Ausgang nach ewige Gegensätze: sondern die
Welt ist das Material, die Grundlage und das zu verwertende
Mittel für das Gottesreich; sie soll als Jakobsleiter für das Himmelreich benutzt werden. Darum versichert der Johannes-Prolog
als ersten Grundsatz, daß der Urgrund der Schöpfung auch der
Urgrund des Heiles und der Vollendung sei.

Das Johannesevangelium bleibt dem Grundzug der Offenbarung treu, wie
er als Beweisgedanke für den Auferstehungsglauben von Jesus ausgesprochen
wurde: »Daß die Toten auferstehen, hat Moses beim Dornbusch gelehrt, indem
er den Herrn den Gott Abrahams, Isaaks und Jakobs nennt. Gott aber ist kein
Gott der Toten, sondern der Lebendigen; denn ihm leben alle!« (Lc. 20, 38.)
Die Hauptsache ist, der Menschheit Gott als ihren Lebensinhalt und ihre
Lebenskraft zu geben, dann folgt die Auferstehung zur vollkommenen Unster-
lichkeit von selber. Sie reift als Frucht am Lebensbaum der ernst gewollten
und erprobten Gottgemeinschaft; sie kann nur im Wachstum des Lebensbaumes
gewonnen, nicht als Frucht fremden Wachstums und ohne eigenen Lebensbaum wie die Frucht vom Erkenntnisbaum gepflückt und mühelos genossen
werden.

Darum bietet auch das pneumatische Evangelium das Gottesreich der
jenseitigen Vollendung nicht unter dem Gesichtspunkt eines räumlich-zeitlichen
Gegensatzes zur diesseitigen Welt dar, sondern als das mit Gott als Inhalt
und Endzweck allen Denkens und Liebens beschäftigte Leben.

Der Himmel und das Leben nach dem Tode erscheinen im Evangelium
nicht als eine verschiedene Örtlichkeit und Zeit, in die der Übergang vor allem
durch räumliche und materielle Veränderungen geschehen muß, sondern durch
die von innen und oben her erfolgende Entfernung jener Hindernisse, welche
es mit sich bringen, daß Gott jetzt nicht unser unmittelbarer Erkenntnisgegenstand und Lebenszweck ist.

Ein in sich selbst erfülltes Geistesleben der Wahrheit und Liebe ist für
den Menschen nur möglich, wenn es auch im Urgrund ein solches Geistesleben
gibt. Daß Gott ein selbstwirkliches, vollkommenes, überweltliches Geistesleben
sei, das ist darum die grundlegende Offenbarung des Johannesevangeliums.
Gott ist das ewige Beisammensein der Wahrheit und des Gedankens, der Güte
und des Willens, der Erkenntnis und der Liebe, der Idealität und Realität. Gott
ist die Unendlichkeit des Inhaltes, aber auch die Kraft und Wechselbeziehung

des persönlichen Lebens. Gott ist und hegt das Leben in sich und ist darum
das Licht der Menschen. Durch die Wiedergeburt soll der Mensch im Diesseits Gott als Lebensinhalt und Lebenskraft in sich aufnehmen, um zur Auferstehung für jenes vollkommene Geistesleben zu gelangen, wo die Wahrheit
und das Denken, die Vollkommenheit und das Lieben, der sachliche Wert und
die Kraft der Selbstbetätigung durch fortschreitende Reinigung und Reife einander ebenbürtig geworden sind. Zuerst zeigt der Evangelist das Urbild des
vollkommenen Geisteslebens, welches das Wort der Wahrheit und den Geist
der Liebe in sich birgt, den unendlichen Lebensinhalt und die unerschöpfliche
Lebenskraft. Sodann verkündigt der Täufer die doppelte Notwendigkeit der
inneren Befreiung von der Welt durch das Gotteslamm und die innere Gotterfüllung durch die Geistestaufe. Im menschgewordenen Wahrheitswort und
Geistesquell tritt das überweltliche Geistesleben in die erfahrungsmäßige Nähe
des Erdenmenschen, um ihn als Jünger zu werben. Der Messias muß schließlich als der anerkannt werden, der das mit Gott unmittelbar beschäftigte
Geistesleben oder das Gottesreich in sich hat (Joh. 1, 51; 3, 13) und der Welt
zu bringen von Gott gesandt und gesalbt ist.

Dieses Geistesleben, das wirklich einen unendlich spannenden Inhalt und
unerschöpfliche Kraft und Lust in sich hat, wird von Gott nicht einfach als
Ersatz für das Erdenleben, das den Daseinskampf und die Welt als Lebensinhalt und Todesschicksal umschließt, verheißen und gegeben, sondern muß
durch Umwandlung und Verklärung des irdischen Diesseits gewonnen werden.
(Joh. 2: Wunder zu Kana.) Das Hochzeitsmahl ist das erste Sinnbild, weil
die Geschichte der Menschheit das Suchen der Psyche nach dem ewigen Eros
und nach dem wahren Lebensinhalt, sowie nach der wahren Lebensgemeinschaft ist. Der Tempel und Tempelbau ist das zweite Bild. Die vollkommene
Religion oder das Gottesreich ist wohl die Wohnung bei Gott: aber das Heiligtum kann nicht mit fremdem Material aufgebaut werden, sondern einerseits
nur mittelst der eigenen Wesensbetätigung, andererseits mittelst des in Erkenntnis
und Liebe eingehenden Gottes, seiner Wahrheit und Heiligkeit. (Joh. 2,
13—22.) Dazu bedarf es der Wiedergeburt aus dem Geiste des göttlichen
Lebens selber und nach dem Bilde des Menschensohnes, der mit seinen wirklichen Lebensinteressen immerfort bei Gott ist. (Joh. 3.) Weil das Geistesleben des Gottesreiches den Hl. Geist, das reine Interesse an dem Wahren
und Guten, selber als Lebenskraft hat, darum erschöpft es sich niemals. »Es
wird zur Quelle, die fortströmt ins ewige Leben.« (Joh. 4, 14.) Der geistige
Lebensinhalt (Joh. 4, 34) hat nämlich den Vorzug, daß er nicht vergehen muß,
um wertvoll zu sein, sondern daß er zum vollen Wahrheitsbesitz und Liebe-
willen werden will.

Alles Leben ist Wirken; das weltgebundene Leben ist ein Wirken, das
den Sabbat entweiht. Das natürliche Leben, dessen Triebkraft und Inhalt der
selbstsüchtige Kampf ums Dasein ist, ist dem Tode verfallen und bricht den
Sabbat oder entweiht das Ideal des höheren Lebens. Hingegen ist jenes Leben,
das auf Gott gerichtet ist, keine Entweihung des Heiligen, sondern die Vollendung der Werktagswoche zum Sabbat der Gottesgemeinschaft. Die Gebrechlichkeit und das Siechtum des Erdenmenschen wird durch den 38jährigen

Kranken versinnbildet. Die natürliche Entwicklung zur vollen Kraft und Reife vermag das Übel nicht zu heben; nur das Hineinsteigen in die göttliche Lebensgemeinschaft (Bethesda) gewährt Heilung. (Joh. 5.) Diese Rettungstat ist ein wirklicher Beweis, daß d e r von Gott gesandt und gesalbt ist, der sie vollbringt. (5, 30—47.)

Das Gottesreich bringt dem Menschen Gott als sein Lebensbrot, und zwar zuerst als das Wort der Wahrheitsfülle für das Erkenntnisleben und damit die Aussicht, von Gott selbst belehrt und immer tiefer in die Notwendigkeiten der Wahrheit eingeführt zu werden. Das Lebensbrot für die sittliche Ordnung ist sodann der Gottgesandte als der Gottmensch, der sich im Opfer für alle weiht und zum Genuß zubereitet.

Das Bedürfnis des sittlichen Lebens hängt also mit der geschichtlichen Heilsordnung enger zusammen, weil sich im geschichtlichen Wirken der Wille bekundet. Die Erkenntnis lebt schon hienieden mehr vom Überzeitlich-Überweltlichen. Indes muß auch das Lebensbrot des Gottesreiches durch eine Gnadentat der Brotvermehrung und durch freie Anstrengung des Menschen, durch Verwertung aus dem Material der Erdenwelt gewonnen werden. Das Diesseits wird durch das Gottesreich nicht beseitigt und entwertet, sondern zur wahren Lebensnahrung vermehrt und gesteigert. (Joh. 6, 11. 27.) Das Gottesreich ist auch in dieser Hinsicht Geist und Leben, nicht im Gegensatz zum Fleische, sondern durch die Vergeistigung alles Stofflichen. Bei solcher Art des Gottesreiches muß es freilich als die Lebenskraft des Gottesgeistes selbst erkannt werden, die, obgleich von oben kommend, aus dem Innersten des Menschen heraus ins unerschöpfliche Leben fortströmt. Anderseits ist die Vollendung des Hauptes die innere Bedingung, daß der Gottesgeist der Gesamtheit zuteil werde. (Joh. 7, 37—39.)

Gott allein ist zum ewigen Lebensinhalt des Geistes geeignet, weil sein Wesen lebendigmachende Kraft und Güte ist und sich im Hervorbringen, nicht im Hemmen, Unterdrücken und Verderben kundgibt, wie der Geist der Selbstsucht. Gott ist Kraft und Wille des Hervorbringens in seiner eigenen Ewigkeit wie in seiner weltschöpferischen Liebestat: darum die Wahrheit, der Vater, die Liebe. Gott ist Schöpfer, indem er ohne Voraussetzung nur durch Denken und Wollen wirkt, also von innen und rein erzeugend. Hingegen kann das Geschöpf nur von außen und durch Einwirkung auf bestehende Kräfte, also durch eine Art Vergewaltigung der wirkenden Naturkräfte wirken.

Nur die Vatergüte ist die Wahrheit; denn sie allein kann und will hervorbringend und schöpferisch wirken und ist darum allein zur Wahrheit oder zum Erklärungsgrund der Wirklichkeit geeignet. Die Selbstsucht oder Satan kann und will es nicht; nur die Liebe ist Ursache, Erklärung, Selbstmitteilung, Lebensquell. Die Selbstsucht ist Unterdrückung, Unfruchtbarkeit, Menschenmörder, Satan.

Im Gottesreich des Diesseits wie des Jenseits kann der Mensch natürlich nicht über die Bedingtheit der geschöpflichen Natur, deren Selbstsucht und Gegensatz ganz hinausgehoben werden: aber er soll den Geist des göttlichen Wirkens und dessen Reichtum gewinnen. So wird das Himmelreich zur

Gemeinschaft der Liebe, des in wechselseitiger Befruchtung geförderten und vollendeten Geisteslebens. Der Fortschritt im Gottesreich ist immer zugleich Fortschritt in der Gotteserkenntnis. Den Führern Israels, deren Gottesbegriff die Willkürallmacht war, warf Jesus vor, ihr Gott sei eigentlich der Satan, obgleich er als Vater und Jahwe angerufen werde. Denn der Sache nach offenbare er seine Allmacht mehr im Verdammen als im Beleben. (Joh. 8, 31—44.) Das Gesetz, sagt Paulus, verdammt; die Gnade bekehrt und belebt.

Die Erkenntnis des wahren Gottesbegriffs der ewigen Vatergüte, welche sich in der Dreieinigkeit wesenhaft mitteilt und in dem Heilswerk auch den gottebenbildlichen Geist in ihre Lebensgemeinschaft erhebt, ist das Reich Gottes und die Befreiung von allem, was das Geistesleben im Endlichen und Vergänglichen einschränkt. »Die Wahrheit wird euch frei machen. Wenn euch der Sohn frei macht, dann seid ihr wahrhaft frei. Wahrlich: wer mein Wort bewahrt, wird den Tod nicht kosten in Ewigkeit.« Joh. 8, 32. 36. 51; 6, 32—59; 17, 3: »Das ist das ewige Leben, daß sie dich erkennen, den allein wahren Gott, und den du gesandt hast, Jesum Christum.« Durch das Licht dieser Gotteserkenntnis wird die Blindheit in wahres Geistesleben umgewandelt. (Joh. 9.) Die Liebe ist es, welche dieses Werk im Geiste des Vaters als guter Hirte vollbringt. (Joh. 10.) Die Wirkung ist die Auferweckung der von der Todesgewalt aufgelösten Menschheit zu jenem Leben, das von keinem Tode berührt wird. (Joh. 11. 12.) Das Gottesreich ist also das Reich der wahren Erkenntnis (8. 9), der Liebe (10) und des Lebens (11).

Gegen dieses Gottesreich, das den Tempel und sein Priestertum entwertete, nahm der Hohe Rat unter der Führung des Hohenpriesters Kaiphas Stellung. (Joh. 11, 46—53.) Allein dieses vollkommene Geistesleben der Auferstehung und Verherrlichung in Gott dem Vater war in Jesus selbst als dem Haupte für alle, die ihm der Vater gegeben, sichergestellt. »Wenn Gott im Menschensohn verherrlicht ist, wird Gott den Menschensohn in sich verherrlichen.« (Joh. 13, 32.) »Im Hause meines Vaters sind viele Wohnungen. . . . Wenn ich heimgegangen bin und euch eine Wohnung bereitet habe, komme ich wieder und nehme euch zu mir, damit, wo ich bin, auch ihr seid. Ich bin der Weg, die Wahrheit und das Leben.« (Joh. 14, 1—6.)

Dieses Leben, das beim Vater war und uns erschienen ist (1 Joh. 1, 2.), wird nicht etwa durch örtliche Veränderung der Wohnstätte noch durch körperliche Verklärung herbeigeführt, sondern durch die Aufnahme Gottes als des Vaters in Erkenntnis und Willen: »Wer mich liebt und mein Wort bewahrt, den wird auch mein Vater lieben, und wir werden kommen und Wohnung bei ihm nehmen.« »Ich will den Vater bitten, und er wird euch einen anderen Tröster geben, daß er bei euch bleibe in Ewigkeit, den die Welt nicht empfangen kann, weil sie ihn nicht sieht noch kennt. Ihr aber werdet ihn erkennen, weil er bei euch bleiben und in euch sein wird.« (Joh. 14, 23. 16. 17.) Das ist die geistige Herrlichkeit jenes Gottesreiches, das der ewige Friede ist und als die Frucht der irdischen Kämpfe aus dem Ringen des Gottesreiches in der Seele, in der Kirche und in der christlichen Kultur mit den Gewalten der Flachheit und Selbstsucht unter Schmerzen geboren wird. (Joh. 16, 7—13; 21.)

Nikodemus und das samaritanische Weib sind dem Johannesevangelium zufolge die Vertreter der Menschheit, welche die Wiedergeburt zum ewigen Leben in Gott und zum Reiche Gottes als der steten Hingabe an Gott im Geist und in der Wahrheit gewinnen sollen. Der 38jährige Kranke, der Blindgeborne, der im Tod verwesende und festgebundene Lazarus erfahren die Wundermacht des Messias gewissermaßen als Stellvertreter und Sinnbilder der Menschheit, welche samt ihrer Religion als krank, blind und dem Tod verfallen erscheint. Das Reich Gottes ist Befreiung von Krankheit, Blindheit und Todesbann. Die Menschheit wird durch den Gottmenschen aufgefordert, aus ihrem Todesbann herauszukommen und frei von allen Fesseln verführerischer Knechtung das Leben in Gott selber zu beginnen, das fortströmt ins ewige Leben.

Das Reich Gottes ist demnach die nach allen Richtungen durchgeführte Lebensgemeinschaft mit Gott, die schließlich zur vollen Naturverklärung und unmittelbaren Vollendung in Gott selber führt. Markus schildert es mit besonderer Hervorhebung der Wahrheit, daß die Seele in ihrer Innerlichkeit das Gottesreich aufnehmen soll, und daß es anderseits durch die Wundermacht des Glaubens zur Erfüllung kommt. Matthäus zeigt das Gottesreich besonders im Aufbau der Kirche, Lukas in der fortschreitenden Kultur der christlichen Liebe, Johannes in der Wiedergeburt und Auferstehung zu dem Leben, das Gott zum unmittelbaren Inhalt und Endzweck hat.

Dritter Abschnitt.

Die messianische Beglaubigung Jesu.

§ 1. Die messianische Berufsweihe Jesu und das Zeugnis Johannes' des Täufers.

Die übernatürliche Beglaubigung und Messiasweihe Jesu erfolgte nach uralter Überlieferung im Zusammenhang mit Johannes dem Täufer und durch das Zeugnis und die Mitwirkung dieses Propheten. Das übernatürliche Gotteszeugnis und die geschichtliche Wirklichkeit sind in der Taufe Jesu und seiner Beziehung zu Johannes unzertrennlich miteinander verknüpft. Das Tauferlebnis Jesu ist einer jener unvergleichlichen, weil schöpferisch bedeutsamen Vorgänge auf Erden, über denen sich in Wahrheit der Himmel geöffnet hat, wo eine Vereinigung von Ewigem und Zeitlichem, Übergeschichtlichem und Geschichtlichem stattgefunden hat.

Die Messiasweihe Jesu gehört als entscheidender Vorgang dem Innenleben der Seele Jesu an: allein der Gang zu Johannes

und der Verkehr mit diesem gewaltigen Geistesmann ist die äußere
Geschichtstatsache, die nach innen und oben ihre Ergänzung in
der Theophanie des Gotteszeugnisses und der Geistessalbung fand
und so die Grundlage des öffentlichen Wirkens Jesu bildet.

   1. Durch die Verknüpfung mit Johannes dem Täufer wird
die Messiasweihe Jesu über alle Analogien mit ähnlichen Vorgängen im verherrlichten Lebensbild der übrigen Religionsstifter
hinausgehoben. Es liegt in der Natur der Sache, daß im Leben
der großen Religionsstifter ein entscheidender Wendepunkt eintreten mußte, in dem ihr Berufsbewußtsein und ihre Berufsaufgabe
mit verpflichtender Macht hervortrat und den Abschluß des inneren
Ringens, sowie den Eintritt ins öffentliche Wirken forderte.

   Die Taufe und die Versuchung Jesu wird von der kritischen
Religionsvergleichung in diesem Sinne betrachtet und den analogen
Vorgängen im Leben der Religionsstifter gleichgeordnet. Zugleich
wird darauf hingewiesen, daß in ähnlicher Weise bei allen dieses
entscheidende Erlebnis durch mystische Wundergeschichten verherrlicht worden sei. Die Analogie scheint besonders bei der
Vergleichung von Buddha und Jesus überraschend groß; auch
zwischen Moses und Jesus. Indes erhebt sich die Messiasweihe
Jesu doch in ganz eigenartiger Weise über alle derartigen Analogien, und zwar so, daß der an sich geheimnisvolle Vorgang,
der einer höheren Ordnung angehört, eine strenggeschichtliche Beweiskraft gewinnt. Das ist die geschichtliche Bedeutung Johannes'
des Täufers und seiner Sendung. Darum ist dieselbe auch selber
Gegenstand der prophetischen Vorhersagung: sie ist eben in ihrer
geistigen Verknüpfung mit dem Messias selbst eine eigenartige und
höchst bedeutungsvolle Veranstaltung des Heilsplanes, bestimmt,
die geschichtliche Gewißheit für das übergeschichtliche Geheimnis des Gottesreiches zu begründen. Darum legt Jesus in
dem Johannesevangelium wie in den synoptischen Evangelien ein
sehr großes Gewicht auf das Zeugnis Johannes' des Täufers. Eine
solche Bezeugung hat kein anderer Religionsstifter. Es läßt sich
indes keine Bezeugung denken, welche so geschichtliche Beweiskraft besäße, wie die unzertrennliche Verknüpfung mit welt-
geschichtlichen Persönlichkeiten von selbständiger Bedeutung.

   Die messianische Wirksamkeit Jesu steht im engsten und ursächlichen Zusammenhang mit Johannes dem Täufer und seinem

prophetischen Auftreten. Wie immer der besondere Zweck gedacht werden mag, der Jesus von Nazareth an den Jordan führte,
das Entscheidende ist rein geschichtlich betrachtet die Tatsache, daß das messianische Auftreten Jesu auf Grund der prophetischen Wirksamkeit des Täufers und im Einverständnis mit
ihm erfolgt ist.

Die prophetische Verkündigung des Johannes hatte allen vier
Evangelien zufolge zwei Hauptgegenstände: die Nähe des Gottesreiches und die Ankunft des Messias, der anstatt der Vorbereitungs-
taufe zur Buße die Geistestaufe zur Erfüllung des Gottesreiches
spendet. Aus den Synoptikern wäre nur zu entnehmen, daß Johannes im allgemeinen das demnächstige Auftreten des Messias
angekündigt habe mit dem nachdrucksvollen Hinweis, daß er unerkannt schon da sei: aber ohne den persönlichen Hinweis auf
Jesus. Es entspricht dies dem Geschichtsbild der synoptischen
Darstellung, wonach Jesus sich erst beim Petrusbekenntnis seinen
Jüngern als Messias zu erkennen gab, aber unter strenger Verpflichtung zur Geheimhaltung. (Mt. 3; 16, 20. Mc. 1; 8, 30. Lc.
3; 9, 21.) Das Evangelium Johannes läßt Jesus von Anfang an
als Messias erkannt werden, und zwar gerade von den Jüngern
des Täufers. Daher entspricht es dem Zusammenhang des Johannesevangeliums, daß Johannes der Täufer ausdrücklich den anwesenden Jesus als den Messias-Gottessohn und als das Lamm
Gottes offenbarte. (Joh. 1, 29—51.)

Die Kritik will trotz dieser übereinstimmenden Berichte die
Lehrverkündigung des Johannes nur auf die Nähe des Gottesreiches, und zwar zum Gerichte beziehen. Furcht und Buße
seien der Eindruck seiner Botschaft gewesen, die deshalb nicht
als frohe Botschaft gelten könne. Dem düsteren Ausblick auf das
Feuer des Gerichtes habe der düstere Charakter der Wüste und
die weltfeindliche Aszese des Täufers entsprochen. — Alles dies
soll den Zusammenhang Jesu mit Johannes möglichst herabmin-
dern und zugleich dazu dienen, die Überlegenheit Jesu über Johannes so zu begründen, daß für Jesus keine übermenschliche
Würde und Weisheit in Anspruch genommen zu werden braucht.
Zu diesem Zweck muß der geistige Standpunkt des Johannes tief
herabgedrückt werden. Allerdings geschieht dies nicht in Übereinstimmung mit den Berichten, sondern im Widerspruch zu

denselben. Der weltfeindliche Charakter des Täufers ist ebenso eine Erfindung wie seine aszetischen Forderungen. Die Aufforderung zur Buße ist das Gebot der ernsten Sittlichkeit, aber nicht der Weltflucht. Vielmehr weiß der ausführliche Bericht Lc. 3 nur von solchen sittlichen Geboten des Johannes zu berichten, welche zum weltlichen Berufsleben der einzelnen Volksklassen gehörten.

Den Zöllnern und allen, welche durch ihren Stand in Gefahr waren, die Gerechtigkeitspflicht aus Gewinnsucht zu verletzen, schärfte er die Gewissenhaftigkeit im Erwerbsbetrieb ein; den Kriegsleuten die Selbstbeherrschung, damit sie ihre Gewalt nicht mißbrauchen, kein persönliches Recht verletzen und nicht maßlos werden. Dem Volke überhaupt gab er die Mahnung zur Barmherzigkeit. Wäre die Predigt Lc. 3. etwa von einem Reformator des 16. Jahrhunderts überliefert, so würde dieselbe (mit Recht) als der monumentale Ausdruck eines echt evangelischen Sittlichkeitsideals gepriesen, welche über dem Gegensatz von Weltkultur und weltscheuer Aszese himmelhoch erhaben sei.

Für sich war Johannes allerdings ein Freund und Bürger der Wüste: allein die Wüste wurde von dem jungen Priestersohn wegen ihrer Einsamkeit als die hohe Schule des Heiligen Geistes nach dem Vorbild von Moses und Elias aufgesucht, nicht aus ängstlicher Flucht vor der Welt. Sowenig Moses und auch Elias aus ängstlicher Scheu vor der Welt in der Wüste ihre liebste Heimat hatten, sondern ihre Kraft zum Kampfe für Jahwe in der Welt aus ihrer Stille schöpften, ebenso Johannes.

Das Gericht gehört wohl zur Heimsuchung des nahenden Gottesreiches: allein bei Markus und Johannes wird nur die Geistestaufe, also die Gnadenheimsuchung als der Inhalt des nahenden Gottesreiches hervorgehoben. Die Buße war nicht nur durch die Furcht vor dem Gericht, sondern noch viel mehr durch die Sehnsucht nach der Einkehr Gottes in der Geistestaufe gefordert. Daher ist die Buße auch in der Frohbotschaft Jesu und seiner Apostel als wesentliche Forderung geblieben. (Mc. 1, 15. Act. 2, 38. Rom. 2.) Die Buße, wie sie Johannes wollte, war selbst das Gericht, in dem Gott erschien: der Mensch sollte selbst in entschiedener Buße die Axt an alles sündhafte Wachstum legen. So entsprach es dem sittlichen Grundgedanken, der den Johannes auf der Höhe des Weltapostels zeigt: daß Gott aus den Steinen Kinder Abrahams erwecken könne, daß die Gnade sich nicht in nationale Grenzen einschränken lasse, daß Gott kein Ansehen der Person kenne (Rom. 2, 11), und daß man durch die innere Gesinnung Gott angehörig oder entfremdet werde.

Zöllner und Kriegsleute werden unter den Ständen, welche zu Johannes hinauszogen, eigens genannt: also waren es auch die Heiden, denen seine Verkündigung galt. Den Sadduzäern und Pharisäern hielt er offen den Verdacht entgegen, daß sie durch die loyale Teilnahme an der Bußtaufe den inneren Zweck des gefürchteten Strafgerichtes erledigen zu können meinten, nämlich die volle Wiedergeburt zu göttlicher Gesinnung. Er sagte ihnen, es sei unmöglich, daß man sich durch irgend welche Frömmigkeitsübungen (auch nicht durch die von ihm gespendete Bußtaufe) einen teilweisen Ersatz schaffe für die eigentliche Forderung des göttlichen Willens und den eigentlichen Zweck des göttlichen Gerichtes: die innere Vergöttlichung des ganzen Menschen. Unwillkürlich wirkt in Weltlich- wie Geistlichgesinnten der Drang, sich durch sachliche Leistungen und gute Werke die Mühe der persönlichen Umwandlung zu erleichtern. Johannes vertritt dieser »Werkheiligkeit« gegenüber den Grundsatz, die sachlichen Leistungen und guten Werke seien sittlich notwendig als Mittel zum Zweck der sittlichen Vergöttlichung, aber nicht geeignet als teilweiser Ersatz derselben. Sie sind verdienstlich als Lebensäußerungen und als Übungen des guten Geistes, aber das eine Notwendige bleibt die innere Reinigung und Heiligung der Persönlichkeit selber. (Mt. 3, 7—12. Lc. 3, 7—9.)

Das Wesen des Gottesreiches, wie es Johannes denkt, ist demnach nicht nationalpolitisch, auch nicht sozialpolitisch, sondern geistig-sittlich. Die geistig-sittliche Umwandlung darf nicht als Last betrachtet werden (vgl. Mt. 3.), wie aus dem scharfen Wort gegen die geistlichen Führer Israels hervorgeht, aber immerhin wird sie in der ganzen Schwere und ernsten Notwendigkeit einer gründlichen persönlichen Erneuerung empfunden. Es leuchtet die Hoffnung hindurch, daß die messianische Geistestaufe die Aufgabe wirksamer herbeiführen werde. Insofern ist die Botschaft des Täufers noch nicht im vollen Sinne frohe Botschaft, aber sie war die Ankündigung der vollen Hochzeitsfreude im Leben der Gottesgemeinschaft.

Als schreckenerregende Botschaft im Sinne der knechtlichen Furcht kann die Verkündigung des Täufers auch deshalb nicht gelten, weil sie ausdrücklich die Erfüllung des Trostbuches von Jesaja 40 im Anschluß an Mal. 3. sein will. Auch in Mt. 3. ist der Zweck des Gerichtes die Läuterung und Neugeburt durch die Feuertaufe. In Jes. 40. herrscht durchaus die Freude ob der Ankunft des Gott-Heilandes vor: er kommt auf den ihm gebahnten Wegen, um in die vergängliche Gebrechlichkeit des Menschen die Kraft und Fülle der Ewigkeit zu bringen. Allerdings ist auch da die unbedingte Notwendigkeit der sittlichen Erneuerung mit allem Nachdruck gefordert: aber in dieser sittlichen Heiligung kommt der Gott-Heiland. Sie ist nicht nur Vorbereitung.

Die Schilderung, welche Joh. 1. u. 2. von der Wirksamkeit des Täufers gibt, ist demnach in Übereinstimmung mit Mt. 3. Mc. 1. Lc. 3. und erweist sich als geschichtlich. Eine Verklärung der Johannespredigt lag nicht im Sinne des Evangelisten, der gegen die Johannesjünger seiner Zeit die Messiaswürde Jesu wahrt. Um so zuverlässiger ist seine Versicherung, daß der Täufer als Freund des Bräutigams das Hochzeitsmahl der messianischen Gottesgemeinschaft vorbereiten sollte.

Ein Messias in politischer Herrlichkeit und Macht ist mit der Johannespredigt in allen ihren charakteristischen Grundgedanken unvereinbar. Er bekämpft den nationaljüdischen Partikularismus, er fordert die sittliche Wiedergeburt in Gesinnung und Leben, er fordert die sittliche Erneuerung um des Guten und Göttlichen selber willen, er verkündigt die Geistesmitteilung als das messianische Heilsgut. Der Messias des Johannes ist der Gott-Heiland des Trostbuches Jesaja 40. Darum ist es nicht im Widerspruch mit den synoptischen Evangelien, wenn Johannes nach Joh. 1, 29 in dem angekündigten Messias auch den Gottesknecht und Vollbringer aller erlösenden Gerechtigkeit sah. Das »Lamm Gottes, welches die Sünde der Welt hinwegnimmt«, erinnert daran, daß Johannes aus priesterlichem Geschlecht und Beruf hervorging. Das Gottesreich ist ja sittlich-religiöse Gottesgemeinschaft, und zwar eine solche, welche durch die gottfeindlichen Mächte hienieden in jedem Augenblick zu einer schweren Aufgabe und Gefahr für den freien Willen gemacht wird.

Hier liegt wohl der Erklärungsgrund für die Botschaft des eingekerkerten Propheten an Jesus.

2. Johannes hat aus dem Gefängnis zwei seiner Jünger mit der Anfrage gesandt: Bist du es, der da kommen soll, oder müssen wir auf einen anderen warten? (Mt. 11. Lc. 7.)

Die Kritik deutet die Botschaft des gefangenen Johannes als den Ausdruck des Zweifels. Sie folgert daraus, daß Johannes früher nicht mit Bestimmtheit Jesum als den Messias erkannt und noch weniger bezeugt habe. Die Kritik sieht darin den sicheren Beweis, daß die Taufepiphanie ein ungeschichtlicher Mythus sei, das Erzeugnis der begeisterten Vergöttlichung Jesu durch die Urchristenheit. Unmöglich habe Johannes diese Frage an Jesus richten können, wenn er vor etwa ¾ Jahren Zeuge der göttlichen Beglaubigung und Messiasweihe gewesen wäre.

Wenn die Berichte der synoptischen Evangelien genau gewürdigt werden, wie es in unserer Darlegung geschehen ist, so ergibt sich kein Widerspruch mit der Botschaft des gefangenen Johannes. Die Gefangenschaft des Vorläufers und Wegbereiters war eine peinliche Tatsache, die wohl zu Fragen und Schwierigkeiten führen konnte, wie sie bei den Johannesjüngern (Joh. 3, 26) schon vor der Gefangennahme aus geringeren Gründen entstanden.

Wenn man erwägt, daß Jesus selbst im Ölgarten Gethsemane die Notwendigkeit seiner Gefangennahme und Verurteilung in Frage stellte, und daß er am Kreuze das Leidensschicksal als Gottverlassenheit empfand, so ist dies auch bei dem gefangenen Johannes verständlich, ohne daß er deswegen an dem Messiasberuf Jesu hätte zweifeln müssen.

Daß der Prophet des sittlichen Gottesbegriffs als das Opfer eines ehebrecherischen Weibes fallen sollte, und daß diese Verhöhnung des göttlichen Sittengesetzes in den Tagen des Messias einen solchen Triumph feiern durfte — das war wirklich eine Schwierigkeit. Diese Schwierigkeit war um so größer, weil die Offenbarung noch nicht vollbracht war, daß auch der Messias am Kreuze seinen Sieg erringen sollte. Das Kreuz Jesu gab erst die volle Erklärung für das Todesschicksal des Vorläufers. Es ist auch verständlich und wahrscheinlich, daß die für ihren Meister begeisterten Jünger eine Erklärung dafür forderten, warum der wundermächtige Jesus diese Wundermacht nicht zur Befreiung seines gefangenen Wegbereiters und Propheten gebrauche. Johannes selbst konnte ihnen die genügende Erklärung um so weniger geben, je größer die Wundertätigkeit Jesu damals war.

Die geistig-sittliche Idee des Messiasberufes und Gottesreiches, wie sie Johannes vertrat, barg die Erwartung einer siegreichen Herrschaft des Göttlichen in der Menschheit in sich. Die gottfeindlichen Mächte sollten vom Messias abgetan werden. Daß dies nur in der Aufeinanderfolge und Entwicklung des vierfachen Gottesreiches in den Seelen, in der Kirche, im diesseitigen Kulturfortschritt zum allumfassenden Friedensreiche und in der unmittelbaren Gottesgemeinschaft des ganzen Geisteslebens erfüllt werden solle, ist gerade dem für den Sieg des Guten begeisterten Sinne undenkbar. Die Apostel, auch Paulus, sind Beweise dafür. Nicht umsonst hat Jesus den Grundgedanken seiner Himmelreichsgleichnisse als ein Geheimnis bezeichnet. Die Hebung der Lebensfreude, die Heiltätigkeit und Gotteskraft, welche von Jesus in dem kleinen Galiläa ausging, war wohl ein Anfang des Himmelreiches auf Erden, aber immerhin dem Senfkorn vergleichbar. Man konnte trotz allen Glaubens gerade im Hinblick auf die Wundermacht Jesu den Anfang des Gottesreiches doch allzu klein finden, zumal der Kerker von Machärus im Bereich Israels und infolgedessen auch der messianischen Segenstätigkeit gelegen war. Der Hinweis Jesu: Selig, wer an diesem Wirken kein Ärgernis nimmt, bezieht sich dem Täufer gegenüber auf diese rätselhafte Kleinheit des Anfangs, auf das Geheimnis des Gottesreiches und seines stillen Wachstums, dem die Langsamkeit und ungeahnte Zeitdauer der Entwicklung entspricht und damit die Forderung der Geduld, Verzichtleistung und Opferbereitschaft für die Unterdrückten und Gefangenen, welche die Wundermacht Jesu nicht aus ihrer Not erlöste. Johannes gehörte selbst zu diesen.

Jesus erwartete von dem gefangenen Propheten mit Sicherheit, daß er trotz dieses Opfers an der messianischen Sendung Jesu nicht irre werde; darum berief sich Jesus auch sofort und später auf das Zeugnis Johannes' des Täufers. Die Hierarchie des Tempels beanstandete es in keiner Weise, daß sich Jesus auf das Zeugnis des Johannes, auch noch nach seiner Hinrichtung, berief. Und doch hätten es sich die hohenpriesterlichen Gegner und Richter Jesu nicht entgehen lassen, auf die in voller Öffentlichkeit erfolgte Botschaft des Täufers Bezug zu nehmen, wenn man dieselbe als einen Zweifel und damit als eine Zurücknahme früherer Hoffnungen hinsichtlich Jesu oder gar als eine Lossage des enttäuschten Johannes von Jesus betrachtet hätte, weil ihn dieser nicht aus seiner unwürdigen Gefangenschaft befreite.

3. Die Kritik bezweifelt das prophetische Zeugnis des Johannes für Jesus und seine messianische Sendung auch darum, weil Johannes selbständig geblieben und nicht in die Jüngerschaft Jesu eingetreten sei. — Diese Schlußfolgerung hat indes nur unter der Voraussetzung Geltung, wenn das Auftreten des Johannes tatsächlich und seinem Gewissen zufolge nicht auf Grund göttlicher Sendung, sondern kraft eigenen Ermessens erfolgt wäre. Wenn Johannes, wie die Evangelien berichten, kraft göttlichen Auftrags verpflichtet war, in der genau umschriebenen Weise als Prophet, Vorläufer und Zeuge des Messias zu wirken, und zwar durch sittliche Vorbereitung, ausdrückliche Verkündigung der bevorstehenden Ankunft des Messias und als Zeuge der Taufepiphanie, dann blieb er auch nach dem Auftreten Jesu verpflichtet, die ihm von Gott auferlegte Sendung zu erfüllen. Wie er durch sein seitheriges Wirken dem Messias Jünger und Volk zubereitet hatte, so konnte er es auch durch die weitere Wirksamkeit als selbständiger Prophet am erfolgreichsten.

Es ist unrichtig, daß die Preisgabe der Selbständigkeit den Wert der Dienstleistungen steigere: sie werden gerade durch die Selbständigkeit unvergleichlich wertvoller. Darum mußten auch die Apostel von ihrem Meister getrennt und so zur Selbständigkeit genötigt werden. (Joh. 16.) Johannes wußte wohl, daß ihm in der Jüngerschaft Jesu die Zukunft und der Primat zufallen würden, zumal wenn auch Petrus ein Johannesjünger gewesen war. Allein diese Erwägungen durften der bestimmten göttlichen Sendung gegenüber nichts bedeuten. Wohl war damit eine gewisse tiefempfundene Verzichtleistung für »den Freund des Bräutigams« verbunden. Darin offenbart sich eben die geistige Opferkraft des Johannes und das eigenartig tragische Geheimnis seines Prophetenberufs. (Joh. 3, 4.) Das Ausharren des Vorläufers in seiner selbständigen Wirksamkeit ist demnach ein Beweis dafür, daß Johannes nicht aus

bloßer Selbstbestimmung, sondern kraft göttlicher Verpflichtung seinen pro-
phetischen Beruf nach Inhalt und Form ausgeübt hat. Für die selbständige
Betätigung des Denkens, Überlegens und Handelns blieb für Johannes wie für
Jesus vor und nach der Taufe noch Stoff genug.

Die selbständige Wirksamkeit des Johannes nach der Taufe Jesu konnte
um so weniger befremden, wenn Jesus nicht öffentlich und ausdrücklich als
Messias auftrat und auch bei seinen Jüngern die Erkenntnis seiner Messiaswürde als die Frucht ihrer eigenen Erwägung heranreifen lassen wollte. Die
Art und Weise, wie Jesus sein öffentliches Wirken im Anfang einrichtete, erfolgte sicher im Einverständnis mit Johannes. Denn Jesus schloß sich durch
die Frohbotschaft vom Himmelreich und die Spendung der Taufe ganz an den
Vorläufer an. (Mc. 1, 15. Mt. 4, 17. Joh. 3, 22—4, 2.) Jesus blieb auch, wie
sich aus Mc. 1, 14 ergibt, im Jordangebiet und der unmittelbaren Machtsphäre
des Königs Herodes, bis Johannes von Herodes in den Kerker geworfen
wurde.

4. Das prophetische Ansehen des Johannes war allen geschichtlichen Urkunden zufolge unbestritten und sehr groß. Seine
Gegner, nicht nur der König Herodes, sondern auch die Hohenpriester und das Synedrium beugten sich trotz aller Gesinnungs-
gegensätze vor ihm. Die priesterliche Abstammung und die sel-
tene Vereinigung der priesterlichen und prophetischen Würde in
einer Person erklärt dies nicht; eher würde sie ihm den Vorwurf
der Untreue gegen die Priesterreligion des Tempels eingetragen
haben. Wohl aber ist es im Heilsplan bedeutsam, daß in dem
Zeugen und Vorläufer sowohl das Prophetentum wie das wahre
Priestertum des Alten Bundes dem Messias als dem Lehrer und
Priester ohnegleichen den Weg bereiteten. Was Kaiphas gegen
Jesus verschuldet hat, darf nicht als die Haltung des aaronitischen
Priestertums überhaupt gelten: es hat auch einen Zacharias und
Johannes hervorgebracht und durch den Dichter des Benedictus
und den Propheten der messianischen Tauf- und Opferweihe seine
göttliche Verpflichtung dem kommenden Erlöser gegenüber erfüllt.
Johannes als Prophet und Zeuge, als Vorläufer und Märtyrer ist
die Ehrenrettung des alttestamentlichen Priestertums gegenüber
der Schuld, die durch Kaiphas auf ihm lastet. Wenn der Vorwurf erhoben wird: Jesus habe es nicht vermocht, bei der geistlichen Autorität der göttlichen Offenbarungsreligion, die er selbst
als solche geltend machte (Mt. 23, 2), die Anerkennung seiner
messianischen Sendung zu erzielen, so steht dem Hohenpriester
Kaiphas der priesterliche Prophet Johannes als die legitime Autorität des Alten Bundes gegenüber.

Der hauptsächlichste Grund des unvergleichlichen Ansehens, welches Johannes der Täufer im Leben und Tode genoß, liegt in seiner ausgeprägt geistig-sittlichen Eigenart, in seinem religiösen Ernst und seiner strengen Heiligkeit. Durch die Hoheit und Würde seiner Erscheinung zog er die Hohen und Niederen zu sich in die Wüste hinaus. Keine Wundermacht gab ihm die notwendige Beglaubigung als wahrhaft gottgesandter Prophet: er war ausschließlich auf die geistige Kraft der Wahrheit und Heiligkeit als seinen Vollmachtsbrief von Gott angewiesen. Dieser Beweis genügte, obgleich er durch keine äußeren Machttaten ergänzt wurde. (Joh. 10, 41.)

Darum kann es nicht überraschen, daß Jesus sich immerfort auf das Zeugnis des Johannes berief. (Mt. 11; 21, 23—32. Mc. 11, 27—33. Lc. 7, 18—35; 20, 1—8. Joh. 1, 6—8. 15—40; 3, 22. 59; 5, 33—36. 47; 10, 40—42.) Die Apostel verkündigten die messianische Würde Jesu stets mit dem Hinweis auf Johannes den Täufer. (Act. 1, 5. 22; 10, 37; 11, 16; 13, 24. 25; 18, 25—19, 4.)

§ 2. Die messianische Wundertätigkeit Jesu.

1. Unverkennbar wird in den Evangelien wie in den apostolischen Briefen die Wundermacht als ein auszeichnender Vorzug Jesu und als ein entscheidender Beweis seiner messianischen Würde und Gottessohnschaft hervorgehoben. Die Evangelisten machen insgesamt den Wunderbeweis für den Christusglauben geltend und berichten darum mit grundsätzlichem Plane über die Betätigung der Wundermacht während des ganzen öffentlichen Wirkens Jesu. Diese Auffassung der Evangelisten ist um so beachtenswerter, weil sie nicht von der Voraussetzung ausgeht, jeder Prophet müsse seine göttliche Sendung durch Wunder beglaubigen, sei es vor der rechtmäßigen Autorität, sei es vor der Öffentlichkeit. Denn alle vier Evangelisten berichten von der prophetischen Sendung Johannes' des Täufers, und zwar zu dem wichtigen Zweck, dem Messias durch Bußpredigt und Zeugnis den Weg zu bereiten. Allein es wird weder berichtet, daß Johannes sich durch Wunder als gottgesandten Propheten beglaubigt, noch daß die kirchliche Obrigkeit eine solche Beglaubigung von ihm gefordert, noch daß die öffentliche Meinung ein solches Verlangen und Bedürfnis empfunden und ausgesprochen habe. Und doch trat Johannes mit rücksichtsloser Schärfe den geistlichen Autoritäten entgegen, so

daß die Frage nach dem Beweis seiner prophetischen Sendung der Tempelhierarchie fast aufgedrängt wurde. Die prophetische Autorität des Täufers war und blieb anerkannt, obgleich er, wie ausdrücklich versichert wird, kein Wunder wirkte.

Die Wundertätigkeit ist hingegen ein auszeichnender Grundzug der messianischen Wirksamkeit Jesu, und zwar als Offenbarung seiner messianischen Heiligkeit. Die Wundertätigkeit Jesu muß als Ausdruck der messianischen Heiligkeit verstanden und gewürdigt werden: weil und insofern sie dies ist, ist sie auch ein überzeugender Beweisgrund für seine messianische Sendung und Gottessohnschaft.

In der messianischen Gründung des Gottesreiches handelt es sich um die Überwindung des Bösen und seiner weltbeherrschenden und weltverderbenden Macht in der Schöpfung. Die Heiligkeit des messianischen Gottesreiches besteht eben darin, daß in der inneren Gesinnung wie im ganzen Leben die Herrschaft des höchsten Gutes aufgerichtet und die Macht des Bösen abgetan werden soll. Das Wunder bedeutet selber nichts anderes als die Weltherrschaft des Guten in der äußeren Ordnung des Geschehens. Es ist also keine fremdartige Zutat zur Heiligkeit, sondern deren äußere Durchführung und Bekundung. Das Wunder ist die äußere Erscheinungsform der göttlichen Güte und Heiligkeit; denn es will seiner ganzen Natur nach die Überwindung des Bösen in der zukünftigen Weltordnung vorbilden, im einzelnen vorausnehmen und dadurch für die Vollendung verbürgen.

Das messianische Gottesreich ist die siegreiche Durchführung des Guten und Göttlichen oder Segensmächtigen gegenüber allen natürlichen Schwierigkeiten und feindseligen Gewalten in der inneren und äußeren Ordnung, in den Seelen wie in der Welt: das Wunder ist demnach eine wesentliche Erscheinungsform des Gottesreiches. Das Wunder gehört also untrennbar zum Wesen des Christentums und des göttlichen Heilsgutes: geradeso wie die Auferstehung des Fleisches und die Naturverklärung.

Die gegenwärtige Erfahrungswelt offenbart die unbedingte Herrschermacht des Guten über die Wirklichkeit, des Geistes über die Natur, der Wahrheit über die Materie, des Göttlichen über die Gesamtheit der Kräfte nicht unmittelbar, sondern nur mittelst der Schlußfolgerung auf Grund des Kausalgesetzes. Der Obersatz lautet hierbei: Nur das Vollkommene kann die ursprüngliche, selbständige Wirklichkeit und hinreichend erklärende Ursache sein.

Die Feststellung der Tatsachen würde nicht über den tragischen Gegensatz von Gut und Bös, Geist und Natur, Wert und Schicksal, Vernunft und Zufall hinausführen. Der Widerspruch der erfahrungsmäßigen Beschaffenheit der Welt mit der Allmacht, Güte und Weisheit Gottes ist nicht durch die Feststellung der Tatsachen zu heben, sondern nur durch die unmittelbare Einsicht, daß Weisheit und Vollkommenheit allein das Recht und die Kraft zu ewigem Dasein und selbstwirklicher Existenz haben.

Das Reich Gottes ist das große Wunder der persönlichen Jahwe-Gottheit. Die Offenbarung der Jahwereligion wie der Vatergüte Gottes sind im tiefsten Grunde die frohe Botschaft von der wunderbaren Überwindung aller bösen Mächte und aller verderbenden Gewalten durch die selbstbewußte Allmacht der Weisheit und Liebe. Die Persönlichkeit Gottes offenbart sich in dem planmäßig vorbereiteten, vorgebildeten, herbeigeführten Sieg des Guten über alles selbstsüchtige und gewaltsame Zerstören und Unterdrücken. Sie offenbart sich in der Überlegenheit des Lebens über das Verderben, des Geistes über den Stoff, aber auch in der Selbstmacht, mit der die Vorsehung den endlichen Sieg durch die innere Logik der Tatsachen in allmählicher Entwicklung herbeiführt. Darin offenbart sich die Majestät des Persönlichen, das mit innerer Überlegenheit dem Gegenstand seines Tuns gegenübersteht und sich selbst in seiner Eigenart zu wahren weiß. Wie die freie Schöpfungstat die unentbehrliche Ausprägung des persönlichen Gottesbegriffs inbezug auf den Ursprung der Welt ist, so auch das Wunder als der endliche Sieg alles Persönlichen über alles Unpersönliche, alles Geistigen über alles Ungeistige, alles Lebenschaffenden über alles Verderbende, alles Ursächlichen über alles Hemmende. Dieses Wunder ist das messianische Gottesreich. Folglich ist das Gottesreich auch im einzelnen durch Wundertaten ausgezeichnet. Aber alle einzelnen Wundertaten bilden zusammen ein großes Ganzes und schließen sich zu einem gesetzmäßigen Plan zusammen, zu einem Gottesreich der lebenwirkenden Kräfte. Die einzelnen Wunder sind nur die Vorbilder und Unterpfänder für das große Wunder des Gottesreiches der Wahrheit und Heiligkeit, eines nur der Erkenntnis und Liebe gewidmeten Lebens.

2. Die Wundertätigkeit Jesu war planmäßige Überwindung des Bösen und seiner Weltherrschaft. Darum ist die ganze Entfaltung derselben ins Auge zu fassen, und zwar so, wie es der Eigenart jedes Evangeliums entspricht.

Markus beginnt mit der Sabbatheilung von einem unreinen Geiste zu Karpharnaum (Mc. 1, 21—28) und der Fieberheilung der Schwiegermutter Petri. Diese Wundertaten gaben Anlaß zu allgemeiner Heilwirksamkeit. Jesus gebot indes mit aller Strenge, daß man seine Heilwunder geheimhalten solle. (Mc. 1, 39; 3, 6—12.)

Der Aussätzige (Mc. 1, 40—45), der Gichtkranke (2, 1—12), der Mann mit der verdorrten Hand (3, 1—5), der Besessene von Gerasa, die blutflüssige Frau, die Jairustochter, die Tochter der Kanaanitin (7, 24—30), der Taubstumme (7, 31—37), der Blinde zu Bethsaida (8, 22—26), der mondsüchtige Knabe (9, 13—28), der blinde Bartimäus zu Jericho sind die besonders genannten Hilfsbedürftigen, an welchen Jesus seine Wunder- und Heilkraft offenbarte. Zu diesen dreizehn Heilwundern kommen noch vier Naturwunder, nämlich die Speisung der 5000 und der 4000 (Mc. 6, 35—44; 8, 1—9), das Wandeln auf dem See (6, 45—52) und die Verwünschung des unfruchtbaren Feigenbaumes (11, 12—23).

Das Eigentümliche bei Markus ist die nachdrückliche Kundgabe, daß die Wundermacht eine Kraft des Glaubens und eine Wirkung der gotterfüllten Innerlichkeit sei. Die vollkommene Geistestaufe hat zur Folge die übernatürliche Befähigung zum siegreichen Kampf mit den bösen Geistern.

Die Wundermacht ist die Frucht des Gottesreiches im Innern der Seele: der Glaube ist der große Wundertäter. Wie der Geist die einzig wahre Ursache ist, so ist der gottgesalbte Geist der Träger und Vollbringer übernatürlicher Ursächlichkeit. Durch den Glauben soll sich der Geist aus der gemeinen Erfahrungswelt in die höhere Welt der ursächlichen Wahrheit und Vollkommenheit hinaufschwingen: im selben Maße wird die Wunderkraft lebendig. Markus will zeigen, wie das Reich Gottes im Innern des Geistes durch den Glauben die Quelle und Kraft des Wunders ist.

»Habet Glauben an Gott! Wahrlich sage ich euch: Wer zu diesem Berge sagt: Hebe dich und senke dich ins Meer! und in seinem Herzen nicht zweifelt, sondern glaubt, dem wird zuteil, was er mit seinem Worte begehrt. Darum sage ich euch: was immer ihr im Gebet erfleht: glaubet, daß ihr es empfanget, und es wird euch zuteil. Und wenn ihr zum Gebet bereit steht, so vergebet, was ihr gegen jemand habt, damit auch euer Vater im Himmel euch eure Sünden vergebe. Wenn ihr nicht vergebet, so wird euch euer Vater im Himmel auch eure Sünden nicht nachlassen.« (Mc. 11, 22—26.) Dieses wichtige Lehrwort zeigt, in welch enger Wechseldurchdringung Jesus die Wundertätigkeit, die Gebetserhörung, die vergebende Nächstenliebe und die Sündenvergebung gedacht hat. Bei der Wunderheilung am Fuß des Verklärungsberges sagt Jesus: »Wer Glauben hat, für den ist alles möglich.« (Mc. 9, 22.)

In dem Gesamtbild der messianischen Wundertätigkeit Jesu
bei Matthäus tritt der Zusammenhang des Wunders mit dem
Gottesreich im Innern und der Gotterfüllung des Wundertäters
zurück: dagegen schildert er die Wundertätigkeit als die objektive Überwindung aller bösen und chaotischen Gewalten, aller
zerstörenden und verderbenden Geister; denn dieselbe gehört zu
dem Reich der Gerechtigkeit, das in der Weltordnung durchgeführt werden muß. Durch das Wunder wird die zerstörende
Chaosgewalt des Bösen dem Kosmos des Gottesreiches unterworfen.

Die Störung der gerechten Ordnung, wie sie in der Erfahrungswelt stattfindet und darum als tragischer Gegensatz empfunden wird, kann unmöglich
als die höchste und letzte Gesetzmäßigkeit und darum als die unverletzliche
Gesetzmäßigkeit gelten. Das Chaos bleibt Chaos, auch wenn es in der Erfahrungswelt durch die Herrschaft des Bösen den Grundzug bildet. Das Wunder
ist das höchste freie Gotteswirken, durch welches die Ordnung der Gerechtigkeit in der vom Bösen gestörten Welt hergestellt wird. »Es ziemt uns, alle
Gerechtigkeit zu erfüllen.« »Ich bin nicht gekommen, das Gesetz aufzuheben,
sondern zu erfüllen.« (Mt. 3, 15; 5, 17.) Diese Worte können auch auf das
Wunderwirken Christi und seinen Kampf gegen die Chaosgewalt des Bösen
angewendet werden.

Matthäus schildert darum von Anfang an, wie Jesus das Reich der vollkommenen Gerechtigkeit auch durch Befreiung des Geistes vom Bann der
Krankheitsmächte aufgerichtet habe. (Mt. 4, 23—25; 8, 16. 17; 9, 35—10, 8;
11, 4—6. 28—30; 12, 15—45; 15, 29—16, 4.)

Die Wunderberichte des Matthäusevangeliums gehen im einzelnen nur
durch ein neues Naturwunder und einige Heilwunder über den Markusbericht
hinaus. Es sind die Fernheilung des Hauptmannsknechtes (Mt. 8, 5—13. Lc. 7,
1—10), die Heilung der zwei Blinden und des Stummen (Mt. 9, 27—34. Lc.
11, 14). Das Naturwunder bestand in dem Fischfang mit dem Steuerbetrag.
(Mt. 17, 23—26.) Die Zurückrufung der Jairustochter ins Leben gewinnt bei
Matthäus den bestimmten Charakter einer Totenerweckung.

Lukas stellt seinem Grundgedanken entsprechend die ganze
Wunderwirksamkeit Jesu unter den Gesichtspunkt der erbarmenden Liebe. Der Geist, mit dem der Messias gesalbt wurde,
ist der Geist der heiligen Liebe und des mitleidvollen Eifers, die
Not der gefährdeten Schöpfung durch die Mitteilung des unendlichen Gutes zu heilen.

»Der Geist des Herrn ist über mir: darum hat er mich gesalbt und gesandt, den Armen die frohe Botschaft zu verkünden, die gebrochenen Herzen
zu heilen, den Gefangenen Erlösung, den Blinden das Gesicht, den Schuld-
verhafteten Nachlaß, allen ein Jahr der Gnade und einen Tag der Vergeltung

anzukündigen.« (Lc. 4.) Die Wundertätigkeit gehört demnach zur messianischen
Aufgabe, im Geiste Jahwes der mitleidige Arzt und Heiland aller Elenden und
Leidenden zu sein. Es ist kein Siechtum ausgeschlossen: wo Not und Elend
ist, da ist ein Beweggrund für die messianische Liebe und das Ziel der göttlichen Sendung. Das Verderben des Übels wirkt bei dem Messias nicht als
Grund, um sich von dem Elend entrüstet zu entfernen: »denn die Liebe höret
nimmer auf.« (1 Cor. 13.) Die Liebe wirkt dem Lukasevangelium zufolge
die Wunder der Erlösung für Geist und Natur; denn die Liebe ist stärker als
der Tod. Bei Markus ist es der Glaube, der Wundermacht verleiht.

Lukas berichtet im ganzen fünfzehn Heilwunder, wovon vier, die ihm
eigen sind: die Sabbatheilung der gichtkranken Frau und des Wassersüchtigen
(Lc. 13. 14.), sowie die Heilung der zehn Aussätzigen und des Malchus (Lc.
17; 22, 51). Außer der Erweckung der Jairustochter berichtet Lukas auch
noch eine zweite Totenerweckung, nämlich des Jünglings von Naim, und zwar
in voller Öffentlichkeit. (Lc. 7.)

Das Johannesevangelium berichtet von Jesus in seinem
öffentlichen Wirken sieben Wundertaten, worunter drei Heilwunder. Die Reden schließen sich im ganzen an die einzelnen
Wunderwerke an und offenbaren deren Charakter als Eweise der
göttlichen Herrlichkeit des Messias und als bedeutsame Zeichen,
in denen sich das Geheimnis des Gottesreiches enthüllt.

Den Anfang bildet die Verwandlung von Wasser in Wein (Joh. 2.); das
erste Heilwunder wird dem Sohne des Königlichen zuteil und ist eine Fernheilung (Joh. 4.); an Pfingsten erfolgte die Heilung des 38 jährigen Kranken;
in Galiläa die Brotvermehrung und der Wandel auf dem See. (Joh. 6.) An
Laubhütten heilte Jesus den Blindgebornen. (Joh. 9.) Den Abschluß vor dem
Todespassah bildet die Auferweckung des Lazarus, welche nach Johannes den
Anlaß zur Verurteilung Jesu gab. (Joh. 11.) Der Auferstandene wirkt das
große Wunder des Fischfanges, nämlich die Bekehrung aller Völker, deren Gesamtzahl nach antiker Auffassung durch die Gesamtzahl der (153) Fischarten
versinnbildet ist.

Die Wunder, welche Jesus am Menschen, dem Empfänger des Gottes-
reiches, selber wirkt, zeigen den Gottessohn als den Überwinder der Übel und
Hindernisse, welche dem Gottesreich im Menschen entgegenstehen. Es ist das
Fieber der selbstsüchtigen und weltlichen Begierde, die Lähmung des Willens
durch die irdische Grundrichtung, welche als exakte Erkenntnis und praktische
Klugheit grundsätzlich in der Erfahrungswelt des Diesseits bleiben will, wie
Israel in seiner 38 jährigen Strafzeit für sein Sehnen nach Ägyptens Knechtschaft. Es ist die Blindheit des Geistes für die göttlichen Dinge und die Gebundenheit des Todes im Knechtsdienst der Buchstaben und Formen, wodurch
alle Mittel, Gesetze und Quellen des Lebens zum Tode werden.

Die übrigen Wunder offenbaren das Wesen des Gottesreiches selber als
die wahre Lebensfreude und Lebenskraft, den wahren Lebensinhalt, sowie als

die vollkommene Herrschaft des Geistes über die Natur und Verklärung durch
den gotterfüllten Geist.

Die Wunder sind dem Evangelium Johannes zufolge bedeutsame Zeichen und Wesensenthüllungen des Reiches Gottes in
seinen Gütern und Kräften. Das Reale ist das Zeichen und der
Beweis für das Ideale: darum ist das (pneumatische) Evangelium
des Geistes und der Wahrheit zugleich das Evangelium der Sinnbilder oder mystischen Zeichen und Geheimnisse; aber so, daß
deren Wirklichkeit nicht abgeschwächt wird. Es sind wirksame
Zeichen: das Sinnliche ist Enthüllung des Geistigen. Auch hier
darf kein Dualismus angenommen werden. Der Evangelist sieht
das Geistige im Sinnlichen, das Innere im Äußeren als seiner na-
turgemäßen Erscheinung und Vermittlung.

Der Pneumatismus des Evangeliums ist symbolisch und lebendig, nicht
begrifflich. Das Sinnliche ist nicht ungeistig; denn es ist vom Geiste erdacht
und darum geeignet, von ihm verwertet zu werden. Die Wundertätigkeit des
Messias ist die Grundlegung jenes vollkommenen Weltzustandes, wo alles Sinnliche ein bedeutsames Sinnbild und Werzeug des Geistigen geworden ist.
Die höchste Geistigkeit ist mystische Wechselbeziehung des Äußeren und
Inneren, wenn der Geist seine ursächliche Kraft in der Verklärung des Sinnlichen bekundet. Die innere Verwandtschaft des pneumatisch-symbolischen
Evangeliums mit dem Religionsprinzip des Katholizismus leuchtet ein.

Es ist immer auffällig empfunden worden, wie stark oder ausschließlich
die Heil- und Wundertätigkeit in der Sendung der Jünger hervortritt. Mc. 6,
7—13. 16, 15—20. Mt. 10. Lc. 9, 1—10; 10, 9; 24, 19: »Ein Prophet, mächtig
in Tat und Wort vor Gott und allem Volk.« »Gott hat Jesum mit dem Hl. Geist
und mit Kraft gesalbt, und er zog umher, indem er Heil wirkte und alle gesund machte, die vom bösen Geiste überwältigt waren: denn Gott war mit
ihm.« (Act. 10, 38.)

Paulus unterscheidet sich im Bewußtsein der apostolischen Wunder-
sendung nicht von den Uraposteln. Der Beweis des Geistes und der Kraft
(1 Cor. 1.) wird von ihm deutlich auf »Zeichen, Wunder und Tatkräfte« als
den Beweis seines Apostolates bezogen. (2 Cor. 12, 12. Gal. 3, 5.)

Paulus empfand den großen Gegensatz zwischen der Religion des Gesetzes und der Gnade, der in Jesus aufgegangen war, auch in dieser Hinsicht.
Der Messias bringt nicht nur die Forderung der sittlich-religiösen Vollkommenheit, also die Vollkommenheit, soweit sie vom Menschen selber erfüllt
werden soll, sondern auch die Heilsvollendung, welche über alles sittliche
Sollen und Tun, über alle menschliche Fähigkeit hinausliegt, jene Heilsvollendung, welche den Gegensatz zwischen dem Ideal und der Wirklichkeit in
jeder Hinsicht aufhebt und das Übel in der Welt überwindet. Das messianische
Selbstbewußtsein Jesu erhob sich ebendadurch über den prophetischen Sen-
dungsberuf, daß er sich nicht bloß mit Forderung und Verheißung an den

Menschen und seine Freiheit wandte, damit der Mensch das tue, was ihm obliegt, sondern daß er mit der Kraft des Hl. Geistes die Herrschaft alles Bösen und aller verderbenden Gewalten in der Welt der tatsächlichen Wirklichkeit bekämpfte. Aus diesem Grund war die Überwindung der bösen Geister, welche die menschliche Natur in der mannigfaltigsten Weise verderben, der Anfang der Gottesherrschaft und der Beweis der messianischen Sendung und Salbung Jesu. Das Wesen des Gottesreiches ist die Steigerung und Erhöhung des Lebens in der Richtung zu Gott hinauf und durch den innigsten Zusammenschluß mit Gott. Wenn Gott das wesenhafte Leben, reinste Vatergüte ohne Ansehen der Person, wenn Gott nicht ein Gott der Toten, sondern der Lebendigen ist, so muß der rückhaltlose Zusammenschluß des Geschöpfes mit seinem Schöpfer, Gott und Vater zur Steigerung aller Lebenskräfte, zur Heilung aller Übel und zur Überwindung aller verderbenden Gewalten führen. Aus dem Gottesbegriff der voraussetzungslosen Vatergüte ergibt sich, daß Gott und die innigste Hingabe an ihn die Arznei aller Arzneien, die Vergebung alles Bösen und die Erlösung von allem Verderben und allem Übel ist.

Die Wundertätigkeit Jesu erfüllt das große Wahrheitskriterium, wie es der Apostel Paulus fast ebenso wie Johannes kennzeichnet: »Die Juden (= Jüdischgesinnten) fordern Wunderzeichen, die Griechen suchen Weisheit; wir hingegen verkündigen als den Messias den Gekreuzigten, für die Juden ein Ärgernis, für die Heiden eine Torheit: aber Gottes Kraft und Gottes Weisheit für die Berufenen, Juden wie Heiden.« (1 Cor. 1, 22—24.) Die menschliche Sinnesart geht in zwei Richtungen auseinander: die jüdische Denkweise fordert Machttaten als Wahrheitsbeweise und huldigt der Macht des Eindrucks. Ihr entsprechen die äußeren Kriterien, die einzelnen Wunder und Weissagungen, sei es in der Gegenwart oder Vergangenheit. Die griechische Denkweise legt das Hauptgewicht auf innere Gründe oder auf Weisheit. Sie glaubt, zeitlose Wahrheiten könnten durch zeitliche Vorgänge nicht eigentlich beglaubigt werden. In Israel war eben die Religion selber in einer geschichtlichen Offenbarung und Reihenfolge von Gottestaten begründet; anders in Griechenland und den großen Kulturvölkern.

Die Offenbarung Gottes gipfelt nach Paulus im Geheimnis des Kreuzestodes Jesu. Dadurch stoße sie beide Geistesrichtungen gleichmäßig ab. Den Jüdischgesinnten und Positivgerichteten biete sie statt einer entscheidenden Machttat das Ärgernis der Verurteilung und des Untergangs am Kreuze; den Griechisch- oder Philosophischgesinnten biete sie hingegen die Torheit einer befremdenden Mystik, welche gerade dadurch wirken wolle, daß sie sich mit Vernunft und Sittlichkeit in Spannung und Widerspruch befinde. Allein bei tieferem Eindringen in den Heilsplan Gottes komme der positiv gerichtete Sinn der Jüdischgearteten zu der Erkenntnis, daß der höchste Erweis siegreicher Macht und Erfolge im Opfertod Jesu verborgen sei. Ebenso komme die philosophische Denkweise der Griechen zur Einsicht, daß Torheit und Widerspruch nur an der oberflächlichen und anthropopathischen Vorstellung vom Erlösungsopfer haften, während bei Durchführung des vollkommenen Gottesbegriffs die tiefsinnigste Weisheit und sittliche Erhabenheit durch das Kreuzesopfer der stellvertretenden Genugtuung wirksam werde. Paulus will demnach nicht sagen, die Offenbarung verzichte überhaupt auf den Beweis der Weisheit und Kraft und fordere die Preisgabe der starken Vernunft- und Willensideale, sondern er lehnt nur die oberflächliche Beurteilung der Offenbarungsgeheimnisse ab und erklärt, daß sie sich bei tiefer Würdigung als Gottes Kraft und Weisheit bekunden. Aus diesem Grunde verzichte die Offenbarung auf eine künstliche, berechnete, formell vollendete Ausgestaltung ihrer Wahrheitsgründe.

Wie das Gottesreich auf jene Macht verzichte, die durch den Eindruck wirke und bezwinge, so verzichte auch die Offenbarungslehre auf künstliche Darlegungen und blendenden Schein, wie ihn die sophistische Dialektik zu erzeugen wisse, um das Urteil durch die Form zu blenden und durch die begriffliche Verwicklung gefangen zu nehmen. Vielmehr wolle die Offenbarung nur durch ihren wesentlichen Inhalt, durch die Überzeugungskraft der Wahrheit selber in ihrem schlichten, ungekünstelten Gedankengehalt wirken. In diesem Sinne fordert Jesus schlichte Einfalt: nicht Mangel an Geistesschärfe, sondern Verzicht auf alles künstliche und darum verwirrende Beiwerk. Jesus fordert Einfalt, d. h. unbefangene und ehrliche Bereitwilligkeit für das, was erklärend und vollendend wirken und dadurch Vernunft und Freiheit befriedigen kann. Denn Jesus weiß, daß zwar alle von Natur nach Wahrheit verlangen und darum niemand geradezu der erkannten Wahrheit widersprechen kann. Allein ebendeshalb sucht der Mensch durch künstliche Umgestaltung der Sachlage innen oder außen der Wahrheit irgendwie aus dem Wege zu gehen. Das ist der zwiespältige Sinn, welcher die Wahrhaftigkeit zu einer so schweren und seltenen Sache macht.

3. Der Wunderbeweis für die Göttlichkeit der Sendung und Persönlichkeit Jesu wird von dem modernen religiösen Bewußtsein mit der Erklärung abgelehnt, daß die Wunder Jesu für den gebildeten Geist viel mehr ein Hindernis als ein Beweggrund zur Annahme des Evangeliums und zur Jüngerschaft Jesu seien.

Die Bergpredigt und die Himmelreichsgleichnisse seien für sich vollgenügend und würden durch die Zugabe der Wundergeschichten in die Gefahr gebracht, ungläubig abgelehnt zu werden, während das Evangelium ohne die Wunder bereitwillige und reine Verehrung fände.

Diese Geistesrichtung, welche gegenwärtig die edelsten Charaktere als Wortführer und die weiteste Verbreitung hat, beruft sich darauf, daß Jesus selber das Wunder in der Versuchung zweimal als satanische Verführung abgelehnt habe, sowohl das Wunder für die eigene Lebensnotwendigkeit des Gottesgesandten, wie das Wunder vor der Öffentlichkeit und den religiösen Autoritäten zum Beweis der göttlichen Sendung. Die religiösen Häupter und Autoritäten des Tempels haben die Aufforderung in aller Form an Jesus gerichtet, seine göttliche Sendung durch bestimmte, unverkennbare Wunder zu beglaubigen. Allein Jesus habe diese Aufforderung immer mit entschiedener Zurückweisung beantwortet und erklärt, es werde diesem Geschlecht kein anderes Zeichen gewährt werden als den Niniviten in dem Propheten Jonas: nämlich das Wort und die Persönlichkeit des Gottesgesandten selbst. (Mc. 8, 11. 12. Lc. 11, 29—32.) Jesus habe ferner denjenigen Vorwürfe gemacht, welche von ihm Wunder begehrten, und habe den Glauben getadelt, der Wunder zur Begründung brauche.

Jesus hat allerdings den Gedanken, sich (und die Seinigen) mit Hilfe der Wundermacht von der Not des Lebens zu befreien und die leibliche Nahrung zu verschaffen, als satanische Versuchung abgewiesen. Und doch wäre dadurch die volle Freiheit der Gottesgesandten für das Reich Gottes gewonnen worden. — So scheint es. Allein es wäre das Wichtigste verloren gegangen. Jesu frohe Botschaft verkündigte die große Wahrheit, daß die ewige Vatergüte Gottes die Welt regiere, und daß darum jeder seine Anliegen mit unbedingtem Vertrauen in Gottes Vorsehung legen könne, um sich mit hochherziger Hingabe dem Reiche Gottes zu widmen. Hätte Jesus die Notwendigkeiten des leiblichen Lebens für sich und die Seinigen durch Wunder besorgt, so hätte er uns dadurch das Vorbild seiner eigenen vertrauensvollen Hingabe an die Fürsorge des himmlischen Vaters entzogen, ebenso das Vorbild der Mühe und Anstrengung für das Reich Gottes im Kampf mit der Not des Erdenlebens in einem vielbedürftigen Leibe.

Das Wunder wurde von Jesus in der zweiten Versuchung auch als eigentlicher Machtbeweis und Wahrheitsbeweis vor der Obrigkeit und der Öffentlichkeit abgelehnt. Es handelt sich dabei um eine Beglaubigung in juristischen Formen und zur Befriedigung bestimmter Forderungen an die Wundermacht. Jesus hielt dies mit der Würde der Offenbarung Gottes für ebenso unvereinbar, wie mit der Freiheit und dem Verdienst des Glaubens. Der Glaube soll nicht durch offenkundige und sinnenfällige Beweise den Menschen abgenötigt werden, so daß sie nur die Wahl zwischen vorsätzlicher Verblendung und Glauben haben. Der Glaube soll eine Erhebung zur höheren Wahrheit sein und bleiben und soll den Vorzug der Erhebung oder Selbstbestimmung nicht durch solche Machtbeweise verlieren, welche durch den Zwang des Eindrucks gewissermaßen nötigen und nicht nur durch Gründe von der Göttlichkeit überzeugen. Die höhere Wahrheit der Religion wird nicht in gebührender Weise erkannt und gewürdigt, wenn sie dem Geiste, der sich ihr gerade nicht mit aller Gewalt verschließen will, aufgenötigt wird. Sie braucht eine Art Selbstbestimmung der eigenen Erhebung, eine Art Wagemut des Denkens, um ihren inneren Wert zu erschließen und ihre sittlich-religiöse Fruchtbarkeit zu entwickeln. Die hohen Wahrheiten werden gerade dadurch unwirksam gemacht, daß sie dem Geiste mühelos wie eine reife Frucht aufgedrängt werden, ohne daß der Glaube und das Verständnis für dieselben eine Angelegenheit des persönlichen Lebens geworden wäre. Infolgedessen bleiben sie trotz aller Gewissenhaftigkeit der Seele selbst im Innersten fremd und für das religiöse Leben bedeutungslos. Man muß als Frucht durch eigenes (gottbeseeltes) Wachstum irgendwie miterrungen haben, was dem eigenen Wesen als Lebensnahrung dienen soll.

Wenn Jesus das Schauwunder und die juristische Beglaubigung durch Wundertaten vor Obrigkeit und Öffentlichkeit abgelehnt hat, so hat er damit nicht das Reich Gottes als die wunderbare, weil von Gott ausgehende und der Welt und Menschheit unmögliche Erlösung von Sünde, Tod und Übel abgelehnt.

Jesus hat damit nicht das Wunder abgelehnt, welches zum Gottesreich selber gehört, nämlich zur Überwindung aller verderbenden Gewalten und zur Herrschaft alles Guten, d. h. alles dessen, was Leben schafft und Vervollkommnung wirkt. Jesus hat damit nicht das Gottesreich als ein Gut erklärt, das nur in der inneren Hoffnung und Stimmung der Seele lebt, aber niemals in der äußeren Wirklichkeit zur Tatsache und Herrschermacht werden könnte. Vielmehr hat die Ablehnung der selbstsüchtigen und aufdringlichen Wundertätigkeit gerade den Zweck, die ausschließliche Berechtigung jenes Wunderwirkens zu bekunden, das im erbarmungsvollen Wohltun, im Heilen aller Gebrechen, im Aufrichten alles Toten zum Leben und im Erwecken aller guten Kräfte besteht und darum zum Gottesreich selber gehört.

Die Überwindung der todbringenden und verderbenden Mächte erfolgt in der sittlichen Ordnung wie in der äußeren Wirklichkeit nicht von außen und durch Gewalt, sondern von innen und oben her, in gesetzmäßiger Entwicklung und Auswirkung aller Kräfte, durch die Aussaat des Guten und den Kampf der Lebensmächte mit dem Unkraut.

Das Wunder ist die Ankündigung und Einleitung der siegreichen Herrschaft des Geistes, des Wahren und des Guten in der Welt, die Aussaat der Erstlingskeime jener Verklärung, durch welche die Welt der Tatsachen zu einem Reiche der Erkenntnis und der Liebe wird.

Die Wundertätigkeit Jesu steht demnach im innersten Zusammenhang mit seinem Begriff vom Gottesreiche: Jesus will das Gottesreich nicht nur zur Erlösung von der Sünde und dem sittlichen Übel bringen, sondern auch von den Ursachen und Folgen der Sünde. Jesus weiß sich als Messias nicht nur für die Seelen, sondern für den ganzen Menschen, nicht nur für die Gesinnung, sondern auch für das Schicksal, nicht nur für das Jenseits, sondern auch für das Diesseits, nicht nur durch die Heilsanstalt der Kirche, sondern auch durch die Verklärung und Vergöttlichung der ganzen Natur- und Weltordnung. Den Anfang und das Unterpfand dafür bot Jesus in seiner Wundertätigkeit.

Die Innerlichkeit des Gottesreiches darf nicht der Tatsächlichkeit der zukünftigen Lebens- und Weltgestaltung als fremder oder gar ausschließender Gegensatz gegenübergestellt werden. Die heilige Vollkommenheit des Guten kommt zur Herrschaft und wird zum Gottesreich erst dann und dadurch, daß sie zunächst in der Gesinnung und der Freiheitsbetätigung herrscht, aber auf Grund hiervon auch in der Welt des wirklichen Geschehens und der Schicksalsverknüpfung. Eine Idee, welche nicht auch das Reich des Tatsächlichen zu beherrschen beansprucht und hoffen kann, hat nicht das Recht, Reich Gottes genannt zu werden.

Das Evangelium Markus ist aus demselben Grunde das Evangelium der Innerlichkeit wie des Wunders. Die Gottesherrschaft fordert die innerste Gesinnung, um wahr zu sein; sie fordert auch das Wunder, um für die wirkliche Weltordnung wahr zu werden. Das Wunder wird in dem Maße nicht mehr als Willkürzauber verdächtigt, insoweit es im notwendigen Zusammenhang mit dem Wesen des Sittlichen erkannt wird, nach Art des Markusevangeliums. Das Wunder des messianischen Gottesreiches ist die Übersetzung des Guten und seiner idealen Herrschaft im Innern der Seele in die Welt der Tatsachen.

Die messianische Wirksamkeit Jesu wird darum von Jesus selbst in der unzweifelhaft geschichtlichen Antwort Jesu auf die Botschaft des Täufers als planmäßige Wundertätigkeit gekennzeichnet.

Jesus erwartet dabei, daß wenigstens Johannes bezw. dessen Jünger das
messianische Gottesreich in dieser Wirksamkeit erkennen, wenn auch Jesus
aus Vorsicht unterlassen hat, selbst die Gleichung zwischen der messianischen
Verheißung und seinem Wirken zu vollziehen. Aus dem Trostbuch des Propheten Jesajas, mit dem Jesus seine öffentliche Lehrtätigkeit begonnen hat,
ergab sich diese Gleichung mühelos. (Lc. 4, 17—19.) Auch der hohe Sinn
der Worte und die innere Zusammengehörigkeit des Geistigen und des Natürlichen ergibt sich aus der Fassung der Antwort Jesu.

»Damals hatte Jesus viele von Krankheiten, Plagen und bösen Geistern
geheilt und vielen Blinden das Gesicht gegeben. Jesus antwortete (darum den
Abgesandten des Johannes): Gehet hin und berichtet dem Johannes, was ihr
gesehen und gehört habt: Blinde sehen wieder, Lahme gehen, Aussätzige
werden gereinigt, Taube hören, Tote werden erweckt, den Armen wird die
frohe Botschaft gebracht. Selig ist, wer an mir nicht Anstoß nimmt.« (Lc. 7,
18—23. Mt. 11, 2—7.) Alle Kennzeichnungen des Wirkens Jesu heben diese
wundermächtige Heiltätigkeit und Überwindung der Übel hervor.

Der Grundzug des messianischen Wirkens ist die Erhöhung
der ganzen Lebensentwicklung, die Kräftigung und Befruchtung
aller Lebenskräfte in Leib und Seele, in der Natur und Menschheit.

Im Heiligen Geiste, nicht im Geiste der Gewalt und Selbstsucht, im Geiste der lebendigmachenden Befruchtung, nicht des
unfruchtbaren Zwanges und des Drängens, um ein bestimmtes
Endergebnis unmittelbar und sofort zu erzielen, wirkt Jesus diese
messianischen Werke. Dem Heiligen Geiste liegt mehr daran,
daß alles in der vollkommensten Weise, darum in selbständiger
und reicher Entwicklung zu seiner Wesensentfaltung gelange, als
daß in möglichst kurzer Zeit ein bestimmtes Ergebnis herbeigeführt werde. Patiens, quia aeternus!

Alle Verklärung und Heilung der Übel, alle Überwindung der
verderbenden Gewalten stammt aus der Gotteskraft der Heiligkeit und Liebe, welche die Quelle des Bösen durch die Wiedergeburt aus dem Hl. Geiste, aus dem Geiste der Gotteskindschaft
verschließt, indem sie die Quelle des ewigen Lebens öffnet. Die
Lehre und die Wundertätigkeit sind in der messianischen Salbung
und Heiligkeit also verknüpft: die frohe Botschaft, daß der höchste
Herr die reinste Vaterliebe ist, wird in den Seelen, die sie in
Überzeugung und Gewissen aufnehmen, zum Geiste der Gotteskindschaft mit unbedingter Verpflichtung, rückhaltlosem Vertrauen
und unbegrenzter Liebe zum Vater. Damit ist die ganze Lebenskraft und Lebensfreude von innen heraus erneuert und die Richtung angezeigt, in der die fortschreitende Gottesherrschaft in der

geistigen Schöpfung zur fortschreitenden Überwindung aller verderbenden Mächte und schließlich zur vollen Naturverklärung im
vollendeten Messiasreiche führt. Der Geist der Heiligung in der
Gotteskindschaft ist die Quellkraft der wunderbaren Überwindung
alles Bösen in der äußeren Weltordnung. Damit ist die tiefste
Begründung dafür gewonnen, warum der geistgesalbte Messias
Wundertäter sein muß: er muß Urheber und Erneuerer aller
Lebenskräfte sein, aber von innen heraus. (Act. 10, 38.) Darin
liegt auch die Bürgschaft für den rein sittlichen Charakter der
messianischen Wundertätigkeit Jesu.

4. Die Einwendungen, welche gegen die Wundertätigkeit Jesu im allgemeinen erhoben werden, beziehen sich vor allem auf die Darstellung, wie
sie das Evangelium Markus gibt. Dieses Evangelium gilt der Kritik wie dem
Glauben meist als das Evangelium des Wundertäters Jesus. Die Wahrheit
fordert mindestens, daß diese Auffassung eine wesentliche Ergänzung erfahre.
Das Evangelium Markus betont in erster Linie die Innerlichkeit des Gottesreiches und betrachtet die Wundermacht als den großen Wahrheitsbeweis der
in der Innerlichkeit wurzelnden Gottesgemeinschaft.

Die wichtigsten Einwände sind folgende:

Erstens: die Wundertätigkeit Jesu werde als magischer Zauber geschildert,
als eine naturhafte Kraft, welche ohne die bewußte Selbstbestimmung des
Wundertäters wie eine Naturkraft in Wirksamkeit trete, wie bei der blutflüssigen Frau durch bloße Berührung. (Mc. 5, 25—34; 6, 36. Mt. 9, 20; 14, 36.
Lc. 6, 19; 8, 46.)

Die Darstellung weist indes tatsächlich darauf hin, daß die Heilkraft
mit Bewußtsein und darum auch mit freier Willensbestimmung von Jesus ausgegangen sei. Die besondere Art dieser Wunderheilung liegt vielmehr darin, daß
Jesus nicht durch ein ausdrückliches Wort den Willen der Wundertat aussprach.
Dies geschah offenbar aus Zartgefühl und um die Wirksamkeit des Glaubens
recht deutlich hervorzuheben: »Meine Tochter, dein Glaube hat dir geholfen,
gehe hin in Frieden und sei gesund von deiner Plage.« (Mc. 5, 34.)

Der zweite Einwand dient zur Widerlegung des ersten, indem er gerade
die innere sittliche Bedingtheit der Wundermacht Jesu hervorhebt. Die Wunderheilungen Jesu seien in ihrem Erfolg durch den Glauben der Kranken bedingt.
Damit sei die Notwendigkeit einer gewissen Empfänglichkeit der Kranken angezeigt, die selbst naturhaft sei und zu dem naturhaften Einfluß des Wundertäters ergänzend hinzutreten müsse. Darum berichte Mc. 6, 5: »Jesus konnte
allda (in Nazareth) keine Wunder tun, außer daß er einigen Kranken die
Hände auflegte und sie gesund machte.«

Es würde die Feststellung genügen, daß auch in Nazareth Wunderheilungen stattfanden, sobald die sittliche Bedingung erfüllt war. Weil diese
religiös-sittliche Bedingung indes meistens fehlte, kam es auch nicht zu einer
solchen Wundertätigkeit wie in Kapharnaum. Die Leute von Nazareth traten
ihrem Mitbürger mit der Forderung entgegen, ihren Glauben durch seine

Wunder zu erzwingen. Sie wollten sehen, ob er sie zum Glauben nötigen und ihren Widerspruch überwinden könne. Das wäre magische Wunder-tätigkeit gewesen, sowie Preisgabe der sittlichen Würde des Wundertäters selbst. Darum konnte Jesus in der Tat dort keine größere Wundermacht ent-falten, weil er unter solchen Verhältnissen den Willen dazu unmöglich hegen konnte.

Daß es sich beim Glauben nicht um eine naturhafte, sondern um geistig-sittliche Empfänglichkeit handelte, ergibt sich aus der Tatsache, daß der Glaube im Notfall von den Angehörigen gefordert wurde, wie bei solchen Kranken, welche nicht beim Vernunftgebrauch waren, sowie bei den Totenerweckungen. So Mt. 8, 5—13. bei dem Hauptmann, 9, 18. bei Jairus.

Ein dritter Einwand nimmt Anstoß daran, daß die Wunderwirkung nicht plötzlich, sondern allmählich und in stufenweisem Fortschritt eingetreten sei. (Mc. 8, 22—26 [Blindenheilung]; 9, 14—29. Lc. 17, 11—19.) Man folgert hieraus die Unsicherheit Jesu: allein mit Unrecht. Vielmehr ergibt sich daraus, daß es sich nicht um magische Zauberwirkungen naturhafter Art handelte, sondern um eine Erweckung gehemmter Kräfte durch die übernatürliche Kraft, welche als höhere Kraft zu den natürlichen Kräften hinzukam und mit den-selben im Kranken wirkte. Daß dieses in stufenweisem Fortschritt, wenn auch in raschem Verlauf geschah, ist der Beweis dafür, daß das Wunder keine Auf-hebung und Durchbrechung der Naturordnung bedeutet, sondern deren Be-fruchtung und Benutzung durch höhere Kräfte, ähnlich wie die mechanischen Kräfte von den chemischen und beide von den organischen verwertet und beherrscht werden. Das Wunder bereichert die Naturordnung, wie das Geistes-leben dieselbe überhaupt bereichert.

Mit diesem Einwand ist der vierte Einwand verwandt, der die Dauer-haftigkeit der Wunderheilungen Jesu bestreitet. Jesus habe selbst zugestanden, daß die von ihm ausgetriebenen Dämonen nach einiger Zeit zurückzukehren suchen und auch oft mit sieben anderen bösen Geistern zurückkehren, so daß es nachher ärger werde als zuvor. (Mt. 12, 43—45. Lc. 11.) Die Möglich-keit des Rückfalles ist kein Beweis dafür, daß die Wundermacht Jesu etwas Naturhaft-Magisches war; sondern vielmehr dafür, daß sie eine geistig-sittliche Wirksamkeit war, die in ihren Erfolgen von der sittlich-religiösen Gesinnung und Lebenshaltung des Geheilten bedingt blieb. So ist es auch bei den Heil-erfolgen der ärztlichen Wissenschaft. So auch bei den Wirkungen einer im strengsten Sinne logischen Überzeugung: trotz aller zwingenden Notwendigkeit und Einsicht kann die Überzeugung von der Wahrheit der Schlußfolgerung verloren gehen, indem andere Einflüsse, ob naturhafter oder anderer Art, sich geltend machen. Deshalb war die frühere Einsicht doch logisch und geistig begründet.

Ein fünfter Einwand behauptet, die Wundertätigkeit Jesu zeige einen harten Kampf zwischen einer natürlichen und übernatürlichen Kraft, zwischen dem normalen und dem magischen Wesen. Dieser Kampf habe sich durch die starken Gemütserschütterungen kundgegeben, unter denen Jesus seine Wunder wirkte. So das Drohen (Mc. 1, 25. 43; 9, 24), der Anschein, wie außer sich zu sein (Mc. 3, 21); das Aufseufzen (Mc. 7, 34); sogar im Johannesevangelium werde vor der Auferweckung des Lazarus ein Aufknirschen Jesu in seinem Innern berichtet. (Joh. 11, 38.)

Die Wunderwirksamkeit fand allerdings mit voller Teilnahme und Erregung der Seelenkräfte Jesu statt und zwar mit der ganzen Innigkeit und Heftigkeit seiner geistigen Eigenart. Aber diese Eigenart bekundet sich bei der Wundertätigkeit nicht anders als bei dem ganzen messianischen Wirken. Weil in der Seele Jesu alle Gesichtspunkte, welche zur Würdigung der messianischen Aufgabe im ganzen und aller einzelnen Forderungen derselben für Denken und Wollen wichtig sind, zur Geltung kamen, darum vollzog sich sein öffentliches Wirken mit gewaltiger Erregung aus der Tiefe heraus und in die erhabenste Höhe und großherzigste Weite hinauf. In der Seele Jesu war zwar als Grundsatz seines Messiaswirkens festgestellt: Die Liebe hört nimmer auf; sie trägt alles, duldet alles, überwindet alles; die vom Geiste der Salbung beseelte Liebe schreckt vor keiner menschlichen Sünde und Unwürdigkeit zurück, vor keiner Erbärmlichkeit, Bosheit und Schwäche, wie vor keiner Schwierigkeit und keiner Verwicklung, vor keiner Gewalt und Schicksalsmacht. Allein mit der Entschlossenheit dieses Wollens war die innere Selbstüberwindung und Selbstverleugnung nicht überflüssig gemacht, sondern nur sichergestellt, daß sie geübt werde, möge die Selbstverleugnung dem Messias der Liebe durch die menschliche Erbärmlichkeit auch noch so schwer gemacht werden.

Aus dem Tiefsten und Höchsten heraus zu wirken und zu leiden war Jesu innerste Art und siegreiche, aber schmerzvolle Stärke: dies zeigt sich auch in seiner Wundertätigkeit. Auch sie erfolgt wie im ganzen so im einzelnen aus der geistigen Versenkung in den göttlichen Heilsratschluß und die von ihm geforderten Gesichtspunkte.

§ 3. Die Weissagungen Jesu.

Der Messias ist nicht nur der große Inhalt der prophetischen Weissagung, sondern selbst durch den Geist der Weissagung ausgezeichnet. Dem Grundcharakter der Jahweoffenbarung ist es wesentlich, daß der überweltliche Herr der Zeiten und Schicksale mit der selbstbewußten Sicherheit seines ewigen Ratschlusses den Lauf der Weltentwicklung bestimmt. Der Gottesgesandte wird darum als solcher erwiesen und beglaubigt, wenn er in den unerforschlichen Ratschluß des Ewigen eingeweiht ist und aus diesem allumfassenden Weltplan heraus neues Licht über das Ziel, die Gesetze und Wege des Heilswerkes Gottes zu verbreiten vermag.

Die übernatürliche Offenbarung Jahwes ist ihrem Wesen zufolge Weissagung: so fordert es die überweltliche Schöpfertat durch planvolles Denken und Wollen, so der geschichtliche Charakter des göttlichen Wirkens als Ausdruck der selbstbestimmten

Persönlichkeit Jahwes. Der Naturgottheit und dem immanenten Weltgrund entspricht die Magie und Wahrsagung; dem überweltlichen Schöpfungsgedanken und -Willen entspricht die prophetische Weissagung. Die Jahweoffenbarung hat die weltgeschichtliche Betrachtung der Menschheit begründet, weil und insofern sie prophetische Weissagung war.

Jesus ist auch durch seine Weissagungen die messianische Erfüllung des Gesetzes und der Propheten. Die Weissagungen Jesu sind eine Enthüllung des göttlichen Heilsratschlusses und darum ein dem Glauben ebenbürtiger Wahrheitsbeweis. Die Weissagung Jesu offenbart die unbedingte Sicherheit des göttlichen Heilserfolges. Das Reich Gottes oder das Werk des Messias wird trotz seiner gottgewollten Einschränkung auf die Beweismittel des Geistes und der Kraft, sowie auf die Machtmittel der vernünftigen Überzeugung, der sittlichen Verpflichtung und der Kräftigung von innen mit unzweifelhafter Gewißheit zum Siege kommen und die Gottesherrschaft allgemeiner Segensfülle herbeiführen.

Die Weissagungen Jesu sind eine Enthüllung des messianischen Heilsplanes, wie sich aus ihrem Inhalt und Endziel im einzelnen ergibt.

1. Die erste große Weissagung Jesu war die bestimmte Ankündigung seiner Verurteilung, seiner schmerz- und schmachvollen Hinrichtung, aber auch seiner Auferstehung und Verherrlichung als gottgesalbter, wahrer Messias.

Diese Vorhersagungen nahmen ihren Anfang mit dem Messiasbekenntnis des Petrus und sind die Antwort Jesu auf dieses Bekenntnis. (Mc. 8, 31.) Indes hatte Jesus von Anfang an aus dem Bewußtsein seines Leidensberufes heraus gesprochen. (Mc. 2, 18—20.)

Die zweimalige Ankündigung erfolgte teils durch das Gespräch der beiden Propheten mit Jesus in der Verklärung (Lc. 9, 31), teils beim Abstieg vom Verklärungsberge. (Mc. 9, 1—12.) Diese zweite Kundgabe wurde nur den vertrautesten Jüngern zuteil mit der strengen Verpflichtung, über den geheimnisvollen Vorgang zu schweigen.

Für die gesamte Jüngerschaft (der Zwölf) war die dritte Vorhersagung bestimmt, mit der Jesus sofort nach der Verklärung begründete, warum er seine Wanderung durch Galiläa in Verborgenheit machen wollte. (Mc. 9, 20—31.) Der Evangelist sagt ausdrücklich, daß ihn die Jünger nicht verstanden und anderseits nicht um Aufklärung zu fragen wagten. Die folgenden Gespräche beweisen, daß ihre politische Messiashoffnung dadurch trotz allem eine Steigerung erfuhr.

Die vierte Leidensweissagung hatte den Zweck, den Jüngern die Notwendigkeit darzutun, daß Jesus mit seinen Jüngern zum Osterfest nach Jerusalem hinaufziehen müsse, um dort sein Werk zu erfüllen. (Mc. 10, 32—34.)

Das Verständnis der Jünger nahm indes keine andere Richtung: teils
waren sie geängstigt, teils von ihren politischen Reichserwartungen zu persönlichen Begierden angeregt. Man kann die Worte, durch welche Jesus die
beiden Donnersöhne mit ihrer ehrgeizigen Forderung abwies und die ganze
Jüngerschaft belehrte, als eine fünfte Leidensweissagung betrachten. (Mc. 10,
38—45.)

In der Öffentlichkeit gab Jesus diese Vorhersagung im Gleichnis kund vor
den Hohenpriestern (Mc. 12, 1—12); im vertrauten Kreise nach der (messianischen?) Salbung seines Hauptes zu Bethanien. (Mc. 14, 1—9.) Die Vorhersagung, daß Judas ihn verraten, Petrus ihn verleugnen, die Jünger überhaupt
sich zerstreuen und verbergen würden, sind zu der großen Weissagung des
messianischen Leidenstodes und Auferstehungssieges hinzuzurechnen.

Die Kritik ist bemüht, diese Vorhersagungen als ungeschichtlich auszuscheiden; es seien die Erzeugnisse der späteren Messiasverherrlichung Jesu
durch seine Jünger. Die Kritik lehnt natürlich vor allem die Voraussagen der
Auferstehung ab, weil sie die Auferstehung Jesu selber nicht als geschichtliche Tatsache betrachtet. Aber auch die Leidens- und Todesvorhersagen sind
ihr eine Verlegenheit, zumal sie dieselben mit dem Verhalten Jesu in der
letzten Periode nicht in Einklang zu bringen vermag. Jedenfalls bestreitet
die Kritik, daß übernatürliche Vorhersagungen des Leidensschicksals Jesu vor-
lägen: es könne sich höchstens um Befürchtungen und Todesahnungen Jesu
handeln. Die zunehmende Ablehnung Jesu durch die geistlichen Führer des
Volkes, die Häufung der Zusammenstöße, das Zurückweichen des Volkes, vor
allem aber die Hinrichtung des Johannes, vielleicht in Verbindung mit
dem Ausbleiben übernatürlicher Machtoffenbarungen von oben hätten Jesus
die Erwägung immer mehr aufgedrängt, ob nicht der Tod des Messias zum
Heilsplan Gottes und zu dem prophetischen Weissagungsbild von seinem
Schicksal gehöre?

Allein gerade das Markusevangelium läßt den schroffen Gegensatz und
den Entschluß, Jesum zum Tode zu verurteilen, sofort im Anfang hervortreten: und trotzdem wird auf die siegesfrohe Stimmung in der ersten Periode
der Wirksamkeit Jesu hingewiesen. Der Höhepunkt derselben ist etwa mit
der Rückkehr der Jünger von ihrer Reichsverkündigung und dem Dankgebet
Jesu erreicht. Die Hinrichtung des Täufers stand schon lange in Aussicht
und war nur eine Frage der Zeit: die Gefangenschaft des Propheten war es,
was niederdrückend auf weite Kreise wirkte. Allein die Botschaft des gefangenen Johannes an Jesus ist es gerade, was zum Anlaß einer vom Bewußtsein
größten Erfolges gehobenen Kundgabe Jesu wurde. Der hohe Schwung dieser
Rede Jesu macht es unmöglich, in der Hinrichtung Johannes' des Täufers jene
entscheidende Tatsache zu sehen, durch welche Jesus überhaupt erst zur Mutmaßung oder Gewißheit seines eigenen Todesschicksals gedrängt worden sei.
Herodes faßte allerdings später auch den Entschluß, Jesus ebenso wie Johannes
aus dem Wege zu räumen: allein diese Kunde vermochte die Seelenruhe Jesu

nicht zu stören. (Lc. 13, 31—35.) Bei all diesen Erwägungen gilt als selbstverständliche Voraussetzung, daß die Anfrage des Täufers der Ausdruck
seines persönlichen Zweifels und die Antwort Jesu eine trotz aller persönlichen Anerkennung unverkennbare Lostrennung seines eigenen Werkes vom
Täufer war. Die seitherigen Darlegungen haben diese Auffassung immer
bekämpft: sie erweist sich auch jetzt als unmöglich, weil sie die tatsächliche
Stellungnahme Jesu zu seinem Todesschicksal nicht verständlich macht. Die
Rede Jesu läßt vielmehr das Bewußtsein untrennbarer Zusammengehörigkeit
des Vorläufers mit dem Messias, wie im Leben und Lehren, so im Schicksal
und Tode erkennen.

Die Todeserwartung Jesu tritt nie als Mutmaßung auf, sondern immer als
eine vollkommen sichere Erkenntnis und als innerlich verstandene Notwendigkeit. Damit ist es durchaus vereinbar, daß die Erfüllung dieser höheren Notwendigkeit mit den größten Spannungen und Seelenkämpfen verbunden war.
Das Todesleiden gehörte zum messianischen Beruf, wie ihn Jesus mit Johannes
von Anfang an erfaßt hatte. Aus diesem Grunde begann die Todesvorhersage
erst nach dem Messiasbekenntnis des Petrus: denn vorher hätte sie diese
Erkenntnis geradezu verhindert. Darum war die Todesweissagung auch sofort
mit der Vorhersage der Auferstehung und Verherrlichung verbunden. Die
Kritik betrachtet die letztere allerdings als eine spätere Ergänzung und glaubt
dies schon damit unzweifelhaft zu machen, weil weder die Jünger noch die
Frauen die Auferstehung Jesu erwartet hätten.

Letzteres erklärt sich vollständig daraus, daß bei den politischen Messiashoffnungen der Jünger ein richtiges Verständnis der ganzen Vorhersage Jesu
unmöglich war. So versichert es auch das Evangelium. Die Wirkungen, welche
die Worte Jesu in den Jüngern hervorbrachten, sind durchaus psychologisch.
Sie sind nicht Erzeugnisse der nachträglichen messianischen Konstruktion.
Das Schwanken zwischen der Furcht vor einer verhängnisvollen Katastrophe,
der sie mit Jesus in Jerusalem entgegengingen, und zwischen der politischtheokratischen Messiasherrlichkeit ist echt menschlich. Erfunden wurde von
der späteren Reflexion weder das eine noch das andere: denn keines stimmte
zu dem geltend gewordenen Idealbild der Apostel.

Die beiden Zebedäussöhne forderten auf dem Wege nach Jerusalem von
Jesus, er möge ihnen die beiden höchsten Ämter im Messiasreich zusichern.
Die Geschichtlichkeit dieser Bitte ist unantastbar; denn sie mußte mehrfach
als Schwierigkeit empfunden werden. Wenn nun die Bitte der beiden jugendlichen Jünger auf messianische Machtstellungen ging, so konnte die Aussicht,
welche Jesus für Jerusalem eröffnete, unmöglich bei der Verurteilung zum Tode
enden, sie mußte über den Tod hinaus die Aufrichtung des Messiasreiches in
Herrlichkeit zeigen. Die Art, wie sich die Jünger diese Herrlichkeit vorstellten, ist jedenfalls mannigfaltig gewesen. Wenn Jesus auch den Ausdruck
Auferstehung gebrauchte, so verbanden die Jünger damit nicht eine Vorstellung, wie sie kurz darauf von der apostolischen Auferstehungsbotschaft
vertreten wurde.

Ebenso wie die Forderung des Johannes und Jakobus bekundet der Jüngerstreit um den Vorrang im Messiasreich, daß mit den Leidensankündigungen

auch die Auferstehungsursache verbunden gewesen sein muß, daß dieselbe
also kein nachträglicher Zusatz sein kann. (Mc. 10, 32—45. Mt. 20, 17—28.
Lc. 9, 21—27. 31, 47—51; 13, 31—35; 17, 20—25; 18, 31—35; 22, 15—37.)
Die Jünger wurden allerdings durch die rasche Verurteilung und Hinrichtung
ihres Meisters so verwirrt und entmutigt, daß die Kritik daraus die Folgerung
zieht, sie seien eben von der Katastrophe ganz unerwartet überrascht worden.
Was die Evangelien von den Jüngern berichten, sei unverständlich, wenn
ihnen so oft die Notwendigkeit des Leidenstodes erklärt und dessen bevor-
stehendes Eintreffen versichert worden sei.

Allein anderseits ist die Reihenfolge der Leidensankündigungen so eng
und untrennbar mit dem Gange der Ereignisse verknüpft, daß es unmöglich
ist, dieselben auszuscheiden. Man müßte ja vor allem das Abendmahl und
die Abschiedsreden bei demselben streichen, ebenso die Worte Jesu, welche
sich auf den Verrat des Judas und die Verleugnung des Petrus beziehen. Die
Katastrophe des Leidenstodes konnte in der Vorausverkündigung doch niemals
recht durchschlagend wirken, weil sie der eigentlichen Erwartung des Messiasreiches in Herrlichkeit als Durchgangspunkt untergeordnet war. Darum übersah
man sie oder setzte sich irgendwie über dieselbe hinweg. Als dann der ganze
Ernst der erbarmungslosen Wirklichkeit vor den Jüngern stand, und zugleich dessen beraubt waren, dem sie seither die schwere Arbeit des Denkens
und Wollens zu überlassen gewohnt waren, da versank die gehoffte Messiasherrlichkeit und mit ihr auch die Erinnerung an die Vorhersagen Jesu in dem
einen Abgrund seiner Verurteilung und Hinrichtung. Erst in den ruhiger
gewordenen Seelen begann die Erinnerung wieder aufzuleben und Macht zu
gewinnen.

2. Die zweite Weissagung Jesu schildert das Schicksal seiner
Jünger und des Reiches Gottes auf Erden. Jesus verkündigte in
offener Rede wie in den Gleichnissen, daß seine Jünger und die
Kirche, welche sie seiner Anordnung gemäß ins Leben führten,
das messianische Gottesreich in Israel und der Menschheit mit
siegreichem Erfolg bis zur Fülle der Zeiten verwirklichen werden.
Die Völkerwelt kommt der Weissagung Jesu zufolge dem erstberufenen Gottesvolke, dem im Hause Gottes verbliebenen Sohne,
zuvor und nimmt vor den Söhnen des Reiches am Gastmahl teil.

Die Ausbreitung des Reiches wird zwar nur unter steten
Kämpfen und Verfolgungen vor sich gehen, wie es das Vorbild
des Meisters selbst nahelegt: denn der Jünger ist nicht über den
Meister. Aber der Hl. Geist, der Geist des himmlischen Vaters,
der Geist des gottgesalbten Meisters verbürgt den Sieg trotz aller
Verfolgungen, Mühen und Opfer. Der schmerzlich-blutige Kampf
der Lämmer mit den Wölfen, der Streiter mit den Waffen der
Wahrheit und Liebe mit den Gewalten des Tempels und des

Staates, das Martyrium und der mühsame Fortschritt durch persönliche Bekehrung und Seelsorge wird immer das Grundgesetz eines Gottesreiches bleiben, dessen Stifter der gekreuzigte Messias, dessen Seele der Geist der inneren Überzeugung ist.

Diese Weissagungen hängen innerlich mit dem steten Bewußtsein und der späteren Vorausverkündigung Jesu von seinem eigenen Leidensberuf zusammen; nicht minder mit der geistig-sittlichen Idee des messianischen Gottesreiches. Daher sind die Gleichnisse (Mc. 4. Mt. 13.), insbesondere vom Säemann, vom Unkraut und vom selbstwachsenden Samen eigentliche Weissagungen über die Zukunft des Gottesreiches, wie sie Enthüllungen seines inneren Geheimnisses sind. Das Gesetz des allmählichen, im Kampfe mit Gegensätzen vielfach gefährdeten und gehemmten, aber trotzdem fortschreitenden und unaufhaltsamen Wachstums ist das Geheimnis und Schicksal des Gottesreiches zugleich. Es sind darum diese Weissagungen unmöglich als spätere Zusätze aus dem geschichtlichen Lebensbild Jesu auszuscheiden. Bei einem solchen Versuch bliebe fast nichts von Jesu Lehren und Taten unberührt.

Der Jüngerberuf zur persönlichen Gewinnung der Menschen (Mc. 1, 16; 3, 13—15; 6, 1—20) ist naturnotwendig mit Widerspruch, Mißerfolg im einzelnen, Leiden und Verfolgung verbunden. (Mc. 4, 17.) Allein der innere Zweck dieser Notwendigkeit ist die sittliche Reinigung und Vollendung der Jünger zu einem geistigen Opfer. Dadurch wird ihre apostolische Arbeit zugleich segenskräftig für die Menschheit. Wie beim Messias so bei den Jüngern: die Heilswirksamkeit für die anderen wird fruchtbar durch die innere Vollendung des persönlichen Lebens- und Leidensopfers. Der Gottgesandte muß und kann Gottes Werke nur als Gottgesalbter wirken. Den tiefen Zusammenhang dieser inneren Opferweihe der Gottesgesandten mit dem äußeren Erfolg des Gottesreiches und das Wachstum des Reiches von innen nach außen hat Markus in seiner kraftvollen Art ausgeführt. (Mc. 9, 33—49; 10, 32—45.) Es war die Antwort Jesu auf die ehrgeizige und engherzige Auffassung des Apostolates durch seine Jünger. Mit diesem geistig-sittlichen Gottesreich konnte ein Apostolat für alle Völker allein in Wirksamkeit treten. Daher empfand die Hierarchie sehr wohl die Gefahr für den Opferdienst und ihre darauf gründende Machtstellung in Jesu Lehre (Mc. 11, 17. 18; 13, 2): der Geist des Gebetes wie der Liebe mußte das Gefüge des herrschenden Religionswesens trotz seines Anspruches auf göttliche Autorität auflösen und den geistigen Tempel, in dem sich alle Völker zum geistigen Opferdienst der Wahrheit und Liebe vereinen, an dessen Stätte aufrichten. (Mc. 11, 17; 12, 33; 13, 2. 9—11; 14, 9; 16, 15.)

Das Schicksal des Leidenskampfes war mit der Ablehnung der drei satanischen Versuchungen für das Gottesreich Jesu als göttliches Gesetz übernommen. Es ist darum nicht berechtigt, die Seligpreisung wegen der Verfolgung als einen mit dem Anfang von Jesu Wirken unvereinbaren Zusatz aus der späteren Jüngererfahrung auszuscheiden. (Mt. 5, 10—12.) Jesus hat den inneren Sieg der unbedingten Gottergebenheit über alle äußeren Übel und Verfolgungen in unmittelbaren Zusammenhang mit seinem Gottesbegriff und

dem Gesetz der Vollkommenheit gebracht. (Mt. 5, 39—48.) In diesem Sinne
trägt auch der Messias die Wehen der Welt: in diesem Geiste müssen ihm
seine Jünger folgen. (Mt. 8, 16—22; 16, 24—28; 20, 22.) Die Sendungsrede
9, 35—10, 42 bietet wohl ein treffendes Zukunftsbild, allein sie ist nicht minder
aus einer lebendig empfundenen Gegenwart herausgesprochen. Die Verknüpfung
mit den Grundgedanken Jesu ist so eng, daß die Rede als Ausführung seines
eigenen Gottesbegriffs und seines eigenen Urbildes von Vollkommenheit und
Gottesreich anerkannt werden muß. Die Vergleichung mit Johannes dem
Täufer (Mt. 11.) ist ebenso gleichbedeutend mit der Weissagung steten Kampfes
und Martyriums für seine Jünger. Aber das Reich Gottes wächst und reift
doch. (Mt. 13.) Diese Wahrheit ist Weissagung und Weisheit: »Jede Pflanzung,
die nicht mein himmlischer Vater gepflanzt hat, wird ausgerottet werden.«
(Mc. 7. Mt. 13, 2. 13.) Sie ist Weissagung: denn um über den göttlichen Ursprung und Wert sicher zu entscheiden, bedurfte es höherer Einsicht. (Mt. 21,
33—44; 23, 29—39; 24, 2.)

Der Riesenbau des Tempels wird es bekunden: die Religion der äußeren
Beobachtungen und Opfer wird zusammenbrechen: denn das emporwachsende
geistige Gottesreich überwindet den alten Riesenbau durch die überlegene Kraft
des Geistes über alles Äußere, durch die Ausdehnung der Liebe, welche
den neuen Tempel zur Gotteswohnung für alle Völker macht, und durch die
überweltliche Höhe der bestimmenden Endziele, welche nicht eine Herrschaft
nach Art der Welt, sondern Freiheit in Gott und für Gott bedeuten. (Mt. 24.
Mc. 13. Lc. 21.) Der Untergang des Tempels ist von Jesus geweissagt nicht
bloß als die Fügung einer überlegenen äußeren Gewalt, sondern zugleich als
die Wirkung einer von innen wirkenden höheren Geistesmacht. Darum ist
zugleich die Bürgschaft gegeben, daß der alte Tempelbau nie mehr hergestellt
werden wird. Jesus hat auch das Judentum für immer von dieser Last und
diesem Banne befreit.

Der Zusammenhang zwischen der sittlichen Geistigkeit der Gründung Jesu,
der universalistischen Tendenz eines Gottesreiches, und der Notwendigkeit
unermüdlicher Ausdauer, unbeugsamer Opferkraft und unerschöpflicher Opferliebe für seine Sendboten in der Weissagung Jesu darf nicht übersehen und
auch nicht gelockert werden. Bei Matthäus und Lukas werden die einzelnen
Momente der Weissagung für sich deutlicher hervorgehoben, insbesondere die
Sendung an alle Völker. Markus hingegen hebt den inneren Zusammenhang
aller Momente unter sich hervor und zeigt zugleich, daß Jesus deswegen
von dem regierenden Hohenpriester als gefährlich erkannt und verurteilt worden
ist, weil der Tempelbau Jesu notwendig die alte Tempelreligion sprengen
mußte.

Die Weissagung Jesu von dem Schicksalsgesetz des Leidens für seine
Sendboten und von ihrem Siege durch die Kraft der Opferliebe in der Nachfolge des Meisters hat bei Lukas schon in der Vorgeschichte ihren ergreifenden
Ausdruck gefunden in dem Prophetenwort Simeons. Wenn das Evangelium
zum Heil und Licht aller Völker und zur Ehre Israels werden soll, dann muß
das Schwert der Opferliebe durch die Seele derer gehen, die es mit Jesus
den Menschen zu bringen haben, um allen zu beweisen, was es sagt, daß die

göttliche Liebe auch in den von Natur selbstsüchtigen Menschen stärker ist als alle Gewalt und Selbstsucht. (Lc. 2, 29—35.) — Bei allen Evangelisten verkündet Johannes den Universalismus des Heiles, weil Gott auch aus den Steinen Kinder Abrahams machen könne; allein bei Lukas wird aus dem Prophetenwort des Trostbuches hinzugefügt: »Alles Fleisch soll das Heil Gottes schauen!« (Lc. 3, 6.)

Der Kampf gegen die Engherzigkeit des Partikularismus bringt Leiden: diese Notwendigkeit zeigte das erste Auftreten Jesu. (Lc. 4, 14—30; 5, 30—33; 7, 36—50; 15.) Die Heiden von Phönizien und Syrien suchten bei Jesus die Wahrheit und Hilfe Gottes, wie Mt. 4, 24 und Lc. 6, 17; 7, 1—11 berichten. (Lc. 13, 28—30.)

Darum dürfen die Jünger auch nicht zurückschrecken, wenn sie mit ihrem Meister die Höhe, Weite und Kraft des Gottesreiches durch ihr Leidensopfer mitbegründen müssen. (Lc. 9, 23—27; 50; 10, 3; 11, 49—51; 12, 49—53; 21, 11—19; 22, 24—38; 24, 26. 46—49. Act. 1, 8. Joh. 15, 17—16, 12. 19—33): »In der Welt werdet ihr Drangsal haben; aber seid getrost: ich habe die Welt überwunden! Der Hl. Geist wird die Welt (durch die Ausdauer der Jünger in der Nachfolge Jesu) überzeugen vom Glauben, von der Gerechtigkeit und dem Gericht.« Das Opfer ist der große Beweis, daß die Liebe stärker ist als alle Gewalt und Selbstsucht, daß also Gott stärker ist als die Welt und der Fürst dieser Welt.

3. Die dritte und berühmteste Weissagung Jesu ist die Ankündigung des messianischen Gottesreiches in Kraft und Herrlichkeit. Ihr Inhalt ist die siegreiche Durchführung und Erfüllung des Gottesreiches in allen Gebieten: in den Seelen, in der Kirche, in der diesseitigen Kulturentwicklung, in der jenseitigen Gottesgemeinschaft. Das Gottesreich offenbart in siegreichem Fortschritt die Gotteskraft der Gnade und des Gerichtes: beide gehören zu der großen Feuertaufe der Welt, welche der Messias bringt als der Gesalbte Gottes durch die Mitteilung des Hl. Geistes. Gnade und Gericht sind die Formen der messianischen Feuertaufe mit dem Hl. Geiste. Der Messias begründet und vollendet dieses große Werk der Geistestaufe. Er begründet es durch sein Opferleben und Opferleiden, indem er als Offenbarer, Vorbild und sühnender Stellvertreter die Samenkraft des Gottesreiches, den Hl. Geist der Welt erwirkt; er vollendet es, wenn im Fortschritt der Zeiten durch die dreifache Überzeugung des Hl. Geistes alle Lehrgedanken, Vorbilder und Endzwecke des Evangeliums, Lebens und Leidens Jesu in der Menschheit als solidarische Pflicht der Gesamtheit aufgenommen und, dadurch siegreich geworden, als Wahrheit, Gerechtigkeit und ewige Lebenskraft (Joh. 16, 7—13) anerkannt sein werden. Dann

wird das messianische Gottesreich unter dem Königtum des voll-
erkannten und gewürdigten Messias seine intensiv und extensiv allumfassende Segens- und Friedensherrschaft auf Erden entfalten, bis
die Zeiten der diesseitigen Menschheitsentwicklung erfüllt sind.

Wie die Aussaat des Gottesreiches zuerst im Laufe der Jahrtausende die einzelnen Saatkörner der Wahrheit und Gnade durch
die Sendboten der Vorbereitungszeit, durch die Propheten, im
mannigfaltigsten Sinne der Menschheit darbot, bis in der Fülle der
Zeiten der Säemann und Same des Gottesreiches selber erschien,
so wird auch die zweite Ankunft des Messiaskönigs zur Reife und
Ernte erfolgen, wenn die Fülle dieser Samenkräfte zur Entwicklung
gebracht und in der Gesamtheit aller Völker im einzelnen und
ganzen Aufnahme und fruchtbares Wachstum gewonnen hat. Der
Messias kommt wieder, wenn die Ernte reif und die Fülle der
Völker in Gottes Reich eingegangen ist. Er kommt zur Vollendung
der Gnade und des Gerichtes. Er kommt im vollen Sinne erst
zur Ernte; allein er kommt und kam in jeder Frucht.

Die Wiederkunft des Messias in Kraft und Herrlichkeit begann darum mit dem Feste der Erstlinge, mit der ersten Ernte
im Gottesreich, mit der ersten Überzeugung der Wahrheit, der
Gerechtigkeit und siegreichen Lebenskraft des Evangeliums in
den Jüngern Jesu selbst, mit der ersten Offenbarung des großen
Gottesbeweises der Weisheit und Kraft, die in Jesus verborgen
und wirksam ist. Dies geschah am Pfingstfest durch die Herabkunft des Hl. Geistes über die Jüngergemeinde, durch den Sonnen-
aufgang des geistigen Gottesreiches in ihren Seelen und durch
die sofortige Betätigung der großen Liebesaufgabe des furchtlosen,
selbstlosen und allumfassenden Apostolates, das in allen Sprachen
zu allen Völkern und Zeiten zu sprechen versteht und für die
Aufgabe solidarischer Verpflichtung der Gesamtheit zur
Herbeiführung einer vollkommenen Gerechtigkeit Antrieb und Vorbild ist.

Die Wiederkunft Jesu als des siegreichen Messiaskönigs erfolgte und begann in der Ausgießung des Hl. Geistes und der
Aufrichtung des wahren Gottesreiches im Sinne Jesu in den Seelen
seiner Jünger, in der Heilsanstalt der Kirche, in der Segensmacht
der helfenden Liebe als göttlicher Verpflichtung aller für jeden
und jedes für alle, in der allseitigen Pflege ewigen Lebens. Die

Schaffung der ersten Christenheit durch das eigentliche und richtige Verständnis der messianischen Berufsaufgabe Jesu, die Salbung zum Apostolate und zur sofortigen Betätigung desselben, die Entzündung des pflicht- und planmäßig arbeitenden Liebeseifers und die Weihe zur Gottesgemeinschaft des Denkens und Lebens ist die eigentliche Erfüllung der Weïssagung Jesu, insoweit sie das Gottesreich in Kraft und Herrlichkeit schon für die Zeit des noch lebenden Geschlechtes verhieß.

Es ist dies nicht eine apologetische Ausrede, sondern eine notwendige Folgerung aus den Grundgedanken Jesu selber. Wenn sein Evangelium vor allem das Gottesreich in der Seele für Zeit und Ewigkeit begründen wollte, so ist das Verständnis dafür die erste und grundlegende Offenbarung seiner Kraft und Herrlichkeit. Wenn das Gottesreich im Sinne Jesu geistig ist und sich in der vollkommenen Gerechtigkeit, Liebe und Erkenntnis betätigt, so ist die Herrlichkeit dieses Gottesreiches doch unmöglich in äußerem Glanze, in sinnlicher Pracht und im Besitz der weltlichen Zwangsgewalt zu erwarten. Das wäre der Triumph des satanischen Versuchers, nicht aber des Messias Jesus, der ihn abgewiesen hat. Für das Gottesreich dessen, der die drei Versuchungen in der Wüste als satanischen Abfall von Gott und als widergöttlichen Frevel gebrandmarkt hat, paßt keine andere Kraft und Herrlichkeit als jene des Pfingstfestes, in dessen hellem Licht alle andere Herrlichkeit als trügerischer Schein, in dessen belebender Feuerglut alle andere Kraft als die Kraft zur Verwirrung, Zerstörung und Unterdrückung offenbar wird.

Das Strafgericht über Jerusalem ist unzweifelhaft eine Form, in der sich die Vorhersage Jesu von seiner Wiederkehr in Kraft und Herrlichkeit erfüllt hat. Allein in dem vollen und eigentlichen Sinne, wie die Herabkunft des lebendigmachenden Geistes aller Wahrheit und Liebe Jesu der Beginn seiner eigenen Wiederkehr zur Ernte war, kann die Zerstörung Jerusalems nicht die Wiederkehr des verklärten Messias genannt werden. Jesus ist mehr im Retten und Heilen, im Aufrichten und Beleben: auch vom verklärten Jesus gilt, was er von Gott gesagt hat: »Gott ist kein Gott der Toten, sondern der Lebendigen; denn ihm leben alle.« »Es ist nicht der Wille eures Vaters im Himmel, daß eines dieser Kleinen verloren gehe. Der Menschensohn ist gekommen, um zu retten, was verloren ist.« (Mt. 18, 11. 14.) »Ich bin nicht gekommen, daß ich die Welt richte, sondern selig mache. Der Auftrag des Vaters ist ewiges Leben.« (Joh. 12, 47. 50.) Außerdem steht die Zerstörung Jerusalems in keinem notwendigen Zusammenhang mit der Entstehung des

Christentums. Der Untergang des Tempels wie der Aufstand der Juden hätte ebensogut erfolgen können, wenn Jesus nicht aufgetreten wäre.

Die Kirche hat immer in der Herabkunft des Hl. Geistes die Wiederkunft des verklärten Messias empfunden und freudig gefeiert, nicht erst, seitdem die radikale Kritik behauptet: die einzige geschichtlich haltbare Vorhersage Jesu sei unerfüllt geblieben und habe seine bestimmte Hoffnung und Überzeugung ebenso bestimmt widerlegt. Die Kirche hat von Anfang an die Feier des Pfingstfestes eingeleitet mit dem Jubelruf zum Magnificat: »Ich lasse euch nicht als Waisen zurück, Alleluja; ich gehe und komme wieder zu euch, Alleluja, und euer Herz wird Freude haben, Alleluja!« Mit vollem Recht feiert die Kirche an Pfingsten die Wiederkehr ihres Meisters: denn er ist nirgends so gegenwärtig wie dort, wo sein Evangelium und Lebenswerk verstanden und mit Überzeugung und Liebe aufgenommen wird. Das ganze Wesen und Leben Jesu geht auf in seiner Lehre und Liebe, in seiner Sendung und Salbung, in seiner Frohbotschaft und seiner Opfertat. Darum gilt von ihm vor allem sein Wort: »Nicht, wer zu mir sagt: Herr, Herr! wird ins Himmelreich eingehen, sondern wer den Willen meines Vaters tut.« (Mt. 7, 21. Mc. 3, 33—35.) »Maria hat den besten Teil erwählt, der nicht von ihr genommen wird.« (Lc. 10, 42. Joh. 14, 23.) Die räumlich-sinnliche Entfernung ist gut, wenn sie die innerlich-geistige Aufnahme in Verständnis und Willen bewirkt. Wenn Jesus die Menschwerdung des Wortes Gottes ist, so ist seine Ankunft dort im vollsten Sinne vollzogen, wo der Inhalt seiner Lehrwahrheit verstanden und als seine Lehre wie als sein Lebenszweck gewürdigt wird.

Die Siegeskraft von außen wird allerdings von dem menschlichen Geiste bereitwilliger anerkannt als die Siegeskraft von innen. Die Siegeskraft der Gewalt, welche den Gegner vernichtet, scheint größer als die Siegeskraft der Wahrheit und Liebe, welche ihn überzeugt und bekehrt; denn diese richtet ihn schließlich auf und läßt ihn an ihrem eigenen Siege freudig Anteil nehmen. Wenn die Gewalt siegt, dann ist ein scharfer Gegensatz zwischen Sieger und Besiegtem; wenn Wahrheit und Liebe durch ihre allereigenste Kraft siegen, dann wird jener Gegensatz aufgehoben.

Hieraus ergibt sich, welche Gedanken die Seele des Stephanus erfüllten, als er offen verkündigte: »Jesus von Nazareth wird diese Stätte zerstören und die Gebräuche ändern, welche Moses angeordnet hat.« (Act. 6, 14.) Er hat sie jedenfalls in dem Sinne verstanden, in dem er selbst sterbend den Geist seines Meisters erkannte: »Herr, rechne ihnen dieses nicht als Sünde an!« In der Herrlichkeit dieser Heilandsliebe leuchtete ihm der Menschensohn von dem Throne der ewigen Vatergüte in die innerste Seele herein und beseelte ihn zum gleichen Gebet der Liebe, wie zum gleichen Aufbau des Gottestempels. Die Zerstörung des Tempels, welche Stephanus seinem Meister zuschrieb, deckt sich nicht mit der Katastrophe des Jahres 70: sie bedeutet mehr, und zwar vor allem die Überwindung des blutigen Tempelkultus von innen und obenher; nicht durch die Gewalt einer erdrückenden Heeresmacht, sondern durch die überzeugende Wahrheitskraft des höheren Prinzips. Jesus war dabei als die tatkräftige Ursache wirksam.

Das Wort, welches die Ankläger dem Stephanus zuschrieben, ist unzweifelhaft geschichtlich, weil es von eigenartiger Kühnheit ist. Daraus geht hervor, zumal im Zusammenhang mit der Anklage gegen Jesus selbst, daß die Weissagung von dem Untergang des Tempels nicht erst unter dem Eindruck der vollendeten Tatsachen in die Wiederkunftsrede Jesu eingefügt wurde, sondern eine ursprüngliche Weissagung Jesu ist. Jedenfalls ist sie es in dem Sinne und so gewiß, wie sie die Verurteilung Jesu und seines ersten Blutzeugen mitbewirkt hat.

4. Damit ist eigentlich der Einwand bereits entkräftet, den die Kritik der Laienforschung über Christus mit aller Schärfe geltend macht und bei der sozialdemokratischen Agitation gegen den kirchlichen Glauben verwertet. Immerhin soll wegen der tiefgreifenden und entscheidenden Bedeutung dieses Einwandes unter dem Gesichtspunkt des Einwandes selber eine nochmalige Prüfung des vom Einwand geltend gemachten Tatbestandes und der daraus gezogenen Schlußfolgerung erfolgen.

Einwand. Die Kritik behauptet auf Grund der Evangelien wie der übrigen neutestamentlichen Schriften, die Weissagung Jesu sei in ihrer wichtigsten Ankündigung unerfüllt geblieben und von den Tatsachen als unwahr dargetan worden. In zahlreichen Weissagungen habe Jesus seine sichtbare Wiederkunft in den Wolken des Himmels mit göttlicher Macht und Herrlichkeit angekündigt, und zwar noch zu Lebzeiten der damaligen Generation. Dadurch sollte erfüllt werden, was Daniel 7, 13 vom Menschensohn verhieß, für den sich Jesus auf Grund jenes Prophetenwortes hielt. Jesus habe sogar geglaubt, seine Jünger würden nicht einmal mit den Städten Israels fertig werden, bis er wiederkomme. (Mt. 10, 23.) Jedenfalls komme der Menschensohn in der lebenden Generation (Mt. 16, 28), um hienieden durch irdische Güter und Ehren seine Anhänger zu belohnen und seine Apostel als Mitregenten an der eigenen Königsherrlichkeit teilnehmen zu lassen. (Mt. 19, 28—30. Mc. 10, 28—31. Lc. 18, 28—30.)

Die Abweisung der beiden Zebedäussöhne habe nur ihr eigennütziges Vordringen gegenüber den übrigen Jüngern und ihr voreiliges Verlangen nach Sieg vor dem Kampfe getadelt, nicht aber ihre Hoffnung selber entkräftet. Denn Jesus habe in den folgenden Verkündigungen die sichtbare Herrlichkeit für sich und seine Apostel in verschiedenen Formen ausgesprochen, insbesondere das Sitzen auf zwölf Thronen zur Herrschaft über Israel. In der Abendmahlsrede spreche Jesus die Zuversicht aus, daß er bald mit den Seinigen im Triumphe des Reiches wiederum zum Freudenmahl vereinigt werde. Die Ankündigung am Schlusse der Weherede (Mt. 23, 39) hege die Hoffnung, daß die Gegner, durch die offenbare Herrlichkeit seiner baldigen Wiederkehr bezwungen, ausrufen würden: »Gepriesen sei, der da kommt im Namen des Herrn!« So schildert es Jesus in der Wiederkunftsrede (Mt. 24, 27—31), so verkündigt er es vor dem Hohen Rate als Antwort auf seine Verurteilung. (Mt. 26, 64. Mc. 14, 62. Lc. 22, 69.) In allen Fassungen trete zugleich hervor, daß Jesus baldigst seinen Richtern ihr Unrecht beweisen und die Schmach seiner jetzigen Hilflosigkeit tilgen werde. So habe es auch der Spott verstanden, der den Gekreuzigten aufforderte, sich als Messias zu zeigen; so die Jünger, die enttäuscht und geschlagen den Zusammenbruch ihrer Hoffnungen beklagten; so Jesus selbst, der vergeblich die rettende Gottestat am Kreuze hängend erwartet habe und seine eigene Not in dem Rufe kundgegeben: »Mein Gott, warum hast du mich verlassen!« Da Matthäus und Markus nur dieses Wort zu berichten wissen und kein anderes kannten, mit dem sie den peinlichen Eindruck dieses Wortes ausgleichen konnten, so seien die von Lukas und Johannes berichteten Worte unglaubwürdig.

Im Evangelium Lukas trete das messianische Königtum und die Herrlichkeit äußerer Herrschaft schon im Magnificat und Benedictus stark hervor. Die Reden Jesu stellen die Offenbarung der himmlischen Königsmacht seit dem Petrusbekenntnis in so nahe Aussicht, daß einige der Umstehenden diese Königsherrlichkeit noch sehen sollten. (Lc. 9, 26, 27; 12, 8. 9. 56; 21, 32.) Die Apostel sollen den Unglauben der jüdischen Städte damit bedrohen. (Lc. 10, 11.) Vielleicht ist es das lebende Geschlecht, von dem dann das Blut der getöteten Sendboten gefordert wird. (Lc. 11, 51.) Die geistlichen Führer Israels, welche Jesum im Namen Gottes verworfen haben, werden dann beschämt zur Huldigung gezwungen sein. Lc. 13, 35; 22, 69: »Von nun an wird der Menschensohn thronen zur Rechten der Kraft Gottes.« In der Wiederkunftsrede nach Lukas sind zwei Zielbestimmungen enthalten: »Jerusalem wird von den Völkern zertreten, bis die Zeiten der Völker erfüllt sind.« Sodann: »Wahrlich sage ich euch: dieses Geschlecht wird nicht vergehen, bis all das geschehen sein wird.« (Lc. 21, 24. 32.)

Aus der Frage der Jünger Act. 1, 6—8 ergebe sich, daß sie die Auferstehung keineswegs als Erfüllung der Wiederkunft Jesu in Königsherrlichkeit ansahen. Ebenso Petrus Act. 3, 19—21; 6, 13. Aber der Antwort zufolge auch Jesus nicht. Die Erwartung der Jüngerschaft und der ganzen Urchristenheit sei die unleugbare Bestätigung dafür, daß Jesus versprochen hatte, in baldiger Frist von den Wolken des Himmels in Messiasherrlichkeit zu erscheinen und den Seinen die verheißenen Schätze des Diesseits zuzuteilen. (Lc. 18, 28—30.) Die einzig mögliche Ursache einer so tief wurzelnden Erwartung könne nur die feierliche Voraussage Jesu sein. Selbst der große Weltapostel sei von dieser Erwartung beherrscht gewesen. Um des nahen Weltendes willen hielt er die Ehelosigkeit für besser. (1 Cor. 7, 26—31; 1, 7. 8; 10, 11.)

Paulus glaubte, die Verkündigung des Evangeliums unter allen Völkern sei in Kürze erfüllt, und dann werde die Wiederkunft Jesu erfolgen. (Rom. 10, 18; 13, 11; 16, 20. Col. 1, 6. 23.)

Paulus selbst dachte nicht anders, als daß er mit den Lebenden dem von den Wolken herabkommenden Messiaskönig entgegenfahren und dabei die Umwandlung des sterblichen Leibes in den Auferstehungsleib erfahren werde, ohne den Tod zu erleiden und entkleidet zu werden. (1 Thess. 4, 12—17.)

1 Petr. 4, 5 sei noch zuversichtlich und tröste die Christen mit der bevorstehenden Vergeltung des messianischen Gerichtes. Ebenso Hebr. 10, 37 und Jac. 5, 8. 9: »Der Richter steht vor dem Tor.«

Zurückhaltend äußere sich 2 Thess. 2, 2 und suche die Zweifler zu beschwichtigen: Zuerst müsse noch der Antichrist und der große Abfall kommen.
Hingegen trete der eigentliche Vorwurf einer unerfüllten Weissagung schon
in aller Form dem Verfasser des zweiten Petrusbriefes entgegen. Die Antwort
verweise darauf, daß vor Gott Jahrtausende wie ein Tag seien. (2 Petr. 3, 4.)

Die Apokalypse erwarte mit glühendem Verlangen die baldige Erscheinung
Jesu vom Himmel zur blutigen Vergeltung. (Apoc. 12, 20; 22, 6. 7. Ebenso
1 Joh. 2, 18.)

Der Nachtrag zum Evangelium Johannes sei zum Teil durch die Verwirrung veranlaßt, welche der Tod des letzten Apostels hervorrief. Solange
er lebte, schien die Zeitfrist für die Wiederkunft des Messiaskönigs noch fort-
zudauern. Mit dem Tode des letzten Apostels war die Frist endgültig ver-
strichen, die Weissagung unerfüllt. (Joh. 21, 22. 23.)

Lösung. Die Weissagung Jesu von der siegreichen Erfüllung
des Gottesreiches in Kraft und Herrlichkeit ist von Jesus selbst
im Sinne der geistigen Kraft und Herrlichkeit, der klarerkannten
Wahrheit und der starken Liebe voll Pflichtbewußtsein und Opfer-
freude verstanden worden. Wie das Wesen des Reiches Gottes
gedacht wurde, so mußte naturnotwendig auch dessen Macht und
Herrlichkeit gedacht werden. Die Macht und Herrlichkeit konnte
unmöglich ein Abfall von dem hohen Ideal sein, welches dem
Evangelium und seinem Verkünder den höchsten Wert und
Adel gab.

Die ganze Gedankenwelt, welche durch Jesus in die Menschheit hereingebracht wurde, hat mit der Beschleunigung der Ent-
wicklungs- und Prüfungszeit für die Menschheit keinen inneren
Zusammenhang. Sie wirkt vielmehr für diese eschatologisch-dra-
matischen Vorstellungen ebenso auflösend und verklärend, wie für
das Ritualgesetz, die Reinigkeitsvorschriften und den Opferkult des
Tempels. Wohl aber waren die apokalyptischen Vorstellungen schon
seit langem durch die apokryphe Literatur reichlich vorhanden,
und mit ihnen das ungeduldige Drängen zu einem demnächstigen
Abschluß der irdischen Entwicklung. Da die apokalyptischen Vorstellungen sich nicht an die Vernunft richten, sondern an Phantasie und Selbstsucht, an Furcht und Begierde, an die leidenschaftlichen Begleitgefühle der irdischen Parteigegensätze, so ist ihre
ganze Kraft von der Zuversicht abhängig, daß der von ihnen angekündigte dramatische Verlauf in allernächster Zeit eintreten
werde. Dabei steht ihnen das Gericht der Vergeltung im Vordergrund samt allem, was im Gleichnis Jesu zu dem stürmischen

Verlangen gehört, das Unkraut auszurotten. Ein Interesse an dem Wachstum und Reifen des Samens in den Seelen und Völkern bekundet sich dabei nicht. Ein vergleichender Blick in diese apo-•kryphische Literatur aller Zeiten bietet dafür den Erfahrungsbeweis.

Aber diese Vorstellungen und Forderungen eines baldigen Abschlusses und sofortiger Vergeltung waren da, und zwar gerade bei jenen, welche sich als Sachwalter der Ehre Gottes fühlten. Zu ihren Gunsten sprach auch, daß dem Anschein nach die Weltleute in und außer Israel kaum durch eine andere Aussicht als die des unmittelbar bevorstehenden Strafgerichtes und der sofortigen Neuordnung aller Dinge auf Erden wirksam erschüttert werden konnten. Mit der intensiven Herrschaft dieser Vorstellungen und ihrem Zusammenhang mit dem Messias und dem Gottesreich hat die Erklärung der Evangelien und der neutestamentlichen Schriften zu rechnen.

Ebenso ist inbetracht zu ziehen, daß der Standpunkt Jesu für das menschliche Denken niemals als ruhiger Besitz ohne aktuelle Erhebung des Geistes erreichbar ist: nämlich die lebendige und wesentliche Vereinigung der idealen und der realen Ordnung, der religiös-sittlichen Heiligung im Innern und der entsprechenden Vollendung im tatsächlichen Wesens- und Weltzustand, sowie im geschichtlichen Weltengang. Allein diese grundsätzliche Vereinigung bedeutet weder eine leidenschaftliche Beschleunigung, noch die Wiedereinsetzung des Gewaltprinzips zur Unterdrückung, noch die Überordnung des Äußeren und Materiellen für die Weltvollendung, noch den fatalistischen Partikularismus und die Herabziehung Gottes in die Gegensätze der Parteien.

Der positive Glaubenseifer unterliegt gerne diesen Neigungen und verführt leicht dazu, die Grundsätze für die Weltvollendung wieder außer Geltung zu setzen, welche Jesus für Sittlichkeit, Religion und Gottesbegriff als höchste Wahrheiten und Pflichten aufgestellt hat. — Die freidenkerische Kritik ist anderseits nicht minder einseitig. Um den Adel der Uneigennützigkeit in Sittlichkeit, Religion und Weltbild zu wahren, wird dem Glauben der Erkenntniswert genommen, der Pflichterfüllung die Rücksicht auf den persönlichen Gott und die ewige Vergeltung verwehrt. Allein damit wird dem Ideal die welterneuernde und weltverklärende, nicht nur die weltbeherrschende Macht abgesprochen.

Es darf darum nicht Staunen erregen, wenn demgegenüber vom Glaubenseifer die demnächstige Entscheidung und der weltgeschichtliche Erfahrungsbeweis gefordert wird. So scheint es die Ehre Gottes zu verlangen, der (nach herrschender Ansicht) nur • auf seiten des Jonas, nicht aber auf seiten der heidnischen Niniviten stehen kann und darf. Das Buch des Propheten Jonas ist allerdings anderer Meinung und ebenso Jesus.

Es ist zunächst hervorzuheben, daß die Darstellung des Markusevangeliums trotz aller Wertschätzung des Übernatürlichen und Wunderbaren sogar bei der Johannespredigt nur die positiven Wahrheiten, Verheißungen und Forderungen erwähnt: die Geistestaufe als Zweck des Messias, die Bußtaufe des Johannes zur Sündenvergebung. Das Gericht wird weder als Zweck des Messias, noch als Beweggrund für die Buße geltend gemacht. Daraus ergibt sich, daß der Vorläufer trotz der ernsten Erinnerung an Gericht und Vergeltung nicht mit apokalyptischen Vorstellungen auf die Gewissen wirken wollte. (Mc. 1, 1—15.) Das Heil und die Rettung der Seelen galt ihm als Zweck, nicht die äußere Befriedigung irgend einer Partei oder Nation. Nicht der Triumph Israels über die Heiden, sondern das Heil der Seelen und darum aller. Durch diese Gedanken war Johannes der Wegbereiter Jesu. In der Richtung dieser Gedanken lag indes die dramatische Weltkatastrophe der apokryphen Messiasliteratur mit ihrem Drängen und Hasten nach göttlichen Machttaten und Entscheidungen nicht. Die Seele ist es nicht, welche dabei innerlich reiner und reicher wird; die Eroberung aller Völker und Menschen für die Gottesgemeinschaft und Gotteskindschaft ist es nicht, welche durch diese Katastrophen gefördert wird.

Alle Lehrgedanken Jesu, wie sie die Evangelisten entwickeln, mußten unwillkürlich diesen stürmischen Forderungen und Erwartungen den Boden entziehen. Eine ausdrückliche Bekämpfung wäre ebenso erfolglos und zweckwidrig gewesen, wie eine direkte Bekämpfung des Tempelkultus, des Ritualgesetzes und des Partikularismus. Wenigstens dann, wenn der maßgebende Zweck die möglichst erfolgreiche Vertretung der religiösen Grundsätze und ihre dauernde und allgemeine Geltung ist, nicht dramatische Gegensätze, nicht Aufsehen, Ehre und Ruhm. Jesus brachte den Grundgedanken der Apokalyptik in aller Strenge zur Geltung: Das Gute, d. h. Gott, verpflichtet nicht nur die Gewissen, sondern regiert auch die Welt, wird sie richten und alles zur Vergeltung und Vollendung bringen. Allein Gott darf deshalb nicht von den menschlichen Leidenschaften in den Dienst der Gegensätze und in die engen Maßstäbe des Erdenlebens herabgezogen werden. Allen diesen Forderungen stürmischen Drängens auf Entscheidung durch äußere Machttaten und Unterdrückung hat Jesus das Wort entgegengestellt: »Ihr wisset nicht, welchen Geistes ihr seid!« (Lc. 9, 55.) Jesus hat die reale Geltung der idealen Werte im Weltlauf so stark betont, daß er überall die Absicht der weltregierenden Macht, nirgends eine bloße Zurückhaltung derselben findet. Darin liegt in einer Hinsicht das Geheimnis des Gottesreiches, wie Jesus beim Gleichnis vom Säemann lehrt. (Mc. 4, 11. 12.) Die Lehrverkündigung, welche Jesus seinen Jüngern auftrug, enthielt nichts von dem baldigen Eintritt der Weltkatastrophe. (Mc. 6.) Nichts als der unendliche Ernst der zukünftigen Vergeltung für jeden einzelnen und die Gesamtheit spricht aus dem ersten eschatologischen Worte, das Jesus im Anschluß an das Messiasbekenntnis Petri mitteilt: »Was nützt es dem Menschen, wenn er die ganze Welt gewänne, aber Schaden litte an seiner Seele? Was könnte der Mensch als Ersatz bieten für seine Seele? Denn wer sich meiner schämt vor diesem ehebrecherischen und sündhaften Geschlechte, dessen wird sich auch der Menschensohn schämen, wenn er in der Herrlichkeit seines Vaters mit den heiligen Engeln kommt. — Und er sagte zu ihnen: Es sind einige unter denen, die hier stehen, welche den Tod nicht kosten werden, bis sie das Reich Gottes kommen sehen mit Macht.« (Mc. 8, 36—9, 1.)

Die Verknüpfung des letzten Wortes ist allem Anschein nach, wie auch die Kapiteleinteilung zeigt, eine gelegentliche. Mit dem Hinweis auf das Kommen des Messias in des Vaters Herrlichkeit hat Jesus nicht gesagt, wie die Kritik voreilig annimmt, es müsse die Danielsche Weissagung im Sinne eines äußerlich-dramatischen Vorganges aufgefaßt werden. Die Herrlichkeit des Vaters und auch der hl. Engel wird eben von jedem so gedacht und vorgestellt werden, wie er sich das Wesen, Leben und Tun des Vaters und der Engel denkt. Das Evangelium Jesu hat dafür sehr durchgreifende Gesichtspunkte eröffnet, welche allerdings nicht so leicht zum Gemeingut werden. Aber jedenfalls begründen sie das Recht, als Maßstab für die Auslegung dieser eschatologischen Worte Jesu auch seitens der Kritik verwertet zu werden. Mc. 8, 36. 37 würde dafür schon genügen.

Das zweite Wort Jesu verkündet das Kommen des Gottesreiches in Kraft noch zu Lebzeiten vieler Anwesenden. Das ist unzweifelhaft richtig und in Erfüllung gegangen. Jesu Gottesreich und Geist ist durch die Umwandlung des Pfingsterlebnisses in seinen Jüngern zur welterobernden Macht des Apostolates geworden, und viele Zeitgenossen Jesu konnten die geistige Macht des Gottesreiches in der apostolischen Predigt wie in der Anziehungskraft des Gekreuzigten erfahren.

Aus der Frage des Petrus nach dem Weggang des reichen Jünglings geht hervor, daß Jesus seinen Jüngern seither keine lockenden Verheißungen im apokalyptischen Sinne gemacht hatte. Was Jesus in seiner Antwort sagt, ist von höchster Bedeutung. Denn er verkündet den Sieg des Gottesreiches im Diesseits, nicht etwa bloß im Jenseits. Daß seine Verheißung hundertfältiger Vergeltung auf Erden bildlich zu verstehen sei, ist wohl kaum zweifelhaft. Indes muß man die Antwort an seine zwei Lieblingsjünger und an alle Jünger (Mc. 10, 35—45) mit hinzunehmen, um den Sinn von Mc. 10, 29—31 richtig zu erfassen.

Die Begründung des Gottesreiches, wie sie Jesus für die Seelen und die Menschheit durch seine einzelnen Lehrvorträge vollzog, mußte unwillkürlich das Denken von der Erwartung einer umstürzenden Weltkatastrophe für die nächste Zukunft ablenken. Insbesondere die Aufführung des neuen Tempelbaues auf dem von der Hierarchie Israels verworfenen Eckstein, um ein Bethaus für alle Völker zu werden, läßt sich in eine kurze Zeitspanne nicht einzwängen. (Mc. 11, 17; 12, 10. 11.) Der Aufbau des neuen Tempels konnte nicht durch die monumentale Wucht des Tempels zu Jerusalem in Frage gestellt werden: denn das Reich Gottes besteht nicht in Stein und Masse, auch nicht in Gold und Glanz, nicht in Schwert und Zwangsgewalt, sondern im Geiste und in der Wahrheit. (Mc. 13, 2.) Das Evangelium soll ja allen Völkern verkündigt werden — natürlich so, daß es in überzeugender Weise an jede Seele herangebracht wird. (Mc. 13, 10.) Der Sieg des Gottesreiches kann erst auf dem Wege einer allseitigen Auseinandersetzung der ringenden Gegensätze und nach vollkommener Erprobung des Glaubens und der Liebe, auch den berückendsten Wundern der falschen Christusse gegenüber, gehofft werden. Die eschatologische Rede Jesu verweist gerade darauf, daß nichts Äußeres entscheidende Geltung habe, nicht einmal der Machtbeweis durch Wundertaten (Mc. 13, 22); die Weltgeschichte dient dazu, dem Gottesreich im Innern Gelegenheit zu bieten, um seine Treue gegen Gott in allen Lagen zu bekunden und so die größte innere Vollendung zu gewinnen. Sodann macht Jesus allen Versuchen, ihn trotzdem mit zeitgeschichtlichen apokalyptischen Vorstellungen zu belasten, dadurch ein Ende, daß er feierlich erklärt: »Über jenen Tag und jene Stunde weiß niemand etwas, auch nicht die Engel im Himmel, auch nicht der Sohn, sondern allein der Vater.« (Mc. 13, 32.)

Die feierliche Erklärung, mit der Jesus die Messiasfrage des Hohenpriesters beantwortete, ist vollkommen frei von äußerlichen Vorstellungen, welche durch den Lauf der Ereignisse widerlegt worden wären. Jesus sagte: »Ich bin es, und ihr werdet den Menschensohn sitzen sehen zur Rechten der Macht und kommen in den Wolken des Himmels.« (Mc. 14, 62.) Über die Zeit ist nichts gesagt, in der dieser äußere Erfahrungsbeweis stattfinden soll. Ebensowenig ist es Jesu zuzumuten, daß er eine Vorstellung der Gottesmacht vertreten haben sollte, zu deren Rechten ein Mensch thronend gesehen werden kann. Dann wäre nicht verständlich, wie man Jesus und seiner Lehre überhaupt eine Bedeutung beimessen konnte. Der Beweis, daß Gott bei einer Sache und Persönlichkeit ist, wird nicht durch solche äußere Vorgänge, sondern durch die siegreiche Fruchtbarkeit des Geistes und der Kraft im Sinne von Joh. 16, 7—13 geliefert. Daß die Liebe stärker ist als der Tod und die Unterwelt, daß die Wahrheit stärker ist als alle anderen Ideale, als Wein, Weib, Königsmacht, daß jeder Dienst enttäuscht und nur Gottes Dienst adelt und freimacht (Christophorus), kann und muß in Sinnbildern und Geschichten ausgeführt werden: allein in äußerlicher Darstellung läßt es sich deswegen nie beweisen und sozusagen durch Augenschein aufnötigen.

Die Evangelien von Markus und Matthäus haben allerdings als einziges Wort vom Kreuze die Klage Jesu über seine Gottverlassenheit berichtet. Allein gerade in diesem Worte offenbart sich der geistige Sieg des Gekreuzigten am großartigsten. Jesus hat die volle Wucht des Opfers empfunden, welches die Durchführung des Gottesreiches mit der Kraft der Wahrheit und Liebe allein fordert und bedeutet. Daß Jesus dieses Opfer vollbracht und auch die Finsternisse der Gottverlassenheit überwunden hat, beweist die Wirkung seines Todes. Sein Tod hat Sieg gewirkt, ist also auch als eine Siegestat vollbracht worden.

So bekundet es das Zeugnis des Hauptmannes. Jesus selbst hatte die Gottverlassenheit bereits im Ölgarten vorausempfunden und darum den Kampf der Todesangst dort durchgekämpft. Daß Gott der Seele als Vater am nächsten und nicht am fernsten ist, wenn sie von äußerer Hilfe und Herrlichkeit dieser Welt vollkommen entblößt ist und nur auf der Wahrheit und Liebe Gottes steht, nur auf der Hingabe an Gottes Sendung und Gebot: das ist dem in die Erfahrungswelt hineingestellten Menschen niemals ein selbstverständlicher und unbestreitbarer Erkenntnisbesitz, sondern muß immer vom Geiste neu errungen werden. »Was bei Menschen unmöglich ist, wird möglich durch Gott.«

Der Klageruf des Gekreuzigten über die Gottverlassenheit ist die großartigste Offenbarung, daß Jesus in der Tat der Gottgesalbte war und durch seinen Sieg des Lichtes über die Finsternis allen den Weg zur Gotterfüllung und Gottgemeinschaft gebahnt hat. Darum haben die beiden Evangelien nur dieses Wort des Gekreuzigten berichtet: sie fürchteten nicht, daß ihr Lebensbild von Jesus deshalb aufhörte, eine Frohbotschaft von jener Vatergüte und Gottesliebe zu sein, welche dann am nächsten ist, wenn sie ganz ferne zu sein scheint: »Gott ist kein Gott der Toten, sondern der Lebendigen! Ihm leben alle!«

5. Die Apostel haben, wie der Einwand nachdrücklich ausführt, die Erwartung der baldigen Wiederkunft Jesu in sichtbarer Herrlichkeit gehegt. Die beiden Schilderungen des Apostels Paulus sind die kräftigsten Beweise hierfür.

Allein so groß auch die Macht dieser Erwartung in der ältesten Christenheit war, so bedeutungslos ist diese Vorstellung in der Gedankenwelt des Neuen Testamentes. Die Erwartung wird erwähnt, sogar in lebhaftester Anschaulichkeit wie von Paulus, aber außer der einmaligen Verwertung 1 Cor. 7, 29—31 übt diese Erwartung gar keine weitere Wirkung aus. Wenn sie den Eifer der Glaubensverbreitung anspornte, so war dies, wie es scheint, nur bei Paulus der Fall, bei den Uraposteln nicht. Und doch haben die Urapostel unter dem persönlichen Einfluß Jesu gestanden. Bei ihnen zeigt sich sowenig wie bei Jesus bezw. in den Evangelien jemals ein Versuch, die Erfüllung irgend einer Pflicht durch den baldigen Zusammenbruch der gegenwärtigen Welt zu begründen. Paulus hat es einmal getan, um den Verzicht auf die Ehe nahezulegen. Aber der Beweggrund wäre wesentlich nicht anders wirksam als die Erinnerung an die ständige Todesgefahr, in der wir uns befinden, und an die innere Nichtigkeit dieser Welt. Immerhin ist es wichtig, zu beachten, daß bei Jesus diese Erwägung sich nicht mit der naheliegenden Vorstellung von der Nähe der Weltkatastrophe verbunden hat.

Wenn den Jüngern in dem Lichte des Pfingsterlebnisses das Geheimnis der göttlichen Kraft auch aufgegangen ist, so war ihnen damit keineswegs die Notwendigkeit erspart, immer wieder aus neuen Erfahrungen und Schwierigkeiten heraus diese Erkenntnis von neuem zu gewinnen. Der Hl. Geist wurde ihnen ja nicht zuteil, um ihnen die geistige Arbeit zu ersparen, sondern um ihnen den Erfolg dieser schweren Geisteskämpfe zu verbürgen und sie durch dieselben in alle Wahrheit und Vollkommenheit einzuführen.

Es ist gerade bewunderungswürdig, wie die Jünger trotz des Mißverhältnisses, in dem sich das Gottesreich dem äußeren Anschein nach zu den

gegnerischen Gewalten befand, auch die tröstliche Aussicht auf baldige Entscheidung durch das Eingreifen Gottes entbehren lernten, weniger für sich,
als für die große Menge der Gläubigen, welche nicht wie die Jünger selbst
die Kraft der Wahrheit und der Liebe als die eigentliche Macht zu betrachten
imstande waren.

Bei dem aus der Pharisäertheologie hervorgegangenen Paulus waren die
zeitgeschichtlichen Ideen von baldiger Machtoffenbarung Gottes von einer viel
größeren Bedeutung als für die ungelehrten Urapostel. Daher hat Paulus auch
viel mehr von der baldigen Weltkatastrophe gesprochen. Allein man darf
nicht Jesus dafür verantwortlich machen, sondern die pharisäische Schultheo-
logie, deren nationalpolitische Messiasidee im engen Zusammenhang mit dem
Wunsche einer baldigen Machtoffenbarung Gottes zugunsten des geknechteten
Judenvolkes stand.

Von Jesus und dem Geiste des Pfingstfestes stammt nur das her,
daß trotz aller pharisäischen Geisteserbschaft alle diese Elemente bei Paulus
vollkommen in den Dienst des Evangeliums und des Gottesreiches Jesu gestellt wurden. Bewunderungswürdig ist es, wie der Apostel ohne merkbare
Erschütterung darauf verzichten lernte, daß Jesus mit dem Gefolge seiner
messianischen Herrlichkeit kommen werde, um ihn ohne Tod in das neue
Gottesreich auf Erden hinüberzuleiten, und anstatt dessen sich danach sehnte,
bald aufgelöst zu werden und bei Christus in Gott selber zu sein.

Es ist ferner wohl zu beachten, daß nicht die Jünger Jesu, sondern die
Menge der Gläubigen aus dem Judentum wie aus dem Heidentum vermöge der
ganzen Art des Durchschnittsmenschentums für die Vorstellung und Forderung
einer baldigen Weltkatastrophe durch Gottes Eingreifen empfänglich waren.
Dadurch gewannen diese Erwartungen in der Christenheit immer wieder
neue Vertreter und Schriftsteller. Die Apostel vermochten dem nicht durch
einfaches Machtverbot gegenüberzutreten; denn in der Tat mußte es dem
menschlichen Sinne am geeignetsten erscheinen, daß Gott durch seine Allmacht
seiner gerechten Sache ein für allemal zum Siege verhelfe und der Bosheit
der Ungläubigen, der Verfolger und Verführer für immer ein Ende mache.
Mochte das Geheimnis des göttlichen Reiches im Lebensplan Jesu noch so
deutlich und eindringlich geoffenbart sein, es blieb himmelhoch über dem
Denken und Sinnen des Durchschnittsmenschentums erhaben. Die psychologische Notwendigkeit einer abschließenden Welt- und Lebensanschauung
führte infolgedessen dazu, für den Mangel im Grundgedanken auf andere Weise
einen Ausgleich zu schaffen. Dies geschah vom Standpunkt des volkstüm-
lichen, zeitgeschichtlich bedingten und bestimmten Urchristentums durch die
kräftig ausgebildeten Vorstellungen der unmittelbar bevorstehenden Weltkatastrophe unter offenkundiger Königsherrlichkeit des Messias. Nach psycho-
logischem Gesetz wird immer, nicht nur in dem religiösen Denken, durch
irgend eine Form des Deus ex machina ein Ersatz geschaffen für das, was
über die Fassungskraft und die Höhenlinie des eigenen Könnens und Wollens
hinausliegt. In dieser Weise wird durch Hilfsvorstellungen die Spannkraft gewonnen, um über allzu schwierige Verhältnisse ohne Gefahr hinauszukommen.
In dieser Lage war das volkstümliche Urchristentum mit seinen hohen Hoff-

nungen und Forderungen gegenüber der ungeheuren Übermacht der gemeinen Wirklichkeit und der herrschenden Anschauungen. Aus dieser psychologischen Notwendigkeit gewann die Forderung nach baldigster Wiederkehr des Messiaskönigs zum Triumph über alle Feinde und Spötter ihre Kraft. Hier waren die Wurzeln dieser Hoffnung, nicht in der Weissagung Jesu.

§ 4. Die Auferstehung Jesu und das Zeugnis der Urapostel.

1. Die Auferstehung Jesu ist von Anfang an mit dem Glauben des Christentums verbunden gewesen, und zwar als Beweisgrund für seine göttliche Wahrheit. Der Glaube an die Auferstehung Jesu hat dem apostolischen Christentum den Mut des Bekenntnisses und die Widerstandskraft in den schweren Kämpfen um seine Daseinsberechtigung gegeben. Mag inbezug auf die wunderbare Verherrlichung des Lebens Jesu bei der Geburt, bei der Taufe und Verklärung (wenn auch mit Unrecht) behauptet werden, diese Verherrlichungen seien ebenso eine nachträgliche Auszeichnung, wie bei allen Religionsstiftern, und darum vom geschichtlichen Tatbestand leicht loslösbar, so ist es bei der Auferstehung Jesu wesentlich anders. Sie ist mit dem apostolischen Urchristentum so wesentlich verknüpft, daß dasselbe dem ersten Eindruck nach geradezu als die Verkündigung der leiblichen Auferstehung des Gekreuzigten erschien. So wird die Lehrverkündigung der Urapostel in der Apostelgeschichte gekennzeichnet. Diese Tatsache prägt sich in der Bedeutung aus, welche das Osterfest in der Christenheit von Anfang an gewonnen und bis in die Gegenwart behauptet hat.

Die Tatsache des Urchristentums ist jedenfalls vollkommen unzweifelhaft; es ist kaum denkbar, daß die Apostel erst später die Auferstehung Jesu zu ihrem eigentlichen Lehrbekenntnis hinzugefügt haben. Worin sollte auch, abgesehen von der Auferstehung Jesu, das Bekenntnis bestanden haben, das sie in alle Öffentlichkeit hinauszutragen sich berufen, verpflichtet und begeistert fühlten? Wohl hatten sie unter Jesu Anleitung die Ankunft des Gottesreiches von Ort zu Ort verkündigt: allein das hatten sie getan in der Hoffnung, welche sie mit Jesus und mit dem messianischen Gottesreich zusammenschloß: nun aber war Jesus eben wegen seiner Lehre verurteilt worden. Mit seiner Hinrichtung, wenn sie die letzte entscheidende Tatsache geblieben wäre, wäre die Gottesreichsbotschaft geradezu zu einer Sache der Unmöglichkeit geworden, sowohl für die Jünger wie für das Volk. Alle Hoffnung des Gottesreiches hatte sich ja an Jesus angeschlossen; ihn aber hatte die Verurteilung aus dem Reich der sichtbaren Wirklichkeit, aus der Welt der empirischen Tatsachen entfernt. Folglich war die frühere Verkündigung vom Reiche für die Jünger nicht mehr möglich, weder dem Inhalt nach, noch als Frohbotschaft. Sie wurde erst und nur wieder möglich durch die Auferstehung. Die Verbindung mit der Auferstehungsbotschaft machte sie von neuem zur freudigernsten Kunde vom Reiche Gottes und seinem zweiten großen Siege. Der erste Sieg war in Jesu Wirken und ihrem eigenen Erfolg gegen die Geister des Verderbens errungen worden. (Lc. 10, 17—24; 7, 22.)

2. Die Tatsache, daß die Lehrverkündigung der Urapostel überhaupt nur möglich wurde auf Grund der Auferstehung Jesu und darum die Auferweckung Jesu von den Toten zum Inhalt hatte, ist von der Apostelgeschichte immerfort bezeugt. Wohl gehörte noch eine andere Überzeugung und Einsicht dazu, um den Uraposteln die innere Kraft und Salbung als Verkünder des urchristlichen Evangeliums zu geben, nämlich die Befreiung von nationalpartikularistischen und weltlich-politischen Hoffnungen und die Erhebung in die geistig-sittliche Natur des Gottesreiches Jesu. Dies war die große Errungenschaft des Pfingstfestes: aber sie hat die Auferstehung Jesu zur Voraussetzung. Denn es handelte sich um das messianische Gottesreich, welches Jesus als verklärter und zur Gottesmacht erhobener Messias auf Erden verwirklichen werde. Zur eigentlichen Messiasherrlichkeit war Jesus indes der Anschauung der Apostel zufolge durch die Auferstehung erhoben worden: das ist der berechtigte Wahrheitskern in der Annahme Loisys.

Loisy meint mit Unrecht, Jesus sei in seinem Erdenleben noch nicht Messias gewesen, sondern nur der zur Messiaswürde vorherbestimmte Verkünder des Gottesreiches. Erst durch die Ankunft in Macht und Herrlichkeit werde Jesus als der Messias offenbar. Darum habe er das Messiasgeheimnis so streng gewahrt. Loisy übersieht dabei die dreifache Bedeutung des Gottesreiches im Diesseits, wodurch es schon im Erdenleben Jesu von ihm in den Seelen, in der Kirche, in der Menschheit und ihrem Kulturfortschritt begründet wurde. Allein diese Wirksamkeit Jesu war in allen drei Richtungen durch verhängnisvolle Vorurteile zurückgehalten, die erst durch seine Wegnahme und durch die innere Auseinandersetzung im Hl. Geiste, also durch Ostern und Pfingsten gehoben wurden. »Erst, wenn ich erhöht bin, werde ich alles an mich ziehen!« Es ist also vollkommen wahr, auch wenn man die messianische Sendung Jesu schon im Erdenleben anerkennt: als Stifter des diesseitigen Gottesreiches in Seele, Kirche und Kultur, sowie des jenseitigen Gottesreiches wurde Jesus erst nach seinem Tode richtig erkannt und überallhin wirksam. Darum hat es einen sehr guten Sinn, mit Petrus und Paulus zu sagen, Gott habe Jesum durch die Auferweckung zu seinem Sohne gezeugt, zum Herrn und Christus gemacht, zum Sohne Gottes in Kraft und zum Fürsten des Lebens erhöht. (Ps. 2. Act. 2, 36; 5, 31; 13, 33.)

Das geistig-sittliche Wesen des Gottesreiches, wie es die Apostel verkündigten, ist ebenso unzweifelhaft, wie ihre frühere Befangenheit in weltlich-politischen Messiashoffnungen noch im Anfang der Apostelgeschichte. Von der Kirche konnte erst dann ernstlich die Rede sein, als die Wiedererrichtung des nationalpolitischen Davidischen Königtums abgetan war. Ebenso konnte die von innen heraus erfolgende Vergöttlichung der menschlichen Kultur- und Lebensverhältnisse erst dann als der Sinn des Gottesreiches hervortreten, als die national-weltliche Herrschaftsbegierde mit dem Messias am Kreuze Gott zum Opfer gebracht war.

Die Umwandlung, welche die Jünger in den Tagen nach der Wegnahme ihres Meisters erfuhren, ist in jeder Hinsicht eine ungeheure. Die Kritik hat das Verdienst, solche Vorstellungen abgetan zu haben, wonach die Jünger schon zu Lebzeiten des Meisters über die herrschenden weltlich-politischen

Messiashoffnungen erhaben gewesen wären und das volle Verständnis ihres Meisters gewonnen hätten. Um so staunenerregender ist die geistige Umwandlung, welche in den Jüngern vor sich ging, bis sie zum erstenmal als Verkünder des Christentums auftraten. Der Apostelgeschichte zufolge geschah dies am Pfingstfest und war die Folge der schöpferischen Heimsuchung des Hl. Geistes. (Act. 2. Joh. 14, 16.)

Die Kritik sieht hierin tiefsinnige Legende, nicht geschichtliche Vorgänge: allein wir kommen über die Tatsache nicht hinaus, daß die urapostolische Predigt von dem zum Christus erhöhten Jesus als Heilsgut die Sündenvergebung und die Geistestaufe zur religiösen Wiedergeburt erhoffte, nicht aber die politische Weltherrschaft der Gläubigen. Das Wesen des Christentums, wie es die ältesten Reden der Apostelgeschichte verkünden, ist nicht eine äußere Machtoffenbarung Gottes von oben, sondern die Wiedergeburt aus dem Hl. Geiste. Die Fülle der prophetischen Weissagungen wurde in der einen Gnadengabe des Hl. Geistes erkannt, deren Empfang unmittelbare Erfahrung war und allen die Auferweckung Jesu als des hohenpriesterlichen Mittlers bezeugte. Buße und Taufe sind, wie beim Täufer, die zu erfüllenden Forderungen.

Die Jünger mußten außerdem ihre Pflicht erkennen, für diese Verkündigung lebend zu wirken und sterbend zu zeugen. Sie mußten die Überzeugung gewinnen, daß sie auch befähigt seien, das messianische Gottesreich im Sinne Jesu zu verbreiten und so das Werk Jesu zu vollenden. Wie groß ist der Abstand zwischen diesem Bewußtsein ihrer apostolischen Pflicht und Verantwortlichkeit und zwischen ihrer früheren Stimmung bei der Wanderung mit Jesus zum letzten Osterfeste?

Es ist nämlich nicht selbstverständlich, daß man sich als Sendbote zur öffentlichen Verkündigung einer Lehre verpflichtet fühlt, wenn man sich mit dem Zusammenbruch der seitherigen Hoffnungen irgendwie innerlich abgefunden hat. Die Jünger wären ohne den Hinzutritt einer neuen Machtwirkung wie die meisten Menschen zufrieden gewesen, wenn sie für sich selber zu einem versöhnenden Ausgleich mit dem Zusammenbruch ihrer Erwartungen gelangt wären. Wenn sie sich mit der baldigen sichtbaren Wiederkunft Jesu in der messianischen Herrlichkeit des Weltbeherrschers trösteten, so war es genug, wenn sie für sich diesen Trost gewannen. Sobald diese Erwartung nach außen vorgetragen wurde, und zwar ohne daß eine weitere Tatsache vorgelegen hätte als die Kreuzigung Jesu selber, wäre sie sehr zweifelhaft geworden, — auch für den Verkünder. Denn wenn keine Auferstehung erfolgt war, worauf gründete sich ihre Hoffnung? Den Behörden des Tempels, vor allem der hohenpriesterlichen Autorität, wie den Machthabern des Römerreiches erschien eine solche Erwartung ohnedies als eine Wahnvorstellung.

Wird also im Sinne der Kritik als die urapostolische Lehrverkündigung nicht der Lehrgedanke der Pfingstrede Petri (Act. 2.), sondern das baldige Erscheinen der Messiasherrlichkeit von dem sichtbaren Himmel her betrachtet, so wäre gerade diese Lehrbotschaft psychologisch ganz unmöglich gewesen ohne die Auferstehung Jesu. Diese konnte ihnen erst das Recht und die Anregung dazu geben. Gerade um sich selber nicht den Trost dieser Hoffnung zu zerstören, hätten sich die Jünger begnügen müssen, ihn in ihrem eigenen Herzen zu hegen. Die Hoffnung auf die baldige Herrlichkeitserscheinung des gekreuzigten Meisters ohne ein Ereignis wie die Auferstehung wäre sofort in der eigenen Haltlosigkeit zusammengebrochen, sobald sie öffentlich ausgesprochen worden wäre.

Wenn aber das Reich Gottes im Innern der Seele und in der Liebesgemeinschaft der treuen Anhänger Jesu die Lehre und Tröstung war, welche die Jünger aus den schrecklichen Erfahrungen der Verurteilung Jesu gelernt haben, so war damit immer noch nicht der Antrieb und die Notwendigkeit apostolischer Lehrverkündigung und öffentlicher Aufforderung zur Annahme derselben gegeben. Denn das Gottesreich im Innern und in der Religionsgemeinde Gottes konnte und sollte auch in der Art der Psalmen erzielt und betätigt werden. Was für die Anhänger Jesu notwendig war, eine Unterwerfung unter den Ratschluß Gottes hinsichtlich Jesu und ihrer an Jesus haftenden Hoffnungen, war deshalb nicht auch für die anderen notwendig.

Die Gebete und Vorbilder der Offenbarung boten den Jüngern die Wege und Mittel, um in dem Opfer der Verzichtleistung ihrem Meister und seinem erhabenen Todesgebete (Mc. 14, 36. Hebr. 5, 7) die letzte Nachfolge zu leisten und so durch Finsternis und Schmerz zu einer geläuterten Gottesgemeinschaft in ihrem Innern emporzusteigen: allein ein Anlaß, damit als Apostel hervorzutreten, war nicht gegeben. Alles hätte vielmehr zusammengewirkt, um eine etwaige Neigung im Keime zu ersticken.

Wie weit der Weg ist von dem Besitz und Erwerb einer Überzeugung bis zur berufsmäßigen Verkündigung und Ausbreitung derselben, zeigt ein Blick ins Leben und in die eigene Denk- und Handlungsweise, auch inbezug auf die Religion. Es wird eher als Forderung der Geistesbildung betrachtet, daß man seine Überzeugungen anderen nicht aufdränge, als daß man Pflicht und Neigung empfände, andere für die eigene Überzeugung zu gewinnen. Der Weg von der persönlichen Überzeugung bis zum Entschluß der öffentlichen Wirksamkeit dafür ist sehr weit; die Entfernung, welche das überzeugte Jüngertum vom Apostolate trennt, ist ungeheuer. Sie wird noch nachhaltiger, wenn die Mühsale und Enttäuschungen ins Auge gefaßt werden, welche im Gefolge des Apostolates sind. Die Jünger Jesu hatten reiche Gelegenheit gehabt, die entsprechenden Erfahrungen bei Jesus zu machen. (Mt. 11, 16—24.)

Die Jünger Jesu waren auch nicht etwa durch das Verzweifelte ihrer kirchlichen Lage gezwungen, trotz aller Schwierigkeiten und Gegengründe, deswegen zu Aposteln einer neuen Religion und Kirchengemeinschaft zu werden, weil sie nämlich ihre seitherige religiöse und kirchliche Heimat verloren hätten. Das Verzweifelte dieser Lage — als Geächtete vom Tempel und der Gottesgemeinde ausgeschlossen — könnte in der Tat es erklären, daß auch ohne ein Ereignis wie die Auferstehung Jesu und die Geisteserweckung des Pfingstfestes ein Hervortreten der Apostel erfolgt wäre, um sich einen Ersatz für das unwiederbringlich Verlorene zu schaffen. Es wäre ähnlich wie die Koloniegründung von solchen, die in ihrer Heimat unmöglich geworden sind.

Allein die Apostel waren nach dem Tode Jesu nicht in dieser Lage. Weder waren sie vom Tempel ausgeschlossen, noch von der Religionsgemeinschaft ihres Volkes, noch hielten sie sich selber für losgelöst von dem Heiligtum des Alten Bundes. (Act. 3, 12.) Vielmehr betrachteten sie sich und ihre Glaubensgenossen als vollberechtigte Glieder des heiligen Bundes; sie nahmen an den Gottesdiensten des Tempels ungestört teil und hielten sich für verpflichtet zur Beobachtung des Gesetzes. Niemand mied ihre Lebensgemeinschaft, wie es später berichtet wird, daß die Judenchristen den Verkehr mit ihren Glaubensbrüdern aus dem Heidentum meiden zu müssen glaubten. (Act. 10, 28; 11, 1—18; 15; 16, 1—5; 21, 20—29. Gal. 2.)

Die Erkenntnis, daß die Gottesgemeinschaft das eigentliche Heilsgut sei, führte nicht aus der Religion des Jahwevolkes hinaus, sondern gerade in ihre Tiefen hinein. Als die Urapostel an Pfingsten diese Erleuchtung gewonnen hatten, und zwar mit der Erinnerung, daß der ganze Lebenszweck Jesu im Wirken und Leiden darauf abgezielt habe, ging ihnen damit das Licht und die Kraft eines ganz neuen Lebens auf. Sie hatten damit den Beweis gewonnen, daß Jesus wirklich der lebendige Messias sei, und sie konnten aus den großen Tatsachen des neuen Lebens den Pfingstpilgern den Beweis liefern, daß der Gekreuzigte nicht tot, sondern lebendig sei. Wer Leben wirkt, ist nicht vom Tod gebunden. Pfingsten mit seiner gewaltigen Quellkraft neuen Lebens war der Beweis für Ostern. Die Verkündigung des göttlichen Heilsgutes, daß der Hl. Geist selber die Segensgabe des Gottesreiches sei, war verknüpft mit dem Zeugnis, daß Jesus zum Messias in Kraft und Geistesherrlichkeit auferweckt worden sei. Ihr Evangelium war Jesu Messiasmacht: Act. 5, 42; 6, 14; 7, 55; 13, 23—41. Der tatsächliche Segen, seine Kraft und Fülle beweist die Segenskraft des Meisters und die Wahrheit seiner messianischen Gottessohnschaft. (Act. 2, 22—40; 5, 29—32; 9, 34—10, 18.) Die Heilung des Lahmen im Namen Jesu war der Wunderbeweis für die Auferweckung Jesu zur Segensmacht des messianischen Wirkens. (Act. 3, 6—26; 4, 10—33.)

3. Zum Jüngerkreis der Urapostel, und zwar als Säule von grundsätzlicher und führender Bedeutung ist Jakobus, der Bruder des Herrn, zu zählen, wenn er auch nicht schon zu den zwölf Jüngern bei Lebzeiten Jesu gehört haben sollte.

Die Kritik behauptet auf Grund von Mc. 3, 21. 31—35. Joh. 7, 3—9 (vgl. 6, 68 - 72; 9, 25—27), die Brüder Jesu seien nicht Anhänger Jesu gewesen. Wenn Jakobus, der Bruder Jesu, im Jüngerkreis gewesen wäre, so hätte er bei seiner persönlichen Bedeutung auch zum vertrautesten Kreis mit Petrus und den Zebedäussöhnen gehören müssen. Da nun Jakobus und die anderen Brüder Jesu in der Urgemeinde eine große Bedeutung haben, so muß eine Bekehrung derselben zum Glauben an die Sendung Jesu bei ihnen erfolgt sein. Nach Gal. 1, 19; 2, 9. 12. Act. 12, 17; 21, 18 war Jakobus mit Petrus und Johannes das Haupt der Kirche zu Jerusalem. Da ein Zeitpunkt für die Bekehrung der Brüder Jesu in der späteren Entwicklung um so schwieriger wird, je später er angesetzt ist, so hat die Angabe der Apostelgeschichte 1, 14 alle Wahrheit für sich, daß dieselbe vor dem ersten Pfingstfest schon erfolgt war. Die vierte der Auferstehungserscheinungen, welche Paulus aufzählt, wurde dem Jakobus zuteil. (1 Cor. 15.) Sie ist wohl dieselbe, deren nähere Umstände das Hebräerevangelium berichtet. Hiernach hatte Jakobus am letzten Abendmahl teilgenommen.

Für die kritische Untersuchung und apologetische Wahrheitsfrage steht die Tatsache im Vordergrund, daß Jakobus und die
übrigen Brüder Jesu nach dem Kreuzestod Jesu ganz entschiedene
Bekenner und Vorkämpfer des Glaubens an seine Messiaswürde,
Auferstehung und Gottessohnschaft gewesen sind. Wenn sie zu
Lebzeiten Jesu, wie die Kritik annehmen zu müssen glaubt, nicht
zur Jüngerschaft, sondern eher zur Gegnerschaft Jesu gehört hatten,
so muß ihre Sinnesänderung nach dem Tode Jesu erfolgt sein.
Die Verurteilung Jesu kann der Beweggrund dafür nicht gewesen
sein; denn Jakobus hielt grundsätzlich an der Autorität und
Hierarchie des Tempels fest. Nur die Auferstehung des Gekreuzigten kann, im wesentlichen etwa so, wie sie das Hebräerevangelium berichtet, der Beweggrund für den grundsätzlichen Anschluß
des Jakobus und seiner Brüder an das Evangelium Jesu gewesen
sein. Die gewaltige Persönlichkeit des gesetzeseifrigen Bruders
Jesu, dieser unzweifelhaft geschichtliche Vertreter des Urchristentums im engsten Zusammenhang mit der Gesetzesreligion, dieser
ausgeprägte Charakter mit seiner eigenartigen Lehrgestalt des Evangeliums ist ein bedeutsamer Beweis für die Wahrheit und Unentbehrlichkeit der Auferstehung Jesu.

4. Die Auferstehungserscheinungen waren nicht bloß Kundgebungen der Auferstehung selber, sondern zur Sicherstellung und
Vollendung der Lehre bestimmt, welche den Inhalt des Lebens
Jesu wie des Gottesreiches bildet. Jede Auferstehungserscheinung
ist darum mit einem Lehrwort verbunden, durch welches das Geheimnis des Gottesreiches in wirksamer Weise enthüllt und eine
Fülle früherer Belehrungen erst wahrhaft verständlich wurde. Den
einzelnen Auferstehungserscheinungen entsprechen so die einzelnen
Erkenntnisse über den göttlichen Heilsratschluß, welche den Jüngern in angestrengtem Kampf mit den seitherigen Vorurteilen und
Schwierigkeiten innerlich aufgingen. In der durch die Kreuzeskatastrophe geschaffenen neuen Lage trat den Jüngern mit jedem
Wort des Auferstandenen die Fülle dessen vor die Seele, was
sie von Jesus einstens gehört hatten, um es jetzt erst im Lichte
der neuen Verhältnisse in seiner eigentlichen Bedeutung und Tragweite zu verstehen.

Nach Markus erhoben sich die Jünger kraft der Lehre des Auferstandenen zu der Erkenntnis, daß das Gottesreich nicht in politischer Weltherrschaft bestehe, sondern in der siegreichen Überwindung aller bösen und satanischen Mächte durch die Kraft der Wahrheit und Güte, welche von Jesus, seiner Lehre und Wundertätigkeit ausgegangen war. Mit dieser Einsicht war die Verpflichtung verbunden, die Wirksamkeit ihres Meisters fortzusetzen, getragen von der Zuversicht, daß der Geist Jesu ihnen ebenso die Kraft dazu gebe, wie er ihnen den Sinn dafür aufgeschlossen und die Pflicht zum Bewußtsein gebracht habe. (Mt. 16, 1—8.)

Im Evangelium Lukas wird vom Auferstandenen den Jüngern die alte Lehrwahrheit mit Hilfe der großen Erfahrungen der letzten Tage zur inneren Einsicht gebracht, daß der Messias nach Gottes Ratschluß und der prophetischen Weissagung durch Leiden und Sterben zur Herrlichkeit Gottes eingehen mußte. Darin besteht das Gottesreich hinsichtlich des Hauptes und Vorbildes. Für die Menschheit besteht es in der Lebensgemeinschaft mit diesem messianischen Vorbild und in der Teilnahme an dem geheimnisvollen Abendmahl seines Leidens und Sieges, seines Wortes und seiner Liebe.

Sündenvergebung und Wiedergeburt im Hl. Geiste ist die Gabe des Gottesreiches: sie soll durch die Jünger allen Völkern als die Erfüllung der messianischen Weissagung im Namen Jesu und als die Frucht seines Lehrens und Leidens gebracht werden.

Die Erkenntnis, welche der Auferstandene seinen Jüngern gewährt, damit sie an seiner Auferstehung im Geiste teilnahmen, ist dem Lukasevangelium zufolge vor allem das Verständnis für die sittliche Heilsnotwendigkeit des messianischen Leidens und Kreuzestodes. (Lc. 24, 7. 26. 44—46.). Sie hatten diese Wahrheit öfters von Jesus vernommen, aber sie war ihnen innerlich fremd geblieben. Jetzt, im Lichte der Auferstehungserscheinung, ging sie ihnen auf. Jetzt verstanden sie auch, daß Jesus selbst, sein Wort und Werk, sein Leidensopfer und Vorbild das Gastmahl des Gottesreiches selber sei und gewesen sei. Sie erkannten ihn am Brotbrechen und durch das Verständnis der Weissagungen. (Lc. 24, 30—32. 35.)

Das Heilsgut des Gottesreiches ist nicht die Aufrichtung des Davidsthrones zu politischer Weltherrschaft oder Souveränität, sondern die Sündenvergebung und die Erfüllung mit dem Hl. Geiste. (Lc. 24, 44—49. Act. 1, 3—8.) Der Beruf der Apostel ist damit als Sendung und Salbung gegeben: als Pflicht und Kraft von Gott, allen Völkern die Befreiung von der Sünde und die Wiedergeburt aus dem Hl. Geiste zu verkünden. Wenn darin das Gottesreich besteht, so hat Jesus sein Werk vollbracht, und es obliegt seinen Jüngern, die Frucht seines Lebens, Lehrens und Leidens der Menschheit zu bringen.

Das große Sendungswort des Auferstandenen, mit dem das Matthäusevangelium schließt, bewirkte, daß die Jünger ihren dreifachen Beruf als Pflicht und Kraft im Hl. Geiste erkannten. Der Inhalt ihres Berufes ist das Gottesreich: es besteht in der Erkenntnis Gottes als Vater, Sohn und Geist, in der Wiedergeburt für ihn, durch ihn und aus ihm und in der tatkräftigen Gottverähnlichung. Indem die Kirche diese dreifache Aufgabe als Heilsanstalt, und indem die Menschheit dieselbe als ihren Lebensinhalt vollbringt, ist der Auf-

34*

erstandene mit seiner Gottesherrlichkeit bei den Seinen auf Erden bis ans Ende
der Zeiten. (Mt. 28, 18—20.) Das Wesen des Gottesreiches ging in dieser
dreifachen Bestimmung dem Geiste der Apostel auf. »Der Hl. Geist wird euch
an alles erinnern, was ich euch gesagt habe.« (Joh. 14, 26.)

Die Erscheinungen des Auferstandenen, wie sie das Johannesevangelium
schildert, dienen demselben hohen Zweck. Maria Magdalena empfängt die
Mahnung, die Lebensgemeinschaft mit Jesus nicht in äußerlicher Berührung
zu suchen, sondern im Geist und in der Wahrheit. Sie soll den Jüngern die
Botschaft bringen und mit ihnen daraus das Geheimnis des Gottesreichs erkennen: »Ich steige empor zu meinem Vater und eurem Vater, zu meinem
Gott und zu eurem Gott.« (Joh. 20, 17.) Der Auferstandene gehört der Lebensgemeinschaft mit Gott. Alles Heil des Gottesreiches liegt darin, daß es dem
Menschen die Lebensrichtung zu Gott hin gibt. Herausgearbeitet aus dem
Zusammenhang mit den irdischen Gütern durch die inneren Anstrengungen, die
äußeren Schicksale und Erfahrungen reift die Seele, die Kirche, die solidarisch
für das Reich der Gerechtigkeit und Liebe verpflichtete Menschheit dem Leben
unmittelbarer Beschäftigung mit Gott, dem Alleinguten, entgegen. Die sittlich-
religiöse Vollendung nimmt die Seele aus dem Zusammenhang mit der Welt
und hebt sie in die Gottesgemeinschaft hinauf. Der Auferstandene kehrt nicht
in die Welt zurück; er sucht die Herrlichkeit seines eigenen Lebens nicht in
der Welt, sondern bei Gott. Dem Haupte haben die Glieder zu folgen, dem
Meister die Jünger. Damit ist im Vorbild des Auferstandenen das Wesen des
Gottesreiches enthüllt: es besteht nicht in weltlicher Herrlichkeit, sondern in
der Richtung zu Gott als dem Vater hin.

Die Erscheinung an die Jünger bringt ihnen durch das Lehrwort unter
anderem Gesichtspunkt das Verständnis des Gottesreiches, des Werkes Jesu
und ihres Berufes. »Friede sei mit euch! Wie mich der Vater gesandt hat,
so sende ich euch. Empfanget den Hl. Geist! Welchen ihr die Sünden nach-
lasset, denen sind sie nachgelassen; welchen ihr sie behaltet, denen sind sie behalten.« (Joh. 20, 21—23.)

Das Reich Gottes ist die Befreiung von Sünde durch die Kraft des Heil.
Geistes. Der Geist Gottes ist die Güte und Liebe; er will und wirkt die Erlösung vom Bösen und die Erfüllung mit dem Guten. Keine Schranke engt
diesen Heilswillen ein. Aber Gottes Geist ist ebenso Heiligkeit, Wahrheit und
Gerechtigkeit: darum ist die erste Kundgebung desselben die Forderung des
Guten, die innere und äußere Verpflichtung zur Vollkommenheit bis in die
innerste Gesinnung hinein und bis zur schwersten Erprobung im Kampf. Darum
lautet die erste Forderung des kommenden Gottesreiches: »Tut Buße und
glaubet an die Frohbotschaft!« (Mt. 1, 15.) Das Heilsgut muß mit freiem
Willen aufgenommen, das Böse mit ernster Buße ausgestoßen werden: dann
ist die zweite Wirkung des Heilswillens bereit: Sündenvergebung. Die Güte
des Vaters ist keine Nachsicht gegen die sittliche Bosheit und Schwäche, sondern die unerbittliche Forderung ihrer Heilung. Darum müssen den einen die
Sünden vergeben, den Unbußfertigen hingegen behalten werden: nicht obgleich
Gott alle erlösen will, sondern weil er alle erlösen will. Darum war Jesu
eigenes Wirken als Gesandter des Vaters in der Kraft des göttlichen Geistes

die Predigt der höchsten Vollkommenheit in der Bergpredigt einerseits, die erbarmende Hingabe an alle vom Bösen Gefährdeten anderseits: der Geist der heiligsten Strenge in der Sache und der mitleidigen Güte gegenüber den Personen, sobald sie das Übel als Übel erkennen. Darin besteht das Gottesreich, wie es Jesus im Leben und Sterben gebracht hat: sein Erbgut, das er den Jüngern vermacht, ist die Sendung zur Fortsetzung seines Werkes vom Vater und die Salbung mit dem Hl. Geiste.

Der Glaube, durch den die Jünger das Gottesreich und ihren Beruf für dasselbe als das Erbe des Auferstandenen erfassen, soll nicht von unten her begründet sein, sondern von oben her, durch die Überzeugungskraft, welche der ewigen Wahrheit des Göttlichen selber innewohnt, und durch die Verpflichtung, mit welcher sich der unendliche Wert des Göttlichen selber im Gewissen geltend macht, sobald es nur einmal in seinem eigensten Wesen erkannt ist. »Selig sind, die nicht sehen und doch glauben.« (Joh. 2, 26—29.) Aus dem, was Jesus gelehrt und gewirkt hat, was er als sein eigenstes Geheimnis in Lehre und Leiden enthüllt hat, ergibt sich dann das Bekenntnis des Thomas: »Mein Herr und mein Gott!«

Der Eifer des Apostolates im Glauben an das göttliche Heilsgut wird belohnt durch die Anziehungskraft, die es auf alle Völker (die 153 Fische) ausübt. Und doch behauptet sich das Gottesreich in seiner göttlichen Eigenart. Das ist der Beweis seiner göttlichen Herrlichkeit, auch wenn es keine Weltherrschaft nach Art der jüdischen Messiashoffnung bringt, vielmehr unter dem Druck der Verfolgung leiden muß. Es lebt von dem Brot Gottes, vom Gastmahl des ewigen Lebens, von Christus, dem in der Leidensglut für die Menschheit bereiteten Brandopfer der Liebe. »Die Worte, die ich zu euch geredet, sind Geist und Leben.« (Joh. 6, 64; 21, 1—14.)

Das Gastmahl der Wahrheit und Liebe, das Jesus im Leben und Leiden, im Wort, Verdienst und Sakrament den Jüngern bereitet hat, ist das Gottesreich. Man darf keine äußere Macht und Herrlichkeit erwarten. Das Gastmahl des Reiches ist der Genuß Jesu als des lebendigen Brotes Gottes. »Der Mensch lebt nicht vom (irdischen) Brote allein, sondern von jedem Worte, das aus dem Munde Gottes hervorgeht.«

Die Aufopferung und Hingabe, durch welche Jesus als Gottmensch das Lebensbrot der Menschheit wurde, soll in den Jüngern und dem Hirtenamt des Petrus insbesondere fortdauern. Dann ist das Gottesreich auf Erden, obgleich der Messias nicht in sichtbarer Herrlichkeit da ist. Er ist in der Liebe zu den Seelen da, welche die Herde zur göttlichen Lebensnahrung auf die Weide der Wahrheit und Gnade führt. (Joh. 21, 15—17.)

Das Gottesreich und sein Gründer sind da, ob die Vorsehung zum äußeren Lebenskampf bis zum Tod des Märtyrers führt, oder ob sie will, daß der Mensch in Geduld ausharre als pflichtbewußter und treuer Knecht, »bis der Herr kommt«. (Joh. 21, 18—23.) Nicht das Äußere entscheidet, das Innere ist allein wichtig: die Gottangehörigkeit mit allen Kräften. Das ist das Geheimnis des Gottesreiches, das sich in die ewige Gottesgemeinschaft vollenden soll. Mit der Person des Meisters gelangte in den Worten des Auferstandenen auch dessen frühere Lehre vom Gottesreich, welche vorher im wesentlichen unverstanden geblieben war, im Geiste der Jünger zur Auferstehung. Pfingsten vollendete, was die Lehrworte des Auferstandenen im einzelnen an Grundsteinen des Gottesreiches legten.

§ 5. Die Entstehung des zweiten Apostelkreises und das Zeugnis des Apostels Paulus.

1. Das zweite große Ereignis von welt- und religionsgeschichtlicher Bedeutung in der Zeit nach Jesu Kreuzestod ist die Entstehung eines zweiten Apostel- und Jüngerkreises, der den Gegensatz zum Judentum schärfer betonte, sowie die Geistigkeit der Gottesverehrung und die Allgemeinheit des Heilsratschlusses grundsätzlich in den Vordergrund rückte und so die Loslösung vom Kultus- und Ritualgesetz, vom Hohen Rat und Hohenpriestertum, und damit von der hierarchischen Theokratie und der Nationalzugehörigkeit Israels in die Wege leitete. Geist und Welteroberung durch die Macht des Geistes war der Grundgedanke dieses zweiten Jüngerkreises.

Als die erste Geistesmacht erschien die helfende Liebe, die soziale Fürsorge, die solidarische Verpflichtung der Gesamtheit für das Heil aller in der Zeit wie in der Ewigkeit, wofür Barnabas das Vorbild gegeben zu haben scheint. Stephanus stellte aus dem Evangelium Jesu gerade das heraus, daß es die Gottesgemeinschaft von allen Zusammenhängen befreit habe, welche zu fatalistischen Einschränkungen und magischen Verunstaltungen führen können. Philippus überschritt zuerst die Schranke, welche Samaria in religiöser Beziehung von Juda trennte, und ist der Typus der ersten Heidenmission. In Paulus vereinigten sich alle diese Richtungen zu einzigartiger Kraft und Größe und vollzogen die geistige Welteroberung für das messianische Gottesreich.

Es mag dahingestellt sein, ob alle diese Männer, welche neben dem Kreis der Urapostel den zweiten Jüngerkreis bilden und in Barnabas und Paulus schließlich in aller Form das Apostolat für die Heiden darstellen, erst nach dem Tode Jesu zur Jüngerschaft Jesu gelangt sind, wie der Pharisäer Saul. Von Paulus gilt jedenfalls und wohl nicht von ihm allein: Diese gelehrten und überzeugten Eiferer für Gesetz und Überlieferung, für die Autorität und Göttlichkeit der Tempelreligion, für die alleinseligmachende Kraft des Ritus und Kultus, sowie die israelitischen Gottesvolkszugehörigkeit hätten sich unmöglich zum Glauben an Jesus als den Messias und an seine Auferstehung vom Tode bekehren lassen, wenn von seiten der Tempelhierarchie und des Hohen Rates eine entscheidende Tatsache gegen die öffentliche Behauptung der Urapostel von der Auferstehung Jesu hätte geltend gemacht werden können. Gerade Saul, der Schüler Gamaliels und begeisterte Pharisäer, stand im unmittelbaren Zusammenhang mit den hierarchischen Autoritäten Jerusalems. Er mußte alles wissen und im strengsten Vollgewicht empfinden, was der Behauptung von der Auferstehung Jesu entgegengestellt werden konnte. Da die Zeit zwischen dem Tode Jesu und dem Beginn der urapostolischen Lehrverkündigung (an Pfingsten) einerseits und der Bekehrung Pauli nur kurz ist, so war auch der Tatbestand bezüglich des leeren Grabes nicht schwer festzustellen.

Der Besitzer des Grabes Jesu, Joseph von Arimathäa, war zudem Mitglied des Synedriums. Der Hohe Rat konnte es unmöglich übersehen, den Tatbestand bezüglich des Grabes Jesu festzustellen, auch dann nicht, wenn die Behauptung der Jünger von der Auferstehung Jesu im Anfang nicht mit ausdrücklicher Betonung der leiblichen Wiederbelebung auftrat, sondern nur so, wie Paulus dieselbe in seinen Briefen vertritt. Denn unter Auferstehung verstand man tatsächlich die leibliche Wiederbelebung. Dabei ging die Neigung der Pharisäer eher dahin, die Gleichartigkeit und Körperlichkeit des Auferstehungsleibes möglichst derb zu fassen. (Lc. 20, 34—36.)

Diese Beweisführung wird nicht in Frage gestellt durch den Hinweis, daß auch von Johannes dem Täufer behauptet wurde, er sei von den Toten auferstanden und in Jesus wundertätig geworden. (Mc. 6, 14—16.) Trotzdem habe niemand nach seinem Leichnam Nachforschungen angestellt. — Allein dort hatte die Behauptung der Auferstehung keine solche Bedeutung für die Religion und für die verantwortliche Autorität, den Hohen Rat, wie bei Jesus. Der Hohe Rat empfand dies sehr wohl, wie aus Act. 5, 28 erhellt.

Wenn für die Urapostel das Leben bereits auf Jesus aufgebaut war, ehe die Katastrophe der Kreuzigung eintrat und sie darum etwa den Bruch mit ihren Hoffnungen durch den Trost der Auferstehung vermeiden konnten, so war der Pharisäer Saul nicht nur frei von dieser Zwangslage, sondern er erblickte in der Verurteilung Jesu eine ganz gerechte und für das Seelenheil des Volkes notwendige Maßregel. Was sollte ihn veranlaßt haben,

sich zu diesem Verurteilten zu bekehren, der ihm im Leben nichts
gewesen war? Es muß in der Haltung des Hohen Rates der
Auferstehungslehre der Urapostel gegenüber etwas gelegen gewesen sein, was geeignet war, ernstdenkende Geister bedenklich
zu stimmen. Es muß darin mindestens eine Verlegenheit wahrnehmbar gewesen sein, die man nur so lang als belanglos übersehen konnte, als die eigene Glaubensbegeisterung das Denken
völlig gefangennahm.

2. Der Inhalt der Christuserscheinung, durch welche Paulus
bekehrt wurde, ist sehr strittig. Mit Unrecht wird der Schwerpunkt einseitig in den sinnlichen Lichtglanz und die hörbaren
Laute verlegt. Mit Unrecht wird infolgedessen aus der Verschiedenheit der Worte Jesu in den drei bezw. vier Berichten
über den Vorgang gefolgert, daß dieselben eine ungeschichtliche
Ausschmückung des Evangelisten seien. Wenn die dem Geiste
Pauli aufgehende Erkenntnis die Hauptfolge der Erscheinung war,
und ihm vor allem das geistige Wesen oder die messianische
Bedeutung Jesu gegenübertrat, so ist es ganz verständlich, daß
Paulus selbst diese ihm gewordene Offenbarungserkenntnis in verschiedener Wortfassung ausdrücken konnte. Die Worte der Chri-
stuserscheinungen sind darum auch für Paulus grundlegend und
sagen uns, was ihm in der Erscheinung Jesu enthüllt worden ist.
In Gal. 1, 11—16 berichtet der Apostel keine Worte, die an ihn
ergangen seien: aber mit der Erkenntnis des Gottessohnes sei die
Verpflichtung zur Heidenmission verbunden gewesen. Jesus erschien ihm als der Heiland und Messias für alle, also als Messias
der Seelen. So ist es in den Zwiegesprächen des Bekehrungs-
berichtes Act. 9. ausgelegt. Der in Damaskus sehend gewordene
Paulus erkennt Jesum als den Sohn Gottes; er erkennt, daß das
Heilsgut dieses Messias die Erfüllung der Seele mit dem Hl. Geiste
sei; damit ist die Folge gegeben, daß das Gottesreich zu allen
Völkern gebracht werden müsse und daß diese Pflicht trotz aller
Leiden und Mühsale auch den Paulus rufe. Mit dem geistigen
Gottesreich sind die Mühen und Opfer der Glaubensboten als un-
trennbare Folgen verknüpft; denn das geistige Gottesreich erregt
die sinnlich-natürliche Neigung nicht. (Act. 9, 5—22.) Aus der
Darstellung geht hervor, daß Saul schon vorher innere Kämpfe
durchmachte (9, 5; 25, 14) und daß ihm die volle Klarheit im

obigen Umfang erst in Damaskus bei Ananias, später in der Wüste und zuletzt bei Petrus zuteil wurde.

Der Bericht Act. 22 gibt in v. 18—21 vermittelnde Gedankenglieder, welche den Zusammenhang zwischen der Erkenntnis Jesu als des Messias und der Heidenpredigt in der Seele des Neubekehrten herstellen. Das Wesen des Gottesreiches ging ihm in dem Worte Christi auf: »Ich bin dir darum erschienen, um dich zum Diener und Zeugen dessen zu machen, was du gesehen hast und was ich dir noch offenbaren werde. Ich will dich aus dem Volk und den Heiden retten, zu denen ich dich jetzt sende, um ihnen die Augen zu öffnen, damit sie sich von der Finsternis zum Licht, von der Gewalt Satans zu Gott bekehren und durch den Glauben an mich Sündenvergebung und das Erbteil mit den Geheiligten erlangen.« (Act. 26, 16—18.) Das war der Inhalt der Christuserscheinung, welche dem Paulus zuteil wurde.

Was den Pharisäer Saul in besondere Aufregung versetzt und zum Antrag einer eigentlichen Verfolgung mit Zwangsmitteln angetrieben hatte, waren die Grundsätze, durch welche Stephanus den schroffen Gegensatz des Evangeliums zum Pharisäismus aussprach. Der erste dieser Grundsätze verkündigte den geistigen Tempelbau: das Wesen der Heilsreligion ist die Einwohnung Gottes in der Seele, nicht in äußeren Heiligtümern. Daraus ergab sich als zweiter Grundsatz die Gottesgemeinschaft im Geist und in der Wahrheit. Die Religion im Geist und in der Wahrheit läßt sich indes nicht auf die jüdisch-israelitische Nation beschränken und an den gesetzlichen Ritus des Tempels binden. Sie fordert geistig-sittliche Betätigung der Lebensgemeinschaft mit Gott und schließt die politische Gewaltherrschaft eines Volkes, auch des Volkes Israel oder der Gläubigen über die übrigen Völker ebenso aus, wie die Gewaltmittel der Ausbreitung überhaupt, nämlich den Zwang von oben und den Druck der Massen von unten, wie sie gegen Jesus in Bewegung getreten waren.

Die nächste Wirkung der Rede des Stephanus auf Saul war zunächst die Teilnahme an seiner Hinrichtung, sodann die Anrufung der Gewalt gegen die persönliche Überzeugung, durch den Zwang von oben und die Aufregung der Massen. (Act. 6, 11; 7, 56—8, 3; 9, 1. 2.) So wirkte der pharisäische Gottes- und Religionsbegriff sein innerstes Wesen in der Zwangsgewalt der Unterdrückung aus. Die Christenheit antwortete mit Opfergeduld und dem Entschluß der Glaubensverbreitung bei den Heiden. (Act. 8, 4 sq.; 11, 19—26.) In der Rede des Stephanus trat der Grundsatz scharf hervor, das Evangelium müsse vom Zusammenhang mit der jüdischen Nation und dem jüdischen Ritualgesetz getrennt werden. Dieser Zusammenhang des Göttlichen mit Äußerlichem war der Grund, warum man im eigenen Innern trotz alles

Religionseifers und aller Zwangsgewalt über andere dem Heiligen Geiste widerstrebte, also den Geist der Religion selbst verleugnete.

So gewaltig die Aufregung war, welche die Grundsätze eines Stephanus in dem gesetzeseifrigen Pharisäer hervorrief, sie ließen ihn ebendeshalb nicht mehr los. Dazu kam die Beobachtung der geistigen Überzeugungsmacht bei den Verfolgten, der Geist weitherziger Glaubensausbreitung, wie sie Philippus und andere aus eigenem Eifer, ohne ein Vorbild oder einen Auftrag von den Aposteln zu haben, übten. (Act. 8. 11, 19—29.) Auch die andere Tatsache, welche mit dem zweiten Jüngerkreis, besonders Barnabas, eng verbunden ist, konnte dem Christenverfolger nicht verborgen bleiben: die uneigennützige Nächstenliebe und planmäßige Fürsorge für die Notleidenden. Auch mit der von ihm erregten Verfolgung war wie eine Erweckung des Glaubensgeistes zum Universalismus so der helfenden Liebe verbunden, wie nach dem ersten Pfingstfeste. (Act. 11, 27—30.) Wo der Hl. Geist im Glauben wirkt, wächst immer die Liebe an Kraft, Hochherzigkeit und Ausdehnung. Es ist ein großer Ruhmestitel des Christentums und ein Beweis, daß wirklich eine Gotteskraft an Pfingsten in der Jüngerschaft heimisch geworden war, daß die erste Frucht die Idee des Diakonates der Liebe war, in engster Einheit mit dem Evangelistendienst des Glaubens. Der Glaube wird als Wort der Wahrheit erwiesen, indem er sich als Quellgrund der Liebe erweist. Evangelist der Wahrheit kann nur sein, wer mit Stephanus und Philippus Diakon der Liebe wird. Göttlicher Geist und Universalismus gehen miteinander. Mit Recht urteilt Rénan, die Idee des Diakonates sei eine der Großtaten in der Weltgeschichte gewesen. In all dem trat das Neue des Geistes Jesu zunächst in empfindlichen Gegensatz zum Alten und Herrschenden: aber es erprobte an ihm trotz aller Gewaltmaßregeln die Überlegenheit der inneren Überzeugungskraft über alle äußere Macht.

Alles das trat dem gewalttätigen Gesetzeseiferer Saul vor die Seele und rang in ihr mit dem Gottesbegriff, der ihn beherrschte und zum Verfolger Jesu machte. Es ist von Wichtigkeit, festzustellen, daß die großen Ideen der helfenden Bruderliebe als solidarischer Verpflichtung der Gesamtheit zu planmäßiger Fürsorge für die Herbeiführung vollkommener Lebensverhältnisse, die des messianischen Friedensreiches, der Religion im Geist und in der

Wahrheit, des Gottesbegriffs, der sich nicht an Israel und den Tempel binden läßt, der mutigen Initiative zur Glaubensverkündigung an die Heiden aus eigenem Pflichtgefühl, also des Universalismus, schon vor Paulus in der Urchristenheit lebendig und im zweiten Jüngerkreise ausgeprägt waren. Nicht Paulus ist es, der dem Christentum diese Gedanken gebracht hat, sondern diese Gedanken haben ihn zuerst in seinem überlieferten Glaubensideal angegriffen und aufgeregt und endlich mit Gottes Gnadenkraft zu Jesus hingezogen.

Ebenso ist es mit der Auferstehung. Nicht die Vision Pauli ist der Ursprung des Auferstehungsglaubens, nicht Paulus hat aus seiner Bekehrung die Auferstehung und Lebensmacht Jesu erschlossen und damit dem Christentum den Glauben an den Auferstandenen gegeben, sondern die geistige Überzeugungsmacht des Auferstandenen und der urchristlichen Auferstehungsbotschaft hat den Verfolger zum Jünger gemacht. Natürlich war ihm Jesus und sein Evangelium nicht irgend ein Gekreuzigter und irgend ein Glaube: sondern der in bestimmter Geistesherrlichkeit des Gottesreiches in Tat und Tod, in Wort und Geist, in Person und Jüngerschaft offenbare Jesus. Der Name Jesu war ihm eine Weisheit und Kraft von ganz bestimmtem Inhalt. Mit dieser Weisheit und Kraft hatte er lange als einem Ärgernis und einer Torheit gerungen — bis er schließlich erkannte, daß sie nicht Finsternis, sondern Licht, nicht Satan, sondern Gott sei. Nicht eine krankhafte Erschütterung infolge epileptischer und visionärer Anlage wurde von dem Bekehrten als Auferstehungserscheinung gedeutet und dem Christentum vermacht, sondern die geistige Überzeugungskraft des Evangeliums Jesu und seiner Auferstehung hat den gegen die Wahrheit lange ankämpfenden Geist schließlich überwältigt im Gnadenwunder von Damaskus.

3. Zur Aufklärung dienen für die grundlegende Erkenntnis, die in Pauli Bekehrung wirksam war, seine Worte (Rom. 1, 1—16; 15, 16): »Gott hat mir die Gnade anvertraut, daß ich Jesu Christi Diener an die Heiden und Priester des Evangeliums Gottes bin, damit die Heiden als angenehmes und vom Hl. Geist geweihtes Opfer Gott dargebracht werden.« (Hierzu 15, 17—21.) »Ich weiß und bin durch den Herrn Jesum Christum fest überzeugt, daß nichts aus sich unrein ist; nur demjenigen, der es für unrein hält, für den ist es unrein.« »Das Reich Gottes besteht nicht in Essen und Trinken, sondern es ist Gerechtigkeit, Freude und Friede im Hl. Geiste.« (14, 14. 17; 8, 1—4.)

Was dem Apostel als neue Erkenntnis in der Christuserscheinung aufgegangen ist, sagt uns sein tiefempfundenes Wort, bei dem er auch seine eigene frühere Sehnsucht nach äußerem Triumph des Messiasreiches im Auge hat: »Was kein Auge gesehen, kein Ohr gehört und in kein Herz gedrungen, hat Gott denen bereitet, die ihn lieben. Uns aber hat es Gott geoffenbart durch seinen Geist: denn der Geist erforscht alles, auch die Tiefen der Gottheit.« (1 Cor. 2, 9. 10.) Das Reich Gottes ist Glaube, Hoffnung und Liebe. (1 Cor. 13.) Einwohnung des Hl. Geistes. (2 Cor. 6, 6.) Das Gottesreich ist die Gemeinschaft mit Jesus und die Erfüllung mit dem Hl. Geiste. (2 Cor. 11, 4; 13, 13.) Es ist die Erprobung der Kraft Gottes in dem Kampf mit der sinnlichen Schwäche und Selbstsucht. (2 Cor. 12, 9; 13, 4; Gal. 3, 2—5; 14.) Die Herrlichkeit des Gottesreiches ist ihm damals aufgegangen als der unmittelbare Zusammenschluß Gottes mit seinem Geschöpf als des Vaters mit seinem Kinde, um Gott selbst, nicht die Gaben der Macht Gottes als Erbteil und Lebensinhalt zu gewinnen. Die Herrlichkeit des Gottesreiches erschien ihm von dort an in der allumfassenden Liebe, die allen Völkern und allen Seelen das Heil bringen will. Staunend steht der Apostel vor dieser Herrlichkeit des Gottesreiches, die seinem pharisäischen Gottesbegriff und Bildungsgang ganz entgegengesetzt war. (Rom. 11. Eph. 1, 9; 3, 1—12. Col. 1, 26. 27. 1 Tim. 2, 4.) Der Pharisäismus war vom höchsten Eifer der Glaubensverbreitung erfüllt und scheute kein Opfer, um Proselyten zu machen. (Mt. 23, 15.) Allein der Universalismus des Apostels war anderer Art: er wußte wohl, daß gerade der Eifer der Seelenrettung von dem Gottesbegriff einer fatalistischen Heilsordnung getragen sein kann. Das Gottesreich ist als Heilsanstalt der Tempel des Hl. Geistes mit vielen Ämtern und Gewalten, der Leib Christi mit vielen Gliedern, beseelt von der Liebe, die jedem und dem Ganzen zu helfen sich verpflichtet fühlt. Die Christuserscheinung gab dem Apostel den Anstoß, das Reich Gottes als kirchliche Gemeinschaft zu denken, um durch die wechselseitige Dienstleistung die Glieder des Leibes Christi zur Teilnahme der Auferstehung zu bringen. (1 Cor. 12, 14. 2 Cor. 2. 3. Eph. 1—6, insb. 4. 1 Tim. 3, 15.) Die Kirche hat Jesum zu verkünden und die Gabe des Hl. Geistes zu senden. (2 Cor. 11, 4.) Sie ist selbst die Errungenschaft des Opfers Christi. (Eph. 5, 25—30.) Die Aufgabe geht wegen ihrer Größe über die unmittelbare Seelsorge der Kirche hinaus und fordert eine Entwicklung zur vollen Vergöttlichung dieser irdischen Welt durch die Erfüllung jener solidarischen Verpflichtung, die alle zu Gliedern des Leibes Christi, des stellvertretenden Versöhners macht. Aber nicht nur die Menschenwelt, sondern auch die Schöpfung: denn nicht bloß die Menschheit, sondern auch die Natur seufzt unter dem Fluch der Vergänglichkeit und Entgöttlichung. (Rom. 8. 1 Cor. 15. 2 Cor. 4. 5. 9.)

Die Freiheit ist der Geist der neuen Bundesgemeinschaft: aber die Freiheit zum Erbauen, nicht zum Zerstören. »Dienet einander in der Liebe des Hl. Geistes. Denn das ganze Gesetz ist in dem einen Gebote beschlossen: Du sollst deinen Nächsten lieben wie dich selbst!« (Gal. 5, 13—26; 6, 6—10.) Die Freiheit vom Gesetze ist nur möglich, wenn die Erfüllung mit dem Geiste Gottes zu freier Pflichterfüllung und Kulturarbeit die Gesetzesherrschaft entbehrlich gemacht hat. (Gal. 5, 18.) Das höchste Ziel ist das Reich Gottes als unmittelbare Lebensgemeinschaft mit Gott. (1 Cor. 13; 2 Cor. 3, 17. 18; 5, 6; 6, 16 – 18.)

Der neue Mensch, der Gott zum Lebensinhalt hat, muß als Auferstehungsmensch aus dem Erdenmenschen allmählich herauswachsen. »Wenn Christus auch als schwacher Mensch gekreuzigt wurde, so lebt er doch durch Gottes Kraft. So leiden auch wir um seinetwillen, werden aber auch mit ihm leben durch Gottes Kraft.« (2 Cor. 13, 4; 5, 1—8. Eph. 4. Phil. 3, 20. 21. Col. 3, 1—4. 1 Thess. 4, 16.)

Das Reich Gottes in der Menschheit und in der Gesamtvollendung ist die Verklärung der Menschen- und Naturwelt mit äußerer Herrlichkeit; allein von innen heraus. Es ist staunenerregend, wie der Apostel Paulus auch in seinen apokalyptischen Schilderungen der Ankunft des Messiaskönigs den geistig-sittlichen Grundcharakter des Gottesreiches gewahrt hat. Das alles ist ihm durch die Christuserscheinung seiner Bekehrung innerlich aufgegangen und zur neuen Lebenskraft geworden, mit dem ausdrücklichen Bewußtsein, daß Jesus diese Wahrheitsoffenbarung der Liebe Gottes in Lehre und Tod vertreten hat und daß sie von ihm stammt.

Das Gottesreich ist das Leben Jesu mit seinem Gegensatz von Kreuzesbaum und Auferstehungsfrucht in der Menschenseele, in der Kirche, in der Menschheit, in der Schöpfung. (Gal. 2, 20; 3, 26—4, 7. Phil. 1, 21—26; 2, 5—17; 3, 3—14. Eph. 4. Col. 2. 3. 1 Thess. 4, 1—8.)

Das Gottesreich in der Seele ist die Gotteskindschaft als der Samenkeim zur Gotteserbschaft. (Gal. 4, 4—7.)

Die Gesetzesherrschaft weicht dem Gottesreiche, weil der Gegensatz von Autorität und Unterwerfung nicht mehr notwendig ist, wenn die Interessengemeinschaft von Gott und Seele erkannt wird. »Ihr steht nicht mehr unter dem Gesetz, wenn ihr euch vom Hl. Geiste leiten lasset.« (Gal. 5, 18.)

Das Reich Gottes in der Seele ist das Leben aus der Erkenntnis, daß zwischen Gott und der Seele kein Interessengegensatz, sondern Interessengemeinschaft bestehe. Das kommt in den Früchten des Hl. Geistes zur Offenbarung. (Gal. 5, 22. 23.)

Darin besteht »das Geheimnis Gottes des Vaters und Christi, in dem alle Schätze der Weisheit und Wissenschaft verborgen sind«. In der Bekehrungserscheinung ist dem Apostel der Gottesbegriff des Evangeliums aufgegangen. (Col. 2, 2. 3; 3, 8—13 als Erklärung zu Mt. 5, 45—48. Lc. 6, 27—36.)

Wenn die fanatisch-nationale Messiashoffnung des pharisäischen Judentums als der Gegensatz ins Auge gefaßt wird, den Paulus in seiner Bekehrung überwunden hat, so ist es verständlich, daß ihm der Auferstandene das Geheimnis des Vater-Gottes und seines Gesalbten als eine völlig neue Wahrheit enthüllt hat. Es war in der Tat ein ganz neuer Lebensgrund (1 Cor. 3, 11); es war eine Umwertung aller Werte. (Phil. 3, 7—9.)

Diese Umwertung vollzog sich von der Welt zu Gott, vom Weltlichen in der Religion zum Geist und der Wahrheit, von der Enge der neidischen Selbstsucht zur allumfassenden Liebe des universalen Gottesreiches. Nur die Spur der Überwindung von jenen Vorstellungen ist bei Paulus geblieben, welche für die pharisäische Reichserwartung die Hauptsache waren. Alles geht auf in dem Leben Gottes und seines Christus in der Seele, der Kirche, der Menschheit, der Schöpfung.

4. Der Christusbegriff des Apostels Paulus. — Die Gottes- und Christuserkenntnis des Apostels Paulus ist das große Erlebnis seines geistigen Kampfes und der Rechtsgrund seines Apostolates für die Gesamtheit der Nationen. Gott und sein Messias sind offenbar geworden, um das Heil aller zu wirken. »Das Evangelium, das ich gepredigt habe, stammt nicht von Menschen, sondern von der Offenbarung Jesu Christi.« »Als es dem, der mich vom Mutterleib an erwählt und durch seine Gnade berufen hat, wohlgefiel, mir seinen Sohn zu offenbaren, auf daß ich ihn unter den Völkern verkündigte, da hielt ich nicht Rat mit Fleisch und Blut und zog nicht nach Jerusalem zu denen, die vor mir Apostel waren.« (Gal. 1, 11—20.)

Der Grundbegriff der Messiaserkenntnis Pauli ist unverkennbar das Bild Gottes, wie es ihm in der Auferstehungserscheinung vor Damaskus aufgestrahlt ist und wie es im Buch der Weisheit in seiner religiösen und sittlichen Bedeutung durchgeführt wird. »Er (der Logos der Weisheit und für Paulus der Jesus-Messias) ist ein Abglanz des ewigen Lichtes, ein fleckenloser Spiegel der Majestät Gottes und ein Bild seiner Güte.« (Sap. 7, 26.) Der Anfang dieser Gottes- und Christuserkenntnis galt dem Apostel als das grundlegende geistige Schöpfungswerk, als das große fiat lux des Gottesreiches. »Gott, der durch sein Wort aus der Finsternis das Licht hervorstrahlen ließ, ist in unseren Herzen aufgeleuchtet, zum Licht der Erkenntnis der Herrlichkeit Gottes im Angesicht (oder in der Person) Jesu Christi.« (2 Cor. 4, 6.) Hier ist der psychologische Zusammenhang zwischen dem persönlichen Erlebnis des Apostels und der Ausführung des Weisheitsbuches von dem Bilde Gottes offengelegt. »Bild« ist dasselbe wie »Wort«: der Ausdruck des geistigen Lebens, Denkens und Erkennens, nur das einemal im Anschluß an den Gesichtssinn, das anderemal an den Gehörsinn. Daher hängt das Bild Gottes mit dem Lichtglanz der Herrlichkeit zusammen. Die unmittelbare Denkweise des Orients, welche in dem Sinnlichen das Geistige schaute, wie im Geistigen das Sinnliche, haftete nicht etwa an einem mystischen Licht. Auch bei dem Erlebnis des Paulus ist

jenes Licht gemeint, von dem der Psalmist sagt: »Dein Licht ist
uns eingezeichnet, und in deinem Lichte werden wir das Licht
schauen.« »Erhebe dich, Jerusalem, und werde Licht, denn Gott
ist als Licht über dir aufgegangen.« (Jes. 60.)

Diese Licht-Herrlichkeit der Offenbarung und des Evangeliums stand dem
Apostel vor der Seele, als er 2 Cor. 3. 4 niederschrieb: es war das Licht der
Wahrheits- und Gedankenfülle, nicht irgend welcher geheimnisvollen Gesichts-
erregung, jener Reichtum des geistigen Innenlebens, der in Sap. 6—9, Prov. 8.
so ergreifend geschildert ist und dem Bilde Gottes für Paulus seinen Inhalt
und zugleich seinen Zusammenhang mit der Gedankenfülle der Lehrweisheit
Jesu gab. Durch dieses Licht ist der Apostel bekehrt und umgewandelt
worden, wie er 2 Cor. 3. von der eigenen Erfahrung aus schildert. Jesus war
ihm darum als der Auferstandene nicht eine geistig inhaltleere Lichtgestalt,
sondern mit dem ganzen Gedankengehalt seines Evangeliums überzeugend
gegenübergetreten.

Das ist »das leuchtende Evangelium der Herrlichkeit des Christus, der
da ist das Ebenbild Gottes«. (2 Cor. 4, 4.) Er nennt Christus »Gottes
Kraft und Gottes Weisheit«, »Herr der Herrlichkeit« im Hinweis auf die durch
ihn empfangene Erkenntnisfülle. (1 Cor. 1, 24; 2, 6—16.) Im Prolog des
Hebräerbriefes ist dieser paulinische Christusbegriff im Zusammenhang mit dem
Weisheitsbuch zum Ausgangspunkt der Darlegung genommen. Der Sohn,
nämlich Jesus, ist »der Abglanz seiner Herrlichkeit und der Ausdruck seines
Wesens, der alle Dinge trägt durch das Wort seiner Kraft«. (Hebr. 1, 3.)

Das Bild Gottes und infolgedessen Christus hat dem Begriff Pauli zufolge eine weltschöpferische Bedeutung. Die erste grundlegende Wirksamkeit inbezug auf die Schöpfung ist die Begründung im Wesen und Dasein,
die Erschaffung. Das Bild Gottes als Urbild aller Vollkommenheit und als
lebendige Kunst aller Gestaltung (Prov. 8. Sap. 7—10. Sir. 1, 24) ist das Prinzip
der Wesensgestaltung im Schöpfungsplan. Erschaffen heißt durch Denken
und Wollen allein und voraussetzungslos die Welt hervorbringen und restlos
erklären. Folglich ist der innere Ausdruck oder das Gedankenbild (= Idee)
Gottes der Mittler aller schöpferischen Wirkursächlichkeit Gottes. Der Schöpfer
bringt alles geistig hervor — nämlich durch sein Gedankenbild, seinen Weltplan, sein Wort oder seinen Sohn.

Die schöpferische Hervorbringung der Welt ist indes nicht nur wirk-
ursächlich, sondern auch zweckursächlich. Die geistige Ursache wirkt zu einem
bestimmten Zweck. Dieser Zweck kann kein anderer sein als die Vollkommenheit, welche im ewigen Schöpfungsplan ideal ausgeprägt ist, in dem Werke
selbst, wie es in eigenem Dasein zeitlich besteht, zu verwirklichen. Folglich
ist das Gedankenbild des Schöpfers der Endzweck, zu dem alles geschaffen ist
und zu dem die Entwicklung des Schöpfungswerkes in der unübersehbaren
Fülle der Zeiten und Schöpfungsperioden hinstrebt. Das Bild Gottes, welches
zugleich den Schöpfungsplan mit darstellt, ist auch in zweckursächlicher Hinsicht
der Endzweck der Schöpfung, zu dem hin alles geschaffen ist und sich unter

der Leitung der göttlichen Weltregierung entwickelt — kraft des die ganze Schöpfung durchdringenden und belebenden Gottesgeistes.

Das Grundgesetz der Welt ist in jeder Hinsicht das Ebenbild Gottes, die Verähnlichung mit ihrem Schöpfer und Urbild. Denn der Schöpfungsplan ist selbst ein Bild des Bildes, ein Abbild der eigenen Vollkommenheit Gottes, ein Plan und Weg, um die endliche Natur und den endlichen Geist zur Ähnlichkeit mit dem Unendlichen zu berufen, zu verpflichten, zu erwecken und zu befruchten. Was als Form der Wirkursächlichkeit maßgebendes Gesetz der Gottverähnlichung und dadurch Mittler der Schöpfung ist, ist als Endzweck die Vereinigung und Lebensgemeinschaft mit Gott, wieder nach dem Bilde jener Weisheit, die von Ewigkeit her in der Lebensgemeinschaft Gottes von Prov. 8. Sap. 8, 3. 4. Sir. 1. 24. geschildert wird.

Die absolute und voraussetzungslose und überweltliche Mittlerwürde der Schöpfung kommt dem Bilde Gottes nur zu, insofern es Gott von Gott und ewiger Hervorgang in Gott selber ist. Allein der Messias als Menschensohn nimmt an dieser Würde so weit teil, als es seine Zugehörigkeit zur Schöpfung erlaubt, deren Haupt und König er ist. Auch vom Gottmenschen Christus gilt, was Paulus vom Bilde Gottes, seiner innergöttlichen Weisheit und Kraft ausführt: »Gott Vater hat uns tüchtig gemacht zum Anteil des Loses der Heiligen im Lichte und hat uns befreit von der Macht der Finsternis und versetzt in das Reich des Sohnes seiner Liebe, in dem wir Erlösung und Sündenvergebung haben, der da ist das Ebenbild des unsichtbaren Gottes, der Erstgeborne aller Schöpfung. Denn in ihm wurde alles geschaffen im Himmel und auf Erden, das Sichtbare und Unsichtbare, Throne, Fürstentümer, Herrschaften, Gewalten: alles ist durch ihn und zu ihm erschaffen und alles besteht in ihm.« (Col. 1, 12—17.) »Ein Gott und Vater, der Schöpfer aller Dinge, zu dem alles ist, und ein Herr Jesus Christus, der Mittler aller Dinge, der auch unser Mittler ist.« (1 Cor. 8, 6. Eph. 4, 6.)

Die eigentliche Herrlichkeit des Menschensohnes erstrahlt in der zweiten Wirksamkeit des Gottesbildes, die mit und in der ersten, allumfassenden Mittlerursächlichkeit der Schöpfung insbesondere dem Gott-Menschen Christus als dem Haupte des Gottesreiches eignet. Sie ist nicht als Unterbrechung der göttlichen Lebensbetätigung des Gottesbildes, demnach als eine fremdartige »Episode«, wie ein neuerer Paulusforscher sie bezeichnet hat, zu verstehen, sondern sie ist die ins Menschliche und Innerweltliche übertragene Fortsetzung oder Nachahmung der weltschöpferischen Ursächlichkeit des Gottesbildes.

Jesus Christus ist als Gekreuzigter und Auferstandener das Bild der Heiligkeit und Herrlichkeit. Der Gekreuzigte ist das Abbild der höchsten Heiligkeit, der göttlichen Liebe und Gerechtigkeit, das Ebenbild der sittlichen Vollkommenheit Gottes selber: denn im Kreuzesopfer ist alle Liebe und aller Gehorsam wie in dem zusammenfassenden Endzweck und Abschluß vereinigt, der das ganze Leben Jesu von der Selbstentäußerung der Menschwerdung an beseelt und zum Vorbild aller sittlichen Tatkraft und Hingabe macht. Der Gekreuzigte ist das leuchtende Bild der unendlichen Heiligkeit Gottes und aller in ihr vereinigten sittlichen Vollkommenheiten, Wirksamkeiten und Kräfte,

Kräfte, der strengen wie innigen Willensbetätigungen zur Begründung des Guten und zur Überwindung des Bösen.

Der Auferstandene ist hinwiederum das Bild der Verherrlichung und Beseligung in Gott, das Vorbild der seligen Gottvereinigung und damit der Erhebung über alle Schwächen und Schranken. (Col. 3, 1—4.) Der Auferstandene ist indes auch das Bild jener seligen Herrlichkeit in Gott, die nur als Frucht der sittlichen Gottverähnlichung gewonnen und empfangen werden kann. (»Mußte nicht der Messias alles dieses leiden und so in seine Herrlichkeit eingehen?«) Grund und Krone aller heilsgeschichtlichen Entwicklung ist demnach Jesus als der Gekreuzigte und Auferstandene, als das Bild der Heiligkeit Gottes und der Seligkeit in Gott. Es wiederholt sich demnach in der heilsursächlichen Mittlerwürde Jesu Christi die zweifache Bedeutung der Wirk- und Zweckursächlichkeit. Als Gekreuzigter ist er verdienstursächlicher Versöhner mit Gott, Quellgrund und Verdiener des Hl. Geistes, Gesetz und Vorbild aller Liebe und allen Gehorsams, aller Heldenkraft und aller Aufopferung. Als Auferstandener ist er das Endziel und Vorbild, zu dem alle durch die Mühsal des Kreuzwegs hingelangen sollen, um mit ihm in der himmlischen Auferstehungsgemeinschaft bei Gott zu leben, wie sie mit ihm auf Erden den Kampf um Gott und Gottesreich gekämpft und gehorsam geworden bis zur letzten Pflichterfüllung.

»Seid gesinnt wie Jesus Christus, der in der Gestalt Gottes war und die Gottgemeinschaft nicht als Raub (= Anmaßung) anzusehen hatte, aber trotzdem sich selbst entäußerte und Knechtsgestalt annahm und dem Menschen ähnlich wurde, auch im Verhalten befunden wie ein Mensch, sich selbst erniedrigte und gehorsam wurde bis zum Tod, ja bis zum Tod des Kreuzes. Darum hat ihn Gott erhöht und ihm einen Namen gegeben, der über alle Namen ist, damit sich im Namen Jesu alle Kniee beugen im Himmel, auf Erden und in der Unterwelt, und alle Zungen bekennen, daß Jesus Christus der Herr sei zur Verherrlichung Gottes des Vaters.« (Phil. 2, 5—11. Col. 1, 18—20. Eph. 1, 2.)

Paulus erklärt darum, nichts in seiner Lehrverkündigung zu kennen, als allein Jesum Christum, und zwar als den Gekreuzigten. (1 Cor. 2, 2.) Dies darf nicht im ausschließenden Gegensatz zum Leben, Lehren und Wirken Jesu verstanden werden mit der Begründung, Paulus habe den Herrn im Erdenleben nicht gekannt. Wir wissen nur mit Gewißheit, daß Paulus Jesum als den Auferstandenen gesehen und gehört hat: ob als Gekreuzigten, ist ebenso unmöglich zu entscheiden, wie, ob er nie persönlich Jesum im Leben und Wirken gesehen habe. Was Paulus sagen will, ist die lebendige Zusammenfassung des ganzen Evangeliums der Lehre und Wirksamkeit Jesu in ihrer höchsten Absicht und Einheit — im sittlichen Vorbild der Gottverähnlichung und Gottversöhnung, sowie im Herrlichkeitsvorbild der seligen Gottvereinigung und der himmlischen Vollendung in Gott.

Paulus hat in demselben Brief die Einsetzung des Abendmahls in sehr eindringlicher Weise als das Geheimnis des Neuen Bundes und als den Ausdruck des ganzen Werkes Jesu gelehrt. (1 Cor. 10. 11.)

Jesus galt ihm in jeder Hinsicht, im Kampf und im Sieg, als das göttliche Vorbild und als der wahre Stammvater, als der himmlische Mensch,

als der Maßstab der Vollkommenheit, die wir betätigen sollen, wie jener, die
wir erben sollen. »Wie wir das Bild des Irdischen getragen haben, so werden
wir auch das Bild des Himmlischen tragen.« (1 Cor. 15, 49.) »So viele ihr auf
Christus getauft seid, so viele habt ihr Christum angezogen. Als die Fülle
der Zeiten kam, sandte Gott seinen Sohn, vom Weibe geboren, unter das Gesetz gestellt, um die dem Gesetz Unterstellten loszukaufen, damit wir die Sohnschaft empfangen. Weil ihr aber Söhne seid, darum hat Gott den Geist seines
Sohnes in unsere Herzen gesandt, in dem wir Vater Abba rufen. Wenn aber
Söhne, dann auch Erben durch Gott (und Miterben Christi).« (Gal. 4, 4—7.
Rom. 8.)

§ 6. Das Zeugnis des Johannesevangeliums.

1. Das Johannesevangelium hat im Prolog seine Grundgedanken und deren Entwicklungsgang ausgesprochen: Das Reich
Gottes, welches Jesus gebracht hat, ist das Leben in der Erkenntnis
und Liebe des allein wahren Gottes. Gott ist Wahrheit und Liebe,
darum ist sein Sohn mit der Fülle der Wahrheit und Gnade erschienen, um durch die Geistestaufe das Leben in der Wahrheit
und Liebe Gottes der Gesamtheit einzupflanzen. Was der Prolog
vom Standpunkt des Evangelisten aus verkündigt, faßt Jesus in
dem feierlichen Schlußgebet seiner messianischen Opfertat zusammen. Er ist das Wort der Wahrheit und des Lebens.

Der Gottesbegriff ist unmittelbar wie durch den Gegensatz
des Abfalls in Satan als das Leben der Wahrheit und Liebe gekennzeichnet, als die Kraft und Fülle aller Wesens- und Daseins-
vollkommenheit. Das Gesetz ist nicht der ganze Gott, weil es
nicht die ganze Wahrheit und Gnade ist; es ist nur die Forderung
des Wahren und Guten, aber nicht die mit der Forderung verbundene Kraft, Überzeugung, Begeisterung, Liebe für alles Wahre
und Gute. Die Vollendung der Offenbarung und Heilsordnung
erfolgte erst durch Jesus, weil er Gott als Wahrheit und Gnade
in seinem eigenen Lebensopfer ausprägte und den Geistern und
Herzen einprägte.

Die Entwicklung des zweifachen Grundgedankens, Jesus sei
von Gott gesandt und gesalbt erschienen voll der Wahrheit und
voll der Gnade, erfolgt im Evangelium nicht in begrifflicher Ge-
dankenfolge, sondern in charakteristischen Taten und Reden, Ereignissen und Sinnbildern. So wenig Wahrheit und Liebe ein
Nebeneinander darstellen, sondern das vollkommene Leben in der

Wechseldurchdringung der beiden Geisteskräfte und Lebensgüter, des Erkenntnis- und Willenslebens, so sind zwar auch zwei große Teile des Evangeliums zu unterscheiden, von denen der erste von 1, 19 bis 12 zum Thema hat: Jesus, der Gottgesandte voll der Wahrheit, der zweite von 13—21: Jesus, der Gottgesalbte voll der Gnade und Liebe: allein die Scheidung hebt die Wechseldurchdringung von Wahrheit und Gnade, von Erkenntnis und Liebe, von Fülle und Kraft nicht auf.

Die Aufgabe des Messias ist, wie Johannes der Täufer verkündigt, eine zweifache: er soll als Lamm Gottes die Sünde von der Menschheit wegnehmen und ihr dafür den Geist Gottes als neue Lebenskraft einpflanzen. (Joh. 1.) Im ersten Wunder bei der Hochzeit zu Kana wird offenbar: die alte Religion ist äußerliche Reinigung ohne innere Kraft; die neue Religion gibt innere Erneuerung, Kraft und Begeisterung in wahrer Gottesgemeinschaft. Die neue Religion ist Hochzeit und Gastmahl der Gottesgemeinschaft. Das Alte ist äußerlicher Tempelbau und Tempeldienst, Marktverkehr und Marktlärm; das Neue ist der Aufbau des Gottestempels und Gottesreiches im Menschen selber. (Joh. 2.)

Dazu bedarf es einer gründlichen Neugeburt aus dem Geiste Gottes, aus der unerforschlich abgründigen Vatergüte des Schöpfers, und aus dessen Sinnbild, dem Wasser, über dem der Geist schöpferisch schwebte und wirkte. Dieses Wirken Gottes zeigt sich im Messias, dem Gottmenschen: denn Gottes Liebe ist der Beweggrund der Menschwerdung und des gottmenschlichen Werkes. Nicht zum Verurteilen, sondern zum schöpferischen Erwecken des Lebens und zu dessen Vollendung in Gottes Fülle und Kraft wirkt Gottes Geist und der von ihm gesalbte Messias. (Joh. 3.)

Die empfangene Gnadengabe muß zur Quellkraft eigenen selbsttätigen Lebens werden, die fortwirkt ins ewige Leben und zwar durch die fortschreitende Erfüllung der unendlichen Aufgabe, Gott als das vollkommene Geistesleben im Geiste und in der Wahrheit anzubeten, nicht mehr (bloß) durch äußere Gebräuche. Gottes Wille ist nicht Willkürgebot, sondern Lebensnahrung und muß als solche ins Innerste aufgenommen und zur fruchtbringenden Erfüllung gebracht werden. Die Jüngerschaft hat in der Nachfolge des Messias das Werk des Heiles durch Zeit, Raum und Völker auszubreiten.

Der Messias heilt durch sein Gottesreich und Vorbild die fieberkranke Menschheit von der Todesgefahr, in welche sie ihre naturhaft-selbstsüchtigen Begierden bringen. Der Mensch, der sich der naturhaften Weltliebe hingibt und in ihr seinen Lebensinhalt sucht, wird durch dieses Seelenfieber der inneren Auflösung nahegebracht. Wer von Gottes Willen als seiner Lebensnahrung lebt, also im Gesetz nicht Fessel und Last, sondern Vollendung und eigene Wohlfahrt sieht, gewinnt das wahre Leben. (Joh. 4.)

Die Lehroffenbarung am Pfingstfeste (Joh. 5) lautete: Gott der Vater ist ewiges Wirken und lebendigmachendes Erwecken vom Tod zum Leben, wie es Jesus in der Heilung des 38jährigen Kranken zeigt. Die Gebote sind nicht eine Einschränkung der göttlichen Schöpfer- und Heiltätigkeit, sondern bezeichnen die Mittel und Formen, damit auch der Mensch daran teilnehmen könne. Das Gottesreich ist also unerschöpfliches Wirken Gottes, des Gottmenschen, aller seiner Glieder, um das große Werk der Totenerweckung zu vollbringen, um alle Schranken und Lasten in Werkzeuge und Lebenskraft umzuwandeln. Das Geheimnis des göttlichen Triumphes und der Verherrlichung Gottes ist nicht die Verurteilung zum Tode, sondern die Erweckung vom Tode.

Der Messias ist vom Vater gesandt, um der Menschheit in ihrer Wüstenwanderung durch die Welt (Laubhüttenfest) das wahre Manna, das Lebensbrot zu bringen und ihr als solches zu dienen, dafür zubereitet in seinem Wirken und Leiden. Jesus ist dieses Lebensbrot als Wort der göttlichen Wahrheit und als Aufopferung für das Heil der Welt. Um die Überzeugung möglichst eindringlich zu begründen, daß der Mensch wirklich nur von Gottes Wahrheit und Liebe im Sinne eines wahren Geisteslebens leben könne, wird der Messias selbst im Sakrament zu einer wahren Speise und einem wahren Trank. Dadurch zieht der Vater die Seelen zu ihm hin, damit sie ihn als das Wort der Wahrheit und als das Opfer und Vorbild der vollkommenen Liebe und Hingebung mit aller Kraft und im Vollgefühl der Bedürftigkeit suchen und genießen: aber nicht so, daß sie sich mit Fleisch und Zeichen begnügen, sondern so, wie Jesus es gemeint hat, als Geist und Leben. (Joh. 6.)

Die Brotvermehrung war eine Erneuerung des Mannawunders in der Wüstenfahrt; der Wandel Jesu über den stürmisch wogenden

See der Hinweis, daß die Macht Gottes noch immer wirke, welche einst durch das Meer und den Jordan dem gottgläubigen Volk den Weg gebahnt. Das Wirken des göttlichen Lebensinhaltes allein gibt der Menschenseele den festen Stand in Gott und eine unerschütterliche Überlegenheit über alle Schwankungen des Schicksals.

Am Laubhüttenfeste zeigt Jesus, im Rückblick auf seine Heilwunder am Sabbat, daß das Gesetz Gottes in sein Gegenteil umgewandelt wird, wenn es nicht im Geiste Gottes verstanden und erfüllt wird, nämlich als Mittel der göttlichen Heiltätigkeit zur Vollendung des Menschen, nicht aber als Schranke und Hemmung. Weil die jüdische Gesetzesreligion diesen Zweck aller göttlichen Gebote und Heilsordnungen außeracht ließ, verfiel sie trotz allen Gesetzeseifers dem Vorwurf Jesu: »Hat euch nicht Moses das Gesetz gegeben? Und keiner von euch beobachtet das Gesetz!« (Joh. 7, 19.)

Bei der Religion, ihrer Lehre und ihrem Gesetz muß im Auge behalten werden, daß sie von Gott, d. h. von der unendlichen Vatergüte und dem ewigen Vollkommenheitswillen gegeben ist: dann wird sie zum Quellgrund lebendigen Wirkens und Empfangens, der aus dem Innersten des Menschen heraus Gottes Lebensfülle und Lebenskraft, die Gaben des Hl. Geistes, hervorströmen läßt zu unbegrenzter Vollendung. So offenbart Jesus die vollkommene Wechseldurchdringung der Gnade und Freiheit: der Hl. Geist wird dem Menschen von oben gegeben, wenn er sich über die menschlichen Beschränktheiten und Bedingtheiten zum Göttlichen erhebt. Aber diese Gnadengabe zeigt sich, indem vom Innersten des Menschen selbst die reichste und kräftigste Lebensbetätigung erfolgt und immerfort wächst. Von oben und von innen, aus Gnade und durch Freiheit schließen sich nicht aus: vielmehr führt der Weg von oben durch das Innerste, und die Gnade wirkt gerade in der Freiheit. (Joh. 7.) Je nachdem der Inhalt der Religion und des Gesetzes mit dem wahren Gottesbegriff des Vaters innerlich verknüpft wird oder mit einem falschen Gottesbegriff, wird dieser Inhalt zum Mittel der Geistesknechtschaft oder der Geistesfreiheit und Gotteskindschaft.

Trotz allen Glaubens- und Gesetzeseifers macht Jesus den jüdischen Hierarchen den Vorwurf, daß sie im Grunde Satansdienst

treiben: denn sie denken sich Gott als eine Macht, welche eigentlich dadurch ihre Herrlichkeit offenbart, daß sie durch Verurteilung und Verderben ihre unantastbare Hoheit wahrt. Sie denken
sich ferner Gott nicht als die Wahrheit, d. h. als den Inbegriff
aller Vollkommenheit und den höchsten Quellgrund alles Guten
und aller lebendigmachenden Kräfte. Der Irrtum, die Unwahrheit
und Lüge liegt immer darin, daß nur ein Bruchstück der ganzen
Wahrheit erfaßt wird. Die verhängnisvolle Umwandlung des
Göttlichen in das Satanische liegt darin, daß die Macht sich nicht
im schöpferischen Durchdringen aller Kräfte, sondern im Gegensatz zu den Geschöpfen und ihrer Überwältigung von außen
bekundet. Der Satan ist durch die zwei Grundzüge gekennzeichnet: Abfall von der Wahrheit und Machtgebrauch zum Verderben. Gott ist, wo Leben gewollt wird; der Satan, wo der
Tod das Endergebnis ist und wo die überlegene Macht schließlich
durch Hemmung und Unterdrückung des Lebens triumphieren
will. (Joh. 8.)

Das Reich Gottes ist Heilung der Blindheit, um Gottes Wahrheit zu sehen. Diese Heilung ist beim Gottesgesandten zu finden
(Siloah). Die Übel sind nicht eine Schicksalsnotwendigkeit, die
über Gottes Schöpfung hereinbricht, sondern ein Material, an dem
sich Gottes überlegene Wahrheits- und Liebesmacht offenbaren
will: die Wahrheit heilt die Blindheit (Joh. 9), die Liebe des
guten Hirten und seiner vollkommenen Aufopferung heilt den
Sündentod.

Der gute Hirte ist ein Sinnbild, um die Reinheit und Hoheit
des göttlichen Heilsratschlusses zu kennzeichnen. Die Interessengemeinschaft des Schöpfers und Erlösers mit seinen Geschöpfen
macht ihn zum guten Hirten, während Eigennutz und Selbstsucht
dazu führen, daß von dem Stärkeren das Wohl der Schwächeren
seinen eigenen Zwecken irgendwie zum Opfer gebracht wird.

Die schöpferische und erlösende Wirksamkeit dient Gott und
dem Gottgesandten nur dazu, das Heil seiner Geschöpfe zur Vollendung zu bringen. Die Uneigennützigkeit der göttlichen Güte
offenbart sich in dem Auftrag an den Messias, sich selber im
Leiden für die Seelen zum Opfer zu bringen und durch diese
Hingabe zu zeigen, daß er nichts bezweckt, als den Seelen das
Leben und zwar im Übermaß der Vollendung zu geben. Diese

vollkommene Güte ist der Beweis für die Göttlichkeit der Gesinnung (Salbung) und Sendung Jesu. (Joh. 10.)

Die größte Schwierigkeit, welche das Verderben der Sünde
dem Heile gegenüber darstellt, wie Tod und Verwesung, vermögen
die belebende Macht der Wahrheit und Liebe Gottes nicht zu
hemmen: auch aus Tod und Verwesung schafft Gott in seinem
Sohne Auferstehung und Leben. Wie bei Lazarus durch das Gebet
des Messias, so durch den Opfertod des Messias für die Gesamtheit. (Joh. 11.) Zu diesem Opfer gesalbt, hält der Messiaskönig
seinen Einzug in die hl. Stadt in der ausgesprochenen Überzeugung,
daß das Leben durch die Hingabe und den scheinbaren Untergang
sein Wachstum und seine Wirksamkeit gewinne. Die Wahrheit
wird fruchtbar und wirksam durch das Opfer der Liebe. Was
der Vater in seinem Sohne der Menschheit gibt, ist das Licht
der wahren Gotteserkenntnis, um durch die Erkenntnis der
Vatergüte das Leben der Ewigkeit zu vollbringen. (Joh. 12.)

Der zweite Teil offenbart den Gottmenschen Jesus mehr
als das Wort der Gnade, in der tatkräftigen und innigen
Erfüllung der geoffenbarten Wahrheit.

Jesus vollzieht diese zweite Messiasaufgabe in der Opferweihe
der Abschiedsfeier und Abschiedsreden (Joh. 13—17), sodann im
Leidensopfer selber (Joh. 18. 19) und im Hohenpriestertum des
Auferstandenen. (Joh. 20. 21.)

Die sinnbildliche Abschiedsfeier der Fußwaschung soll bekunden, daß Jesus in seiner messianischen Sendung den Seelen
dient und nicht etwa diese seinen eigenen Interessen dienstbar
macht. Verrat und Verleugnung hindern Jesum im Opfer der
Liebe nicht: er wird dadurch in Gott verherrlicht und Gott in
ihm. (Joh. 13, 31.) Jesus ist als lebendiges Vorbild und Gottgesalbter der Weg, die Wahrheit und das Leben, die Offenbarung
des Vaters und der Verdiener des Hl. Geistes. Die Einwohnung
des Dreieinigen ist Licht und Friede, das Reich Gottes in der
Seele. (Joh. 14.)

Jesus steht durch die lebendige Tat seiner Aufopferung mit
der Gesamtheit der Erlösten in dem innig-lebendigen Zusammenhang, wie Weinstock und Rebzweige. Die Liebe schafft Interessen-
und Schicksalsgemeinschaft im Kampfe mit dieser Welt, aber auch

in der Teilnahme an der Kraft und Fülle Gottes, am Vater und
Hl. Geiste. Darin besteht das Zeugnis der Göttlichkeit. (Joh. 15.)
Die Trennung der Jüngerschaft vom messianischen Haupte
ist trotzdem notwendig und heilsam: denn das äußere Angewiesen-
sein auf sich selber und das eigene Urteil nötigt erst zu jener
selbsttätigen Vertiefung und Verwertung des vom Meister Über-
kommenen, so daß es zur Überzeugung im Hl. Geiste wird. Nur
so ist es möglich, daß auch die Welt vom Hl. Geiste überzeugt
werde, und zwar in der dreifachen Frage der höchsten Wahrheit, der
höchsten Gerechtigkeit und der siegreichen Vollendung oder erfolg-
reichen Bewährung in der realen Welt. Durch diese Eigenart des
Wirkens wird dargetan, daß der Hl. Geist nicht eine bloße Wiederholung des Logos ist, sondern eine notwendige und bedeutungsvolle Form des geistigen Lebens in seinem ewigen Urgrund wie
in der Schöpfung. Der Logos bedeutet die sachliche Ausprägung,
Vergegenständlichung und Darbietung des Wahren und Guten,
der Hl. Geist die innere Überzeugungs- und Verpflichtungskraft
des Wahren und Guten, welche im gleichen Maße unmittelbar
wirksam wird, als die Persönlichkeit zu einer gründlichen Auseinandersetzung mit den Wahrheits- und Vollkommenheitsfragen
genötigt wird. Darum wird ausdrücklich hervorgehoben, daß der
Hl. Geist nicht durch neue Wahrheiten bekundet werde, sondern
durch die Besitzergreifung des inneren Menschen seitens der Wahrheit. Diese innere Besitzergreifung ist gewöhnlich erst möglich,
wenn wir selber zur Vertretung der betreffenden Gedanken und
Worte genötigt sind und uns nicht mehr als Jünger einer
überlegenen Vertretung derselben durch den Meister unterstellt
fühlen.

Diese Entwicklungsnotwendigkeiten mit ihren Spannungen
und Geburtswehen schildert das letzte Kapitel der Abschiedsreden.
Das Ziel ist die unmittelbare Gemeinschaft mit Gott als dem
Vater. (Joh. 16.) Was der Prolog in der Form der spekulativen
Ausführung gesagt hatte, spricht das hohenpriesterliche Gebet in
der erhabenen Lebenstat der persönlichen Opferweihe Jesu aus.

Im ersten Teil der Leidensgeschichte (Joh. 18) steht Jesus als
Lehrer der Wahrheit vor dem Richterstuhl des Hohenpriesters
und des Pilatus: im zweiten Teil (Joh. 19) als Vollbringer des
Heilswillens Gottes und als Wort der Gnade. Das Königtum der

Liebe vollbringt sein Gnadenwerk am Kreuze und triumphiert
doch über das Königtum der Gewalt. Der Auferstandene erfüllt
dieses Königtum der Gnade in charakteristischer Weise an typi-
schen Persönlichkeiten und bringt das Gottesreich für die büßende
Liebe, wie für den ringenden Zweifel, als Sündenvergebung und
Geisteserfüllung, als Sendung und Salbung des Apostolates zum
großen Gotteswerk für alle Völker, als Gastmahl des geheimnisvollen Lebensbrotes und Fisches, als Reich der Liebe in jeder
Berufsform und auf jedem Schicksalsweg. (Joh. 20. 21.)

2. Es gilt von seiten der neutestamentlichen Schriftforschung,
soweit sie vom rein kritisch-geschichtlichen Standpunkt an die
Evangelien herantritt, als unzweifelhaft, daß die Geschichtsdarstellung des Lebens und der Lehre Jesu, wie sie das Johannesevangelium bietet, durchaus unvereinbar sei mit der Darstellung
der drei synoptischen Evangelien. Daraus wird die Schlußfolgerung
abgeleitet, daß das Johannesevangelium überhaupt nicht als geschichtliche Urkunde für das Leben und die Lehre Jesu, sowie
für das Selbstbewußtsein Jesu inbezug auf seine Person und Aufgabe gelten könne. Das vierte Evangelium habe Jesum selber
zum Inhalt seines eigenen Evangeliums gemacht: den synoptischen
Evangelien zufolge sei nur Gott der Vater der Gegenstand der
frohen Botschaft Jesu gewesen.

Diese Folgerung scheint indes nur so lange unvermeidlich,
als der geschichtliche Zeugniswert gleichgesetzt wird mit der
chronistischen Darstellung des Lebens und Lehrens Jesu. Allein
das Johannesevangelium selbst nötigt dazu, es nicht als chronistische Wiedergabe der Lehren und Taten Jesu zu verstehen;
es will viel mehr sein als ein Nachtrag zu den drei synoptischen Evangelien. Noch weniger will es eine Richtigstellung
dieser drei Evangelien sein, die sich (in letzterem Falle) fast auf
alle wichtigen Angaben dieser Urkunden erstrecken würde und
keineswegs eine bloße Ergänzung wäre. Vielmehr will das Evangelium den ganzen Tatbestand des Lebens, Lehrens und Wirkens
Jesu von einem ganz selbständigen Gesichtspunkt aus darstellen,
und zwar ohne die geschichtliche Wahrheit der drei synoptischen
Evangelien irgendwie in Frage zu stellen. Damit wird indes noch
keineswegs auf die geschichtliche Wahrheit der Lehrgedanken
und Heilstaten Jesu selber verzichtet, wenn anstatt der äußeren

zeiträumlichen Entwicklung eine solche aus inneren und sachlichen
Gesichtspunkten von mehr grundsätzlicher Bedeutung dargelegt
wird. Was in dem synoptischen Geschichtsbild nicht zur gebührenden Geltung kam, das sollte in der systematischen Darstellung des Johannesevangeliums so deutlich hervortreten, wie es
seiner überzeitlichen Bedeutung entsprach.

Das vierte Evangelium betrachtet und berichtet alle Selbstaussagen Jesu im Lichte der Wahrheit, daß Jesus sich als den
Messias und Gottessohn gewußt und erklärt hat. Aber es legt
kein Gewicht darauf und will auch nicht bestreiten, was Markus
und die beiden anderen Evangelisten über die äußeren Formen und
zeitlichen Umstände sagen, in denen die Selbstoffenbarung Jesu für
Jünger und Öffentlichkeit erfolgt ist. Tatsächlich war ja der Sache
und dem Inhalt nach die Selbstoffenbarung Jesu als Messias und
Gottessohn von Anfang an vollzogen: es handelte sich in der
Zeitenfolge nur um die Ausgleichung dieses Inhaltes mit den maßgebenden Bezeichnungen.

Für die Lehrgedanken Jesu selbst war dem Evangelisten vor
allem wichtig, daß sie in ihrem Wahrheitswert und ihrer Wahrheitskraft seiner Zeit, ihrer Denkweise und ihrem religiösen Bedürfnis verständlich wurden. Dafür genügte ihm nicht, was die
Wiedergabe der Lehrtätigkeit Jesu in dem schlichten Galiläa bot,
wie sie in den synoptischen Evangelien vorlag. Er machte die
Lehrworte und Lebensziele Jesu durch seine Darstellung für die
anspruchsvollere Denkweise seiner Leserwelt zugänglich und wirksam. Daraus erklärt sich die Auswahl der Situationen und der
Geistesrichtungen, mit denen sich Jesus auseinandersetzt. Die
grundsätzlichen Gesichtspunkte, welche dem Evangelisten wichtig
waren, sind nicht etwa bloß philosophisch; sie sind nicht minder
prophetisch: aber immer überzeitlich und von dem Interesse für
die sachliche Wahrheit und Aufgabe beseelt. Es ist nicht richtig,
daß dem Johannesevangelium die Erkenntnis wichtiger ist als
die Sittlichkeit: es betont beides mit gleichem Nachdruck und
fordert nur bei klarer Wertschätzung ihrer Eigenart die lebendige
Wechseldurchdringung zur folgestrengen Einheit des Göttlichen.

Das Johannesevangelium stellt auch nicht die ideale Wahrheit höher als deren geschichtliche Realisierung. Vielmehr ist
gerade sein großer Grundgedanke die innere Einheit von Wahrheit

und Leben, von Idealität und Realität, von Fülle und Kraft, die Einheit des Guten und der Liebe, die das Gute vollbringt. Hier, wo die Aufgabe nicht in dem kritisch-exegetischen Ausgleich zwischen dem synoptischen und dem johanneischen Lebensbild Jesu besteht, mag die Feststellung genügen, daß der geschichtliche Zeugniswert des Johannesevangeliums für seinen ganzen Tat- und Lehrbestand gewahrt werden kann, wenn man das ins Auge faßt, was dem Evangelisten als allein wesentlich galt, sowie den Umstand, daß das Johannesevangelium mit den synoptischen Evangelien nicht in Widerspruch kommen wollte, schon deshalb nicht, weil es das Lebenswerk Jesu auf einer ganz anderen Ebene und unter einem ganz eigenartigen Gesichtspunkt zur Darstellung zu bringen hatte.

Das Verständnis für diese Absicht war in jener Zeit viel mehr vorhanden als in der Gegenwart, zumal die geistigen Ansprüche in dieselbe Richtung wiesen. Bei dieser Auffassung schwinden auch die Schwierigkeiten inbezug auf die Inspiration. Die Würdigung der Eigenart eines jeden Evangeliums erschließt vielmehr eine positive Fülle wertvoller Erkenntnisse als Frucht der göttlichen Inspiration.

Das Selbstzeugnis Jesu im Johannesevangelium wird als ungeschichtlich erklärt, weil es im Widerspruch mit den synoptischen Evangelien stehe. Der Prolog des Johannesevangeliums stellt allerdings das Lebensbild Jesu unter eine Beleuchtung von ganz metaphysischem Charakter: allein er ist auch ein Beweis, wie gewissenhaft der Evangelist die Selbstaussagen Jesu in ihrer Eigenart wahrt. Niemals wird der Logos und seine weltschöpferische Wirksamkeit in den Reden Jesu selber erwähnt. Die Wirksamkeit Jesu ist auch bei Johannes durchaus dem Zweck der vollkommenen Religion dienstbar. Jesus nennt sich auch im Logosevangelium den Menschensohn. Die Gesinnung und die Tat, welche man von ihm lernen soll, sind die rückhaltlose Hingabe an Gott den Vater und das Wirken aus dem Geist der Liebe. Durch die Selbstbezeichnung als Menschensohn wird Jesus in seiner wahren Menschheit und in seinem eigenen menschlichen Geistesleben hervorgehoben. (Joh. 1, 51; 3, 13. 14; 5, 27; 6, 27. 54. 63; 8, 28; 12, 23. 34; 13, 31.)

Der Menschensohn kam und wirkte im Auftrag des Vaters und

ist an diesen Auftrag im strengsten Sinne gebunden. Jesus hat
diesen Auftrag in Gehorsam und Unterordnung seines eigenen
menschlichen Denkens und Wollens zu vollbringen. Der Gehorsam
des Gottgesandten ist der Beweis der wahren menschlichen Geistigkeit Jesu. (Joh. 3, 17. 34; 4, 34; 5, 19. 30. 36; 6, 29—38; 7,
16—18. 28; 8, 28. 42; 9, 4; 10, 18; 12, 49; 14, 10. 24. 31;
15, 15; 17.)

Der dritte Beweis für das wahre menschliche Geistesleben
des johanneischen Jesus ist die Salbung mit dem Hl. Geiste. Obgleich Gottmensch und der Persönlichkeit nach ewiger Logos,
empfängt Jesus als Mensch die Befähigung zu seinem messianischen Wirken vom Hl. Geiste. Denn die Wesenseinheit des dreieinigen Gottes wird durch die Menschwerdung nicht gelockert,
und alle Wirksamkeit Gottes in der Seele des Gottmenschen erfolgt vom Vater durch den Sohn im Hl. Geiste und nach dem
Grundsatz, daß die Werke des Dreieinigen nach außen absolut
unteilbar sind. (Joh. 1, 32—34; 3, 34.) Die Geistessalbung hat
für den johanneischen Gottmenschen dieselbe Bedeutung wie für
den synoptischen Messias.

Ein vierter Beweis für das menschliche Geistesleben des
johanneischen Christus ist die ausdrückliche Betätigung menschlicher Seelenkräfte und Verpflichtungen, welche dem Logos als
solchem gar nicht zukommen können. Es ist das Hören und Erfahren (Joh. 9, 35), die Ermüdung (4, 6), der Gehorsam (Joh.
4, 34; 5, 30; 6, 38), Freude und Dank (11, 15. 41; 11, 15),
tiefe Erregung, Schmerz und Erschütterung (11, 33. 35. 38; 12,
27; 13, 21). Das Gebet ist die eigentliche Offenbarung der geschöpflichen Hingabe an den Schöpfer. (4, 22. 34; 11, 41; 12,
27; 14, 16; 17; 20, 18.)

3. Die Frohbotschaft Jesu ist im Johannesevangelium dieselbe wie bei den Synoptikern, obgleich die Form ganz anders
ist. Es ist die Offenbarung, daß Gott die Wahrheit und die Liebe
ist, daß Wahrheit und Liebe die in der Allwirklichkeit allein
schöpferische und entscheidende Macht sind, d. h. Gott, daß Gott
der Geist ist und darum in der Innerlichkeit der Seele sein Heiligtum hat, daß Gott Leben und Wirken ist (Markus) und darum
durch Nachahmung seiner Tatkraft und Schaffensfreude zu verherrlichen ist (Matthäus), daß Gott die Liebe ist und darum sein

Reich auf Erden durch die Liebe der Menschen über alle Schranken der Engherzigkeit hinaus ausbreiten will (Lukas), daß Gott die Vollkommenheit ist und darum in allen Formen des geistigen Lebens als Lebensbrot zu suchen und zu genießen ist. Weil Gott die Wahrheit und die Güte ist, darum strebt alles Geistesleben nach der unmittelbaren Beschäftigung mit Gott. Die irdische Welt kann für das Geistesleben nicht der Lebensinhalt oder das Lebensbrot selber sein, sondern nur insofern, als sie Material für die eigentliche Wahrheit und Güte ist: Sinnbild und Werkzeug, Jakobsleiter und Beweis jener Wahrheit, die in sich selber ihren Grund hat, jenes Guten, das in sich selber seinen Zweck hat.

Die Offenbarung dieses Gottes, der die Wahrheit und Liebe ist, war die Aufgabe des Messias in seinem Lehramt. (Joh. 1, 17.) Die Offenbarung, daß die Liebe Gott und Heiland ist, war der Zweck der Sendung und Menschwerdung des Wortes und seiner Aufopferung in persönlichem Leid und Kampf, in Not und Tod — aus Liebe und Gehorsam. Weil Gott die Wahrheit und die Liebe ist, darum bringt der große Gottgesandte aus Gottes Fülle Wahrheit um Wahrheit, Gnade um Gnade, aber auch den Geist der Wahrheit und der Gnade.

Wahrheit und Liebe sind Gott. Die Wahrheit ist der Inbegriff aller ursächlichen Kräfte, weil nur diese dem Denken eine hinreichende Erklärung geben; die Liebe ist der Quellgrund des Lebens — im eigenen Wesen wie überhaupt: denn das Leben ist die vom denkenden Geiste umfaßte Wahrheit, das vom selbstbestimmten Wollen umfaßte Gute. Weil Gott Wahrheit und Liebe ist, darum ist er auch lebendiger Gedanke und lebendiger Wille alles Wahren und Guten. Geist und Leben sind der Wesensvorzug Gottes: denn Gott ist die Realität alles Idealen und die Idealität alles Realen.

Der Maßstab der Wirklichkeit ist im eigentlichen Sinne nicht der erfahrungsmäßige Eindruck, sondern die innere Bedeutung im logischen oder ethischen Sinne. Die logische Vernünftigkeit und Folgestrenge entscheidet in höchster Hinsicht über Sein und Nichtsein: ebenso der ethische Wert und die sittliche Notwendigkeit. »Wirklich« im eigentlichen Sinn ist demnach nicht das Erfahrungsmäßige, sondern das für Vernunft und Gewissen Notwendige und hinreichend Begründete.

Es besteht demnach im Gottesbegriff eine vollkommene Übereinstimmung zwischen dem synoptischen und dem johanneischen Bericht über die Lehre Jesu. Die Wahrheit und Liebe sind Gott und der alleinige schöpferische Urgrund, Gesetzgeber und Endzweck der Welt. Die Offenbarung und Erlösung ist notwendig und geeignet, die im Irrtum zerstreuten und in Selbstsucht erstarrten Geisteskräfte zur Wahrheit und Liebe des Urgrundes zurückzuführen und in seiner vollkommenen Gemeinschaft zu vollenden. Dieses Wirken Gottes erfolgt nicht mit Willkür oder Zwang und äußeren Machtmitteln, sondern durch die innere Folgestrenge der in den Weltbereich eintretenden Wahrheit und

Heiligkeit. »Der Heilige Geist überzeugt die Welt von der Sünde, der Ge-
rechtigkeit und dem Gerichte.« Der Geist der Wahrheit und Liebe führt in
alle Wahrheit, in das Verständnis und die Erfüllung der Gebote und Endzwecke
Gottes ein. — Die Abschiedsreden verkünden dasselbe Gesetz des göttlichen
Reiches und seiner Wirksamkeit in Welt und Seelen, wie die Gleichnisse von
Mc. 4. Mt. 13. Lc. 8.

Alles erfolgt durch die innere und eigenste Kraft der in Offenbarung und
Gnade hereintretenden Gottesmächte: nicht durch eine fremde und darum willkürliche Zwangsgewalt. Ihr Triumph wäre ja niemals ein Sieg der Wahrheit
und des Guten, sondern der überlegenen Macht, die, wenn sie wollte, jeder
anderen Sache auch zum Triumph verhelfen könnte.

4. Die schweren Bedenken, welche Ed. von Hartmann in seiner neuesten
Kritik des neutestamentlichen Christentums gegen das Johannesevangelium entwickelt, haben alle zur Voraussetzung, daß ein fatalistischer Gegensatz zwischen
dem Reich des Guten und Bösen bestehe, der für den Gottesbegriff wie für
die Ethik verhängnisvoll werde. Das johanneische Christentum verdanke sein
Ansehen dem Umstand, daß die wichtigste Grundvoraussetzung desselben gewöhnlich übersehen oder wesentlich abgeschwächt werde.

Von anderer Art ist die Frage nach der Bedeutung, welche Jesus bei
Johannes der Persönlichkeit, der Liebe und der Immanenz zuerkennt. Hiernach ist die Persönlichkeit als solche die lebendige Selbstverinnerlichung, der
Selbstbesitz und Selbstvollzug der Wahrheit, Vollkommenheit und Liebe, nicht
aber eine Verknüpfung dieser höchsten Werte mit einer fremdartigen Wirklichkeit, noch weniger mit einer Einschränkung. Deshalb ist Gott gerade Vater,
nicht nur Tatsache; Gedanke, nicht nur Wahrheit; Liebe, nicht nur Vollkommenheit. Die Liebe ihrerseits erschöpft sich nicht in der Sehnsucht nach
der Vereinigung, sondern besteht in dem Willen, der die vollkommenste Lebensgemeinschaft mit dem liebenswürdigen Gute will und betätigt. Diese Lebensgemeinschaft darf die Eigenart der in Liebe Verbundenen nicht aufheben, weil
sie sich sonst selbst aufheben würde. Denn die Gemeinschaft setzt die Selbständigkeit und den Gegensatz voraus und schätzt ihn gerade als höchst wertvoll. Darum schließt die Immanenz und Einwohnung des Göttlichen in der Seele
die Persönlichkeit desselben nicht aus, sondern fordert sie gerade. Nur die
Persönlichkeit ist imstande, die Seele zu ihrem Tempel zu machen.

Das Verhältnis des Logos zum Gottessohn im alttestamentlichen Sinn
kann sich im Sinn der inneren Einheit und Zusammengehörigkeit erschließen,
wenn bei Logos der richtige Gesichtspunkt erfaßt wird. Die Logosphilosophie
Griechenlands wollte die Vernunft im Sinn der Ideenwelt, der erkennbaren
Wahrheit, der urbildlichen Ordnung als Erklärungsgrund der Welt bezeichnen.
Diese Auffassung ist der alttestamentlichen Gnosis nicht ganz fremd, aber
bleibt bei ihr untergeordnet. Dort wird der Gedanke als die Sendung und
Lebensbetätigung des Selbstwirklichen oder wesenhaft Lebendigen erfaßt:
darum ist Wort, Gottessohn und Gottgesandter schließlich eins und gleich ge-
eignet, den wesenhaften Hervorgang aus Gott zu bezeichnen.

Das Johannesevangelium spricht nur im Prolog vom Logos; im Evangelium selbst erscheint als der Grundcharakter des Sohnes die Sendung

und der Auftrag des Vaters. Der Sohn ist der Gottgesandte schlechthin; in anderer Hinsicht ebenso der Gottgesalbte im einzigen Sinn. Wird Logos im Sinn des altbiblischen Gottgesandten Malak-Jahwe gefaßt, so ist es nicht griechischen, sondern biblischen Ursprungs. Das Göttliche liegt in der Sendung als solcher, in dem Hervorgang als Gottes Gesandter, als Träger und Vertreter der göttlichen Gedanken und Ratschläge.

Die alttestamentliche Logosidee kann durch den griechischen Ausdruck bezeichnet werden, weil Logos ebenso die Gedankentat des Hervorbringens, wie den Gedankeninhalt des Erkannten bezeichnen kann. In dem ersteren durchaus aktuellen Sinne ist »Logos« im Prolog des Johannesevangeliums gebraucht. Allein die griechische Religionsphilosophie verstand den Logos nur im inhaltlichen Sinne; darum kam sie nicht über den Grundgedanken des Monismus hinaus, nicht zum überweltlichen Schöpfer, nicht zur überweltlichen Dreieinigkeit der Offenbarung. Die Ursächlichkeit der Ideenwelt und ihres Ursprungs, der Idee des Guten, ist die Ursächlichkeit des Vorbildes und der sachlichen Zusammenhänge, der immanenten Logik, nicht aber die Ursächlichkeit der Tatkraft, des lebendigen Denkens, Erfindens und Gestaltens. Auch Aristoteles denkt an keine Schöpfermacht des göttlichen Geistes im biblischen Sinne: Gott wirkt auf die Himmelsgeister und Himmelskreise nur wie der Zweck auf den Willen, nämlich ohne Selbstbetätigung, und wird nur in diesem Sinne mit dem Feldherrn verglichen. Der Zweck bewegt, ohne sich selbst zu bewegen; er erregt die Willensbetätigung, ohne sich selbst zu betätigen. Darum haben die trinitarischen Systeme der griechischen Religionsphilosophie mit der Offenbarungslehre vom Engel und Geiste Gottes, von der Weisheit und ihrer Überzeugungskraft keine Verwandtschaft. Dort ist vom Wahrheitsgehalt der Allwirklichkeit die Rede, in der Offenbarung von der Wahrheitstat und verpflichtenden Macht der überweltlichen Vollkommenheit, des »Ich bin, der Ich bin«.

5. Das Johannesevangelium soll, wie mit Unrecht behauptet wird, den sittlich-religiösen Gegensatz zwischen Glauben und Unglauben, zwischen Gut und Bös auf einen metaphysischen Gegensatz zwischen Gott und Satan, Licht und Finsternis, Reich Gottes und der Welt, Leben und Tod, Gotteskinder und Satanskinder zurückführen. Manche Stellen erregen allerdings diesen Anschein.

In diesem Falle würde das Johannesevangelium zu einer Lehrschrift des schärfsten religiösen Dualismus und wäre um dessentwillen ungeeignet, als eine geschichtliche Urkunde von der Lehre Jesu zu gelten, der den Synoptikern zufolge allem Dualismus entgegen war. Sodann wird ihm der Vorwurf gemacht, es zerstöre durch diesen Dualismus sein eigenes Lehrgebäude: denn die Offenbarung und Erlösung der Welt durch die im Gottmenschen erschienene Wahrheit und Liebe Gottes habe nur einen Sinn, wenn es sich in der Welt nicht um einen unüberwindlichen Gegensatz von Gut und Bös handle, sondern um einen zwar ernsten, aber sittlich überwindbaren Gegensatz.

Gerade diese letztere Folgenotwendigkeit hätte die religiös-philosophische Kritik abhalten sollen, einen metaphysischen Gegensatz des Guten und Bösen, von Licht und Finsternis, von Gottes- und Satanskindern im Johannesevangelium anzunehmen. Der Evangelist geht ja von dem Grundsatz aus, daß der

eigentliche Maßstab über Wirklich und Nichtwirklich nicht die äußere Erfahrung
und der in ihr waltende Zufall das Unverständliche sei, sondern die Folgenotwendigkeit für Denken und Sollen. Nicht das ist wahr, was bloß durch
den äußeren Eindruck in seiner Wirklichkeit erfaßt wird, sondern was als folgerichtige Notwendigkeit, als Forderung der Wahrheit und Liebe, der Vernunft
und Heiligkeit anerkannt werden muß. Nach diesem Maßstab ist alles zu beurteilen.

Wenn dies geschieht, dann entsteht allerdings der Schein eines Gegensatzes, in dem sich eben die gute und die böse Wesensanlage der Kinder
Gottes und der Finsternis auswirken muß.

Der lebendige Geist besitzt seine formelle Vollkommenheit gerade darin,
daß er mit logischer und ethischer Folgestrenge denkt und will. Folglich muß
die formelle Vollkommenheit folgestrengen Verhaltens immer zu einer Ver-
schärfung der Gegensätze führen, je nachdem die Voraussetzungen bei den
einen wahr und gut oder bei den anderen verkehrt und schlecht sind.

Allein nur Gott, der die Wahrheit und Liebe selber ist, ist eben darum
auch in ebenbürtiger Folgestrenge der vollkommene Gedanke und der heilige
Wille des Wahren und Guten. Anders ist es bei der geschöpflichen Geisterwelt, welche sich erst in die Wahrheit und Liebe hineinarbeiten muß und nicht
mit einem allumfassenden ewigen Gedanken und Willen der ganzen Wahrheit
und Liebe gerecht werden kann.

Da ergibt sich die Möglichkeit, daß die Folgerichtigkeit im einzelnen Ab-
lenkungen und Durchbrechungen erfährt, auch wenn sie im ganzen festgehalten
wird. Noch viel mehr muß die Folgerichtigkeit der von Gott abgewandten
Geisterwelt verloren gehen: denn sie hat nicht ein Ideal- und Realprinzip, das
wie Gott in ewiger und folgerichtiger Lebendigkeit der Gedanke und Wille
seines Urbildes und Ideales wäre. Es gibt keine Lüge und kein Verderben in
dem Sinne, wie es Wahrheit und Liebe gibt: auch der Vater der Lüge und des
Verderbens muß für die Lüge unter dem Schein der Wahrheit, für die Gesetzlosigkeit unter dem Schein der Verpflichtung, für das Verderben unter dem
Schein des Rechtes und der allgemeinen Interessen wirken. Aller Irrtum ist
losgerissene, teilweise Wahrheit.

Die Folgerichtigkeit würde in den Bösen zur Aufhebung der Unwahrheit
und Selbstsucht führen, wenn ihre Selbstbestimmung sich von der vernünftigen
und sittlichen Überlegung bestimmen ließe. Denn Unwahrheit und Selbstsucht können folgerichtig nicht zur Kraft und Fülle des geistigen Lebens
führen. Soweit die Entwicklung demnach eine Sache der objektiven Auswirkung
der Grundsätze ist, muß Unwahrheit und Selbstsucht zum inneren Zusammenbruch führen und dadurch an sich selber das Gericht vollziehen.

Das Johannesevangelium verdient den Vorwurf des fatalistischen Dualismus nicht: denn der Gottesbegriff der Wahrheit und Liebe erlaubt vermöge
seiner eigenen Grundbestimmung eine Einschränkung seines lebenwirkenden
Wollens und Könnens nicht. Der Sieg des allein Wahren und Guten
liegt darin, daß jeder Geist, wenn er folgerichtig denkt und will, zur Bekehrung vom Bösen und zur Preisgabe der anfangs festgehaltenen Bruchstücke

von Wahrheit und Vollkommenheit veranlaßt wird. Die Entscheidung bleibt indes Sache der Freiheit.

6. Ein anderer Widerspruch, den die Kritik im johanneischen Christentum findet und entweder wohlwollend verhüllt oder rücksichtslos darlegt, ist die Wertschätzung der heiligen Zeichen und Dinge. Dadurch werde das pneumatische Christentum mit seiner Gottesverehrung im Geist und in der Wahrheit zu der widernatürlichen Verbindung mit der magisch-mystischen Mysterienreligion gezwungen. Die Wiedergeburt solle aus Wasser und dem Geiste erfolgen; die Lebensnahrung der Seelen soll einerseits Geist und Leben sein, wird aber anderseits als Fleisch und Blut bezeichnet. Wasser und Blut, die aus der Seite Jesu flossen, werden dem Hl. Geiste, obgleich er sogar als die Wahrheit bezeichnet wird, fast als ebenbürtige Zeugen angereiht. (1 Joh. 5.)

Man erkennt mit Unrecht in dem mystisch-sakramentalen Element des johanneischen Christentums einen Widerspruch mit dem Evangelium des Geistes. Der Geist selbst ist nicht der Gegensatz zum Stoff, sondern der Schöpfer, Erdenker und Verwerter des Stoffes. Die Hoheit des Geistes liegt nicht in der Trennung vom Stoff, sondern in der vollkommenen Durchdringung desselben. Alles stammt aus dem Gedanken des Schöpfers und ist darum auch ein Abbild und Werkzeug des Gedankens. Der Stoff kommt nicht als etwas Fremdes ins Reich des Geistigen hinein, sondern hat seinen Ursprung, Wert und Endzweck im Geiste.

Die Bedeutung des sinnbildlich-werkzeuglichen Elementes liegt zunächst in dem Werte, den Sinnbilder und Werkzeuge für den sinnlich-geistigen, äußerlich-innerlichen Menschen überhaupt haben. Vor allem aber in folgendem. Wenn das Geistige als Wahrheitserkenntnis und Vollkommenheitswille nur in einzelnen kleinen Schritten und bruchstückartigen Bemühungen betätigt werden kann, eignet sich das äußere Zeichen und die ihm entsprechende (äußere) Handlung dazu, um den grundsätzlichen Akt in seiner umfassenden Vollkommenheit und Kraft sinnbildlich zu vollziehen, als Pflicht und Aufgabe auszusprechen und sich von neuem als Wesensinhalt anzueignen. Den Lebensinhalt der Seele kann man in Wirklichkeit nicht auf einmal in sich aufnehmen; hingegen kann man sich sehr deutlich zum Bewußtsein bringen, daß der Mensch eigentlich mehr von der Wahrheit und der Liebe lebt als vom Brote. Zum Lebensinhalt des Geistes treibt kein unerträglicher Hunger mit Naturkraft wie zur Leibesnahrung. Darum ist die Einkleidung des geistigen Lebensinhaltes in die Form der leiblichen Nahrung von großem Wert. Es wird durch dieses Sinnbild die unbedingte Notwendigkeit des göttlichen Lebensinhaltes hervorgehoben und die Energie der Aneignung und Verarbeitung ins eigene Wesen herausgefordert.

Nicht nur die Religion, auch das menschliche Kulturleben überhaupt kann der Sinnbilder als der grundsätzlichen Zusammenfassung der geistigen Lebensaufgaben nicht entbehren. Das menschliche Bewußtsein hat sie ebendeshalb als Mysterien empfunden: wie der Keim enthalten sie ein reichgegliedertes Leben, aber nur als Anlage und Aufgabe, als Kraft und Zweck. Wie der Keim, so ist das Sinnbild ein Geheimnis, ein Sakrament und Mysterium des Lebens und zugleich Kraft und Antrieb dazu.

Wenn demnach das Reich Gottes geistiges Leben, und zwar in der Richtung auf die volle Entfaltung aller Geisteskräfte und dies in unmittelbarer Beschäftigung mit dem höchsten Wahrheitsgrund und Vollkommenheitszweck selber sein soll, so muß es auch als Keim und Same angelegt werden und so durch Wachstum zur Verherrlichung und Reife kommen. Insbesondere muß die Mannigfaltigkeit oder Allseitigkeit der Geistesvollendung, die erst im Jenseits erreicht wird, als Ziel ins Auge gefaßt, als Aufgabe vorbereitet, als Keimkraft in das Sinnen und Wollen aufgenommen werden.

Schon das Christentum der Katakomben hat die Beziehung empfunden, welche die sieben Wunder des Johannesevangeliums mit den sakramentalen Handlungen der Kirche verknüpfen.

Was die Geistesgaben der Weisheit und Einsicht, des Rates und der Stärke, der Wissenschaft, Frömmigkeit und Gottesfurcht als die vielfältige Ebenbildlichkeit Gottes auslegen, was die sieben Schöpfungsworte als den Weg zur Gottverähnlichung und Gottvereinigung offenbaren (Gen. 1—2, 3), was die Seligpreisungen der Bergpredigt als Forderung und Segnung des Gottesreiches aufzählen, das offenbaren auch die bedeutungsvollen Zeichen des Johannesevangeliums. Alle wollen in ihrer Weise das Geheimnis des messianischen Gottesreiches erschließen. »Aus seiner Fülle haben wir alle empfangen: Wahrheit um Wahrheit, Gnade um Gnade.« (1 Joh. 1, 18.)

Das Vaticanum über den Glaubwürdigkeitsbeweis der göttlichen Offenbarung.

Constitutiones dogmaticae Concilii Vaticani.

Constitutio de fide Catholica.

Cap. 2. De Revelatione.

Eadem Sancta Mater Ecclesia tenet et docet, Deum, rerum omnium principium et finem, naturali humanae rationis lumine e rebus creatis certo cognosci posse; invisibilia enim ipsius, a creatura mundi, per ea quae facta sunt, intellecta, conspiciuntur: attamen placuisse eius sapientiae et bonitati, alia, eaque supernaturali via se ipsum ac aeterna voluntatis suae decreta humano generi revelare, dicente Apostolo: »Multifariam, multisque modis olim Deus loquens patribus in Prophetis: novissime, diebus istis locutus est nobis in Filio.«

Huic divinae revelationi tribuendum quidem est, ut ea, quae in rebus divinis humanae rationi per se impervia non sunt, in praesenti quoque generis humani conditione ab omnibus expedite, firma certitudine et nullo admixto errore cognosci possint. Non hac tamen de causa revelatio absolute necessaria dicenda est, sed quia Deus ex infinita bonitate sua ordinavit hominem ad finem supernaturalem, ad participanda scilicet bona divina, quae humanae mentis intelligentiam omnino superant; siquidem »oculus non vidit, nec auris audivit, nec in cor hominis ascendit, quae praeparavit Deus iis, qui diligunt illum«.

Haec porro supernaturalis revelatio, secundum universalis Ecclesiae fidem, a sancta Tridentina Synodo declaratam, continetur in libris scriptis et sine scripto traditionibus, quae ipsi Christi ore ab Apostolis acceptae, aut ab ipsis Apostolis Spiritu Sancto dictante per manus traditae, ad nos usque pervenerunt. Qui quidem veteris et novi Testamenti libri integri cum omnibus suis partibus, prout in eiusdem Concilii decreto recensentur, et in veteri vulgata latina editione habentur, pro sacris et canonicis suscipiendi sunt. Eos vero Ecclesia pro sacris et canonicis habet, non ideo, quod sola humana industria concinnati, sua deinde auctoritate sint approbati; nec ideo dumtaxat, quod revelationem sine errore contineant; sed propterea, quod Spiritu Sancto inspirante conscripti Deum habent auctorem, atque ut tales ipsi Ecclesiae traditi sunt.

Cap. 3. De Fide.

Quum homo a Deo tanquam Creatore et Domino suo totus dependeat, et ratio creata increatae veritati penitus subiecta sit, plenum revelanti Deo intellectus et voluntatis obsequium fide praestare tenemur. Hanc vero fidem, quae humanae salutis initium est, Ecclesia catholica profitetur, virtutem esse supernaturalem, qua, Dei aspirante et adiuvante gratia, ab eo revelata vera esse credimus, non propter intrinsecam rerum veritatem naturali rationis lumine perspectam, sed propter auctoritatem ipsius Dei revelantis, qui nec falli nec fallere potest. Est enim fides, testante Apostolo, sperandarum substantia rerum, argumentum non apparentium.

Ut nihilominus fidei nostrae obsequium rationi consentaneum esset, voluit Deus cum aeternis Spiritus Sancti auxiliis externa iungi revelationis suae argumenta, facta scilicet divina, atque imprimis miracula et prophetias, quae cum Dei omnipotentiam et infinitam scientiam luculenter commonstrent, divinae revelationis signa sunt certissima et omnium intelligentiae accommodata. Quare tum Moyses et Prophetae, tum ipse maxime Christus Dominus multa et manifestissima miracula et prophetias ediderunt, et de Apostolis legimus: »Illi autem profecti praedicaverunt ubique, Domino cooperante, et sermonem confirmante, sequentibus signis.« Et rursum scriptum est: »Habemus firmiorem propheticum sermonem, cui bene factis attendentes quasi lucernae lucenti in caliginoso loco.«

Licet autem fidei assensus nequaquam sit motus animi caecus: nemo tamen evangelicae praedicationi consentire potest, sicut oportet ad salutem consequendam, absque illuminatione et inspiratione Spiritus Sancti, qui dat omnibus suavitatem in consentiendo et credendo veritati. Quare fides ipsa in se, etiamsi per charitatem non operetur, donum Dei est, et actus eius est opus ad salutem pertinens, quo homo liberam praestat ipsi Deo obedientiam, gratiae eius, cui resistere posset, consentiendo et cooperando.

Porro fide divina et catholica ea omnia credenda sunt, quae in verbo Dei scripto vel tradito continentur, et ab Ecclesia sive solemni iudicio sive ordinario et universali magisterio tamquam divinitus revelata credenda proponuntur.

Quoniam vero sine fide impossibile est placere Deo, et ad filiorum eius consortium pervenire: ideo nemini unquam sine illa contigit iustificatio, nec ullus, nisi in ea perseveraverit usque in finem, vitam aeternam assequetur. Ut autem officio veram fidem amplectendi, in eaque constanter perseverandi satisfacere possemus, Deus per Filium suum unigenitum Ecclesiam instituit, suaeque institutionis manifestis notis instruxit, ut ea tamquam custos et magistra verbi revelati ab omnibus posset agnosci. Ad solam enim catholicam Ecclesiam ea pertinent omnia, quae ad evidentem fidei christianae credibilitatem tam multa et tam mira divinitus sunt disposita. Quin etiam Ecclesia per se ipsa, ob suam nempe admirabilem propagationem, eximiam sanctitatem et inexhaustam in omnibus bonis foecunditatem, ob catholicam unitatem, invictamque stabilitatem, magnum quoddam et perpetuum est motivum credibilitatis et divinae suae legationis testimonium irrefragabile.

Quo fit, ut ipsa veluti signum levatum in nationes et ad se invitet, qui nondum crediderunt, et filios suos certiores faciat, firmissimo niti fundamento fidem, quam profitentur. Cui quidem testimonio efficax subsidium accedit ex superna virtute. Etenim benignissimus Dominus et errantes gratia sua excitat atque adiuvat, ut ad agnitionem veritatis venire possint; et eos, quos de tenebris transtulit in admirabile lumen suum, in hoc eodem lumine ut perseverent, gratia sua confirmat, non deserens, nisi deseratur.

Quocirca minime par est conditio eorum, qui per coeleste fidei donum catholicae veritati adhaeserunt, atque eorum, qui ducti opinionibus humanis, falsam religionem sectantur; illi enim qui fidem sub Ecclesiae magisterio susceperunt, nullam unquam habere possunt iustam causam mutandi, aut in dubium fidem eandem revocandi. Quae cum ita sint, gratias agentes Deo Patri, qui dignos

nos fecit in partem sortis sanctorum in lumine, tantam ne negligamus salutem, sed aspicientes in auctorem fidei et consummatorem Iesum, teneamus spei nostrae confessionem indeclinabilem.

Canones.

2. De Revelatione.

2. Si quis dixerit, fieri non posse, aut non expedire, ut per revelationem divinam homo de Deo, cultuque ei exhibendo edoceatur; anathema sit.

3. Si quis dixerit, hominem ad cognitionem et perfectionem, quae naturalem superet, divinitus evehi non posse, sed ex seipso ad omnis tandem veri et boni possessionem iugi profectu pertingere posse et debere; anathema sit.

4. Si quis sacrae Scripturae libros integros cum omnibus suis partibus, prout illos sancta Tridentina Synodus recensuit, pro sacris et canonicis non susceperit, aut eos divinitus inspiratos esse negaverit; anathema sit.

3. De Fide.

1. Si quis dixerit, rationem humanam ita independentem esse, ut fides ei a Deo imperari non possit; anathema sit.

2. Si quis dixerit, fidem divinam a naturali de Deo et moralibus scientia non distingui, ac propterea ad fidem divinam non requiri, ut revelata veritas propter auctoritatem Dei revelantis credatur; anathema sit.

3. Si quis dixerit, revelationem divinam externis signis credibilem fieri non posse, ideoque sola interna cuiusque experientia aut inspiratione privata homines ad fidem moveri debere; anathema sit.

4. Si quis dixerit, miracula nulla fieri posse, proindeque omnes de iis narrationes, etiam in sacra Scriptura contentas, inter fabulas vel mythos ablegandas esse; aut miracula certo cognosci nunquam posse, nec iis divinam religionis christianae originem rite probari; anathema sit.

5. Si quis dixerit, assensum fidei christianae non esse liberum, sed argumentis humanae rationis necessario produci, aut ad solam fidem vivam, quae per charitatem operatur, gratiam Dei necessariam; anathema sit.

6. Si quis dixerit, parem esse conditionem fidelium atque eorum, qui ad fidem unice veram nondum pervenerunt, ita ut catholici iustam causam habere possint, fidem, quam sub Ecclesiae magisterio iam susceperunt, assensu suspenso in dubium vocandi, donec demonstrationem scientificam credibilitatis et veritatis fidei suae absolverint; anathema sit.

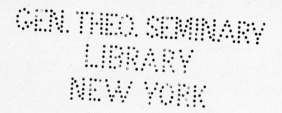

Sach- und Namen-Übersicht.

---

[1] Vgl. Jahwebegriff.